Alexander Markus Homes
Von der Mutter missbraucht

Alexander Markus Homes

Von der Mutter missbraucht

Frauen und die sexuelle Lust am Kind

Sachbuch

PABST SCIENCE PUBLISHERS
Lengerich, Berlin, Bremen, Miami,
Riga, Viernheim, Wien, Zagreb

Bibliografische Information Der Deutschen Bibliothek
Die Deutsche Bibliothek verzeichnet diese Publikation in der Deutschen Nationalbibliografie;
detaillierte bibliografische Daten sind im Internet über <http://dnb.ddb.de> abrufbar.

Das Werk, einschließlich aller seiner Teile, ist urheberrechtlich geschützt. Jede Verwertung außerhalb der engen Grenzen des Urheberrechtsgesetzes ist ohne Zustimmung des Verlages unzulässig und strafbar. Das gilt insbesondere für Vervielfältigungen, Übersetzungen, Mikroverfilmungen und die Einspeicherung und Verarbeitung in elektronischen Systemen.

2. Auflage

© 2005 Pabst Science Publishers, D-49525 Lengerich

Druck: KM-Druck, D-64823 Groß Umstadt

ISBN 3-89967-282-8

Inhalt

Einleitung 9

Interview mit einer pädophilen Frau 11

1. Tatort Familie: Der „andere" Inzest

1.1 Inzest als schlimmste Form des sexuellen Kindsmissbrauchs 20

1.2 „Verführen" Väter gewaltsam und Mütter gewaltlos ihre Kinder? 32

1.3 Warum schützen Mütter oder Väter ihre Kinder nicht?
Schweigen um jeden Preis 53

1.4 Sexueller Kindesmissbrauch-Kindesmisshandlung-Vernachlässigung
Die Familie als – potenzielle – Brutstätte der Gewalt 65

2. Mütter und die sexuelle Lust am Kind

2.1 Grenzen zwischen Zärtlichkeit und Sexualität
Das Kind als Sexualobjekt von Frauen und Müttern 87

2.2 Der kindliche Penis als Lustobjekt und Projektionsfläche für mütterliche
Wünsche und Gefühle 109

2.3 Das Mutter-Maria-Bild im asexuellen Kontext der Gesellschaft
Welche Mütter und Frauen missbrauchen (ihre) Kinder? 116

3. Stummes Opfer Kind

3.1 Dem „Kind" die verlorene Stimme wiedergeben
Die mütterliche Verschwörung des Schweigens 129

3.2 Psychische Folgen sexuellen Missbrauchs
Die missbrauchende Mutter begeht einen „Seelenmord" 143

4. Vom Opfer zum Täter

4.1 Der Weg vom Opfer- in den Täterstatus
Vom weiblichen Opfer zum weiblichen Täter 162

4.2 Die TäterInnen werden immer jünger: Kids, die Kids sexuell missbrauchen 171

4.3 Begehrtes Sexualobjekt, der Körper der Kinder
Ein Psychogramm männlicher und weiblicher Pädophilie 189

4.4 Von der Mutter entmachtet, verschlungen und vernichtet
Sind Mütter mitschuldig an der Entstehung der Perversion? 219

5. Sexualwissenschaft und Sexualstrafrecht im Spiegel des Feminismus

5.1 Schweigende Männer – Folge des Feminismus?
Verhindern ideologische Widerstände der Frauen die Erforschung
des sexuellen Missbrauchs durch Frauen? 230

5.2 Sexualstrafrecht und pädophile Frauen
Warum kommen pädophile Frauen kaum mit dem Sexualstrafrecht
in Berührung? 239

6. Sexueller Missbrauch in Zahlen

6.1 Kann den Untersuchungen und Missbrauchsraten
Allgemeingültigkeit zugesprochen werden?
Die Manipulation von Missbrauchsraten 247

6.2 Der Anteil der missbrauchenden Frauen in internationalen Studien
Missbrauchen Frauen vorwiegend Jungen? 258

6.3 Die bundesdeutsche Missbrauchsrate
Der Anteil der Täterinnen in der BRD 263

6.4 Horror-Zahlen?
Feministisches Zahlenspiel wider besseres Wissen 273

7. Anhang

7.1 Der sexuelle Missbrauch von Heimkindern
Kinder und sexueller Missbrauch in der katholischen Kirche 279

7.2 Sexueller Kindesmissbrauch – Plattform für die Wiedervereinigung
der Frauenbewegung?
Um die „Missbrauchs-Industrie" am Leben zu erhalten, werden
Horrorzahlen produziert 296

7.3 Reaktionen zur 1. Auflage 322

Anmerkungen

1. Tatort Familie: Der „andere" Inzest

1.1 Inzest als schlimmste Form des sexuellen Kindsmissbrauchs 331

1.2 „Verführen" Väter gewaltsam und Mütter gewaltlos ihre Kinder? 339

1.3 Warum schützen Mütter oder Väter ihre Kinder nicht? 341

1.4 Sexueller Kindesmissbrauch-Kindesmisshandlung-Vernachlässigung
Die Familie als – potenzielle – Brutstätte der Gewalt 343

2. Mütter und die sexuelle Lust am Kind

2.1 Grenzen zwischen Zärtlichkeit und Sexualität
Das Kind als Sexualobjekt von Frauen und Müttern 351

2.2 Der kindliche Penis als Lustobjekt und Projektionsfläche für mütterliche
Wünsche und Gefühle 357

2.3 Das Mutter-Maria-Bild im asexuellen Kontext der Gesellschaft
Welche Mütter und Frauen missbrauchen (ihre) Kinder? 358

3. Stummes Opfer Kind

3.1 Dem „Kind" die verlorene Stimme wiedergeben
Die mütterliche Verschwörung des Schweigens 359

3.2 Psychische Folgen sexuellen Missbrauchs
Die missbrauchende Mutter begeht einen „Seelenmord" 362

4. Vom Opfer zum Täter

4.1 Vom weiblichen Opfer zum weiblichen Täter 368

4.2 Die TäterInnen werden immer jünger: Kids, die Kids sexuell missbrauchen 369

4.3 Begehrtes Sexualobjekt, der Körper der Kinder
Ein Psychogramm männlicher und weiblicher Pädophilie 374

4.4 Von der Mutter entmachtet, verschlungen und vernichtet
Sind Mütter mitschuldig an der Entstehung der Perversion? 379

5. Sexualwissenschaft und Sexualstrafrecht im Spiegel des Feminismus

5.1 Schweigende Männer – Folge des Feminismus?
Verhindern ideologische Widerstände der Frauen die Erforschung
des sexuellen Missbrauchs durch Frauen? 382

5.2 Sexualstrafrecht und pädophile Frauen
Warum kommen pädophile Frauen kaum mit dem Sexualstrafrecht
in Berührung? 383

6. Sexueller Missbrauch in Zahlen

6.1 Kann den Untersuchungen und Missbrauchsraten
Allgemeingültigkeit zugesprochen werden?
Die Manipulation von Missbrauchsraten 384

6.2 Der Anteil der missbrauchenden Frauen in internationalen Studien
Missbrauchen Frauen vorwiegend Jungen? 390

6.3 Die bundesdeutsche Missbrauchsrate
Der Anteil der Täterinnen in der BRD 392

6.4 Horror-Zahlen?
Feministisches Zahlenspiel wider besseres Wissen 395

7. Anhang

7.1 Der sexuelle Missbrauch von Heimkindern
Kinder und sexueller Missbrauch in der katholischen Kirche 396

7.2 Sexueller Kindesmissbrauch – Plattform für die Wiedervereinigung
der Frauenbewegung?
Um die „Missbrauchs-Industrie" am Leben zu erhalten, werden
Horrorzahlen produziert 401

Literaturverzeichnis 406

Einleitung

„Um daran zu glauben, dass eine Frau ihr eigenes Kind sexuell missbrauchen würde, muss ein Mensch einflussreiche Stereotypen über Mutterschaft und die Mutter-Kind-Beziehung anzweifeln, die unsere Gesellschaft hegt und preist. Es fällt schwer, das Klischee einer von Wohlwollen und Fürsorge geprägten Mutter-Kind-Beziehung aufzugeben, selbst wenn unsere persönlichen Erfahrungen in scharfem Gegensatz zu diesem Ideal stehen."
Michele Elliott (1995, S. 67)

Frauen, die Kinder missbrauchen; Mütter, die vorwiegend auf ihre Söhne und Töchter emotional und sexuell fixiert sind, manchmal sogar ausschließlich – sind sie bittere Realität? Gibt es wirklich eine Vielzahl von Müttern, bei denen die Grenze zwischen erlaubter emotionaler Zuwendung, Liebkosung, Zärtlichkeit und verbotener Sexualität ihren Kindern gegenüber fließend ist? Wie viele Mütter missbrauchen „liebevoll", mit physischer bzw. psychischer Gewalt ihre Kinder? Ist der Mutter-Kind-Inzest im Vergleich zum Vater-Kind-Inzest harmloser?
Es gibt sie, diese Frauen.
Die Medien sind voll mit Berichten über männliche Sexualstraftäter. Über Täterinnen gibt es kaum Informationen. Warum wird der weibliche Anteil an sexueller Gewalt, gerichtet gegen Kinder, fast ausnahmslos geleugnet?
Das vorliegende Buch gibt auf diese und viele andere Fragen im Zusammenhang mit Frauen und Müttern, die (ihre) Kinder sexuell missbrauchen, misshandeln, quälen, malträtieren, Antworten. Es belegt vor allem, dass

- nicht nur Väter, sondern auch Mütter ihre Kinder sexuell missbrauchen;
- Mütter vorwiegend ihre Söhne missbrauchen;
- Mütter, die ihre Söhne missbrauchen, dies offenbar vorwiegend „zärtlich" tun;
- Mütter, die ihre Töchter missbrauchen, sie dabei sehr häufig malträtieren und quälen;
- es bei den (Folge)Schäden für das kindliche Opfer keine Rolle spielt, ob der Täter weiblich oder männlich ist;
- bei Müttern (Frauen) im Vergleich zu Vätern (Männern) von einer sehr viel höheren Missbrauchsrate, als bisher angenommen wurde, auszugehen ist;
- alleinerziehende Mütter unter den weiblichen Missbrauchern überproportional vertreten sind;
- Mütter (Frauen) als Kindesmissbraucherinnen in der Gesellschaft, in den Medien und der Forschung kaum wahrgenommen werden.

Die Frauen, die eingestehen, dass auch ihr eigenes Geschlecht fähig ist, Kinder sexuell zu missbrauchen, sind fälschlicherweise der Ansicht, dass im Unterschied zu missbrauchenden Männern das Verhalten der missbrauchenden Frauen weniger schädigend ist und mildere Formen aufweist. Mit ihrer aus Verleugnung, Verharmlosung und Verfälschungen bestehenden Erklärungen werden sie durch zahlreiche Feministinnen unterstützt, die über den sexuellen Kindesmissbrauch durch *ausschließlich* männliche Täter geschrieben haben.

Würde es wirklich zutreffen, dass Frauen im Vergleich zu Männern wesentlich weniger gewalttätig sind, so wird man sich der Frage nicht entziehen können: Wie kommt es denn dann in einer Vielzahl von Missbrauchsfällen durch Frauen zu brutalsten Gewalthandlungen, teilweise sogar zu sadistischen Handlungen, die der Folter gleichen? Es muss sogar die Frage erlaubt sein, ob diese Gewaltanwendungen, die von Frauen – insbesondere Müttern – verübt werden, in Form und Intensität die körperlichen Gewalttaten männlicher Täter in einer nicht nachvollziehbaren Art und Weise weit übertreffen. Dem Verfasser jedenfalls sind bis heute keine Fälle bekannt geworden, in denen Männer, insbesondere (Stief-)Väter an Kindern derartig brutale, sadistische und perverse Gewalthandlungen vollzogen haben, wie Frauen es getan haben (womit auf keinen Fall jene schlimme Gewalt, die von Männern, (Stief-)Vätern beim sexuellen Kindesmissbrauch angewandt wird, verharmlost werden soll!).

Dem Verfasser ist überdies aufgefallen, dass insbesondere Mütter bei den sexuellen Gewalthandlungen die Töchter dazu zwingen, mit Gegenständen und, in vielen Fällen, sogar mit ihren kindlichen Fingern und Händen, ihnen, den Müttern, mittels vaginaler Penetration Orgasmen zu verschaffen. Es sind missbrauchende Mütter, die auch nicht davor zurückschrecken, ihre Töchter vaginal mit Gegenständen, Fingern, Händen und anderen Formen genitaler Manipulation zu penetrieren und zu malträtieren. Die Söhne, die zum Lustobjekt sowie zum Liebes- und Partnerersatz erkoren werden, sind hier offenbar eher selten betroffen.

Mütter scheinen auch bei der körperlichen Misshandlung und Züchtigung ihrer Töchter im Vergleich zu ihren Söhnen brutaler vorzugehen.

„Betrachtet man die körperlichen Misshandlungen bei Mädchen und Jungen getrennt", so *Richter-Appelt* und *Tiefensee* (1996 a, S. 371) in ihrer Studie, „so fällt auf, dass Mädchen eher von der Mutter geohrfeigt oder eingesperrt, an den Haaren gerissen und mit Gegenständen verprügelt werden. Selbst Verbrennungen wurden bei den Mädchen eher von der Mutter vorgenommen als vom Vater. Die Männer hingegen gaben an, Ohrfeigen, Prügel und Tritte eher vom Vater erhalten zu haben. Von der Mutter wurden sie eher eingesperrt oder an den Haaren gerissen."

Nicht nur die Öffentlichkeit, Medien, Forschung, auch die parteilich-feministischen Beratungs- und Hilfsvereine für missbrauchte Opfer werden sich mit der Tatsache anfreunden müssen, dass es eine Vielzahl von Frauen gibt, die eigene oder fremde Kinder misshandeln, quälen, erniedrigen und sexuell missbrauchen. Sie werden zu begreifen haben, dass nicht nur Mädchen, sondern auch Jungen Opfer sexuellen Missbrauchs und sexueller Gewalt durch Mädchen *und* Frauen sind, die der Hilfe bedürfen. Sie werden sich eingestehen müssen, dass das Feindbild: *Jungen und Männer sind generell (zumindest potentielle) Missbraucher*, ein Mythos ist, der zu keinem Zeitpunkt stimmt oder gestimmt hat. Und sie werden insbesondere die Geschichte über den sexuellen Kindesmissbrauch und somit ihre feministische Forschung und Praxis, die Gewalt gegen Mädchen und Frauen als eine ausschließlich männliche, patriarchalische Gewalt benannt hat, die sich nur gegen Mädchen als Mädchen und Frauen als Frauen richtet, umschreiben müssen.

Das gilt auch für nicht parteilich-feministische Beratungs- und Hilfsvereine.

Früher die Frauenbewegung, heute die parteilich-feministischen Beratungs- und Hilfsvereine und deren (radikal) parteilich-feministischen Protagonistinnen der sexuellen Missbrauchsbewegung, werden sich weiter fragen müssen: Wenn Frauen das strukturell vorgegebene Machtverhältnis zu Kindern gewaltförmig ausnutzen und sexualisieren, gibt es dann noch eine Begründung und Legitimation für den Feminismus? Haben sie das Recht, Männer wegen der von ihnen verübten Gewalttaten anzuklagen, wenn ihr eigenes Geschlecht Macht und Gewalt ausübt, indem es (eigene) Kinder misshandelt und/oder sexuell missbraucht?

„Ich nehme für alle Frauen das Recht in Anspruch, an der flüchtigen Schönheit des Knaben Gefallen zu finden"
Germaine Greer (2003, Umschlagseite)

Interview mit einer pädophilen Frau

Der Verfasser führte mit einer 42-jährigen pädophilen Feministin, die sich regelmäßig mit anderen betroffenen Frauen zum Erfahrungsaustausch trifft, ein Interview. Da sie unerkannt bleiben will, wird sie vom Verfasser mit dem Pseudonym „Frau Mayer" angesprochen.

Homes: Wann wurde Ihnen Ihre pädophile Veranlagung bewusst?

Mayer: Im Verlauf meiner Tätigkeit als Babysitterin bemerkte ich mit 15 Jahren in mir eine Veränderung im Umgang mit Kindern. Ich verhielt mich ihnen gegenüber nicht mehr „gefühlsneutral". Im Gegenteil: Ich ließ mich auf ihr kindliches Verlangen nach Zärtlichkeit ein, indem ich ihre Körper intensiv streichelte und im Laufe der Zeit auch mit meinen Lippen und der Zunge liebkoste. Die innere und äußere Erregung der Kinder übertrug sich auf mich, und ich bin absolut sicher, sie wollten mehr. Doch das kindliche Verlangen nach mehr blockte ich, die Strafbarkeit meines Agierens vor Augen, zu dem Zeitpunkt bewusst ab. Erst mit 25 fing ich an, meine pädophile Veranlagung voll auszuleben.

Homes: Sie sind Feministin und stehen zu ihrer Veranlagung?

Mayer: Ich stehe dazu: Ich begehre Knaben im Alter von acht bis zwölf Jahren. Ich habe seit fast einem Jahr eine tiefe innige, erotische und sexuelle Beziehung zu einem zehnjährigen Jungen. Es gibt nichts Schöneres für mich als der unbefleckte, zarte, unbehaarte Körper eines Knaben. Ich liebe es, ihn sehr behutsam in die nicht enden wollende Liebe einzuführen. Seinen Körper, der sich an mich schmiegt, der vor Lust anfängt zu vibrieren, wenn ich ihn zart mit meinen Händen und meiner Zunge vom Gesicht über Hals, Bauch, Genitalien bis zu den Füßen hin berühre. Und ich mag es, wenn er auf mir liegt und ich an seiner Atmung merke, dass es ihm gefällt und er sich mir völlig hingibt. Auch ich lasse mich fallen, gebe mich ihm hin.

Homes: Warum finden Sie Kinder, konkret Jungen im Kindesalter, anziehend? Anders gefragt: Was gibt Ihnen die sexuelle Beziehung zu einem Jungen?

Mayer: Diese Frage habe ich mir immer und immer wieder gestellt. Für mich gibt es hierauf nur eine Antwort: Ich wurde in meiner Kindheit von meinem Vater missbraucht. Im Laufe der Jahre nahm der Missbrauch an Intensität zu. Ab meinem 13. Lebensjahr vergewaltigte er mich. Mit 16 begann ich mich massiv zu wehren, verweigerte mich und drohte mit der Polizei. Dann endlich ließ er mich in Ruhe.
Ich hasse meinen Vater, und dieser Hass, der sich tief in meine Seele hineingefressen hat, übertrug sich auf alles, was männlich und erwachsen ist. Ich habe einen Ekel vor Männern, vor deren Körper, Genitalien, Körperbehaarung, Körpergeruch, Schweiß und Sperma. Alleine der Gedanke, mit einem Mann sexuell zu verkehren, löst in mir starke Ekelgefühle und Brechreiz aus. All dies verbinde ich nicht mit einem Knabenkörper. Vor meinem jungen Liebhaber muss ich keine Angst haben, dass er mir Schmerzen zufügt, auch nicht beim sexuellen Verkehr. – Mit einem Mann, da bin ich mir absolut sicher, könnte ich niemals vergleichbare Orgasmen erleben.

Homes: Würden Sie der Auffassung zustimmen, dass es eine Vielzahl von Frauen gibt, die in ihrer Kindheit missbraucht oder vergewaltigt wurden, die auch so empfinden und sich für die Pädophilie entschieden haben beziehungsweise entscheiden?

Mayer: Ja! Die pädophilen Frauen, mit denen ich mich regelmäßig zum Erfahrungsaustausch treffe, haben von ihren Vätern sexuelle Gewalt erlebt. Eine Frau wurde auch von der Mutter brutal missbraucht.

Homes: Wenn Sie ehrlich zu sich selbst sind, müssen Sie dann nicht das Ungleichgewicht innerhalb der pädophilen Beziehung anerkennen?

Mayer: Ich lege absoluten Wert auf eine gleichberechtigte Partnerschaft. Die wunderschöne leidenschaftliche Liebesbeziehung zwischen meinem Freund und mir ist geprägt von gegenseitiger emotionaler Zuneigung und Zärtlichkeit, die wir beide immer wieder aufs Neue intensiv ausleben. Mit ihm und durch ihn bin ich wieder das kleine Mädchen, umgeben von seiner kindlichen Leidenschaft. Mein kleiner Freund stillt das nie enden wollende Verlangen des kleinen Mädchens nach Zärtlichkeit. Das kleine Mädchen, das in den Händen seines jungen Liebhabers die brutal entrissene Kindheit wieder und wieder und wieder durchlebt.

Homes: Existiert für Sie ein nennenswerter Unterschied zwischen männlicher und weiblicher Pädophilie?

Mayer: Ja! Meiner festen Überzeugung nach wenden Frauen keine Gewalt an. Männer hingegen üben, von wenigen Ausnahmen sicherlich abgesehen, Gewalt aus. Ihnen geht es um Machtausübung, Kontrolle und Unterwerfung des Kindes.

Homes: Glauben Sie im Ernst, dass diese Attribute nur und ausschließlich auf männliche Pädophile zutreffen? Ist es nicht vielmehr so, dass es gerade auch bei Frauen Pädophile gibt, die Gewalt, zum Teil schlimmste Gewalt anwenden, um sich an Kindern sexuell zu befriedigen?
Anders gefragt: Geht es ihnen nicht auch um das Ausleben von Macht, Kontrolle und Unterwerfung?

Mayer: Ich muss zu geben, dass ich das nicht ganz ausschließen kann, dass es vereinzelt auch Frauen gibt, die Gewalt anwenden. Das sind dann aber ganz bestimmt Einzelfälle.

Homes: In der gesamten Fachliteratur findet man zum Thema pädophile Frauen wenig. Sehr vereinzelt gibt es Untersuchungen, in denen betroffene Frauen und vor allem Mütter, die wegen Missbrauchs von Kindern Haftstrafen absitzen müssen, befragt wurden. Die Sexualstraftäterinnen führten als Erklärung dafür, warum sie Kindern sexuelle Gewalt antaten, in erster Linie ins Feld: Die (Ehe-)Partner hätten ihre Bedürfnisse nach Nähe, Zärtlichkeit, Körperkontakt und Sexualität nicht befriedigt. Einige führten aber auch ganz offen an, sie hätten aus Wut und Rache gegenüber den (Ehe-)Partnern die Kinder missbraucht. Mit anderen Worten: Die Sexualstraftäterinnen tobten ihre Wut und Rache an den Kindern aus, indem sie diese malträtierten und sich an deren Körper befriedigten.

Mayer: Ich kann mir das beim besten Willen nicht vorstellen, dass eine von ihrem Ehemann enttäuschte Frau, die von ihm unterdrückt wird, aus Wut oder Rache das gemeinsame Kind sexueller Gewalt aussetzt. Das gilt auch für das mögliche sexuelle Versagen des Mannes. Es übersteigt meine Vorstellungskraft, dass Mütter, die innerhalb der Ehe sexuell unbefriedigt sind, ihre Kinder als Sexualobjekte benutzen.

Homes: Leider entspricht dies der Realität. Im Übrigen: Nach außen hin fallen missbrauchende Mütter nicht auf, da der Missbrauch unter dem Deckmantel der „umsorgenden", „behütenden", „pflegenden", „aufopferungsvollen" und „hingabewilligen" Mutter stattfindet. Diese missbrauchenden Mütter profitieren von der gesellschaftlichen Glorifizierung der Mutter als asexuelles Wesen. Ihr Vorteil: sie sind vor Strafverfolgung geschützt.

Mayer: Alleine die Vorstellung, dass Mütter ihren Kindern unter dem Deckmantel ihrer Mutterrolle sexuelle Gewalt antun, ist schwer zu ertragen. Sollte dies der Wirklichkeit entsprechen, und daran habe ich ganz erhebliche Zweifel, müssten entsprechende Maßnahmen ergriffen werden, um diese Kinder vor weitere Übergriffe zu schützen.

Homes: Müssen Kinder nicht auch vor pädophilen Frauen, die keine eigenen Kinder haben, geschützt werden?

Mayer: Nein! Für mich existiert ein wichtiger Unterschied zwischen pädophilen Frauen, die keine Kinder haben, und Müttern, die ihre Kinder missbrauchen.

Homes: Wo konkret liegt dieser Unterschied?

Mayer: Bitte haben Sie dafür Verständnis, wenn ich mich hierzu nicht weiter äußere.

Homes: Sie treffen sich regelmäßig mit anderen betroffenen Frauen zum Erfahrungsaustausch. Können Sie mir berichten, was dort besprochen wird?

Mayer: Diese Treffen finden naturgemäß anonym statt. Wir diskutieren über Sehnsüchte, Träume, Hoffnungen, Ängste. Einige von uns berichten immer wieder von dem Ver-

> such, mit Kindern in Kontakt zu kommen und davon, dass es dann doch nicht zu einer Kontaktaufnahme kommt, weil die Angst vor der kindlichen Reaktion zu groß ist. Noch größer ist die Angst vor Entdeckung und Strafverfolgung.

Der weibliche Anteil an Gewalt und sexuellen Missbrauchsdelikten wird fast ausnahmslos geleugnet und totgeschwiegen. Insbesondere feministische Autorinnen, die zahlreich zum Thema publiziert haben, verschweigen entweder diese Tatsache oder erwähnen es am Rande, sie bagatellisieren und relativieren es gleichzeitig. Ihre Befürchtung: Wenn man die Tatsache anerkennt, dass es Frauen und Mütter gibt, die Kinder, *ihre* Kinder sexuell missbrauchen, könnte man zum Schluss kommen, dass es keine geschlechtsspezifischen Unterschiede beim sexuellen Missbrauch gibt. Dies wiederum habe möglicherweise eine Rückkehr zu geschlechtsneutraler Theorie und Praxis zur Folge. Zudem führe dies zu einer Relativierung und Umschreibung der Geschichte des sexuellen Kindesmissbrauchs. Zu groß ist die Angst, dass die öffentliche Diskussion über missbrauchende Frauen und Mütter den Feminismus, aber auch die vorwiegend feministisch geprägten Hilfs- und Beratungsstellen in Frage stellen und in ihren Grundmauern erschüttern könnte.

Die Mutter als Kindesmissbraucherin fügt sich nicht in das feministische Bild von der Frau als Opfer patriarchalischer Gewalt. Zum feministischen Bild gehört es zwangsläufig, den sexuellen Missbrauch von Kindern immer nur in Verbindung mit männlicher Macht und Aggression zu sehen: In erster Linie wurden ausschließlich Mädchen als – potentielle – Opfer männlicher sexueller Gewalt begriffen. Die Jungen wurden den gewalttätigen Männern gleichgestellt: sie waren nach der feministischen Doktrin und Ideologie – wie auch ihre älteren, erwachsenen Geschlechtsgenossen – mindestens potentielle Mädchen- und Frauenvergewaltiger.

Dieses jungen- und männerfeindliche Gesamtbild wird auch heute noch von der (radikal-)feministischen Bewegung, die wiederum sehr von in ihrer Kindheit missbrauchten weiblichen Opfern *und* lesbischen *und* radikalen Frauen dominiert ist, suggeriert.

Dieses (radikal-)feministische Gesamtgebilde schlägt sich auch auf die (Frauen-)Forschung nieder: Während es über missbrauchende Männer, Väter, Stiefväter mittlerweile unzählige Fachbücher, Beiträge in Fachzeitschriften, Studien und Untersuchungen gibt, existiert über missbrauchende Frauen, Mütter, Stiefmütter usw. hingegen kein derartiges Konvolut an Materialien.

Die mit diesem jungen- und männerfeindlichen Gesamtbild zusammenhängende exzessive Missbrauchskampagne – insbesondere die in den neunziger Jahren (an dieser Stelle sei erinnert an die *„Wormser"*, *„Montessori"* und *„Nordhorner"* Prozesse) – zeigt unstritig, dass viele kindliche Opfer, die nie Opfer sexuellen Missbrauchs waren, erst durch den Aufdeckungseifer und die Verfolgungssucht selbsternannter „Missbrauchsjägerinnen", „Aufdeckerinnen" und „Aufklärerinnen" (und deren von Absolutismus geprägte Parteilichkeit) viktimisiert worden sind.

Für den Verfasser stellen sich in dem Zusammenhang folgende Fragen:

• Findet insbesondere in den parteilich-feministischen Beratungs- und Hilfsvereinen eine Instrumentalisierung der kindlichen Opfer zu Gunsten von Feminismus und deren „Kampf gegen das Feindbild Mann" statt?

• Werden kindliche (mutmaßliche) Opfer benutzt im „Krieg gegen das Patriarchat", im „Krieg gegen den männlichen Phallus"?

Dass die Instrumentalisierung von missbrauchten und nicht missbrauchten Kindern tatsächlich bittere Realität zu sein scheint, bestätigte dem Verfasser eine frühere Mitarbeiterin einer Beratungsstelle für missbrauchte Mädchen und Frauen (siehe hierzu das Interview auf Seite 316).

„Wir haben die Kinder benutzt", gesteht die Beraterin im Interview, „die, die wirklich missbraucht worden sind, und die, die erkennbar nicht missbraucht wurden, und die wir trotz dieses Wissens zu Opfern erklärt haben. So wird aus dem sexuell missbrauchtem Opfer noch einmal ein Opfer. Und das nicht missbrauchte Kind wird so erst erklärtermaßen zu einem Opfer gemacht. Sie sind alle auch Opfer der parteilich-feministischen Aufklärungs- und Hetzkampagne und des feministischen Krieges gegen alles Männliche."
Und über die hochsuggestive Aufdeckungsarbeit berichtet sie:
„Natürlich war auch mir bewusst, dass das ständige Fragen, Abfragen, Nachfragen die Kinder verunsichert, verwirrt, verängstigt hat, das ist gar keine Frage. Und natürlich haben die Kinder darunter gelitten. Die Befragung beinhaltete immer das uneingeschränkte Ziel, mit absoluter Präzision hinsichtlich der Suggestion an die Kleinen massiv heranzutreten. Die Fragestellung, geprägt durch die Parteilichkeit, war entsprechend hochsuggestiv. Die Aufdeckungsarbeit mit Hilfe anatomischer Puppen und Kinderzeichnungen wurde von uns völlig voreingenommen betrieben. Wir haben entsprechend total willkürliche Deutungen vorgenommen. Wir haben in allem immer nur ‚Signale', Indikatoren für einen sexuellen Missbrauch sehen wollen. Maßgeblich bei der Diagnostik waren immer unsere eigenen aggressiven Phantasien, die die bewusste Vorstellung prägten, der Missbrauch habe bei jedem einzelnen Kind auch tatsächlich stattgefunden. Und wir haben unsere eigenen Missbrauchserfahrungen und die hieraus resultierende Verzweiflung, Wut, Aggressionen, ja Hass auf alle Männer und Väter in die Kinder hineinprojiziert. Die Befragung der Kinder war eindeutig eine Gehirnwäsche: Den ‚Erinnerungen' der Mädchen haben wir nachgeholfen, sie notfalls korrigiert, wenn uns die Antworten nicht zufrieden stellten. Wir haben ihnen dann Worte, Sätze in den Mund gelegt, ja aufgedrängt. Auch ich verfolgte unentwegt das Ziel, aus diesen Mädchen Opfer zu machen, egal, ob sie nun sexuell missbraucht wurden oder nicht. Wir haben, nein, wir wollten selbst fest daran glauben, dass jedes der Kinder tatsächlich Opfer von brutaler Männergewalt geworden ist. Deshalb der Slogan: ‚Wir glauben jedem Opfer, denn in solchen Fällen lügen Kinder nicht.'"

Warum gibt es sehr interessierte Kreise, die in unverantwortlicher Weise wider besseres Wissen mit Horrorzahlen über die Häufigkeit sexuellen Kindesmissbrauchs jonglieren? Ist die Beantwortung dieser Frage in der Tatsache zu finden, dass eine langlebige Legitimation und Existenzberechtigung der Beratungs- und Hilfsvereine, vor allem jener, die parteilich-feministisch orientiert und geprägt sind, erst dann gewährleistet ist, wenn man öffentlichkeitswirksam mit Horrorzahlen durchs Land zieht (wie eben viele fast ausschließlich parteilich-feministische Protagonistinnen erkannt haben)? Anders gefragt: Ist es die Angst, ein schwer erkämpftes Terrain – konkret: das „Monopol", das sie beim Thema *sexueller Kindesmissbrauch* innehaben – kampflos aufgeben zu müssen – mit der Folge, dass sie nach einer neuen Legitimation und somit Existenzberechtigung händeringend suchen müssten?

Mindestens 300 000 missbrauchte Kinder jährlich: eine Horror-Zahl, die seit 1984 in den Medien und in zahlreichen Fachbüchern immer wieder gebetsmühlenartig genannt und wiederholt wird. Für den Verfasser steht außer Frage: Das Jonglieren mit dem Leid der tatsächlich sexuell missbrauchten Kinder zugunsten der Missbrauchs-Aufklärungs-Kampagne ist verantwortungslos.

Dem Verfasser stellt sich in dem Zusammenhang die Frage: Würde die Zahl 300 000 (und mehr) vielleicht erst dann Realität, d.h. wirklich stimmen,

- wenn man viel mehr um Sachlichkeit und Objektivität bemüht und insbesondere in der Hell- und Dunkelfeldforschung die Bereitschaft vorhanden wäre, die Mutter und Frau ebenfalls als Täterin, als Kindesmissbraucherin zu berücksichtigen;
- wenn die von (Radikal-)Feministinnen und der (radikal-)feministischen Missbrauchsforschung sehr großzügig und weit ausgelegten Missbrauchsdefinition auch auf missbrauchenden Mütter (und Frauen) Anwendung finden würde;
- wenn männliche wie weibliche Missbrauchsopfer ihr Schweigen, die „Mauer des Schweigens" aufgeben bzw. zum Einsturz bringen?

Wie hoch würde der tatsächliche weibliche Täteranteil ausfallen?

Das Schweigen der Opfer beiderlei Geschlechts verdeckt unstrittig das ganze Ausmaß der sexuellen Gewalt durch Frauen und Mütter. Das vorliegende Buch soll genau aus dem Grund auch männliche *und* weibliche Opfer von weiblichen Tätern ermutigen, aufzubegehren und sich an die Öffentlichkeit und Strafjustiz zu wenden. Solange sie schweigen, profitieren die weiblichen Kinderschänder sowie die (radikal-)feministische Bewegung.

„Alle Mütter spielen an ihren Kindern herum."

Der Verfasser führte mit vier männlichen Opfern, die in ihrer Kindheit sexuelle bzw. emotionale Gewalt durch Frauen erlebt haben, Gespräche: Zwei der Opfer wurden von ihren Müttern, ein Opfer von der Großmutter missbraucht. Das vierte Opfer erlebte schlimmsten emotionalen Missbrauch.

„Ich habe mich mit drei, vier Jahren entschlossen, nicht mehr zu weinen."

Der 47-jährige A. (Außendienstmitarbeiter einer Versicherungsgesellschaft), der als Jugendlicher versucht hat, sich das Leben zu nehmen. erinnert sich, bis etwa zum 13. Lebensjahr von der Mutter missbraucht worden zu sein. Als Kleinkind habe die Mutter beispielsweise sein Gesicht an ihre Genitalien gedrückt und gesagt: „Da bist du herausgekommen."

Im Alter von zehn Jahren habe er auf dem Schoß der Mutter gesessen, man habe sich innig geküsst.
Die Großmütter, die „irgendetwas mitbekommen haben müssen", sagten ihm einmal: „Alle Mütter spielen an ihren Kindern herum."
A. berichtet weiter, er sei von der Mutter auch regelmäßig körperlich misshandelt worden.
Auf die Frage, ob er (Folge-)Schäden davon getragen habe, erklärt er:
„Ich habe in sexueller Hinsicht große Probleme: Ich habe Angst vor Sexualität – und leide unter einer Sex-Sucht. Ich habe früher sogar versucht, mit Tieren sexuell zu verkehren. Ich habe meine Sexualität gespalten."
Und weiter führt er hierzu aus:
„Bei den sexuellen Handlungen war meine Mutter die aktive, dominante Frau. Das hat sich bis heute nicht geändert: Ich kann mit einer Frau nur dann schlafen, wenn sie eine aktive und dominante Rolle einnimmt, während ich absolut passiv bin."
Später stellte er seine Mutter zur Rede:
„Ich habe meine Mutter mit meinen Erinnerungen konfrontiert, sie bestritt, mich missbraucht zu haben."

„Ich möchte kein Opfer mehr sein."

Der 54-jährige C. (Verwaltungsangestellter bei der Caritas) erinnert sich, im Alter von 12 Jahren von der Mutter missbraucht worden zu sein. Die Mutter wollte beispielsweise, dass er mit ihren Brüsten spielte – und beim Mittagsschlaf bestand sie darauf, dass er sein Gesicht auf ihre Brüste legte.
Die Mutter sei ihrer Mutterrolle nicht gerecht geworden, sie habe auch keine „mütterliche Ausstrahlung" gehabt. Er habe sich nach einer Mutter gesehnt, die ihm Wärme und Geborgenheit gäbe:
„Ich bin der Liebe der Mutter nachgelaufen, die es nicht gab."
Auf die Frage, ob er (Folge-)Schäden davon getragen habe, erklärt er:
„Ich habe eine große Angst davor, bei einer Frau zu versagen. Ich leide unter Erektionsproblemen und kann Sex nur in Verbindung mit Alkohol erleben. Ich leide seit 40 Jahren darunter."
Bis vor einigen Jahren war C., der eine Therapie macht, Alkoholiker.

„Ich habe Angst vor Frauen."

Der 49-jährige B. (arbeitslos) erinnert sich, im Alter von drei bis vier Jahren von der Großmutter missbraucht worden zu sein. Beim täglichen Mittagsschlaf sei es zu sexuellen Handlungen gekommen. So habe die Großmutter beispielsweise seinen kindlichen Penis sowie die Hoden in den Mund genommen. Ihm habe es aber auch Spaß gemacht. So sei er einmal von sich aus auf die Großmutter zugegangen, als sie im Bett lag, um sie anzufassen. Diese habe ihn aber – für ihn völlig unerwartet – plötzlich zurückgewiesen. Der Grund für die plötzliche Zurückweisung: Seine Mutter ahnte offenbar etwas – und sprach ihre Mutter (Großmutter) auf den Missbrauch an.

Auf die Frage, ob er (Folge-)Schäden davon getragen habe, erklärt er:
„Ich habe Angst vor Frauen. Ich habe Angst davor, dass eine Frau mich am Penis und den Hoden anfasst. Der Schweißgeruch und die Ausscheidungen einer Frau erinnern mich an meine Großmutter."
B. leidet heute unter starken Alkohol- und Drogenproblemen, die er auf die Missbrauchshandlungen zurückführt.

„Ich warte darauf, dass meine Mutter stirbt."

Der 32-jährige D. (arbeitsunfähig) wurde von seiner Mutter emotional missbraucht und „vergewaltigt". D. wurde von der Mutter mit dem Stigma der Behinderung großgezogen (die Mutter gestand ihm einmal, sie habe ihn wegen des Geldes, das sie vom Staat bekam, bewusst als Behinderten großgezogen). D., der von seiner Mutter zum „Sklaven" abgerichtet wurde, musste beispielsweise den Haushalt führen, ihr die Füße und Beine massieren.
Erst mit 10 lernte er sprechen.
Mit 11 wurde er von einem Onkel (dieser war etwa Mitte 40) vergewaltigt. Die Mutter, von ihm hierauf angesprochen, hatte nur die Worte übrig:
„Das wird ja nicht der erste Mann gewesen sein!"
Er habe sich damals Verletzungen zugefügt, „um meinen Körper für andere unattraktiv zu machen".
Im Alter von 16 wurde er in eine Behinderteneinrichtung abgeschoben, mit 19 in der Psychiatrie zwangsuntergebracht.
Über seine Kindheit sagt er:
„Ich musste mich von meiner Kindheit sehr früh verabschieden."
Bis heute sehnt er sich nach mütterlicher Liebe, Geborgenheit, Wärme. D., der an HIV erkrankt ist, habe die Mutter einmal darauf angesprochen.
„Sie reagierte aggressiv: Was willst du, du krepierst ja sowieso bald!"
Über seine Mutter spricht er ganz offen:
„Ich habe eine Hass-Liebe zur Mutter entwickelt. Ich hasse sie – und ich liebe sie! Ich warte darauf, dass meine Mutter stirbt! Wenn sie nicht mehr da ist, werde ich sie vermissen und trauern, trotz der großen Wut und des Hasses auf sie."
Auf die Frage, ob er (Folge-)Schäden davon getragen habe, erklärt er:
„Heute leide ich unter Einsamkeit, Alpträumen. Noch schlimmer: Ich leide unter einer großen Aggressivität. Beim Sex beispielsweise will ich anderen schmerzhafte Verletzungen zufügen."

Wie das hier vorliegende Buch beweist, muss mit Blick auf die aufgeführten Fakten die Geschichte des sexuellen Kindesmissbrauchs umgeschrieben, wenn nicht gar neu geschrieben werden. Hierfür spricht bereits folgender Tatbestand: Die Missbrauchsrate für weibliche Täter, die in internationalen Studien mit bis zu 80 Prozent und in nationalen (deutschen) Studien mit bis zu 40 Prozent angegeben werden, zeigen unstrittig, dass in der gesamten Missbrauchsforschung und Öffentlichkeit dringend ein Umdenkungsprozess sowie eine Diskussion über Frauen und Mütter als Kindesmissbraucherinnen stattfinden muss.

Möglicherweise findet dieser Umdenkungsprozess bei den Müttern bereits statt? Der Bremer Soziologe und Universitätsprofessor Gerhard *Amendt* (1993, S. 2, 3) befragte im Rahmen einer Studie im Frühjahr 1992 unter Berücksichtigung der alten und neuen Bundesländer 903 Frauen u. a. über die Grenzen, die sie in „ihrer Beziehung zum Sohn ziehen, welche sie nicht ziehen, wie sie das tun, und welche Widersprüche sich dabei für ihre Gefühlswelt ergeben und welche Gefühle sie häufig außer acht lassen".

Ein Ergebnis von *Amendts* (1993, S. 30) Befragung sei an dieser Stelle wiedergegeben: „Das erstaunliche und allen gängigen Weiblichkeitsideologien widersprechende Ergebnis ist, dass nur 4,1% der Frauen der Ansicht sind, dass ‚*Mütter ihre Söhne nicht missbrauchen*'. Im Westen beträgt der Anteil sogar nur 2,0%, im Osten hingegen 6,1%. ‚*Dass Mütter es viel seltener tun (als Väter)*' ist die Meinung von 64,5% aller Frauen. Wobei auch hier der Anteil im Osten etwas höher liegt (im Osten: 69,5%, im Westen: 59,6% - *Anm. d. Verf.*). ‚*Mütter machen es anders*' ist die Meinung von 41% der Frauen in den westlichen und 28,1% in den östlichen Bundesländern (35% aller Frauen vertreten diese Meinung - *Anm. d. Verf.*)."

Wiesbaden, im Juni 2004
Alexander Markus Homes

1. Tatort Familie: Der „andere" Inzest

1.1 Inzest als schlimmste Form des sexuellen Kindsmissbrauchs

„Seelenmord hat mit Unmenschlichkeit zu tun, mit der Vernichtung dessen, was einen Menschen ausmacht, mit einem Angriff auf die menschliche Würde und Identität. Aus diesem Grunde finden wir die Bezeichnung Seelenmord besonders im Kontext jener Verbrechen, die wir als Holocaust kennen. (...) Wenn ich Inzest mit Seelenmord in Verbindung bringe, dann möchte ich damit sagen, dass ein Totalangriff auf das Menschsein erfolgt ist, dass das Kind nicht länger so denken und fühlen kann wie andere Kinder, dass alles Verhalten eine andere Färbung bekommen hat. Die Identität ist zentral verletzt worden, und zwar gerade auch die sexuelle Identität."
Ursula Wirtz (1996, S. 20, 21)

Jedes Kind hat nach Sigmund *Freud* einen stark verankerten, innerlichen ödipalen Wunsch nach Sexualität mit dem gegengeschlechtlichen Elternteil, also der Mutter oder dem Vater.
Und das gleiche scheint umgekehrt für die Eltern zu gelten. „Das Kind nimmt beide Elternteile und einen Teil besonders zum Objekt seiner erotischen Wünsche", so *Freud* (1910, S. 50):
„Gewöhnlich folgt es dabei selbst einer Anregung der Eltern, deren Zärtlichkeit die deutlichsten Charaktere einer, wenn auch in ihren Zielen gehemmten, Sexualbetätigung hat. Der Vater bevorzugt in der Regel die Tochter, die Mutter den Sohn: das Kind reagiert hierauf, indem es sich als Sohn an die Stelle des Vaters, als Tochter an die Stelle der Mutter wünscht." Die ödipale Inzestdynamik[1] ist in „allen Menschen angelegt", berichtet hierzu folgerichtig *Hirsch* (1994, S. 3), „sie enthält auch die Wünsche der Eltern nach sexueller Beziehung zu ihren Kindern, und um so schlimmer, wenn diese Phantasien und Wünsche von den Mächtigeren, die reifer sein sollten, auf Kosten des Schwächeren in die Realität hineinagiert werden."
Dass die „Grenzen zum ausbeuterischen, missbräuchlichen sexuellen Körperkontakt" nicht immer leicht zu erkennen sind, davon ist *Hirsch* (1994, S. 11) genauso überzeugt wie von der Grenze, die „wiederum da (liegt), wo die Bedürfnisse, die befriedigt werden sollen, die des Erwachsenen sind und nicht die des Kindes"[2]:
„Der Erwachsene hat die Verantwortung, Grenzen zu setzen und sich taktvoll in der Empathie mit den Bedürfnissen des Kindes zurückzuziehen, wenn er selbst im Körperkontakt mit dem Kind sexuell erregt ist. Das ist eine Fähigkeit, die offensichtlich dem Aggressor in inzestuösen Beziehungen nicht zur Verfügung steht." Väter, die ihre Kinder sexuell missbrauchen, anerkennen diese Grenze nicht und begehen einen Tabubruch. Aber gerade auch missbrauchende Mütter tun sich sehr schwer, diese Grenze oder Moralschranke einzuhalten. Für viele von ihnen scheint der Tatbestand des Inzests nicht zu existieren, obwohl sie alle von der *Strafbarkeit* Kenntnis haben, denn Inzest *ist* eine *Straftat*. Es sind Mütter, die ihren Kindern oft schlimmste sexuelle Gewalt zufügen und sich vor dem Strafrecht in absoluter Sicherheit wiegen[3]. Sie wissen, dass sie im Rahmen der *körperlichen Pflege* und *Fürsorge* vor der Öffentlichkeit und dem *Strafrecht* geschützt sind[4].

Unglaublich, ja unfassbar ist die Tatsache, dass missbrauchende Mütter immer wieder mit der Entschuldigung kommen, dass sie selbst nicht wissen, wo die Grenze zwischen mütterlicher Zärtlichkeit und emotionalem bzw. sexuellem Missbrauch liegt. Weiter argumentieren missbrauchende Mütter sehr häufig, sie hätten sich doch nur die Zärtlichkeit und Liebe von ihren Kindern geholt, die sie von ihrem Ehemann oder Lebenspartner oder, bei *Alleinerziehenden*, wegen des fehlenden Partners nicht bekommen würden. Argumente, die auch und gerade von Vätern, die ihre Töchter (oder Söhne) sexuell missbrauchen, immer wieder als Rechtfertigung und Entschuldigung benutzt werden.
„Diese unhaltbare Argumentation müssten sie gerechterweise auch auf seiten der Männer gelten lassen", argumentieren folgerichtig *Bauerfeind* und *Schäfer* (1992, S. 98, 99), „die immer wieder für sich beanspruchen, ihre Kinder eben ‚von Kopf bis Fuß zu lieben'. Wenn Frauen ebenso wenig wie Männer wissen, wo die Grenze erlaubter Zärtlichkeit liegt, dann sollte die Gesellschaft möglichst bald damit anfangen, in diesem Bereich Nachhilfeunterricht anzubieten. Könnte es also sein, dass nicht nur Kinder in den Schulen dringend über ‚Sexualität und Liebe' aufgeklärt werden müssen, sondern dass Erwachsene es viel nötiger haben, zu erfahren, was Liebe, was Sexualität bedeutet, bedeuten kann?"

Es gibt aber auch Mütter, die wie Väter erklären, dass ihr eigenes Verlangen nach dem Ausleben sexueller Bedürfnisse, gerichtet auf das Kind, erst dann ausbrach, wenn sie durch die – angeblichen – Reaktionen des Kindes stimuliert wurden.
Es ist an den Eltern, auch dann zu widerstehen, wenn ihr Kind ein wie auch immer geartetes verführerisches Verhalten ihnen gegenüber zum Ausdruck bringt. *Amendt* (1993, S. 38) weist zu Recht darauf hin, dass „die Verantwortung für unangemessene Handlungen immer beim Elternteil liegt und nicht beim Kind. Und sei dieses noch so verführerisch und darauf aus, verführt zu werden. Kinder wollen verführt werden: sexuell, intellektuell, musisch, ästhetisch oder wie immer. Und es ist nichts leichter, als Kinder zu verführen. An welchen Verführungen die Eltern mitwirken und welchen nicht, markiert ihre Kulturfähigkeit, das Inzesttabu einzuhalten und ihre Kinder zu fördern".
Das Inzesttabu soll verhindern, so *Klein* (1991, S. 97), „dass sexuelle Rivalitäten und Eifersucht zwischen den Familienmitgliedern aufkommen und dass das System der sozialen Rollen in der Familie durcheinander gerät. Die heranwachsenden Kinder sollen mittels des Inzestverbots dazu gebracht werden, sich von ihrer Herkunftsfamilie zu lösen, und auf diese Weise eine Erwachsenenpersönlichkeit (...) entwickeln. Das Inzestverbot soll auch soziale Kontakte zwischen den Familien herstellen, die ansonsten dazu neigen würden, sich voneinander abzuschließen. Indem sich nämlich, dank des Inzestverbots, die Kinder verschiedener Familien heiraten, entstehe ein soziales Netz verwandtschaftlicher Bindungen zwischen den einzelnen Familien. (...) Zumeist wird das Inzestverbot als wesentlicher Bestandteil der menschlichen Kultur, ja als ihr eigentliches Fundament angesehen".
Die schwere Konfliktsituation, die mit der Inzesthandlung einhergeht, beschreibt *Stockert* (1956, S. 39): „Inzesthandlungen bedeuten eine schwerste Konfliktsituation, schon allein durch die Auflage der Geheimhaltung gegenüber dem betrogenen Elternteil und vor allem dadurch, dass der Partner ja meist für das Kind und den Jugendlichen nicht als erotisch ansprechend empfunden wird, wobei noch die Inzestschranke des sicher meist auch nicht erfreulichen Erzieher und Respektverhältnisses hinzukommt. Die Hauptsache, dass die meist unerwartete geschlechtliche Aggression als schwerstes Trauma

empfunden wird, ist aber wohl die Tatsache, dass sich das Kind noch in einem Alter befindet, in dem es körperlich weder entsprechend herangereift ist, um soweit libidinös zu reagieren, und andererseits nicht den psychischen Entwicklungsgrad erreicht hat, um eine erotische Haltung mit dem sexuellen Vollzug zur Deckung zu bringen. Der Inzest als Start des Geschlechtslebens wird immer eine schwerste Belastung für die Entwicklung des späteren Sexuallebens bedeuten."

Die inzestuöse Handlung bedeutet für das kindliche Opfer in der Regel eine Schädigung bzw. Verlust der psychischen wie physischen Integrität. Hierzu führt *Moggi* (1997, S. 195), der, wie die meisten Autoren und Autorinnen auch, die missbrauchende Mutter vollkommen außer Acht lässt, aus:
„Wichtige Ziele, Bedürfnisse und Erwartungen eines Kindes wie z. B. auch körperliche Zärtlichkeit, emotionale Zuwendung, Anerkennung, Schutz und Geborgenheit, Förderung eigener Fähigkeiten werden durch Inzest verletzt. Väter werden nicht mehr als deren Garant, sondern als massiv bedrohliche und schädigende Belastung erlebt. Unter dem Vorwand, die Bedürfnisse des Kindes durch ‚körperliche Zuwendung' zu befriedigen, werden jene durch den Vater zur eigenen Bedürfnisbefriedigung pervertiert. Mit zunehmender Realisierung sexueller Handlungen und dem Bewusstsein des Kindes, dass diese gegen innere (Selbstbild, psychische und physische Integrität etc.) und äußere Standards (soziale Normen) verstoßen, wird Inzest aversiv und verletzend erlebt. Der Vertrauensbruch durch eine Bezugsperson führt zu einer erhöhten Wahrscheinlichkeit sozialen Misstrauens bzw. der Unfähigkeit, Vertrauen in Beziehungen aufzubauen."
Ein ganz erheblicher Faktor ist, dass die eigentlichen psychischen Schäden im Rahmen des inzestuösen sexuellen Missbrauchs nicht immer zwangsläufig durch den Missbrauch selbst ausgelöst werden, sondern diese vielmehr durch die elterliche Gewalt und das Abhängigkeitsverhältnis innerhalb der Familie entstehen[5].
Steele und *Alexander* (1981, S. 224) drücken es unmissverständlich aus:
„Das Familienklima, in dem der Inzest geschieht, ist traumatisch, nicht so sehr der Inzest selbst."[6]
Diese Auffassung vertritt auch *Hoyndorf* (1995, S. 132)
„Die Schwere der Folgen sexuellen Missbrauchs scheint weniger von der Art des sexuellen Missbrauchs als vielmehr von der Familiendynamik abzuhängen, in der das Kind aufwächst."
Auch *Herman* (1981) ist fest davon überzeugt, dass der „Schrecken des Inzests nicht im sexuellen Akt (liegt), sondern in der Ausbeutung von Kindern und der Korruption elterlicher Liebe".
Und *Körner* (1975, S. 261), der 483 Missbrauchsfälle mit 407 angeklagten Beschuldigten aus dem Landgerichtsbezirk Frankfurt (Main) aus den Jahren 1960-1969 auswertete, stieß am „häufigsten auf seelische Schäden bei Missbrauch von Abhängigkeitsverhältnissen und bei Inzestfällen. Auch diese Beobachtung wird durch zahlreiche Vergleichsuntersuchungen bestätigt. Zwar war bisweilen das Opfer bereits so schwer milieugeschädigt, dass der Inzest den seelischen Zustand des Mädchens kaum noch verschlechtern konnte. In diesen Fällen war dann fraglich, ob die seelische Störung auf dem Sexualdelikt oder auf dem Familienmilieu beruhte. Der verfrühte Geschlechtsverkehr beeindruckte die Mädchen zumeist weniger als die damit verbundene Erschütterung des Vertrauens und der Achtung gegenüber dem Vater. So waren nicht wenige Mädchen der seelischen Belastung nicht gewachsen, der Mutter als Sexualpartnerin Konkurrenz zu

leisten und den Vater als Liebhaber und Familienvorstand zu erleben. Bei dem Versuch, sich von der sexuellen Abhängigkeit und von der seelischen Spannung zu befreien, kam es häufig zu ernsthaften Familienkonflikten, zu Depressionen, neurotischen Fehlhaltungen der Mädchen, zur Flucht aus dem Elternhaus oder zu Selbstmordversuchen".

Inzest spielt sich nicht nur, wie bis Anfang der sechziger Jahre angenommen, im sogenannten *Unterschichtmilieu* ab; insofern trifft auch die immer wieder behauptete Asozialität nicht zu. Das hat jedoch in der Regel kein Jugendamt und kein Gericht daran gehindert, insbesondere *Unterschichtsfamilien* mit dem unterstellten – und oft auch nicht zutreffendem – Inzestvorwurf zu diffamieren beziehungsweise zu zerstören, indem diesen teilweise sogar nach Gutdünken die Kinder weggenommen wurden, die dann über viele Jahre in Heimen leben müssen. Diesen familienpolitischen Skandal beschreibt *Foucault* (1983, S. 155) mit den Worten:
„Eine ganze Politik des Schutzes der Kindheit oder der gerichtlichen Bevormundung von ‚gefährdeten' Minderjährigen zielte unter anderem darauf ab, sie aus Familien zu entfernen, die man wegen Platzmangels, zweifelhaften Zusammenlebens, gewohnheitsmäßiger Ausschweifung, ‚Primitivität' oder Entartung inzestuöser Praktiken verdächtigte."
Durch verschiedene Untersuchungen[7] wurde bestätigt, dass es keine nennenswerte Verbindung zwischen Zugehörigkeit zu sozialen Schichten, ethnischen Gruppen und erhöhtem Risiko für sexuellen Missbrauch gibt – und somit keinen Unterschied. In allen sozialen Schichten kommt sexueller Missbrauch vor[8].
So kann beispielsweise *Bange* (1992, S. 118) in seiner Untersuchung den Schluss ziehen, dass 50% der missbrauchten StudentInnen aus der *oberen Mittelschicht* und der *Oberschicht* kamen, wobei hier zu berücksichtigen ist, dass die sogenannte *Unterschicht* bei den StudentInnen eine Minderheit darstellt.
Wetzels (1997, S. 158) verweist in seiner Untersuchung sogar auf leicht erhöhte Opferraten für die höheren Statusgruppen, die allerdings nur unter Einbeziehung exhibitionistischer Delikte statistisch signifikant seien. Und er führt weiter aus:
„Bei Eingrenzung auf Delikte mit Körperkontakt findet sich lediglich eine nicht signifikante Tendenz. Getrennte Analysen für Männer und Frauen führen nicht zu anderen Ergebnissen. Ein Vergleich der Raten innerfamiliärer Missbrauchserlebnisse mit Körperkontakt zwischen den Statusgruppen lässt ebenfalls keine signifikanten Unterschiede oder Tendenzen erkennen."
Und er schlussfolgert:
„Sexueller Missbrauch kommt demnach in allen sozialen Statusgruppen vor. Es gibt keinen Anhaltspunkt dafür, dass er in den unteren sozioökonomischen Statusgruppen häufiger sein könnte. Im Gegenteil: Womöglich ist in den oberen Statusgruppen die Sensibilität für geringfügigere sexuelle Normübertretungen größer."
Bezogen auf weibliche Kindesmissbraucher sind beispielsweise die von *Faller* (1987) in ihrer Studie Untersuchten vorwiegend arm, kaum gebildet und gehörten der Unter- und Mittelschicht an. Sie warnt jedoch zu voreiligen Schlüssen, da diese Frauen viel eher mit den Sozialbehörden zu tun haben und so der Missbrauch eher entdeckt werde. Und *Allen* (1991) berichtet in der Studie, dass 75% der Täterinnen *Highschool Graduates* waren, ca. 30% ein College oder eine andere Hochschule besucht hatten, 43% waren ohne Berufstätigkeit, und die, die berufstätig waren, arbeiteten zu 79% in untergeordneten Positionen. Über ein sehr niedriges Einkommen von weniger als 10.000 $ pro Jahr verfügten 75% der Täterinnen.

In der Fachliteratur werden die folgenden *familiären Risikofaktoren*, die einen sexuellen Missbrauch begünstigen können, fast ausschließlich nur auf männliche Inzesttäter angewandt, obwohl sie selbstverständlich auch auf weibliche Inzesttäter übertragbar sind[9]. Immer wieder werden genannt:

• Abwesenheit der Mutter oder des Vaters durch längere Krankheit;
• lieblose und emotional distanzierte Beziehung zwischen Eltern und dem Kind;
• *Parentifikation* (die Mutter oder auch der Vater füllt die Mutter oder Vaterrolle nicht aus und die Tochter oder der Sohn übernimmt die jeweilige Elternrolle der Tochter oder des Sohnes);
• soziale Isolation der Familie (auch zur Außenwelt) und die damit verbundene sehr enge Familienbindung;
• physische und psychische Kindesmisshandlung;
• Alkohol- und Drogenprobleme sowie aggressive Impulsivität des Vaters oder der Mutter;
• in der Kindheit erlebte Trennungserfahrungen, unvollständige Familie, Stiefvater oder Stiefmutter;
• Armut, die Hilflosigkeit, Unkontrollierbarkeit, Depressionen und Aggressionen bewirken kann;
• Missbrauchserfahrungen, die Eltern in der Kindheit erlebt haben.

Wie bei der elterlichen Gewalt[10] gegen Kinder spielt auch die *Familienform* eine eminent wichtige Rolle beim *intrafamiliären sexuellen Kindesmissbrauch*: Kinder, die bei *beiden biologischen Eltern* aufwachsen, sind signifikant weniger Elterngewalt und sexuellem Missbrauch ausgesetzt.
Kinder, die in *strukturell unvollständigen Familien*, sogenannten „*broken homes*" (zerbrochenes Zuhause; unvollständige Herkunftsfamilie durch beispielsweise Tod eines Elternteils oder Scheidung der Eltern), aufwachsen, sind einem signifikant höheren Risiko ausgesetzt, Opfer von *elterlicher Gewalt* und *sexueller Gewalt* zu werden. Zum Beispiel dann, wenn die Eltern getrennt sind, die Kindesmutter einen neuen Lebenspartner oder das Kind einen Stiefvater hat[11].
Für die Bundesrepublik Deutschland beispielsweise kommt *Müller* (1997, S. 67, 70, 71) in ihrer Kölner Studie zum Ergebnis:
„Vergleicht man die Gruppe der Missbrauchten mit den Nicht-Missbrauchten, ergaben sich für den sexuellen Missbrauch in unserer Stichprobe neben dem weiblichen Geschlecht eine Familiensituation, in der die Befragten nicht bei den beiden leiblichen Eltern lebten. (...) Der sozioökonomische Hintergrund der Herkunftsfamilie sowie der eigene Bildungsstatus haben keinen Einfluss auf das Missbrauchsrisiko, wohl aber erhöht weibliches Geschlecht und eine Trennung des Elternpaares die Missbrauchswahrscheinlichkeit."
Hierzu berichtet *Müller* (1997, S. 52) weiter:
„Während unter denjenigen Kindern, die bis zu ihrem 14. Lebensjahr bei ihren beiden leiblichen Eltern lebten, 13,4% vom sexuellen Missbrauch betroffen waren (100 Fälle), waren es unter denjenigen, die eine alleinerziehende Mutter oder einen Stiefvater hatten, 26,8% (30 Fälle)."
Reiter und *Burger* (1993) kommen in ihrer Untersuchung zu dem Ergebnis, dass der Anteil der missbrauchten Mädchen, die bei der Mutter und dem Stiefvater bzw. dem

Lebenspartner lebten, 27,9% (485 Mädchen) und der Anteil der Jungen 19,1% (57 Jungen) beträgt. Die Missbrauchsrate sieht bei den Jungen anders aus, die mit der Mutter *alleine* zusammenlebten: 25,8% (77) Jungen waren zu dieser Zeit vom sexuellen Missbrauch betroffen, hingegen „nur" 14,0% (243) Mädchen.

Und *Wetzels* (1997, S. 158) führt in seiner repräsentativen Studie aus:
„Während von den Befragten, die bis zum 14. Lebensjahr bei beiden leiblichen Eltern aufwuchsen (2790), 5,2% bis zu ihrem 16. Lebensjahr Opfer sexueller Missbrauchshandlungen mit Körperkontakt wurden, liegt die entsprechende Rate für Probanden, die bei allein Erziehenden oder bei Adoptiv-, Pflege- oder Stiefeltern bzw. in einem Heim aufwuchsen (398) bei 9,3%..."

Relativiert auf die „Gesamtstichprobe der gültigen Fälle" kommt Wetzels bei den innerfamiliären Delikten auf folgende Opferraten:
2,6% (44) Frauen zu 0,9% (12) Männer. Von den Befragten gaben 1,3% (23) der Frauen und 0,3% (5) der Männer an, von ihren Vätern[12] oder Stiefvätern sexuell missbraucht worden zu sein.

„Ein Vergleich des Anteils der Mehrfachopfer zwischen Opfern inzestuöser Missbrauchshandlungen einerseits", so Wetzels weiter, „und den übrigen Missbrauchsopfern andererseits (jeweils eingeschränkt auf Vorfälle mit Körperkontakt, da inzestuöse Handlungen in der Regel nicht in Form exhibitionistischer Handlungen stattfinden, die bei den unbekannten Tätern aber einen großen Anteil ausmachen) zeigt, dass Opfer von Vätern oder Stiefvätern signifikant häufiger Mehrfachopfer werden."[13]

Die Annahme, dass (fast) ausschließlich Väter ihre Töchter sexuell missbrauchen, kann in dieser Form offenbar nicht aufrechterhalten werden. Im Gegenteil: Die Vorstellung, sie seien zahlenmäßig überproportional vertreten, muss offenbar revidiert werden.

Zutreffend führt *Kirchmann* (1999, S. 71) hierzu aus:
„Den Faktor ‚familiäre Nähe' des Missbrauchers möchte ich noch etwas genauer anhand unserer Jahresstatistik beschreiben: In mehr als der Hälfte aller Fälle waren die verdächtigten oder bestätigten Missbraucher Vaterfiguren. Dabei handelte es sich zumeist um Stiefväter, nur ganz selten um die leiblichen Väter. Sehr häufig waren auch Onkel[14] und Großvater[15] unter den Tätern zu finden."

Wie einige Untersuchungen zeigen, missbrauchen *Stiefväter* signifikant häufig ihre *Stiefkinder*[16]. So hat *Finkelhor* (1980) in seiner Untersuchung (796 StudentInnen waren beteiligt) nachgewiesen, dass der sexuelle Missbrauch unter weiblichen Opfern signifikant davon abhängig gewesen ist, einen *Stiefvater* gehabt zu haben. Auch *Parker* und *Parker* (1986) kommen in ihrer Untersuchung zu dem Ergebnis, dass das Risiko für Mädchen, von *Stief*- bzw. *Pflegevätern* sexuell missbraucht zu werden, doppelt so hoch ist wie durch Väter. Und *Mullen* u.a. (1994) kommen in ihrer Untersuchung zum Ergebnis, dass jede zehnte Frau, die einen *Stiefvater* hatte, von ihm sexuell missbraucht wurde; die Rate der missbrauchenden Väter lag hingegen bei „nur" 1:100.

Russell (1986) kommt in ihrer Befragung auf 9% Stief-/Pflegeväter und 14% Väter (auf die Gesamtstichprobe bezogen: 1,6% / 2,9%), die Los Angeles Times (1985) auf 10% bzw. 10% (auf die Gesamtstichprobe bezogen: 0,8% / 0,8%) und Wyatt (1985) auf 26% bzw. 6% (auf die Gesamtstichprobe bezogen: 6,2% / 1,3%). Pierce und Pierce (1985) geben die Missbrauchsrate bei Stiefvätern mit 28% an.

Doch Vorsicht ist insofern geboten, da der Missbrauch durch Väter[17] viel eher einem Redeverbot unterliegt.

Durch Inzest geborene Kinder

Eine kaum diskutierte Folge des Inzests ist die Tatsache, dass weibliche Inzestopfer auch schwanger werden können und die Väter, Großväter, Stiefväter, Brüder[18] die Väter der Kinder sind. Umgekehrt gilt dies auch für männliche Inzestopfer, die von Müttern, Tanten, Großmüttern[19], Stiefmüttern oder Schwestern missbraucht und zu Vätern wurden. Diese durch Inzest geborenen Kinder (konkret: beispielsweise Vater-Tochter-Inzestkinder, Großvater-Enkelin-Inzestkinder, [Groß-]Vater-Inzestkind-Inzestkinder, wenn ein bereits aus dem Inzest geborenes Mädchen vom [Groß-]Vater erneut sexuell missbraucht und schwanger wird; oder: Mutter-Sohn-Inzestkinder, Bruder-Schwester-Inzestkinder usw.) werden von ihrer Umgebung, aber auch von der Gesellschaft stigmatisiert, abgelehnt, verachtet, diskriminiert (vgl. hierzu *Dierkes* 1997).

Über einen schlimmen, brutalen Vater-Tochter-Inzest berichtete die *Frankfurter Rundschau* (21. und 30. Juli 1998):

Im Juli 1998 wurde ein 66-jähriger Familienvater von einer Strafkammer des Landgerichts Fulda zu einer fünfjährigen Freiheitsstrafe wegen Vergewaltigung und Beischlaf mit Verwandten verurteilt. In der elfjährig währenden Inzestbeziehung hatte der Familienvater mit seiner Tochter sechs Kinder gezeugt. Die Tochter musste mit drei Kindern in der Familie verbleiben, während ein Kind abgetrieben und zwei zur Adoption freigegeben wurden. Das Gericht stellte fest:

„Gewalt war an der Tagesordnung."

„Despotisch" habe er über seine Familie geherrscht:

Seine 1995 verstorbene Frau, zwei Stiefkinder aus ihrer ersten Ehe und seine eigenen sechs Kinder habe er ständig mit Händen, Fäusten, Kleiderbügeln und Kabeln malträtiert. Er selbst erklärte, er habe sich von seiner Frau wegen deren Alkoholmissbrauch „geekelt und entfernt" und deshalb die inzestuöse Beziehung zur Tochter unterhalten. Die 31-jährige Tochter hingegen erklärte dem Gericht, aus Angst, „blau geschlagen" zu werden und die Furcht um die alkoholkranke, schwache Mutter habe sie bewogen, sich dem Vater auszuliefern.

Dass gerade *Stiefväter*, die beispielsweise in der Studie von *Russell* (1986) im Vergleich zu den missbrauchenden Vätern wesentlich jünger waren, zum Teil überproportional als Täter vertreten sind, hat damit zu tun, dass offenbar viele (Gelegenheits-) Pädophile bewusst und kalkuliert Beziehungen mit alleinerziehenden Müttern eingehen. Sie nutzen deren oft unglückliche psychosoziale Situation aus mit dem Ziel, über den Weg solcher Partnerbeziehungen oder gar Heirat deren Kinder sexuell zu missbrauchen[20].

„In der Therapie gestehen viele pädophile Kindesmissbraucher", berichten *Wyre* und *Swift* (1991, S. 75), die mit Tätern arbeiten, „dass sie bewusst Beziehungen zu Frauen hergestellt haben, um Zugang zu deren Kindern zu bekommen."

Finkelhor (1979), *Russell* (1986), *Hirsch* (1994) und *Wallace* (1998) gehen davon aus, dass im Gegensatz zu den Vätern bei Stiefvätern das Inzesttabu schwächer ausgeprägt ist. Die fehlende väterliche Bindung, insbesondere die der ersten Lebensjahre, zwischen Stiefvater (oder Lebensgefährte der Kindesmutter) und Kind spielt hierbei offenbar eine signifikante Rolle (vgl. auch *Herman 1981*).

Über einen Mann, der die Töchter seiner Lebensgefährtin sexuell missbrauchte, berichtete die *Frankfurter Rundschau* (9. November 1999):
Ein 49-jähriger Mann wurde vom Landgericht Kassel wegen sexuellen Missbrauchs von Kindern zu zehn Jahren Freiheitsstrafe verurteilt. In neun Fällen hatte der Mann demnach die drei Töchter seiner Lebensgefährtin, die ihn als Ersatzvater angesehen hatten und die zu Beginn der Missbrauchshandlungen sieben, elf und zwölf Jahre alt waren, sexuell missbraucht; eines der Mädchen hatte er sogar vergewaltigt. Die Höhe der Haftstrafe rechtfertigte das Landgericht auch mit dem Vertrauen, das ihm die Kinder und die Lebensgefährtin entgegenbrachten und das er derart missbrauchte.
Man wird sich an den Gedanken gewöhnen müssen, dass es im Umkehrschluss auch Frauen gibt, die bewusst und gezielt nach allein erziehenden Vätern Ausschau halten, um sich an dessen Kindern sexuell zu vergehen. Dem Verfasser gegenüber gesteht eine Frau ein, dass sie genau diesen Weg mit Erfolg einschlägt, um ihre sexuelle Lust an Kindern auszuleben. Es gibt natürlich auch Frauen, die „überall" nach kindlichen Opfern Ausschau halten. „Unsere Erkenntnisse über weibliche Missbraucher gehen dahin", versichert *Saradjian* (1999, S. 133), „dass sie sich ein Kind gezielt aussuchen und dieses dann in der Regel über einen langen Zeitraum missbrauchen. Es gelingt ihnen viel leichter als Männer, sich zu Opfern Zugang zu verschaffen. Oft leben sie alleine, so dass das Kind selten irgendwelche anderen Beziehungen hat, die nicht ebenfalls missbräuchlich sind." Und es gibt Frauen, die sich bewusst und gezielt männliche Pädophile aussuchen, sich mit ihnen anfreunden, um dann mit ihnen zusammen oder alleine Kinder sexuell zu missbrauchen. So berichtet *Saradjian* (1999, S. 127):
„Eine Frau, die ich für meine Untersuchung interviewte, ging gezielt Beziehungen mit männlichen Pädophilen ein, um Kinder gemeinsam sexuell zu missbrauchen."

Den missbrauchenden (Stief-)Vätern wird in der Regel pauschal unterstellt, dass sie Sexualität mit *Gewalt, Dominanz, Aggressivität, hierarchischen Abhängigkeitsverhältnissen und Omnipotenz* gleichsetzen. Die Wirklichkeit sieht anders aus: Die missbrauchenden (Stief-)Väter sind häufig ohne *männliche Identität* und nicht generell *dominant, aggressiv, promiskuitiv* usw., sondern viel eher unauffällige, durchschnittliche Familienväter[2][1]. Nach *Justice* und *Justice* (1979) sind etwa 85% der Männer, die ihre Kinder missbrauchen, nicht offen aggressiv, sondern eher passiv-abhängig; „nur" etwa 10% bis 20% von ihnen sind dominant-despotisch und offen aggressiv.
„Der allgemeine Eindruck vom Inzesttäter ist der eines ‚verlorenen, gequälten und ängstlichen Mannes'", so *Hirsch* (1994, S. 122), „der zwar zerknirscht gesteht, aber sich gleichzeitig als ein Opfer der Umstände darstellt, das sich nur geringfügig schuldig gemacht hat. Ein solches Bild der Schwäche zeigen auch die meisten Väter meiner Patientinnen. Der Vater von Frau B. wird von der Mutter geschlagen, kniet vor ihr und weint. Der Vater von Frau C. weint zwar nicht über sein inzestuöses Agieren, als die Patientin ihn nach ihrer Vergangenheit fragt, dafür aber über das Schicksal, das die Eltern gezwungen hat, das Kind zwei Jahre in Pflege zu geben; der Vater war existentiell abhängig von seiner Frau, kaum fähig zu sozialen Kontakten und schließlich der Patientin geradezu hörig."
Eine inzestgeschädigte Frau lässt *Gardiner-Sirtl* (1983, S. 58) zu Wort kommen:
„Und mein Vater, eigentlich nie der Herr im Hause, nur ein williges Werkzeug seiner Frau, hat nie ein klärendes, die Situation reinigendes Wort für sein Verhalten gefunden. Er blieb ein Schwächling, der bei allen hysterischen Ausbrüchen seiner Frau klein beigab."

Viele (Stief-)Väter sind auch *unfähig* zu sexuellen Beziehungen zu (reiferen) Frauen, und innerhalb der inzestuösen Beziehung zur Tochter begeben sie sich ihr gegenüber in ein *Abhängigkeitsverhältnis*, in das sie sich bereits als Kind gegenüber der Mutter befunden haben[22].

Die Tochter wird hier in die Rolle der Mutter hineingedrängt *(Parentifizierung),* nach Meinung einiger AutorInnen sogar von der eigenen Mutter, die selbst von der Tochter oder vom Sohn bemuttert werden will[23].

Auch missbrauchende Mütter verhalten sich gegenüber dem missbrauchten Kind häufig *kindlich*; sie erwarten, dass das Kind ihren *emotionalen Bedarf* deckt[24].

Zu der Übernahme der Mutterrolle gehört die Haushaltsführung genauso wie die Beaufsichtigung der meist jüngeren Geschwister – und die Funktion der Liebhaberin und Sexualpartnerin.

„Typisch für inzestuöse Familien ist", berichtet *Mitnick* (1986, S. 97), „dass die Opfer als Kinder erwachsen und als Erwachsener kindlich erscheinen. In der Kindheit müssen sie die Bedürfnisse der Eltern nach Fürsorge, Entscheidungen und Sexualität befriedigen, als Erwachsene greifen sie dann jedoch zur Befriedigung ihrer Bedürfnisse auf ihre eigenen Kinder zurück, um praktisch die elterliche Fürsorge, die sie in der Kindheit entbehrten, zu erlangen..."

Die Identifikation mit der (mütterlichen) Aggressorin

Tragen die Mütter der Söhne, die später als (Stief-)Väter in die Rolle der Inzest-(Stief-)Väter „schlüpfen" und ihre (Stief-)Kinder sexuell missbrauchen, eine (Mit)Schuld[25] an dem Verbrechen?

Inzesttäter (wie auch männliche Pädophile[26]) sind in ihrer Kindheit sehr häufig der *(emotionalen) Abhängigkeit* ihrer Mütter unterworfen, die ihnen die *männliche Identitätsbildung verweigern*[27], berichten *Gutheil* und *Avery* (1977). Diese *Abhängigkeit* manifestiert sich im Erwachsenenalter, so *Rosenfeld* (1979a), der Täter habe Angst und sei *unfähig*, mit einer erwachsenen, reifen Frau eine (sexuelle) Beziehung einzugehen. Die Folge sei, so *Rosenfeld* weiter, dass der von seiner eigenen Mutter *(emotional)* total *abhängige* Inzesttäter die mütterliche *Abhängigkeit* auf seine Tochter „überträgt", indem er sich ihr emotional „hingibt" und ausliefert.

Mit anderen Worten: Der missbrauchende Vater scheint ganz offensichtlich, wie auch der (Gelegenheits-)Pädophile, frühere *kindliche Bedürfnisse* ausleben zu wollen und sieht in der Tochter eine Art *Mutterersatz*. Die Tochter und „Mutter" in Personalunion ist dazu auserkoren, ihm die *kindlichen Bedürfnisse* zu befriedigen, die die Mutter dem eigenen Sohn verweigerte. Er kann sich der „Liebe" der Tochter, die ihm auch seine kindlichen Bedürfnisse befriedigt, in der Regel sicher sein.

„Die Liebe der Tochter ist eine so bedingungslose Bestätigung des selbstunsicheren, fassadären, bedürftigen Vaters, der noch dazu die Mitte des Lebens erreicht oder sie überschritten hat, wie er sie sonst nicht mehr findet", berichtet hierzu *Hirsch* (1994, S. 128, 129):

„Er braucht nicht zu befürchten, von der Tochter abgelehnt, kritisiert oder zurückgestoßen zu werden, denn die Tochter will ihn gar nicht anders haben, und beide kennen sich schon Jahre. Der Vater, der doch so auf Bestätigung angewiesen ist, braucht von der

Tochter also keine narzisstische Kränkung zu befürchten. Über die Tochter hat er darüber hinaus die Macht, die Stärke, die ihm sonst abhanden gekommen ist. Der Vater nimmt sich die Tochter anstelle der Ehefrau als Sexualobjekt. Diese Tochter wird mit der Mutter des Vaters identifiziert ..."

Unter Berufung auf *Cavallin* (1996) führt *Hirsch* (1994, S. 125) weiter aus:
„Ein weiterer Faktor würde die Wiederholung der Aggression, die er passiv von der Mutter in seiner Kindheit erlitten hat, an der Tochter bedeuten. Dies wäre eine Form der Identifikation mit dem Aggressor. Es ist für Cavallin eindeutig, dass die Väter von ihren Müttern beträchtliche Feindseligkeit erlebt haben, und er stellt die Frage (die er nicht beantworten kann), ob diese reale Feindseligkeit, die in der Kindheit erfahren wurde, in der Mutter-Sohn-Beziehung nicht erotisierte Qualität gehabt haben könnte. Ich selbst würde mich der Frage Cavallins anschließen und meinen, dass wohl zwischen Mutter und Sohn, dem späteren Inzestvater, eine verborgene, subtile Art der sexuellen Verführung von seiten der Mutter (vorgelegen hat), verbunden mit einer gewissen Prüderie, also einer gleichzeitigen Zurückweisung. Eine solche Vermutung enthält m. E. eine gewisse Berechtigung durch den großen Wert, den der spätere Inzestvater auf die Anerkennung und Berücksichtigung seiner Sexualität legt, und durch die große Kränkbarkeit, wenn er in seinen sexuellen Bedürfnissen zurückgewiesen wird."

Auch der Verfasser schließt sich Cavallin an. Dies gilt insbesondere für die *Identifikation mit der Aggressorin* und der *pathogenen symbiotischen Beziehung* zwischen Sohn und Mutter[28].

Aber auch männliche Opfer, die von ihren Müttern sexuell missbraucht wurden, zeigen häufig eine Identifikation mit der Aggressorin[29]: Viele von ihnen wechseln von der *Opferin* die *Täterrolle*. Andere idealisieren, lieben und begehren ihre Mütter abgöttisch.

„Besonders die Betroffenen, die von der eigenen Mutter missbraucht wurden, schildern sehr verstörende ambivalente Gefühle: ein übermächtiges Bedürfnis nach einer mütterlichen Bezugsperson, den absoluten Vertrauensverlust und die Enttäuschung, von der Frau verletzt worden zu sein, die sie am ehesten schützen sollte oder den Wunsch, trotz allem die Mutter immer noch zu schonen", so *Braun* (2001, S. 8).

Und über Täterinnen, die ihre Kindheit als perfekt darstellen und ihre Mütter *idealisieren*, führt *Braun* (2001, S. 16), die sich hierbei auf die Untersuchung von *Hanks* und *Saradjian* (1991, 1994) bezieht, aus:

„Viele Täterinnen stellten ihre Kindheit perfekt dar, ihre Mutter als Ideal-Mutter. Dies, obwohl die Kindheit eher belastet und durch einen hohen Grad an emotionalem Missbrauch gekennzeichnet war. Die Frauen mussten sich als Mädchen um die emotionalen, praktischen und oft auch sexuellen Bedürfnisse der Eltern kümmern, ihr eigenes Bedürfnis nach Nähe wurde nur in unangenehmer Weise erfüllt. Sie wurden vernachlässigt und misshandelt. Es gab keine Liebkosungen außer denen des Missbrauchs. Viele der Täterinnen konnten sich nicht erinnern, jemals einem Menschen etwas bedeutet zu haben."

Die lebenslange Mutter-Kind-Symbiose

Viele der missbrauchten und malträtierten Söhne sind bereit, „trotz des emotionalen, physischen und psychischen Schadens, der ihnen zugefügt wurde", im „Alter für ihre

Mütter zu sorgen", berichtet *Elliott* (1995, S. 172).

Als *Terrorismus des Leidens* bezeichnet *Ferenczi* (1933, 1972, S. 312) eine andere Form neben der sexuellen und körperlichen Gewalt, die Eltern, insbesondere Mütter ihrem Kind antun: die Ausbeutung des Kindes dadurch, dass es für alle Arten von Krankheiten der Eltern, hier der Mutter, verantwortlich gemacht wird. Das Ziel ist eine totale, auf Ewigkeit verfolgte Bindung des Kindes und dessen Teilnahme an das „mutmaßlich" aus Schmerz, Aggressionen und Einsamkeit geprägte Schicksal gerade der Mutter.

„Eine ihre Leiden klagende Mutter kann sich aus dem Kind", so *Ferenczi*, „eine lebenslängliche Pflegerin, also eigentlich einen Mutterersatz schaffen, die Eigeninteressen des Kindes gar nicht berücksichtigend."

Dieser *Terrorismus des Leidens* ist erkennbar auch auf die Söhne übertragbar:

• der Sohn (das „Müttersöhnchen"), der sich spätestens in der *Adoleszenzphase* nicht durch *Trennungsbestrebungen* vom *weiblichen Körper* und von der *weiblichen Psyche* der Mutter, die das Kind ein Leben lang durch eine *überdominierende, alleinbesitzende* und *alleinbeherrschende Mütterlichkeit* bedingungslos und unwiderruflich an sich bindet und unterwirft, lösen kann;

• das Müttersöhnchen, das eine *Hass-Liebe* zur missbrauchenden Mutter aufbaut und ohne die *aufopferungsvolle Mutterliebe* und der *mütterlichen Bindung* und *totalen Abhängigkeit* kaum oder nur schwer *überlebensfähig* ist;

• das Müttersöhnchen, das von der allmächtigen, besitzergreifenden Mutter gefangene, gefesselte und einverleibte Kind, dem durch die pathogene symbiotische Beziehung[30] und Verschmelzung mit der Mutter, ihrer psychosexuellen Weiblichkeit, die lebensnotwendige Identitätsbildung verweigert wird.

Folgerichtig sucht der Sohn ein Leben lang verzweifelt nach einer *Ersatzmutter*, einer *mütterlichen Bezugsperson*, auch mit Blick darauf, dass die eigene Mutter irgendwann nicht mehr zur Verfügung stehen wird (z. B. durch Tod). *Stoller* (1998, S. 191) spricht zutreffend von der „Symbioseangst", der „Furcht, die Trennung von der Mutter nicht ertragen zu können".

Der *Spiegel* (33/1991, S. 68-74) berichtete im August 1991 unter dem Titel „Er war der perfekte Geliebte" über Mütter, die ihre Söhne sexuell missbrauchten:

„Die Loslösung von der Mutter, bei Einzelkindern oder Söhnen allein erziehender Mütter auch ohne Inzest-Problematik, häufig ein langwieriger, quälender Prozess, fällt sexuell missbrauchten Söhnen noch schwieriger. Bisweilen misslingt die Trennung total: Beim Kontakt zu anderen Frauen werden die Gefühle von früher wieder akut, neue Begegnungen scheitern an der alten Zerrissenheit zwischen Schuldgefühlen, Verlangen, Liebe und Hass."

Der *Spiegel* spricht folgerichtig von „lebenslangen Mutter-Sohn-Symbiosen", die als Alternative bleiben. Sie tragen oft groteske Züge:

„Etwa der Fall eines 40jährigen Junggesellen aus Hamburg, der nur mit seiner 70jährigen Mutter verreist. Die Mutter besteht dabei stets auf einem gemeinsamen Zimmer mit Doppelbett."

Auch der *Stern* (13/1993, S. 86-91) berichtete in einer Titelgeschichte vom März 1993 zum Thema „Wenn Mütter ihre Söhne verführen" über einen ähnlichen Fall:

Helmut, damals 35, konnte sich nicht mehr aus der inzestuösen Beziehung zu seiner

> Mutter lösen. Seit seinem zehnten Lebensjahr hatte er eine innige Beziehung zu seiner Mutter, die auch noch Jahre später seine „Traumfrau" bleibt. Die Mutter kam mit verführerischen Negligés an sein Bett und flirtete mit ihm:
> „Seit ich mich erinnern kann", berichtet er dem *Stern*, „begehrte ich meine Mutter."
> Mit 27 schläft er mit seiner Mutter. Nach acht Monaten zer-brach diese inzestuöse Beziehung aus Angst, entdeckt zu werden. Helmut ist ein „Gefangener des Inzests", so folgerichtig der *Stern*, „weil er fixiert ist auf seine Mutter, die er so nicht lieben darf, und nicht den Mut findet, das Tabu zu brechen. Er sehnt sich nach einem ‚Freispruch' durch eben jene Gesellschaft, der er sich nicht offenbaren kann".

Bei Inzestvätern – auch hier gibt es mit Blick auf das *Psychogramm*[31] zu den *regressiven* und *fixierten* Pädophilen[32] keinen signifikanten Unterschied – handelt es sich häufig um Menschen, die in einem dominierenden, autoritären, streng gegliederten *hierarchisch-patriarchalischen Erziehungssystem aufgewachsen* sind. Ein *gestörtes Elternhaus*, *Zurückweisung* durch die eigenen Eltern, *Trennungs-* und *Verlassenheitserfahrung* kennzeichnen sehr oft ihre Kindheit[33].

Und oft auch eine *pervertierte, krankmachende, repressive religiöse Sexualmoral*:
„Unter dem Druck einer repressiven Sexualmoral und bei einem gestörten Verhältnis zu seiner Frau, das Sex außerhalb der Ehe nicht erlaubt, kann er auf seine Tochter ausweichen, weil er sie für seinen vermeintlichen Besitz hält und Rechte wahrnimmt, und somit kann es also zu sexuellem Missbrauch kommen", berichtet völlig zutreffend *Rensen* (1992, S. 85; vgl. auch *Marquit* 1986; *Falardeau* 1998).

Und dies geschieht oft mit schweigender Billigung der Kindesmutter. Zutreffend sind hierzu die Ausführungen von *Falardeau* (1998, S. 85):

„Das Verhalten verschiedener Frauen wirft Fragen nach der Rolle der Kirche und ihrer Haltung zu Ehe und Sexualität auf. Manche der Frauen, die sich gegen das Kind und für den Partner entscheiden, werden von religiösen Motiven geleitet. Sie meinen, es gehöre zu den Pflichten einer Ehefrau, in jedem Fall ihren Mann zu stützen. Besonders ausgeprägt ist diese Haltung bei katholischen Frauen."

Diese Ehefrauen scheinen ganz offensichtlich mitverantwortlich zu sein, wenn der Ehemann sich – vornehmlich – an der Tochter vergreift.

Peters (1976, S. 411) beschreibt Inzesttäter und die Rolle ihrer Ehefrauen in ihren allgemeinen Merkmalen so:

„Sie hatten ihre Ehen als passive, emotional abhängige Ehemänner begonnen, versuchten, für die Familie zu sorgen, und schienen eifrig bemüht, die Anerkennung einer aktiven dominanten Ehefrau zu bekommen. In dem Maße, in dem die Ehefrau nun von ihnen emotionale Zuwendung und Unterstützung forderte, trat eine Regression ein; die Ehefrauen waren frustriert und wandten sich Aktivitäten außerhalb der Familie zu. Sie zogen sich ihrerseits emotional zurück, einschließlich der Weigerung, eine sexuelle Beziehung weiter aufrechtzuerhalten.

Der Mann begann zu trinken und verführte ein kleines Mädchen, das zur Verfügung stand, in der Regel eines, über das er Autorität besaß und das ihn mit Sicherheit nicht zurückwies."

1.2 „Verführen" Väter gewaltsam und Mütter gewaltlos ihre Kinder?

„Es gibt generelle Gemeinsamkeiten. Sowohl männliche als auch weibliche StraftäterInnen kommen aus chaotischen, gewalttätigen Umgebungen. Elternhäuser ohne Zuwendung sind die Norm, und sie haben verbale, seelische, körperliche oder sexuelle Übergriffe erlebt. Sie besitzen innerhalb ihrer Peergroups einen eher niedrigeren Status und haben das Gefühl, nirgends hinzugehören. Oft haben sie keine FreundInnen und sind bereit, fast alles zu tun, um akzeptiert zu werden. Einige Formen des Missbrauchs, den sie begehen, sind ähnlich, und oft benutzen sie dieselben Argumente und Tricks, um ihre Opfer zum Mitmachen zu bewegen."
Jane Kinder Matthews (1995, S. 114)

Aus der ideologischen Perspektive der radikal-feministischen Autorinnen sind weibliche Kindesmissbraucherinnen (soweit deren Existenz überhaupt anerkannt wird) im Vergleich zu männlichen Missbrauchern nicht darauf aus, über das kindliche Opfer Macht und Kontrolle auszuüben. So führt beispielsweise *Steinhage* (1990, S. 175), die offenbar die Frau als Täterin weitgehend negiert und wohl nur von der ausschließlichen Existenz männlicher Täter überzeugt ist, pauschal und ohne Differenzierung aus:
„Männer wählen sexuelle Handlungen als Mittel ihrer Machtbefriedigung, weil es zur männlichen Geschlechtsrollensozialisation gehört, dass der potente Mann am männlichsten ist. Sie beweisen sich so mit jedem sexuellen Missbrauch ihre Männlichkeit."
Es erweist sich aber, dass der die Männer pauschal anklagende Vorwurf der *Machtbefriedigung* auch auf weibliche Täter anwendbar ist. Die Anerkennung dieser Tatsache fällt den (Radikal-) Feministinnen ganz offensichtlich sehr schwer: Ihre einseitige, parteilich-feministische Betrachtungsweise verbietet ihnen offenbar, die Tatsache anzuerkennen, dass auch Frauen Kinder – auch mittels *Machtbefriedigung* – sexuell missbrauchen. Mütter missbrauchen, emotional wie auch sexuell, und sie wissen, im Gegensatz zu Vätern, wie sie es tun müssen: Der Missbrauch ist in der Regel *subtiler, latenter, zärtlicher, verführerischer, weniger spektakulär* und für die Opfer schwer zu deuten. Doch umso *schädlicher* und *unauffälliger* ist er, und er bleibt eher im *Verborgenen* (*Amendt* 1993). Mütter sind letztlich, im Vergleich zu Vätern, bei der Realisierung ihrer Bedürfnisse in jedem Fall im Vorteil. Die weiblichen Verführer *binden* die Opfer mit *Überbehütung* bis zur totalen *Abhängigkeit* an sich, weniger *körperlich* als durch *seelische* und *emotionale Abhängigkeit bis zur Lebensunfähigkeit - fesselnde Zärtlichkeit, starke Gefühlsebene, keine offene Gewalt*. Abhängigkeit wird ausgenutzt, der Sohn darf nicht erwachsen werden; der Sohn wird zum Liebes- und Sexpartner durch *Entmündigung, Inbesitznahme, Grenzüberschreitung der Körperpflege*. Die Mutter verführt den Sohn, um Bestätigung zu bekommen[1].
Die Motive, Kinder sexuell zu missbrauchen, sind bei Müttern und Vätern (wie bei den weiblichen und männlichen [Gelegenheits-]Pädophilen) sehr ähnlich: Im Vordergrund steht in erster Linie nicht die sexuelle Befriedigung, sondern das Bedürfnis *nach Macht und Kontrolle, aber auch Nähe, Zärtlichkeit, Körperkontakt und Intimität*[2].
Sexuelle Befriedigung mittels *Macht-* und *Gewaltausübung* spielt eine gewichtige Rolle. *Denfeld* (1997) berichtet beispielsweise über Missbraucherinnen, die angaben, dass sie insbesondere das *Gefühl von Macht* über das kindliche Opfer *sexuell stimuliert* und *erregt*

habe – und es zu einer *Steigerung* der *sexuellen Erregung* durch die *Furcht* des Kindes gekommen sei.
Ein sehr beachtenswertes und bemerkenswertes Bild über die *sexuelle Motivation* und *Intention* von interviewten Frauen (und Mütter), die Kinder (ihre Kinder) sexuell missbrauchen, zeigt die Studie von *Allen* (1991): Als sie die Stärke ihres Bedürfnisses nach emotionaler Zuwendung und Nähe auf einer Skala von 0 – 100 angeben sollten, erreichten sie durchschnittlich 49,3 Punkte, die Männer „nur" ganze 35,1 Punkte; 39,3 Punkte erreichen sie mit Blick auf die Stärke ihres Bedürfnisses nach sexueller Befriedigung. Die Männer erreichen hier „nur" 26,5 Punkte. Insofern ist der Hinweis von *Allen* folgerichtig, dass es ein Trugschluss ist, wonach weibliche Täter im Vergleich zu männlichen Tätern viel eher die Nähe, Emotionalität suchen –und umgekehrt Männer die sexuelle Befriedigung. Weibliche Täter haben demnach zwar im Vergleich zu männlichen Tätern mehr Bedürfnisse nach Nähe und emotionaler Zuwendung, sie haben aber eben auch *mehr* als männliche Missbraucher das *Bedürfnis* nach *sexueller Befriedigung*.
Auch *Saradjian* (1999, S. 134) berichtet in ihrer Studie über das sexuelle Motiv der 52 Missbraucherinnen, dass in „fast allen Fällen" *Machtgewinn* und *Kontrolle* über andere sowie *körperlicher Lustgewinn* vorherrschend war.

„Hast du mich etwa nicht mehr lieb?"

Zahlreiche (allein erziehende) Mütter nutzen ihre *mütterliche Macht* zur *körperlichen Lustgewinnung* brutal aus, *indem sie ihre Kinder mittels Gewalt oder auch Bedrohungen zum Sex zwinge*n. Andere (allein erziehende) Mütter schaffen eine Atmosphäre, die geradezu geprägt ist von *erotischer, zärtlicher und verführerischer Qualität*.

Über weibliche *regressive* und *fixierte* pädophile Mütter, die sich an den eigenen Söhnen sexuell befriedigen, ohne dabei körperliche, dafür aber *psychische Gewalt* und *Zwang* anwenden, berichtete der *Stern* (13/1993, S. 86-91) in einer Titelgeschichte zum Thema: „Wenn Mütter ihre Söhne verführen". Mehrere männliche Opfer kamen zu Wort, die von ihren Müttern zur *Befriedigung ihrer sexuellen Lust* benutzt wurden. Beispielsweise Christian, damals 28 Jahre alt, der bis zum 14. Lebensjahr von seiner Mutter, die nach der Trennung vom Kindesvater mit ihm alleine lebte, missbraucht wurde. Christian erinnert sich gegenüber dem *Stern* an ihre *fordernde Stimme* und ihre *sexuelle Lust* auf seinen *kindlichen* Körper:

„Findest du meine Brüste schön? Möchtest du sie nicht streicheln?", fragt ihn seine Mutter, und ihre Stimme klingt warm und gleichzeitig fordernd.
Christian erschrickt vor seinem gehauchten Ja. Und trotzdem berühren seine Hände ihren Busen. Zögernd, mechanisch, wie von einem Fremden geführt. Dann spürt er, wie sein Körper gestreichelt wird. Aufregend, denkt er. Gleichzeitig die Gewissheit: Nein, das will ich nicht. Christian erinnert sich sehr genau an diese Zeit zurück:
„Sie packte meinen Kopf und zog ihn in ihren Schoss."
Er wehrt sich: „Das darf ich doch nicht!"
Die Mutter setzt ihr Kind massiv psychisch unter Druck, wohl wissend, dass das Kind nachgibt:

„Hast du mich etwa nicht mehr lieb?"
Christian, zu dem Zeitpunkt zehn Jahre alt, hat seine Mutter natürlich noch lieb. Er gehorcht, lässt gewähren, spürt die streichelnden Finger, die streichelnde Hand der Mutter auf seinem Körper – überall. Das Kind ist erregt, und während die Mutter mit ihm schläft, hat es nur einen einzigen Gedanken:
„Hoffentlich ist es bald vorbei."
Christian erinnert sich, dass die Mutter laut aufstöhnt. Ihm ist als Erwachsener bewusst, dass er als Liebes-Ersatz-Partner herhalten und im Bett seiner Mutter schlafen musste. Der Missbrauch hörte auf, als die Mutter sich wieder einem erwachsenen Partner hingab. Christian erinnert sich minutiös an seine damaligen Gefühle: Ekel und Erregung zugleich waren es, was er als Kind dabei empfand. Viele Jahre danach litt er noch an Schuldgefühlen:
„Ich dachte, ich müsse es anscheinend selbst gewollt haben, sonst hätte auch mein Körper nicht reagiert."
Und trotzdem weiß er:
„... sie war meine Mutter. Sie hat mich sexuell missbraucht."

Auch Stefan, damals 27, berichtet dem *Stern*, dass er seiner Mutter seit seinem fünften Lebensjahr als *Sex-Lust-Objekt* habe dienen müssen:
„Als Objekt ihrer emotionalen und sexuellen Bedürfnisse, die sie in der Erwachsenenwelt nicht befriedigen konnte."
Stefan erinnert sich an die tägliche Schmusestunde, wenn er mit der Mutter alleine war, sie ihn auf den Schoss zog, ihn streichelte, küsste und an sich drückte. Er erinnert sich, dass die Mutter wütend wurde, wenn er von den mütterlichen Zärtlichkeiten genug hatte, die er durchaus genoss:
„Ich hatte Angst, sie würde mich jetzt verlassen, und ließ mich widerwillig weiter beschmusen."
Mit zwölf endeten die mütterlichen Zärtlichkeiten, das Kind war nun für die Mutter und ihr sexuelles Verlangen reif genug: Sie schlüpfte frühmorgens zu ihm unter die Bettdecke; während sie sich auf den kleinen Kinderkörper legte, flüsterte sie ihm sexuelle Andeutungen ins Ohr:
„Wenn du nicht mein Sohn wärst, würde ich wer weiß was mit dir machen..."
Das Kind Stefan hielt still, unfähig, wie auch immer darauf zu reagieren:
„Ich lag da, wie ein Brett", berichtete er, „fühlte mich hilflos und ließ mich liebkosen. Natürlich suchte ich die Nähe und Wärme meiner Mutter. Entzog ich mich ihr, dann klammerte sie oder strafte mich mit Liebesentzug."

Auch Anna *Seglinger*, die ohne direkte Gewalt von ihrer Mutter sexuell missbraucht wurde, berichtet in einem Interview mit Cornelia *Kazis* (1988, S. 97, 98):
„Ja. – Es war ekelhaft. Ich muss damals ungefähr zehn Jahre alt gewesen sein. Sie legte jeweils eine Decke am Boden aus und sagte: ‚Komm wir turnen.' Das war manchmal am Anfang lustig."
„Lustig?"
„Jetzt, wo Sie so fragen, kommt mir in den Sinn, dass sie in diesen Monaten lieb und fröhlich war. Ich wurde belohnt, durfte dann mit einem Teller Brei ins Bett oder gemeinsam mit ihr ein Hörspiel anhören (...)."
„Was mussten Sie tun? Womit mussten Sie sich das bisschen Liebe verdienen?"

„Wir waren beide nackt. Sie lag auf dem Boden, und wir turnten aufeinander rum, dann öffnete sie die Beine und wollte es von mir. Ich musste sie mit dem Mund befriedigen. Es war mir damals nicht so klar, dass das unrecht war. (...) Ich hatte große Angst. Aber ich weiß nicht mehr so genau, wie ich mich dabei fühlte."

Um den *sexuellen Missbrauch*, die *sexuelle Gewalt*, ja die *Vergewaltigung* langfristig vollziehen zu können, gibt es auch Frauen, die ihre insbesondere männlichen Opfer *schlimmsten Bedrohungen* (auch mit dem Ziel, das *Schweigen des Opfers* sicherzustellen) aussetzen[3].

Über einen derartigen Fall berichtet *Saradjian* (1999, S. 132):
Der soziale Dienst untersuchte die häusliche Situation einer Familie, nachdem der Sohn ausgerissen war und dort um Aufnahme bat (kurz vorher fand sein 14-jähriger Freund, ein Ausreißer, bei ihm und seiner Mutter ein neues Zuhause). Man fand heraus, dass die Mutter ihr Bett mit dem 14-jährigen Freund des Sohnes teilte. Die Mutter erklärte, sie seien ein Liebespaar.
Ein Polizeibeamter kommentierte dies so:
„Da ist er ja wieder auf die Füße gefallen, oder?"
Die Frau selbst sicherte sich das Schweigen des Jungen auch und gerade mit der Androhung, ihn bei der Polizei wegen Vergewaltigung anzuzeigen.
Über eine Mutter, die den Sohn als Ersatz- und Liebespartner sexuell missbraucht und ihn mit Zwang versucht, an sich zu binden, berichtet *Kentler* (1994, S. 153). Den Bericht des 14-jährigen Jungen, der sich ihm gegenüber in einer Beratungsstelle für Homosexuelle offenbarte, gibt er so wieder:
„Er berichtete, er habe eine sexuelle Beziehung mit einem 19-jährigen Freund und will wissen, was er tun kann, damit seiner Mutter diese Beziehung verborgen bleibt. Vor einem Jahr habe er schon einmal einen älteren Freund gehabt. Das habe seine Mutter herausgefunden und sie habe dem Freund mit einer Anzeige gedroht – daran sei die Freundschaft zerbrochen."
Der Vater des Jungen sei gestorben, als er zehn Jahre alt war, berichtet Kentler weiter. Seitdem schlafe er im Ehebett der Mutter. Im Laufe der Zeit habe sich eine sexuelle Beziehung entwickelt.
„Im Beratungsgespräch wird deutlich", so Kentler, „dass der Junge den älteren Freund benutzt, um von der Mutter loszukommen. Diese Frau gehört nicht zur Unterschicht wie die Mütter meiner strafgefangenen Jungen; sie besitzt eine größere Firma und ist mindestens Millionärin."[4]

Es gibt Frauen, die *Amendt* (1993, S. 42) im Rahmen seiner Studie befragt hat, „die nicht davor zurückschrecken, unangemessene Beziehungen in den Kategorien zu beschreiben, die Beziehungen von Männern mit ihren Töchtern kennzeichnen. Sie sehen es analog wie die Vergewaltigung von Mädchen; vielleicht nicht ganz so hemmungslos; subtiler und deshalb für die Mütter leichter entschuldbar; nicht so gezielt auf das Genital gerichtet; nicht körperlich brutal und deshalb unauffälliger; mit weniger Gewalt, alles versteckter ..."
Sind Frauen und Mütter wirklich beim sexuellen Missbrauch von Kindern, *ihren* Kindern, nicht so *hemmungslos*, nicht so *körperlich brutal*, nicht so *gewalttätig* wie Männer

und geschieht die sexuelle Gewalt ohne körperliche Verletzung? Ist der Missbrauch durch Frauen, Mütter tatsächlich mit *weniger* Schmerz für das Kind verbunden?

Die von *Amendt* (1993, S. 42) befragten Frauen und Mütter messen der „körperlichen Verletzung und der Gewaltförmigkeit" besondere Bedeutung zu:

„Danach würden Mädchen die unangemessene Verführung eher als Vergewaltigung erleben und der Knabe eher nur als Verführung. Das würde zweierlei nahe legen: Einmal eine Erlebnisweise der Kinder, die von ihrem anatomischen Geschlecht abhängig ist, und zum anderen eine geschlechterspezifische Verführung der Eltern. Oder anders formuliert: die Väter tun es gewalttätig, die Mütter ohne Gewalt."

Diese Argumentation lässt *Amendt* (1993, S. 45) zu dem Schluss kommen:

„Die Argumente, mit denen sie die Väter verurteilen, bringen die eigene Freisprechung von Schuld hervor. Sie verleihen ihrer Grenzüberschreitung den Charakter des ‚Mütterlichen', indem sie sich von den Gewaltaspekten der männlichen Verführung absetzen. Psychisch gesprochen, handelt es sich hier um eine Rationalisierung, die Unsinniges als Sinnvolles und Schuldhaftes als Schuldfreies erscheinen lassen soll."

Die Mütter, die sich als *Richterinnen* aufspielen und sich von dem *Verbrechen* selbst *freisprechen*, erhalten gleichzeitig die *höchstrichterliche Absolution* aus dem (radikal-)feministischen Lager. Konkret: Die eigentliche *Freisprechung von Schuld* wird missbrauchenden Frauen und Müttern erst verbindlich und unwiderruflich durch die (radikal-)feministische *Absolution* erteilt.

„Der traditionellen gesellschaftlichen Rolle von Frauen, insbesondere von Müttern, widerspricht sexueller Missbrauch von Kindern derart, dass wir ihn uns gewöhnlich nur vorstellen können, wenn die betroffene Frau entweder psychotisch ist oder unter Alkohol oder Drogen gestanden hat."
Helga Hanks und *Jacqui Saradjian* (1994, S. 202)

Der *Mutter-Kind-Inzest*, insbesondere der *Mutter-Sohn-Inzest*, ist in der Regel mit der Diagnose *Psychose* oder gar *Schizophrenie* belegt. Insbesondere feministisch orientierte Kreise entschuldigen mit dieser Diagnose[5] die Täterinnen – und *verharmlosen* so bewusst und gewollt den Tatbestand des sexuellen Kindesmissbrauchs durch Mütter[6]. Aber auch Wissenschaftlerinnen wie beispielsweise *Richter-Appelt* und *Tiefensee* (1996 b, S. 406), die nicht zu den Autorinnen gehören, die den durch Frauen verübten Kindesmissbrauch verharmlosen, können offenbar einer derartigen Diagnose einiges abgewinnen:

„Mütter, die ihren Sohn oder ihre Tochter sexuell missbrauchen, scheinen schwerere psychopathologische Auffälligkeiten zu zeigen als missbrauchende Väter."

Hirsch (1990) spricht hier völlig zutreffend von einem „Wunschdenken", mit dem Ziel, den sexuellen Missbrauch, dem Kinder durch Mütter bzw. Frauen ausgesetzt sind, aus dem Bereich der *Normalität* auszugrenzen.

„Gemeinhin wird ... angenommen", führt *Saradjian* (1999, S. 127) hierzu aus, „dass sie geisteskrank gewesen sein, von sehr niedriger Intelligenz oder unter dem Einfluss einer bewusstseinsverändernden Substanz gestanden haben müsse. Dieses Bild von einer offenkundigen Abnormität dieser Frauen wird in einem Großteil der vor 1990 geschriebenen wissenschaftlichen Literatur über Frauen, die Kinder sexuell missbrauchen, unablässig reproduziert."

> Und völlig zu Recht weist *Saradjian* (1999, S. 128; vgl. auch *Eldridge* 1999) darauf hin, dass die überwiegende Mehrzahl, die als *schizophren*, *alkohol-* oder *drogenabhängig* diagnostiziert wurden, „nicht zu Missbraucherinnen (werden). Und die überwiegende Zahl der Frauen, die Kinder sexuell missbrauchen, sind weder psychotisch, noch betrunken oder unter Drogen, wenn sie diese Handlungen begehen. Die Überzeugung, dass sexueller Missbrauch an Kindern nur von Frauen verübt wird, die irgendwie anders sind als wir, ist ein Produkt unserer Imagination. Wir erschaffen es uns, um uns selbst, unsere Mütter, unsere Schwestern und unsere Töchter abgrenzen zu können von Frauen, die diese unaussprechlichen Handlungen begehen".
> Den männlichen Tätern werden, von Ausnahmen abgesehen, aus radikal-feministischer Sicht derartige *Krankheitsbilder* nicht unterstellt.

Der Kindesmissbrauch durch Frauen ist im Vergleich zu Männern kaum von *Gewalt* geprägt[7], behaupten zahlreiche radikal-feministische Autorinnen wie beispielsweise *Steinhage* (1990), *Glöer* (1991) und *Wirtz* (1996). Aber warum kommt es in einer Vielzahl von Missbrauchsfällen zu *brutalen*, ja *brutalsten Gewalthandlungen*, teilweise sogar zu *sadistischen Handlungen*, die der *Folter* gleichen?
Es muss sogar die Frage erlaubt sein, ob diese von Frauen, insbesondere Müttern, ausgehenden *Gewalthandlungen* in Form und Intensität die *körperlichen Gewalthandlungen* männlicher Täter in einer nicht nachvollziehbaren Art und Weise weit übertreffen. Dem Verfasser jedenfalls sind bis heute keine Fälle bekannt geworden, in denen Männer, insbesondere (Stief-)Väter, an Kindern derartige *brutale*, *sadistische* und *perverse Gewalthandlungen* vollzogen haben[8]. Ihm ist überdies aufgefallen, dass insbesondere Mütter bei den *sexuellen Gewalthandlungen* die Töchter – Söhne sind hier offenbar sehr selten betroffen[9] –dazu zwingen, sie mit *Gegenständen* – in vielen Fällen sogar mit den *kindlichen* Fingern und Händen – vaginal zu penetrieren. Missbrauchende Mütter sehen – offenbar wie missbrauchende Väter – insbesondere die missbrauchte, rechtlose Tochter und ihren *kindlichen* Körper als ihren *persönlichen Besitz* an, über den sie *frei* und immer *uneingeschränkt* verfügen können. Und in ihrer Kindheit durch die eigene Mutter sexuell missbrauchte Frauen empfinden sich häufig als eine Art *biologische* und *psychologische Verlängerung des mütterlichen Körpers* (vgl. hierzu *McCarty* 1986). Hierbei ist ein interessanter Aspekt zu berücksichtigen, der in der fachlichen Literatur zum Thema bisher nicht diskutiert worden ist:
„Schwangerschaft und Geburt sind Themen, die auf völlig neue Weise mit dem Erleben von sexuellem Missbrauch verknüpft werden, wenn die Mutter die Täterin ist", berichtet *Kavemann* (1999, S. 41), die sich auf Lee *FritzRoy* (1996) bezieht. Und sie zitiert *FritzRoy* mit den Worten:
„In der Auseinandersetzung mit Identität bezogen sich alle Überlebenden, mit denen ich gesprochen habe, auf das unvereinbare Bild der Mutter als Quelle des Lebens, aber auch von extremen Schmerzen und potentiellem Tod."
Die von *FritzRoy* befragten Frauen, fünf an der Zahl, beschäftigten sich mit dem Thema Geburt.
„Ein zentraler Aspekt dabei ist, dass Frauen, die von der Mutter sexuell missbraucht wurden, im Leib der Täterin empfangen und ausgetragen und durch die Vagina der Täterin geboren worden waren", so *Kavemann* (1999, S. 41), die *FritzRoy* weiter zitiert:

„Verbunden mit der biologischen Realität der Geburt ist die Tatsache, dass der sexuelle Missbrauch der Tochter häufig vaginale Penetration mit Gegenständen, Fingern, Oralverkehr und andere Formen genitaler Manipulation des Kindes durch die Täterin umfasste bzw. das Kind gezwungen wurde, die Täterin so zu berühren. Für die erwachsene Überlebende ist die sexualisierte Form der Übergriffe unmittelbar verwoben mit der Thematik, aus der Täterin geboren worden zu sein."

Nach fester Überzeugung des Verfassers lassen die Ausführungen von *FritzRoy* den Schluss zu, dass missbrauchende Mütter über die *vaginale Penetration* nicht nur *sexuelle Befriedigung* erlangen. Mit anderen Worten: Die Mutter, die nie ein Mädchen, sondern ein Junge sein wollte, erträgt es nicht, ein Mädchen geboren zu haben. Sie kann weder für sich noch für die Tochter ihr *eigenes Geschlecht* akzeptieren und somit keine *weibliche Identität* aufbauen. Sie kann auch keine *genitale Vereinigung* und eine *vollkommene männliche Identität* mit der Tochter herstellen. Sie ist nicht zu einer *Identifizierung mit der Tochter* imstande, was die Folge hat, dass jeder Versuch, über das weibliche Kind ihre eigene *traumatische Kindheit* ungeschehen zu machen, zum Scheitern verurteilt ist. Anders ausgedrückt: Nicht die Tochter, sondern der Sohn ist dazu auserkoren, der Mutter bei dem Versuch zu dienen, ihre eigene *traumatische Kindheit* „ungeschehen" zu machen. Hierzu eignet sich nicht die Tochter, die nicht fähig ist, die böse Mutter ihrer Mutter, die diese nicht als Jungen geboren hat, zu ersetzen.

Aus all diesen Gründen *entwertet* die missbrauchende Mutter ihre Tochter – und die *aufkommende Weiblichkeit* ihres Kindes. Die mütterliche *Wut, Ohnmacht, Traurigkeit, Hoffnungslosigkeit*, aber auch *Hass* gegen *alles Weibliche*, die in der *sexuellen Gewalt* zum Ausdruck kommt, richtet sich hierbei gegen die eigene *erwachsene* beziehungsweise die *kindliche Vagina*. Anders ausgedrückt: Die gegen die weiblichen Genitalien gerichtete Gewalt, die häufig der Folter verwandte Analogien aufweist, richtet sich auch und gerade gegen die Mutter der Kindesmutter, die sie durch ihre Vagina nicht als Jungen empfangen und ausgetragen hat. Es ist für den Verfasser insofern nicht erstaunlich, dass zahlreiche der in diesem Buch zitierten weiblichen Opfer von der sexuellen Gewalt ihrer Mütter, die sich fast ausschließlich auf die eigene, erwachsene beziehungsweise die kindliche Vagina fokussiert, berichten.

Frauen, die in ihrer Kindheit durch ihre Mütter schlimmste *sexuelle Gewalt, körperliche* und *seelische Misshandlungen, sadistische, perverse Handlungen* erfahren haben, berichten gegenüber *Elliott* (1995) von einer *Kindheit des Grauens*. Sie sprechen von *unerträglichen Qualen, Schmerzen, Leiden*, denen sie oft jahrelang wehr- und hilflos ausgesetzt waren. Sie erzählen von ihren Müttern, die sich an dem *kindlichen Körper sexuell geweidet habe*n. Mütter, die sich aber auch an der *Wehr-* und *Hilflosigkeit* ihrer Kinder, an die *Schmerzensschreie*, an den *schmerzverzerrten kindlichen Gesichtern* – als *sexuelle Stimulatoren* – ergötzten.

Eine in ihrer Kindheit sexuell missbrauchten Frau, die die Mutter mit ihren *kindlichen* Fingern und Händen *vaginal* befriedigen musste, berichtet gegenüber *Elliott* (1995, S. 177, 178):

„Am Anfang hielte sich der Missbrauch in gewissen Grenzen. Sie legte mich aufs Bett, zog mir die Windel aus und streichelte mich sanft zwischen den Beinen. Sie sagte nie etwas, aber sie ließ mein Gesicht nicht aus den Augen. Sie machte keinen Versuch, in mich

einzudringen – nur dieses rhythmische Streicheln, auf und ab, auf und ab. Dass ging zwei oder drei Jahre so, auch noch, als ich aus den Windeln heraus war. (...)
Eines Tages passierte es dann: Sie nahm mich mit ins Badezimmer. Ich sollte auf dem Fußboden mit meinem Spielzeug spielen, während sie ein Bad nahm. Als sie aus der Badewanne kam, klappte sie den Deckel der Toilette herunter und setzte sich drauf. Sie stützte ein Bein auf der Badewanne ab und das andere am Schrank, und dann zog sie mich zu sich. Sie nahm meine Hände und führte sie an ihre Geschlechtsteile. Und während sie mir wieder voll ins Gesicht sah, sagte sie mir, in dem Loch wäre ein schönes, warmes Nest, in dem ich drin gewesen sei, bis ich groß genug war, und dann wäre ich einfach herausgeplumpst. Sie wollte, dass ich nach dem warmen Nest suche. Ich hatte furchtbare Angst: mit meiner kindlichen Logik dachte ich, wenn ich einfach so herausgeplumpst war, würde ich wahrscheinlich auch wieder hereinplumpsen können. Und dann wäre ich auf immer und ewig verloren, und meine Mutter wäre die einzige, die wüsste, wo ich bin."

Diese Mutter wollte von ihrer kleinen Tochter mehr: Sie zwang das Kind, ihr einen intensiven Orgasmus zu verschaffen:

„Sie bestand jedoch darauf, und mit meinen winzigen Kinderhänden versuchte ich zaghaft zu tun, was sie wollte. Ihr Atem wurde heftiger und schneller, und schließlich warf sie den Kopf zurück und stieß einen lauten Schrei aus. Ein Orgasmus natürlich, aber ich konnte damals nicht verstehen, was passiert war. Dann ließ sie mich los und wurde wieder zu der Mama, mit der ich zurechtkam, und das Leben ging weiter.
Als das wieder passierte, wollte ich nicht mitmachen und versuchte, ihr meine Hände zu entziehen. Egal, wie sehr sie sich bemühte, ich ging dagegen an, und schließlich packte sie mich grob am Arm, schleifte mich in mein Zimmer und sperrte mich ein. (...) So ging das eine Zeit, und die Angst in mir wurde immer stärker. Wenn ich tat, was sie mir sagte, wurde sie die Mama, die ich nicht mochte. Wenn nicht, schloss sie mich in mein Zimmer ein. Ich saß in der Falle und war total verängstigt. Ich wurde zu einem sehr, sehr unglücklichen Kind."

Und auch *Hunter* (1995, S. 93, 97), eine psychotherapeutische Beraterin, lässt eine Patientin namens Lucy zu Wort kommen, die jahrelang von ihrer eigenen Mutter *sexuell missbraucht*, ja *vergewaltigt* worden ist:

„Meine Mutter hat lange vor meinem dritten Geburtstag angefangen, mich sexuell zu missbrauchen. Leider war der Missbrauch kein einmaliger Vorfall, sondern dauerte mit gnadenloser Regelmäßigkeit meine gesamte Kindheit hindurch, bis ich 13 Jahre alt war. Während ich dies schreibe, mehr als dreißig Jahre später, trage ich immer noch den Zorn, die Schuldgefühle und die Hoffnungslosigkeit in mir, die der Missbrauch hinterlassen hat. ... Ich hatte immer gewusst, das ich ein Geheimnis hatte, ein tiefes, dunkles Geheimnis. Ich wusste das, weil ich anders war als alle anderen: Ich hatte meine eigene Mutter nicht lieb. Das Geheimnis war in meinen Alpträumen erschienen, in vagen Schatten voll von unerklärlichem Horror, aber ich hatte ihre wahre Bedeutung nie gekannt. Ich wusste einfach, dass meine Mutter mich nie wirklich geliebt hatte, aber ich konnte nie genau sagen, warum. Sie gab mir einfach das Gefühl, schmutzig zu sein, und verursachte mir Unbehagen. Vor allem lieferte mir diese erste Erinnerung eine Erklärung

dafür, warum ich meine Mutter hasste. Ich hatte schreckliche Angst vor ihr und verachtete sie, was dazu führte, dass ich mich verwirrt, böse und undankbar fühlte. (...)
Ich lebte mit ihr zusammen im Haus meiner Großmutter. Meine Mutter und ich teilten uns ein Zimmer. Das Bett stand mit einer Seite an der Wand. Mein Platz war zwischen der Wand und meiner Mutter. Die Tür war immer verschlossen, und sie hatte den einzigen Schlüssel. Ein Entkommen war unmöglich –meine Gefangenschaft war absolut."

Die sexuelle Gewalt nahm an Intensität zu, indem die Mutter der kleinen Tochter Gegenstände in die kindliche Vagina und den Anus einführte:

„Als Kind bettelte ich abends, bei meiner Oma schlafen zu dürfen, wurde dann aber meistens von meiner Mutter ins Bett befördert. Je nach Laune meiner Mutter wurde ich geweckt, wenn sie ins Bett kam. Ich tat, als würde ich schlafen, aber das half nichts. Sie schmiegte sich von hinten an mich, und ich sollte ihr sagen, dass ich sie lieb habe.
Dann holte sie diverse Gegenstände hervor, um sie in meine Vagina oder meinen Anus hineinzustecken. Manchmal benutzte sie nur ihre Finger. Sie zwang mich zu Oralsex, und ich musste sie stimulieren. (...) Ich widersetzte und beschwerte mich nie. Ich hatte schon vor langer Zeit aufgehört, mich zu wehren, irgendwann in meinem dritten Lebensjahr."

Lucy erinnert sich auch an einen Missbrauch durch die Mutter im Bett der Oma, die sie, Lucy, sehr liebte, und die an jenem Tag nicht zugegen war.

„Meine Mutter legte mich aufs Bett und schloss die Tür. Sie hatte mich schon länger missbraucht, aber ich machte mich immer ganz steif und wehrte mich, und sie hasste das. Anscheinend hatte meine Mutter beschlossen, dass ich diese Tortur nicht nur zu erdulden hatte, sondern auch noch so tun müsste, als würde ich es genießen. Ich sollte wenigstens gehorsam und kooperativ sein. Sie bat mich, sie zu stimulieren, aber ich wollte nicht. Sie befahl mir, zu lächeln, und ich weigerte mich. Sie befahl mir, mit den Weinen aufzuhören, aber ich konnte nicht. Ich fing an zu schreien: ‚Ich will raus! Ich will raus!' Immer wieder."

Die sich wehrende Tochter konnte sich gegen die große übermächtige missbrauchende Mutter nicht durchsetzen. Der kindliche Widerstand wurde von ihr mit brutaler körperlicher Gewalt gebrochen:

„Sie legte mir die Hand auf dem Mund, und ich biss ihr in den Finger. Sie legte mir beide Hände auf den Mund, und ich konnte den schalen Geruch von Tabak riechen. Ihre Nägel waren lang und zerkratzten mein Gesicht, aber ich hörte nicht auf, mich zu wehren. Sie machte mir Angst und tat mir weh. Verärgert zog sie meine Arme nach unten und klemmte sie mit einem Arm fest. Mit ihren Knien drückte sie meine tretenden Beine hinunter. Ihre freie Hand langte nach dem Kissen neben mir und presste es mir aufs Gesicht. Sie drückte stärker, bis ich kaum noch atmen konnte. Sie sagte mir, ich wäre ein böses, schlechtes Mädchen, weil ich nicht lieb zu ihr sein wollte. Sie schimpfte immer weiter, und dann wurde es dunkel um mich. Ich wachte auf dem Boden neben dem Bett auf.
Meine Mutter zog die Bettwäsche ab, weil ich ins Bett gemacht hatte. Es schien sie nicht zu interessieren, ob ich tot oder lebendig war."

Aus den vorstehenden Schilderungen, aber auch aus verschiedenen Untersuchungen, Studien und (Fach-)Literatur ergibt sich eindeutig, dass auch Frauen teilweise ein *großes Potential an schlimmster, brutalster Gewalt anwenden, um sich an wehr- und hilflosen Kindern emotional und sexuell zu befriedigen*[10].

Cabanis und *Phillip* (1969) beispielsweise berichten über eine Mutter, die ihren *Sadismus* an ihren Kindern auslebte: Ihren sechsjährigen Sohn und die fünfjährige Tochter beschmierte sie mit *Exkrementen* und *misshandelte* sie *körperlich*, und während sie die Tochter *quälte*, *masturbierte* sie das Kind gleichzeitig mit der Hand oder einen *Schuhanzieher*, während der Vater zuschaute. Und *Silber* (1979) berichtet über eine Mutter, die an ihrem Sohn im Vorschulalter *tagtäglich*, über *mehrere* Jahre hinweg, *sexuelle aggressive* und *sadistische Misshandlungen* vornahm. Für das Kind muss es unerträglich gewesen sein, dass die eigene Mutter immer wieder seine Hand nahm, diese auf die durch *Kaiserschnitt verursache Narbe* legte und ihm dabei vorwarf, er habe diese verursacht. Um sich *sexuelle Orgasmen* zu verschaffen, führte sie die *kindliche* Hand, sein *Bein* oder seine *Hüfte* und dann seinen *ganzen kindlichen Körper rhythmisch über ihre Genitalien*, und zwar so lange, bis sie zum *Orgasmus* kam, während sie ihm hin und wieder ein Schlaflied vorsang. Im Laufe der Zeit wehrte sich der Sohn mit der Folge, *dass die sexuelle Gewalt der Mutter an Intensität zunahm*.

Was empfindet ein Kind, wenn die Mutter, wie geschehen, plötzlich ihre *Schamlippen* spreizt, dabei *fauchende Geräusche* von sich gibt, ihn dann an den *Haaren* packt und das *kindliche Gesicht* so lange über ihre *Genitalien* bewegt, bis sie einen *Orgasmus* hat? Und wie wirkt sich ein derart *perfides krankhaftes Verhalten* auf die *psychosexuelle Entwicklung* eines Kindes mit Blick auf die Adoleszenzphase sowie im Erwachsenenalter aus?[11]

Dass Kinder den sexuellen Missbrauch durch Frauen bzw. ihre Mütter in der Regel genauso – wenn nicht weit schlimmer – als *traumatisch* erleben können wie den durch Männer ist unstrittig[12]. So zeigt die klinische Studie von *Johnson* und *Shrier* (1987), dass die meisten von Frauen missbrauchten Jungen den Missbrauch als *traumatisch* erlebten, sie fanden keinerlei *nennenswerten Unterschied* in der *Traumatisierung* durch männliche *oder* weibliche Täter.

In einer Überprüfung der Literatur waren *Watkins* und *Bentovim* (1992) außerstande, klare Beweise zu finden, dass männliche *oder* weibliche Opfer durch den Missbrauch *mehr geschädigt* werden. *Urquiza* und *Capra* (1990) und *Timm* (1992) glauben, dass die Auswirkungen und (Folge-) Schäden bei männlichen Opfern denen der weiblichen Opfer ähneln und genauso gravierend sind, und zwar *unabhängig* vom *Geschlecht* des Täters. *Dismer* (2000) zitiert einen Mitarbeiter des Berliner Vereins *Tauwetter*, eine Anlaufstelle für Männer, die als Jungen missbraucht wurden, mit den Worten:

„In den ungefähr 350 Gesprächen, die wir seit unserem Bestehen geführt haben, berichten rund ein Viertel der Männer von sexuellem Missbrauch durch Frauen."

Diese Männer seien oft mehr traumatisiert als die, die von Männern missbraucht werden.

Auch Frauen, die in ihrer Kindheit von Frauen bzw. Mütter sexuell missbraucht wurden, sind extrem verstört. *Saradjian* (1999, S. 135) zitiert eine betroffene Frau, die „als Heranwachsende eine kurze Zeit von einer erwachsenen Frau sexuell missbraucht" wurde:

„Du erwartest so was von Männern, nicht wahr, du bist wachsam, du weißt, wie Männer sind. Aber du hättest nie von einer Frau erwartet, dass sie dies tun würde, ich meine, Frauen tun so was doch nicht!"

Die Mutter ist entweder passiv, schweigend, duldend oder aktiv am Kindesmissbrauch beteiligt

Es gibt Mütter, die eine passive Nebenrolle als Zuschauerin oder Mitwissende einnehmen. Letzteres bedeutet oft, dem männlichen Täter einen Gefallen zu tun, um z. B. ihre Ehe oder Partnerschaft aus *ökonomischen Gründen* zu retten oder weil sie völlig *abhängig* sind, der Partner absolut *dominierend* und in *verbaler, psychischer, physischer* und *sexueller Form gewalttätig* ist.

Diese Frauen können sich nicht vorstellen, dass sie auch ohne den Partner lebensfähig sind; sie opfern ihre Kinder – und nehmen den sexuellen Kindesmissbrauch *billigend in Kauf*. Diesen Typ von Frauen beschreiben *Justice* und *Justice* (1979) als das *symbiotische Wesen des Familien-Missbrauchssystems*. Diese Mütter *dulden* den sexuellen Missbrauch ihrer Kinder; sie *fördern* ihn dadurch, dass sie *schweigen* und *zuschauen*.

Fünf Beispiele mögen dies verdeutlichen:

• Ein Familiendrama spielte sich im April 1999 vor dem Bergheimer Amtsgericht[13] ab. Auf der Anklagebank saß die 45-jährige Mutter von acht Kindern, die sich gegen den Anklagevorwurf Beihilfe zum sexuellen Missbrauch und Verletzung der Fürsorgepflicht zu wehren hatte. Sie soll es zugelassen haben, dass ihr Freund mehrfach zwei ihrer Söhne, die 13 und 14 Jahre alt waren, sexuell missbrauchte. Sie soll sogar teilweise im gleichen Bett gelegen haben, während direkt neben ihr der Missbrauch vollzogen wurde. Nachdem der Mann zu sechseinhalb Jahren Haft verurteilt worden war, erstattete der ältere Sohn gegen die Mutter Strafanzeige. Dass mittlerweile 20 Jahre alte Opfer versicherte vor Gericht:
„Sie sollte nicht so einfach davonkommen."
Ihm ging es nicht darum, dass die Mutter eine hohe Strafe bekommt:
„Sie ist schon genug gestraft."
Die Kindesmutter, die zunächst die Vorwürfe bestritt („Hätte ich das gewusst, hätte ich ihn angezeigt"), legte dann doch noch in letzter Minute ein Geständnis ab:
„Ich wollte ihn doch nicht verlieren!"
Aufgrund ihres Geständnisses erhielt sie nur acht Monate auf Bewährung.

• Gegen Monika L., Mutter der 14-jährigen Silvia, beantragte die Staatsanwaltschaft Berlin[14] eine Haftstrafe von zwei Jahren und drei Monaten. Für ihren Lebensgefährten Dieter P. wurden fünf Jahre Haft beantragt: Er soll das Mädchen seit etwa ihrem siebenten Lebensjahr sexuell missbraucht haben; teilweise soll der Kindesmissbrauch in Gegenwart der Mutter, einer gelernten Erzieherin, stattgefunden haben. Die Staatsanwältin warf ihr vor, durch ihr Verhalten habe sie Beihilfe zum schweren sexuellen Missbrauch ihrer Tochter geleistet. Während des Prozesses verließ Silvia, die im Sommer 1999 Anzeige erstattet hatte, weinend den Gerichtssaal:
„Ich will nicht, dass meine Eltern ins Gefängnis kommen", sagte sie den Richtern.

• Ein 50-Jähriger, der angeklagt war, seine heute 26-jährige Tochter als Kind sexuell missbraucht und vergewaltigt zu haben, wurde vom Landgericht Kassel[14a] zu sechseinhalb Jahren Haft verurteilt. Auch seine 46-jährige Ehefrau, die Kenntnis hatte und ihre Tochter nicht schützte, wurde wegen Beihilfe zu einem Jahr und sechs Monate, ausgesetzt auf vier Jahre zur Bewährung, verurteilt.

- Ein 39-Jähriger wurde vom Landgericht Marburg[15] in 61 Fällen des sexuellen Missbrauchs seiner zwei Töchter zu sieben Jahre und sechs Monate Gefängnis verurteilt. Auch die Kindesmutter, die von dem sexuellen Missbrauch ihrer Töchter Kenntnis hatte, wurde wegen Verletzung der Fürsorgepflicht zu einem Jahr Freiheitsstrafe auf Bewährung verurteilt. Beide hatten die Taten bis zuletzt geleugnet.

- Ein 65-Jähriger ist vom Landgericht Itzehoe wegen sexuellen Missbrauchs zu fünf Jahren Haft verurteilt worden. Der Mann verging sich über mehrere Jahre an der Tochter seiner Lebensgefährtin – zum ersten Mal, als sie ein Kind von acht Jahren war. Die Kindesmutter, die dem Verbrechen tatenlos zusah, wurde zu einem Jahr und sechs Monaten Freiheitsstrafe auf Bewährung verurteilt (*ap*, 24. September 2002).

Dass es Frauen und Männer gibt, die Kinder, *ihre* Kinder *gemeinsam* missbrauchen, räumen immerhin auch feministisch orientierte Autorinnen wie *Steinhage* ein[15a]. Auch wenn sie ausschließlich den männlichen Täter als treibende Kraft, der die Täterin zum Mitmachen zwingt, hinstellen.

Wenn in Form der *Schutzbehauptung* immer wieder gebetsmühlenartig beschworen wird, dass die *regressive* oder *fixierte* pädophile Frau überwiegend, wenn nicht gar ausschließlich auf Druck und Zwang des Täters als Mittäterin auftritt, ist jedoch größte Vorsicht geboten. *Diese Schutzbehauptung ist eine unerträgliche Verharmlosung der Wirklichkeit*: Diese Wirklichkeit wird offenbar gerade auch von (radikal-)feministischen Autorinnen entweder *geleugnet* oder *verharmlosend* als *Einzelfälle* dargestellt. Auch die Behauptung, dass Mütter und Frauen fast ausschließlich nur *gemeinsam* mit Vätern, Männern den Missbrauch vollziehen, ist absolut wirklichkeitsfremd. *Steinhage* (1990, S. 172) beispielsweise gehört offenbar zu den glühenden Verfechterinnen dieser Theorie, die besagt, dass Mütter und Frauen „Kinder meist nur in Tateinheit mit einem Mann" missbrauchen. All diese absurden und durchsichtigen – ideologisch geprägten – Behauptungen werden eindeutig durch zahlreiche Studien widerlegt[16].

Viele der missbrauchenden Mütter, die zunächst aus *Zwang* und *Bedrohung* heraus mitmachen, finden im Verlauf der Missbrauchshandlungen *Spaß* und *Gefallen* daran, *freiwillig* und *gemeinsam* mit dem Mann das Kind oder die Kinder sexuell zu missbrauchen. Über einen solchen Fall berichten *Mathews* u.a. (1989):

Eine Kindesmutter, die mit einem Mann verheiratet ist, der bereits Kinder zuvor missbrauchte, wurde von ihm vielfach emotional und körperlich misshandelt. Sie beschuldigte ihn, beide Söhne und die Tochter zu missbrauchen. Er stritt dies ab und schlug wenig später vor, ein Familien-Sex-Spiel zu spielen. Die Mutter weigerte sich zunächst und machte dann aber mit, nachdem der Mann ihr mit Schlägen drohte. Während dieser „Spiele" zogen sich alle aus, und die Eltern fassten ihre Kinder an und zwangen diese, sie anzufassen. Bei Weigerung der Kinder setzte es Schläge. Einige Zeit später ging man zu oralem Sex, Berühren, Stimulieren und Penetration über. Hinzu kam, dass die Eltern ihre Kinder zwangen, miteinander sexuell aktiv zu sein und die Eltern beim Geschlechtsverkehr zu beobachten. Nachdem der sexuelle Missbrauch an ihren Kindern bekannt wurde, räumte die Kindesmutter ein, zunächst nur aufgrund der Drohungen ihres Mannes mitgemacht zu haben, später habe sie selber Gefallen daran gefunden.

Insbesondere in Fällen, in denen Väter und Mütter gemeinsam Kindern sexuelle Gewalt antun, ist der sexuelle Missbrauch oft verbunden mit dem *Ausleben sexueller Perversionen*[17] am Kind. Aus einer „sanften Verführung" wird ein von *Gewalt geprägter sadistischer sexueller Missbrauch.*

In der kleinen Studie von *Wolfers* (1990) übten von zehn Frauen sieben – bei allen waren männliche Co-Täter beteiligt – *aktiv* gegenüber den kindlichen Opfern Gewalt aus, die die Grenze zu sadistischen Grausamkeiten überschritt. Getreten und geschlagen wurden diese Kinder, eingesperrt, gefesselt und religiösen *Ritualen* unterworfen; ihnen wurden *Verbrennungen* zugefügt. *Somit besteht zu gewalttätigen männlichen Tätern offensichtlich kein signifikanter Unterschied.*

Und die missbrauchten Kinder wurden nicht nur *gequält*, berichtet *Wolfers* (1992) weiter, sondern auch *erniedrigt* und *gedemütigt*. So konnten die Täterinnen „ein Maximum an Kontrolle und Gewalt" ausüben.

Über verschiedene Fälle von brutalster Kindesmisshandlung und sexuellem Kindesmissbrauch berichten auch *Bauerfeind* und *Schäfer* (1992, S. 94). So über eine Mutter, die zusammen mit ihrem Freund die eigene sechsjährige Tochter brutal missbraucht:

„Angeheizt durch Pornofilme, Alkohol und Tabletten sei es immer wieder zu Exzessen gekommen. Opfer sei auch der zwei Monate alte Säugling gewesen. In einem Zornanfall habe die Mutter das Kind aus dem Bett gerissen und durch die Luft geworfen. Als es auf dem Boden aufschlug, erhielt es von der Mutter noch Fußtritte."

Eine Frau, die als Mädchen von der Mutter sexuell missbraucht und dem Vater und dem Bruder zur *Vergewaltigung* ausgeliefert wurde, berichtet *Elliott* (1995, S. 196, 197):

„Ich wurde von meiner Mutter sexuell missbraucht, von meinem ersten Lebensjahr an, bis ich zehn Jahre alt war. Als ich 13 war, zerriss sie mir mit Gewalt mein Hymen, damit mein Vater und mein Bruder mich vergewaltigen konnten. Als ich 19 war, injizierten meine Eltern mir Tranquilizer, damit mein Vater mich erneut vergewaltigen konnte. (...) Meine Mutter zwang mich, oralen Sex vorzunehmen, und flüsterte die ganze Zeit, sie würde mich lieben. Ich kam damit zurecht, indem ich das Bild, das ich von ihr hatte, aufspaltete. Ich trug das Bild von einer liebenvollen Mutter in meinem Kopf und verleugnete die Realität vollständig."

Eine in ihrer Kindheit missbrauchte Frau zitiert *Teegen* (1993, S. 336) mit den Worten:

„Wurde zu Zärtlichkeiten, Streicheln gezwungen. Musste bei Selbstbefriedigung anwesend sein. Mir wurden schwere Verletzungen an den Genitalien zugefügt. Meine Mutter war auch Zuschauerin bei sexuellen Handlungen ihrer Freunde mit mir (von Petting über Oral-Analverkehr bis hin zu Vergewaltigungen)."

Der *Spiegel* (24/1999, S. 199) berichtet in einem Artikel über *Sexualstraftäter* mit dem Titel: „Leben in der Hölle" über den 35-jährigen Hermann aus Herne, der Kinder missbrauchte und per Gerichtsurteil in eine forensische Psychiatrie eingewiesen wurde. Seine Kindheit wird in dem Bericht wie folgt wiedergegeben:

„Der Vater steckte dem Neunjährigen Stöcke in den Hintern und kettete das nackte Kind an ein Hundehalsband. Später musste der Junge im Beisein des Vaters mit der Mutter verkehren. Hermann: ‚Als ich das dem Nachbar-Bauern erzählt habe, gab's zu Hause dicke Augen.' In der Schule galt das Kind als lernbehindert. Hermann ging lieber auf Klautour: ‚Mit 14 Jahren waren es schon 180 Brüche.'"

Die *Pirmasenser Zeitung* berichtete am 5. 12. 2002 über eine Mutter, die wegen sexuellen Missbrauchs ihres Sohnes zu drei Jahren und sechs Monaten Freiheitsstrafe verurteilt wurde. Mehrfach wurde der im Juli 1998 geborene Sohn von ihr und dem Kindesvater sexuell missbraucht. Das Kind wurde beim Geschlechtsverkehr der Eltern mit einbezogen. Der Vater versuchte einmal, das schreiende Kleinkind zu vergewaltigen, während die Mutter zusah und sich stöhnend selbst befriedigte. Die Kindesmutter gestand die Anklagevorwürfe und behauptete, ihr Mann habe sie dazu gezwungen. Das Gericht berücksichtigte Videofilme, die der Kindesvater während der Missbrauchshandlungen anfertigte. Die Richterin erklärte zu den Tatvorwürfen: „Das sprengt alles, was jemals hier im Gerichtssaal zu sehen war."

Dass es auch Mütter gibt, die nur vorübergehend ihre Kinder *gemeinsam* mit den Vätern missbrauchen und später die sexuelle Gewalt auch *selbstständig alleine* fortzuführen, wird von den meisten feministisch orientierten Autorinnen rundweg bestritten. So berichtet beispielsweise *Saradjian* (1999, S. 127), dass von den fünfzehn von ihr untersuchten Frauen, die am Anfang von Männern zum sexuellen Kindesmissbrauch gezwungen wurden, „zwei Drittel den sexuellen Missbrauch der Kinder alleine fortsetzten, als gleichwertiger Partner. Eine Frau, die ich für meine Untersuchung interviewte, ging gezielt Beziehungen mit männlichen Pädophilen ein, um Kinder gemeinsam sexuell zu missbrauchen, und eine andere Frau hatte sogar einen Mann zum sexuellen Missbrauch mit einem Kind gezwungen." Auch *Mathews* u.a. (1989) berichten beispielsweise über eine Kindesmutter, die von ihrem Mann gezwungen wurde, sich an dem sexuellen Missbrauch der drei Töchter und zweier Neffen zu beteiligen. Zunächst weigerte sich die Kindesmutter mit der Folge, dass der Ehemann sie schlug und sie mit dem Tod bedrohte. Aus Angst beteiligte sie sich dann an dem Missbrauch der Kinder, der von Küssen über die Stimulation der kindlichen Körper bis zum oralen Sex reichte. Und, noch schlimmer, sie beteiligte sich daran, ihnen verschiedene Objekte in die Körperöffnungen einzuführen. Einige Zeit später missbrauchte sie die Töchter alleine, aus eigenem Antrieb, indem sie die kindlichen Genitalien stimulierte und von ihren Kindern verlangte, ihre eigenen Genitalien zu stimulieren. Noch schlimmer: sie penetrierte ihre Kinder mittels verschiedener Gegenstände und verlangte von ihnen, ihr einen Vibrator einzuführen. Nach dem Aufdecken des sexuellen Missbrauchs rechtfertigte sich die Kindesmutter, sie hasse ihren Mann und sei mit der sexuellen Beziehung zu ihm nicht zufrieden.

„Du versuchtest, mich zu töten, weil ich es gewagt hatte, menschlich zu sein."

„Mutter, ich möchte, dass du es weißt, wie ich mich dabei gefühlt habe, was du mit mir gemacht hast, wie ich dich und den Missbrauch durch dich in Erinnerung habe. Ich möchte, dass du meinen Schmerz spürst; ich möchte, dass du weißt, was du einem kleinen unschuldigen Kind angetan hast, einem Kind, das bestrebt war, lieb zu sein, zu lernen und dich zu lieben. Ich möchte, dass du weißt, was du einem kleinen Mädchen angetan hast, die ihr ganzes Leben lang nach deiner Anerkennung gestrebt hat – wie grausam du zu ihr warst und wie hinterhältig."

Dieses Zitat ist der Anfang eines Briefes[18], den eine Frau ihrer Mutter schrieb, von der sie als kleines Mädchen schwer misshandelt und sexuell missbraucht worden war. Der Verfasser zitiert längere Auszüge aus dem Brief, der eine Anklageschrift *darstellt. Die Anklage ist gerichtet gegen eine Mutter, die ihre eigene Tochter erniedrigte und demütigte, quälte und vergewaltigte.*

„Was für eine Grausamkeit ließ dich mir das antun, Mutter? Ich war ein ganz normales Kind, das leben wollte, aber du verbanntest mich Stunde um Stunde in dieses Bett, voller Angst, Schrecken und Verzweiflung, weil ich nicht die gehorsame Puppe sein konnte, die du wolltest. Das war Misshandlung, Mutter. (...)
Nachdem Dada mich missbraucht hatte und ich wieder Windeln tragen musste, weiß ich noch, wie du mir sagtest, ich wäre ein böses, böses Mädchen; dass ich allen soviel zusätzliche Arbeit bereiten würde. Es muss offensichtlich gewesen sein, dass ich da unten aufgerissen war. Ich erinnere mich, dass ich viel geblutet habe und es schrecklich weh tat, wenn ich Pipi oder Aa machte; es brannte nicht nur, sondern tat mir innen drin weh, aber du behandeltest mich, als hätte ich es absichtlich getan, nur um ungezogen zu sein, nur damit ich wieder Windeln brauchte. Ich weiß noch, wie ich beim Pipi-Machen vor Schmerzen weinte, Mutter; wie ich weinte, als es mir das Bein herunterlief, weil ich versucht hatte, es so lange zurückzuhalten, und ich musste doch, und es tat so weh. Und es war zuviel für die Windel gewesen, und du schlugst mich deswegen; schlugst mich auf meinen zerrissenen Popo, der so weh tat, dass ich mich ohne Schmerzen nicht bewegen, nicht sitzen oder laufen konnte. Du schlugst ein verletztes und hilfloses Mädchen, weil sie so missbraucht worden war, dass sie nur noch in Schmerz und Angst lebte. Das war Misshandlung, Mutter. Du hast mir kein Mitgefühl, kein Verständnis, keinen Anstand entgegengebracht. Das war Missbrauch."

Die Kindesmutter, die ihrem Kind unentwegt schwerste Misshandlungen zufügte, vergewaltigte das Kind mit ihren Fingern, befriedigte sich sexuell an den Qualen und Schmerzensschreien.

„Als du deine Finger in meine winzige Vagina stecktest und meine Klitoris riebst und mein Körper entweder vor Vergnügen oder vor Unbehagen oder Schmerz reagierte, wenn du mir Nacht für Nacht solche Art von Aufmerksamkeit schenktest und dabei ununterbrochen erzähltest, wie schmutzig ich wäre, wie dreckig, wie schwer wieder sauber zu bekommen, wo ich doch viel zu jung war, um zu wissen, was du da machtest, zu klein, um zu wissen, dass du dich sexuell mit meinem Körper erregtest – das war Missbrauch, Mutter; das war Missbrauch. (...)

> Wie ich mich wand und du mir sagtest, ich solle still liegen, obwohl du genau wusstest, dass das, was du machtest, dazu diente, dass ich mich krümmen und winden sollte, als du dich mit deinen grausamen Fingern in mich einhaktest, mich roh und wund riebst; das war Missbrauch, Mutter. Das alles war Missbrauch. Kein Kind sollte das jemals ertragen müssen, Mutter."
>
> *Die Malträtierungen des kindlichen Körpers, die die Mutter ihrem Kind zufügte, nahmen an Intensität zu.*
>
> „Als du meinen verängstigten Körper wie eine Stoffpuppe packtest und ihn an den Beinen herumschwangst; als du versuchtest, meinen Körper zu zerschmettern, indem du ihn gegen die Tür, die Heizung, die Wände, den Fußboden knalltest; als du versuchtest, mir an der Wand und an der Heizung den Schädel einzuschlagen, indem du mich durch die Luft schleudertest, als wäre ich ein Spielzeug an einer Schnur, ein Gegenstand; als du versuchtest, mich zu töten, weil ich es gewagt hatte, menschlich zu sein; das war Missbrauch, Mutter."
>
> *Das geschundene kleine Mädchen in Gestalt der Frau konfrontiert ihre Peinigerin auch mit ihren Gefühlen, Schmerzen, Verwirrungen, fehlgeleiteten Hoffnungen, Einsamkeit und Todesangst, die sie auch als Erwachsene wieder und wieder durchlebt:*
>
> „Ich weine Mutter, aber nicht um dich. Ich weine um das kleine Mädchen, das deine Bosheit gegen alle Wahrscheinlichkeit überlebt hat. Ich weine wegen ihres Schmerzes, ihrer Verwirrung und Todesangst, die deine Bosheit verursacht hat. Ich weine um ihre fehlgeleiteten Hoffnungen auf Liebe von ihrer Mutter. Ich weine wegen ihrer Einsamkeit und der Ungerechtigkeit, alle deine Missbrauchshandlungen noch einmal erleben zu müssen, nur um sie loswerden zu können. Ich weine wegen ihres Misstrauens gegenüber Freundlichkeit und Anerkennung; wegen ihres Misstrauens sich selbst gegenüber. Ich weine aus Mitgefühl mit diesem kleinen Mädchen; ich weine, weil ich sie liebe. Ich weine um mich selbst."

Es gibt viele Mütter, die den sexuellen Missbrauch von Anfang an *alleine* ausführen. Mütter, die völlig *unabhängig*, mit *Nichtwissen* der Väter, oder als *allein Erziehende* sich an ihrem Kind, manche sogar an *mehreren* ihrer Kinder (gleichzeitig) sexuell vergreifen. Auch dieser unstritig vorhandene Tatbestand wird von den meisten feministisch orientierten Autorinnen rundweg bestritten. Und entsprechende Untersuchungen, die dies eindeutig belegen, werden überwiegend in der (Fach-)Literatur nicht erwähnt.

„In den wenigen Untersuchungen über Frauen, die sexuell missbrauchen", berichtet *Elliott* (1992), „wird normalerweise festgestellt, dass Frauen entweder gemeinsam mit oder unter dem Einfluss von Männern missbrauchen. Meine Fälle zeigen, dass dem nicht so ist. Mehr als die Hälfte derjenigen, die Kontakt zu mir aufgenommen haben (100 Fälle – *Anm. d. Verf.*), geben an, dass die weiblichen Missbraucher alleine missbrauchten – oft gab es in der Familie keinen Mann. (...)"

An dieser Stelle seien einige dieser Untersuchungen aufgeführt:

• *Knopp* und *Lackey* (1987), die die Daten von 44 Behandlungsstellen, die spezielle Therapien für sexuell missbrauchende Frauen anbieten, auswerteten, kommen in ihrer Untersuchung zum Ergebnis, dass nur in 13,5% der Fälle (123 von 911) bei den Übergriffen eine zweite Person beteiligt war; in den meisten Fällen (83%) handelte es sich bei dieser zweiten Person um einen männlichen, bei den restlichen 17% um einen weiblichen Täter.

• Neun der von *McCarty* (1986) untersuchten 29 Mütter verübten den Kindesmissbrauch mit einem Mann gemeinsam, und zwölf missbrauchten das Kind unabhängig von einem Mann. In drei Missbrauchsfällen waren die Kindesväter nicht mehr im Hause, die missbrauchten Söhne wurden als Ersatzpartner behandelt. Und die Mütter, die ihre Töchter missbrauchten, behandelten diese als eine Art biologische und psychologische Verlängerung („Selbsterweiterung") ihres erwachsenen, mütterlichen Körpers.

• *O´Connor* (1987) berichtet in ihrer Untersuchung von 62 weiblichen Gefängnisinsassen. Von diesen haben 39 die Kinder alleine missbraucht und 23 den männlichen Täter beim Kindsmissbrauch unterstützt.

• *Eberesche* und *Langelier* (1990) kommen, bezogen auf neun Missbraucherinnen, zu folgendem Ergebnis: 5 der Frauen missbrauchten jeweils das Kind (in drei dieser Fälle je ein Mädchen, in einem Fall ein Junge und in einem weiteren Fall ein Mädchen und ein Junge) mit einem Mann zusammen. Die anderen 4 Frauen missbrauchten jeweils einen Jungen alleine.

• In einer Überprüfung von Daten über 17 junge weibliche Pädophile, die ihre Opfer kannten, fand *Mayer* (1992), dass nur zwei von ihnen mit einem männlichen Täter zusammen den Missbrauch begingen. Für alle blieben die Taten offensichtlich folgenlos.

Über eine allein *erziehende Mutter*, die gleichzeitig ihre drei Kinder sexuell missbrauchte, berichten *Mathews* u.a. (1989):
Sie lebte mit ihrer Tochter und den zwei Söhnen alleine. Die sexuelle Gewalt begann, als diese zwischen vier und sechs Jahre alt waren. Da sich die Tochter gegen den sexuellen Missbrauch wehrte, konzentrierte sich die Mutter verstärkt auf ihre Söhne. Um sich sexuell zu stimulieren, rieb sie den Penis der Söhne an ihre eigenen Genitalien, es kam hierbei mit beiden Söhnen auch zur Penetration. Für die Söhne unerträglich, für die Mutter immer wieder das Ausleben ihrer sexuellen Lust, dauerte der sexuelle Kindesmissbrauch insgesamt sieben Jahre. Nachdem das Verbrechen aufgedeckt wurde, rechtfertigte sich die missbrauchende Mutter mit den Worten, sie habe von ihrem Freund nicht genug an Sex bekommen, sie fühle sich überdies von ihm missachtet und sei sozial isoliert.
Und *van den Broek* (1996, S. 84, 94), der betroffene männliche Opfer interviewte, lässt Johan, den ältesten von insgesamt zehn Geschwistern, zu Wort kommen, der von seiner Mutter *acht* Jahre lang missbraucht wurde. Doch nicht nur Johan war das *Lustobjekt ihrer Begierde*: Auch einige seiner Brüder waren der *sexuellen Gewalt* der Mutter wehr- und hilflos ausgeliefert.

Hier einige der Antworten aus dem Interview:

„Mit wem... das war meine Mutter, dass da kein Missverständnis aufkommt. Wann es angefangen hat, kann ich weniger genau sagen. Ich kann in meiner Erinnerung noch zurückgehen zu meinem dritten oder vierten Lebensjahr, davor ist es für mich etwas verschwommen. Vielleicht hat es schon in meinem zweiten Lebensjahr angefangen. Vom Kindergarten an kann ich mich gut erinnern. Es ist weitergegangen bis zu meinem zwölften Lebensjahr.
Von ein paar Brüdern weiß ich, dass sie auch sexuell missbraucht worden sind, von den anderen weiß ich es nicht. ... Meine Mutter betastete einen. Das tat sie weniger offen, je älter man wurde. Du wurdest betastet, aber auch gezwungen, sie zu betasten. Dieses Betasten betraf die Geschlechtsteile. Ich bin nie dahintergekommen, wie ich es fand, als ich klein war. Je älter ich wurde, desto widerlicher wurde es mir, und ich versuchte, diesen Situationen zu entgehen. Aber das gelang nicht immer, weil bei mir zu Hause tüchtig geprügelt wurde, oder man bekam kein Essen."

Johan, der vermutet, dass sein Vater über den Missbrauch Bescheid wusste, beschreibt auch seine späteren großen Schwierigkeiten im Umgang mit Frauen:

„Ich weiß nicht, ob mein Vater es gewusst hat, ich glaube schon. Mein Vater war der Buhmann, von dem meine Mutter dankbar Gebrauch machte. Mein Vater fragte nichts, er schlug immer nur. (...) Ich weiß noch gut, dass ich mich in dieser Zeit auch im Hühnerstall versteckt hielt. Da gab es Mäuse und Ratten, und davor hatte meine Mutter Angst. Auf die Dauer bekamst du Hunger und musstest doch wieder hervorkommen. Ich habe immer dagegen protestiert, nicht nur gegen den sexuellen Missbrauch, sondern auch gegen andere Dinge. Deshalb galt ich daheim auch als der böse Geist, der Verursacher aller Misere. (...) Ich kann es kaum ertragen, wenn Frauen in meiner Nähe sind, dann verspanne ich mich aus Angst, dass sie etwas von mir wollen. Davon gehe ich fast immer aus. Das hat sich weiter gesteigert, bis ich es zuletzt nicht mehr aushalten konnte. ..."

Es gibt aber auch Frauen, die (was von den meisten feministisch orientierten Autorinnen rundweg bestritten wird und in der Fachliteratur kaum Erwähnung findet) *gemeinsam mit einer oder gar mehreren Frauen Kinder sexuell quälen* und *missbrauchen* (vgl. hierzu beispielsweise *Knopp* und *Lackey* [1987]).

Über ein weibliches Opfer, das nach eigenen Angaben von ihrem 13. Lebensjahr an viele Male von der Mutter und deren Freundinnen vergewaltigt wurde, berichtet *Longdon* (1995, S. 104):

Im Rahmen dieser „Gruppenvergewaltigungen kam es zu schlimmen Erniedrigungen und Demütigungen unter Verwendung von Gegenständen wie Flaschen und Kerzen. Das alles geschah vor mehr als 30 Jahren, aber diese Frau wird immer noch von ihren Erinnerungen gequält. Sie sagt: ‚Es vergeht kaum ein Tag, an dem ich nicht spüre, wie meine Mutter und ihre Freundinnen meinen Körper und meine Seele vergewaltigen. Ich fühle den Schmerz. Und ich kann immer noch nicht mit Gegenständen umgehen, die mich daran erinnern, wozu sie benutzt wurden, als ich ein junges Mädchen war'".

„Waren die Mütter als allein Erziehende überfordert? Dienten ihnen die Söhne als Partnerersatz mit der Folge, dass aus ihnen gewalttätige Missbraucher wurden?"
Jasmina Bauerfeind und *Marlies Schäfer* (1992, S. 92)

Es gibt Mütter, die ihre Kinder sexuell missbrauchen *und* dabei *körperlich quälen* und in ihrer Persönlichkeit *erniedrigen, herabwürdigen*. *Haliday-Sumner (1998)*, die den Anteil aller Sexualstraftaten von Frauen auf etwa ein Drittel schätzt, berichtet, dass die von ihr befragten *Sexualstraftäterinnen*, die den sexuellen Missbrauch innerhalb der *körperlichen Bestrafung* häufig bestritten haben, die sexuelle Gewalt dennoch als reine *Bestrafungsaktion* darstellten. Täterinnen hätten, berichtet sie weiter, die sexuelle Gewalt gekoppelt mit *Demütigungen, Beschimpfungen* und anderen *Misshandlungen*. Die Sexualstraftäterinnen hätten ihre kindlichen Opfer teilweise auch *misshandelt*, während sie sich selbst befriedigten. Einige hätten auf das kindliche Opfer *uriniert* oder es gezwungen, eigenes *Erbrochene* zu essen.

Das „entsetzliche" Strafbedürfnis der Mütter gegenüber ihren Söhnen entsteht, so *Kentler* (1994, S. 153, 154), aus drei Motiven:

• Sie haben ein schlechtes Gewissen, weil sie mit dem Jungen Sex haben, und sie reden sich ein, der Junge sei es gewesen, der sie verführt habe;

• sie sind unbefriedigt und frustriert, denn der Junge hat nicht so reagiert, wie sie es sich wünschten – sie kamen nicht zum Höhepunkt, wollten mehr;

• sie sind zutiefst enttäuscht von ihrem Mann, durch den sie extrem leiden: „Ich muss ihn strafen, damit er nicht so wird wie er!"

Und *Kentler* (1994, S. 154) berichtet weiter:

„Die sexuelle Beziehung hört auf, wenn der Junge sieben oder acht Jahre alt wird. Aber mir sind Fälle bekannt, in denen Mütter ihren Sohn später, als er 17, 18 oder 19 Jahre alt war, noch einmal, und nun regelmäßig, zum Koitus verführt haben. Sie nutzen es aus, wenn der Junge einmal betrunken nach Hause kam: Am nächsten Morgen stellen sie dem Jungen das Geschehen so dar, dass er sie vergewaltigt habe. Männer, die das erlitten haben, geraten im Alter zwischen 25 und 35 Jahren in schwere Lebenskrisen, die nicht selten mit Selbstmord enden."

Über eine Mutter, die ihre Kinder – zum Zeitpunkt des Missbrauchs war ihre Tochter sechs und ihr Sohn sieben Jahre alt – von 1986 bis 1997 in mindestens 18 Fällen sexuell missbraucht haben soll, berichtet der *Stern* (21/2000, S. 234-235). Nachdem der Kindesvater durch einen Unfall verstorben war, soll die Kindesmutter begonnen haben, ihre Kinder sexuell zu missbrauchen. Sie habe von den Kindern verlangt, dass diese mit der *Hand* in ihre Scheide eindringen und dort herumspielen. Auch habe die Mutter verlangt, *dass ihre Kinder eine Flasche in ihre Vagina einführen*. Der Sohn erinnert sich auch an den letzten *Geschlechtsverkehr* mit der Mutter, da war er 17. Er habe Hausaufgaben gemacht, die Mutter sei in das Zimmer gekommen, habe ihn gebeten, mit in das Schlaf-

zimmer zu kommen. Dort habe sie ihm die Hose runtergezogen und ihn an sich gezogen. Fünf Sekunden etwa sei sein Penis in ihr „drin" gewesen, dann habe er sich angezogen. Die Mutter habe ihm eine Ohrfeige gegeben und gesagt:
„Du kriegst doch alles von mir. Wenn du noch mal was willst, brauchst du nichts mehr zu erwarten."
Die Tochter berichtete dem Jugendamt über den Missbrauch, nachdem sie das Elternhaus verlassen hat. Der Bruder, der davon erfährt, bittet die Schwester, alles zu widerrufen, denn die Mutter habe gedroht, sich umzubringen. Einige Zeit später bricht auch der Sohn sein Schweigen. Beide berichteten nicht nur über den sexuellen Missbrauch, sondern auch über *körperliche Gewaltexzesse*, denen sie durch die Mutter wehr- und hilflos ausgeliefert gewesen seien. Die Tochter berichtet beispielsweise, die Mutter habe sie „grün und blau" geschlagen, auch habe sie oft nichts zu essen bekommen und sei im Kinderzimmer eingesperrt worden.
Im Mai 2000 musste sich die Kindesmutter vor dem Landgericht Landau verantworten und bezeichnete die Vorwürfe ihrer Kinder als reine Erfindung:
„Die beiden wollen sich wohl rächen für die strenge Erziehung."
Das Gericht glaubte den Kindern.
Die renommierten Gerichtssachverständigen Marie-Luise *Kluck* und Max *Steller* bescheinigten ihren Aussagen eine hohe Wahrscheinlichkeit an Glaubwürdigkeit; diese würden auf reale Erlebnisse beruhen.
Die Kindesmutter wurde zu sechs Jahren Gefängnis verurteilt, die von ihr beim Bundesgerichtshof eingelegte Revision verworfen.
Erstaunlich ist aber, dass sie sich eine lange Zeit lang davor schützen konnte, die Haftstrafe anzutreten. Der Haftantritt erfolgte erst im Februar 2002. – Ein Mann wäre in der gleichen Situation von Anfang an in Untersuchungshaft genommen worden.
Die Täterin wurde vom Landgericht Landau verurteilt, an ihre Kinder knapp 36.000 Euro Schmerzensgeld zu zahlen. Ihre hiergegen eingelegte Berufung wurde vom Oberlandesgericht Zweibrücken im Oktober 2003 verworfen.

Es gibt Mütter, die sich – zum Beispiel nach einer *Scheidung* – an ihre Söhne klammern, sie wie ihr *Eigentum* behandeln und sie entsprechend aufziehen. Es sind Mütter, die ihre Söhne als *Ersatz* für den Ehe- oder Lebenspartner *aufbauen*, indem sie ihn zum *Partnerersatz*, *Liebhaber* und *Beziehungssklaven* erklären und missbrauchen – sehr oft gerichtet gegen den früheren oder auch vorhandenen Partner. Hier unterschieden sie sich überhaupt nicht von den Inzestvätern (Vater-Tochter-Inzest), die *Rollenumkehr*, die *Parentifikation* ist exakt gleich. Es sind Mütter, die ihren Söhnen *die Luft zum Atmen nehmen, ja abschnüren*, die ihren *Bewegungs- und Freiheitsradius beschneiden* und sabotieren; sie tragen – wie die Inzestväter – eine schwere Schuld.
Wie viele Jungen (und natürlich auch Mädchen) gibt es, von keiner Statistik erfasst, die der mütterlichen Macht auf *Gedeih und Verderb* wehr- und hilflos ausgeliefert sind? Kinder, die tage-, wochen-, monate- und jahrelang dem sexuellen, emotionalen, psychischen und physischen Missbrauch schutzlos und hilflos ausgesetzt sind? Kinder, die als Kinder, Jugendliche, Heranwachsende brutal an der – wie es Pier Paolo *Pasolini* einmal nannte – kleinsten kriminellen Vereinigung, der *Familie*, scheitern und zerbrechen. Kinder, die an ihren Müttern, den Täterinnen, gescheitert sind.
Wie viele *Gewalttäter* und *Kriminelle*, die von ihren Müttern oder Vätern oder von beiden misshandelt und missbraucht worden sind, erleben die Familie als die Hölle auf Erden –

oder haben sie so erlebt? Wie viele von ihnen haben in der Vergangenheit, werden in der Gegenwart und in der Zukunft die Jugendstrafanstalten – und später auch die Strafanstalten für Erwachsene füllen? Und wie viele „schlüpf(t)en" von der Opferrolle in die Täterrolle?

Helmut *Kentler*, Professor für Sozialpädagogik im Seminar für Berufspädagogik der Technischen Universität Hannover, hat in der Jugendstrafanstalt Plötzensee in Berlin zwei Jahre lang mit jugendlichen Gewalttätern gearbeitet. „Einige von ihnen hatten Morde mit einer mich erschreckenden Grausamkeit begangen", berichtet *Kentler* (1994, S. 152):

„Die Jungen erinnern sich fast ausnahmslos an ‚Pullerspiele' – wie sie das nannten –, die ihre Mütter mit ihnen bis ins siebte und manchmal noch ins achte Lebensjahr getrieben hatten. Die Ehen dieser Mütter waren zerbrochen oder schwer gestört. Die Väter waren Alkoholiker, einige hatten wiederholt Gefängnisstrafen verbüßt, einige waren sehr gewalttätig."

Einige von ihnen berichten, so *Kentler* weiter, die Mütter hätten ihre Ängste vor den Vätern gegen diese benutzt und sie, die Kinder, gleichzeitig auch emotional missbraucht:

„In allen Fällen, die ich genauer kennen lernen konnte, hatte die Mutter sich mit ihren Kindern gegen den Vater zusammengeschlossen. Sie versuchte einerseits, ihre Kinder vor dem Vater zu schützen, sie nutzte aber andererseits die Angst vor dem Vater und die starke Abhängigkeit von ihm aus, um sich die Kinder gefügig zu machen und gefügig zu halten. Einer der Söhne fungierte als Ersatzehemann, und solange er klein war – die Frau glaubte, er könne sich daran nicht erinnern –, trieb die Mutter mit ihm sexuelle Spiele."

Die Folgen für diese Jugendlichen beschreibt *Kentler* eindrucksvoll:

„Während ihrer Kindheit galten die Jungen als besonders lieb und brav und waren überall beliebt. Erst als sie in die Pubertät kamen, fiel den Gleichaltrigen ihre geradezu mädchenhafte Weichheit und Schönheit auf. Sie wurden mit Zuschreibungen wie ‚weibisch' und ‚schwul' gehänselt. Für jeden einzelnen konnte ich nachweisen, dass er schließlich in eine Situation geriet, in der die Gewalttat als Männlichkeitsritual durchgezogen wurde, um vor anderen und sich selbst unbezweifelbar darzustellen:
Ich bin ein ganzer Kerl."

1.3 Warum schützen Mütter oder Väter ihre Kinder nicht? Schweigen um jeden Preis

„Wo war die Mutter? Warum hat sie ihre Tochter nicht geschützt? Hat sie überhaupt von dem Missbrauch gewusst? Hat sie den Inzest ignoriert? Hat sie ihn gefördert?"
Yasmina Bauerfeind und *Marlies Schäfer* (1992, S. 71)

Warum schützen viele Mütter (und Väter, wenn die Mütter die Missbraucherinnen sind) ihre Kinder nicht?
Als feministische Autorin liefert *Steinhage* (1990, S. 103), und das natürlich nur auf Frauen und Mädchen bezogen, folgende Antwort:
„Alle Frauen in dieser Gesellschaft leben in Gewaltverhältnissen. Gewalt gegen Frauen ist ‚ganz alltäglich', sie ist so subtil, dass Frauen sie oftmals nicht bemerken. Frauen stellen sich unter den Schutz eines Mannes, dem sie vertrauen, um vor sexuellen Übergriffen durch einen Fremden sicher zu sein. Aber: gerade im häuslichen Rahmen, in ‚vertrauensvollen Beziehungen' spielt sich die brutalste Gewalt von Männern gegen Mädchen und Frauen ab. ... Frauen, die ausschließlich Hausfrau und Mutter sind, haben die Verantwortung für ihr Leben und das ihrer Kinder meist abgegeben und diese vertrauensvoll in die Hände ihrer Männer gelegt."
Hieraus ergibt sich laut *Steinhage* (1990, S. 104), die offenbar *keine* Anklage gegen *die* schweigenden Mütter erhebt, folgendes Bild, das aus ihrer Sicht mitverantwortlich für das Schweigen der Mütter ist:
„Gerade Frauen, die das traditionelle Rollenbild leben, sich über Mann und Kinder definieren und von ihrem Mann finanziell abhängig sind, wird ihr gesamter Lebensplan zerstört, wenn sie den sexuellen Missbrauch als Realität anerkennen."
Aus diesem Satz kann nach Auffassung des Verfassers nur geschlossen werden, dass *Steinhage* letztlich einräumt, dass es Mütter gibt, die, nicht nur, aber insbesondere aus *ökonomischen Gründen* die sexuelle Gewalt, der ihre Kinder ausgesetzt sind, *nicht* zur Kenntnis nehmen – und *schweige*n.
Auch zahlreiche andere parteilich-feministisch orientierte Autorinnen wie beispielsweise *Enders* (1990), *Heiliger* und *Engelfried* (1995), *Wirtz* (1996) und *Bundschuh* (2001) nennen als Ursache des sexuellen Missbrauchs von Mädchen die patriarchalischen Machtstrukturen unserer Gesellschaft, die Vorherrschaft und Verfügungsmacht von Männern gegenüber Frauen, erklären es durch die Art der Sozialisation von Frauen und Männern in unserer Gesellschaft. Und somit sind es die Männer, die Mädchen und Frauen ausbeuten, misshandeln, sexuell missbrauchen und vergewaltigen[1]. Konkret: Das männliche Wesen wird zur *Inkarnation des Bösen* schlechthin erklärt und verdammt. Solange auch die emotionale Beziehung oder andere Abhängigkeiten zum Täter weiterbesteht, so *Steinhage* (1990, S. 100) weiter, „können Mütter die sexuellen Übergriffe auf die Tochter nicht wahrnehmen. Sie müssen sie abwehren. Die Situation ist für sie selbst so bedrohlich, dass sie ihre Wahrnehmungen nicht ernst nehmen und diese umdeuten. Deshalb ist ihre erste und verständliche Reaktion, ‚es' nicht wahrhaben zu wollen."
Mit anderen Worten: Um ihr eigenes „Überleben" kämpfend, halten die Mütter den Missbrauch *geheim, leugnen* ihn sogar. Sie sind demnach abhängig vom (Ehe-)Partner, haben

Angst, ihn zu verlieren, *Angst um ihre existentielle Grundlage* – sie sind *gewollt* oder *ungewollt handlungsunfähig*.

Über einen derartigen Fall, in dem *ökonomische Gründe* die Mutter veranlasste, über den sexuellen Missbrauch der Tochter durch ihren Ehemann zu *schweigen*, ja ihn sogar zu *tolerieren*, berichtet eine Betroffene gegenüber *Jäckel* (1988, S. 83):
„Ich dachte, jetzt würde sie ihn rausschmeißen oder sich scheiden lassen oder so. Stattdessen fing sie an zu betteln, ich sollte mir nichts anmerken lassen. Sie könnte sich nicht von ihm trennen, weil sie mit ihm in Gütergemeinschaft lebe und sonst das Geschäft verlieren würde. Außerdem meinte sie, na ja, es wäre zwar mein eigener Vater gewesen, aber irgendwann hätte ich die Erfahrung schließlich doch machen müssen. ... Meine Mutter wusste es meistens. Sie versuchte nie, es zu verhindern. Aber sie wurde immer eifersüchtiger, je öfter mein Vater sich über mich hermachte."

Es gibt auch Mütter, die ihre Töchter für den Missbrauch verantwortlichen machen

Es gibt Mütter, die oft keine Möglichkeit sehen, den Missbrauch zu beenden; sie haben häufig keine Chance, sich mit ihren Töchtern aus der (oft auch selbstgewählten) „Gefangenschaft" der inzestuösen Familie zu befreien[2]. Diese Mütter benötigen viel Kraft, Mut und vor allem Hilfe von Außen, um ihr Kind vor weiterem Missbrauch zu schützen. Dies gilt insbesondere für die *innere Loslösung* wie *äußere Trennung* vom missbrauchenden Ehe- oder Lebenspartner[3].
Es gibt auch Mütter, die keinerlei Kenntnis über den Missbrauch haben. Für diese stellt es naturgemäß einen großen Schock dar, wenn sie den Inzest entdecken[4]. Sie fühlt sich ohnmächtig, verzweifelt, vom (Ehe-)Partner missbraucht, betrogen, verraten; sie fühlt sich als Versagerin schuldig, weil sie – als Mutter und Beschützerin – ihr Kind nicht vor dem Missbrauch schützen konnte. Mit dem Schock einer gehen oftmals Selbstanschuldigungen, Schuldgefühle, aber auch Wut-, Rache- und Hassgefühle gegen den (Ehe-)Partner, dem sie oft den Tod wünschen (manche Mütter sogar der eigenen Tochter). Manche sind voller Eifersucht, fühlen sich von dem (Ehe-)Partner abgelehnt, verstoßen, unerwünscht und haben Suizidgedanken[5].
Aber es gibt auch Mütter, die ihre Töchter für den Missbrauch verantwortlich machen, sie anklagen und für schuldig erklären[6].

Alleine die Vorstellung, dass Mütter Kenntnis darüber haben, dass die Töchter (aber auch die Söhne) unfreiwillig und notfalls unter Anwendung von *Zwang* und *Gewalt* das Liebes- und Sex-Objekt der Väter sind[7] – und dies gar *fördern* und *nicht einschreiten* –, ist unerträglich. Wie abgebrüht sind viele dieser schweigenden[8] Mütter, dass sie ihren Töchtern und Söhnen die mütterliche Solidarität und Hilfe bewusst, kalkuliert und gezielt *verweigern*, weil sie, wie *Steinhage* offenbar zu deren Entschuldigung anführt, *emotional und ökonomisch von den Missbrauchern abhängig sind*. Mit anderen Worten: Es ist überhaupt nicht nachvollziehbar, dass, wie *Richter-Appelt* und *Tiefensee* (1996 b, S. 410) in ihrer Untersuchung herausfanden, Mütter (aber auch Väter) von missbrauchten *und* körperlich misshandelten Töchter „signifikant geringere Werte in ‚Fürsorge', und ‚Gewährung von Freiheiten' und höhere in ‚mangelnde Abgrenzung' (zeigten)". Auch ist nicht nachvollziehbar, dass Mütter (aber auch Väter) von missbrauchten und/oder körperlich misshandelten Söhnen diesen deutlich weniger „Fürsorge" zuteil werden ließen. Während die Töchter *ohne* Missbrauchs- und Misshandlungserfahrungen von ihren Eltern deutlich mehr körperliche Zuwendung erhielten, litten die in ihrer Kindheit missbrauchten *und* körperlich misshandelten Töchter an fehlender elterlicher Zuwendung. Anders sieht es bei den „nur" sexuell missbrauchten Töchter aus: sie berichten, so *Richter-Appelt* und *Tiefensee* (1996 b, S. 413), dass sie „relativ viel positive körperliche Zuwendung durch die Eltern erfahren haben".

Unglaublich, aber wahr, ist der von *Richter-Appelt* und *Tiefensee* ermittelte Tatbestand, dass Mütter ihre missbrauchten und/oder misshandelten Töchter und Söhne mit Abstrafen, Verboten und Körpermisshandlung malträtierten. Während Mütter ihre „nur" missbrauchten Töchter körperlich straften bzw. Verbote aussprechen und schimpften, schimpften Väter „nur" mit ihren Töchtern, wenn sie etwas Unerlaubtes getan hatten. Hingegen wurden die „nur" missbrauchten und unauffälligen Söhne von ihren Müttern und Vätern in erster Linie bzw. zum Großteil mit Worten bestraft.

Zu dem *Bestrafungsverhalten* der Mütter und Väter führen *Richter-Appelt* und *Tiefensee* (1996 a, S. 371) aus:
„Betrachtet man die körperlichen Misshandlungen bei Mädchen und Jungen getrennt, so fällt auf, dass Mädchen eher von der Mutter geohrfeigt oder eingesperrt, an den Haaren gerissen und mit Gegenständen verprügelt werden. Selbst Verbrennungen wurden bei den Mädchen eher von der Mutter vorgenommen als vom Vater. Die Männer hingegen gaben an, Ohrfeigen, Prügel und Tritte eher von Vater erhalten zu haben. Von der Mutter wurden sie eher eingesperrt oder an den Haaren gerissen."

Mit Blick auf das *Bestrafungsverhalten* der Mütter führen *Richter-Appelt* und *Tiefensee* (1996 b, S. 417) aus:
„Das Bestrafungsverhalten der Mutter in Form von Schimpfen, Verboten und körperlichen Strafen trägt schließlich noch zur Vorhersage von sexuellem Missbrauch bei den Mädchen bei."

Über krasse Fälle von *schweigenden* Müttern und *missbrauchenden* Männern berichtet *Rensen* (1992, S. 53, 54):

„Ein siebenjähriges Mädchen: weite Öffnung im Jungfernhäutchen, Anzeichen analen Missbrauchs, ‚Knutschflecken' im Nacken, (wofür) der zwölfjährige Bruder verantwortlich war. Das Mädchen weigerte sich, etwas zu erzählen. Sehr viel später berichtete es, ein Freund der Mutter habe ihr Schmerzen zugefügt. Die Mutter hatte ihn auch einmal auf dem Kind liegen sehen. Der Bruder wies später ebenfalls Anzeichen analen Missbrauchs auf. Die Mutter könnte nicht auf das Geld ihres Freundes verzichten und fürchtete sich vor ihm. Die Mutter wurde früher selbst missbraucht. (...)

Ein fünfzehnmonatiges Mädchen: Risse im Anus, Schleimhaut des Dickdarms sichtbar. Die äußerst magere, sehr nervöse und kettenrauchende Mutter akzeptierte sofort, dass das Kind missbraucht wurde. Viele Männer hatten Zugang zu diesem Baby, weil die Mutter zu Hause ‚Geld dazuverdiente'. Der Täter wurde nie gefunden. ...

Ein zweijähriger Junge: geschwollener roter Anus mit Rissen und geschwollenen Venen. Er war das sechste von sieben Kindern. Die älteste Tochter berichtete über Missbrauch durch den Stiefvater. Die Mutter stritt das ab. Die fünf anderen Mädchen wiesen Anzeichen analen Missbrauchs auf. Man holte sie aus der Familie heraus. Die beiden kleinsten Jungen im Alter von zwei Jahren und von einigen Monaten blieben zu Hause. Analer Missbrauch wurde vermutet, aber die Mutter erzählte, das Kind sei auf ein Spielzeug gefallen. Später stellte sich heraus, dass der Stiefvater früher schon einmal geschieden war und damals bereits des Missbrauchs verdächtigt wurde."

Derartige Mütter, die nicht nur *schweigen*, sondern den Missbrauch ihres Kindes *billigend in Kauf* nehmen, stellt *Steinhage* (1990, S. 116) offenbar nicht auf eine Stufe mit den (väterlichen) Tätern:
„Diese Mütter sind meiner Erfahrung nach dennoch nicht als Mittäterinnen zu bezeichnen, weil sie nicht aktiv handeln."
An gleicher Stelle räumt sie ein, dass es auch Mütter gibt, „die sich, um die sexuellen Übergriffe ihres Mannes an der Tochter wissend, durch Abwesenheit entziehen und sich so ahnungslos stellen, oder Mütter, die körperliche und sexuelle Gewalt ihres Mannes gegen die Tochter dulden".
Kann man diese Mütter tatsächlich von einer *Mittäterschaft* und *Mitschuld* freisprechen, nur weil sie selbst nicht direkt *aktiv* Hand anlegen? Mütter, die häufig auch als *gefühlskalt, distanziert, fordernd, dominierend* und *besitzergreifend* beschrieben werden[9] Mütter, die durch *Abwesenheit*, durch *Flucht von zu Hause* die Verantwortung[10] für die Familie ablehnen und durch ihr Verhalten die Gefahr des inzestuösen Kindesmissbrauchs geradezu provozieren.
An dieser Stelle sei ausdrücklich hervorgehoben, dass auch krankheitsbedingte Abwesenheit (beispielsweise stationärer Behandlung) die Gefahr des inzestuösen Missbrauchs erhöhen kann. So fand beispielsweise *Maisch* (1968) heraus, dass 33% der Mütter vor oder während des Missbrauchs erkrankt waren, was sich oft negativ auf die Familie auswirkte. Und *Herman* (1981) kommt auf eine Abwesenheitsrate von 58% Müttern, die sich unverhältnismäßig lange in stationärer Behandlung befanden – rund 38% der Töchter waren zeitweise von ihnen getrennt. *Richter-Appelt* und *Tiefensee* (1996 a) fanden hingegen bei erkrankten Müttern und sexuellem Missbrauch durch Väter keinen signifikanten Zusammenhang.
Kann man diesen Müttern – die ausgenommen, die wegen Erkrankung abwesend waren – tatsächlich die (radikal-feministische) Absolution erteilen, indem man sie von einer Mittäterschaft und Mitschuld freispricht? Völlig zu Recht kritisiert *Kiper* (1994) die feministischen Analysen, die oft zu gerne bereit ist, die Mittäterschaft von Frauen zu ignorieren bzw. durch Erklärungen zu minimieren und dadurch zu legitimieren versucht. Ist es tatsächlich legitim, jene Mütter, die schweigen und die sexuelle Gewalt dulden, zu ignorieren bzw. deren Mitschuld zu minimieren und somit zu verharmlosen?
Mütter, die schweigen und den sexuellen Missbrauch an ihren Kindern dulden, entscheiden sich vielfach auch aus *religiösen Gründen gegen* das missbrauchte Kind und *für* den missbrauchenden Ehepartner. Es sind Mütter, die sich von *religiösen Motiven* leiden lassen, die es für ihre *religiöse Pflicht* halten, dem Ehemann beizustehen und ihn zu schützen. Das strenge *Verbot von Ehebruch und Scheidung*, das *strenge Katholiken* davon abhält, außerhalb der Familie sexuelle Befriedigung zu suchen, könnte für das Verhalten dieser Mütter ausschlaggebend sein, vermutet *Armstrong* (1985).

„Ich habe doch vor Gott gelobt", versichert eine religiöse Mutter gegenüber *Jäckel* (1988, S. 137), „in guten und in bösen Zeiten zu meinem Mann zu halten."

Der Glaube an einen Gott verpflichtet demnach offenbar die Kindesmutter, sehenden Auges mit stillschweigender Zustimmung zuzulassen, dass sich der Kindesvater innerhalb der Familie ein Opfer für seine sexuelle Befriedigung sucht.

Ist es legitim, den Müttern, die sich – warum auch immer – emotional und oft auch sexuell von ihren (Ehe-)Männern *verabschiedet* haben und dadurch den Inzest, den sexuellen Missbrauch der Töchter *ungewollt* oder *gewollt* geradezu heraufbeschwören, die (radikal-feministische) Freisprechung von Schuld zu erteilen?

Im Rahmen der inzestuösen Beziehung findet sehr häufig auch ein Rollentausch *(Parentifikation)* statt. Die Mütter drängen die Töchter geradezu in die mütterliche Rolle: Die Töchter werden die Sexual- und Liebespartnerinnen (und Ersatz-Ehefrauen) ihrer eigenen Väter. Mit anderen Worten: Das Verhalten dieser Mütter stellt für die Väter eine Aufforderung dar, die Töchter zu missbrauchen[11].
„Indem sie ihre Ehemänner sexuell zurückweisen", so *Lustig* u. a. (1966, S. 34), „erzeugen sie in ihnen eine erhebliche sexuelle Frustration und Spannung, sie spielen eine zentrale Rolle, indem sie die sexuelle Energie des Ehemannes in die Richtung der Tochter lenken."
In allen sechs untersuchten Inzestfällen fanden sie Mütter, die sich sexuell verweigerten. Auch *Maisch* (1968) fand heraus, dass fast 31% der Mütter sich ihren (Ehe-)Männern gegenüber sexuell ablehnend verhielten.

Kaum zu glauben ist der Tatbestand, dass Mütter, die sich ihren Ehemännern verweigern, ihre Töchter ganz bewusst, geplant und gezielt den Vätern als sexuelles Lustobjekt zuführen:

• Ein weibliches Inzestopfer, das von der Mutter geradezu in die Hände des Vaters gedrängt wurde, berichtet den feministischen Autorinnen Barbara *Kavemann* und Ingrid *Lohstöter* (1984, S. 45):
„Bei mir fing alles an, als meine Mutter aus heiterem Himmel sagte, ich müsste ihn küssen, wenn er von der Arbeit kam. Das war vorher nicht üblich. ... Und dann kam meine Mutter aus dem Krankenhaus wieder, und ich war schon elf. Und dann sagte sie mir: ‚Geh' zu Papa ins Bett', so dass diese Gewohnheiten nie endeten. Das sagte sie mir mehrere Male, ich weiß nicht, was meine Mutter sich dabei gedacht hat."

• Mehrere weibliche Inzestopfer berichten Karin *Jäckel* (1988, S. 40, 83, 84) über ihre Mütter, die sie geradezu auf direktem Wege ihren Ehemännern ausgeliefert haben:
„Ich habe meine Mutter auf Knien gebeten, mich nicht mit ihm alleine zu lassen, wenn sie zu ihren Eltern fuhr oder einmal wöchentlich zum Singen ging. Aber sie hat es nie erhört. Sie hat mich ihm ausgeliefert, unter dem Deckmantel des Nichtwissens!"
„Meine Mutter muss etwas geahnt haben. Aber sie war froh, dass mein Vater sie sexuell in Ruhe ließ, und unternahm nichts dagegen. Im Gegenteil, manchmal verkuppelte sie mich förmlich mit ihm, indem sie bat, in meinem Zimmer schlafen zu dürfen, und mir ihres antrug."

„Meine Mutter hat ihn doch zu mir getrieben. Die hat doch klammheimlich mitgemacht, wenn sie mich danach ausgefragt hat. Statt ihn von mir wegzuholen und selbst mit ihm zu schlafen, hat sie alles auf mich abgewälzt."

- Ein weibliches Inzestopfer berichtet Louise *Armstrong* (1985, S. 225) von ihrer Mutter, die sie dem Ehemann für seine sexuelle Befriedigung zur Verfügung stellte:
„In gewisser Weise benutzten sie mich, um den Familienfrieden zu bewahren. ... Mein Vater und meine Mutter kamen nicht allzu gut miteinander aus. Deshalb benutzte mich meine Mutter, um die Wogen in ihrer Ehe zu glätten. ... Mich ihm sexuell zur Verfügung zu stellen – das war ein Weg, meinen Vater bei guter Laune zu halten."

- Ein weibliches Inzestopfer berichtet Mathias *Hirsch* (1994, S. 140) von ihrer Mutter, die sie dem Ehemann zur Verfügung gestellt habe, um von ihm in Ruhe gelassen zu werden, so ihre Vermutung:
„Meine Mutter muss vom Inzest gewusst haben. Sie muss froh gewesen sein, dass Vaters Sexualität von ihr abgelenkt wurde, so verklemmt, wie sie immer war. Sie muss doch gesehen haben, was los war, wenn sie unmittelbar dazukam, als ich auf dem Schoß des Vaters saß. Sie hat aber nicht nur darüber hinweggesehen, sondern mir später, als alles herausgekommen war, den Vorwurf gemacht, dass ich so was Schmutziges gemacht habe!"

- Der *Spiegel* (3/2002, S. 56-58) zitiert eine Frau, die seit ihrem neunten Lebensjahr von ihrem Vater missbraucht wurde. Er zwang sie zum Oralverkehr und penetrierte sie mit Kerzen, Spraydosen und anderen harten Gegenständen. Ihre Mutter, so das Opfer, hatte Kenntnis – und schwieg:
„Ich musste all das erledigen, was sie nicht wollte. Fast täglich fiel er über mich her."

Es gibt nur sehr wenige betroffene Opfer, die die Kraft und den Mut haben, die missbrauchende Mutter mit dem sexuellen Missbrauch zu konfrontieren.

Den Brief eines männlichen Opfers, der seine Mutter mit der sexuellen Gewalt konfrontiert, der sie ihn als Kind wehr- und hilflos aussetzte, veröffentlichte *Lew* (1993, S. 330-334):

„Liebe Mutter,
(...) Endlich habe ich die Kraft und genug Sicherheit in meinem Leben, um nach und nach den Tatsachen ins Auge zu sehen, wie es war, neben dir aufzuwachsen.
(...) Es ist schwer, sich einzugestehen, dass nicht alles gut war, dass einiges in unserer Vergangenheit ausgesprochen scheußlich war und dass es furchtbar ist, dorthin zurückzugehen. Aber ich muss dorthin zurück, da diese scheußlichen Dinge noch heute weitreichende, starke Auswirkungen auf meine Gefühle, mein Verhalten und meine Fähigkeiten zu vertrauen haben. Ich bin damit beschäftigt, mein Wachstum zu fördern, eine Fähigkeit zum Vertrauen zu entwickeln, aus dem kopflosen Schrecken meines Lebens herauszukriechen, der ganz und gar mit dir seinen Anfang genommen hat. Hier bin ich nun also und schreibe dir.

> ‚Wovon redet er denn?', höre ich dich fragen. Wovon ich rede, ist nichts Geringeres als Kindesmissbrauch."
>
> *Die Mutter missbrauchte ihn vor allem dann, wenn sie betrunken und im Suff voller Aggressivität gegenüber ihm und seinem Vater war.*
>
> „Du warst oft betrunken, wenn etwas Derartiges passierte. Gewöhnlich warst du in einem Zustand größter Wut auf meinen Vater, auf mich oder irgend jemand anderen. Und alles ist so angstbeladen, dass ich es leichter fand, es über Jahrzehnte zu ‚vergessen'. ... All das ist wirklich geschehen. Es ist mir wirklich passiert. Falls du dich also an nichts erinnern kannst, schau zurück und versuch es zu sehen. (...) In diesen frühen Jahren dachte ich, dass da zwei Menschen waren: ‚Mama' und die ‚Frau, die Angst macht'. ‚Mama' war nett und fütterte mich und schaukelte mich in ihren Armen und brachte mich ins Bett und liebte mich. ‚Die Frau, die Angst macht', war gewalttätig und unberechenbar. Sie griff mich sexuell und körperlich an, und ich hatte solche Angst vor ihr, dass ich buchstäblich in Panik erstarrte."
>
> *Auch von anderen Personen wurde er missbraucht, doch dazu wäre es seiner festen Überzeugung nach nicht gekommen, „wenn du dich nicht vor ihnen an mir vergriffen hättest":*
>
> „Dazu kommt, dass dieser frühe Raub meiner Selbstachtung und Kraft zu einer Kindheit führte, in der vier andere Personen mich sexuell missbrauchten, eine Episode voller Gewalttätigkeit eingeschlossen, die zur Folge hatte, dass man mich wegen einer Harnröhren-/Blaseninfektion ins Krankenhaus brachte, plus meine wahnwitzige Frustration in der Schule und meine Therapie bei Dr. C. Die genannten vier Leute sind für ihren Teil verantwortlich, aber ich hätte niemals so sehr von ihnen verletzt werden können, wenn du dich nicht vor ihnen an mir vergriffen hättest.
> Du hast mich wirklich auf sie vorbereitet, und deswegen hasse ich dich. Und ich hasse dich wegen dem, was du selber alles getan hast.
> (...) Früher oder später musst du dich der Tatsache deiner Gewalttätigkeit mir gegenüber stellen. ... Jeden Tag sehe ich mich vor lang anhaltenden Kämpfen, die mein Leben schmerzlicher, schwieriger, einsamer und ärmer machen, als es ohne den Missbrauch durch dich gewesen wäre.
> (...) So. Das ist der Grund, warum ich nicht in Verbindung mit dir bin. Ich weiß, dass du tief in deinem Inneren weißt, wovon ich rede.
>
> Voller Leben.
>
> Ivan."

Wenn die Tochter oder der Sohn den Mut und die Kraft hat, die nicht missbrauchende Mutter oder den nicht missbrauchenden Vater aufzuklären, kommt es einem *zweiten* Missbrauch gleich, wenn der jeweilige Elternteil *schweigt* und das Kind im schlimmsten Fall der sexuellen Gewalt auch *weiterhin* hilflos ausgesetzt ist.

„Ich lief ihr weinend entgegen – was vorgefallen war, konnte jeder erkennen", berichtet

eine in ihrer Kindheit missbrauchte Frau gegenüber *Gardiner-Sirtl* (1983, S. 89):
„Sie tröstete mich und versuchte, mich zu beruhigen, indem sie meinte, es sei ja alles nicht so schlimm, und ich solle es am besten schnell vergessen und niemandem davon erzählen."
Von der eigenen Mutter derart im Stich gelassen, vergibt häufig die missbrauchte Tochter eher noch dem missbrauchenden Vater als der Mutter[1][2]. So berichtet eine betroffene Frau, die im Vorschulalter von ihrem Vater vergewaltigt worden ist, gegenüber *Gardiner-Sirtl (1983, S. 135):*
„Was aber dennoch bleibt, und das mag manchen verwundern, ist auch die Liebe zu diesem Menschen, der als einziger innerhalb dieser Familie mir in seiner Art gezeigt hat, wie sehr er seine Tochter liebte."

Dem Verfasser gegenüber berichtet ein von seiner Mutter missbrauchter junger Mann: „Meine Mutter hat sich an mir ab meinem fünften Lebensjahr sexuell vergangen. Sie holte mich immer dann, wenn mein Vater zur Arbeit ging, ins große Ehebett, fasste mich überall an, küsste, leckte mich vom Gesicht an abwärts bis zu den Füßen und nahm meines Penis in den Mund. Und sie stöhnte dabei immer laut auf, während ihr Körper vor Lust zitterte. Dann nahm sie mich immer auf den Bauch und bewegte heftig meinen Körper. Und dabei stöhnte sie noch lauter auf, und ihr Körper zitterte und bebte noch heftiger, bis ihr Stöhnen irgendwann immer leiser wurde und das Zittern und Beben ihres Körpers mehr und mehr abnahm. So mit dem zehnten Lebensjahr etwa ging ich weinend zu meinem Vater und erzählte ihm davon. Doch der grinste nur und schwieg."

Unvorstellbar und doch wahr: Statt das Kind aus den Fängen der missbrauchenden Mutter zu retten, schweigt der Vater und duldet den Missbrauch seines Kindes. Und so handeln eben auch die vielen schweigenden Mütter.

Viele missbrauchte Kinder finden sich mit den Zuständen ab, verlieren die Hoffnung auf Hilfe und Rettung. Noch schlimmer: Es gibt *Inzest-Familien*, die den Täter oder die Täterin durch *Schweigen schützen* und sich notfalls *gegen* das missbrauchte, kindliche Familienmitglied wenden. Die Gründe hierfür sind beispielsweise die Angst, dass mit dem Öffentlich-Werden ein sozialer Abstieg einhergeht und es zu einem Zusammenbruch der Familie kommt.
„Das sexuell ausgebeutete Kind sitzt in der Falle und ahnt", so *Baurmann* (1992, S. 88), „dass es beim Versuch des Öffentlich-Machens wahrscheinlich die ganze Familie gegen sich hätte (Solidarisierung in der Familie gegen das missbrauchte Kind; isoliertes Familienmitglied in einer gesellschaftlich isolierten Familie). Der Missbraucher kann diese Hilflosigkeit des Kindes über Jahre hinweg ausnützen und sich rationalisierend sogar einreden, dass alle Beteiligten es so wollten. Die sexuelle Ausbeutung bleibt ein Familiengeheimnis."

Es ist geradezu verständlich, wenn viele Inzestopfer gegen die Mütter Wut und Hassgefühle entwickeln – unabhängig davon, ob diese von dem Missbrauch Kenntnis hatten und schwiegen oder nicht. – Auch dann, wenn die Inzestopfer der Auffassung sind, die Mütter müssen von dem Missbrauch gewusst haben (vgl. *Breitenbach* 1991).
Erfahren die Opfer, dass die Mutter – häufig jahrelang – schwieg, treten spätestens in der Adoleszenzphase zu der Enttäuschung, der Wut, dem Hass, der Verzweiflung auch Suizid-

versuche, im schlimmsten Fall gar der Suizid. Es kann aber auch zu einer verheerenden Eskalation kommen, die dazu führt, dass das Inzestopfer seinen Peiniger und sogar die – aktiv oder passiv beteiligte – Mutter tötet.
Einen derartigen Fall dokumentiert die *Frankfurter Rundschau* (1. Februar 1995):
„So berichtet die 14-Jährige denn von ihrem Vater, der sie seit Jahren sexuell missbraucht hatte. Sie erzählte, dass die Mutter davon gewusst hatte. Doch sie hatte nichts dagegen getan. In ihrer Verzweiflung hatte das Mädchen dann eines Abends den Revolver ihres Waffen sammelnden Vaters entwendet. Sie wollte ihrem Leben, das der Vater, als er sie missbrauchte, und ihre Mutter, als sie sie im Stich ließ, zerstört hatten, ein Ende setzen. Sie wollte die Waffe mit in die Schule nehmen. Sie wollte sich dort erschießen. Doch als sie am Morgen ihren Eltern gegenüberstand, richtete sie die Waffe zuerst gegen ihren Vater und dann gegen die Mutter. Beide waren auf der Stelle tot."

Sichert der Inzest die Existenz der Familie? – Oder: Ist die Familie eine „paranoide Festung", umgeben von Feinden?

„Das einzige Merkmal, das m. E. durchgehend beobachtet werden kann, ist das der sozialen Isolation – wenn nicht auch das von einer sozialen Fassade verdeckt wird –, die Familie ist eine „paranoide Festung", umgeben von Feinden; innerhalb ihrer Grenzen werden alle Bedürfnisse ihrer Mitglieder befriedigt, die sich eng zusammenschließen."
Mathias Hirsch (1994, S. 134)

Sichert etwa der Inzest die Existenz der Familie, wie *Foucault* (1983) es indirekt anzudeuten scheint?
Die Missbrauchsfamilie ist geprägt von einem *Geheimhaltungs-Syndrom*, das missbrauchte Kind lebt in einer *isolierenden Familie*, die sich nach außen hin abschottet mit dem Ziel, dass das *Familiensyndrom* nicht auffliegt. Hierbei spielt das *symbiotische Beziehungsmuster* eine maßgebliche Rolle: die *Trennungsängste*, welche die Familie zusammenhält. „Charakteristisch für die Inzest-Familie ist ein starkes symbiotisches Beziehungsmuster", so zutreffend *Bauerfeind* und *Schäfer* (1992, S. 159):
„Hier herrschen gegenseitige Abhängigkeiten, die individuellen Freiräume der einzelnen Familienmitglieder sind unklar, und persönliche Grenzen, vor allem die der Kinder, werden nicht respektiert. Der Vater kann die Tochter nur schwer freigeben und stellt eifersüchtig Besitzansprüche. Er fordert für sich das Recht, dass die Tochter nur für ihn da sein sollte, und überträgt das auch auf die Sexualität. Schließlich kennt er sie am besten und weiß, wie man sie in die Liebe einführen kann."
Doch nicht nur Inzest-Väter haben größte Probleme, ihr vermeintliches Recht auf die Töchter aufzugeben und sie freizugeben.
Auch Inzest-Mütter tun sich oft sehr schwer, das begehrte (sexuelle) Liebesobjekt aus der inzestuösen Beziehung zu entlassen. Auch sie pochen auf ihr Recht: auf eine Beibehaltung, Fortsetzung der inzestuösen Liebesbeziehung. Dabei greifen sie – notfalls – nach jedem Mittel, um nur nicht das Liebes- und Sexualobjekt ihrer Begierde zu verlieren. Ihr Ziel: *eine totale, auf Ewigkeit verfolgte Bindung des Liebes- und Sexualobjektes*.
Die missbrauchende Mutter setzt sehr häufig alle Mittel ein, um zu verhindern, dass das

Sexualobjekt ihrer Begierde, der Sohn, Autonomie gewinnt und sich – mittels einem Freund oder Freundin – von ihr befreit. Sie will auf keinen Fall den Sohn aus der *pathogenen sexualisierten Symbiose* entlassen. Sie installiert – und hier verhält die missbrauchende Mutter sich genauso wie viele missbrauchende Väter gegenüber den Töchtern – gegenüber dem Sohn ein Verbot, sexuelle Beziehungen zu einem Mädchen aufzunehmen, da eigene sexuelle Erfahrungen ihres Kindes eine Trennung von ihr nach sich ziehen würden.

„Sie nimmt ihm damit das Recht auf ein eigenes Leben", führt treffend *Heyne* (1993, S. 307) aus, „wie auch das Recht auf seinen Körper und seine Sexualität."
Und an anderer Stelle (1993, S. 323):
„Einerseits sexualisiert die Mutter die Beziehung zu ihrem Kind, um das Kind enger an sich zu binden und sich in ihrer eigenen Weiblichkeit bestätigt zu fühlen, so dass es zu einer Überbewertung der Sexualität des Kindes im Rahmen einer sexualisierten Pseudo-Nähe kommt. Andererseits darf das Kind – und später der Jugendliche – keine eigenen sexuellen Wünsche und Gefühle haben (weil eigene Wünsche und deren Realisierung die symbiotische Qualität der Beziehung in Frage stellen würden), so dass die Verleugnung der Sexualität des Kindes – und später des Jugendlichen – der Zerstörung seiner Sexualität gleichkommt."
Um das Liebes- und Sexualobjekt ihrer Begierde nicht zu verlieren, wird von der missbrauchenden Mutter *schlimmster Psychoterror* angewendet, wie beispielsweise dem Kind *aufgezwungene* Schuldgefühle, die ihm *zugeschriebene* Verantwortung für *alle* Arten von Krankheiten der Mutter (vgl. hierzu *Ferenczi* (1933, 1972). Dies gipfelt teilweise sogar in der Androhung, dass die missbrauchende Mutter dem missbrauchten Sohn mit *Selbstmord* droht, wenn er sich ihr nicht weiterhin willig unterwirft, sondern sich eine Freundin oder einen Freund suchen und eine Beziehung eingehen will.

Das folgende Beispiel bedarf keinerlei Kommentierung:

„Ich zeigte ihm Schritt für Schritt, was er tun musste, ich machte einen perfekten Geliebten aus ihm", gestand laut *Spiegel* (33/ 1991, S. 68-74) eine Witwe ihrer Therapeutin. Sie hatte ihren Ehemann durch einen Unfall verloren und lebte seither mit ihrem fünfjährigen Sohn alleine. Als dieser 14 wurde, begann die Witwe, ihn zum perfekten Geliebten abzurichten. Das inzestuöse Verhältnis dauerte einige Jahre:
„Wir brauchten niemand anderen, unsere Welt war perfekt. Wir gehörten für immer zusammen. Ich war selig, und auch er schien ein glücklicher und entspannter junger Mann zu sein."
Die Mutter reagierte später verzweifelt und drohte mit Selbstmord, als ihr Sohn sich Gleichaltrigen zuwandte und ihre Annäherungsversuche abwehrte.
„Der Verlust löste bei der Mutter tiefe Depressionen aus", so der *Spiegel*.
„Ohne ihn", gestand die Mutter völlig verzweifelt, „ist mein Leben überflüssig."

Das ausgebeutete Kind wird zur Geliebten bzw. zum Geliebten des Missbrauchers bzw. der Missbraucherin.
Wenn der Vater der Missbraucher ist, entsteht ein Rivalitäts- und Eifersuchtsverhältnis gegenüber der Mutter, indem die Tochter – im Bündnis mit dem missbrauchenden Vater – häufig die ausbeuterische Position bewusst gegen die Mutter und den Rest der Inzest-Familie einsetzt. Hierbei spielen sehr häufig auch Rachegedanken der Tochter gegen-

über der Mutter eine Rolle: sie rächt sich für frühkindliche Entbehrungen, Liebesentzug, Ablehnung, Misshandlungen[13].

Auf der anderen Seite ist die Mutter eifersüchtig auf die Tochter, das Objekt der väterlichen Begierde, seine Liebhaberin und Sexualpartnerin, ihre junge Rivalin.

„Als ich so 13, 14 Jahre alt war, begann sie mich ‚Hure' zu beschimpfen und mich wie eine Hure zu behandeln", berichtet eine betroffene Frau gegenüber *Gardiner-Sirtl* (1983, S. 32): „Ich glaube, sie hat mich gehasst. Ich wusste nie, warum. Heute denke ich: Dumm und eitel wie sie war, konnte sie mir wohl nie verzeihen, dass ein Mann mir etwas ‚gegeben' hatte, was sie eigentlich für sich wollte."

Wenn die Mutter die Missbraucherin ist, verhält es sich umgekehrt: Hier entsteht ein Rivalitäts- und Eifersuchtsverhältnis gegenüber dem Vater. Ist der Sohn das Opfer der Mutter, erwartet sie von ihm einen sehr hohen Preis:

„Den gängigen Gewaltschibboleth (Erkennungszeichen, Losungswort – Anm. d. Verf.) aus dem Vater-Tochter-Inzest werden wir hier nicht finden", berichtet *Amendt* (1999) in einem Beitrag zum Thema Vatersehnsucht, den die *Frankfurter Rundschau* (20. Dezember 1999) veröffentlichte:

„Das Inzestuöse fordert aber vom Sohn einen hohen Preis. Er entwertet nicht nur den Vater, sondern er macht ihn sich zum Feind. Der Sohn ist damit in eine Beziehung eingebunden, die Züge eines lang sich hinziehenden rituellen Vatermordes trägt. Der Vater wird nicht tatsächlich ermordet. Vielmehr wird das, wofür er steht, beseitigt. Im Sohn werden Fantasien von einer Überlebensgemeinschaft mit der Mutter für die Zeit nach dem Vater wach. Das Frevelhafte besteht nicht nur darin, dass sie sich zur symbolischen Vatertötung zusammenfinden, sondern dass die schweigende Unzufriedenheit der Frau die Beziehung zum Sohn rechtfertigen soll. Genau das ist es aber, was die geheime Vertrautheit individuell wie kulturell zerstörerisch macht."

Diese Mütter übertragen ihre *Unzufriedenheit* – konkret: *Schwierigkeiten hinsichtlich ihres Selbstwertgefühls* und der *sexuellen Zufriedenheit*[14] – „im Konfliktfall in stiller Hoffnung auf den Sohn..., damit er das Fehlende beisteuert", so *Amendt*[15] (1993, S. 130):

„Für diese Frauen sind die Ehemänner dann ‚dumme Jungs', die von Frauen nichts verstehen und die Söhne die ‚einfühlsameren Männer', die wissen, was Frauen wünschen. Diese Frauen bringen jenen Männertyp hervor, von dem sie glauben, dass er besser sein wird als die Männer, mit denen sie die Söhne gezeugt haben. Diese Männer mögen zwar gute Brotverdiener sein, aber in der Sphäre der Befriedigung weiblicher Sexualbedürfnisse werden sie in den Augen der Frauen von der nachfolgenden Sohnesgeneration ‚geschlagen'."

Für das sexuell missbrauchte Kind bedeutet der inzestuöse Missbrauch in jedem Fall, dass es den Vater als Vater und die Mutter als Mutter verloren hat.

Eine Extremkonstellation stellen inzestuöse Familien dar, die in einer *selbstgewählten* oder auch *aufgezwungenen gesellschaftlichen Isolation* leben (müssen) und eine – *psychotische* – *symbiotische Beziehungsstruktur* entwickelt haben. Sie errichten starre Grenzen gegenüber ihrer Umwelt, der „feindlichen" Außenwelt, um so zu verhindern, dass der inzestuöse Missbrauch öffentlich bekannt wird[16]. In solch eine „paranoide Festung", wie *Hirsch* (1994, S. 134) die extreme Isolation der inzestuösen Familien bezeichnet, die ihren Bestand zu sichern sucht durch eine „hohe Loyalitätsverpflichtung und ein rigides Moralsystem" *(Bruder* 1994, S. 173), gehören in der Regel *Alkohol*[17], *Pornos* in Schrift und Bild und entsprechende *Videos* zum familiären Alltag.

Hier ist es auch häufig die Kindesmutter, die *autoritär* auftritt, die dass Sagen hat, wo sich der Kindesvater auf der Ebene der Kinder „herablässt" und unterordnet. Hier herrscht zweifelsohne das *Matriarchat*, dass unstrittig das *Patriarchat* erfolgreich verdrängt hat[18]. Ein solcher *emotional unreifer* Kindesvater ist für pädophilen Inzest sehr anfällig.

In Inzest-Familien, die in einer *selbstgewählten Isolation* leben, und in denen *Alkohol*, *Pornos* und *Sex-Videos* zum Familienalltag gehören, ist das Risiko hochsignifikant, dass der Inzest über Generationen hinweg „weiterlebt"[19]. Dies zeigen auch die Ausführungen von *Rosenfeld* u. a. (1977, S. 329), die berichten, „dass viele Eltern, die ihre Kinder missbrauchten, selber im Kindesalter missbraucht wurden, und dies zeigt noch deutlicher, dass der Inzest die Fähigkeit des Kindes, eine erwachsene Sexual- oder Elternbeziehung zu entwickeln, beeinträchtigen und deshalb zu einer Fortsetzung des Missbrauchs in den nachfolgenden Generationen führen kann. Ein solcher Entwicklungsverlauf kann sowohl auf die Familienverhältnisse, in denen der Inzest vorkommt, als auch auf den eigentlichen Missbrauch zurückzuführen sein".

1.4 Sexueller Kindesmissbrauch – Kindesmisshandlung – Vernachlässigung
Die Familie als – potenzielle – Brutstätte der Gewalt

„Bemerkenswert ist, dass genereller Missbrauch, also Schläge, Folter, Gewalt gegenüber Kindern keine kontroversen Diskussionen auslöst. Es sind sich wohl alle über die Traumatisierung einig, die solch missbräuchliches Geschehen für Kinder bedeutet. Auf Befragers Seite scheint diese Thematik auch weniger schamhaft angegangen zu werden, was das Schamgefühl auf Kindes Seite – trotz seiner eindeutigen Opfer-Position – keineswegs ausschließt. Jedenfalls wird viel mehr über sexuellen Missbrauch als über den anderen gesprochen. Dabei geschieht es tagtäglich in aller Welt, hinter verschlossenen Türen."
Renate Boos (1997, S. 405)

Die Familie kann eine „Brutstätte" der Gewalt sein, in der Kinder zum Teil schlimmster elterlicher Gewalt viele Jahre lang wehr- und hilflos ausgesetzt sind[1]. Mit Blick auf diese Sachlage müssen folgende Fragen erlaubt sein: Tragen Eltern (Mit-)Schuld, wenn in einer Familie, die von erhöhtem Konfliktpotential geprägt ist, die Kinder, die von ihnen vernachlässigt[2] abgelehnt, misshandelt, gequält, malträtiert und sexuell missbraucht werden, zu GewalttäterInnen, KindermisshandlerInnen[3] und KindesmissbraucherInnen heranwachsen[4]? Tragen Eltern die Verantwortung, wenn ihre Kinder das Elternhaus meiden, von zu Hause weglaufen[5], zu *Straßenkindern* werden, zahlreiche der *Kinderprostitution* nachgehen oder in die „Hände" von *regressiven* oder *fixierten* Pädophilen „getrieben" werden bzw. bei ihnen „Zuflucht" suchen und finden?
Diese Fragen müssen selbstverständlich auch für *Institutionen* wie beispielsweise *Heime*, aber auch *Pflege-* und *Adoptionsfamilien* eine Berechtigung haben[6].
In der gesamten öffentlichen Diskussion und Berichterstattung, der fachlichen wie auch der in den Medien, wird überwiegend die *psychische, physische, verbale Gewalt* gegen Kinder[7] – insbesondere die *elterliche Gewalt* und *Vernachlässigung* – ausgeklammert. Diese *Gewaltformen* werden entsprechend auch und gerade im Zusammenhang mit sexuellem Kindesmissbrauch kaum diskutiert und beschrieben.
Insbesondere in den empirischen Studien bzw. Untersuchungen – und zwar nicht nur im feministischem Lager – ist *physische Gewalt* gegen Kinder, auch und gerade im Zusammenhang mit sexuellem Kindesmissbrauch, kaum ein Thema.
„Wenig Beachtung wurde in empirischen Untersuchungen zum sexuellen Missbrauch lange Zeit der Tatsache geschenkt", so auch zutreffend *Richter-Appelt* (1997 a, S. 204), „dass sexueller Missbrauch häufig nicht als isoliertes Phänomen, sondern in Kombination mit körperlicher Misshandlung (damit ist hier nicht die oft beschriebene Gewaltanwendung bei sexuellem Missbrauch gemeint), seelischer Misshandlung und Vernachlässigung vorkommt."
Dabei ist es offensichtlich, dass eine direkte *Kausalität* zwischen *physischer Elterngewalt, elterlicher Partnergewalt* sowie *sexuellem Missbrauch* in der Kindheit existiert[8]. Trotzdem wird eine notwendige, angemessene Berücksichtigung in fast allen nationalen und internationalen Studien nicht vorgenommen.
In der Bundesrepublik Deutschland existiert offenbar nur die Prävalenzstudie von *Richter-Appelt* und *Tiefensee* (1996 a, 1996 b) sowie die repräsentative Untersuchung von

Wetzels (1997). Insbesondere in der Untersuchung von Wetzels wird ein direkter Zusammenhang hergestellt, und zwar verbunden mit der Frage:
Wird durch elterliche physische Gewalt gegen Kinder, auch durch Gewalt innerhalb der elterlichen Partnerbeziehung, der Risikofaktor für intra- und extrafamiliären sexuellen Kindesmissbrauch signifikant erhöht?

Das Kriminologische Forschungsinstitut Niedersachsen führte 1992 im Auftrag des Bundesministeriums für Frauen und Jugend die für Deutschland repräsentative Befragung durch *(Wetzels* 1997)[9]. *Wetzels* (1997) befragte in einer Gesamtstichprobe 3.289 Menschen (1685 Frauen und 1604 Männer) im Alter von 16 bis 59 Jahren. Von diesen gaben 2.432 Personen (658 Ost- und 1774 Westdeutsche; differenziert nach Geschlecht sind es 1197 Frauen und 1235 Männer) an, durch ihre Eltern *körperliche Gewalthandlungen (körperliche Misshandlung* und *Züchtigung)* erfahren zu haben.
Die „Viktimisierung durch elterliche körperliche Gewalt" ist eine „weit verbreitete Kindheitserfahrung", berichtet *Wetzels* (1997, S. 239):
„So haben 74,9% der Untersuchungsteilnehmer angegeben, als Kinder von ihren Eltern körperlich gezüchtigt worden zu sein. Dieses Erlebnis stellt für einen großen Teil der Befragten zudem keine seltene Ausnahmeerscheinung dar. So waren von den Männern 43% und von den Frauen 34,8% häufiger als selten in dieser Weise betroffen. Elterliche Gewalt im Sinne der hier sehr restriktiv eingegrenzten, d.h. strafrechtlich relevanten, körperlichen Misshandlung erlebten 11,8% der Männer und 9,9% der Frauen."
Demnach sind Jungen im Vergleich zu Mädchen zu einem größeren Anteil elterlicher Gewalt ausgesetzt. Dass insbesondere Jungen *mehrheitlich Gewaltopfer* ihrer Eltern werden – wobei vor allem die Mütter hochsignifikant vertreten sind – dokumentieren zahlreiche Studien[10]. Beispielsweise sind es in der Studie von *Straus* (1994), einer der führenden Gewaltforscher in den Vereinigten Staaten, vor allem Männer, die berichten, in ihrer Kindheit von ihren Eltern misshandelt worden zu sein (53%). Die Misshandlungsrate bei den Töchtern, die von ihren Eltern misshandelt wurden, lag hingegen bei 41%. Und *Cose* (1995) berichtet, dass in den Vereinigten Staaten die Söhne im Verhältnis zu den Töchtern zweimal so oft zu *Tode geprügelt,* mit *Toilettenpapier erstickt,* aus dem *Fenster geworfen* oder in der *Badewanne ertränkt* werden.

Kinder, denen auf brutalste Weise unwiderruflich das Recht auf Leben genommen wird.

„Offenbar ist also die Misshandlung von Kindern in der überwiegenden Mehrzahl der Fälle kein ‚einmaliger Ausrutscher' einer ansonsten gewaltfreien oder im Durchschnittsbereich der Häufigkeit von Körperstrafen liegenden Erziehung", so das Fazit von *Wetzels* (1997, S. 146), „sondern zumeist eingebettet in ein elterliches Erziehungsverhalten, in welchem auch Körperstrafen unterhalb der Schwelle der Misshandlung in höherer Frequenz vorkommen."
Eine „Hochrechnung auf die in der BRD lebende Bevölkerung verdeutlicht", so *Wetzels* (1997, S. 153), „was dies in absoluten Zahlen bedeutet. Bei einer Bevölkerungszahl dieser Altersgruppe (16 bis 29 Jahre – *Anm. d. Verf.*) im Jahr 1996 von 15,35 Millionen (vgl. *Statistisches Jahrbuch* 1996, S. 63) haben demnach 1,28 Millionen der heutigen Generation der jungen Erwachsenen und Jugendlichen die Erfahrung gemacht, von ihren Eltern körperlich misshandelt worden zu sein; darunter sind ca. 420.000, die das häufiger als selten erlebt haben."

Im Rahmen seiner Befragung zum eigenen Erziehungsverhalten verweigerten in einer Strichprobe, die aus 1056 befragten Eltern bestand, 110 die Teilnahme an der Befragung; an der schriftlichen Befragung zu *innerfamiliärer Gewalterfahrung* in der Opferrolle nahmen diese allerdings wie alle anderen auch teil. Von den restlichen 946 (392 männliche und 554 weibliche) Befragten hat *Wetzels* (1997, S. 221) die entsprechenden Informationen erhalten:
„In der Analysestichprobe finden sich 2,9% (27) Befragte, die ihre Kinder nach eigenen Angaben misshandelt und 55,9%, die ‚physische Erziehungsgewalt insgesamt' praktiziert haben, darunter 496 (53%), die ausschließlich körperlich züchtigen, ohne zu misshandeln."[11]
Die körperliche Gewalt[12], so *Wetzels* (1997, S. 222), bestand aus:

1. „Kind eine runterhauen"
2. „Kind hart angepackt/gestoßen"
3. „mit Gegenstand nach Kind geworfen"
4. „Kind mit Gegenstand geschlagen"
5. „Kind mit Faust geschlagen, getreten"
6. „Kind zusammengeschlagen/geprügelt"
7. „Kind gewürgt"
8. „Kind absichtlich Verbrennungen zugeführt"
9. „Kind mit Waffe bedroht"
10. „Waffe gegen Kind eingesetzt."

Unter den 828 Fällen in der Analysestichprobe, für die gültige Angaben vorlagen, fanden sich 398 Personen (48,1%), die im letzten Jahr vor der Befragung, 1991, *physische Erziehungsgewalt* angewandt haben.
„Gleichzeitig zeigt sich", so *Wetzels* (1997, S. 230, 231), „... dass einige Eltern (n=51; dies entspricht 5,5% aller Eltern und 9,8% aller Eltern, die züchtigen) Körperstrafen praktizieren, obschon sie selbst in ihrer Kindheit nicht in dieser Weise erzogen worden sind."

Pfeiffer u. a. (1998) führten 1998 in Hamburg, Hannover, Leipzig und Stuttgart eine repräsentative Schülerbefragung durch, in der *Opfererfahrungen* sowie *Angaben zu Gewalteinstellungen und aktivem Gewalthandeln* abgefragt wurden, d. h. *Täter- und Opferverhalten*. Insgesamt wurden 9.775 Jugendliche (5.011 [51,5%] Jungen und 4.725 [48,5%] Mädchen; in 39 Fällen fehlen die Angaben zum Geschlecht) befragt[13]. Folgendes Bild ergab sich:
Bis zum 12. Lebensjahr sind nach eigenen Angaben der Jugendlichen 55,6% *elterlicher Gewalt* ausgesetzt gewesen[14]. Von diesen waren 10,2% *Misshandlungsopfer elterlicher Gewalt* und 16,7% wurden von ihren Eltern *schwer gezüchtigt*[15]. Addiert man die *Misshandlungen* und *schwere Züchtigungen* zusammen, so ergibt sich eine Rate von 26,9%.
Das folgende Bild ergibt sich bei den Angaben der Jugendlichen über *erlittene elterliche Gewalt* im Jahre vor der Befragung, 1997: 7,6% waren Misshandlungsopfer und 8,3% Opfer schwerer Züchtigung. Addiert man die Misshandlungen und schwere Züchtigungen auch an dieser Stelle zusammen, so ergibt sich eine Rate von 15,9%.
Die Autoren *(Pfeiffer* u. a., 1998, S. 88) kommentieren die – im Vergleich zu den Angaben über die *erlittene elterliche Gewalt in der Kindheit* – etwas niedrigeren Zahlen so:
„Angesichts dessen, dass es sich hier um Erfahrungen innerhalb eines einzigen Jahres

handelt, ist jedoch eine Rate von 42,9% der Jugendlichen, die im letzten Jahr (gemeint ist hier das Jahr 1997 – *Anm. d. Verf.*) Opfer der Gewalt durch Eltern waren, doch als ziemlich hoch zu bezeichnen."

> **Kinder und Jugendliche, die – kontinuierlich und mit steigernder Intensität – elterlicher Gewalt ausgesetzt sind, werden in signifikanter Häufigkeit selbst zu aktiven Gewalttätern.**
>
> Für die Gewaltforscherin an der Portland State University, Annette *Jolin*, ist es „statistisch belegt", berichtet *Focus* (47/1994, S. 248-257), „dass Kinder, die in gewalttätigen Familien aufwachsen, mit 40% höherer Wahrscheinlichkeit selbst gewalttätig werden". Cathy S. *Widom*, Psychologin der Staatlichen Universität von New York in Albany, hat im Rahmen einer Langzeitstudie das Leben von 1575 Kindern über 20 Jahre lang verfolgt. 908 dieser Kinder wurden in den ersten 10 Lebensjahren *physisch* oder *psychisch misshandelt* oder *vernachlässigt*. Die am häufigsten *verprügelten* und *vernachlässigten* Kinder werden, so wird *Widom* von der *Frankfurter Rundschau* (14.10.1995) zitiert, die *gewalttätigsten Jugendlichen*. Die Kinder, denen man *Fürsorge, Zuneigung* und *Liebe* vorenthalten hatte, verübten 50% mehr *Gewaltverbrechen* als andere Gleichaltrige. Adrian *Raine* von der Universität Südkalifornien untersuchte 4.269 Jungen, denen in früherer Kindheit *körperliche, seelische* und *sexuelle Gewalt* angetan wurde. *Raine* fand heraus, so die *Frankfurter Rundschau* (14.10.1995), dass sie alle bis zum 18. Lebensjahr dreimal so viele *Gewaltvergehen* begangen hatten wie andere Jugendliche. Dass sich Kinder, die jede Woche *misshandelt* werden, besonders *aggressiv* entwickeln und *kriminelle Handlungen* begehen, berichten auch *Newson* und *Newson* (1990). Insbesondere würden Mütter mit einem *christlichen Glauben* ihre Kinder misshandeln. *Eine Verpflichtung zu körperlichen Strafen leiten diese aus ihrem Glauben ab*[1][6].
>
> In ihrer bundesdeutschen Studie kommen *Pfeiffer* u. a. (1998, S. 94) auf lediglich 17,7% *aktive Gewalttäter*, die ihren Angaben nach im Kindesalter *niemals Opfer elterlicher Gewalt* waren. Anders sieht es bei den Opfern mehrfacher *elterlicher Misshandlung* in der Kindheit aus, hier beträgt die Rate *aktiver Gewalttäter* 37,1%, „eine um den Faktor 2,1 erhöhte Täterrate". *Pfeiffer* u. a. (1998, S. 88) stellten die Rate der jugendlichen Opfer *schwerer elterlicher Gewalt* (aus dem Jahre 1997) mit den – im gleichen Zeitraum – jugendlichen Opfern einer „Körperverletzung mit Waffen sowie einer schweren Körperverletzung durch Jugendliche" gegenüber: „Weiter wird die Rate der jugendlichen Gewalttäter, die eine Körperverletzung und/oder eine Bedrohung mit Waffen im gleichen Zeitraum aktiv begangen haben, aufgeführt..."
> Und hierbei kommen sie zu folgenden Ergebnissen:
> *Opfer einer Viktimisierung mittels physischer Gewalt durch jugendliche Täter wurden 12,3% der Jugendlichen*. Im gleichen Zeitraum, also 1997 (!), wurden 15,9% Jugendliche *Opfer schwerer elterlicher Gewalt*. Mindestens einmal waren 20,5% der Jugendlichen nach eigenen Angaben *Täter eines Gewaltdeliktes*, aber mehr als *doppelt so viele* wurden *Opfer der Gewalt ihrer Eltern*, und zwar 42,9% (!).
> Die Autoren (1998, S. 89) kommentieren diese Zahlen so:
> „Diese Gegenüberstellungen machen ... eindrücklich die relative Bedeutung der elterli-

> chen Gewalt im Gesamt der Gewaltformen (klar), von denen Jugendliche betroffen werden. ... Angesichts dessen sollte die aufgeregte Diskussion um Jugendgewalt wieder auf den Boden der Tatsachen zurückgeholt werden. Jugendliche werden mindestens ebenso häufig, wenn nicht sogar häufiger Opfer der Gewalt jener Personen, zu denen sie eigentlich Vertrauen haben und von denen sie positive Zuwendung erhalten sollten. Erst recht gilt dies im übrigen für Kinder, wo ... die Rate der Misshandelten und schwer Gezüchtigten noch höher ausfällt und wo nach allem, was wir wissen, die Gewalt durch Eltern wohl wesentlich höher liegt, als das, was wir mit dem Begriff Kinderdelinquenz gemeinhin umschreiben."
>
> *Ein sehr trauriger Tatbestand ist die Tatsache, dass, wie zahlreiche Untersuchungen belegen, leider sehr häufig viele geschlagene, abgestrafte, misshandelte und malträtierte Kinder als Erwachsene wiederum ihre Kinder schlagen, abstrafen, misshandeln und malträtieren*[17].
>
> Das bedeutet laut *Wetzels* (1997, S. 237), auf *gewalttätige* Mütter und Väter bezogen, konkret, dass Personen, *die häufig von ihren Eltern gezüchtigt bzw. misshandelt wurden, in der Kindererziehung zu 70,8% selbst wieder körperliche Gewalt anwenden*.
> Dagegen setzen Eltern, die selten oder gar nicht körperlicher Gewaltanwendung ausgesetzt waren, diese nur zu 46,2% ein.

Pfeiffer u. a. (1998, S. 88) kritisieren zutreffend, dass in der *Diskussion um Jugendgewalt* „in der Regel der Aspekt jugendlichen Tathandelns in den Mittelpunkt gerückt (wird). Wenn Opfererfahrungen Jugendlicher debattiert werden, dann zumeist unter dem Gesichtspunkt der Viktimisierung Jugendlicher durch Gleichaltrige. Hier ist Gewalt in der Schule ein prominentes Beispiel für ein Thema, das auch von den Medien begierig aufgegriffen wird. Inwiefern jedoch Erwachsene Täter, und zwar nicht nur gegenüber kleinen unschuldigen Kindern, sondern auch gegenüber Jugendlichen sein könnten, das wird in der Regel nicht diskutiert".
Im Vergleich zu den Studien von *Wetzels* (1997) und *Pfeiffer* u. a. (1998) sei an dieser Stelle die kanadische Ontario-Studie, *„Kindesmisshandlung und -vernachlässigung", angeführt, über die Trocme* (1994) berichtet. Die Studie kommt zum Ergebnis, dass 54% der Mädchen (2516) und 46% der Jungen (2142) von *Kindesmisshandlung und -vernachlässigung* betroffen waren.
Im Bereich der *physischen Misshandlungen* waren Jungen im Alter von 0 bis 3 Jahren zu 59%, im Alter von 4 bis 7 zu 56%, im Alter von 8 bis 11 zu 55% und im Alter von 12 bis 15 zu 44% betroffen. Und 54% aller Jungen berichteten von *emotionaler Misshandlung*: Bei den Jungen im Alter zwischen 4 und 7 Jahre war sie mit 69% am höchsten, am niedrigsten war sie bei den 8 bis 11-Jährigen mit 33%. Im Bereich der *Vernachlässigung* waren die Raten fast gleich, außer bei den 8 bis 11-Jährigen, die mit 55% vertreten waren. Es wird deutlich, dass die unter 12-jährigen Jungen *hochsignifikant Misshandlungen* unterworfen sind (vgl. auch *Rosenthal* 1988). Bei den 12 bis 15-jährigen Mädchen war die Rate der *physischen Misshandlung* mit 56% leicht höher.
Hierbei muss generell berücksichtigt werden, dass Jungen, die Opfer *sexueller, physischer, psychischer Gewalt* werden, überwiegend nicht darüber reden und schweigen[18].

„Manchmal ist ein Kind aber sogar mit dem sexuellen Kontakt einverstanden, weil es einsam ist und sich von seinen Eltern nicht genügend geliebt und verstanden fühlt, weil es dankbar ist, dass sich endlich ein Erwachsener um es kümmert und ernst nimmt; weil das Kind Bedürfnisse und Wünsche hat, die nicht berücksichtigt werden; weil der Sexualkontakt vielleicht unbewusst sexuellen Wünschen des Kindes entgegenkommt; weil es sexuell nicht richtig aufgeklärt wurde und jetzt neugierig ist. Es will mehr über Sexualität erfahren."
Michael Baurmann (1983, S.56)

Sind manche Familien „Brutstätten" der Pädophilie? Tragen Eltern (Mit-)Schuld, wenn sich ihre Kinder auf weibliche und männliche Pädophile einlassen?
Alle, die mit Kindern zu tun haben, werden sich auch und insbesondere mit dem nicht zu unterschätzenden Faktor des *belasteten Familienklimas*, der *emotionalen Defizite* und der *familialen Gewalt* in all ihren Erscheinungsformen auseinandersetzen müssen.
Misshandelte, emotional vernachlässigte und *bedürftige* Kinder aus sogenannten *„broken homes"* („zerbrochenes Zuhause"; unvollständige Herkunftsfamilie, z. B. durch Tod eines Elternteils oder Scheidung der Eltern) laufen häufig Gefahr, „Opfer" sexuellen Missbrauch zu werden[19]. Diese Kinder, die sehr oft *einsam, abgelehnt* und *ungeliebt* sind, haben einen großen Nachholbedarf, zum Beispiel an *Zuwendung, Lieb*e, *(körperlicher) Wärme, Geborgenheit, Sicherheit, Aufmerksamkeit*. Wenn die Eltern ihnen diese menschlichen Grundbedürfnisse nicht geben können oder wollen, sind sie leicht „anfällig" für *pädophile Beziehungen*[20]. Mit anderen Worten: Dem wie auch immer gearteten „Missbrauch" haftet in der Regel eine Reihe von *familiär bedingten Entwicklungsbeeinträchtigungen* an, die dem „Missbrauch" vorausgegangen sind[21] und die konkret als *relevante Risikofaktoren* für „sexuellen Kindesmissbrauch" angesehen werden müssen. So kommen *Fleming* u. a. (1997) in ihrer Untersuchung zum Schluss, dass die *physische Misshandlung* durch Eltern als *Prädikator für sexuellen Missbrauch* schlechthin anzusehen ist. Aber auch *elterliche Vernachlässigung* ist für Kinder oft schon Grund genug, *sich pädophilen Menschen zuzuwenden*. So klagt ein Betroffener gegenüber *Glöer* und *Schmiedeskamp-Böhler* (1990, S. 51, 52, 59) seine Eltern an, die ihn letztlich durch ihr Verhalten in die Arme eines Pädophilen getrieben haben:

„Der sexuelle Missbrauch dauerte, bis ich dreizehn, vierzehn Jahre alt war. So mit elf, zwölf Jahren hatte ich trotzdem das Gefühl, dass er sich um mich kümmert. Irgendwie war er für mich eine Art Elternersatz. Jemand, bei dem ich mich mit allem möglichen auch mal hätte aussprechen können, bei dem ich das Gefühl hatte, der hat eine persönliche Beziehung zu mir. Der erste Mensch, der eine bewusste persönliche Beziehung zu mir aufgenommen hat. Meine Eltern waren keine Rabeneltern, sie hatten mich nicht geschlagen oder irgend so etwas. Ich habe mich nur bewusst irgendwann vernachlässigt gefühlt. Ich war sehr vereinsamt zu Hause. Das habe ich meinen Eltern auch massiv vorgeworfen. Sie sitzen den ganzen Abend vor der Glotze, und wenn ich irgend etwas auf dem Herzen habe, heißt es: Sei mal ruhig. Ich habe mich dann zurückgezogen. ... Während der Pubertät habe ich schon versucht, mit meinen Eltern zu reden. Und festgestellt, dass es Dinge gibt, die für meine Eltern wichtiger sind. (...)
Ja, ich will anklagen. Die, die mit ihrer verquasten Pädophiliediskussion glauben, (sich) ein Stück Freiheit zu erkämpfen, und die, die dagegen den erbosten Zeigefinger heben

und (gegen) Kindersex polemisieren. Sind doch gerade sie es, die die Nischen und Tabus aufrechterhalten, in denen so etwas möglich ist."

Hier gibt es zwischen Täterinnen und Tätern keinen nennenswerten Unterschied.

Ein Betroffener, der als Einzelkind in einer gewalttätigen Familie aufgewachsen ist, berichtete dem Verfasser:

„Ich wurde von meinen Eltern geprügelt und geprügelt. So oft es ging, habe ich mich bei Freunden aufgehalten, wohl wissend, dass es wieder Prügel setzte, wenn ich zu spät nach Hause kam. Eines Tages lernte ich in einer Kneipe eine ältere Frau kennen, die mich zu sich nahm. Ich ging oft zu ihr, denn sie war wie eine Mutter zu mir. Eines Abends gab sie mir Alkohol, und ich war kurze Zeit später total benebelt. Ich spürte ihre Hände plötzlich an meiner Hose. Ich erschrak, war aber nicht in der Lage, mich dagegen zu wehren. Noch heute träume ich von dieser Frau, wie wir beide nackt im Bett liegen – und spüre ihr schweres Körpergewicht auf meinem Körper. Ich wache auf und mein ganzer Körper zittert und ist schweißgebadet. Ich war damals elf Jahre alt."

Dass in der sogenannten *Unterschicht-Familie*, wo *Armut, Arbeitslosigkeit, niedriges Einkommen, geringe Bildung, geringer beruflicher Status* vorherrschend sind, Kinder besonders *elterlicher Gewalt* wehr- und hilflos ausgesetzt sind, haben zahlreiche Studien eindrucksvoll bestätigt[22]. So berichten beispielsweise *Pfeiffer* u. a. (1998, S. 90):
„Elterliche Gewalt steht in einem engen Zusammenhang mit der sozialen Situation der Familie. So ist die Rate der jugendlichen Opfer gravierender elterlicher Gewalt (schwere Züchtigung und Misshandlung) dann, wenn die Familie von Arbeitslosigkeit und/oder Sozialhilfebezug betroffen ist, mit 24% erheblich höher als in Familien, wo diese sozioökonomischen Schwierigkeiten keine Rolle spielen, wo die Rate bei 14,6% liegt."
Auch *Wetzels* (1997, S. 45) Studie weist nach, dass insbesondere Kinder und Jugendliche aus der *sozialen Unterschicht* betroffen sind; *physische Misshandlung* gibt es zwar in allen *sozioökonomischen Statusgruppen*, aber in den unteren „signifikant häufiger."

Dass *elterliche Gewalt*, wie allgemein angenommen wird, nur und ausschließlich in der sozialen Unterschicht vorkommt, ist hingegen falsch und dient bis in die Gegenwart zur Diffamation und Deklassierung sozial schwacher und benachteiligter Familien. Auch Kinder der sogenannten *Mittel-* und *Oberschicht* werden von ihren Eltern misshandelt und sexuell missbraucht. So kommt *Bange* (1992), auf sexuellen Kindesmissbrauch bezogen, in seiner Dortmunder Befragung zum Ergebnis, dass die Hälfte der sexuell missbrauchten StudentInnen der Oberschicht und der oberen Mittelschicht angehören. Ein Drittel etwa stuften sie der unteren Mittelschicht zu, und nur ein Zehntel entstammt der Unterschicht. Hierbei muss allerdings berücksichtigt werden, dass die sogenannte soziale Unterschicht an den Universitäten (wie auch an Fachhochschulen etc.) hochsignifikant unterrepräsentiert ist. *Straus* (1990) fand mit Blick auf den sozioökonomischen Status der Familien heraus, dass, auf körperliche Misshandlungen bezogen, nicht in den unterprivilegierten, sondern bei den bürgerlichen Familien die physische Gewalt gegen Kinder am höchsten ist.

Die *Familienform* spielt eine eminente Rolle: Kinder, die bei beiden biologischen Eltern aufwachsen, sind offenbar im Vergleich zu Kindern, die in sogenannten *„broken homes"* aufwachsen, signifikant weniger *Elterngewalt* ausgesetzt. Das gleiche gilt für den Bereich des *sexuellen Missbrauchs*: Auch hier sind Kinder aus sogenannten *„broken homes"* einem signifikant höheren Risiko ausgesetzt, Opfer von *sexueller Gewalt* zu werden[23]. Mit *anderen Worten: Die familiäre und ökonomische Situation sind leider hochsignifikante Indikatoren für die körperliche und sexuelle Misshandlung von Kindern.*

„Gerade hinsichtlich der sozialen Situation fanden sich", führen *Richter-Appelt* und *Tiefensee* (1996 b, S. 415) in ihrer Studie aus, „multivariat signifikante Zusammenhänge zwischen finanziellen Problemen ausnahmslos in der Grundschulzeit mit körperlicher Misshandlung und sexuellem Missbrauch bei den Mädchen und nur sexuellem Missbrauch bei den Jungen. In der untersuchten Stichprobe wurde gerade von den hinsichtlich Missbrauch und Misshandlung auffälligen Personen eine Verschlechterung der ökonomischen Situation von der Kleinkind- zur Grundschulzeit als bedeutsam festgestellt. In einer Zeit, in der in unserer Gesellschaft eine produktive Entwicklung im beruflichen und ökonomischen Bereich erwartet und erwünscht ist, findet man in Familien dann eine Verschlechterung."

Insbesondere Kinder von allein *erziehenden Müttern* sind einem *höheren Risiko ausgesetzt, Opfer von Misshandlungen und Züchtigungen zu werden*[24], weil die Mütter u. a. mit *großen ökonomischen Belastungen zu kämpfen haben. Dies gilt – mit Einschränkungen – auch für allein erziehende Mütter, die ihre Söhne sexuell missbrauchen*[25]. *Hohe Scheidungsraten und eine wachsende Anzahl von Jungen, die mit ihren Müttern alleine leben, können eine Quelle für emotionale und sexuelle Übergriffe darstellen*[26].

An dieser Stelle soll folgender Tatbestand nicht unerwähnt bleiben: Kinder von *allein Erziehenden* haben ein erhöhtes Risiko, im Verlauf ihres Lebens unter anderem an *psychischen* und *psychosomatischen Störungen* zu leiden – das dokumentieren zahlreiche Studien[27]. Vor allem Kinder, die *ohne* Vater aufwachsen, sind hiervon betroffen. So beobachteten beispielsweise *Franz* u. a. (1999) über einen Zeitraum von 11 Jahren zunächst 600 (später 528 der 600) deutsche Erwachsene der Jahrgänge 1935, 1945 und 1955 (je 100 Männer und Frauen) aus Mannheim, die als Kind vorwiegend oder gar ausschließlich ohne Vater aufwuchsen. Im Zeitraum 1991 und 1994 fand die letzte Folgeuntersuchung mit noch 301 der ursprünglich 600 Probanden statt. Die Wissenschaftler kommen zum Ergebnis, dass eine Kausalität zwischen vorübergehender bzw. langfristiger Abwesenheit des Vaters in den ersten sechs Entwicklungsjahren eines Kindes und späterer psychogenen Beeinträchtigungen bestehen kann. Häufig waren frühkindliche traumatische Belastungen insbesondere dann nachweisbar, wenn eine *belastende und gestörte Mutterbeziehung* vorlag. Die erwachsenen Probanden litten noch Jahrzehnte später an den psychischen und psychosomatischen Beeinträchtigungen.

Unter Hinweis auf das Anwachsen der Gruppe allein *erziehender Mütter* – und der damit einhergehenden sozialpolitischen Brisanz – führen *Franz* u. a. (1999, S. 274) aus:

„Der Sozialstatus allein erziehender Mütter ist weit unterdurchschnittlich, ihr Armutsrisiko hoch. Resultate zahlreicher Studien sprechen dafür, dass Kinder allein Erziehender ein erhöhtes Risiko haben, im späteren Leben – bis ins höchste Lebensalter – an psychischen und psychosomatischen Störungen oder Beziehungsschwierigkeiten zu leiden. Insbesondere bei depressiv erkrankten Personen, Angsterkrankungen oder bei aggressiv-impulsnah agierenden männlichen Jugendlichen und Erwachsenen wurde von verschiedenen Untersuchern ein in den kindlichen Entwicklungsjahren abwesender Vater beschrieben."

Mit Blick auf die hier beschriebenen Sachverhalte muss die Vorstellung für Kinder und Jugendliche unerträglich sein, dass der *allein erziehende Elternteil* sie eines Tages wegen eines neuen Partners verlassen könnte. Dass es offenbar eine signifikante Anzahl von *allein Erziehenden* gibt, die im Rahmen einer neuen Partnerschaft ihren eigenen Nachwuchs als eine Belastung empfinden, zeigt eine in Düsseldorf durchgeführte Untersuchung. Sie hat ergeben, dass 21% der befragten allein Erziehenden Kinder aus einer gescheiterten Partnerbeziehung als eine Belastung in einer neuen Partnerschaft erleben würden (Stadt Düsseldorf 1989).

Verüben Mütter häufiger Gewalt gegen ihre Kinder als Väter?

„Häusliche Gewalt ist ein Teil des Missbrauchs, den Frauen im allgemeinen erfahren: Die Quote von Inzest, Vergewaltigung und Belästigung schafft – zusammen mit der Bedrohung durch häusliche Gewalt – ein ‚Reich des Terrors' für viele Frauen, das ihr Selbstwertgefühl und ihre Mobilität beeinträchtigt."

Diese Auffassung vertrat der Soziologe und Gewaltexperte Edward W. *Gondolf* gegenüber *Focus* (47/1994, S. 248-257). Doch wie sieht es aus mit den Kindern (und Jugendlichen), die im „Reich des Terrors" unter *familiärer Gewalt*, auch durch Mütter, zu leiden haben? Wie sehen die Folgen einer oft jahrelangen Misshandlung für das Opfer aus? Durch verschiedene Studien wird die Tatsache bestätigt, dass offensichtlich Mütter *häufiger* ihre eigenen Kinder *ohrfeigen*, *schlagen* und mit *Gegenständen maltrâtieren* als Väter[28]. Die 1975 in den USA durchgeführte „Family Violence Survey" (Befragung *zur Gewalt in Familien*; vgl. Straus u. a. 1980) ergab folgendes Bild: Unter den 2.143 Erwachsenen über 18 Jahren, die mit einem Partner in einem Haushalt lebten, waren 1.146 Elternteile – Mütter und Väter je zur Hälfte – mit mindestens einem Kind im Alter zwischen 3 und 17 Jahren. *Elterlicher Gewalt* waren insbesondere die jüngeren Kinder der meist *einkommens-* und *bildungsniveauschwachen Familien* ausgesetzt. Sie gaben zu 73% an, mindestens einmal gegenüber ihrem Kind gewalttätig geworden zu sein[29], wobei die Jungen häufiger Opfer *elterlicher Gewalt* waren. Ein Jahr vor der Befragung hatten dies 63% getan, wobei die Mütter mit 67,8% und die Väter mit 57,9% vertreten waren. *Schwere Gewalt* (auch unter *Einsatz von Gegenständen*) räumten insgesamt 14,2% der Eltern ein, 17,7% der Mütter und 10,1% der Väter. *Schneewind* u. a. (1983) führten 1976/77 die erste große bundesdeutsche empirische Studie[30] durch: Von den 570 Familien aus sechs Bundesländern gaben 75% der Mütter und 62% der Väter an, ihr Kind „gelegentlich" *geohrfeigt* zu haben; „oft" haben dies 7% der Mütter und 4% der Väter getan; ihr Kind „oft verhauen" haben 40% der Mütter und 36% der Väter. *Brutale Schläge mittels eines Gürtels oder sonstigen Gegenstands haben 10% der Mütter und 6% der Väter ausgeführt*. *Bock* (2001) berichtet, dass nach amerikanischen Erhebungen (neben polizeilichen Daten auch Zahlen der mit Kinderschutz befassten Institutionen) des staatlichen *National Clearinghouse on Child Abuse and Neglect Information* (NCCAN) 65% der Opfer von Frauen und 54% von Männern misshandelt wurden. *Bei der elterlichen Gewalt* waren es in 75% der Fälle Mütter und in 46% der Fälle Väter, die ihre Kinder malträtierten. Und bei getrenntem Ausweis der Misshandlungsfälle 60% Mütter und 40% Väter. Wie der amerikanische Kinderschutzverband *Amerikanischer Verband für den Schutz von Kinder (American Association for Protecting Children,* 1985) berichtete, werden in den Vereinigten Staaten *die meisten geringfügigen und größeren physischen Verletzungen von Kindern von Frauen und Müttern begangen.* Kleinkinder werden *von zwei Drittel ihrer Mütter pro Woche drei- oder mehrmals misshandelt* (vgl. hierzu auch *Wauchope* und *Straus,* 1990). Das betrifft auch die *Vernachlässigung* von Kindern (vgl. *Johnson* und *Showers,* 1985; *Rosenthal,* 1988).

In einer vom *Deutschen Jugendinstitut* in München repräsentativ durchgeführten Befragung von 2.638 deutschen Frauen und Männern im Alter zwischen 18 und 69 Jahren gaben etwa die Hälfte der Eltern an, ihre Kinder mindestens einmal *geschlagen* oder *geohrfeigt* zu haben. Die Mütter gaben häufiger *Züchtigungshandlungen* an. Die Gewaltrate stieg mit abnehmendem Sozialstatus und Bildungsgrad (vgl. *Wahl,* 1990). Und *Wetzels* (1997, S. 223) berichtet in seiner Studie: „Die Rate derer, die angeben, als Eltern aktive körperliche Gewalt gegenüber Kindern eingesetzt zu haben, ist bei Frauen (59,3%) höher als bei Männern (51,3%) ..."

Die verschiedenen Misshandlungs- und Missbrauchszahlen in den USA, bezogen auf misshandelnde und missbrauchende Frauen, bringt *Wolf* (1996, S. 281) auf den Punkt:

„In den USA sind Frauen für 49,9% aller körperlichen Misshandlungen von Kindern verantwortlich, für 56,8% der schweren und für 48,5% der leichten Fälle von Kindesmisshandlung, für 17% des sexuellen Missbrauchs oder der sexuellen Ausbeutung von Kindern, für 52,2% der seelischen Misshandlungen und für 65,5% anderer Arten von Misshandlung."

Frauen *misshandeln* bzw. *missbrauchen* nicht nur Kinder, sie *töten* sie auch gelegentlich. Die Statistik des *Statistischen Bundesamtes* zeigt in der Erhebung aus dem Jahre 2000 folgendes Bild[30a]:

Straftaten gegen Kinder:

• „*Mord*": 8 männliche Täter (darunter je ein männlicher Jugendlicher und Heranwachsender) stehen 2 weiblichen Tätern gegenüber;
• „*Totschlag*": 2 männliche Täter stehen 2 weiblichen Tätern gegenüber (je eine Jugendliche und eine Heranwachsende);
• „*Minder schwerer Fall des Totschlags*": 1 männlicher Täter steht 6 weiblichen Tätern gegenüber;
• „*Fahrlässige Tötung (außer im Straßenverkehr)*": 10 männliche Täter stehen 5 weiblichen Tätern gegenüber (darunter eine weibliche Heranwachsende);
• „*Körperverletzung mit Todesfolge*": 6 männliche Täter stehen 4 weiblichen Tätern gegenüber (darunter eine weibliche Heranwachsende).

Eine traurige Tatsache: Die Tötungsrate liegt mit diesen Arten der *Tötung von Kindern im Vergleich zu Sexualmorden an Kindern höher.* Hier liegt die Rate bei 6 Tötungen im Zusammenhang mit „Vergewaltigung/Nötigung von Kindern" und 1 Tötung im Zusammenhang mit „Sexueller Missbrauch von Kindern mit Todesfolge". Die Täter waren hier alle männliche Erwachsene.

Die Zahl dieser *Tötungsdelikte* ist nach Auffassung des Münsteraner Rechtsmediziners Professor Bernd *Brinkmann* um ein vielfaches höher. Bis zu 200 tödliche Misshandlungsfälle pro Jahr, schätzt er, werden bei Kindern nicht als solches erkannt. Oft würden, so gibt die Nachrichtenagentur *dpa* (24. Februar 2002) die Worte des Mediziners wieder, Ärzte die wirklichen Ursachen für scheinbare Unfallfolgen wie Platzwunden oder Schädelbruch bei Kindern nicht erkennen.

In den Jahren 2001 bis 2004 konnte man zahlreichen Presseerzeugnissen entnehmen, dass Mütter ihre Kinder zu Tode *prügelten* oder *erwürgten* oder auch *verhungern* ließen.

• Eine 26-jährige Mutter *erwürgte* ihren fast 3-jährigen Sohn und *durchschnitt* dessen Hals. Danach erstach sie ihre vier Monate alte Tochter *(Frankfurter Rundschau,* 10. Oktober 2001).

• Eine 25-jährige Mutter ließ ihre beiden zwei und drei Jahre alte Söhne 15 Tage lang alleine in der Plattenbauwohnung zurück. Die Kinder *verdursteten qualvoll (dpa,* 10. Oktober 2001).

• Eine 24-jährige Mutter, die ihr neugeborenes Kind, höchstens 24 Stunden alt, auf dem Uni-Gelände gebar, legte es in einen Laubhaufen ab, wo es durch *Erfrieren verstarb.* Vermutetes Motiv: Das Kind hätte ihre berufliche Zukunft zerstören können *(Bild,* 3. Dezember 2001).

• Eine 26-jährige allein erziehende Mutter *erstickte* ihren 4-jährigen Jungen. Die kindliche Leiche fand der Hausverwalter in einem Bettkasten, zugedeckt, im Arm den Teddy *(Bild,* 13. Dezember 2001).

• Eine 47-jährige Mutter *erstickte* ihren 6-jährigen Jungen und versuchte, die 11-jährige Tochter, die sich erfolgreich zu Wehr setzte, in der Badewanne zu *ertränken*. Beiden verabreichte sie zuvor ein Schlafmittel. Sie selbst versuchte sich anschließend mit Medikamenten das Leben zu nehmen. Hohe Schulden, der Konkurs eines von ihr betriebenen Pflegeheims und starke Depressionen waren offenbar der Grund dafür, sich und die Kinder zu töten. Darüber hinaus sei ihre Ehe zerrüttet gewesen. Die Kinder habe sie nicht dem Ehemann überlassen wollen *(Frankfurter Rundschau,* 9. und 20. April 2002).

• Eine 20-jährige Mutter steht im Verdacht, kurz nach der Geburt ihr Säugling *getötet* zu haben. Die Leiche des Mädchens wurde in einem Papierkorb in der Wohnung der Frau entdeckt. Wie die Obduktion der Leiche ergab, war das Kind lebend auf die Welt gekommen *(dpa,* 16. Mai 2002).

• Eine 21-jährige Mutter steht im Verdacht, ihr neugeborenes Kind *getötet* und den Leichnam in den Gefrierschrank *eingefroren* zu haben *(dpa,* 16. Mai 2002).

• Eine 42-jährige Mutter *misshandelte* und *erstickte* ihren 13 Monate alten Jungen. Die gelernte Krankenschwester, die stark alkoholisiert war, erinnert sich nach eigenen Angaben nicht an die Tötung ihres Erstgeborenen *(dpa,* 5. Juni 2002).

- Eine 21-jährige Mutter gestand der Polizei, ihr Baby in einer Arbeitspause geboren und dann *erstickt* zu haben. Sie habe den toten Jungen in eine Tüte gewickelt und in einen Schuhkarton gelegt, den sie im Kellerflur eines Geschäftshauses, in dem sie arbeitete, abstellte (*Wiesbadener Kurier*, 4. Dezember 2003).

- Eine 34-jährige Frau wurde wegen Körperverletzung mit Todesfolge und Misshandlung Schutzbefohlener im Oktober 2003 zu einer Freiheitsstrafe von zehn Jahren verurteilt. Die Mutter von zwei Jungen misshandelte regelmäßig die Tochter ihres Lebensgefährten: Das Mädchen wurde „noch mit fünf Jahren im Bett fixiert mit einem Ledergeschirr, wie man es früher in Kinderwagen hatte, damit sie nachts nicht an den Kühlschrank ging. Sie wurde stundenlang ohne Essen und Trinken eingesperrt und eiskalt abgeduscht, wenn sie wieder mal eingekotet oder eingenässt hatte", so der *Spiegel* (44/2003, S. 56-58), der über den Fall berichtete. Als das Mädchen einmal Eistee aus einem Vorratsraum geholt und etwas davon aufs T-Shirt geschüttet hatte, rastete die Frau total aus: „Sie schlug das Mädchen mit Fäusten, trat nach ihm, zog es aus, schmiss es in die Badewanne, ließ Wasser ein, prügelte weiter auf das Kind ein, das sich verzweifelt wehrte und dabei mehrfach unter Wasser geriet – bis es sich nicht mehr rührte".

- Eine 31-jährige Mutter soll auf ihren 2-jährigen Sohn wie wild eingeprügelt haben. Als das Kind schwer verletzt am Boden lag, berichtet die *Bild* (15. April 2004), „trat sie mit den spitzen Absätzen ihrer schwarzen Lederstiefel zu" – die „Absätze bohrten sich in den kleinen Kinderkörper – bis er sich nicht mehr bewegte". Das Kind starb an inneren Blutungen. Der Grund für das Verbrechen: Die angetrunkene Mutter, die ihren 31. Geburtstag feierte, wollte schlafen, doch das Kind war vermutlich zu laut.

Eine 34-jährige Mutter setzte, weil ihr Freund kein viertes Kind wollte, ihr Baby direkt nach der Geburt aus. „Ich hatte Angst vor meinem Freund", begründete sie gegenüber *Bild* (23. April 2004) die Tötung ihres Kindes. Der habe ihr gedroht: „Wenn du noch mal schwanger wirst, verlasse ich dich und die Kinder." Sie fuhr mit dem Baby zu einem See und legte es ins nasse Schilf. „Während das Baby qualvoll ertrank", berichtet die *Bild*, „duschte seine Mutter zu Hause und legte sich wieder ins Bett." Die Mutter, die weiterhin mit ihrem Freund zusammen lebt, ist wegen Totschlags angeklagt.

In den Medien wurden auch Fälle beschrieben, in denen junge Mütter alle ihre Neugeborenen jeweils direkt nach der Geburt töteten:

- Eine 26-jährige Mutter *erwürgte* bzw. *erstickte* bzw. *ertränkte* in der Badewanne in den Jahren 1994, 1998 und 1999 jeweils direkt nach der Geburt ihre kleine Tochter und die zwei Söhne. Über die Tötung des Mädchens ist der Anklageschrift zu entnehmen: „Sofort nach der Geburt nahm die Angeschuldigte eine Schere und durchtrennte die Nabelschnur. Nachdem das Mädchen zu schreien anfing, geriet die Angeschuldigte in Panik, nahm ein Kopfkissen ihres Bettes und drückte dies auf das Gesicht des Kindes, um dies zu ersticken. Als der Angeschuldigten das Ersticken mit dem Kopfkissen nicht gelang, stülpte sie eine Plastiktüte über den Kopf des Kindes, welche sie noch am Hals festband. Das da Kind nunmehr zwar aufhörte zu schreien, sich jedoch immer noch bewegte, legte die Angeschuldigte beide Hände um den Hals des Kindes und würgte dieses solange, bis der Tod eintrat" *(dpa,* 19. September 2001, *Spiegel* 39/2001, S. 78-82).

• Eine 24-jährige Mutter *tötete* jeweils direkt nach der Geburt ihre drei Neugeborenen. Die Leichen verpackte sie in Tüten und deponierte sie in ihrer Kühltruhe *(Spiegel* 39/ 2001, S. 78-82).

• Eine 34-jährige Mutter gestand im August 2002, ihre Tochter direkt nach der Geburt *erwürgt* zu haben; bereits im November 1997 habe sie, so ihr Eingeständnis, ein Neugeborenes *getötet (dpa,* 7. August 2002).

• Eine 28-jährige Mutter *tötete* unmittelbar nach der Entbindung ihre zwei Söhne durch *Ersticken* und warf die kleinen Leichnahme in den Hausmüll *(afp,* 20. September 2002).

• Eine 29-jährige Mutter gestand vor dem Landgericht Konstanz, ihre Töchter Sarah und Vanessa jeweils wenige Wochen nach der Geburt mit einem Kissen *erstickt* zu haben. Eine dritte Tochter soll der Vater auf ihr Drängen getötet haben *(dpa,* 26. April 2003).

In den Medien wurden auch Fälle beschrieben, in denen Mütter sich das Leben nehmen und ihre Kinder mit in den Tod nehmen.

• Eine 31-jährige Mutter hat sich Anfang August 2002 von einem Zug überfahren lassen. Ihre 7 und 9 Jahre alten Töchter nahm sich mit in den *Tod.* Der Grund für den *erweiterten Suizid*: Die Kindesmutter hatte sich mit ihrer Mutter verkracht *(dpa,* 2. August 2002).

Dass Mütter sich bei Anwendung *physischer Gewalt,* gerichtet gegen die eigenen Kinder, besonders hervortun, wird u. a. damit begründet, dass sie die meiste Zeit mit den Kindern verbringen, für diese verfügbar und zuständig seien[31]. Auch wenn sie mehrere Kinder haben, sei die Gefahr von *Kindesmisshandlung* erhöht. Mit den gleichen Gründen wird insbesondere von parteilich-feministischen Autorinnen der sexuelle Missbrauch der eigenen Kinder durch Mütter begründet.
Gerade Mütter verfügen über *ihre* Kinder, denn Kinder sind die einzige gesellschaftliche Gruppe, über die sie ihre soziale legitimierte Macht uneingeschränkt ausüben können. Sie sind sich voll bewusst, dass insbesondere ihnen in erster Linie diese legitime Macht im Rahmen der Kindererziehung zur Verfügung steht, und sie setzen diese in verschiedenen Abstufungen auch ein: Sie treten sehr häufig *ihren* Kindern *machtbesessen, besitzergreifend, gewaltsam, aggressiv, beleidigend* gegenüber.
Dass insbesondere feministische Autorinnen hierfür eine Rechtfertigung und Entschuldigung liefern, wonach ein derartiges Verhalten ausschließlich eine Reaktion auf die *patriarchalische Unterdrückung* sei, stellt eine Verharmlosung dieser *matriarchalischen Gewalt* dar. *Auch und gerade das Matriarchat ist mitverantwortlich für die zahlreichen Formen schlimmster Gewalt, die nicht nur, aber vor allem Kindern angetan wird. Es soll aber ausdrücklich festgestellt werden, dass unstrittig ebenso die patriarchalische Machtausübung für die Gewalt gegen Kinder mitverantwortlich ist.* Die folgenden Feststellungen *Wetzels* (1997, S. 225) sind ganz offensichtlich auch ein erheblicher Indikator, warum Mütter ihre Kinder misshandeln. Seine Ausführungen dürfen und können selbstverständlich nicht als Entschuldigung für misshandelnde Mütter dienen:
„Bei Müttern ist im Falle erlittener innerfamiliärer Gewalt im Erwachsenenalter die Rate derer signifikant erhöht, die den eigenen Kindern gegenüber zu Erziehungspraktiken gegriffen haben, die körperliche Züchtigungen enthalten. Die Rate der Mütter, die körper-

> liche Erziehungsgewalt einsetzen, ist bei den Opfern innerfamiliärer Gewalt im Erwachsenenalter etwa um 50% erhöht."
> An anderer Stelle führt *Wetzels* (1997, S. 246) unter Berücksichtigung eigener Gewalterfahrung in der Kindheit aus:
> „Wurden Mütter jedoch zusätzlich zu den Kindheitserfahrungen mit Gewalt als Erwachsene erneut Opfer innerfamiliärer Gewalt, so war die Wiederholerrate besonders hoch. Von jenen Müttern, die sowohl als Kinder Opfer physischer Misshandlung waren als auch als Erwachsene Opfer schwerer innerfamiliärer Gewalt, wandten nahezu alle in der Kindererziehung auch körperliche Gewalt an."
> In ihrer Kindheit misshandelte (und/oder missbrauchte) Frauen haben demnach ein erhöhtes Risiko, in ihrer Partnerbeziehung erneut Opfer von Gewalt zu werden[32].
> Doch nicht alle in ihrer Kindheit misshandelten Eltern misshandeln ihre Kinder, so *Wetzels* (1997, S. 237):
> „Ein relevanter Anteil von Eltern, die als Kinder Opfer elterlicher physischer Gewalt waren, hat dies später in der Elternrolle nicht wiederholt. So haben 34,3% derer, die in ihrer Kindheit physisch von den Eltern misshandelt worden sind, später in der Elternrolle keine Gewalt eingesetzt."

Nicht nur unter direkter *elterlicher Gewalt* leiden Kinder, sie leiden auch unter der *Gewalt*, die Eltern sich untereinander antun. Kinder erleben *elterliche Partnerschaftskonflikte*, die unter den Eltern mit Gewalt ausgetragen werden, in der Regel als sehr belastend; sie wirken auch, wie Untersuchungen zeigen[33], massiv auf die weitere Entwicklung der Kinder ein. *Häufig sind sie in der Intensität vergleichbar mit der Gewalt, die Eltern ihren Kindern antun.* In der ersten, in den USA durchgeführten Studie *(Family Violence Survey;* vgl. *Straus* u. a. 1980) mit insgesamt 2.143 Erwachsenen über 18 Jahren hat man 1975 die Befragten gebeten anzugeben, ob sie als Teenager ihre Mütter oder Väter oder auch umgekehrt haben aufeinander einschlagen sehen: Über entsprechende Gewalthandlungen berichteten 13,1% seitens der Väter und 8,5% seitens der Mutter. Die gesamte Befragung zeigte eine eindeutige Kausalität und Wechselwirkung hinsichtlich der Häufigkeit elterlicher Gewalt und der Gewalt in der – späteren – Partnerbeziehung, und zwar für Frauen wie auch für Männer. Es wurde aber auch danach gefragt, wie oft die Befragten als Teenager von ihren eigenen Eltern misshandelt worden sind. Auch hier zeigte sich eine entsprechende Kausalität für Frauen wie Männer bezüglich der Anwendung von Gewalt, gerichtet gegen den Ehepartner im Erwachsenenalter. Auch *Ryan* u. a. (1996) berichten, bezogen auf Gewalt innerhalb der Familie, dass 63% der von ihnen untersuchten etwa 1600 *sexuell aggressiven* Kinder, Jugendlichen, Heranwachsenden im Alter zwischen 5 und 21 Jahren Zeuge irgendeiner Form von Gewalt innerhalb der Familie waren.
Die von *Wetzels* (1997, S. 165) Befragten (3221 Probanden, Mehrfachnennungen möglich) gaben zu 22,7% (730) an, im Laufe ihrer Kindheit miterlebt zu haben, wie ein Elternteil gegenüber den anderen im Rahmen von Partnerschaftskonflikten Gewalt anwandte – 8,9% (284) erlebten dies häufiger, 13,8% (446) seltener.
„Von 280 Befragten", so *Wetzels* (1997, S. 184), „die häufiger als selten elterliche physische Partnergewalt miterlebt haben, geben 41,8% an, auch selbst körperlich von ihren Eltern misshandelt worden zu sein. Diejenigen, die nicht mit elterlicher Partnergewalt konfrontiert waren (2482), berichteten dies nur zu 5,7%. Von den 344 Opfern elterlicher

physischer Misshandlung waren 59% (203) auch Zeugen elterlicher Partnergewalt. Von den Misshandlungsopfern waren 34% (118) häufiger als selten mit der Partnergewalt ihrer Eltern konfrontiert."

Auch bei der Frage über die *Häufigkeit sexuellen Missbrauchs* spielt die *elterliche Partnergewalt* offenbar eine Rolle.
Befinden sich in der von Wetzels befragten Gruppe, die keine elterliche Partnergewalt beobachtet haben (2471), 4,1% Opfer sexuellen Missbrauchs mit Körperkontakt, waren es bei denjenigen, die häufiger als selten die Gewalt unter ihren Eltern mithaben ansehen müssen, 13,5%. Häufiger als selten haben 7,8% (227) der nicht sexuell missbrauchten Befragten vor dem 16. Lebensjahr elterliche Partnergewalt miterleben müssen; hingegen war der Anteil derer, die mehrfach sexuellen Missbrauch mit Körperkontakt ausgesetzt waren, rund dreimal so hoch, nämlich 29,4%. Die Gesamtzahl der Opfer sexuellen Missbrauchs mit Körperkontakt, die auch gleichzeitig elterliche Partnergewalt miterlebt haben, betrug 45% (84).
„Die Hypothese", so *Wetzels* (1997, S. 187), „dass Opfer sexuellen Kindesmissbrauch in ihrer Kindheit häufiger elterliche Partnergewalt miterlebt haben, wird für Missbrauchserlebnisse mit Körperkontakt empirisch gestützt. Für exhibitionistische Handlungen ist sie hingegen zu verwerfen."
Wetzels (1997, S. 170) kommentiert die Zahlen so:
„Die Mindestanzahl der in der Bevölkerung dieser Altersgruppe (der 16 – 29-jährigen – *Anm. d. Verf.*) Betroffenen – berechnet auf Basis der unteren Grenze des Konfidenzintervalls – beläuft sich danach auf 1,04 Millionen Personen, die in ihrer Kindheit häufiger als selten mit elterlicher Partnergewalt konfrontiert waren."
Die von *Pfeiffer* u. a. (1998), die in dem Zusammenhang völlig zu Recht von einer weiteren „Form der Konfrontation mit Gewalt" sprechen, befragten Jugendlichen gaben zu 7,1% selten und zu 6,3% häufiger als selten an, im Jahre 1997 gewalttätige Auseinandersetzungen unter den Eltern beobachtet zu haben.
Unstrittig ist, dass Kinder (und Jugendliche), die gewalttätige Auseinandersetzungen unter den Eltern mitansehen und mitanhören (müssen), dies als bedrohend wahrnehmen und erleben; das kann, wie *Pfeiffer* u. a. (1998) folgerichtig ausführen, *zum einen zu entwicklungsbeeinträchtigenden Folgen führen und zum anderen das Risiko erhöhen, dass Kinder (Jugendliche) elterlicher Gewalt ausgesetzt werden.*
Noch schlimmer ist der Tatbestand, dass die kindliche Viktimisierung *durch elterliche Gewalt ein Risikofaktor für eine erneute Viktimisierung (Reviktimisierung) von Frauen und Männern durch Partnergewalt darstellt*[3][4].
Zutreffend weisen *Norris* u. a. (1997) daraufhin, dass eine *frühere Viktimisierung der stärkste und auch zuverlässigste Prädikator zukünftigen Opferwerdens ist.*

Zwischen männlicher und weiblicher Partnergewalt existiert kein signifikanter Unterschied

Dass auch eine hochsignifikante Anzahl von (Ehe-)Männern der Gewalt von (Ehe-)Frauen ausgesetzt sind, ist unstrittig[3][5].
Gewalt gegen Männer durch Frauen wird bis heute in der Forschung kaum bzw. nicht

berücksichtigt. Soweit dieser Tatbestand Berücksichtigung findet, setzen sich ForscherInnen oft der Gefahr aus, von (radikal-)feministischen Forscherinnen und Organisationen massiv unter Druck gesetzt zu werden.

In den USA werden kritische ForscherInnen und GutachterInnen massiv unter Beschuss genommen, indem sie diffamiert und verleumdet werden mit dem Ziel beispielsweise, zu verhindern, dass sie in Missbrauchsprozessen auftreten. So werden Staatsanwaltschaften mit Dossiers „versorgt", die mit Verleumdungen und persönlichen Angriffen angereichert sind. Auch ist man sehr bestrebt, kritische GutachterInnen auf sogenannte „schwarze Listen" zu setzen und ForscherInnen Forschungsgelder streichen zu lassen. Ein weiteres Bestreben ist es weiterhin, ihre Seminare aufzulösen. Einige von ihnen werden auch körperlich bedroht (vgl. hierzu beispielsweise *Nathan* und *Snedeker,* 1995).

Murray *Straus,* Richard *Gelles* und Suzanne *Steinmetz* (1980) beispielsweise gehören zu den kritischen ForscherInnen, die zunächst aus der Ecke der (radikal-)feministischen Organisationen hochgelobt und später verteufelt, verleumdet und diffamiert wurden. Susan *Steinmetz,* die bei der Errichtung eines der ersten Frauenhäuser beteiligt war, erhielt sogar Bombendrohungen, und ihre Kinder wurden zu Zielscheiben erklärt (vgl. hierzu *Cook,* 1997*).*

Die Angriffe richteten (und richten) sich gegen eine kritische Forschung, die sich auch mit der weiblichen Gewalt auseinandersetzt.

So ermittelten Straus und Gelles (1986) *hochsignifikante Misshandlungsraten für Ehefrauen, die ihre Ehemänner misshandeln.* Sie werteten gut 30 Studien aus und stellten fest, dass es *keinen* signifikanten Unterschied zwischen männlicher und weiblicher häuslicher Partnergewalt gibt. Dass sie vom Partner bzw. von der Partnerin misshandelt worden waren, gaben 11,3% der Frauen, aber 12,1% der Männer an (manche Studien, welche die Misshandlungsdefinition weit auslegten, kamen sogar auf 25% Männer und „nur" 16,5% Frauen, die den Misshandlungen der Partnerin bzw. dem Partner ausgesetzt waren). Auch zahlreiche andere Studien haben keinen signifikanten Unterschied zwischen männlicher und weiblicher häuslicher Partnergewalt festgestellt. Berichten Männer und Frauen über gegenwärtige Partnergewalt, so scheinen die Männer als Opfer sogar die Skala der häuslichen Partnergewalt anzuführen. Beispielsweise berichten Carrado u. a. (1996) in ihrer Studie, dass 18% von 894 befragten Männern und 13% von 971 befragten Frauen angaben, im Laufe ihrer *heterosexuellen Beziehungen* Opfer physischer Gewalt geworden zu sein. Bezogen auf die gegenwärtige Beziehung berichteten 11% Männer und „nur" 5% Frauen, Opfer von Partneraggressionen gewesen zu sein. Auch Ernst u. a. (1997) stellen in ihrer Untersuchung keinen signifikanten Unterschied fest. Sie untersuchten 233 Männer und 283 Frauen einer Innenstadtnotfallabteilung in Orleans. Dabei berichten 28% der Männer und 33% der Frauen von physischer häuslicher Partnergewalt. Über gegenwärtige Partnergewalt berichten 20% der Männer und „nur" 19% der Frauen. Nur 19% der Frauen und 6% der Männer gingen zur Polizei.

Für die Bundesrepublik Deutschland hat das *Kriminologische Forschungsinstitut Hannover* in einer Untersuchung aus dem *Jahre 1992,* die vom *Bundesministerium für Familien, Senioren, Frauen und Jugend* (BMFSFJ) herausgegeben wurde, die Opferzahl schwerer physischer Gewalt bei Männern mit 214.000 und bei Frauen mit 246.000 pro Jahr angegeben *(Wetzels* u. a., 1995).

Das Nachrichtenmagazin *Focus* beauftragte 1994 das *Sample Institut* mit einer – bundesweiten – repräsentativen Befragung (Befragungszeitraum: 12.08. – 24.08.1994) zum Thema *Gewalt in der Familie*[3 6]. An der Befragung nahmen 2.600 Personen zwischen 14 und 59

Jahren in Mehrpersonenhaushalten teil. Bei der Frage: „Sind bei Streitigkeiten mit Menschen, mit denen Sie in diesem Haushalt zusammenleben oder -lebten, schon einmal folgende Ereignisse aufgetreten?" wurde die „gesamte zurückliegende Lebenszeit" und die „letzten 5 Jahre" berücksichtigt (Befragte hier: 1714, davon 869 Frauen und 845 Männer).

Die *Focus*-Umfrage ergibt hier ein durchaus interessantes Bild, wobei Doppelnennungen offenbar möglich waren:

• Dass „ich selbst gegen andere" mit Gegenständen geworfen habe, erklärten 9,9% der Frauen und 8,2% der Männer;
dass „andere gegen mich" mit Gegenständen geworfen haben, erklärten 7,0 der Frauen und 8,5% der Männer;
dass „ich selbst gegen andere" in „den letzten 5 Jahren" mit Gegenständen geworfen habe, erklärten 6,5% der Frauen und 5,3% der Männer;
dass „andere gegen mich" in „den letzten 5 Jahren" mit Gegenständen geworfen haben, erklärten 4,2% der Frauen und 5,3% der Männer;

• dass „ich selbst andere" mit einer Waffe bedroht habe, erklärten 1,1% der Frauen und 2,0% der Männer;
dass „andere mich" mit einer Waffe bedroht haben, erklärten 1,8% der Frauen und 2,9% der Männer;
dass „ich selbst andere" in „den letzten 5 Jahren" mit einer Waffe bedroht habe, erklärten 0,6% der Frauen und 1,2% der Männer;
dass „andere mich" in „den letzten 5 Jahren" mit einer Waffe bedroht haben, erklärten 1,1% der Frauen und 1,9% der Männer;

• dass „ich selbst andere" getreten habe, erklärten 4,3% der Frauen und 4,3% der Männer;
dass „andere mich" getreten haben, erklärten 5,5% der Frauen und 4,9% der Männer;
dass „ich selbst andere" in „den letzten 5 Jahren" getreten habe, erklärten 2,0% der Frauen und 2,1% der Männer;
dass „andere mich" in „den letzten 5 Jahren" getreten haben", erklärten 3,0% der Frauen und 2,1% der Männer;

• dass „ich selbst anderen" einen „Faustschlag (-schläge)" versetzt habe, erklärten 1,9% der Frauen und 5,7% der Männer;
dass „andere mich" mit einen „Faustschlag (-schläge)" traktierten, erklärten 4,5% der Frauen und 5,6% der Männer;
dass „ich selbst anderen" in „den letzten 5 Jahren" einen „Faustschlag (-schläge)" versetzt habe, erklärten 1,1% der Frauen und 2,5% der Männer;
dass „andere mich" in „den letzten 5 Jahren" mit einen „Faustschlag (-schläge)" traktierten, erklärten 2,8% der Frauen und 3,2% der Männer;

• dass „ich selbst gegen andere" Gewalt mit „erheblicher Körperverletzung (wie) Prellungen, Blutungen u.ä." angewandt habe, erklärten 1,9% der Frauen und 3,7% der Männer;
dass „andere gegen mich" Gewalt mit „erheblicher Körperverletzung (wie) Prellungen, Blutungen u.ä." angewandt haben, erklärten 4,3% der Frauen und 3,7% der Männer;

dass „ich selbst gegen andere" in „den letzten 5 Jahren" Gewalt mit „erheblicher Körperverletzung (wie) Prellungen, Blutungen u.ä." angewandt habe, erklärten 1,2% der Frauen und 1,5% der Männer;
dass „andere gegen mich" in „den letzten 5 Jahren" Gewalt mit „erheblicher Körperverletzung (wie) Prellungen, Blutungen u.ä." angewandt haben, erklärten 2,2% der Frauen und 1,9% der Männer;

• dass „ich selbst gegen andere (...) erhebliche Körperverletzung, die ärztliche Hilfe erforderte", begangen habe, erklärten 1,5% der Frauen und 2,5% der Männer;
dass „andere gegen mich (...) erhebliche Körperverletzung, die ärztliche Hilfe erforderte", begangen haben, erklärten 2,5% der Frauen und 2,7% der Männer;
dass „ich selbst gegen andere (...) in den letzten 5 Jahren (...) erhebliche Körperverletzung, die ärztliche Hilfe erforderte", begangen habe, erklärten 1,0% der Frauen und 1,3% der Männer;
dass „andere gegen mich (...) in den letzten 5 Jahren (...) erhebliche Körperverletzung, die ärztliche Hilfe erforderte", begangen haben, erklärten 1,3% der Frauen und 1,3% der Männer.

„Überraschenderweise sind die Unterschiede bezüglich Gewalttätigkeit und Opfererfahrung von Männern und Frauen relativ gering", kommentiert *Focus* völlig zutreffend diese Umfrageergebnisse.

In einer in Deutschland bis zum Jahr 2003 laufenden Väterstudie, in der unter anderem nach Partnergewalt gefragt wird, kommt das *Institut für Geschlechter- und Generationsforschung* an der Universität Bremen zu folgendem Zwischenergebnis: Handgreiflichkeiten bei Paaren, die kurz vor der Trennung stehen, sind weit verbreitet. Von 300 Männern, die anonym befragt wurden, gaben fast 100 an, dass es kurz vor der Trennung zu Handgreiflichkeiten (beispielsweise Schläge ins Gesicht oder der Wurf einer Tasse) gekommen sei. Die Handgreiflichkeiten seien in knapp jedem vierten Fall von Männern, zu 58% von Frauen und zu 14% von beiden ausgegangen *(Associated Press*, 29. November 2001). Die misshandelnden (Ehe-)Frauen scheinen bei der Auswahl der eingesetzten Gegenstände nicht zimperlich zu sein. Zum Arsenal gehören beispielsweise, so berichtet *Cook* (1997): Pistolen, Messer, Hammer, Kristalllampe – und gezielte Schläge und Tritte in die männlichen Genitalien. *Thomas* (1993) berichtet über die Studie von Malcolm *George* für das britische Unterhaus, die besagt, dass 80% der befragten männlichen Gewaltopfer von weiblichen Tätern unter anderem mit *Messern, Hämmern, Knüppeln, Baseballschlägern, Eisenstangen, Bratpfannen, Scheren, Flaschen, Vasen und anderen greifbaren Wurf- und Schlaginstrumenten* malträtiert wurden. Die Opfer trugen gebrochene *Nasen und Finger, Verbrennungen, Verbrühungen, Blutergüsse, Platz-, Schürf- und Stichwunden* davon. Auch *kochendheißes Wasser* oder andere Flüssigkeiten, so *Young* (1999), die (Ehe-)Frauen ihren (Ehe-)Männern ins Gesicht oder auf die Genitalien schütten, sind Alltag. Über Frauen, die (Ehe-)Männer mit zum Teil *gefährlichen Gegenständen lebensbedrohlich verletzten*, berichten hin und wieder die Medien – wie beispielsweise die *Frankfurter Rundschau*[37]:

• Eine 43-jährige Frau rammte ihrem 38-jährigen Freund ein Küchenmesser in den Rücken und fuhr ihn am gleichen Abend ins Krankenhaus.

- Eine 48-jährige Frau rammte bei einem Ehestreit ihrem 43- jährigen Ehemann ein Messer in den Bauch; während die Ehefrau gegenüber der Polizei von einem Versehen sprach, schwebte der Mann in Lebensgefahr.

- Eine 55-jährige Frau rammte bei einem Streit ihrem 51-jährigen Lebensgefährten ein Küchenmesser in die Brust. Der Verletzte wurde in ein Krankenhaus gebracht, schwebt aber nicht in Lebensgefahr.

- Eine 35-jährige Frau ist vom Landgericht Baden-Baden wegen der Ermordung ihres 42-jährigen Ehemannes zu lebenslanger Haft verurteilt worden. Die Schwurgerichtskammer sah die besondere Schwere der Schuld als gegeben an. Die Frau, die in dem Prozess immer wieder ihre Unschuld beteuerte, hat ihren Mann mit einem Messerstich ins Herz getötet. Unfassbar ist, dass die Verurteilte behauptete, ihre 12-jährige Tochter habe als „Schlafwandlerin" ihren Vater umgebracht. Der Richter erklärte zu dieser Behauptung: „Die Behauptung der Angeklagten ist unglaublich."

Am Rande sei erwähnt, dass im Vergleich zu Frauenhäusern nur zwei Männerhäuser existieren, und zwar je eins in Berlin und Hamburg, wo männliche Opfer vor gewalttätigen (Ehe-)Frauen Schutz finden können. Die frühere Bundesfamilienministerin, Christine *Bergmann* (SPD), konnte oder wollte hier keinen Handlungsbedarf erkennen. Auf die Frage der Wochenzeitschrift *Freitag* (12. Mai 2000), ob sie auch Männerhäuser plane, antwortete sie:
„Nein, Männerhäuser planen wir nicht. Ich denke, das ist auch nicht nötig! Wenn Männer keine Gewalt anwenden, brauchen sie auch keinen Zufluchtsort."

Zahlreiche neuere Studien belegen auch deutlich, dass es innerhalb heterosexueller Beziehungen nicht immer der Mann ist, der in *aggressiver, dominierender Form sexuelle Gewalt gegen Frauen bzw. die Partnerin* ausübt. Auch und gerade das weibliche *Geschlecht wendet psychische, physische und verbale Gewalt an, die zum Teil durchaus Straftatbestände wie sexuelle Nötigung und Vergewaltigung erfüllen, um das männliche Geschlecht* (nicht nur Männer, sondern auch Jungen) *zum Sex zu zwingen* – mit entsprechenden *(Folge-)Schäden* wie beispielsweise größte *psychosexuelle Störungen* usw.[38]

Viele Kinder erleiden neben der Elterngewalt auch sexuelle Gewalt

Als wäre die Gewalt, die Eltern ihren Kindern antun, nicht schon schlimm und traumatisch genug, erleiden viele von ihnen *gleichzeitig* auch noch sexuelle Gewalt[39]. Die Folgen für das Opfer sind dann noch gravierender in ihren Auswirkungen.
In ihrer Studie kommt *Faller* (1987) zum Ergebnis, dass 72,5% der missbrauchenden Mütter ihre Kinder gleichzeitig auch *vernachlässigten* und *malträtierten.*
Von den *Strafgefangenen*, die *Fehrenbach* u. a. (1986) befragten, wurden 11% sexuell missbraucht, 16% körperlich misshandelt *und* 7% körperlich *und* sexuell misshandelt. Eine Analyse registrierter Fälle in Australien zeigt, so *Stanley* und *Goddard* (1993), dass alle sexuell missbrauchten Kinder *gleichzeitig* auch misshandelt oder vernachlässigt wurden.

In ihrer repräsentativen Studie über die Folgen des sexuellen Missbrauchs, an der 1.054 Frauen zwischen 20 und 40 Jahren teilnahmen, stellt *Draijer* (1990, S. 65) fest, dass spätere Störungen und deren Intensität insbesondere auch mit anderen Formen der Gewalt zusammenhängen:
„Mädchen, die als Kinder von ihren Familien sexuell missbraucht wurden, wurden auch häufiger von ihren Eltern körperlich misshandelt."
Moeller u. a. (1993) kommen nach einer Befragung von 668 Patientinnen einer gynäkologischen Praxis zu dem Ergebnis, dass 25% der Frauen als Kinder physischer Gewalt und 19,7% sexuellem Missbrauch ausgesetzt waren. Von den sexuell missbrauchten Frauen waren gleichzeitig auch 36% Misshandlungen ausgesetzt.
In einer vom *National Institute of Mental Health* in Auftrag gegebenen Untersuchung *(Putman,* u. a., 1996) berichteten 96% der untersuchten 100 Patienten über schwerste traumatische Kindheitserlebnisse (physische Gewalt *und* sexueller Missbrauch). Den höchsten Wert erreichten entsprechende Inzesterfahrungen mit 68%[40].
In Australien untersuchten *Flemming* u. a. (1997) 124 alkoholabhängige Frauen sowie eine Kontrollgruppe von 586 nicht alkoholkranken Frauen auf Gewalterfahrungen in der Kindheit. Doppelt so hoch war die Rate der durch ihre Eltern körperlich Misshandelten aus der Gruppe der bis zum 16. Lebensjahr sexuell missbrauchten Frauen im Vergleich zur Gruppe der nicht sexuell missbrauchten Frauen. *Die physische Gewalt durch Eltern war der wichtigste Indikator für den intra- und extrafamiliären sexuellen Kindesmissbrauch.*
Die von *Richter-Appelt* und *Tiefensee* (1996 a, 1996 b) befragten 616 Frauen und 452 Männer – zu drei viertel StudentInnen – berichteten zu insgesamt 28% (Frauen) / 14% (Männer) von *elterlicher körperlicher Misshandlung*[41]. Von den 23%[42] missbrauchten Frauen gaben 12% und von den nicht missbrauchten Frauen 16% an, körperlichen Misshandlungen ausgesetzt gewesen zu sein. Von den Männern bezeichneten sich 4% als sexuell missbrauchte Opfer, wobei die Hälfte von ihnen auch körperlich misshandelt worden war. Von den nicht sexuell missbrauchten Männern waren 12% elterlicher körperlicher Gewalt ausgesetzt.
Rosencrans (1997) berichtet von 93 weiblichen Inzestopfern, die zu 49% angaben, auch *schwere körperliche Gewalttaten* erlebt zu haben.
Wetzels (1997) untersuchte einen möglichen Zusammenhang zwischen elterlicher *physischer Gewalt gegen Kinder, Gewalt innerhalb der elterlichen Partnerbeziehung und einem erhöhten Risiko für Kinder, Opfer eines intra- bzw. extrafamiliären sexuellen Kindesmissbrauchs zu werden.* Bei der Überprüfung des Zusammenhangs der „beiden unmittelbaren Viktimisierungserfahrungen in der Kindheit – physische Gewalt durch Eltern gegen Kinder sowie intra- und extrafamiliäre sexuelle Missbrauchserlebnisse – ..." kommt *Wetzels* (1997, S. 187) zu dem Ergebnis, dass 13% (24) von 185 Opfern sexuellen Kindesmissbrauchs mit Körperkontakt in ihrer Familie keinerlei physische Gewalt durch ihre Eltern erfahren haben. Mit 26,4% (773) ist der Anteil derer, die nicht Opfer von sexuellem Kindesmissbrauch wurden, doppelt so hoch. Kinder, die Opfer von sexuellem Missbrauch mit Körperkontakt wurden, erlebten zu 35,1% (65) „mehr als selten" *physische Züchtigung* sowie weitere 29,2% (54) *Misshandlungen*[43].
„Zusammen waren also die Mehrzahl (64,3%; 119) aller Opfer sexuellen Missbrauchs mit Körperkontakt gleichzeitig auch häufigerer bzw. besonders intensiver körperlicher Gewalt seitens ihrer Eltern ausgesetzt", so *Wetzels* (1997, S. 186, 187):
„Bei den nicht von sexuellem Missbrauch Betroffenen finden sich demgegenüber nur 38,6% (1129), die in gleicher Form elterliche physische Gewalt erlitten haben. Recht

deutlich wird der Zusammenhang erkennbar, wenn die Raten der Opfer mehrmaligen sexuellen Missbrauchs mit Körperkontakt in Abhängigkeit von körperlicher Elterngewalt betrachtet werden. Hier steigt die Opferrate von 0,7% bei denjenigen, die keine körperliche Elterngewalt erlebten, über 1,5% bei den ‚selten' und 3,1% bei den ‚häufiger als selten' gezüchtigten auf 9,2% bei den von ihren Eltern körperlich misshandelten Personen, wo sie mithin – bezogen auf den Erwartungswert von 2,6% – mehr als dreifach erhöht ist."

Und *Wetzels* (1997, S. 188, 189) Fazit lautet:

„Der Globalzusammenhang zwischen Missbrauch und elterlicher körperlicher Erziehungsgewalt lässt sich demzufolge dahingehend spezifizieren, dass innerhalb der Gruppe der Opfer sexuellen Kindesmissbrauchs mit Körperkontakt insbesondere die Rate der körperlich von ihren Eltern Misshandelten signifikant erhöht ist. Es findet sich bei ihnen eine weit über die aufgrund der Randwahrscheinlichkeiten zu erwartenden Opferraten hinausgehende Betroffenheit durch elterliche körperliche Misshandlung. (...) Die Hypothese eines Zusammenhangs zwischen der Viktimisierung durch physische elterliche Erziehungsgewalt und sexuellen Missbrauchserfahrungen mit Körperkontakt vor dem 16. Lebensjahr wird empirisch bestätigt."

Tatort: Familie

Ist die Familie ein weitgehend „rechtsfreier" Raum, wo Kinder durch (Stief-)Mütter bzw. (Stief-)Väter malträtiert, gequält, misshandelt und sexuell missbraucht werden (können), ohne dass die *Strafverfolgungsbehörden* Kenntnis davon erlangen? Wenn ja, ist dies eine Erklärung dafür, dass nach der *Strafverfolgungsstatistik* des *Statistischen Bundesamtes* seit Bestehen dieser Statistik jährlich nur „eine kleine Hand voll" Frauen, Mütter und Männer, Väter rechtskräftig verurteilt werden?[4][3a]

Die beispielsweise von *Wetzels* (1997) und *Pfeiffer* u. a. (1998) repräsentativ ermittelten Misshandlungsraten zeigen das Dilemma der vom *Statistischen Bundesamt* erfassten und rechtskräftig abgeurteilten Straftaten an Kindern auf. Aus der Statistik des *Statistischen Bundesamtes*[4][4] für das Jahr 2000 ergibt sich das folgende Bild:

Nur 425 erwachsene Männer und 110 erwachsene Frauen sind wegen „Körperverletzung" zum Nachteil von Kindern rechtskräftig verurteilt worden. 143 erwachsene Männer und 23 weibliche Frauen wurden wegen „gefährlicher Körperverletzung", 55 erwachsene Männer und 24 erwachsene Frauen wegen „Misshandlung von Schutzbefohlenen", nur 1 erwachsener Mann wegen „schwerer Körperverletzung" und 6 erwachsene Männer und 3 erwachsene Frauen wegen „Körperverletzung mit Todesfolge" von Kindern verurteilt. Bei der statistischen Erfassung und Aburteilung ist neben dem „rechtsfreien" Raum Familie auch und gerade ein weiteres großes Problem zu berücksichtigen:

Betroffene Kinder und Jugendliche erstatten gegen ihre gewalttätigen Eltern (oder ErzieherInnen und LehrerInnen usw.) fast ausnahmslos keine Strafanzeige.

Pfeiffer u. a. (1998) befragten 3.772 Jugendliche, die im Jahre 1997 von elterlicher Gewalt betroffen waren. Von ihnen haben nur 1.617 (42,9%) mit Personen wie Lehrern (105 Jugendliche = 2,8%), Ärzten (32 = 1,1%), Mitarbeitern von Jugendhilfe und Jugendamt (22 = 0,6%), Psychologen, Sozialarbeitern oder Mitarbeitern vom Kinderschutzbund (9 = 0,2%), mit dem besten Freund, der Freundin oder Familienangehörigen wie Geschwistern, der Oma, dem Opa oder dem anderen Elternteil (1515 = 40,1%) über die erlittene *Elterngewalt* gesprochen. Und nur ganze 20 Jugendliche (0,5%) suchten bei der Polizei Hilfe[4][5].

„Wir müssen insofern davon ausgehen", kommentieren *Pfeiffer* u. a. (1998, S. 90) diese Zahlen, „dass ca. 99% der elterlichen Gewalt, die Jugendlichen widerfährt, der Polizei zumindest nicht durch die Opfer selbst bekannt wird und dass im übrigen auch andere Institutionen – unter Einschluss von Lehrern, Ärzten, Beratern und sonstigen Professionellen – allenfalls etwa 5% der Fälle überhaupt zur Kenntnis erhalten. Das Dunkelfeld ist in diesem Bereich offenbar riesig und die bestehenden Angebote erreichen die weit überwiegende Mehrzahl der Kinder und Jugendlichen offensichtlich nicht."

Es gibt gute Gründe dafür, wie in den neunziger Jahren im Zusammenhang mit dem sexuellen Missbrauch von Kindern geschehen, *die Verjährungsfrist bei Körperverletzung, schwerer Körperverletzung und Misshandlung von Schutzbefohlenen generell erst mit der Volljährigkeit der Betroffenen beginnen zu lassen*. Auch die Höchststrafe sollte zumindest bei einem schweren Eingriff in die *körperliche Unversehrtheit* entsprechend angehoben werden.

Im Interesse der (schweigenden) misshandelten (jungen) Menschen sollte die Öffentlichkeit mittels einer öffentlichen Diskussion sensibilisiert werden. Das Ziel dieser Kampagne liegt auf der Hand: Es geht wie beim Thema sexueller Kindesmissbrauch *um eine öffentliche Anklage – und um den Schutz der Kinder und Jugendlichen vor psychischer und physischer Gewalt*.

2. Mütter und die sexuelle Lust am Kind

2.1 Grenzen zwischen Zärtlichkeit und Sexualität
Das Kind als Sexualobjekt von Frauen und Müttern

„Die Vorstellung von Frauen und Mädchen als Sexualstraftäterinnen stellt, vielleicht parallel zum Konzept von Jungen und Männern als Opfer, traditionelle kulturelle Stereotype in Frage. Frauen gelten als Mütter per se, als liebevoll, als jene, die sich um andere kümmern - nicht als Menschen, die anderen etwas zu Leide tun oder ihnen schaden. Historisch wurden Frauen als nicht-initiativ betrachtet, als Grenzsetzerinnen und anatomisch als Empfängerinnen von Sexualität. Einige Menschen können sich daher nur schwer vorstellen, dass ein Mädchen oder eine Frau andere missbrauchen könnte."
Ruth Mathews und *Kathleen Speltz* (1995, S. 307)

Der sexuelle Kindesmissbrauch[1] durch Mütter[2] ist im Vergleich zu jenem durch Väter[3] das letzte Tabu im Bereich sexueller Gewalt – ein Tabu, das besonders durch die Frauenbewegung[4] und den Feminismus beschworen wurde (und auch weiterhin beschworen wird): Es betrifft die Weiblichkeits- und Mütterlichkeitsmythologien. Mütter als Missbraucher, die ihre – eigenen – Kinder sexuell missbrauchen: Das passt nicht zur Glorifizierung der Mutter als a-sexuelles Wesen, nicht zum Klischee der fürsorglichen, aufopferungsvollen Mütterlichkeit.
Die in unserer abendländischen, christlichen Kultur immer wieder gepriesene „Marienhaftigkeit", dass, wie es *Amendt* (1993, S. 71) zutreffend ausdrückt, „Mütterlichkeit mit gehemmter Sexualität, mit Sexualverzicht und sogar mit Sexualitätslosigkeit" verbunden ist, soll ganz offensichtlich ein bewusst falsch dargestelltes Bild von der umsorgenden, behüteten, pflegenden, aufopferungsvollen und hingabewilligen Mutter suggerieren. Bei der Aufrechterhaltung dieser Marienhaftigkeit stehen die Kirchen und reaktionäre, konservative (politische) Kreise mit ihrer rigiden und repressiven Sexualmoral an vorderster Front – früher von der Frauenbewegung, heute vom Feminismus unterstützt und flankiert[5].
Mit der Glorifizierung der Mutter, geprägt von dem Bild der Mutter Maria, wie es vor allem die katholische Kirche propagiert, wird eine bewusste und gezielte Verleugnung der Wirklichkeit betrieben. Mütter sind nicht nur nicht asexuell, sondern verfügen auch über Macht, über Gewalt, die sich hier vor-wiegend gegen das menschlich schwächste Glied, das Kind, richtet. „Wir stellen uns die ‚Mutter' als scham-los vor", so *Amendt* (1993, S. 73): „Als neutrales Wesen, dessen Blicke, Wünsche und Handlungen von Güte und Fürsorglichkeit allein geprägt ist. Die Mutter dünkt uns asexuell, wie jene Marienhaftigkeit, nach der so viele Frauen streben."
Die Mutter als Kindesmissbraucherin fügt sich zudem nicht in das feministische Bild von der Frau als Opfer patriarchalischer Gewalt. Zum feministischen Bild gehört es zwangsläufig, den sexuellen Missbrauch von Kindern immer nur in Verbindung mit männlicher Macht und Aggressionen zu sehen: In erster Linie wurden (und werden) *ausschließlich* Mädchen als – potentielle – Opfer männlicher sexueller Gewalt begriffen. Die Jungen wurden (und werden) den – potentiell – gewalttätigen Männern gleichgestellt:

Sie waren (und sind nach der feministischen Doktrin und Ideologie) – wie auch ihre älteren, erwachsenen Geschlechtsgenossen – mindestens *potentielle* Mädchen- und Frauenvergewaltiger.

Dieses jungen- und männerfeindliche Bild wird auch heute noch von der feministischen Bewegung, die sehr von lesbischen und radikalen Frauen dominiert ist, suggeriert. Viele dieser Frauen wurden in ihrer Kindheit sexuell missbraucht.

Der von der – nicht mehr existierenden – Frauenbewegung und dem Feminismus propagierten Mythos, Mädchen, Frauen, Mütter sind sexuell nicht aggressiv und alle Gewalt geht von Jungen, Männern, Vätern aus, hat immer noch das Ziel, Mädchen, Frauen, Mütter als Kindesmissbraucherinnen auszuschließen[6].

„Männer penetrieren auch gewaltsam, um zum Ziel zu kommen", so *Amendt* (1998, S. 10): „Ebenso verführen sie, ohne instrumentelle Gewalt einzusetzen. Eine Vorstellung von gewaltlos ihre Söhne verführenden Müttern hätte die simple Konstruktion, die zugleich eine genderpolitische Gleichung war, über den Haufen geworfen. Diese Gleichung lautete nämlich, sexuelle Verführung ist Gewalt, Gewalt ist männlich, folglich können Frauen sexuell nicht verführen. Die einen formulieren das so, die anderen gingen stillschweigend davon aus, dass das so sei."

Alleine die Vorstellung, dass Frauen und Mütter Kinder, *ihre* Kinder sexuell missbrauchen, unterliegt einem Denk- und Wahrnehmungsverbot.

„Wir wollen gar nicht erst in Erwägung ziehen, dass auch Mütter ihre Kinder sexuell missbrauchen können", berichtet *Heyne* (1993, S.274):

„Dieses Verhalten wird als derart inakzeptabel empfunden und steht in so krassem Widerspruch zu tief verinnerlichten Wertvorstellungen, dass eine Art Denk- und Wahrnehmungsverbot dafür zu sorgen scheint, uns vor unliebsamen Erkenntnissen wirkungsvoll zu schützen."

Die wirkungsvollste Methode, sich davor zu schützen, ist die unumkehrbare Verleugnung. „Die Verleugnung weiblicher Täterschaft hat viele Gründe", so *Braun* (2001, S. 4): „Aber vielleicht ist der letzte Kern dieser Verleugnung ein ganz emotionaler, kindlicher Aufschrei in uns allen: ‚Mama ist nicht böse!' Alle, die sich mit weiblicher Täterschaft beschäftigen, sind im letzten mit der eigenen Mutter, mit ihren dunklen Seiten und gewalttätigen Momenten konfrontiert. Das ist nicht einfach, sind wir privat wie gesellschaftlich doch gewohnt, die Mutter zu verteidigen bis zur Selbstverleugnung."

Der weibliche Anteil an Gewalt und sexuellen Missbrauchsdelikten wird fast ausnahmslos verleugnet und totgeschwiegen. Insbesondere unter den feministischen Autorinnen, die zahlreich zum Thema publiziert haben, gibt es einen hochsignifikanten Überhang an Verteidigerinnen, die die sexuelle Gewalt, die Frauen und Mütter Kindern, *ihren* Kindern zufügen, verschweigen. Und die feministischen Autorinnen, die diesen Sachverhalt beim Namen nennen, erwähnen ihn in der Regel am Rande – und nehmen gleichzeitig eine Relativierung vor. Bei ihnen herrscht die Angst vor, dass die Anerkennung der Tatsache, dass es Frauen gibt, die Kinder sexuell missbrauchen, zu einer Relativierung und Umschreibung der Geschichte des sexuellen Kindesmissbrauchs führen könne.

So haben beispielsweise Frauen, die die Organisatoren der Konferenz über Missbrauch durch Frauen im März 1992 in London kritisierten, ihre Befürchtung zum Ausdruck gebracht, die Diskussion über missbrauchende Frauen könnte ablenken von der Übermacht der männlichen Missbraucher. Darüber hinaus sei die Gefahr sehr groß, dass die Anerkennung der Existenz von Frauen, die missbrauchen, dazu dienen könne, einen geschlechtsspezifischen Unterschied beim sexuellen Missbrauch festzustellen.

Dies wiederum habe möglicherweise eine Rückkehr zu geschlechtsneutraler Theorie und Praxis zur Folge (vgl. *Forbes* 1992, 1993). Die gegen die Konferenz gerichtete Kampagne hatte unter anderem zur Folge, dass eine der Sprecherinnen der Tagung, Cianne *Longden*, die in ihrer Kindheit selbst zum Missbrauchsopfer geworden war und als Therapeutin Opfer therapiert, die durch Frauen missbraucht wurden, ihre geplante Rede zurückzog (vgl. *Kirsta,* 1994). Zu groß ist die Angst, dass die öffentliche Diskussion über missbrauchende Frauen und Mütter den Feminismus, aber auch die vorwiegend feministisch geprägten Hilfs- und Beratungsstellen in Frage stellen und in ihren Grundmauern erschüttern könnte (vgl. *Kelly,* 1991).

Solange die (Radikal-)Feministinnen das Bild der a-sexuellen Mutter kämpferisch aufrechterhalten können, haben sie mit dem Kreuzzug und der damit einhergehende Verteufelung der Jungen, Männer und Väter auch weiterhin unstrittig Erfolg: Die Öffentlichkeit hat größte Schwierigkeiten, sich vorzustellen, wie eine Frau ein Kind sexuell missbrauchen kann. Frauen, so wird angenommen, sind überhaupt nicht in der Lage, Kinder sexuell zu missbrauchen, weil sie keinen Penis besitzen – und weil sich eine Erektion beim Opfer nicht erzwingen lasse, also sexuelle Befriedigung daher nicht möglich sei[7]. Dass sich eine Erektion bei Jungen erzwingen lässt, ist unstrittig. Einen durch mütterliche sexuelle Gewalt Betroffenen lassen zum Beispiel *Bange* und *Enders* (1995, S. 77) zu Wort kommen:
„Als ich neun oder zehn Jahre alt war, musste ich sonntags nach dem Mittagessen immer zu meiner Mutter aufs Sofa. Die hat mich dann von hinten in den Arm genommen und mich an den Schenkeln bis zum Schritt gestreichelt. Manchmal habe ich dabei eine Erektion bekommen. Mir war das so ekelig, ich kann das gar nicht richtig beschreiben. Ich habe mich bis auf die Knochen geschämt dafür. (...) Noch heute zucke ich zusammen, wenn sich meine Frau von hinten an mich rankuschelt."
Über Mütter, die ihre Söhne zum brutalen Oralsex zwingen und ihre Töchter mit Gegenständen brutal missbrauchen und quälen, berichtet *Jäckel* (1996, S. 66, 67):
„Ich weiß von Täterinnen, die den Oralsex mit ihren Söhnen erzwungen haben, bis sich der Penis des Jungen so schwerwiegend entzündete, dass nur eine Operation helfen konnte und die Vorhaut entfernt werden musste. Ich weiß von Täterinnen, die ihre Töchter mit Küchengeräten penetrierten und die Gegenwehr ihrer Kinder zum Beispiel mit dem Bügeleisen im Keim erstickten oder auch nicht vor kochendem Wasser als Strafmaßnahme zurückschreckten."
Dass sich Erektionen „im Sinne eines quasi automatischen Körpergeschehens sehr wohl erzwingen lassen", davon ist auch *Heyne* (1993, S. 268) überzeugt:
„Zum einen gelingt es Missbrauchern, die Kinder auf die eine oder andere Art bis zu einem Grad zum ‚Mitmachen' zu bewegen und auf diese Weise auch sexuelle Erregung im Kind zu erzeugen. Zum anderen gibt es viele Möglichkeiten, ein Kind zu missbrauchen. Der Geschlechtsverkehr ist nur eine Möglichkeit. ... Häufig besteht der Missbrauch darin, die Genitalien des Kindes zu manipulieren und etwa dabei zu masturbieren, oder das Kind dazu zu bringen, die Genitalien des Missbrauchenden zu stimulieren. Dies können Frauen ebenso gut wie Männer, und es ist auch nicht notwendig, dass das Kind bei derartigen Vorgängen sexuell erregt ist."
Auch *Sarrel* und *Masters* (1982) sind überzeugt, dass trotz Drohung und Zwang durch eine Frau das männliche Opfer eine Erektion bekommen kann. Und *Johnson* und *Shrier* (1987) kommen in ihrer klinischen Studie zu dem Ergebnis, dass drei Viertel der Täterin-

nen versucht hatte, die männlichen Opfer zur Ejakulation zu bringen, die Hälfte von ihnen hatte dabei Erfolg.

Die meisten von Frauen missbrauchten Jungen erlebten die sexuelle Gewalt sehr traumatisch. *Johnson* und *Shrier* fanden keinen nennenswerten Unterschied in der Traumatisierung durch weibliche oder männliche Missbraucher.

Auch *Groth* und *Birnbaum* (1979; vgl. auch *Longdon*, 1995), die zwischen Ejakulation und Orgasmus unterscheiden, sind davon überzeugt, dass sich gegen den Willen des Mannes eine Ejakulation erzwingen lässt – ein Orgasmus setze eine innere Zustimmung voraus. Davon ist auch die (Radikal-)Feministin Carole *Ashmore* überzeugt, die Frauen folgende brutale und medizinisch sehr gefährliche Techniken „in steigender Folge von sowohl wahrscheinlichem Erfolg als auch wahrscheinlichen Schädigungen der männlichen Anatomie" empfiehlt[8]:

„1. Schiebe etwas mit einem ordentlichen Durchmesser in seinen Hintern – Medizinern zufolge erzeugt dies ‚emotional unangemessene' Erektionen bei 70 Prozent der Versuchsgruppe.

2. Binde den Schaft des Penis ab, indem du ihn mehrfach mit Gummibändern umwickelst und dadurch das Hinein-, aber nicht das Hinausfließen von Blut gestattest.

3. Kombiniere Möglichkeit zwei mit Druck auf die Hoden. Versucht Nummer zwei und drei nicht zu Hause, meine Damen, andererseits ist Nummer eins eine beliebte Technik, wenn er glaubt, alles gegeben zu haben."

Warum gibt es Frauen, die zum Teil zu brutalsten Mitteln greifen, um ihre zerstörerischen Phantasien, gerichtet gegen den Phallus, auszuleben?
Ist es die Angst um den Penis des Sohnes?
Oder ist es, fragt sich *Amendt* (1993, S. 62), der Penisneid – nach fester Überzeugung von Sigmund *Freud* der Beweis dafür, dass Frauen das Primat des Penis anerkennen –, „... dass sie dem Sohn beispielsweise sein Organ neiden, es verächtlich machen, dass sie davon fasziniert oder eingeschüchtert sind, dass sie zerstörerische Phantasien auf den Penis richten oder ihn sich aneignen möchten...?"
Oder sind es Aggressionen, die sich gegen seinen Penis richten, die die Frauen und Mütter zum Teil zu brutalsten Mitteln greifen lassen?
Ist es eine Zerstörungswut, die sich eigentlich gegen den erwachsenen Partner, gegen seinen Penis und seine sexuelle Triebhaftigkeit richtet? – Gegen den Phallus[9], der in ihren Augen und ihrer Phantasie die patriarchalische Macht und grenzenlose Herrschaft symbolisiert – und den es nach der (radikal-)feministischen Ideologie zu zerstören gilt:
Der Phallus, der im radikal-feministischen Kampf das Sinnbild und das Instrument des patriarchalischen Terrors darstellt; der „Penis", der nach fester Überzeugung der (Radikal-)Feministinnen „als Waffe" *(Heiliger* und *Engelfried* 1995, S. 212) benutzt wird, der seine Gestalt – im Vergleich zum weiblichen Phallus, der Klitoris, die viel kleiner und meist unsichtbar ist – verändern und wie eine Waffe[10] eindringen kann?

Müssen die Mütter die Unschuld des Opferstatus aufgeben?

„... sie (sind) mit ihrer eigenen Gefühlswelt zum Sohn befasst, d. h., wie sie ihn selbst in der Wirklichkeit oder der Phantasie berühren, wie sie ihn lieben, wie sie ihn ablehnen, sexuell begehren und welche Ängste, welche sexuelle Erregung und Schuld- oder Glücksgefühle das bei ihnen auslöst."
Gerhard Amendt (1993, S. 34)

Der Bremer Soziologe und Universitätsprofessor Gerhard *Amendt* (1993, S. 2, 3) befragte im Rahmen einer Studie im Frühjahr 1992 unter Berücksichtigung der alten und neuen Bundesländer 903 Frauen u. a. über die Grenzen, die sie in „ihrer Beziehung zum Sohn ziehen, welche sie nicht ziehen, wie sie das tun, und welche Widersprüche sich dabei für ihre Gefühlswelt ergeben und welche Gefühle sie häufig außer acht lassen. Ebenso gehen wir der Frage nach, ob sie den Sohn in einer so fein gesponnen Weise verführen, dass dies ihnen selbst nicht einmal bewusst zu werden scheint. Zugleich untersuchen wir auch, wie der Sohn – phasenweise – recht erfolgreich die Mutter in seinen Bann zu ziehen weiß". *Amendt* (1993, S. 10), der seine Forschungsergebnisse in Buchform (1993) veröffentlicht hat, schreibt in seinem Vorwort:
„Ich sage, dass die Sexualisierung der Eltern-Kind-Beziehung sich dadurch auszeichnet, dass das Sexuelle am falschen Ort, zur falschen Zeit und an der falschen Person für einen nicht bewussten Wunsch, Trauer, oder Verzicht oder deren Vermeidung in Beziehungen einfließt."
Seine Forschungsergebnisse zeigen, dass das Thema sexueller Kindesmissbrauch – unter Berücksichtigung der missbrauchenden Mutter – neu diskutiert werden muss. Konkret stellt sich die Frage: Muss die Geschichte des sexuellen Kindesmissbrauchs – mindestens große Teile von ihr – neu geschrieben werden?
Es sind eben nicht nur Väter, die sich an ihren Kindern sexuell vergreifen. Auch Mütter vergreifen sich an ihren Kindern, wobei sie in viel stärkeren Maße an ihren Söhnen – und nicht so sehr an ihren Töchtern – interessiert sind[11].
„Folgende alltäglich auftretende Beziehungsszenen haben wir aus dem Fragebogen ausgewählt", so *Amendt* (1993, S. 2): „Wie Frauen mit verführerischen Ansinnen ihrer Söhne umgehen; warum Frauen eine besonders intensive Sorge um den Penis ihres Sohnes entfalten und warum sie so viel Vorbeugung betreiben, damit es ihm später einmal gut geht; wie sich Frauen verhalten, wenn ihre Söhne als Liebhaber auftreten; warum sie den Kleinen den Platz in ihrem Bett überlassen, wenn der Große weg ist; warum sie verzückt sind, wenn der Sohn ihnen wunderschöne Unterwäsche schenkt; warum viele Mütter seinen Penis streicheln würden, wenn er sich das wünscht; wie Frauen ihre Söhne beschämen, ohne sich dessen so recht bewusst zu werden; wie mütterliche Unangemessenheit zum Sohn sich von der väterlichen zur Tochter unterscheidet und worin die Ursachen für inzestuöse Verstrickungen zwischen Frauen und ihren Söhnen liegen."
Die Studie[12] dokumentiert, dass die Beziehungen zwischen Müttern und Söhnen nicht so asexuell sind, wie immer angenommen und behauptet wird. Im Gegenteil: Sie gibt umfassend Aufschluss über Mütter, die ihre Söhne (auch als Liebesobjekt und Partnerersatz) missbrauchen[13]. Vollkommen überrascht ist *Amendt*[14] (1993, S. 30) über „das erstaunliche und allen gängigen Weiblichkeitsideologien wider-sprechende Ergebnis ..., dass nur 4,1% der Frauen der Ansicht sind, dass *„Mütter ihre Söhne nicht missbrauchen"*.

Im Westen beträgt der Anteil nur 2,0%, im Osten hingegen 6,1%. *„Dass Mütter es viel seltener tun (als Väter)"* ist die Meinung von 64,5% aller Frauen. Wobei auch hier der Anteil im Osten etwas höher liegt (im Osten: 69,5%, im Westen: 59,6% - Anm. d. Verf.). *„Mütter machen es anders"* ist die Meinung von 41% der Frauen in den westlichen und 28,1% in den östlichen Bundesländern.128 (35,0% aller Frauen vertreten diese Meinung - Anm. d. Verf.)."

Soweit die Frauen den Missbrauch durch Frauen anzweifeln, wird, so Amendt (1993, S. 32, 33), „der innere Wunsch nach einer teilweisen Verleugnung" mit einem Mangel an Informationen begründet. „Die Frauen erklärten:

- das ist in der Öffentlichkeit ein Tabuthema, aber es gibt das Problem wohl
- darüber habe ich mir bisher noch weniger Gedanken gemacht
- kann ich nicht beurteilen
- es fehlen Erkenntnisse
- es wird sich erst einmal auf die Väter konzentriert, bei den Jungs ist noch viel zu tun
- mir ist darüber nichts bekannt
- für eine normale Mutter ist dieses Thema ohne Bedeutung
- dazu habe ich keine Meinung, vielleicht machen Mütter es heimlich
- ich kann mir das nicht vorstellen, obwohl es das geben wird
- von solchen Müttern habe ich nie gehört."

Die befragten Frauen anerkennen eigene Widerstände, aber auch, dass es „nicht minder wirksame gesellschaftliche Widerstände dagegen gibt, dieses Problem öffentlich zu erörtern":

- „Der Missbrauch wird in der Öffentlichkeit verschwiegen
- Sexueller Missbrauch von Söhnen ist noch immer ein Tabuthema
- Die Dunkelziffer ist wohl zu hoch
- Es wird erst allmählich thematisiert
- Von Müttern will man es nicht wahrhaben
- Es passt nicht zur modischen Ideologie, dass auch Frauen Macht ausüben, deswegen ist das Thema eher tabu
- Das ist ein Tabuthema, das unter anderem auch nicht in die Frauenbewegung passt
- Müttern traut man es weniger zu, denn es passt nicht zum gängigen Bild
- Vielleicht ist die Prozentzahl geringer und die Medien kümmern sich deshalb um den Missbrauch der Mädchen mehr."

Dass es den Müttern nicht mangelt an „'Penetrationsmöglichkeiten' im Leben der Söhne"[15], dokumentiert die Studie von Amendt[16] (1993, S. 36):
„Die Körperberührung der Kinder durch die Mutter ist eine kulturelle Selbstverständlichkeit. Die weibliche ist allgegenwärtig und eine grundsätzliche Beziehungsmodalität für alle Kinder in unserer Kultur. ... Statt des eher finalen genitalen Primats der männlichen Verführung scheinen bei der weiblichen prägenitale Triebregungen in verschiedenen Abwehrmechanismen auf.

Frauen beschreiben den Unterschied folgendermaßen:

- der Missbrauch ist subtiler, latenter
- zärtlicher und verführerischer
- weniger spektakulär und für die Söhne schwer zu deuten, aber umso schädlicher
- vielleicht unauffälliger
- es bleibt eher verborgen
- es findet mehr indirekter Missbrauch statt - Psychoterror."

Ist der sexuelle Kindesmissbrauch durch Frauen und Mütter tatsächlich immer nur und ausschließlich subtiler, latenter, zärtlicher, verführerischer, weniger spektakulär, weniger schädlicher als der Missbrauch durch Männer und (Stief-)Väter?
In Anlehnung an eine von *Bolten* u. a. (1989; ähnlich auch *Forward* und *Buck*, 1979) beschriebene Skala beschreibt *Lawson* (1993) den Schweregrad des Mutter-Sohn-Inzests als

- subtilen Missbrauch, indem die Mutter den Sohn zum gegenseitigen Massieren auffordert, sie mit ihm bis in die Adoleszenz zusammen badet und in einem Bett schläft;

- als verführerischer Missbrauch, indem die Mutter ihm ihre sexuellen Bedürfnisse durch sexuelle Stimulation aufdrängt;

- als perversen Missbrauch, indem die Mutter ihn beispielsweise zwingt, Frauenkleider[17] zu tragen, ihn aber auch mit Blick auf seine sexuelle Entwicklung diffamiert, herabwürdigt und mit Homosexualität bedroht;.

- als offenen sexuellen Missbrauch, indem sie ihn zum Beischlaf zwingt oder es zumindest versucht und ihn mit Drohungen und Gewalt zu oral-genitale Handlungen, oft auch zu digitaler Penetration (im medizinischen Sinn: mit dem Finger) zwingt;

- als sadistischen sexuellen Missbrauch, indem die Mutter ihn, verbunden mit schwerem körperlichen und emotionalem Missbrauch, verletzt.

Mütter ergreifen in der Regel die Initiative, sie signalisieren ihre Bereitschaft zu einer emotionalen, erotischen oder sexuellen Beziehung zu ihrem Kind. Mütter verführen ihr Kind und leben ihr Bedürfnis, Verlangen nach emotionaler, erotischer, sexueller Befriedigung voll aus. Sie genießen den kindlichen Körper, die zarte kindliche Haut. Sie sind mehrheitlich bemüht, sich die sexuelle Lust nicht anmerken zu lassen, so dass das Kind sie nicht wahrnimmt. Während Väter dem Kind häufig äußerliche Gewalt antun und somit Spuren hinterlassen, sind die Mütter überwiegend geschickter: Sie hinterlassen in der Regel keine äußerlichen Spuren am Kind und wenden weniger Druck oder Zwang an. Mütter wissen, dass die zärtliche und einfühlsame Verführung des eigenen Kindes im Vergleich zu einer gewaltsamen Verführung das Kind eher veranlasst, den Missbrauch ohne sichtbare Gegenwehr über sich ergehen zu lassen. Zum Vorteil dieser Mütter gehört, dass sie ihr Kind, dessen Gefühle und Vorlieben kennen und somit Strategien entwickelt haben, um an ihr eigentliches Ziel zu kommen: die emotionale und sexuelle Befriedigung mittels sexueller Ausbeutung.

Die Äußerungen der Frauen zur weiblichen Verführung werden von *Amendt* (1993, S. 36, 37) wie folgt wiedergegeben:

• „Sie binden die Söhne mit Überbehütung bis zur totalen Abhängigkeit an sich, weniger körperlich als durch seelische Abhängigkeit bis zur Lebensunfähigkeit, nämlich fesselnde Zärtlichkeit
• starke Gefühlsebene, keine offene Gewalt, Abhängigkeit wird ausgenutzt, der Sohn darf dann nicht erwachsen werden
• der Sohn wird zum Partner gemacht durch Entmündigung, Grenzüberschreitung der Körperpflege, die Frau verführt den Sohn, um Bestätigung zu bekommen
• sie bringen ihre Söhne eher in seelische Abhängigkeit, wenn sie frustriert sind, partnerschaftlich sozusagen
• es geschieht über starke emotionale Bindungen, das heißt, die Mutter plädiert an die moralische Verpflichtung des Sohnes ihr gegenüber
• in dem sie im Kind den Partner sehen, und dem Jungen mehr Freiraum lassen
• Liebkosen am Penis[18]
• Herumfummeln am Pimmel wegen Vorhautverengung."

Mütter sind viel gerissener und cleverer als Väter: Sie kommen an das Ziel ihres emotionalen, erotischen oder sexuellen Verlangens über das Spielen, die Pflege und das Schmusen mit dem Kind. – Und über das Trösten, Streicheln, Küssen des ahnungslosen Kindes. Der sexuelle Missbrauch durch Mütter ist für Dritte – andere Familienmitglieder oder die Öffentlichkeit – nicht zu erahnen, nicht substantiell verifizierbar.

Im Rahmen der Missbrauchsprävention wird man nicht umhinkommen, das Monopol der Mütter auf ihre Kinder abzuschaffen.

Die gängigen gesellschaftsspezifischen Normen und Rollenverteilungen, die das Mutter-Kind-Verhalten prägen, lassen den sexuellen Missbrauch im Rahmen des Mutter-Kind-Inzests zu; sie fördern nicht nur den sexuellen Missbrauch, sie lassen ihm auch mehr Spielraum.

Eine Neubewertung der Tätigkeiten von Müttern und Vätern bei der Kindererziehung und -pflege ist dringend angezeigt, um insbesondere den familialen inzestuösen Kindesmissbrauch zu bekämpfen und vielleicht sogar weitgehend zu eliminieren.
Für eine Neubewertung der elterlichen Rolle bei der Kindererziehung und -pflege spricht die Inzest-Studie von *Parker* und *Parker* (1986): In ihrer Studie fanden sie einen interessanten Faktor bei der Entstehungsgeschichte für einen Vater-Tochter-Inzest: der Mangel, dass die Väter an der Erziehung ihrer Tochter kaum teilhatten; sie verbrachten nur etwa halb so viel Zeit mit ihr – insbesondere in den ersten drei Lebensjahren – als nicht-sexuell missbrauchende Väter: Während sich 37% der nicht-sexuell missbrauchenden Väter an der Kinderpflege und -erziehung beteiligten, waren es unter den inzestuösen Vätern nur 5%. Zwischen den Vätern und Stiefvätern, die ihre Töchter von Anfang an mit großzogen, fand sich in der Häufigkeit des sexuellen Kindesmissbrauchs kein signifikanter Unterschied.

Die Ergebnisse von *Parker* und *Parker* (1986) sind selbstverständlich auch auf missbrauchende Mütter und Stiefmütter anwendbar:
Eine aktive Beteiligung der Väter an der Kinderziehung könnte den sexuellen Missbrauch der Kinder durch ihre Mütter und Stiefmütter in sehr vielen Fällen verhindern. Auf diesen Tatbestand weisen völlig zutreffend auch *Heiliger* und *Engelfried* (1995) hin, die eine größere Einbeziehung der Väter in das Sorge- und Pflegeverhalten für ihre Kinder fordern.
Mit anderen Worten: *Man wird im Rahmen der Missbrauchsprävention nicht umhinkommen, das Monopol der Mütter auf ihre Kinder abzuschaffen.*
Doch für eine Abschaffung des mütterlichen Monopols auf das Kind stehen weder die Kirchen noch reaktionäre, konservative (politische) Kreise zur Verfügung. Auch die (radikalen) Feministinnen wird man hierfür nicht gewinnen können.
Mütter haben dieses Monopol auf Kindererziehung und -pflege, und dieses Monopol wird beispielsweise von der römisch-katholischen Amtskirche aufrechterhalten. Der Paderborner Erzbischof Johannes *Degenhardt* (im Februar 2001 vom Papst zum Kardinal ernannt und im Sommer 2002 verstorben) wird im *Spiegel* (25/1994, S. 94-109; vgl. auch *Die Zeit*, 1. Juli 1995) mit den Worten zitiert:
„Wenn junge Männer stärker mit der Pflege von Kleinkindern betraut sind und dabei nackte entblößte Körper ständig sehen, sie berühren und saubermachen müssen, ist die Gefahr groß, dass sie Begierden nicht widerstehen können. Der viele Körperkontakt mit dem jungen Kind bei der Pflege würde ihnen sicher oft zum Verhängnis werden. Und deswegen stellen wir fest, dass auch diese Konsequenz, dass Väter Hausmänner werden, auch negative Aspekte haben kann."
Wie *Degenhardt* zu dieser absurden Behauptung kommen konnte, wird für immer sein Geheimnis bleiben. Wenn man der blühenden Phantasie des verstorbenen Klerikers folgt, kann das im Umkehrschluss nur die Frage aufwerfen: Wie groß ist die Anzahl der Frauen beziehungsweise Mütter, die nicht widerstehen können und denen die Begierden zum Verhängnis werden?
Das Müttern monopolartig zugestandene Recht auf die Kindererziehung und -pflege und der damit einhergehenden geschlechtsspezifischen Arbeitsteilung wird nach alledem fortbestehen bleiben:
Auch die Mütter wollen und werden nicht darauf verzichten.
Harten (1997, S. 119) führt folgerichtig aus:
„Es scheint, dass sich die geschlechtsspezifische Rollenverteilung in der primären Sozialisation und Erziehung am hartnäckigsten allen Bemühungen um einen Wandel widersetzt, weil die tradierten Rollenbilder hier ihre tiefste Verankerung in der Persönlichkeitsstruktur erfahren. Familiensoziologische Studien geben in dieser Hinsicht wenig Anlass zur Hoffnung: Männer haben, etwas salopp gesagt, Angst vor dem Kind, weil sie fürchten, ihre Geschlechtsidentität zu verlieren, Frauen haben Angst, auf das Monopol aufs Kind zu verzichten."

Doch nicht alle Väter haben Angst davor, ihre „Geschlechtsidentität" zu verlieren, wenn sie sich auf ihre Kinder einlassen. Im Gegenteil: Ihre Angst besteht eher darin, dass sie auf erbitterten Widerstand der Kindesmutter stoßen, wenn sie in die Domäne der Mutterrolle eintauchen und an ihr partizipieren wollen.
Wenn Väter in diese Domäne eindringen wollen, kann dies durchaus schlimmste Folgen haben.

Ein Beispiel möge dies verdeutlichen:

Vor dem Familiengericht in München kämpfte 1998 ein Vater um *Besuchs- und Umgangsrecht* für seine sieben Jahre alte Tochter. Um das Antragsbegehren des Kindesvaters erfolgreich abzuwehren, griff die Kindesmutter zu einer im *Umgangs- und Sorgerechtsverfahren* häufig zum Einsatz kommenden Waffe: *sexueller Missbrauch*. Im Baby- und Kleinkindalter wurde die Tochter nicht nur von der Kindesmutter, sondern auch vom Kindesvater – in Gegenwart der Mutter – gebadet, eingecremt, gewickelt. Im Rahmen der *familienrechtlichen Auseinandersetzung* wurde ihm dies zum Verhängnis: Die Kindesmutter warf ihm plötzlich vor, das Kind sexuell missbraucht zu haben. Der zuständige Familienrichter kam, wie zuvor die Sachverständige, zum Ergebnis, dass kein sexueller Missbrauch vorliegen würde. Die Handlung an sich, das Reinigen, Ölen und Streicheln eines Säuglings und Kleinkindes am ganzen Körper, sei für sich gesehen weder strafbar noch verwerflich, so der Familienrichter. Und er führte in dem Gerichtsbeschluss (der Verfasser verfügt über eine Ausfertigung dieser Gerichtsentscheidung) weiter aus:
„Selbstverständlich reinigen, ölen und streicheln auch Mütter ihre männlichen Säuglinge und Kleinkinder am ganzen Körper, auch am Penis, ohne dass dies jemand beanstanden würde."
Die weitere Begründung jedoch ist in sich unlogisch, widersprüchlich und erklärt den Kindesvater offenbar zum Täter:
„Soweit das Verhalten des Vaters dadurch, dass er den Intimbereich des Kindes nicht ausreichend respektiert hat, als seltsam oder eigenartig eingeordnet werden muss, bedeutet dies nicht, dass der Vater lebenslang vom Kontakt mit dem Kind ausgeschlossen werden muss. Ein derartiges Verhalten ist durchaus mittels einer therapeutischen Behandlung änderbar."
Dem Kindesvater wurde ein Besuchsrecht – alle „zwei Monate drei Stunden" – unter Aufsicht zugesprochen; für ihn wurde aber gleichzeitig „die Ausübung dieses Umgangsrechts ... auf unbestimmte Zeit ausgesetzt".

Die Sexualisierung der Mutter-Kind-Beziehungen vollzieht sich unter dem Schleier moderner Elternsorge – als Zugriff auf die Intimität des Kindes. Mütter, die ihre Kinder sexuell missbrauchen, können dank ihrer Rolle als Versorgerinnen ihre Verbrechen deutlich besser vertuschen: Mütter haben primäre Verantwortung für die Kindererziehung – und damit auch eine Menge Macht über sie.
Frauen und Mütter haben „die Möglichkeit zu sexuellen Kontakten mit Kindern ..., ohne aus ihrem beruflichen und privaten Alltag heraustreten zu müssen", so *Knopf* (1993, S. 25):
„Zärtliche und pflegerische Berührungen von Kindern sind Frauen durchaus erlaubt und sogar erwünscht. Denkbar ist deshalb, dass Kinder selbst, an Berührungen durch Frauen gewöhnt, diese auch dann nicht als auffällig wahrnehmen, wenn sie mehr oder weniger deutlich sexuell getönt sind. Dass Beziehungen, die von so extremer emotionaler und körperlicher Nähe bestimmt sind wie die zwischen Frauen und Kindern, auch eine ‚irgendwie erotische' Qualität enthalten, mag inzwischen allgemein akzeptiert sein. Wo aber die Grenze verläuft zwischen ‚erlaubten Zärtlichkeiten' und ‚verbotener Sexualität', ist höchst unklar."

Dass es Frauen und Mütter gibt, die den Kindesmissbrauch unter dem „Mantel der Kinderfürsorge" vollziehen, davon ist *Jennings* (1995) überzeugt. Sie haben die Aufgabe, so *Jennings* (1995, S. 308), „Kinder zu baden, an- und auszuziehen, sie ins Bett zu stecken, ihnen die Brust zu geben, die Windeln zu wechseln und viele andere intime Dinge zu tun, die mit der Fürsorge für ein Kind verbunden sind. Vieles davon findet in Abwesenheit anderer Menschen statt und verschafft der Mutter (oder jeder anderen mit der Fürsorge betrauten Person) Raum, den sexuellen Akt unter dem Mantel der Kinderfürsorge zu verüben".

Auch die Frauen, die *Amendt* (1993, S.41, 42) befragte, scheinen das offenbar so zu sehen:

„Die Mütter weisen darauf hin, dass durch die Nähe, die zwischen ihnen und Kindern im allgemeinen besteht, es ihnen möglich ist, im Besonderen zu ihrem Sohn ihre Sexualbedürfnisse als mütterlich pflegende Handlung zu kaschieren. Und sie geben zugleich an, wie sich das ereignet:

- bemäntelt als Fürsorge und getarnt als Kinderpflege
- unauffälliger, weil sie allgemein mehr schmusen
- sie nutzen ihre Fürsorgerolle subtil aus, zum Beispiel Waschen des Sohnes
- im Rahmen des Duschens zum Beispiel als vorgebliche Fürsorge
- da die Mutter sich mehr um das Waschen und die Sauberkeitserziehung kümmert, ist es nicht so auffällig
- vielleicht sind sie schlauer und begehen Missbrauch nur, wenn sie völlig sicher sind, dass ihre Söhne ihnen völlig hörig sind und somit nichts an die Öffentlichkeit dringen kann."

Für *Justice* und *Justice* (1979) beginnen die sexuellen Handlungen bereits beim Berühren, Streicheln, sexuellen Liebkosen. Sie sprechen von Müttern, die ihre Söhne mit Versprechen einer sexuellen Entlohnung an sich binden, auch emotional. Und sie sind überzeugt: Mütter, die (häufige) sexuelle Handlungen an ihren Kindern vornehmen, hätten den Vorteil, in der Regel nicht angezeigt zu werden. Ein Grund sei vor allem darin zu sehen, dass der sexuelle Missbrauch durch Mütter – insbesondere im Rahmen der körperlichen Pflege und Fürsorge – von der Öffentlichkeit als solches nicht wahrgenommen werde; dies beträfe gleichzeitig auch die (strafrechtliche) Aufklärung[19].

„Mein erregter Penis war in ihrem Körper gefangen."

„Meiner Mutter blieb meine erwachende Männlichkeit wohl nicht verborgen. Sie warnte mich vor der Sünde der Selbstbefriedigung, vor erotischen Kontakten mit Mädchen und vor geheimnisvollen Männern in dunklen Ecken. So oft ich in der Folgezeit in irgendwelche dunkle Ecken schaute – einen geheimnisvollen Mann sah ich nie. Es hätte mich brennend interessiert, was er wohl von mir gewollt hätte. So wurde meine pubertäre Sexualität lediglich von meiner Mutter genutzt.

Eines Abends, ich war gerade zwölf Jahre alt geworden, schlug meine Mutter vor, im gemeinsamen Ehebett nackt zu schlafen. ... Ich versuchte mich so diskret wie möglich zu entkleiden und unter die Bettdecke zu kriechen. Meine Mutter spottete, ich solle mich

> nicht so anstellen, sie wüsste ja wohl, wie ein Junge aussah, schließlich habe sie mich geboren. ... Ich muss wohl bald eingeschlafen sein und mich möglicherweise infolge der nächtlichen Schwüle freigestrampelt haben. Jedenfalls hatte ich einen tollen erotischen Traum, aus dem ich jäh erwachte. Ich spürte eine Hand auf meinem Penis, der so erregt war, dass er geradezu schmerzte. Ich erschrak fürchterlich. Meine Mutter zog verlegen die Hand zurück und sagte nichts. Schweißgebadet lag ich da und wusste nicht, was ich sagen, wie ich reagieren sollte."
>
> Irgendwann hatte er wieder einen erotischen Traum, aus dem er schlagartig aufwachte:
> „Ein Mädchen spielte darin die Hauptrolle. Ich näherte mich ihr scheu und lüstern zugleich. Gern hätte ich sie berührt, gestreichelt, geküsst. Sie nahm mich bei der Hand, zog mich in einer Hütte, die mir vorher gar nicht aufgefallen war, und begann mich zu entkleiden. Die sexuelle Erregung durchzog meinen gesamten Körper. Als ich nackt war, forderte sie mich auf, mich hinzulegen. Mit ihrem Mund streichelte sie meinen Oberkörper, küsste meine Brust und glitt spielerisch über meinen Bauch bis zu den Schamhaaren. Als ihre Lippen meinen Penis umschlossen, wachte ich auf."
>
> Der Sohn nimmt schockiert die *Vergewaltigung* durch die Mutter wahr:
> „Im fahlen Licht der Straßenlampe sah ich meine Mutter auf meinem Unterkörper sitzen. Mein erregter Penis war in ihrem Körper gefangen. Jeden Augenblick konnte mein Samen auf Befreiung drängen, auch wenn meine Mutter nun ihre rhythmischen Bewegungen abbrach. ‚Was machst du da?', schrie ich sie an. ‚Sei still', flüsterte sie, ‚es ist doch so schön'.
>
> Ich war wie gelähmt und wartete darauf, mich übergeben zu können, um mir Befreiung zu verschaffen. ... Ich ... rannte zur Toilette, schloss die Tür hinter mir zu und übergab mich über der Toilettenschüssel. Ich hatte das Gefühl, jetzt sterben zu wollen. Von Krämpfen geschüttelt, schloss ich die Augen und sank auf die Teppichvorlage. Das gedämpfte Klopfen an der Toilettentür vernahm ich wie aus unendlichen Entfernungen."[20]

Im Rahmen des Missbrauchs geht es der missbrauchenden Mutter darum, das Kind nicht aus ihrer absolut vernichtenden Umklammerung zu entlassen. Die missbrauchende Mutter, die das Kind zu ihrem alleinigen Lebensinhalt erklärt, möchte ihren Sohn nicht verlieren. Sie kontrolliert das kindliche Verhalten, die Gedanken und Gefühle. Sexuelle Gefühle des Kindes werden von ihr nur zugelassen, soweit sie der Erfüllung der mütterlichen Bedürfnisse und Erwartungen dienen. Sie hält das Kind in einer totalen emotionalen und sexualisierten Abhängigkeit[21]. Mit anderen Worten: Der kindliche Entwicklungs- und Heranreifungsprozess sowie die sexuelle Identitätsfindung wird von der missbrauchenden Mutter blockiert und sabotiert.

Es geht ihr um „Aufrechterhaltung von Einfluss und Macht über den Sohn", so *Amendt* (1993, S. 51):

„Es geht darum, ihn nicht aus der heiß begehrten körperlichen und psychischen Nähe zu entlassen. Sie möchte ihn nicht abgeben an andere Frauen, die er sich früher oder später suchen wird. Sie macht sich zu seiner Geliebten".

Die Situation des von der Mutter sexuell missbrauchten Sohnes vergleicht *Amendt* (1993, S. 51) mit „einem Gefängnis, aus dem seine Seele keinen leichten Ausweg mehr findet. (...) Was immer der Sohn im ... mütterlichen Zwang erlebt, ihm das ‚Vögeln' wie das ‚Stillen' beizubringen, kann nur eine Fallstudie klären".

Im Verhältnis von Mutter und Sohn spielt es nicht zwingend eine Rolle, ob er tatsächlich von der eigenen Mutter sexuell missbraucht wurde. Es reicht häufig schon eine mütterliche sexualisierte und verführende Verhaltensweise – hier ohne direkten Körperkontakt – ihm gegenüber[2 2].

Dass Mütter mit ihren Söhnen zusammen in einem Bett schlafen[2 2a], zusammen baden, sich zusammen aus- oder anziehen, könne für sich alleine genommen für das Kind bereits traumatisch sein, so *Forward* und *Buck* (1978; vgl. auch *Krug* 1989) in ihrer Studie. Im schlimmsten Fall könne hier – hinsichtlich der Auswirkungen – ein direkter Vergleich zu einem realen sexuellen Missbrauch mit oder ohne einen vollzogenen Geschlechtsverkehr mit all seinen Folgen indiziert sein.

Einen betroffenen Mann, der einen latenten Inzest erlebt hat, zitiert *Teegen* (1993, S. 334) mit den Worten:

„Ich schlief bis zum zehnten Lebensjahr im Bett meiner Mutter. Häufiges Eincremen des Anus, weil ich angeblich wund war. Tägliches ‚Schmusen' im Bett der Mutter, auch ‚Kuscheln' genannt. Beim Anziehen (meine Mutter zog mich bis zum zehnten Lebensjahr täglich an) war sie immer besonders ‚lustig', wenn ich eine Erektion hatte. Oft zog sie mir Slips meiner Schwester an, weil meine gerade in der Wäsche waren. Sie zog mir die Slips immer bis zum geht nicht mehr hoch, bis sie knapp und stramm wie ein ‚Tanga' an mir saßen. Ich genierte mich und wollte es gleichzeitig. Sie war dann besonders liebevoll, lustig und freundlich, war belustigt über meine Erektion. Ich musste manchmal viel zu kleine, enge Hemdhosen anziehen, in denen ich mich kaum bewegen konnte. Wenn ich nicht wollte, bekam ich Schläge."

Für den benutzten und missbrauchten Sohn ist es ein unerträglicher Zustand, die missbrauchende und oft auch misshandelnde Mutter, die ihn sexuell provoziert und stimuliert, ihn in ihrem Bett schlafen lässt, ihn aber dann von sich abweist, wenn sie wieder mit dem Ehemann (Kindesvater) oder mit einem erwachsenen Partner zusammen ist. Dies bedeutet eine Zurückweisung als Liebhaber und Sexualpartner der Mutter, einen unerträglichen, sehr schmerzhaften, brutalen Abbruch der engen sexualisierten, psychotisch-symbiotischen Beziehung, ein Verlassenwerden – und setzt im Sohn eine narzisstische Wut frei. Die traumatische Trennung verursacht in der Regel massive Depressionen. Die Überstimulation und die darauf folgende Zurückweisung wird von *Shengold* (1963, S. 742) sehr eindrucksvoll beschrieben:

„Er wird überstimuliert bis zum einen Punkt, an dem er fasst bewusstlos wird und das Gefühl hat, irgendwie explodieren zu müssen, ein Zustand, der von überwältigender ‚traumatischer' Angst begleitet wird. Zusammen mit diesen Erinnerungen brach (in der Analyse – *Anm. d. Verf.*) die Wut gegen die Mutter in ihrer ganzen kannibalistischen Intensität heraus: ‚Ich wünsche, ich hätte eine Schere, ein Messer – ich würde ihr die Wange aufschlitzen, ich könnte das Kainszeichen aus ihrem Gesicht herausschneiden.' Wut derartig überwältigenden Ausmaßes hatte der Patient gewöhnlich gegen sich selbst gerichtet."

Einen derartigen Fall von *latentem Inzest*[2 3] beschreibt *Kentler* (1994), der zwischen *primärem Inzest* (sexueller Missbrauch) und *sekundärem Inzest*[2 4] (symbiotische Mutter-Kind-Beziehung) unterscheidet: Die Mutter habe, berichtet *Kentler* (1994, S. 154), den Sohn missbraucht, aber nicht sexuell: „Der Sohn Peter wird mit 13 Jahren von der Polizei erwischt, nachdem er in eine Schrebergartenlaube eingebrochen ist. Gegenüber einer vernehmenden Kriminalbeamtin gibt er zu, seit etwa einem Jahr regelmäßig mindestens

einmal in der Woche in eine Laube einzubrechen, um das Diebesgut auf Flohmärkten zu verkaufen. Mit dem Geld kaufte er immer wieder für seine Mutter Blumensträuße, Pralinen, zum Schluss teure Lebensmittel, die er in Feinkostgeschäften einkaufte. Auf die Frage, warum er das gemacht habe, antwortet er: „Meine Mutter braucht keene fremden Mann, ick kann ihr alleene ernähren!"'
Kentler (1994, S. 154), der als Fachmann hinzugezogen wurde, erfährt:
„Die Mutter hat sich bald nach Peters Geburt von dem Erzeuger des Jungen getrennt. Anstelle des Mannes holt sie den Jungen ins Ehebett. Nach einiger Zeit verliebt sie sich in einen neuen Mann, er zog zu ihr, der Junge musste ihm Platz machen, er wurde vertrieben in sein Zimmer, in sein Bett. Bald aber warf sie den Mann hinaus, der Junge wurde zurück ins Ehebett geholt. Das wiederholte sich schließlich in immer kürzer werdenden Abständen. Die Mutter befriedigte sich sexuell mit Männern, aber sie war seelisch-geistig so stark an ihren Sohn gebunden, dass sie gegenüber den Männern bindungsunfähig war. Sie hatte das Gefühl, den Jungen zu vernachlässigen, wenn sie mit einem Mann zusammenlebte, sie bekam ein schlechtes Gewissen und musste sich trennen. Wie stark der Junge seinerseits an die Mutter gebunden war, zeigte sich spätestens, als er alt genug war, um für sie zum Räuber zu werden."

Über realen sexuellen Kindesmissbrauch im Bett der Mutter berichten *Forward* und *Buck* (1978), die hierbei auf einen 38-jährigen Mann, der von seiner Mutter als Kind emotional und sexuell missbraucht worden war, verweisen. Systematisch wurde er von der Mutter zum Sex- und Lebenspartner aufgebaut. Zum erstenmal bat sie ihn sechs Monate nach ihrer Scheidung ins Ehebett, weil sie „Angst im Dunkeln" habe. Der Sohn wachte dann oft mit einer Erektion auf und masturbierte. Einmal erwachte er und spürte die mütterliche Hand an seinem Penis, die ihn stimulierte. Einige Zeit später kam es in einem Zeitraum von zwei Jahren regelmäßig zum Geschlechtsverkehr. Die sexuelle Beziehung hielt an, bis die Mutter erneut heiratete. Der Sohn hatte seit seinem dreißigsten Lebensjahr heftige Kopfschmerzen, die dann einsetzten, wenn er auf seine Frau oder Kinder wütend war. Darüber hinaus litt er an Erektionsstörungen, konsumierte Pornofilme und hatte sadistische sexuelle Phantasien.
Über ähnliche Fälle berichtet auch *Krug* (1989). So beispielsweise über einen Mann, dessen Eltern eine schlechte Beziehung zueinander hatten und der seit seiner frühesten Kindheit im Bett seiner Mutter schlief. Seit der frühen Pubertät des Sohnes vollzog die Mutter den Geschlechtsverkehr an ihm mit der Folge, dass der Junge heftige Angstgefühle hatte. Dennoch machte er teilweise „freiwillig" mit, denn er hatte Schuldgefühle im Zusammenhang mit dem Alkoholismus der Mutter. Er war letztlich Sex- und Lebenspartner der Mutter, aber auch gleichzeitig übernahm er zwangsläufig in Personalunion die Rolle der Mutter und des Vaters, da die Mutter nicht in der Lage war, für sich oder andere zu sorgen. Als Erwachsener hatte er weder zu seiner eigenen Frau noch zu den beiden Kindern ein inniges Verhältnis. Noch schlimmer: Drogen und Medikamente begleiteten seinen weiteren Weg, und er stürzte sich in zahlreiche Affären mit Männern und Frauen; schließlich starb er an einer Geschlechtskrankheit.

Die Aussagen der Opfer widerlegen den Mythos des sanften weiblichen Geschlechts

Das Magazin *Panorama* (1997) der britischen *BBC*, das 1997 zum Thema „Sexueller Missbrauch von Kindern durch Frauen und Mütter" berichtete, erklärte, dass man im Vereinigten Königreich von einem weiblichen Täteranteil von 25% und einem Opferanteil bis zu 250.000 Opfer ausgeht. Der sexuelle Missbrauch durch Frauen und Mütter würde unterschätzt werden.

Betroffene Jungen und Mädchen berichten von sexueller Gewalt, der sie durch Frauen (darunter befanden sich auch Nonnen und Lesbierinnen) und Mütter ausgesetzt waren. Weiter berichten die Betroffenen von den emotionalen und physischen Schäden, die sie davongetragen haben. So erzählte beispielsweise ein Opfer, mit 12 Jahren sei er etwa zwei Jahre lang von einer 28-jährigen Frau, Mutter von vier Kindern, missbraucht worden.
Die Aussagen der Opfer widerlegen nach Auffassung der *BBC* auch den Mythos des sanften weiblichen Geschlechts, wonach Frauen und Mütter überhaupt nicht zu grausamen, sadistischen Angriffen und Gewalttätigkeiten in der Lage wären.
Die Opfer berichten zum Teil von unvorstellbarer körperlicher Gewalt, die oft ein Bestandteil der sexuellen Gewalt sei. Sie nennen beispielsweise pornographische Gewalttätigkeiten, bei denen Frauen oft eine Führungsrolle übernommen hätten, und berichten von Gewaltexzessen, in denen Frauen Gewalt mit Geräten wie beispielsweise Stuhlbeinen und Besteck anwendeten, um sich an den kindlichen Opfern sexuell zu befriedigen.
Es sei auch ein Mythos zu glauben, dass Frauen Kinder nur sexuell missbrauchen, wenn sie von Männern dazu gezwungen würden. Viele von ihnen hätten die Führerschaft übernommen, wenn sie gemeinsam mit einem Mann die Tat begingen.

Diese Art der Verbrechen seien so unnatürlich und würden dabei derartig gegen alle Instinkte verstoßen, dass die Gesellschaft zögere, Frauen als Täterinnen mit sexuellem Missbrauch in Verbindung zu bringen. Vor Gericht würden sie in der Regel Bewährung bekommen oder freigesprochen.
Die sexuelle Gewalt finde hinter geschlossenen Türen statt – und medizinische Beweise seien schwer zu erbringen.

In unserer Gesellschaft, so *BBC*, würden die missbrauchenden Frauen und Mütter als Opfer dargestellt. Sie würden diesen Opferstatus ausnutzen, um – weiterhin – Kinder zu missbrauchen.

Die sexuelle Gewalt durch Frauen und Mütter habe auf die Opfer eine tiefe traumatische Wirkung. Traumatisch sei insbesondere die Tatsache, dass die Kinder von jenen Menschen missbraucht würden, denen sie uneingeschränkt vertraut hätten, nämlich von Frauen und Müttern, von denen sie Liebe, Wärme und eine beschützende Rolle erwartet haben. Aus einer Position des Vertrauens heraus können Frauen und Mütter im Vergleich zu Männern und Vätern sogar mit Leichtigkeit einfach aufgrund ihrer Position und Autorität Kinder, *ihre* Kinder missbrauchen – Kinder, die verwundbarsten Ziele.

„Auch Mütter werden zu Täterinnen", gesteht die feministische Autorin Ursula *Wirtz* (1996, S. 168), um gleichzeitig die Asexualität der Mütter zu ihren Kindern zu beschwören, „aber sie beuten ihre Kinder häufiger in emotionaler Hinsicht und nicht sexuell aus."
Diese Art der Verharmlosung hebt sie jedoch wieder auf, denn *Wirtz* (1996, S. 168) verweist in dem Zusammenhang auf die Untersuchung von *Russell* und *Finkelhor* (1984), „dass nicht mehr als 5% der Täter, die Mädchen missbrauchen, und nicht mehr als 20% der Täter, die Jungen missbrauchen, weiblich sind".
Als wäre dieser hohe Anteil an weiblichen Tätern, die Kinder sexuell missbrauchen, harmlos im Vergleich zu den männlichen Tätern! Alleine die von dem Verfasser zahlreich erwähnten und zitierten internationalen (hierzu gehört auch die von *Russell* und *Finkelhor*) und deutschen Studien sowie Untersuchungen zeigen eindeutig, dass der sexuelle Kindesmissbrauch durch Frauen keine zu vernachlässigende Größe darstellt.[25]
Auch die Vorreiterin der damaligen Frauenbewegung und treibende Kraft der deutschen Feministinnen, Alice *Schwarzer (Schwarzer & Amendt* 1980, S. 29), behauptet im Ernst, Frauen können gar nicht zwanghaft sexuell auf Kinder fixiert sein, da „... Sexualität für Frauen nicht Ausübung von Herrschaft ist".
Ist schon diese Aussage von *Schwarzer* an Absurdität kaum zu überbieten, „schlägt" *Wirtz* (1996, S. 169) in die gleiche Kerbe, indem sie erklärt, dass die männliche Sexualität das zentrale Motiv ist, „was die Frau zum Objekt herabwürdigt. Kinder eignen sich aus dieser Perspektive noch besser zum Sexualobjekt, da sie noch abhängiger, hilfloser und verfügbarer sind und dem Mann das Gefühl vermitteln, stark und mächtig zu sein. Es gehört zum Kontext unserer Sozialisierung, dass Männer sich jüngeren, schwächeren, unschuldigen und machtlosen Partnerinnen zuwenden und Frauen nach dem großen, starken, älteren Beschützer Ausschau halten".[26]
Nach objektiven Maßstäben muss diese Argumentation, macht man sich diese zu eigen, auch umgekehrt Geltung haben:
Wie viele Frauen und Mütter gibt es, die sich aus dieser von *Wirtz* beschriebenen gewalttätigen gesellschaftlichen, männlichen Sozialisation befreit haben und die Rolle des dominierenden, gewalttätigen, machtbesessen, aggressiven Mannes für sich in Anspruch nehmen?
Wie viele Frauen und Mütter gibt es, die sich dann, in dieser Rolle, Kindern zuwenden, sie zu Sexualobjekten herabwürdigen, emotional und sexuell missbrauchen sowie körperlich quälen und demütigen?
Es sind Frauen und Mütter, die erlittene Ohnmacht, Wut und Verzweiflung in Aggressionen und Macht gegenüber Kindern umwandeln.
„Besonders schwere Schädigungen erleiden die Jungen", berichtet *Kentler* (1994, S. 153), „deren Mütter zu ihnen nicht nur eine sexuelle Beziehung haben, sondern die außerdem von ihren Müttern fast täglich härteste Strafen erleiden müssen. Sie werden eingesperrt in Kleiderschränke, in Wäschetruhen, auf dem Speicher, und vor allem: Sie werden mit Kochlöffeln und Stöcken durchgeprügelt, und dazu müssen sie sich zumindest Hose und Unterhose ausziehen, sich über einen Stuhl legen, sie werden gedemütigt und entwürdigt und müssen ihren nackten Hintern den Prügeln feilbieten."
Kinder eignen sich ideal dazu, den Frauen, Müttern nicht nur das Gefühl von Stärke und Macht zu geben, sondern diese auch in vollen Zügen auszuleben. Oder bedeutet es etwa keine Ausübung von Macht, wie man es dem – männlichen – „Potentaten" unterstellt, wenn sich Frauen und Mütter an (ihren) Kindern emotional beziehungsweise sexuell vergehen[27]?

Das Ausleben mütterlicher Allmacht und Herrschaft – kurzum: Matriarchat – gibt der Erlebnisbericht eines betroffenen Mannes wieder, der von seiner Mutter sexuell missbraucht worden ist, und den *Bange* und *Enders* (1995, S. 101, 102) wie folgt zitieren:

„Schon seit einer Zeit, an die ich mich gerade noch erinnern kann, also mindestens seit meinem dritten Lebensjahr, diente ich meiner Mutter als Objekt ihrer sexuellen Bedürfnisse, die sie in der Welt der Erwachsenen aus verschiedenen Gründen nicht befriedigen konnte. Diese Befriedigung erfuhr im Laufe meiner Kindheit eine Art Institutionalisierung durch das sogenannte ‚Schmuseviertelstündchen', bei dem ich eine Zeitlang auf dem Schoss meiner Mutter schmusend verbrachte. Die scheinbare Gewaltfreiheit dieses Schmusens entpuppte sich als immer wiederkehrender Missbrauch, wenn man sich die doppelte Gewalt dieser Handlung verdeutlicht: Zum einen war es mir als Kind natürlich ein Bedürfnis, von meiner Mutter Wärme und Zärtlichkeit zu erhalten und ihr Vertrauen schenken zu können. Dieses Bedürfnis führte mich immer wieder in die Arme meiner Mutter. Sie aber genoss die sexuelle Stimulans der Körper in einem Maße, das alle meine Bedürfnisse überschritt und meine kindliche Befriedigung in ihr Gegenteil verkehrte. Es brach also nicht nur in mir das Vertrauen, Zärtlichkeit unbeschadet erfahren zu können, sondern ich erlebte auch einen Teil des Lebens – die Sexualität – als etwas überaus Fremdes, Verstörendes, denn die sexuelle Tätigkeit meiner Mutter hörte auch dann nicht auf, als ich genug hatte und ihr deutliche Zeichen gegeben hatte, gehen zu wollen. Von da an begann der Missbrauch. In meinem Gefühl bemerkte ich immer in dem Moment eine seltsame Umwandlung der Situation, in dem mein Bedürfnis befriedigt war.
Ich erlebte von dem Punkt an, wie sich die gebende, zärtliche Mutter in eine nehmende, gebrauchende Frau verwandelte, die ihr Kind als gefügigen Mann, als formbares Sexualobjekt behandelt."

Zwischen weiblichen und männlichen Pädophilen existiert kein Unterschied.

Die *regressiven* und *fixierten* pädophilen Männer und Väter, Frauen und Mütter begehen in der Regel die gleichen[28] Taten, auch bezüglich des Missbrauchsmusters[29]. „Bestenfalls können wir konstatieren", stellt hierzu *Heyne* (1993, S. 287) fest, „dass vaginaler oder analer Geschlechtsverkehr, den ein erwachsener Mann mit einem Jungen oder Mädchen ausübt, körperlich schmerzhafter ist als vaginaler oder analer Geschlechtsverkehr, den eine Frau mit einem männlichen Kind vollzieht."

Bei den Formen des Kindesmissbrauchs zwischen Männern und Frauen sieht auch *Longdon* (1995, S. 104, 105) keinen nennenswerten Unterschied. Sie weist völlig zu Recht darauf hin, dass auch Frauen teilweise brutalste Gewalt anwenden, um sich an Kindern sexuell zu befriedigen:

„Außer der Tatsache, dass Frauen keinen Penis haben, scheinen die Arten des sexuellen Missbrauchs, der an Kindern verübt wird, die gleichen zu sein, wie Männer sie verüben. Dem Bild der Frau als sanftmütige Betreuerin scheint auch die Vorstellung entsprungen zu sein, dass Frauen, wenn sie überhaupt missbrauchen, lediglich zärtlich und unaggressiv schmusen, grabbeln oder küssen. Auch das stimmt nicht immer: Viele Überlebende, mit denen ich gearbeitet habe, wurden von einer allein und unabhängig handelnden Frau brutal sexuell missbraucht."

Auch *Koonin* (1995; vgl. auch *Johnson* und *Shrier*, 1987, und *Saradjian*, 1999) erkennt keinen signifikanten Unterschied zwischen Vätern (Männern) und Müttern (Frauen), die Kinder, *ihre* Kinder sexuell missbrauchen:

„Ein ... Missbrauch kann viele Formen annehmen. Dazu gehören Voyeurismus, Exhibitionismus zur Erlangung von oralem Sex, Geschlechtsverkehr (oral, anal oder vaginal) und Einbeziehung in Pornographie und Kinderprostitution. Bei Missbrauch durch Frauen kommen alle diese Missbrauchstypen vor. Statt genitaler Penetration kommt es zu Penetrationen mit Fingern und Gegenständen."

Und auch *Kaufman* u. a. (1995) haben in ihrer Studie[30] zwischen weiblichen und männlichen Tätern keinen Unterschied in den Arten des Missbrauchs (beispielsweise genitaler Körperkontakt, vaginaler Verkehr) gefunden. Die am häufigsten genannten Arten des Missbrauchs von weiblichen Tätern umfassen gegenseitige Masturbation, vaginalen, analen und oralen Verkehr, oft unter Zuhilfenahme von Pornographie.

„Sag, dass ich die Schönste bin!", keucht die Mutter

„Du könntest mir wenigstens einen Kuss geben, sagt die Mutter und schiebt die Zunge zwischen meine Lippen, bis mir die Luft ausgeht. (...) Du bist doch mein Einziger, sagt die Mutter, und ich schließe die Augen, während sie mir mit dem Lappen über Brust und Bauch fährt. Nächste Woche wirst du schon sieben Jahre alt, sagt sie leise und rutscht mit der schaumigen Hand so lange um meinen Schniepel, bis er sich kerzengerade hochstemmt. Was ist denn los?, staunt sie. (...) Noch ein Lied, bitte ich und spüre ihren Busen auf meiner Haut.

Du hast mein Herz gefangen mit deiner weißen Hand ..., singt die Mutter und schiebt meine Hand in ihren Schlüpfer. Ich komm zu dir gegangen, mein Herz gib wieder her..., singt die Mutter, während ich an dem ausgeleierten Gummiband herumzerre. Kennst du etwa eine, die es besser macht als ich?, hat die Mutter den schwarzhaarigen Billardspieler im selben Bett gefragt. Nein, antworte ich an seiner Stelle, und Edith kichert, als ich ihr den Schlüpfer herunterziehe. Gibt's mir, du Vieh!, hat die Mutter zu Toni gesagt. Lass das!, fahre ich sie an und presse meine Hand um meinen Schniepel, weil ich fühle, dass es jeden Augenblick platzen muss. Komm, flüstert sie mir ins Ohr. Das ist so heiß, stammele ich und spüre, wie mir der Schweiß ausbricht. Sag irgend etwas, bettelt sie. Sag, dass ich die Schönste bin!, keucht die Mutter und trommelt mit den Fersen auf meinen Hintern. Du bist die Schönste, jaule ich und stoße zu, bis ich in mir selbst überlaufe. Dann trennen wir uns.

Ich zittere vor Angst. Ich brenne lichterloh. Ich sehne mich nach einem Wort, einem einzigen Wort. Die Mutter bleibt stumm. Nach einer Weile fängt sie an zu schnarchen. Allmählich wird ihr Atmen ruhiger. Ich warte, bis es ganz still ist, bevor ich mit wackeligen Beinen in das andere Bett klettere. Ich bin nackt.

Mein Herz pocht gegen die Rippen. Durch meinen Kopf heult die Lokomotive, oder ist es die Sirene der Zuckerraffinerie? Ich krampfe die Zehen ins Laken. Ich weine, ohne zu schluchzen. Ich will zu Louise. Ich will sie fragen, warum mir Edith das angetan hat. Es dauert eine Ewigkeit, bis ich die Antwort höre. Ach, mein Junge, sagt die Großmutter, darüber brauchst du dir keine Gedanken zu machen, es gibt viele Dinge im Leben, die man vergessen muss."

Diese Kindheitserinnerungen stammen von Manfred *Bieler* (1989, S. 100, 249, 341, 347), der für die emotionale und sexuelle Befriedigung der Mutter, des Vaters und der Großmutter herhalten musste. In seinem Roman „Still wie die Nacht. Memoiren eines Kindes" beschreibt er seine Kindheit. Die Großmutter benutzt ihn, das Kind, um ihr tiefes Verlangen nach Sehnsucht und Körperkontakt zu stillen; das Kind wird von ihr gewalttätig beherrscht; das Kind muss bei ihr im Bett schlafen, sie drückt es an ihre Brust, lässt es in ihrem Schoss einschlafen und streichelt den Penis. Und die Mutter, die mit einem homosexuellen Mann verheiratet ist, ist abhängig von ihrer Mutter. Gegenüber dem Kind und dem Ehemann ist sie gewalttätig, über beide herrscht sie; sie geht fremd, während das Kind immer wieder mal zuschauen muss.

Auch der Vater ist dem Jungen gegenüber gewalttätig und benutzt ihn zur Befriedigung eigener sexueller Wünsche:

„Wir treten in die Kabine. Der Vater streift mir die Hose über die Knie, setzt mich auf die Kloschüssel und lehnt sich gegen die Tür. (...) Na, wird's bald? Ich schüttele den Kopf und sehe seine Hände auf mich zukommen. Dann gibt dir doch ein bisschen Mühe, flüstert er, spielt mit der einen Hand an meinem Schniepel, tätschelt mit der anderen Hand meinen Podex, und plötzlich spüre ich, dass sein Daumen um das kleine Loch zwischen meinen Hinterbacken kreist. Ich kann nicht, sage ich (...). Jetzt verliert der Vater die Geduld. Er spricht kein Wort. Er beugt sich über mich und zwickt mir mit den Fingernägeln in die nackte Haut. Die scharfen Vogelkrallen tun mir weh. (...)."

Dass auch Frauen fähig sind, Kinder, ihre eigenen Söhne und Töchter schlimmster sexueller Gewalt auszusetzen, zeigen und dokumentieren viele Untersuchungen[31], auch Berichte in den Medien, wenn man bereit ist, sie zur Kenntnis zu nehmen. Unwiderlegbar wird bewiesen, dass die eindeutig parteilich-feministischen Argumente wie beispielsweise die von *Schwarzer* und *Wirtz*, wonach Frauen, Mütter eben nicht sexuell auf Kinder fixiert sind und somit keine sexuelle Gewalt ausüben, da „Sexualität für Frauen nicht Ausübung von Herrschaft ist", absurd sind und für die betroffenen kindlichen Opfer einen zusätzlichen Missbrauch darstellen. Diese wie viele andere radikal-parteilich-feministischen Autorinnen (beispielsweise *Steinhage,* 1990, und *Glöer,* 1991) führen ihre eigenen radikal-parteilich-feministischen Argumente höchstselbst ad adsurdum.

„Es wird ein Mord an einem Kind angeklagt, dessen Leiche immer noch fehlt..."
Saarbrücker Zeitung (20.02.2004)

Seit dem 30. September 2001 ist der damals fünf Jahre alte Pascal spurlos verschwunden. Die Kriminalpolizei und die Staatsanwaltschaft Saarbrücken gehen davon aus, dass das Kind sexuell missbraucht, vergewaltigt und offenbar ermordet wurde.
Mutmaßlicher Tatort soll die von Christa W. damals betriebene „Tosa-Klause" im Saarbrücker Stadtteil Burbach gewesen sein. Die Ermittler halten die 50-jährige Ex-Wirtin für die Schlüsselfigur eines Kinderschänder-Rings. Sie habe, so der Verdacht, nicht nur Pascal und einen seiner Spielkameraden sexuell missbraucht, sondern diese und vermutlich auch andere Kinder für 20 Mark an Freier „vermietet". Nach „Erkenntnissen der

Ermittler" könnte, berichtet der *Spiegel* (10/2003, S. 48-50) hierzu unter der Titelüberschrift „Das Geld, die Gier, der Sex", für „Christa W. alles zusammengekommen sein. Mit gewohnter Geschäftstüchtigkeit soll sie bei den Freiern der Kinder abkassiert haben. Stammkunden durften offenbar sogar anschreiben lassen." Der *Spiegel* berichtet weiter, der Schulkamerad von Pascal habe den Ermittlern berichtet, Christa W. – die mehrere Jahre amtlich bestellter Vormund und Pflegemutter des Kindes war und gleichzeitig Betreuerin von dessen geistig zurückgebliebener Mutter – habe ihn in ihrem Haus gezwungen, „sie in allen erdenklichen Varianten zu befriedigen. Auch Pornofilme habe er mit ihr gucken müssen. Mehr noch: Die eigene Mutter habe von ihm Petting und Geschlechtsverkehr verlangt, ihr Lebensgefährte ihn zum Analverkehr gedrängt. Und der Freund der Wirtin habe sich gleich mit mehreren Kumpels an seinem Penis zu schaffen gemacht".

Die Ermittler haben offenbar Anhaltspunkte dafür, dass die seit November 2002 inhaftierte Ex-Wirtin, die zwischen 1997 und 2000 als Schöffin an fünf Urteilen gegen Sexualstraftäter beteiligt war, mit einer Videokamera die Vergewaltigung von Pascal durch einen 41-jährigen Mann gefilmt hat (das Video wurde bis heute nicht gefunden). Da das Kind laut schrie, habe eine 39-jährige Frau sein Gesicht fest in ein Kissen gedrückt. Pascal ist, so die Vermutung der Ermittler, während dieser Vergewaltigung, die in einem Abstellraum der „Tosa-Klause" stattgefunden haben soll, zu Tode gekommen – möglicherweise durch Ersticken. Während mehrere alkoholisierte Gäste, die über das Tatgeschehen informiert gewesen sein sollen, darüber diskutierten, wie man die Leiche „entsorgen" könne, wurde sie für kurze Zeit hinter der Theke der Kneipe gelagert. Im Rahmen der Ermittlungen gestand ein 42-jähriger Mann gegenüber einem Richter, er habe gesehen, dass Pascals Leiche aus der Kneipe geschleppt wurde.

Die Ermittler gehen davon aus, dass das tote Kind in einer Kiesgrube eines ehemaligen lothringischen Kohlebergwerks verscharrt worden ist. Die Leiche wurde bisher nicht gefunden.

In einer 145 Seiten starken Anklageschrift wirft die Staatsanwaltschaft Saarbrücken Christa W., ihrer früheren Mitbewohnerin (39) sowie vier Männern im Alter von 41 bis 61 Jahren Mord, schweren sexuellen Missbrauch und Vergewaltigung vor. Weiteren sieben Beschuldigten (fünf Männer zwischen 36 und 51 Jahren sowie zwei 51- bzw. 49- Jahre alten Frauen) wird Beihilfe zum schweren sexuellen Missbrauch eines Kindes vorgeworfen. Sie sollen, so die Staatsanwaltschaft, in der Kneipe eine Art „Wachdienst" eingerichtet haben, indem sie insbesondere die Musik laut aufdrehten, damit die Schreie des Kindes draußen nicht zu hören waren. Darüber hinaus wird diesen beiden Frauen und einem 50-Jährigen Beihilfe zum Mord angelastet. Für den Prozess, der im Sommer 2004 beginnen soll, hat die Staatsanwaltschaft 84 Zeugen und fünf Sachverständige benannt. „Es wird ein Mord an einem Kind angeklagt", so die *Saarbrücker Zeitung* (20.02.2004), „dessen Leiche immer noch fehlt, wahrscheinlich niemals entdeckt werden wird. Die exakten Umstände des vorgeworfenen Mordes sind und bleiben vermutlich ungeklärt." Deshalb, so die *Saarbrücker Zeitung* weiter, klagt die Staatsanwaltschaft „alternativ an: entweder wegen schweren sexuellen Missbrauchs und Vergewaltigung eines wehrlosen Kindes mit Todesfolge oder aber wegen Mordes zur Vertuschung des brutalen Kindesmissbrauchs. Auch diese Vorzeichen des bevorstehenden Mammutprozesses vor der Saar-Justiz sind ungewöhnlich. Dazu kommt, dass die Staatsanwaltschaft eine mutmaßliche Kinderschänderbande aus gescheiterten Existenzen, extrem Gewaltbereiten, Schwachsinnigen und wahrscheinlich auch Alkoholkranken auf die Anklagebank zitiert".

> In einem ersten Prozess wurde ein 49 Jahre alter Mann vom Saarbrücker Landgericht wegen vier Fällen der Vergewaltigung von Jungen zu sieben Jahren Haft verurteilt. Darüber hinaus ordneten die Richter die Unterbringung des als vermindert schuldfähig eingestuften Angeklagten in der forensischen Psychiatrie an, weil Wiederholungsgefahr bestehe. Der Verurteilte habe den damals 5-jährigen Pascal sowie in drei Fällen dessen damals 4-jährigen Freund für jeweils 20 Mark im Abstellraum der Burbacher „Tosa-Klause" missbraucht.

Zahlreiche Formen schlimmster Gewalt beschreibt *Longdon* (1995, S. 104), die Frauen und Mütter zum Teil anwenden, um sich am Kind sexuell zu befriedigen: „Es gibt anale und vaginale Penetration mit Gegenständen, die Risse und Narben verursachen. Die Penisse von kleinen Jungen werden grob und brutal manipuliert, während die Täterin versucht, sie zu einer Erektion zu bringen. (...) Oraler Sex ist ebenfalls eine Form sexuellen Missbrauchs durch Frauen. Oder Kinder werden masturbiert und gezwungen, die Täterin zu masturbieren. Es gibt auch sadomasochistische Handlungen und Unzucht mit Tieren. Nicht jeder sexuelle Missbrauch ist so offenkundig: Manche Kinder werden gezwungen, zuzusehen, wie die Täterin Sex mit männlichen oder weiblichen Partnern hat, müssen Sex mit Haustieren und Pornographie ansehen und an sexuellen Inszenierungen teilnehmen."

In der Studie von *Faller* (1987) sind die *Arten* des Kindesmissbrauchs aufgeführt. Demnach (Mehrfachnennungen waren möglich) stimulierten 37,5% der weiblichen Pädophilen den Kindeskörper; Oralsex vollzogen 27,5%, mit dem Finger penetrierten 25%, den Geschlechtsverkehr übten 20% an ihren kindlichen Opfern aus; am Gruppensex mit Kindern waren 55% beteiligt; pornographische Fotos von Kindern stellten 12,5% her; beim Geschlechtsverkehr mit einem Mann ließen 20% die Kinder zuschauen; 15% von ihnen stifteten Kinder dazu an, miteinander sexuell aktiv zu sein.

In der Untersuchung von *Knopp* und *Lackey* (1987) sind zahlreiche Konstellationen und Formen sexuellen Missbrauchs durch Mädchen, Frauen und Mütter nachzulesen: von 911 erfassten Fällen fanden 62,5% ohne Penetration statt, die Kinder wurden stimuliert beziehungsweise aufgefordert, die Missbraucherin zu stimulieren, einige von ihnen rieben sich am Kindeskörper oder übten Oralsex aus. 8,5% vollzogen den Kindesmissbrauch mit Penetration. 10,8% betätigten sich mit Hand-Off-Übergriffen wie obszönen Anrufen, Voyeurismus, Exhibitionismus, Fetischismus. 2,8% hatten keinen Skrupel, sadistische Grausamkeiten anzuwenden oder Kinder auf den Strich zu schicken (10,2%) oder Kinderpornographie herzustellen (3,0%) oder Pornographie mit Erwachsenen zuzulassen (2,1%). *Finkelhor* u. a. (1988) berichten in ihrer Untersuchung über sexuellen Kindesmissbrauch in Kindertagesstätten, dass 147 Frauen (40%) die ihnen anvertrauten Kinder sexuell missbrauchten[32]. Von 293 Jungen wurden 59% und von 471 Mädchen 50% von mindestens einer Frau sexuell missbraucht. Es handelte sich nicht nur um Sex-Spiele, sondern auch um sadistische Gewalt: Beispielsweise manipulierte eine 27-jährige Erzieherin einen 3-jährigen Jungen, trieb Fellatio mit dem Kind, führte Stöcke in den kindlichen Anus und verlangte, dass das Kind ihre Genitalien berührte; eine andere Erzieherin, die zehn Kinder missbrauchte und sie zwang, einander zu missbrauchen, führte Messer und andere Gegenstände in die genitalen Öffnungen der Kinder und zwang sie, ihr Menstruationsblut zu trinken.

Mathews u. a. (1989) berichten in ihrer Studie folgende Zahlen: In 87,5% der Missbrauchsfälle fand der Kindesmissbrauch ohne Penetration statt, in 37,5% kam es zum oralen Sex, in 43,75% zu Penetration mit der Zunge, den Fingern oder einem Objekt, in 18,75% zum Geschlechtsverkehr beziehungsweise Penetration mit dem Penis des Kindes.
Allen (1991) kommt in der vergleichenden Studie, die weibliche und männliche Pädophile umfasst, zum Ergebnis, dass 30% der Opfer den Frauen durch vaginalen oder analen Geschlechtsverkehr ausgesetzt waren – und „nur" zu 9% den Männern; 30,5% der Opfer waren den Frauen durch Berührungen und Stimulationen ausgeliefert – und zu 57% den Männern; 11,5% der Opfer waren den Frauen durch Oralsex ausgeliefert – und zu 25% den Männern; 28% der Opfer waren dem Exhibitionismus[33] und Vojeurismus der Frauen ausgesetzt - und zu 9% den Männern.
Ross u. a. (1991) berichten in ihrer Studie, dass die von ihnen befragten Frauen und Männer über 11,7 Jahre von durchschnittlich 2,3 Täterinnen – in den meisten Fällen oral, anal, vaginal – sexuell missbraucht und vergewaltigt wurden. Zur Herstellung von Kinderpornographie wurde etwa ein Fünftel missbraucht; zu sexuellen Handlungen mit Tieren wurden über 10% gezwungen. Die Frauen als Täterinnen setzten sich zusammen aus 16% Müttern, 3% Stiefmüttern, 11% weiblichen Verwandten und rund 20% anderen Frauen.
Elliott (1995, S. 52) gegenüber berichten die von Frauen missbrauchten Jungen und Mädchen die Formen des Missbrauchs: „Befingern (,Fummeln'), Oralsex, Penetration mit Gegenständen, Saugen, erzwungenes gegenseitiges Masturbieren, Geschlechtsverkehr, Kombination aus körperlicher Misshandlung und sexuellem Missbrauch."
Sgroi und *Sargent* (1995) berichten über schwer vorstellbare perverse sexuelle Handlungen, denen Mütter alleine oder mit einem männlichen Täter (manchmal unter Zwang) ihre Kinder aussetzten. Hierzu zählen Sex mit Tieren, Fesselung und Klistier.
Rosencrans[34] (1997) gegenüber berichten von den befragten 93 weiblichen Inzestopfern, die von ihren Müttern sexuell missbraucht worden waren, 49% auch von schweren physischen Gewalttätigkeiten. Auf einer Fünfpunkte-Skala hatten 30% der Opfer ihren mütterlichen Peinigern den höchsten Grad der Gewalttätigkeit zuerkannt.
Mitchell und *Morse* (1998) gegenüber berichten die befragten 85 weiblichen Opfer, die sexueller Gewalt durch Mütter, Großmütter, Schwestern, Tanten, Babysitterinnen, Lehrerinnen, Nonnen und Therapeutinnen ausgesetzt waren, auch vom Einführen diverser Gegenstände in die Scheide oder den After.
Saradjian (1999) berichtet, 29 von 52 interviewten Frauen hätten zu Protokoll gegeben, dass sie sexuelle sadistische Handlungen an ihren kindlichen Opfern vorgenommen haben und dabei erregt waren. Eine Frau habe berichtet, den Penis eines Jungen mit Sandpapier gerieben zu haben - und eine andere Frau habe verschiedene Objekte wie Messer und Rosenstiele in die Vagina ihrer Tochter eingeführt.
Matthew (1996) führte in den letzten 18 Jahren durchschnittlich etwa 350 Interviews mit weiblichen und männlichen Tätern pro Jahr durch. Er berichtet, dass es für weibliche Täter nicht ungewöhnlich ist, auf das kindliche Opfer zu urinieren oder es zu zwingen, auf sie oder andere Kinder zu urinieren. Er berichtet weiter, dass, während sie masturbieren, sie die Kinder mit Schlägen traktieren. Und er verweist auf Studien, die aufzeigen, dass die von Frauen sexuell missbrauchten Kinder dazu tendieren, hyperaktiv und gewalttätig zu werden. Selbstverstümmelung und übermäßige physische Gewalttätigkeit gegen sich und andere ist bei ihnen keine Seltenheit; oft quälten und töten sie Tiere mit äußerst brutaler Grausamkeit.

2.2 Der kindliche Penis als Lustobjekt und Projektionsfläche für mütterliche Wünsche und Gefühle

„Die Vorstellung, dass Frauen nichts Besonderes, geschweige denn erregende Gefühle beim Berühren des Penis ihres Sohnes spüren, dies sozusagen affektneutral erleben, ist ein vielfach determinierter Wunsch. (...) Unverkennbar geht es dabei auch um die Bändigung sexueller Impulse in den Frauen."
Gerhard Amendt (1993, S. 74, 75)

Muss der Angriff der Frauenbewegung und des Feminismus auf die Männer als „schwanz-fixierte", potentielle Kindesmissbraucher und Vergewaltiger widerrufen oder doch zumindest modifiziert werden? Sind es nicht gerade – auch – Frauen und Mütter, die Kinder „schwanz-bezogen" beziehungsweise „schwanz-fixiert" sexuell missbrauchen?
Ist es weiblicher Penisneid („geboren" aus der Vorstellung, als weibliches Baby kastriert worden zu sein), der Söhne zu begehrten Sexual- und Lustobjekten macht? Und sind es weibliche Penisängste, die Frauen dazu animieren, uneingeschränkt mit dem *kindlichen* Penis zu spielen, ihn zu liebkosen, zu masturbieren, ihn oral, vaginal oder anal einzuführen und ihn sogar zu verletzen? – Der *kindliche* Penis, der im Gegensatz zum erwachsenen Penis – dem Phallussymbol der Männlichkeit – für Mütter und Frauen keinerlei Bedrohung darstellt?

„Die Penisneiddebatte in Frauenzirkeln und in der psychoanalytischen Theoriediskussion", so *Amendt* (1993, S. 60), „mögen ihren Teil zu einer ‚unverschämten Eroberung' des lange geneideten Organs geleistet haben. Eigentlich ist das nicht verwunderlich, denn der Penis des Sohnes nimmt im Leben jeder Frau eine außergewöhnliche Stellung ein. Es ist der einzige Penis in ihrem Leben, über den sie uneingeschränkt, und wie es vielfach scheint, sogar schamlos verfügen können. Alle Phantasien, die sie damit beim erwachsenen Mann verbindet, können beim Sohn außer Kraft gesetzt werden, denn er gehört ihnen allein. Es kommt dann eben nicht nur zur ‚Aneignung' seines Penis in der Phantasie, sondern in nicht wenigen Fällen ... zur konkreten physiologischen Verfügung über ihn."
Der „Wunschwelt vom zukünftigen Schicksal ihres Sohnes und ihrer möglichst exklusiven Beschäftigung" scheint es zu entsprechen, dass außer möglichen gesundheitlichen Gründen 45% der von *Amendt* (1993, S. 66, 67) befragten Frauen „erst einmal vorbeugend etwas gegen die Vorhautverengung" machen, indem sie die Vorhaut zurückstreifen. Auf die alten wie neue Bundesländer bezogen heißt das: 29,4% der Frauen im Westen betreiben durchschnittlich 2 Jahre und 9 Monate und 60,7% der Frauen im Osten durchschnittlich 3 Jahre und 8 Monate diese Art der Vorbeugung. Der kindliche Penis wird von 5,8% im Westen und 17,4% im Osten „zur Vorbeugung gewaschen"; mütterliche Untersuchungen des Gliedes sind im Osten mit 7,1% fast doppelt so hoch wie im Westen. Über die „Häufigkeit der Vorbeugung, ob sie täglich, wöchentlich oder monatlich geschieht", hat Amendt die Frauen nicht befragt. „Allerdings", sagt er (1993, S. 67), „wissen wir folgendes: 21,9% der Frauen praktizieren die Vorbeugung nicht länger als 1 Jahr. 17,7% betreiben sie 1 bis 2 Jahre lang, 2 bis 3 Jahre lang machen es 18,7% der Frauen, 4 bis 5 Jahre machen es 14% und länger als 5 Jahre machen es 9,5%. Selbst wenn die

Söhne bereits älter als 5 Jahre alt sind, praktizieren noch immer 18,7% der Frauen die Vorbeugung gegen die Vorhautverengung. Die letzten vier Frauen haben mit der Vorbeugung aufgehört, als ihre Söhne 12 Jahre alt waren, das heißt, als die Söhne sich bereits in der Pubertät befanden."

Dass die um die Gesundheit des kindlichen Phallus sehr besorgten Frauen „mit der Penisvorsorge in unterschiedlichen Lebensphasen ihrer Söhne beginnen", zeigt die Befragung von *Amendt* (1993, S. 69): „50,8% beginnen damit im ersten Lebensjahr, 18,9% im 2. Lebensjahr, 14,8% im 3. Lebensjahr, 5,9% während des 4. Lebensjahr, 4,8% während des 5. und 4,8% danach. Die letzten vier Frauen haben mit der Vorbeugung zwischen dem 7. und 10. Lebensjahr begonnen."

Den Müttern geht es häufig nicht nur und ausschließlich um die Gesundheit des kindlichen Phallus. Einige AutorInnen berichten über die sexuelle Lust von Müttern, die die mütterliche Sorge um den kindlichen Penis in Wirklichkeit nur vorschieben, um sich an dem kindlichen Phallus zu erregen und zu befriedigen.

Über eine Mutter, die über den Penis ihres Sohnes bei Bedarf verfügte, berichtet *Hirsch* (1994, S. 209):

Der Junge wurde „durch die übermäßige Besetzung seines Penis durch die Mutter extrem an sie gebunden. ... Ein Beispiel dafür war die Erinnerung an ein Ritual, mit dem die Mutter über Jahre hinweg allwöchentlich nach dem Baden kontrollierte, ob eine Phimose vorläge, indem sie ihn die Vorhaut zurückschieben ließ, aber durchaus gelegentlich auch selbst Hand anlegte. ... Als der Sohn in der Pubertät sich abgrenzen und zum Beispiel die Badezimmertür verschließen wollte, wurde die Mutter böse und rief aus: ,Was willst du denn mit deinem Stripperchen, da ist doch gar nichts zu sehen!' Die Mutter baut den Penis des Sohnes also auf, wenn er für sie (ihre Selbsterweiterung) stark sein soll, und entwertet ihn, wenn der Sohn ihn für sich beansprucht; die Mutter verwaltet den Penis des Sohnes."[1]

Einen Mann, der als Kind von der Mutter unter dem Vorwand des Verdachts auf Phimose sexuell missbraucht wurde, zitiert *Teegen* (1993, S. 336) mit den Worten:

„Der Missbrauch begann mit häufigem Untersuchen meines Penis wegen Verdacht auf Phimose. Mit 12 streichelte meine Mutter meinen Penis, um mich zum Orgasmus zu bringen. Ich kam aber nicht. Dabei hatte sie ihre Brüste entblößt und sich neben mich aufs Bett gelegt. Sie fragte, ob ich eine Erektion beim Anblick von Frauen bekäme und ob ich schon spritzen kann."

Unter dem Vorwand der Penisvorsorge missbrauchte auch eine Mutter, die *Meiselman* (1979, S. 308) zitiert, ihren Sohn:

„Der Hausarzt hat empfohlen, mit deinem Penis zu spielen, damit er nicht krank wird."
Die gleiche Mutter empfahl, während sie den Sohn sexuell missbrauchte und er impotent bleibt, „er möge sie sich – nur für diese Nacht – als gleichaltriges Mädchen vorstellen".

Auch *Glöer* und *Schmiedeskamp-Böhler* (1990) berichten von einer Mutter, die ihren Sohn immer wieder zwang, sich von ihr ausziehen und an den Genitalien anfassen zu lassen. Die Begründung der Mutter lautete, sie sei um die Gesundheit ihres Kindes besorgt.

Dass es sich vordergründig nicht um medizinische Vorbeugung handelt, die Frauen in großer Häufigkeit und großer Eigeninitiative veranlasst, die Vorhaut im Rahmen einer Vorbeugung zurückzustreifen, ergibt sich nicht nur aus den wenigen ärztlichen Verordnungen, wie *Amendt* (1993, S. 70) feststellt:

„Wir müssen vielmehr davon ausgehen, dass die vorbeugende Sorge einen Zugriff auf die sexuell erregbare Genitalzone des Sohnes darstellt, und dass die mütterlichen Handlungen ihn erregen und seine Phantasie reizen. Je älter der Sohn ist, um so stärker haben wir uns diese Erregung und Phantasietätigkeit vorzustellen. Es scheint mir deshalb überzeugender und der Beziehung von beiden entsprechender, wenn ich sage, dass die Frauen ihre Söhne durch die Vorbeugung sexuell stimulieren und dass die Söhne das in dieser Weise erleben. Ebenso wenig lässt dass Frauen ungerührt. Die stimulierende Handlung ist sonst der partnerschaftlichen Sexualität vorbehalten und allein auf der Erscheinungsebene nicht von dieser Erinnerung entkoppelbar. Das dürfte in dieser und jener Weise auch die Gefühle charakterisieren. Die Abspaltung macht das Brisante natürlich nur ungesehen. Eine Frau formulierte: ‚Das fasst sich so warm und weich an, entzückend.'"

Zu Recht sieht *Amendt* (1993, S. 67, 68) hierin ein „unangemessenes Verhalten"[2] beziehungsweise eine Grenzüberschreitung[3]:

„... es bleibt Inzest oder inzestuöses Handeln. (...) Die Unangemessenheit der mütterlichen Handlung ergibt sich aus ihren Motiven, nämlich ihren Wünschen und Phantasien, die sie auf den Sohn richtet. ... Was als Sorge erscheint, ist seinem Wesen nach eine unangemessene Beziehung, die zur Sexualisierung der Beziehung zwischen der Frau und ihrem Sohn in kleinen und schwer merkbaren Schritten führt. ... Das Inzestuöse kann demnach schleichend in die Beziehung der Frau zu ihrem Sohn Einzug halten."

Gibt es Mütter, die vom Phallus-Kult besessen sind?

„Es gibt Mütter, die sich schwer tun, den Penis ihres Sohnes zu berühren! Wie ergeht oder erging es Ihnen?", fragte *Amendt* (1993, S. 74, 75) die Mütter, die folgende Antworten gaben:

71,9%: „seinen Penis anzufassen ist gefühlsneutral";
 4,8%: „es hat mich irritiert";
 0,8%: „manchmal ging meine Phantasie mit mir durch";
 1,4%: „es hat mich Überwindung gekostet";
 8,7%: „es hat mich irgendwie fasziniert".

Ist das Anfassen des kindlichen Penis für die Mutter wirklich „gefühlsneutral"? Oder wurde aus Scham und Angst dies *Amendt* gegenüber nur behauptet, weil man ihm nicht die angenehmen eigenen Gefühle eingestehen wollte?
Über ein Gespräch mit Müttern eines Kindergartens berichtet *Kentler* (1994). Eine der Mütter berichtet ihm von ihrem fünfjährigen Sohn, der vor einem Jahr angefangen habe, sich nach der Gutenachtgeschichte auf den Bauch zu drehen. Der Junge wollte am Rücken gekrault werden und verlangte einige Zeit später, sie solle auch Brust und Bauch streicheln. Damit nicht genug: Er fing an, die Hand der Mutter dahin zu führen, wo er besonders intensiv gestreichelt werden wollte. *Kentler* (1994, S. 153) gibt den weiteren Bericht der Mutter wie folgt wörtlich wieder:

„Schließlich legte er meine Hand auf sein Glied. Ich war erst schockiert – so was schockiert einen doch! –, aber dann habe ich mir gesagt: Ich wasche ihn dort auch, warum soll ich ihn dann nicht streicheln. Sein Glied wird steif, und er genießt das sehr. Wenn es nach ihm ginge, dürfte ich nie aufhören. Aber jetzt wollte ich doch mal fragen, ob das richtig ist."

Kentler ist erstaunt darüber, „dass die anderen Mütter sich diesen Bericht ruhig und interessiert anhörten, ohne einen Widerspruch zu äußern".

Die Untersuchung von *Amendt* zeigt auf, dass sich Frauen und Mütter viel mehr für den kindlichen Penis als für die kindliche Vagina interessieren. Sie machen sich auch mehr Sorgen um den Penis als um die Vagina. Den Penis ihres Sohnes erleben Frauen als etwas Besonderes, berichtet *Amendt* (1993, S. 79), „das in ihnen widersprüchliche Gefühle, Bedeutungen, Ängste, Faszinationen etc. auslöst". Das indiziert auch das Interesse am kindlichen Penis im Vergleich zur kindlichen Vagina: Im Westen haben 58,9% und im Osten 80,7% aller Frauen die Frage: „Sollte jede Mutter eigentlich regelmäßig darauf achten, ob der Penis ihres Sohnes sich richtig entwickelt?", mit einem eindeutigen „Ja" beantwortet. Die Frage hingegen: „Wenn Sie die Entwicklung von Mädchen und Knaben vergleichen: Ist die Sorge um die Genitalien auch bei Mädchen berechtigt?", wird in Ost und West von nur 21,8% der Frauen für angebracht gehalten *(Amend*t,1993, S. 81)[4].

Erklärt dieses erstaunlich große Desinteresse[4 a] an der Sorge um die Genitalien der Tochter vielleicht die brutale Vorgehensweise der missbrauchenden Mütter, die häufig ihr Kind vaginal mit Gegenständen, Fingern, Händen und anderen Formen genitaler Manipulation penetriert und malträtiert oder solches auch vom Kind an sich selbst vornehmen lässt?[5]

Es gibt Frauen, die ganz offen über ihre erotischen Gefühle sprechen, die sie beim Anblick und der liebkosenden Berührung des kindlichen Knabenkörpers und dessen Penis verspüren. Einige Frauen, die *Amendt* (1993, S. 78) befragte, räumen ganz offen den „sinnlich erotischen Charakter während der Wickel- und Badeanlässen" ein:

• „Ich fand es schön, ihn überall zu berühren
• Bestandteil von ihm, ich möchte alles an ihm berühren
• als er Baby war, war es lustvoll, danach behutsamer
• es hat mir gefallen
• es ist schön, sein Kind anzufassen, also auch den Penis
• z. B. beim Waschen, wenn sein Penis erigiert, freue ich mich
• obwohl ich mir bewusst bin, dass es für ihn anders sein könnte, etwas zwischen Scham und Kitzel
• es ist lustig und schön warm
• meist gefühlneutral, aber irgendwie auch faszinierend."

Amendt (1993, S. 61) ist offenbar davon überzeugt, dass Frauen ihre Wünsche und Phantasien am kindlichen Penis, dem begehrten Körperteil am kindlichen Körper, ausagieren, „die möglicherweise von Angst und Enttäuschung zeugen, die eigentlich in die Welt der Sexualität von Erwachsenen gehören. Da die Frauen sie dort aber nicht zulassen können oder ihnen die Äußerung dieser Gefühle barsch verwehrt wird, verwandeln sie den Penis des Sohnes zur Projektionsfläche für ihre ungeklärten Wünsche und Gefühle".

Da ist es kein Wunder, dass bei seiner Befragung 27,3% der Mütter (29,1% im Westen, 25,5% im Osten) einräumten, dem Penis ihres Sohnes einen Kosenamen verpasst zu haben. Mütter, die sich als „Schöpferinnen von Kosenamen" für den kindlichen Penis offenbarten, waren im Vergleich zu den Müttern, die dem kindlichen Penis keinen Kosenamen gaben, in signifikanter Weise viel häufiger mit ihrem Sexualleben nicht zufrieden.

Sie waren sexuell unbefriedigt, wegen des sexuellen Desinteresses und des mangelnden Begehrens des Partners auf diesen enttäuscht, wütend, und voller Vergeltungswünsche. Diese Mütter küssen auch oft den kindlichen Penis. Und sie benutzen die Kinder als Liebes- und Sexpartner.
Sie scheinen, so *Amendt* (1993, S. 98, 99), „alle Grenzen wie Scheu, Scham und Intimität" aufzugeben.

„Von den Männern war ich bedient, enttäuscht."

Eine sexuell missbrauchende Mutter beschreibt ganz offen, wie sie ihren Ehemann durch den Sohn ersetzt (*Marsh*, 1993, S. 91 ff.). Der Sohn wird von ihr zum Liebespartner und Liebhaber aufgebaut – und benutzt:

„Als meine Schwester – mein Sohn war ungefähr ein halbes Jahr alt – wegzog, war der Junge mit in der Bar. Wo sollte ich ihn denn lassen? Er schlief im Hinterzimmer, wo auch der Sex, jetzt fast jeden Abend, mit Fremden und meinem Mann stattfand. Wenn ich morgens mit dem Kind nach Hause ging, fühlte ich mich deprimiert und beschmutzt. Mein Sohn war der einzige Mensch, den ich dann hatte. Ich war sehr zärtlich zu ihm, küsste und streichelte ihn, sprach mit ihm, der ja selbst noch gar nichts sagen konnte. Wenn ich seinen kleinen Pimmel sah, wünschte ich, dass er einmal als großer Mann nicht so eine schmutzige Sexualität haben sollte. Ich versuchte ihm eine liebevolle Mutter zu sein. Das nahm ich mir auch für die Zukunft vor. (...) Wenn ich heute darüber nachdenke, dann weiß ich gar nicht so genau, wann der Zeitpunkt war, wo das erotische, sexuelle Moment in unsere Beziehung kam. Für mich blieb mein Sohn immer mein Sohn, niemals wäre ich auf den Gedanken gekommen, dass ich ihn als Liebhaber sehen könnte. Das war doch alles nur ein Spiel."

Über ihren Mann berichtet sie:

„Sexuell lief auch nichts, er konnte mich überhaupt nicht erregen. Von den Männern war ich bedient, enttäuscht."

Und wenn der Mann auf Geschäftsreise war, „war es am schönsten. Dann spielten wir zusammen: Mein Sohn war Kavalier, der mich ausführte, mich mit Champagner verwöhnte. ... Ja, ich machte mich schick, mein ‚Freund' verwöhnte mich, streichelte zärtlich meinen Rücken. Manchmal durfte er auch meine Brüste streicheln und meinen Mund küssen. Mein Sohn freute sich immer auf die Abende; davon erzählten wir auch meinem Mann nichts, die gehörten uns. (...) Die einzige Beziehung, die ich hatte und die mich froh machte, war die zu meinem Sohn. Es war eine zärtliche Beziehung. Morgens weckte ich ihn, und erst heute weiß ich, dass es mich sexuell erregt hat, wenn z. B. sein Pimmel steif war. Wir gingen immer gemeinsam ins Bad, und oft habe ich mich so bewegt, dass er meine Möse sehen konnte. Mein Sohn kam in die Pubertät, die Schamhaare begannen zu wachsen. Unsere Intimität blieb."

Mit 16 distanzierte sich der Sohn von der Mutter, sonderte sich ab und zog vor Beendigung der Ausbildung aus:

„Noch heute haben wir ein distanziertes Verhältnis. Seit ich weiß, dass meine damaligen Gefühle ihm gegenüber nicht nur mütterliche waren, habe ich es nie gewagt, mit ihm über die Vergangenheit zu sprechen. Ich weiß nicht, ob ich es jemals tun werde."

Für die sexuell missbrauchenden Mütter ist der Sohn offenbar nur noch sexuelles Lustobjekt ihrer weiblichen sexuellen Begierde: Mütter mit unerfülltem Sexualleben, die sich an dem kindlichen Körper stimulieren und befriedigen; Mütter, die die Heftigkeit und Leidenschaftlichkeit ihres sexuellen Begehrens an dem Sexualobjekt Kind austoben; Mütter, die ihre Söhne zum Geliebten, Sexualpartner aufbauen und sie als Sex-Spielzeug ihrer Lust nutzen und benutzen; Mütter, die den Sohn, sein Penis, die auf ihn projizierte begehrende Männlichkeit auskosten und gleichzeitig entwerten.

Hirsch (1994, S. 212) beschreibt es folgendermaßen:
„Die Mutter idolisiert nicht nur den Sohn als kleinen Mann (den sie beherrscht, der ein Teil ihrer Selbst ist), sondern mehr noch, sie idolisiert seinen Penis, seine Männlichkeit. Am Anfang der Dynamik Don Juans steht die unbewusste Vorstellung der Mutter von der genitalen Vereinigung mit dem Sohn, mit der sie sich eine vollkommene Identität herstellt, eine Vorstellung, die sie ebenso fasziniert wie erschreckt, so dass sie die begehrte Männlichkeit sogleich wieder entwertet, zunichte machen muss."

Sehr gefährlich wird dieser Zustand, wenn die Mutter, die nie ein Mädchen, sondern ein Junge sein wollte[6], nach jahrelanger Hoffnungslosigkeit und Unfähigkeit, ihr Geschlecht zu akzeptieren und somit eine weibliche Identität zu entwickeln, von Hass auf Männer erfüllt ist – wenn sie von Neid erfüllt ist auf den männlichen Phallus, den sie nicht selbst besitzt, den sie immer schon besitzen wollte und nie bekommen konnte. Diesen Phallus, der aus ihrem eigenen Körper entstammt, besitzt ihr Baby, ihr kleiner Sohn: „...ihr Bestes, ihr eigenes Ideal – den vollkommenen Phallus". So beschreibt es zutreffend *Stoller* (1998, S. 182) – und er fährt fort:

„Dieser Junge soll nicht die so beneidete wie gehasste Männlichkeit haben, dafür sorgt nach ihrer Meinung schon seine angeborene Schönheit, die durch üppiges Stillen gesteigert wird; denn er trinkt ausgiebig und genießt den Körper seiner Mutter. Von Geburt an besteht eine selige Symbiose, die diese Mutter wild entschlossen fördert, denn nun besitzt sie das Heilmittel für ihre lebenslange hoffnungslose Traurigkeit. ... Indem sie diese Symbiose schafft, bindet sie ihren Sohn an sich, verleibt ihn sich gewissermaßen ein, soweit das physisch möglich ist. Durch die Identifizierung mit ihm versucht sie ihre eigene traumatische Kindheit ungeschehen zu machen und ihre böse Mutter zu ersetzen."

Aus solchen männlichen Babys entwickeln sich häufig Transsexuelle. Der Hass und die Geringschätzung der Mutter gegen alles Männliche (natürlich auch gegen den eigenen Ehemann und Kindesvater) richtet sich, so *Stoller* (1998, S. 204), in der Regel nicht gegen den eigenen, transsexuellen Sohn:

„Dieser besondere Knabe – dieser wunderschöne Phallus – bedeutet seiner Mutter alles, beendet ihre Hoffnungslosigkeit, vollendet ihren ehemals unvollständigen Körper auf das Glücklichste, ist die Freude ihres Lebens, so dass kein Grund zu der Annahme besteht, er könne leiden, solange er in dieser Symbiose verbleibt."

Insbesondere bei Frauen, die sich nichts mehr aus dem (erwachsenen) Partner machen, die keinerlei Interesse an dem (erwachsenen) männlichen Körper und seinem Penis haben, die aus welchen Gründen (Hass-, Ekel- oder Rachegefühle?) auch immer das männliche Geschlecht ablehnen, gewinnt der kleine kindliche Penis an großer Bedeutung.[7]

Der kindliche Phallus gewinnt nicht nur in der Phantasie an Bedeutung, berichtet *Amendt* (1993, S. 98, 99): Das kindliche Glied, „das sie an die Stelle jenes des Partners setzt, bestätigt uns die Tatsache, dass die sexuell wenig oder gar nicht befriedigten Frauen das Küssen des Penis besonders häufig betreiben. In welcher Art, Intensität und Leiden-

schaft sich das Küssen vollzieht, haben wir nicht erfragt. ... Wir haben allerdings Anlass zu vermuten, dass es sich beim Penis-Küssen nicht allein um unverfängliche zärtliche Gesten handelt, die der sexuellen Befriedigung und Stimulation ganz oder weitgehend entzogen sind. Wir müssen eher annehmen, dass zwischen dem unzufriedenstellenden Sexualleben der Frau und den Penis-Küssen ein Zusammenhang besteht. Wir sehen ihn in einer sporadischen oder langanhaltenden Verschiebung des Liebesobjektes gegeben." So wird der missbrauchte Sohn zum Ersatzobjekt für die Frau:
„Vielleicht sollten wir sogar sagen, er wird, so weit das möglich ist, von ihr zum Ersatzmann gemacht. Die Frau holt sich beim Sohn, was sie vom Partner nicht oder nicht mehr erhält. Und sie holt es sich in abgewandelter Form. Sie verzichtet auf den genitalen Verkehr, wie sie es mit dem Partner gewohnt war und nimmt Vorlieb mit Stimulierungsformen, die eine Form der Vorlust oder des ‚Vorspiels' unter Erwachsenen beim Sexualverkehr sind. Entscheidend ist hier nicht nur die Form, eben das Penis-Küssen, sondern die Heftigkeit des sexuellen Begehrens, das die Mutter hat, und das sich in dieser oder abgewandelter Form ganz oder teilweise befriedigen lässt" *(Amendt,* 1993, S. 98, 99).
Dass das mütterliche sexuelle Begehren häufig auch den Geschlechtsakt mit dem Kind, dem Sohn mit einschließt, ist unstrittig. Das Benutzen des Sohnes und seines Penisses, der Geschlechtsverkehr mit ihm, scheint gleichzeitig die absolute Form der (sexuellen) Befreiung für diese Mütter und Stiefmütter zu sein.

Über eine Stiefmutter, die die Heftigkeit des sexuellen Begehrens an dem kindlichen Körper des Jungen in vollen Zügen auszuleben scheint, schreibt *Vargas Llosa* (1993, S. 69 ff.) in seinem Roman „Lob der Stiefmutter", der aus mehreren Teilen besteht. Er beschreibt eine erotische und sexuelle Beziehung zwischen der vierzigjährigen Stiefmutter und dem Jungen Alfonso, der eben nicht als unschuldiges, kindliches Opfer beschrieben wird. Die Stiefmutter, zwischen Moral und eigenen Wünschen – sexueller Erregung, Lust und Leidenschaft –, Schuldgefühlen und Skrupel hin- und hergerissen, erlebt die sexuelle Beziehung einschließlich Geschlechtsakt mit dem Kind als Form der Befreiung. Sie zeigt sich Alfonso nackt, beobachtet ihn beispielsweise beim Baden und posiert vor seinen Augen, während sie körperliche Erregung und sexuelle Lust auf das Kind verspürt. Inspiriert von dem Bild „Diana nach dem Bade", auf dem Diana mit Justiniana, ihrer Favoritin, sexuelle Spiele spielt, wobei ein Hirtenjunge namens Foncin in der Phantasie eine kleine männliche Gottheit verkörpert, träumt sie:

„Ich sehe ihn, ich rieche ihn, ich streichle ihn, ich umarme ihn, und ich nehme ihn in mich auf, ohne dass ich ihn berühren müsste. Meine Ekstase steigert sich noch im Wissen, dass er, indes ich unter den kundigen Händen meiner Favoritin den Gipfel der Lust erklimme, ebenfalls, in meinem Rhythmus, die höchste Lust mit mir erlebt. Sein unschuldiger kleiner Körper glänzt vor Schweiß, während er mich betrachtet und in meiner Betrachtung vergeht, und bringt eine zärtliche Note ins Spiel, die meine Lust belebt und versüßt. (...) Er ist unser Narr; aber er ist auch unser Herr. Er dient uns, und wir dienen ihm. Ohne dass wir uns berührt oder ein Wort gewechselt hätten, haben wir einander unzählige Male Lust bereitet. Trotz des unüberwindbaren Abgrundes, der sich ob unserer unterschiedlichen Natur und der Anzahl der Jahre zwischen uns auftut, kann man mit gutem Recht behaupten, dass wir vereinter sind als das leidenschaftliche Liebespaar."

2.3 Das Mutter-Maria-Bild im asexuellen Kontext der Gesellschaft
Welche Mütter und Frauen missbrauchen (ihre) Kinder?

„Ich kann die Irritationen nachvollziehen, die viele Frauen spüren. Den Blick auf die Täter sexualisierter Gewalt haben wir Frauen bislang immer nach außen gerichtet; ihn auch auf das eigene „Kollektiv" zu richten löst zuerst einmal dieses innere Sträuben aus. Es scheint nicht verträglich mit einer feministisch-parteilichen Haltung Frauen gegenüber zu sein; diesen Außenblick richten wir meist nicht auf uns selbst, und wir erwarten von Frauen zwar vieles – und nicht nur Lobenswertes –, aber auf keinen Fall, dass sie sich am Körper eines Kindes sexuell befriedigen."
Barbara Kavemann (1995, S. 17)

Was sind das für Frauen, Mütter, die Kinder, ihre Kinder sexuell missbrauchen, die ihnen sexuelle Gewalt antun, sie dabei physisch und psychisch quälen und große Schmerzen zufügen?
Die Kindesmissbraucherin stammt häufig aus chaotischen und gewalttätigen Verhältnissen; sie ist in ihrem Verhalten ängstlich, lebt – sozial isoliert – als Außenseiterin häufig zurückgezogen und ohne Partner; oder sie ist unfähig, allein zu sein, aber dennoch nicht in der Lage, eine feste Bindung mit einem Mann einzugehen[1].
Häufig haben sie als Kind eine rigide Sexualerziehung über sich ergehen lassen müssen. Unter den Kindesmissbraucherinnen sind ganz offensichtlich *alleinerziehende* Mütter besonders stark vertreten[2].

Das Familienglück ohne Mann

In den letzten Jahren ist der Trend feststellbar, dass sich immer mehr Frauen für ein Leben mit Kind, aber ohne Mann wünschen (im Jahr 2000 waren es insgesamt 1. 954 Millionen Kinder unter 15 Jahren, die mit ihren Müttern alleine lebten). Für diese neue Familienform plädierte offenbar bereits Mitte der achtziger Jahre die radikale Feministin Anita *Heiliger* (1985, S. 10; vgl. auch *Heiliger*, 1993), eine Verfechterin allein erziehender Mütter:

„Zahlreiche Hinweise lassen darauf schließen, dass für die meisten Mütter der enge physisch-psychische Kontakt mit ihrem Kind volle emotionale und erotische Befriedigung gibt, so dass ein Verlangen nach genital-sexuellem Kontakt mit dem Partner in dieser Zeit häufig nicht oder in sehr veränderter Form besteht. Es scheint besonders problematisch zu sein, dieses Erleben an den Partner zu vermitteln und zu erreichen, dass er diese Phase der Frau akzeptiert, respektiert und sich darauf einstellt. Im Gegenteil jedoch ist der Partner häufig eifersüchtig, hat Verlustängste und übt einen besonderen Druck auf die Frau aus, damit sie auf seine Bedürfnisse eingeht. So werden bei der Frau Schuldgefühle erzeugt, da erotisch-emotionale Bindungen zwischen Mutter und Kind auch ein gesellschaftliches Tabu sind. Viele allein erziehende Frauen leben ohne Beziehung zu einem erwachsenen Partner, solange ihr Kind noch klein ist. Sie äußern,

> dass sie kein Bedürfnis und keine Bereitschaft nach einer intensiven Beziehung haben – weder sexuell noch in emotional-sozialer Hinsicht."
>
> Susanne *Schneider* (1998) „propagierte" in der Zeitschrift *Cosmopolitan*, die offenbar nur sexistische Vorstellungen, die in der Gesellschaft bereits lange existieren, mit dem Artikel „abrufen" wollte, entsprechende Tricks für ein „Familienglück ohne Mann":
>
> „Suchen Sie sich einen verheirateten Liebhaber, der auf keinen Fall die Scheidung will. Besonders geeignet sind Ehemänner, die schon wunderbare Kinder haben. Das lässt auf gute Gene und Zeugungsfähigkeit schließen. ... Suchen Sie sich einen Prominenten, am besten einen hochrangigen Politiker mitten im Wahlkampf, der akzeptabel aussieht. Intelligent ist er bestimmt, und da der Medienrummel um ein uneheliches Kind seine Karriere beeinträchtigen würde, wird er immer brav, diskret und ausreichend zahlen, ohne das Recht auf sein Kind zu fordern."

Ein Indikator für die „Anfälligkeit" von allein erziehenden Müttern, ihre Kinder zu missbrauchen, könnte darin liegen, meint *Heyne* (1993, S. 253), dass die Erfahrung der Kindesmutter, „wegen des Kindes in Hinblick auf die eigene Persönlichkeitsentwicklung derart eingeschränkt leben zu müssen", eine „schwere narzisstische Kränkung" darstellt, die in „irgendeiner Weise kompensiert werden muss". Eine derart vereinsamte Kindesmutter, die sich aufopfernd im Dienste ihres Kindes stellt, die bis zur Selbstaufgabe bedingungslose Loyalität zeigt, da sie sonst keinen Lebensinhalt und keine Lebensfreude mehr hat, ist häufig eine – potentielle – Missbraucherin. Mit anderen Worten: Das Kind wird dazu benutzt, dem Leben der Mutter Sinn und Inhalt zu geben[3].

„Das Kind muss den Partner mit allen seinen Eigenschaften zu ersetzen versuchen", so *Hirsch* (1994, S. 55), „ist aber gleichzeitig abhängig und manipulierbar, anders als es ein gleichberechtigter, autonomer erwachsener Partner wäre. Kinder können auch als Ersatz für einen verlorenen Partner fungieren, um für den zurückgebliebenen Partner eine zu große Trauer zu vermeiden."

In dieser Konstellation wird der kindliche (Liebes- und Lebens-) Partner, dessen „Kindlichkeit die sexuelle Attraktion ausmacht", wie es treffend *Knopf* (1993, S. 29) formuliert, zum Opfer der ambivalenten, erotisierten, sexualisierten Abhängigkeit der Mutter und ihrer gegen Männer gerichteten Aggressionen.

Die Mutter holt sich auch und gerade den Sex, den sie von ihrem Ehemann beziehungsweise Lebenspartner – aus war für Gründen auch immer – nicht ausreichend zu erhalten glaubt[4]. Mit anderen Worten: Der Sohn wird von der Mutter zum Partnerersatz, zum Traum-Mann stilisiert. Die Mutter als dominierende Partnerin, Liebhaberin verleugnet ihre Mutterrolle oder kann sie aus anderen psychopathologischen Gründen nicht erfüllen. Sie will ihre weibliche Identität nicht aufgeben, „überträgt" diese auf den Sohn, durchlebt sie, indem sie das Kind missbraucht.

Auch und gerade Mütter, die in ihrer Kindheit oder Jugend oder im Erwachsenenalter sexuelle beziehungsweise körperliche Gewalt erlebt haben, sind sehr anfällig für den sexuellen Missbrauch ihrer Kinder[5]. Nicht selten pflegen diese Frauen promiskuöse sexuelle Beziehungen, die suchtartigen Charakter haben, zu verschiedenen Partnern.

Die Klassifizierung der Kindesmissbraucherinnen

Ein Klassifikationsschema mit fünf Falltypen für Kindesmissbraucherinnen hat *Faller* (1987) in ihrer Studie aufgestellt:

1. Polyinzestuöser Missbrauch mit mindestens zwei Täterinnen und in der Regel zwei oder mehr Opfern. In dieser Kategorie ordnete Faller 72,5% aller Täterinnen ein.

2. Missbrauch durch allein Erziehende, wobei die Mutter ihr eigenes Kind missbraucht. In dieser Kategorie ordnete Faller 15% aller Täterinnen ein.

3. Psychotische Missbraucherinnen, die psychotisch sind und unter libidinösen Impulsen leiden, die sie nicht steuern können. In dieser Kategorie ordnete Faller 7,5% aller Täterinnen ein.

4. Adoleszente Täterinnen, die im allgemeinen als Babysitterinnen Zugang zu Kindern haben und deren sexuelles Verhalten darauf gerichtet ist, sich selbst Befriedigung zu verschaffen, und nicht, ihrem Opfer Genuss zu bereiten. In dieser Kategorie ordnete Faller 7,5% aller Täterinnen ein.

5. Täterinnen ohne Sorgerecht, die ihr Kind während der Besuche sexuell missbrauchen. Es gab nur eine Täterin, auf die dieser Fall zutraf.

Mathews u. a. (1989) identifizieren in ihrer Arbeit drei Typen von Kindesmissbraucherinnen:

1. Lehrerinnen und Geliebte, die einem Teenager Sex beibringen wollen.

2. Frauen, die zunächst von Männern zum Missbrauch motiviert werden und später auch unabhängig von ihnen den Missbrauch vollziehen.

3. Missbraucherinnen, die in ihrer Kindheit missbraucht wurden. Gerade hier finden sich Mütter, die ihre eigenen Kinder missbrauchen.

Und *Hanks* und *Saradjian* (1994, S. 205) führen in ihrer Studie aus:

„Die Missbraucherinnen – nicht alle davon Mütter –, denen wir im Zusammenhang unserer klinischen Arbeiten begegneten, ließen sich in folgenden Gruppen einteilen:

• Alleinerziehende, die nur mit ihren Kindern lebten,
• Frauen, die in Verbindung mit Männern missbrauchten,
• verheiratete Frauen,
• Frauen in einer lesbischen Beziehung,
• Mütter behinderter Kinder (meist Jungen)."

Es sind auch Mütter unter den Kindesmissbraucherinnen, die aus welchen Gründen auch immer Hass, Wut und Aggressionen gegen den erwachsenen Lebenspartner, Ehemann „in sich tragen". Die überhaupt keine Skrupel haben, den sexuellen Kindesmissbrauch sehr berechnend als Waffe einzusetzen. Mütter, die sich an dem Mann rächen, indem sie den Sohn schlimmster physischer, psychischer und sexueller Gewalt aussetzen. Der Sohn wird eiskalt benutzt, um all die Gewalt und Erniedrigungen, Kränkungen und Demütigungen, die die Mütter erfahren haben, zu „kompensieren": Die Wut, Ohnmacht, Verzweiflung und Hoffnungslosigkeit wird so rücksichtslos an dem Kind „ausgetobt"[6].

Eine Mutter, die sich an ihrem Sohn vergeht – „um mich an meinem Mann zu rächen" – und dabei das Gefühl vollkommener Kontrolle in sich spürt, gesteht in einem Interview gegenüber *Eldridge* (1999, S. 144):

„Wenn man sich deprimiert fühlt, wenn man Selbstmitleid hat, sich verloren fühlt, alleine fühlt oder sehr glücklich ist oder regelrecht euphorisch, wenn ich dann versuche, meine eigenen Gefühle auszublenden, dann werde ich gegenüber meinem Sohn sehr dominierend und launisch. Ich werde dann sehr wechselhaft – in einem Augenblick kann ich meinen Mann vollkommen ignorieren, und im nächsten Augenblick werfe ich mich sozusagen auf meinen Sohn und benutze ihn, um mich an meinem Mann zu rächen. Wenn ich wirklich mit jemandem verbunden bin, der verletzlich ist, der mich nicht verletzen kann und der sich nicht wehren kann, dann habe ich das Gefühl vollkommener Kontrolle."

„Ich wurde von meiner Mutter missbraucht."

Marcel wurde in seiner Kindheit von der Mutter sexuell missbraucht, „weil sie Macht demonstrieren und sich an meinem Vater rächen wollte", der die Familie verließ, als das Kind sechs Jahre alt war.
Marcel war durch Vermittlung des Verfassers bereit, sich anonym gegenüber BILD am SONNTAG (Ausgabe vom 13. April 2003) zu äußern.

Marcel, 38, erinnert sich noch gut an das „erste Mal" mit seiner Mutter.

„Es war kurz vor meinem neunten Geburtstag. Meine Mutter kam wie jeden Abend in mein Zimmer, setzte sich aufs Bett und betete mit mir. Dann aber berührte sie mich – an Stellen, an denen ich es nicht mochte. Zuerst spürte ich Neugier. Doch dann war da nur noch Abscheu. Mir war sofort klar, dass das, was passierte, nicht sein darf. Danach war nichts mehr, wie es war.
Anfänglich hockte sie sich jeden dritten oder vierten Abend auf meine Bettkante. Sie legte sich dann neben mich, und ich musste sie anfassen, während sie mich berührte. Als ich nicht wollte, sagte sie:
‚Als du klein warst, habe ich das auch gemacht. Wer hat dir wohl den Po abgewischt?'
Nachdem ich sie angefasst hatte, wurde mir übel. Ich rannte zur Toilette, musste mich übergeben. Immer wieder."

Die Mutter wollte mehr, sie stellte ihr Kind, mittlerweile 11 Jahre alt, vor die Wahl:

„'Entweder du und dann ganz – oder dein kleiner Bruder!' Also schlief ich mit ihr. Am Schluss täglich. Es war wie ein Ritual."

Die Mutter verlor das sexuelle Interesse an Marcel, als er „stärker in die Pubertät kam". Um seinen kleinen Bruder vor sexuellen Übergriffen der Mutter zu schützen, schlief dieser bei Marcel im Bett. Als Marcel mit 18 auszog, stellte er die Mutter zur Rede:

„Ich wollte wissen, warum sie uns das angetan hat. Doch sie stammelte nur: ‚Ich war doch allein.' Jetzt, nach fast 30 Jahren, empfinde ich nichts für sie. Sie ist mir gleichgültig. Ich habe mir Hass verboten. Weil Hass eine Form von Liebe ist. Ich glaube, dass sie es getan hat, weil sie Macht demonstrieren und sich an meinem Vater rächen wollte."

Marcel erfuhr einen Monat nach seinem Auszug, dass sich sein Bruder umgebracht hat.

„Er war erst 16 Jahre alt. In seinem Abschiedsbrief schrieb er, er sei mit dem Missbrauch durch unsere Mutter nicht fertig geworden."

Marcel hat sich entschlossen, seine Mutter erst dann wieder zu sehen, wenn sie tot ist:

„Meine Vergangenheit ist allgegenwärtig. ... Die Narben bleiben. Immer. Obwohl ich keinen Kontakt mehr zu meiner Mutter habe, verfolge ich immer ihren Weg. Ich weiß genau, wo sie wohnt. Denn ich muss sie unbedingt noch einmal sehen – wenn sie tot im Sarg liegt."

Marcel lebt seit 20 Jahren mit einem Mann zusammen, mit dem er immer wieder über den sexuellen Missbrauch, die sexuelle Gewalt spricht. Diese Gespräche helfen ihm:

„Er hat mich gerettet."

Über die sexuelle Motivation von Missbraucherinnen, Kinder zu missbrauchen, berichtet *O´Connor* (1987, S. 617) aufgrund einer Strichprobe von 62 weiblichen Sexualstraftäterinnen:

„(...) Langeweile nach gescheiterter Ehe, verstärkt durch Medikamenten- und Alkoholmissbrauch (...); Sex mit 13-jährigem Jungen aus Rache am untreuen Ehemann; Strafe eines 13-jährigen Jungen wegen Einbruch in ihr Haus durch Ausziehen der Hose und sexuellen Missbrauch (mit Hilfe und Unterstützung des Ehemannes); Angst, vom Freund geschlagen zu werden, wenn sie ihm nicht bei dem sexuellen Missbrauch eines neunjährigen Jungen helfen würde."

Viele missbrauchende Frauen und Mütter nehmen bei den sexuellen Übergriffen, um ihre „kognitiven und emotionalen Widerstände zu schwächen oder auszuschalten", Drogen, Medikamente und Alkohol zu sich, berichtet *Jennings* (1995, S. 313).

Faller (1987; vgl. auch *Mathews* u. a., 1989) erwähnt in ihrer Untersuchung, dass 55% ihrer Probandinnen von Alkohol beziehungsweise Suchtmittelkonsum abhängig waren. Gleiches berichtet *Wolfe* (1985, 1995, S. 313): Von zwölf Sexualstraftäterinnen hatten fünf eine Drogen- und vor allem Alkoholabhängigkeit hinter sich. Auch in der Studie von *Krug* (1989) sind es 25% der missbrauchenden Mütter, die vom Alkohol oder Drogen abhängig waren. Und in der Studie von *Allen* (1991) sind es 17% missbrauchende Frauen, die sich als Alkoholikerinnen bezeichneten und 16% missbrauchende Frauen, die die Frage, ob sie jemals Drogen zu sich nahmen, mit einem eindeutigen „ja" beantworteten. Über eine Frau, die als fünfjähriges Kind von einer Babysitterin sexuell missbraucht worden war und zur Kindesmissbraucherin wurde (um ihre Hemmschwelle abzubauen, nahm sie Drogen und Alkohol zu sich), berichtet *Lothstein* (1996): Mit neunzehn Jahren arbeitete diese Studentin als Babysitterin, und verging sich an Kindern, zum Beispiel an einem fünfjährigen Mädchen, das sie streichelte und masturbierte.

Lothstein (1996, S. 36, 37) beschreibt die Frau, die an Übergewicht litt, als „in ihrem Sozialverhalten unreif":

„Sie kam aus einer chaotischen Familie; ihr Vater hatte ein Verhältnis mit der Mutter ihres Freundes. Jungen ihres Alters erregten sie am meisten. Mit ihrem Freund hatte sie bereits sexuell verkehrt. Seit ihrem fünfzehnten Lebensjahr war sie chronisch drogen- und alkoholabhängig."

Den Fall kommentiert *Lothstein* (1996, S. 37), der zutreffend zwischen *regressiven* und *fixierten* Pädophilen unterscheidet, mit den Worten:

„Die sexuellen Handlungen, die Frau K. mit Kindern beging, waren regressiver Art. Auslöser war der Missbrauch, den sie selbst im Alter von 5 Jahren erlitten hatte. Sie war vorwiegend heterosexuell, wurde jedoch dadurch sexuell erregt, dass sie kleine Mädchen streichelte und sich dabei selbst befriedigte. Sie verwendete Drogen und Alkohol, um ihre Hemmschwelle abzubauen und ‚gut drauf zu sein'."

Sie verging sich auch an weiteren Kindern.

„Ich musste immer häufiger zu ihr kommen – und wir haben richtig Sex gemacht."

Über einen Fall von Kindesmissbrauch schlimmster Art berichtet *Rensen* (1992), der darauf verweist, dass in 30% bis 60% der Fälle sexuellen Missbrauchs Alkohol eine wichtige Rolle spielt.

Es ist die „Geschichte eines schwach begabten 12-jährigen Jungen, der gemeinsam mit seinem Schwesterchen vernachlässigt wurde" – und in der Alkohol eine gewichtige Rolle spielte. Das missbrauchte und geschundene männliche Kind lässt *Rensen* (1992, S. 106, 107, 108) ausführlich zu Wort kommen:

„Vater und Mutter stritten sich ständig. Dann wurde geschrien, und manchmal haben sie sich geschlagen. Meine Schwester und ich saßen dann still in einer Ecke, denn Vater war sehr stark, vor allem dann, wenn er getrunken hatte. Eines Abends waren dann beide besoffen und haben Streit bekommen, weil Vater etwas essen wollte. Aber es war nichts mehr da, denn das Geld war für Bier draufgegangen. Alles, was noch da war, wurde kaputtgeschlagen und zerschlagen. Wir lagen voller Angst unter dem Bett. Mein Vater rief: ‚Du Nutte, sieh zu, wie du mit den Kindern fertig wirst, ich hau ab.' Wir glaub-

ten damals, er würde schon wieder nach Hause kommen. Wir hatten kein Geld, denn meine Mutter konnte all die Formulare nicht ausfüllen. Dann haben sie das Gas abgesperrt. Später kam meine Mutter in die Küche, als ich da stand, um zu spülen. Sie wollte sehen, ob ich schon ein großer Junge war. Sie sagte, sie müsste etwas holen, und dann blieb sie die ganze Zeit stehen und schaute.
Später fragte sie, ob sie mir den Rücken waschen könne, so wie früher. Ich fand das zwar schön, aber auch ein bisschen komisch, denn sie hatte wieder getrunken. Später begann sie, mich ganz zu waschen."

Es blieb nicht bei dem Waschen des kindlichen Körpers. Sie benutzte nun das Kind als Sexpartner, nachdem die Beziehung mit ihrem Freund beendet war.

„Als sie einen neuen Freund hatte, machte sie es nicht mehr. Als das dann aus war, fragte sie, ob ich zu ihr ins Bett käme, denn ihr wäre kalt. Wir hatten keine Heizung und das Gas war abgesperrt. Wir kochten auf diesen Flaschen. Sie wissen schon. Na, und dann eines Nachts musste ich bei ihr schlafen, sie hatte Angst, denn sie sagte, sie hätte etwas gehört.
Ich wurde morgens mit einem großen Pimmel wach. Ihre Hand lag auf meinem Bauch. Ich wollte schnell aufstehen und zur Toilette gehen, aber sie war schon wach und hielt mich zurück. Sie wollte wissen, ob ich krank sei, ich hätte so einen harten Bauch (ich hatte abends heimlich Bier getrunken). Dann begann sie, über mein Ding zu reiben. Na, dann ging es immer weiter, sie küsste mich auf den Mund, und sie sagte, ich solle mit meiner Hand das gleiche bei ihr tun. Ich hatte Angst, aber ich hatte auch ein angenehmes Gefühl. Dann habe ich so komisch gezuckt, und dann war es vorbei. Ich fühlte mich ganz komisch.
So etwas tut eine Mutter doch nicht, das tun nur diese Sexweiber auf dem Video. Ich glaubte, es sei jetzt vorbei, denn sie sprach nicht mehr davon. Aber dann musste ich immer häufiger zu ihr kommen, und wir haben richtig Sex gemacht. Aber ich durfte niemandem etwas sagen, ich hatte Angst."

Nachdem die Mutter einen neuen Lebenspartner fand, musste ihr Sohn und die Tochter nicht nur den Liebes- und Sexspielen der Erwachsenen zusehen, sie wurden auch zum Mitmachen gezwungen.

„Dann kam sie mit einem Mann nach Hause, und sie machte meine Schwester und mich wach. Sie wollte uns etwas zeigen. Sie waren beide ganz aufgedreht, und ich weiß nicht genau, was passiert ist. Sie haben sich ausgezogen und haben dann – na ja, und wir mussten eben zusehen. Dann sagte sie, ich soll das auch bei meiner Schwester tun, aber das wollte ich nicht. Dann sagte sie:
‚Dann machst du es eben bei mir.'
Ich wollte nicht, aber ich glaubte, wenn ich es tue, ließe sie meine Schwester in Ruhe. Dann durfte ich wieder ins Bett. Aber meine Schwester hatte alles gesehen.
Später kam der Mann mit schmierigen Videofilmen, und wir mussten uns das ansehen und auch Liebe machen. Wir bekamen dann Bier und dann haben wir es getan. Das ging mit uns immer häufiger so, und dann waren wir alle besoffen. Und dann musste ich es mit meiner Mutter tun und er und meine Schwester mussten zusehen. Dann mussten wir auch zusehen, wenn er es mit meiner Schwester tat. Manchmal musste ich ihm

> einen runterholen, und sie musste zusehen, aber das wollte ich nicht, denn ich hatte Angst, ich durfte das niemandem erzählen, denn dann würde er mich erschießen. Dann kam diese Frau vom Kinderschutzbund, weil meine Schwester etwas erzählt hatte. Ich bin froh, dass ich da jetzt fort bin. Manchmal denke ich noch daran, wenn ich Bauchschmerzen habe. Ob ich vielleicht Aids habe oder ob ich jetzt ein Homo werde? Von meinem Vater habe ich nie mehr etwas gehört, aber im Kinderheim finde ich es auch nicht schlecht."

Die Opfer stammen überwiegend aus dem Familien- und Verwandtschaftsbereich der *regressiven* und *fixierten* weiblichen Pädophilen. Und bei den meisten pädophilen Frauen handelt es sich ganz offensichtlich um missbrauchende Mütter[7].

In ihrer Studie kommt Faller (1987) zum Ergebnis, dass von 40 weiblichen Pädophilen (mit insgesamt 86 Opfern) 85% Mütter mit mindestens einem Opfer waren: Von den Müttern missbrauchten 55% „nur" ihre eigenen Kinder, 30% eigene und andere Kinder, bei denen es sich um drei Nichten und Neffen, zwei Enkel und drei Nachbarskinder oder Kinder von Freunden handelte. In nur sechs Fällen waren die weiblichen Pädophilen nicht Mutter eines der Kinder.
Knopp und *Lackey* (1987) kommen zum Ergebnis, dass die *Hands-on*-Delikte in 50,8% der Fälle von Müttern, in weiteren 45,5% der Fälle von weiblichen Pädophilen aus dem Bekanntenkreis und in 3,7% der Fälle von fremden weiblichen Pädophilen an insgesamt 646 Opfern verübt wurden.
Die Untersuchung von *Mathews* u. a. (1989) zeigt folgendes Bild:

- 79,6% der Opfer entstammen der Familie;
- 61,4% der kindlichen Opfer wurden von den eigenen Müttern, 2,3% von Stiefmüttern missbraucht;
- 15,9% der kindlichen Opfer waren Neffen (fünf Fälle), Nichten und Cousinen (je ein Fall);
- 20,4% waren Nachbarskinder oder auch Freunde der eigenen Kinder, nämlich 18,1%;
- in einem Fall war eine Babysitterin die Täterin.

Allen (1991) kommt zu folgendem Ergebnis:

- 70% der Opfer der weiblichen Pädophilen kommen aus der engeren Familie;
- in 59% der Fälle handelt es sich um die eigenen Kinder (auch Stief-, Adoptiv-, Pflegekinder);
- in 11% der Fälle um Geschwister, Stief- und Halbgeschwister;
- in 8% der Fälle gehören die Opfer der weiteren Familie an;
- in 22% der Fälle handelt es sich um Kinder von Freunden und Bekannten der Mütter sowie um Freunde der Geschwister und Nachbarskinder.

Die Studie von *Burger* und *Reiter* (1993) weist bei den Frauen als Täterinnen 33 Nennungen bei den missbrauchten Mädchen aus (darunter 21-mal die biologische Mutter, 1-mal die Stief-, Pflege-, Adoptivmutter beziehungsweise Partnerin des Vaters und 3-mal die

(Stief-)Schwester, Großmutter, Tante). Und 73 Nennungen bezogen sich auf Jungen als Opfer (darunter 60-mal die biologische Mutter, 2-mal die Stief-, Pflege-, Adoptivmutter, Partnerin des Vaters und 6-mal die (Stief-)Schwester, Großmutter, Tante).

Elliott (1995, S. 52) wertete die Erfahrungen von 127 Menschen aus, die sich an sie gewandt haben und von sexuellem Missbrauch durch Frauen berichten: Die 95 *weibliche* Opfer gaben an, von der Mutter (42), der Stiefmutter (5), der Tante (3), der Großmutter (5), der Babysitterin (9), der Lehrerin (3), einer Nonne (1), der Mutter und Großmutter (4), der Mutter und Tante (2), der Mutter und dem Vater (10), der Mutter und einem männlichen Täter (7), der Mutter und dem Bruder (3) und der Babysitterin und einem männlichen Täter (1) sexuell missbraucht worden zu sein. Die 32 *männliche* Opfer gaben an, von der Mutter (22), der Stiefmutter (1), der Mutter und Schwester (1), der Mutter und dem Großvater (1), der Mutter und einem männlichen Täter (2), der Stiefmutter und dem Vater (2), der Babysitterin und einem männlichen Täter (1) und einem mit der Familie befreundetem Paar (2) sexuell missbraucht worden zu sein.

Auch eine Auswertung weiterer, *Elliott* (1995, S. 54) zugänglich gewordener 200 Fälle zeigt, dass es in erster Linie Mütter sind, die ihren Kindern sexuelle Gewalt antun: Von den insgesamt 200 Opfern (weibliche *und* männliche Opfer wurden hier nicht getrennt) gaben 90 an, von Müttern (45%), 16 von Stiefmüttern (8%), 20 von Schwestern (10%), 42 von anderen weiblichen Verwandten (21%), 28 von Babysitterinnen (14%) und 4 von anderen Frauen (2%) sexuell missbraucht worden zu sein.

Elliott (1995, S. 54) erklärt hierzu, dass die Auswertungen naturgemäß nicht repräsentativ für die Gesamtbevölkerung ist, „weil sie aus Selbstmeldungen besteht, aber dennoch wert (sind), sie hier aufzunehmen".

Vom 1. April 1990 bis zum 31. März 1991 riefen 8663 Kinder und Jugendliche wegen sexuellen Missbrauch bei *ChildLine,* ein kostenloser Notruf für Kinder in Not und Gefahr in Großbritannien, an. Bei 91% der Anrufe, berichten *Harrison* und *Cobham* (1995), waren die Täter männlich, bei 9% weiblich. Der „kleine" Anteil von 780 Täterinnen setzt sich wie folgt zusammen: 34% Mütter, 22% andere weibliche Verwandte/Bekannte und je 11% Schwester, Tante, Stiefmutter, beide Elternteile.

Mitchell und *Morse* (1998) befragten 85 weibliche Opfer, die sexueller Gewalt durch Frauen ausgesetzt waren. Die Mehrheit von ihnen wurde von ihren Müttern, andere von Großmüttern, Schwestern, Tanten, Babysitterinnen, Lehrerinnen, Nonnen und Therapeutinnen sexuell missbraucht. Bestandteil der sexuellen Gewalt war teilweise auch das Einführen von Gegenständen in die Scheide oder den After.

Gerber (2002, S. 88) befragte 4 weibliche und 8 männliche Opfer sowie den Vater eines betroffenen Mädchens, das von einer Frau sexuell missbraucht wurde:

„Bei 13 Interviews waren in zehn Fällen die leibliche Mutter die Täterin (wobei ein Opfer sich nicht ganz sicher ist, ob es sich um die Mutter handelt – *Anm. d. Verf.*), davon einmal unter Anleitung des Vaters, sowie einmal z. T. zusammen mit dem Vater. Die anderen drei Fälle setzen sich zusammen aus Großmutter, Tante (bei der der Proband zum Zeitpunkt des Missbrauchs wohnte) und Stiefmutter."

„Gerade die Familie ist zur Brutstätte von Gewalt geworden, ausgerechnet in der Familie ist Schutz und Sicherheit am wenigsten gewährleistet."
Ursula Wirtz (1996, S. 25)

Im Rahmen seiner Untersuchung kommt *Baurmann* (1983, S. 7, 8), bezogen auf männliche Täter (weibliche kommen bei ihm mit 0,1% kaum vor), zu folgenden Ergebnissen:

„Bei den verurteilten Fällen waren sich bis vor der Tat nur 6,2% der Tatbeteiligten völlig fremd gewesen, während sich etwa 70% vorher gekannt hatten. Der bekannte und verwandte Täter ist aber nicht nur relativ häufig, sondern er ist zudem gefährlicher für das Opfer."[7 a]

Allein beim versuchten und vollendeten Geschlechtsverkehr waren, so *Baurmann* (1983), 33,4% Bekannte und 20,2% Verwandte mit einer Gesamtrate von 53,6% vertreten. Auch bei der Anwendung von Drohung und Gewalt zeigte sich, berichtet er (1983, S. 8), dass „90,8% der gewalttätigen und 75,7% der drohenden Täter schon vorher mit dem Opfer bekannt oder verwandt waren". Hingegen waren es mit 68,7% vorwiegend Fremde, die mit gewaltlosem Verhalten auffällig wurden. *Baurmann* (1983, S. 8) zieht richtigerweise aus diesen Zahlen folgenden Schluss:

„Zusammengefasst bedeutet dies also, dass der Täter dem Sexualopfer häufig vorher schon bekannt ist, und dass gerade die bekannten und verwandten Sexualtäter besonders gefährlich sind für das Opfer. Die Warnung vor dem ‚fremden Onkel' ist wenig sinnvoll; angebracht wäre eher die Warnung vor dem echten Onkel, dem Vater, dem Freund, dem Partner in der Wohnung, dem Bekannten usw."

Risin und *Koss* (1987) berichten in ihrer Studie, dass es sich bei den TäterInnen in 22% der Fälle um Familienmitglieder, in 15% um Fremde, in 23% um Babysitter, in 25% um Nachbarn, Lehrer oder Freunde der Familie, in 9% um Freunde von Geschwistern und in 6% um Mitglieder von *Peergroups* handelt.

In der Studie von *Müller* (1997, S. 67) kommen 28% der TäterInnen aus dem Familienkreis, weitere 33% entstammen dem Bekanntenkreis:

„Betrachtet man nur den Missbrauch mit Körperkontakt, sind es sogar jeweils etwa 41% (zusammen 83%)."

Die TäterInnen aus dem Familienkreis sind die, berichtet Müller, die zu 44,4% am häufigsten psychischen Druck ausgeübt haben.
Die TäterInnen aus dem Bekanntenkreis haben zu 36% eher physische Gewalt oder zu 32% „positive Verstärkung" ausgeübt.
Und im Verhältnis zu den unbekannten TäterInnen ist der Anteil der TäterInnen aus dem Familien- und Bekanntenkreis an Körper- und Genitalkontakten und Mehrfachmissbrauch signifikant höher.
Eine Zwangssituation bei Unbekannten wurde in 42,8% der Fälle verneint. 95% der weiblichen Opfer wurden durch männliche Täter missbraucht, Jungen „nur" zu 65%.

Die Missbrauchsrate der weiblichen Täter hebt *Müller* (1997, S. 69) zu Recht hervor: „Vor allem an Missbrauchssituationen mit Körperkontakten waren bei den männlichen Opfern in einem Drittel der Fälle Frauen beteiligt, in 24% der Fälle waren sie die Alleinverantwortlichen."

Die von *Wetzels* (1997) Befragten berichten über die Beziehung zwischen Täter und Opfer („210 Täternennungen, Mehrfachnennung möglich"), dass ihnen 25,7% der Täter unbekannt und 41,9% bekannt waren. Bei 27,1% habe es sich um Familienangehörige (neben Väter und Stiefväter wurden hier auch Großväter, Onkel und Brüder zusammengefasst) gehandelt.
Auch *Wetzels* (1997, S. 161) kommt zu dem Schluss:

„Das Hauptrisiko sowohl für weibliche als auch männliche Befragte geht danach von Personen aus, die im sozialen Umfeld der Familie als dem Kind bekannte Personen angesiedelt sind. Die unbekannten Täter stellen mit immerhin einem Viertel der Täter allerdings eine nicht völlig zu vernachlässigende Gruppe."

Dass insbesondere der *inzestuöse* sexuelle Kindesmissbrauch für die Opfer in der Regel weit brutaler und mit weit schlimmeren Folgen verbunden ist als der *extrafamiliäre* sexuelle Missbrauch, zeigt – neben den Untersuchungen von *Baurmann* (1983) und *Müller* (1997) – auch die Untersuchung von Wetzels.
„Opfer von Vätern oder Stiefvätern erlebten dabei zu 53,6% Missbrauchshandlungen mit Penetration, Opfer von Missbrauchshandlungen mit Körperkontakt durch andere Täter demgegenüber nur zu 33,1%", so *Wetzels* (1997, S. 160, 161):

„Insbesondere die Rate mehrfacher Viktimisierungen mit Penetration ist bei Opfern inzestuöser Handlungen mit 42,9% mehr als dreimal so hoch wie bei den Opfern sexuellen Missbrauchs mit Körperkontakt durch andere Täter, wo dieser Anteil bei 12,7% liegt. ... Opfer inzestuösen sexuellen Missbrauchs geben ferner ein signifikant niedrigeres Erstviktimisierungsalter an (Mittelwert: 9,9 Jahre) als Opfer anderer Täter (Mittelwert: 11,3 Jahre). Inzestuöser sexueller Missbrauch durch Väter oder Stiefväter beginnt also früher, umfasst schwerwiegendere, eingriffsintensivere Handlungen und ist in der überwiegenden Anzahl der Fälle mehrfacher sexueller Missbrauch."

Die Verharmlosung des inzestuösen Kindesmissbrauchs kritisiert *Baurmann* (1992, S. 94) zu Recht:

„Als präventiv arbeitende Mit-Erwachsene haben wir offensichtlich Angst vor der Konfrontation, vor unserer eigenen (potentiellen) Täterschaft (fließende Übergänge), haben Angst vor der deutlichen und Verantwortung einklagende Auseinandersetzung mit anderen Erwachsenen ... und versuchen, uns zu suggerieren, wir und die herkömmlich präventiv angesprochenen Mit-Erwachsenen seien alle auf der ‚guten Seite' – und zwar eindeutig. Damit leisten wir einer verschweigenden Kumpanei in der Erwachsenen-Welt zu Lasten der betroffenen Kinder Vorschub. Wenn sexuelle Ausbeutung in Familien nur annähernd so weit verbreitet ist, wie wir es z. Z. annehmen, dann hat jeder und jede von uns irgendwann einmal mit ausbeutenden und mit Ausbeutung duldenden Elterngruppen, Freunden, Bekannten und Verwandten zu tun."

Baurmann weist daraufhin, dass die eigentliche Gefahr für Kinder nicht vom Fremden, dem bösen Onkel ausgeht, wie es ihnen immer wieder aufs neue eingetrichtert wird, sondern dass die Täter vorwiegend aus dem Familien-, Bekannten- und Freundeskreis kommen.
An einem Beispiel macht *Baurmann* (1986, S. 169) dies deutlich:

„Das Mädchen kann in einer Atmosphäre aufwachsen, die charakterisiert ist durch Erziehung zur Angst, speziell zur Angst vor diffus beschriebenen, beängstigenden sexuellen Ereignissen. Dabei wird die Gefahr sexueller Angriffe durch Erzieher, die Medien und sogar durch präventive Aktionen häufig dramatisiert. Beim weiblichen Kind kann durch eine derartige Einflussnahme der Eindruck entstehen, bei Dunkelheit, im Wald, in der Stadt, vor fremden Menschen, vor Exhibitionisten drohe permanent Gefahr, gar Lebensgefahr. Gleichzeitig hat dasselbe Mädchen meist gelernt, dass es sich gegenüber Erwachsenen und insbesondere gegenüber Bekannten und Verwandten gehorsam und passiv zu verhalten habe."

Auch Körner[8] (1975, S. 247) berichtet von der Warnung vor dem Fremden, dem bösen Onkel, die letztendlich davon ablenken soll, dass die MissbraucherInnen überwiegend aus dem Familien- und Bekanntenkreis kommen:

„Fast alle Eltern hatten ihre Kinder vor dem Umgang mit dem bösen Onkel gewarnt. Da die Eltern auch hier *anstelle* von *sachlicher Aufklärung Angst* vermittelten und ein *wirklichkeitsfremdes Feindbild* vom Sexualverbrecher zeichneten, mussten diese Warnungen wirkungslos bleiben.
Fasst man die Berichte der Opfer zusammen, so warnten die meisten Eltern sie vor einem schwarzen oder bösen Mann aus der Fremde, der sie an einen stillen Ort locken würde, ihnen dort den Bauch aufschneiden oder fressen würde.
Diese Warnungen waren geeignet, Kontakte der Kinder mit kinderfreundlichen Bekannten oder Nachbarn der Eltern, mit Freunden der Familie oder Verwandten, kurzum mit allen Vertrauenspersonen zu fördern. Gerade aus diesem Personenkreis bestand aber der größte Teil meiner Täterschaft."

Den fremden Tätern werden, so *Baurmann* (1992, S. 85, 86), „häufig die harmloseren Sexualdelikte zur Last gelegt", und dennoch warnt man immer noch vor diesem „bösen Onkel" und erzeugt somit ein „sehr stabiles Präventionsmuster", das „offensichtlich sehr viel mit Xenophobie (Fremdenangst) und sehr wenig mit modernen kriminologischen Forschungsergebnissen zu tun (hat)".
Folgerichtig führt er (1992, S. 86) hierzu weiter aus:

„Letztlich soll die Projektion auf den Sündenbock ‚fremder Täter' suggerieren helfen, der eigene soziale Nahraum und die eigenen dunklen Triebe seien unter Kontrolle."

Ähnlich sieht es *Braun* (1999, S. 135):

„Die ‚alltäglichen' Gefährdungen liegen nicht im Wald oder Park, in fremden Autos oder hinter der Hecke der Kindergärten. Nicht, dass es die oft zitierten ‚fremden, bösen Männer' nicht gäbe, aber als Täter von sexuellem Missbrauch sind sie in der Minderzahl.

Davon wollte und will traditionelle Prävention nichts hören. Sie bedient(e) sich der Inhalte und Methoden, die auch bei anderen Themen als eine angemessene Form erzieherischer Einflussnahme auf Kinder galten (gelten), es sind:

• Verängstigung,

• Desinformation,

• Schuldzuweisung,

• Einschränkung der Bewegungsfreiheit und

• Verstärkung der kindlichen Abhängigkeit.

Insofern passt(e) traditionelle Prävention nahtlos in alltägliche pädagogische Praxis. Bequem – zumal sie Familien, das soziale und pädagogische Umfeld als Tatort ausschloss. Heute ist oft zu hören: ‚Davon wusste man nichts', doch ist ‚Nichtwissen', wie so oft, nur die halbe Wahrheit."

Schetsche (1994, S. 36) sieht auch einen anderen Bewegungsgrund für die Warnung vor dem „bösen Onkel":

„Gegen die Familie als Ort kontrollierter Sicherheit steht die namenlose Gefahr, die aus Parks, Wäldern und labyrinthischen Ruinengrundstücken droht. Die Gefährdung des Kindes durch den Fremden aus dem Dunkel ist dabei auch eine Metapher für die Gefährlichkeit des Kindes selbst. Die in den Warnungen vor dem ‚bösen Onkel' enthaltenen Todesdrohungen stellen auch ein Disziplinierungsinstrument dar. Es ist das ungehorsame Kind, das zunächst sich selbst (seiner Neugier, seinen ökonomischen und sexuellen Interessen) und dann erst dem sogenannten Täter zum Opfer fällt. Prävention bedeutet deshalb in erster Linie, das Kind vor sich selbst zu schützen. Helfen soll dabei eine Erziehung zu Schamhaftigkeit, Pünktlichkeit und berechenbarem Verhalten."

3. Stummes Opfer Kind

3.1 Dem „Kind" die verlorene Stimme wiedergeben
Die mütterliche Verschwörung des Schweigens

„Dieselbe Gesellschaft, die Frauen zur Machtlosigkeit verurteilt, stellt auch sicher, dass Kinder keine Macht besitzen. Diese Machtlosigkeit ist der Hauptgrund dafür, dass Kinder erst zu Opfern werden und anschließend nicht in der Lage sind, über ihre Viktimisierung zu sprechen. Die zerstörerische Auswirkung ist sowohl Symptom als auch Verstärker der Machtlosigkeit. Es steht zu hoffen, dass wir angesichts der gegenwärtigen Diskussion, der zukünftigen Forschungsarbeit und des Drucks auf die Regierung, Ressourcen bereitzustellen, einer Lösung dieses Problems näherkommen werden."
Olive Wolfers (1995, S. 166, 167)

Dass Frauen und Mütter weltweit überwiegend immer noch keine Stimme haben und machtlos sind, ist sicherlich richtig. Doch jene unterdrückten Frauen, die Kinder geboren haben, entdecken oft, dass sie Macht gewinnen – die über ihr Kind, das von ihnen abhängig ist. Mit dieser Macht kompensieren sie ihre Ohnmacht und setzen sie aufs Brutalste ein. Mit anderen Worten: Es sind Frauen, die Kinder, *ihre* Kinder psychisch, physisch und verbal misshandeln und missbrauchen.
Diese Frauen und Mütter wollen als Kindesmissbraucherinnen nicht entdeckt werden. Um das Sexualobjekt ihrer Begierde, das Kind, weiter missbrauchen zu können, benötigen sie die totale Anonymität, die sie insbesondere dadurch erreichen, dass sie ihren kindlichen Opfern abverlangen zu schweigen. Dieses Schweigen wird notfalls mittels massiven seelischen Drucks und Androhung körperlicher Gewalt durchgesetzt. Auch Morddrohungen werden ausgesprochen, um das Schweigen der kindlichen Opfer langfristig abzusichern.
Ein weibliches Opfer lässt *Longdon* (1995, S. 109), die von der „Verschwörung des Schweigens" spricht, zu Wort kommen, das von der Mutter sexuell missbraucht, vergewaltigt und für den Fall, dass es sein Schweigen bräche, mit Gewalt und Tod bedroht wurde. Erst als erwachsene Frau ist dieses Opfer unter großen Schwierigkeiten in der Lage, über den an ihm verübten Missbrauch zu reden:

„Ich fühle mich genau wie damals als Kind, wenn sie mich missbrauchte und mir mit Gewalt und Tod drohte, sofern ich etwas verraten würde. Ihre Macht war so groß, dass ich irgendwo in mir drin immer noch daran glaube. Erst nachdem ich viele Stunden damit verbracht hatte, nicht zu sprechen, sondern bloß zu zittern, mich irgendwann in den Arm nehmen und wiegen zu lassen, war ich schließlich in der Lage, zu erzählen, was passiert war. Erst da begann meine Vergangenheit ihre Macht zu verlieren. ... Ich habe heute immer noch Probleme, darüber zu sprechen, was mir passiert ist. Schließlich ist es nicht angenehm zu sagen, dass man als Kind von einer Frau sexuell missbraucht und vergewaltigt worden ist, besonders wenn die Frau die eigene Mutter ist. ... Wenn ich keine Hilfe gehabt hätte – weiß der liebe Gott, was dann aus mir geworden wäre. Wahrscheinlich wäre ich jetzt tot."

Auch männliche Täter bedrohen ihre Opfer mit Gewalt und Tod.
Teegen u. a. (1992, S. 16) gegenüber berichtet eine 23-jährige Frau, die von der Mutter *und* dem Stiefvater vom 8. bis zum 13. Lebensjahr missbraucht wurde:

„Um mir Angst zu machen bei der Androhung des Mordes, hat er vor meinen Augen meiner Schildkröte den Kopf abgeschlagen und eines meiner Zwergkaninchen bei lebendigem Leibe verbrannt."

Wie die Beispiele zeigen, führen die TäterInnen den Opfern die schlimmen Folgen überdeutlich vor Augen, die sie zu vergegenwärtigen haben, sollten sie ihr Schweigen, ihr „Schweigegelübde" aufgeben. Die massive Androhung von körperlicher Gewalt veranlasst die Opfer, den Missbrauch aus eigenem „Antrieb" zu verschweigen. Mit anderen Worten: Die Opfer schweigen, weil ihnen das Schweige-Gebot durch Bedrohung, Zwang, Bestrafen, Erpressung usw. aufoktroyiert worden ist.
Wie sieht solcher Druck aus, der von Müttern auf sexuell missbrauchte männliche *und* weibliche Opfer ausgeübt wurde? Es geht um teilweise höchst subtilen oder auch massiven seelischen Druck, um Androhung körperlicher Gewalt und Morddrohungen.
„Sie hat nicht mehr mit mir gesprochen, hat mich in's dunkle Zimmer gesperrt, bis ich laut rief: ‚Ich will wieder lieb sein!'" – „Morddrohungen: Ich bringe dich um. Ich schlage dich tot. Oder umgekehrt: Du bringst mich ins Grab. Du bist schuld, wenn ich mich umbringe." – „Mir wurde klar gemacht, dass ich an allem schuld wäre, weil ich eine Hure wäre, schlecht, schmutzig."
So gibt *Teegen* (1993, S. 336) die Worte missbrauchter männlicher *und* weiblicher Opfer wieder – und führt weiter aus:

„Bis auf eine Frau und einen Mann, die ihre Großmutter beziehungsweise den Pfarrer – vergeblich – um Hilfe baten, haben alle Betroffenen die sexuelle und seelische Misshandlung als Kind einsam und schweigend erduldet. Sie haben den Missbrauch zum Teil nicht als anormales Verhalten wahrnehmen können oder hatten Angst davor, nicht mehr geliebt zu werden, in ein Heim abgeschoben zu werden, vor Gewalt und Rache der Täterin oder hatten Sorge um die Geschwister. Heute empfinden die Betroffenen, wenn sie an die Täterin denken, überwiegend Ekel, Wut, Hass. Zum Teil können sie auch gar nichts empfinden oder spüren immer noch Angst, Entsetzen, Verwirrung oder auch Verachtung, Mitleid, Traurigkeit, Resignation."

Nicht in allen Fällen müssen die Kindesmissbraucherinnen und -missbraucher auf derart brutale Mittel zurückgreifen. Überwiegend brauchen sie die Kinder gar nicht zum Schweigen bringen. Sie setzen voll auf die – vorwiegend – schweigende Öffentlichkeit, auf Wissenschaft und Medien, denn diese sind eine wirkungsvolle Garantie und Waffe dafür, dass die kindlichen Opfer aus Scham und Angst vor Bloßstellung schweigen und die sexuelle Gewalt erdulden.
Und sie setzen auf das Schweigen ihrer Opfer.

Missbrauchte Opfer können die Erfahrung, in ihrer Kindheit „verführt" worden zu sein, mit ihrem Selbstwertgefühl nicht in Übereinstimmung bringen. Vor allem männliche Opfer schweigen deshalb lieber: sich eingestehen zu müssen, dass man missbraucht wurde, rüttelt am Bild vom starken Mann.

„Jungen investieren viel Energie in das Leugnen und Minimalisieren des erlittenen sexuellen Missbrauchs, um ihr eigenes Männlichkeitsbild aufrechtzuerhalten", führt hierzu treffend *van den Broek* (1996, S. 46, 47) aus:
„Sie empfinden sich als schwach und dumm, weil sie nicht imstande gewesen sind, sich selbst zu schützen, weil sie den Missbrauch nicht haben verhindern können oder die Folgen nicht haben übersehen können. ... Seine Ohnmachtsgefühle dominieren, er wird schüchtern und passiv. Er hat das Gefühl, keine Kontrolle über sein Leben zu besitzen. Der Junge lässt sich von seinen Ohnmachtsgefühlen mitreißen, die die Folge des sexuellen Missbrauchs sind. Er fügt sich in das unvermeidliche Schicksal des Opferdaseins und bestätigt und verlängert es damit."
Auch missbrauchte Mädchen fügen sich „in das unvermeidliche Schicksal des Opferdaseins" – auch aus dem Gefühl heraus, sie würden ihr eigenes Geschlecht verraten.

Missbrauchende Frauen und Mütter profitieren aber nicht nur von dem Schweigen ihrer Opfer, sondern auch von der Tatsache, dass den von ihnen sexuell missbrauchten Kindern in der Regel nicht oder kaum geglaubt wird. Das „lernen" die Opfer „meist schnell", auch „dass sie damit ... als Lügner dastehen", berichten *Hanks* und *Saradjian* (1994, S. 198). Auf diese Tatsache verweist auch *Lew* (1993, S. 95): „Außenstehende weisen die Erzählung eines Kindes, dass es von seiner Mutter missbraucht wird, in der Regel als Phantasie oder Übertreibung zurück."
Eine Frau, die jahrelang von ihrer Tante missbraucht wurde, berichtet gegenüber *Kirsta* (1994, S. 283):
„Als ich zum ersten Mal erzählt habe, dass mich meine Tante jahrelang missbraucht hat, flog meine Familie auseinander. Sie beschuldigte mich unter anderem, das erfunden zu haben, böse zu sein, geistesgestört, nur Aufmerksamkeit erregen zu wollen. Was mich am meisten verletzt hat war, dass die weiblichen Mitglieder meiner Familie am giftigsten und rachsüchtigsten waren."
Keith, der von seiner Mutter sexuell missbraucht worden ist, drückt es gegenüber *Lew* (1993, S. 49) so aus:
‚Nur jene, die uns missbrauchten, schätzen unser Schweigen und unsere Einsamkeit.' ‚Wenn du schweigst, bist du nicht wirklich', sagen sie. ‚Und wenn du redest, werde ich oder werden wir sicherstellen, dass keiner deine Worte als menschlich erkennt, denn du bist verrückt, hässlich, dumm, dreckig, verstockt, schlecht, selbstsüchtig, schwach, ein Lügner, nicht lebenswert und unglaubwürdig.'"
Es ist insofern nicht verwunderlich, wenn in den wenigen Fällen, in denen die Opfer die Kraft und den Mut haben, ihr Schweigen zu brechen, vor allem *männliche* Opfer nicht immer die Wahrheit sagen: nämlich dass es die Mutter oder eine Frau war und nicht der Vater oder ein Mann. So berichten beispielsweise zahlreiche der 8663 Kinder und Jugendliche, die zwischen dem 1. April 1990 und dem 31. März 1991 bei *ChildLine* (Notruf für Kinder in Not und Gefahr in England) anriefen und von sexuellem Missbrauch durch Erwachsene erzählten, sie seien von einem Mann missbraucht worden, *weil das glaubwürdiger klingt. In Wirklichkeit war es eine Frau, vorwiegend die eigene Mutter, die sich an ihnen verging* (vgl. *Harrison* und *Cobham*, 1995).
Die Psychotherapeutin Cianne *Longdon* (1995, S. 102), die als Kind von einer Frau sexuell missbraucht wurde und insbesondere von Frauen missbrauchte Opfer betreut, erklärt sich die „Geschlechtsänderung innerhalb der Enthüllung" so:
„Diese Geschlechtsänderung innerhalb der Enthüllung beruhte in keinem Falle auf der

Phantasie oder Vorstellungskraft der Überlebenden, sondern immer auf der engstirnigen Haltung von Gesellschaft und Fachleuten. Ich kenne den Druck, der auf Überlebende ausgeübt wird, damit sie diesem Bedürfnis nach Verleugnung dessen, dass Frauen sexuellen Missbrauch begehen, entsprechen. Bei meinem ersten Versuch, mich mitzuteilen, bin ich auch auf Schockiertheit und Unglaubigkeit gestoßen. Gleichzeitig bemühte sich meine Therapeutin, mich davon zu überzeugen, dass es ein Mann gewesen sein müsse, der mich sexuell missbraucht hat, und keine Frau. Zum Schluss war ich verletzt und geschlagen und zweifelte an meinem Verstand. Ich musste noch zwei weitere Versuche machen, bis ich einen Therapeuten fand, der mir hundertprozentig glaubte, dass ich tatsächlich von dieser Frau missbraucht worden war und dass ich nicht verrückt war, sondern die Leute, die mir nicht glauben wollten."

Viele Opfer haben auch deshalb große Schwierigkeiten, sich zu offenbaren, weil sie Angst davor haben, dass sie mit dem Etikett „verrückt" abgestempelt werden. So berichtet *Nasjleti* (1980), die mit zwölf- bis siebzehnjährigen Jungen arbeitete, dass die von ihren Müttern Missbrauchten über den sexuellen Missbrauch nicht sprechen wollten, weil bei ihnen die Angst vorherrschte, als „verrückt" eingestuft zu werden. Noch schlimmer: ihre Scham war wegen dieses Kontakts derartig groß, dass sie sich die Schuld selbst zuschrieben.
Da ist es kein Wunder, wenn männliche *und* weibliche Opfer die missbrauchende Frau *und* Mutter durch Vortäuschung falscher Tatsachen und Selbstvorwürfe schützen, wie *Lew* (1993, S. 95) berichtet:

„Sogar Kinder, die extreme Formen körperlichen, emotionalen und sexuellen Missbrauchs von seiten ihrer Mütter erfahren haben, mögen später feststellen, dass sie ihre Peinigerinnen durch Vortäuschung falscher Tatsachen und Selbstvorwürfe schützen."

Dass man Kindern, die der sexuellen Gewalt durch Frauen, Mütter ausgesetzt waren beziehungsweise ausgesetzt sind, nicht glaubt, sie vielmehr der Lüge und Phantasie bezichtigt, sie sogar für „verrückt" erklärt, ist eine traurige Tatsache. Ein schlimmer und unerträglicher Zustand ist auch der Tatbestand, dass dann, wenn den Opfern geglaubt wird, sie sehr häufig für den erlittenen Missbrauch selbst verantwortlich gemacht werden[1]. Es ist insofern kein Wunder, wenn insbesondere Jungen dazu tendieren, keine Hilfe in Anspruch zu nehmen[2] (vgl. beispielsweise *Watkins* und *Bentovim*,1992).
Das ganze Dilemma, unter denen insbesondere die Jungen und Söhne leiden, die von Frauen, ihren Müttern sexuell missbraucht wurden, macht die australische Ärztin und Therapeutin Elisabeth *McMahon*[3], die Missbrauchsopfer behandelt, deutlich:
„In Fällen, wo der sexuelle Missbrauch von Frauen ausgeht, lebt das männliche Opfer meist schon über Jahre in sexueller Abhängigkeit, bevor irgend jemand etwas davon erfährt. Die Mutter ist in solchen Fällen allemal eine rücksichtslose und dominante Frau. Weibliche Opfer werden meist von ihrem Zorn dazu getrieben, ihre männlichen Peiniger anzuprangern. Männliche Opfer von sexuellem Missbrauch durch Frauen sind dagegen oft bis in die Tiefe ihrer Persönlichkeit geschädigt und vom Gefühl der Schande und ihres Unwerts völlig überschwemmt. Die Öffentlichkeit will nichts von ihren Problemen wissen, man redet einfach nicht darüber, und so haben die Betroffenen, wenn sie die Sache zur Anzeige bringen wollen, eine doppelte Hürde zu überwinden. Sie rechnen meist gar nicht damit, dass ihnen jemand glauben könnte. ... Die Prognose für Kinder und junge Männer, die von ihren Müttern oder einer anderen Frau sexuell missbraucht wurden,

muss aus drei Gründen ungünstig ausfallen:
Erstens gibt es keine Kliniken, die qualifiziert wären, sich mit diesem Problem zu befassen. Zweitens hat sich der Missbrauch oft schon über lange Zeit hingezogen. Und drittens bietet die Therapie nur dann gute Erfolgsaussichten, wenn den Opfern eine stabile und kooperationsbereite Mutter zur Seite steht."

Die MissbraucherInnen setzen auf die Verschwiegenheit der kindlichen Opfer

„Jeder Versuch des Kindes, den Schänder bloßzustellen", berichtet *Rush* (1982, 168), die als feministische Autorin nur Männer als Täter im Visier hat, „entblößt auch seine eigenen, angeblich angeborenen sexuellen Beweggründe und beschämt es (selbst) statt den Täter; ihm bleibt nur die Verheimlichung. Das Dilemma des sexuellen Missbrauchs von Kindern hat ein narrensicheres System emotionaler Erpressung geschaffen: Wenn das Opfer den Täter beschuldigt, beschuldigt es sich auch selbst."
Nicht nur für männliche Täter, sondern auch und gerade für weibliche Täter ist der sexuelle Missbrauch von Kindern, der eigenen Kindern in der Regel „narrensicher".
Die Angst der Opfer, sich zu offenbaren, die Angst vor dem Entdeckt-Werden, dass man Opfer ist, ist den Missbraucherinnen natürlich bewusst, und wird von ihnen schamlos ausgenutzt.
„Mütter benutzen die gleichen Rituale wie die männlichen Täter, um ihre Kinder unter Druck zu setzen", stellen *Bauerfeind* und *Schäfer* (1992, S. 95) zutreffend fest:
„Erleichternd für die Täterinnen wirkt sich der Umstand aus, dass es für Jungen anscheinend aufgrund der Erziehung noch schwieriger ist, als Opfer dazustehen."
Damit die Verschwiegenheit der Opfer auch gewährleistet ist, sprechen sich die missbrauchenden Mütter von jeglicher Schuld frei und gehen von einer „besonderen" Mitwirkung der Söhne an diesem Schweigen aus.
Dieser Tatbestand wird von fast allen der von *Amendt* befragten Frauen bestätigt. Auf seine Frage (1993, S. 53): „Können Sie sich vorstellen, dass Ihr Sohn später einmal als Verführung auffasst, was Sie nur gut gemeint haben?", antworteten von den Frauen nur 14,5% mit einem „Ja"; 85,5% schließen aus, „dass Gutgemeintes vom Sohn nachträglich als Verführung ,gesehen' wird". Aus diesen Zahlen schließt *Amendt*, dass die „überwältigende Mehrheit der Frauen glaubt, dass es trotz des Geschlechts- und Generationsunterschieds zwischen Frau und Sohn zu keinem Missverständnis darüber kommt, was verführerisch ist und was nicht". Die befragten Frauen gehen offenbar, so *Amendt* (1993, S. 37, 38), von einer „besonderen äußerst komplizierten psychischen Mitwirkung der Söhne an der Geheimhaltung aus. Folgende Kommentierungen legen das nahe:

- sich einzugestehen, dass man missbraucht wurde, rüttelt am Bild vom starken Mann
- Söhne trauen sich nicht darüber zu sprechen, da das noch kein öffentliches Thema war
- versteckter, mit weniger Gewalt, außerdem glaube ich, dass Männer sich später schwerer tun, über den Missbrauch zu sprechen, als Frauen
- Missbrauch gibt es von Müttern und Frauen, man sollte darüber berichten und Konsequenzen ziehen
- sie haben ja oftmals die Erziehung alleine in der Hand, so können sie die Jungen oft noch mehr unter Druck setzen als die Mädchen, besonders sexuell, außerdem lernen die Jungen immer noch, nicht über ihre Gefühle zu sprechen".

Die Frauen, so *Amendt* (1993, S. 41), scheinen den „zerstörerischen Hintergrund", der mit dem Missbrauch der Söhne und dem Schweigen der Söhne einhergeht, zu ahnen, andererseits versuchen sie dennoch, den „Verschweigenden die Schuld aufzubürden": „Sie kommentieren:

- Vielleicht sind Söhne tiefgehender geschädigt, weil die Gewalt eher fehlt und können deshalb nicht darüber reden
- das mütterliche Verhalten wird von Söhnen nicht als Missbrauch empfunden
- ich denke, dass der Sohn sich des Missbrauchs nicht so schnell bewusst ist."

Das Klischee von der Frau als harmloses Geschöpf ist mitverantwortlich für das Schweigen der Opfer

Dass man männliche Opfer in der Öffentlichkeit sowie den Medien – und zu einem sehr großen Teil auch in der Wissenschaft – genauso wenig wahrnimmt (oder vielmehr nicht wahrnehmen will?) wie missbrauchende Frauen und Mütter, hat verschiedene Gründe. Zu diesen zählt die absurde Annahme: Jungen und Männer sind primär Missbraucher und Mädchen und Frauen primär die Missbrauchsopfer. Mit anderen Worten: „Frauen gelten als harmlose Geschöpfe", so treffend *Jennings* (1995, S. 307), „die so eine kriminelle Handlung unmöglich begehen können."

Da ist es kein Wunder, dass der sexuelle Missbrauch eines männlichen Opfers durch eine Täterin, wenn überhaupt, weniger als sexueller Kindesmissbrauch eingestuft wird. Auch die Folgeschäden fallen, im Vergleich zum weiblichen Opfer und männlichen Täter, nach allgemeiner Auffassung beim männlichen Opfer weniger gravierend aus. Dieses sehr verbreitete Klischee kommt auch in der Studie von *Broussard* u. a. (1991) zum Ausdruck, die jeweils 180 weibliche und männliche Studienanfänger nach ihren Vorstellungen über sexuellen Missbrauch und den Folgen für die Opfer befragten. Das Ergebnis dieser Befragung: Der sexuelle Missbrauch eines männlichen Opfers durch eine Täterin wurde weniger als sexueller Kindesmissbrauch eingestuft; auch würden die Folgeschäden, im Vergleich zum weiblichem Opfer und männlichem Täter, beim männlichen Opfer weniger gravierend ausfallen.
Dieses in der Gesellschaft fest verwurzelte absurde Bild kommt auch in einer bundesdeutschen Studie zum Ausdruck.
Hinz (2001) befragte 670 Jugendliche und junge Erwachsene (37% Männer, 63% Frauen) zu dem Thema[6]. Die Probanden sollten fiktive Szenen beurteilen, so *Hinz* (2001, S. 214), „in denen eine Interaktion eines Erwachsenen mit einem Kind oder einer abhängigen Person (Schüler/Schülerin, Patient/Patientin, Sohn/ Tochter, Neffe/Nichte usw.) geschildert wird, unter dem Gesichtspunkt, ob die Handlung/Annäherung einen ‚sexuellen Missbrauch' darstellt". Bei der Einschätzung, was als sexueller Missbrauch eingestuft wurde und was nicht, gab es unter den Geschlechtern keinen signifikanten Unterschied.
Die Szenen[7] bestanden je zur Hälfte aus Männern als Akteure und Mädchen als Adressaten und Frauen als Akteure und Jungen als Adressaten der Kontakte.
„Die Mann-Mädchen-Szenen werden viel häufiger als Missbrauch wahrgenommen", so *Hinz* (2001, S.214), „als die Frau-Jungen-Szenen, das heißt, in der Beurteilung der Probanden werden Männer häufiger als Frauen zu Tätern, Mädchen häufiger als Jungen zu Opfern."

Einige der fiktiven Szenen mögen diesen Tatbestand verdeutlichen:

• Die Situation, in der die Freundin der Mutter deren 14-jährigen Sohn alleine am FKK-Strand fotografiert, wurde im Vergleich zu dem Freund des Vaters, der dessen Sohn alleine am FKK-Strand fotografiert, eher als unverdächtig und somit nicht als sexueller Missbrauch gedeutet. Von den Probanden stuften 21% die Szene: „Freund des Vaters" als sexuellen Missbrauch ein. Die Szene: „Freundin der Mutter" hingegen wurde nur von 5% als sexueller Missbrauch eingestuft. „Eher ja", meinten 37% zu der Szene „Freund des Vaters" und 17% zu der Szene „Freundin der Mutter"; „Weiß nicht", meinten 21% zur ersten Szene, zur zweiten 24%; „Eher nein", meinten 16% zur ersten Szene und 29% zur zweiten – und dass es *kein* sexueller Missbrauch sei, meinten 6% zur ersten und zur zweiten Szene 26%, die ein „klares Nein" zum Ausdruck brachten.

• Die Situation, in der der Vater im Ehebett mit seiner 13-jährigen Tochter kuschelt und sie streichelt, wird im Vergleich zur Mutter, die im Ehebett mit ihrem 13-jährigen Sohn kuschelt und ihn streichelt, eher als sexueller Missbrauch eingestuft. Die mütterlichen Zärtlichkeiten bewerteten hingegen mehr als doppelt so viele nicht als sexuellen Missbrauch. In Zahlen ausgedrückt (wobei im folgenden die zuerst genannten Zahlen sich auf die Szene „Vater im Ehebett", die darauf genannten sich auf die Szene „Mutter im Ehebett" beziehen): „Klares Ja", meinten 7% zur ersten Szene, 1% zur zweiten; „Eher ja", meinten 16% zur ersten Szene, 7% zur zweiten; „Weiß nicht", meinten 27% zur ersten Szene, 16% zur zweiten; „Eher nein" meinten 29% zur ersten Szene, 31% zur zweiten – und dass es *kein* sexueller Missbrauch sei, meinten 21% zur ersten und zur zweiten Szene 45%, die ein „klares Nein" zum Ausdruck brachten.

• Die Situation, in der sich ein 50-jähriger Mann in einen 11-jährigen Jungen verliebt, ihm Briefe schreibt und versucht, möglichst häufig in seiner Nähe zu sein, wurde im Vergleich zu einer 50-jährigen Frau, die sich in ein 11-jähriges Mädchen verliebt, ihr Briefe schreibt und versucht, möglichst häufig in ihrer Nähe zu sein, eher als sexueller Missbrauch eingestuft: Die Probanden antworteten mit einem „klaren Ja": 27% zur erst genannten Situation, 13% zur zweiten; mit einem „Eher ja": 44% die erste Situation betreffend, 37% die zweite; mit einem „Weiß nicht": 17% die zuerst genannte Situation, 26% die zweite; mit einem „Eher nein": 8% die zuerst genannte Situation, 17% die zweite – und mit einem „klaren Nein": 4% die erste Situation betreffend und 7% die zweite.

Die Studie zeigt, so *Hinz* (2001, S. 223), dass die Wahrnehmung und Beurteilung der fiktiven Szenen unterschiedliche Phantasien bei den Probanden auslösen: „Es gibt also im Kopf der Probanden eine klare Annahme: Männer sind eher Missbraucher und Frauen eher Missbrauchsopfer." Der Verfasser zieht aus der Studie folgendes Resümee:

• Die gesellschaftliche Wahrnehmung akzeptiert derartige Beziehungen zwischen älteren Frauen und Jungen viel eher als die zwischen Männern und Jungen – und ist so in der Tat mitverantwortlich für die hohe Dunkelziffer bei den Täterinnen.

• Diese gesellschaftliche Haltung macht deutlich, „warum männliche Opfer Schwierigkeiten haben, sexuellen Missbrauch zu melden und warum die Dunkelziffer bei Täterinnen weiterhin so groß ist" *(Jennings*, 1995, S. 307).

Wie hoch würde der Täteranteil bei weiblichen Missbraucherinnen ausfallen, wenn männliche und weibliche Missbrauchsopfer die „Mauer des Schweigens" zum Einsturz bringen?

„Es ist anzunehmen", davon ist *Kavemann* (1999, S. 38) offenbar überzeugt, „dass eine breite öffentliche Diskussion über sexuellen Missbrauch durch Frauen die Zahl derer erhöhen wird, die es wagen, von diesen Gewalterlebnissen zu berichten. Dafür müssen wir uns offen halten. Unsere Haltung darf nicht von dem bestimmt sein, was wir glauben oder wünschen, sondern von dem, was wir über die Realität der Mädchen und Jungen erfahren." Eine großangelegte öffentliche Diskussion über missbrauchende Frauen *und* Mütter birgt in der Tat die „große Gefahr", dass sich zahlreiche betroffene missbrauchte weibliche *und* männliche Opfer zu Wort melden.

Das zeigen folgende Beispiele:

• Nach der Konferenz zum Thema *Sexueller Kindesmissbrauch durch Frauen*, die 1992 in London stattfand, und zu der die Radiosendung *This Morning* eine Hotline einrichtete, meldeten sich am gleichen Tag 1000 betroffene Opfer; von diesen hatten 90% erklärt, dass sie zuvor niemals über den Missbrauch gesprochen haben (vgl. hierzu *Elliott,* 1993).

• Von einer im April 1993 von der *BBC* ausgestrahlten Fernsehsendung mit dem Titel *Unaussprechliche Taten* berichtet *Koonin* (1995). Nach der Sendung meldeten sich 160 Frauen auf der *BBC*-Telefon-Hotline, die angaben, sie seien in ihrer Kindheit von Frauen sexuell missbraucht worden.

• Nach der Ausstrahlung des kanadischen Films „*Die Kinder von St. Vincent*" in Kanada meldeten sich über 1000 Männer, die berichteten, in ihrer Kindheit durch weibliche beziehungsweise männliche Täter sexuellem Missbrauch ausgesetzt gewesen zu sein. Der Film beruht auf Tatsachen: In einem *katholischen* Internat für Knaben sind viele Jahre lang in brutalster Form Jungen durch Priester psychisch, physisch und verbal gequält, sexuell missbraucht und vergewaltigt worden.

Das ganze reale Ausmaß der sexuellen Gewalt durch Frauen *und* Mütter wird aber auch weiterhin ein großes Geheimnis bleiben, solange das Gros der Opfer beiderlei Geschlechts schweigt. Mit anderen Worten: Es ist kein Wunder, dass der Anteil der Täterinnen bei fast allen nationalen wie auch internationalen Untersuchungen gering ist. Diese Tatsache führen zahlreiche UntersucherInnen auf Faktoren zurück, die *Bange* und *Deegener* (1996, S. 118) – bezogen auf ihre Studie – zutreffend beschreiben:

„Erstens könnten sich Männer durch das Untersuchungsthema weniger angesprochen gefühlt haben, weil bisher kaum bekannt ist, dass auch viele Jungen Opfer sexueller Gewalt werden. Zumindest die nicht betroffenen Männer könnten deshalb die Untersuchung für wenig relevant halten.

Zweitens passt es nicht in das herrschende Männerbild, dass Jungen sexuell missbraucht werden. Sich damit auseinanderzusetzen, auch Opfer und damit schwach und unterlegen sein zu können, fällt vielen Männern auch heute noch schwer. Ein Fragebogen, der ein Nachdenken über eigene Verletzungen erfordert, könnte deshalb von einigen Männern abgelehnt werden.

Drittens könnte das herrschende Männerbild im Zusammenhang damit, dass Jungen als Opfer sexueller Gewalt im öffentlichen Bewusstsein kaum vorhanden sind, auch Betroffene davon abgehalten haben, teilzunehmen. Denn viele Männer (und natürlich auch Frauen) schämen sich für das, was ihnen da passiert ist, sie haben Angst, dass ihnen nicht geglaubt wird, sie fühlen sich mitschuldig... Sie schweigen. Bei Frauen wirkt dieses Tabu nicht mehr ganz so stark wie bei Männern. (...)."

Es gibt „gute Gründe" dafür, beim sexuellen Missbrauch durch Frauen von einem Dunkelfeld auszugehen, davon ist *Braun* (2001, S. 5) überzeugt:

„Da sind die Jungen, die, um ihr männliches Selbstverständnis zu wahren, die Gewalterfahrung verschweigen oder erzählen, dass sie ‚es' genossen haben. Da sind die Mädchen, die glauben, sie sind Monster, weil sie von einer Frau sexuell missbraucht werden, wo man sie doch immer vor Männern gewarnt hat, die Angst haben, nun lesbisch zu werden oder gar schon seien. Da ist die Öffentlichkeit, die weibliche Gewalt nicht thematisiert und Pädagogen und Pädagoginnen, die nicht an Frauen als Täterinnen denken. Vielleicht wird sich also die Zahl erhöhen. Wir wissen es nicht."

Ein erheblicher Grund, warum in vielen Untersuchungen beziehungsweise Prävalenzstudien, soweit sich diese mit Frauen als Missbraucherinnen überhaupt befassen, kaum oder überhaupt keine Täterinnen genannt werden, ist auch der Tatbestand, dass die männlichen Opfer den Missbrauch durch eine Frau häufig nicht als sexuellen Missbrauch bewerten und darüber schweigen[8].
Bei männlichen Opfern von weiblichen Tätern, so ist es Studien[9] zu entnehmen, gibt es zahlreiche, die sexuelle Erfahrungen (auch mit Blick auf Abenteuer und Neugier) mit älteren Frauen gemacht haben und sich *nicht* als Opfer sexuellen Missbrauchs sehen. Sie stufen diese Erlebnisse eher als sexuelle Initiation ein, obwohl hier die Definition des sexuellen Missbrauchs im Sinne des Strafrechts[10] – möglicherweise je nach strafrechtlicher Missbrauchsinterpretation – angebracht wäre.
An dieser Stelle sei aber auch erwähnt, dass es zahlreiche Jungen (aber auch Mädchen) gibt, die den sexuellen Kontakt zu älteren, auch erwachsenen Personen suchen[11]. Von diesen berichten weit mehr als 30%, *nicht* viktimisiert zu sein und den sexuellen Kontakt als positiv erlebt zu haben[12]. Aus Untersuchungen ist zu entnehmen, dass insbesondere Jungen hochsignifikant häufig *keine* Anzeichen psychischer Beeinträchtigung aufweisen und symptomfrei sind: Opfer, die sich überhaupt nicht als Opfer fühlen, der „sexuelle Missbrauch" also *keine* psychischen oder psychosomatischen Symptome mit Kurzzeit- oder gar Langzeitfolgen zeitigte[13].

Für das Schweigen der Opfer ist auch die gesellschaftliche Homophobie mitverantwortlich

Die Angst der insbesondere männlichen Opfer ist groß, dass sie durch die erlebten Missbrauchshandlungen als homosexuell eingestuft werden. Dies hat zur Folge, dass sie, um der gesellschaftlichen Stigmatisierung zu entgehen, zwischen homosexuellen *und* heterosexuellen Missbrauch und den Folgen unterscheiden.

„Männliche Opfer", so *Jennings* (1995, S. 307), „die von Erwachsenen missbraucht worden waren, stuften ihre psychische Belastung durch heterosexuellen Missbrauch niedriger ein als durch homosexuellen Missbrauch. Anscheinend betrachten viele (zumeist männliche) Opfer, ebenso wie ein großer Teil der allgemeinen Bevölkerung, Frauen immer noch als harmlose Geschöpfe, die so eine kriminelle Handlung unmöglich begehen können."

Jennings Feststellung deckt sich mit einer Vergleichsstudie von *Woods* und *Dean* (zitiert nach *Bolton* u. a., 1989), die herausfanden, dass 50% der durch Frauen missbrauchten Jungen den Missbrauch nachträglich als positiv bewerteten; hingegen fanden sich bei den Jungen, die von Männern missbraucht wurden, nur 16%, die den Missbrauch als positiv einstuften.

Im Vergleich zu *gleichgeschlechtlichen* Kontakten ist der *gegengeschlechtliche* Kontakt, hier zwischen einer Frau und einem Jungen, nicht derart tabuisiert mit der Folge, dass das männliche Opfer den sexuellen Kontakt eher als „Einweisung" in die heterosexuelle Welt versteht und akzeptiert. David *Finkelhor* (1984; vgl. auch *Renvoize,* 1982), der in den USA als Nestor der Kindesmissbrauchsforschung gilt, glaubt, dass insbesondere sexuelle Kontakte zwischen männlichen Jugendlichen und älteren Frauen gesellschaftlich kaum tabuisiert sind und von den Jungen – sofern es sich nicht um Jungen im Kleinkind- oder Vorschulalter handelt – viel eher als Form der sexuellen Initiation erlebt werden und nicht als Viktimisierung.

Hingegen ist die Situation bei männlichen Opfern und männlichen Tätern eine völlig andere:

Die Jungen berichten in diesen Fällen eher von einer Viktimisierung.

Und diese Viktimisierung basiert fast ausschließlich auf der Verunsicherung in der Geschlechtsidentität, die ganz konkret durch das gesellschaftliche Tabu und die Ächtung gleichgeschlechtlicher Kontakte gegeben ist.

Die Meinung eines männlichen Opfers geben *Glöer* und *Schmiedeskamp-Böhler* (1990, S. 133, 134) wieder, das genau diese Auffassung vertritt: Bei gleichgeschlechtlichen pädosexuellen Kontakten sei die sekundäre Schädigung größer, da von der Gesellschaft in größerem Maße tabuisiert – anders sei es bei heterosexuellen pädophilen Beziehungen: „Ich denke, mit einer Frau hätte es keinen so großen Schaden angerichtet, weil das nicht derart öffentlich sanktioniert wird. Oder der Schaden wäre nicht so leicht erkennbar. Wenn es mit einer Frau passiert wäre, wäre es sicher auch schlimm, aber es gäbe, weil die Sanktionierung fehlt, eine andere Auseinandersetzung."

Die Viktimisierung von Jungen[14] bei *gewaltfreien* sexuellen Kontakten zu Männern würde offensichtlich nicht oder nur in wenigen Fällen eintreten, wenn Homosexualität keiner Tabuisierung unterworfen und gesellschaftlich uneingeschränkt anerkannt wäre. Es stellt sich somit die Frage, *ob die Viktimisierung von Jungen letztlich zu einem sehr großen Teil durch die Gesellschaft verursacht wird*. Mit anderen Worten: Mit Blick auf die Ablehnung in der Gesellschaft ist die Gefahr einer sekundären Traumatisierung am größten[15].

Aus diesem Grund haben männliche Opfer, die von einem Mann „verführt" worden sind, nicht nur Angst, dass sie „homosexuell" werden könnten, ihnen haftet unweigerlich – spätestens, wenn der Kontakt bekannt wird – das Stigma an, schwul, nicht „normal" und somit kein richtiger Mann zu sein[16]. So berichtet beispielsweise ein betroffener Mann gegenüber *Bange* und *Enders* (1995) über seine Erektion und die Angst, homosexuell zu sein:

„Als der sexuelle Missbrauch anfing, war ich so zehn, elf Jahre. Der Typ hat mich ganz geschickt in diese Sache reingezogen. Er hat mir zugehört, hat mir Knete zum Flippern geschenkt und ist irgendwie auf meine Probleme eingegangen, was meine Alten damals nicht getan haben. Da fand ich den Typ natürlich toll und war ganz happy. So ganz langsam hat er dann aber mit dem Sex angefangen. Erst so ein bisschen Balgen und so. Dann mehr. Mir waren viele der sexuellen Sachen total unangenehm. Besonders wenn ich ihn anfassen musste. Aber ein paar Sachen haben mich auch sexuell erregt. Ja, und da habe ich gedacht: ‚Sex mit einem Mann und dann auch noch ´ne Latte, da bist du doch nicht normal, da bist du doch schwul.‘ Und weil alle Welt über Schwule herzog, habe ich mich auch nicht getraut, was zu erzählen. Ich dachte, die verspotten mich dann und geben mir die Schuld."

Ein anderer Betroffener berichtet in einem Interview mit *van den Broek* (1996, S. 114) über seine Schwierigkeiten mit der Geschlechtsidentität:

„Ich habe jahrelang gemeint, keine Sexualität zu haben, asexuell zu sein. Ich hatte entsetzliche Angst, bis zu meinem zwanzigsten Lebensjahr, dass ich es nicht können, dass ich keine Erektion bekommen würde. Angst, als Mann abgewiesen zu werden. Spielchen mit Jungen waren sehr interessant und spannend, und denen bin ich nicht aus dem Weg gegangen. Das war sicher, und die Grenzen waren klar, weil es oberflächlich bleiben würde. Sobald es mit Frauen zu tun hatte, bekam ich Angst, es nicht zu können und kein Mann zu sein. Mit Jungen hatte ich das Problem nicht. Das ist sehr verwirrend für mich gewesen. Bin ich zuletzt doch ein Homosexueller?"

Unstrittig werden Mädchen und Jungen durch sexuelle Erlebnisse mit erwachsenen Frauen oder Männern nicht homosexuell[17]. Auf einen interessanten Punkt in der psychosexuellen Entwicklung von Jungen macht *Körner* (1975, S. 260) aufmerksam:
„Die männlichen minderjährigen Opfer meines Materials nahmen an den gleichgeschlechtlichen Sexualkontakten regelmäßig ohne homophile Partnerbildung teil. Sie nutzten diese Kontakte zum Gelderwerb oder als Möglichkeit, die eigene Geschlechtlichkeit zu entdecken. Dabei war zu beobachten, dass viele Jungen im vorpuberalen Alter bei der Entdeckung ihres Triebes und der Suche nach einer befriedigenden Sexualäußerung zwischen homosexuellen und vorsichtigen heterosexuellen Kontakten hin- und herschwankten. Zahlreiche Untersuchungen und Umfragen gelangten zu dem Ergebnis, dass homosexuelle Erlebnisse bei einem erheblichen Teil der männlichen Bevölkerung eine Zwischenstufe des Reifungsprozesses bilden, ohne dass es später deshalb zu einer homosexuellen Fixierung kommt."
Über den „Übergang von der Homophilie zur Heterophilie" berichtet ein Betroffener *Bernard* (1973, S. 22) gegenüber:
„Ich bin 18 Jahre alt, geboren und aufgewachsen in Scheveningen (Niederlande – Anm. d. Verf.). Meine Eltern waren sehr frei, jedoch nicht auf sexuellem Gebiet. Als Junge von acht bis neun Jahren wurde ich konfrontiert mit Männern, die im Wald ihren Penis zeigten. Das zog mich an, ich bekam sogar, als ich etwas älter war, Erektionen. Ich kam in Kontakt mit einem älteren Mann, einem Pädophilen. Mit ihm hatte ich Sex, sehr unschuldig übrigens. Ich komme jetzt schon vier Jahre mit ihm zusammen, und ich bin froh, dass ich diesen Mann kennen gelernt habe, denn er hat mir den zweiten Teil meiner Erziehung gegeben. Ich hatte nie Reue empfunden, noch habe ich Nachteile durch den

Verkehr mit diesem Mann gehabt. Ich gehe nun schon fast ein Jahr lang mit einem Mädchen, und wir gehen auch häufig miteinander ins Bett (dreimal pro Woche). Auch jetzt noch komme ich oft mit Homophilen zusammen (kein Sex).
Nun, wo ich etwas älter bin, hat der ältere Freund kein Interesse mehr an mir, was Sex betrifft, aber unser Einvernehmen hat sich dadurch nicht verschlechtert, ich betrachte ihn als meinen zweiten Vater. Meiner Meinung nach bin ich jetzt heterosexuell."

Nicht nur Jungen, die von Männern missbraucht werden, kämpfen mit der Angst, homosexuell zu sein. Auch Jungen, die von Frauen missbraucht werden, leben mit dieser Angst. Eine sehr wichtige Erklärung für diese Angst liefern beispielsweise *Johnson* und *Shrier* (1987). In ihrer Studie berichten sie, die Wirkung des sexuellen Missbrauchs durch Frauen sei insofern schwerwiegend, als die männlichen Opfer eine Umkehrung von den stereotypen Geschlechtsrollen erfahren: Die missbrauchende Frau hat die mächtige, dominante Rolle inne, und der missbrauchte Junge die schwächere. Sehr katastrophal ist es für den Jungen, wenn er Angst vor der Frau hat. Versagt der Junge gegenüber der Frau oder verspürt er Ekel vor dem Missbrauch oder wird er bei der Handlung nicht sexuell erregt, dann glaubt er, er sei schwul und kein richtiger Hetero-Mann.
Diese Auffassung wird gerade auch von *Finkelhor* (1984) bestätigt, der hierin eine gewichtige Ursache sieht, dass männliche Opfer mit dem Stigma der Homosexualität belegt würden.

Während Heterosexualität als die wünschenswerteste Form der Sexualität angesehen wird, werden Homosexuelle, wenn nicht gar als krank und pervers, so doch zumindest als „Tunten" diffamiert: Eine Tunte ist demnach unmännlich, und somit weibisch. Die Folge: Insbesondere mit Blick auf die existierende gesellschaftliche Homophobie sind die Jungen sehr darum bemüht, alle ihre weiblichen Anteile und weiblichen Wesenszüge abzuwehren, abzustreifen, zu bekämpfen, zu ächten.
„Wie beängstigend Jungen die weiblichen Anteile in sich empfinden", führen hierzu treffend *Berger* und *Ketterer* (1997, S. 331) aus, „zeigt sich aus dem Phänomen der pubertären Homophobie – der panischen Angst vor der Homosexualität und dem Hass auf alles ‚weibisch' Schwule."
Da wundert das Schweigen, die große Zurückhaltung der Missbrauchsopfer nicht, wie *Nasjleti* (1980) berichtet: Gesellschaftlich vermittelte Vorstellungen von Maskulinität, Stärke und Unabhängigkeit seien hierfür (mit)verantwortlich.
Die Art, wie Kinder, hier insbesondere die Jungen, mit stereotypen Auffassungen von Männlichkeit und Weiblichkeit in der Gesellschaft großgezogen werden, spielt eine sehr gewichtige Rolle[18]: Das Bild von Weiblichkeit und Männlichkeit in allen Kulturen und Gesellschaften lässt kein anderes Bild zu als das des echten, starken, potenten Mannes, der schon als Junge keinerlei Gefühlsregung zeigen darf.
Der Junge ist dazu verdammt, bereits in der Kindheit seine Gefühle zu verdrängen und abzuspalten. Denn Emotionen und Zärtlichkeit stellen das Bild des „ganzen Mannes" in Frage, werden als Schwäche und „weibisch" ausgelegt – und sind den Mädchen, Frauen vorbehalten[19].
Der Junge darf nicht schwach, kein Schwächling sein, darf nach innen und nach außen keinen Hauch von Gefühlen zeigen, nicht traurig sein und weinen, nicht verletzbar sein. Ein Junge, der Gefühle zeigt, wird schnell als schwul bezeichnet – egal, ob er es ist oder auch nicht.

Ein richtiger Junge zeigt keine Gefühlsregung, er ist immer cool, stark, maskulin, potent, unverletzlich – und niemals ein Opfer.
„Wenn Männer keine Opfer zu sein haben, dann sind Opfer keine Männer", bringt es *Lew* (1993, S. 67) treffend auf dem Punkt:
„Den Mann, der dem Missbrauch zum Opfer gefallen ist, treibt die Frage um, zu was der Missbrauch ihn gemacht hat. Da er von sich selbst glaubt, kein richtiger Mann mehr zu sein, sieht er sich vielleicht als Kind, Frau, Schwulen oder Untermenschen – als eine heillos kaputte, groteske Figur."
Um sich aus der Opferrolle zu befreien, unternimmt der „schwache" Junge alles, um Männlichkeit pur zu demonstrieren. Mit anderen Worten: Das Opfer wird alles unternehmen, um dem gesellschaftlichen Bild vom „starken" Mann zu entsprechen. Er wird nicht nur Gewaltbereitschaft demonstrieren, sondern sie ohne Wenn und Aber gegen Schwächere einsetzen.
„Die Erfahrung der eigenen Verwundbarkeit, Verletzlichkeit und Hilflosigkeit ist für das männliche Selbstbild schwer zu ertragen", führt im Zusammenhang mit der „Identifikation mit dem Aggressor" und der Rolle des Opfers, das zum Täter wird, treffend *Harten* (1997, S. 115) aus:
„Sie wird deshalb geleugnet, verdrängt, abgespalten beziehungsweise in den Hintergrund gedrängt, indem das Opfer die Macht des Täters in sich hineinnimmt, zu seiner eigenen macht und sich mit dem Aggressor identifiziert. Unter soziokulturellen Gesichtspunkten wird dieser Transformationsprozess (vom Opfer zum Täter) durch kulturelle Stereotypen, Mythen und Rollenangebote, die die männliche Rolle und das Geschlechterverhältnis betreffen, unterstützt; diese Unterstützung setzt sich über Subkulturen männlicher Aggression und Dominanz um und wird durch diese Subkulturen verstärkt."

Die Medien spielen hier eine gewichtige Rolle: Sie suggerieren zur Aufrechterhaltung der „männlichen Identität" ein Bild des starken maskulinen Jungen, der immer sexuell potent, erregt ist und beim Geschlechtsverkehr immer gute Leistungen bringen kann[1 9a].
Für Jungen ist es demnach wichtig, frühzeitig Sex mit dem anderen Geschlecht zu haben. Viele lassen sich, um als Mann innerhalb der *Peergroups* Anerkennung zu finden, nicht nur mit Mädchen, sondern gerade auch mit älteren Frauen ein. Und es gibt genug Frauen, die den Knaben in die leidenschaftliche „Liebe" einführen wollen. – Es sind Frauen, die den jungen zarten strammen Knabenkörper wild und heiß begehren und den (kleinen) Phallus begierig in sich aufnehmen.
„Jungen, die von einer Frau missbraucht wurden", so *van den Broek* (1996, S. 18), „haben aus dieser Sicht ‚Glück' gehabt; sie sind früh zum Zug gekommen. Außerdem werden sie es wohl auch selbst gewollt haben: So eine Gelegenheit kann man sich doch nicht entgehen lassen? Wenn ein Junge zeigt, dass er diese Form von Sex, den Missbrauch, überhaupt nicht als angenehm empfunden hat, kann damit seine Männlichkeit zur Diskussion gestellt werden."
Insofern ist es auch nicht verwunderlich, dass männliche Opfer im Nachhinein den sexuellen Missbrauch durch eine Frau nicht so negativ sehen. Einen erheblichen Grund sehen *Glöer* und *Schmiedeskamp-Böhler* (1990, S. 26) darin, dass „... sie befürchten, belächelt oder in ihrer Männlichkeit angezweifelt zu werden, wenn sie sexuelle Erlebnisse mit Frauen als ‚gewalttätig' oder ‚unangenehm' bezeichnen. In so einem Fall werden die Jungen oft mit der Erwartung konfrontiert, dass sie eigentlich ihre Misshandlung genießen sollten".

Für Jungen und Mädchen, die von Frauen beziehungsweise ihren Müttern missbraucht worden sind, ist es besonders schwer, über den Missbrauch zu sprechen, wenn während des sexuellen Missbrauchs Lustgefühle und sexuelle Erregung aufkommen[20]. So fanden sich unter den sexuell missbrauchten Kindern und Jugendlichen, die bei *ChildLine* anriefen, viele, so *Harrison* und *Cobham* (1995), die von großen Konflikten, wie ihr eigener Körper auf den Missbrauch reagierte, „dem ‚Vergnügen', das sie erlebten", berichteten. Insbesondere die Opfer, die von Frauen (der Anteil der Täterinnen lag bei 780 [9%], der der Männer bei 7883 [91%]) missbraucht worden sind, litten darunter. So berichtete ein 14-jähriger Junge, er „genieße den Sex mit seiner Stiefmutter, war aber in großer Sorge, er könne sie schwängern. Mehrere männliche Anrufer deuteten an, dass innerhalb ihrer *Peergroups* ein beträchtlicher Druck bestehe, sich ‚macho-mässig' verhalten zu müssen. Tendenziell verstärkte das bei ihnen noch die Unsicherheit, ob sie mit ihren Müttern, weiblichen Verwandten oder älteren weiblichen Bekannten Sex haben sollten oder nicht". Zahlreiche Kinder waren verunsichert, „ob es richtig sei, sich zu beschweren oder Nein zu sagen. Viele hatten überhaupt große Schwierigkeiten, über das zu reden, was da tatsächlich passierte, und wenn sie es erzählten, drückten sie oft Schuldgefühle aus und baten nur ungern um Hilfe".

Es gab einige Opfer, berichten *Harrison* und *Cobham* (1995, S. 156, 157) weiter, deren „sexuelle Orientierung und PartnerInnenwahl stark von ihren sexuellen Missbrauchserfahrungen beeinflusst worden waren. Eine junge Frau und ihre Schwester waren als kleine Kinder von einer Freundin der Familie missbraucht worden. Die Anruferin berichtete, sie habe eine ganze Weile angenommen, sie müsse lesbisch sein. Sie hatte das geglaubt, weil sie dachte, die Tatsache, dass die Täterin sie ausgewählt hatte, müsste etwas über ihre Sexualität aussagen. Ein 16-jähriger Junge, dessen Mutter ihn immer wieder gezwungen hatte, das zu tun, ‚was sein Vater nicht tun wollte', lebte jetzt mit einem viel älteren Mann zusammen, was ihm weniger bedrohlich erschien. Ein anderer Anrufer gleichen Alters, dessen Sorgen vermutlich die vieler anderer widerspiegelten, sagte, der Sex, den seine Stiefmutter initiiere, erwecke in ihm Zweifel, was richtig und falsch sei, was dies für seine Beziehung mit seiner biologischen Mutter bedeute und ob er in der Lage sein werde, ‚richtige' Beziehungen aufzubauen, wenn er erwachsen sei."

3.2 Psychische Folgen sexuellen Missbrauchs
Die missbrauchende Mutter begeht einen „Seelenmord"[1]

„Ich empfand eine abgrundtiefe Abscheu. Mein Körper kannte ein Geheimnis, von dem niemand etwas wissen durfte. Dennoch fühlte ich trotz des Ekelgefühls kurzzeitig Lust und Erregung. Es verwirrte und quälte mich ungemein, gleichzeitig und aus demselben Grund Lust und Abscheu zu empfinden. Wenn ich das, was zwischen meiner Mutter und mir geschah, hasste, wie konnte mein Körper dann so reagieren? Die Erregung, die ich erlebte, schlug urplötzlich in Scham und Ekel um. Ich hasste meinen Körper, weil er mir in einer so ekelerregenden Situation Lustgefühle vermittelte."
Richard Berendzen (1994, S.142)

Der insbesondere mit Gewalt und Zwang verbundene sexuelle Missbrauch[2] ist in der Regel für das betroffene Kind eine traumatische Erfahrung, die folgenschwere kurz- und auch langfristige Folgen haben kann. Folgen, die einen Einfluss auf das Erleben und Selbstwertgefühl haben, aber auch fundamentale Veränderungen im Leben eines Kindes verursachen können: Verlust von Bindungsfähigkeit, „Frühreife", verkürzte Kindheitsphase und Charakterdeformationen. Entwicklungsmöglichkeiten werden abgeschnitten mit der Folge, dass das Kind jede Menge Schwierigkeiten erfährt. Insbesondere der gewaltsame Kindesmissbrauch greift verletzend in das Entdecken und Erleben der eigenen erotischen und sexuellen Gefühle eines Kindes ein. Die gewaltsame und erzwungene Sexualität, die Erfahrung des Missbraucht-Werdens macht es schwierig, die Sexualität als etwas Angenehmes zu erleben.

Zehn Faktoren, von denen die Folgen sexuellen Missbrauchs stark abhängen, führt *Rensen* (1992, S. 130) an:
„1. Alter des Kindes: je kleiner das Kind, um so schädlicher der Missbrauch.
2. Altersunterschied: je größer der Altersunterschied zwischen Täter und Kind, um so schädlicher die Tat.
3. Verwandtschaft: je näher man miteinander verwandt ist, um so schwerwiegender ist die Tat.
4. Geschlecht des Täters: Männer, die Mädchen missbrauchen, sind für ernstere Folgen verantwortlich als Frauen, die Jungen missbrauchen[3].
5. Art der Handlungen: Penetration ist wesentlich schädlicher, als ein einmaliger Kontakt mit ein wenig Gefummel.
6. Häufigkeit der Handlungen und Dauer der Beziehung: Missbrauch zieht sich häufig über Jahre hin, kann aber auch die Handlung eines Gelegenheitstäters sein (meist pubertierende Jugendliche) und ist in diesem Fall weniger schädlich.
7. Ausmaß von Zwang und Gewalt: je größer der Zwang, um so ernsthafter die Folgen.
8. ‚Passive Zustimmung' des Kindes: Wenn ein Kind nicht will und dies auch deutlich macht oder sich effektiv dagegen wehrt, sind die Folgen weniger schlimm. Bei einem eher schüchternen oder vernachlässigten Kind – mit schlecht entwickeltem Selbstwertgefühl – ist der Schaden wesentlich größer[4]. Das Kind fühlt sich hilflos, schämt sich und hält sich für mitverantwortlich.

9. Sozialer Kontext, innerhalb dessen es zum Missbrauch kommt: Bei einer Familie mit einer stark unterdrückten Sexualmoral ist der Druck zu Geheimhaltung und Scham- und Schuldgefühle[5] beim Kind wesentlich größer als bei einer familiären Subkultur, in der Sex und Aggressionen nun einmal dazugehören.

10. Druck zu Geheimhaltung, Drohung, mit der das Schweigen erzwungen wird, moralische Erpressung, mit der dies geschieht und Verantwortung, die dem Kind aufgebürdet wird, verursachen großen Schaden. ‚Wenn du das erzählst, muss dein Vater ins Gefängnis, deine Mutter kommt ins Irrenhaus und du musst ins Kinderheim; wenn du etwas erzählst, dann mache ich Schluss; wenn du etwas erzählst, dann mache ich dich tot, dann ermorde ich deine Mutter, dann schlag ich dein Kaninchen kaputt...' Diese ständige Drohung mit körperlicher, psychischer und sexueller Gewalt ist wesentlich schädlicher als die ‚Tat' selbst."

Viele andere AutorInnen kommen inhaltlich zu den gleichen Faktoren. So beispielsweise *Frenken* und *van Stolk* (1988, S. 329), die wie viele andere nur von weiblichen Opfern und männlichen Tätern sprechen:
„Je jünger das Mädchen bei Missbrauchsbeginn war und je häufiger es missbraucht wurde, desto wahrscheinlicher sind später gravierende Beschwerden. (...) Die Wahrscheinlichkeit schwerer Langzeitfolgen erhöht sich signifikant, wenn der Täter beim Opfer Schuldgefühle ausgelöst hat, um die Geheimhaltung seiner Tat sicherzustellen. Ähnliches gilt für die Haltung und das Verhalten der Mutter gegenüber ihrer Tochter."

Sechs Faktoren, die das Ausmaß der Traumen bestimmen, haben *Mrazek* und *Mrazek* (1981) ermittelt:

• Die Intensität des Sexualkontaktes: Je weitgehender der Sexualkontakt ist, desto schwerer das Trauma und die entstehenden Störungen.
• Das Alter und die Entwicklung des Kindes: Je jünger das Kind zur Zeit des Missbrauchs ist, desto schwerer das Trauma.
• Die Beziehung zum Täter bzw. zur Täterin: Das Trauma wird schwerer, je enger diese Beziehung ist.
• Die affektive Art der sexuellen Beziehung: Das Trauma ist desto schwerer, je weniger positive Gefühle es innerhalb der sexuellen Beziehung gibt.
• Der Altersunterschied zum Täter bzw. zur Täterin: Die Schwere des Traumas nimmt zu, je größer der Altersunterschied ist.
• Die Dauer der sexuellen Beziehung: Je länger diese Beziehung andauert, desto schwerer wird das Trauma.

Bei *inzestuösem* Kindesmissbrauch gilt: Je enger und vertrauter die Beziehung zwischen dem Inzestvater oder der Inzestmutter und dem Kind ist, um so höher ist die Wahrscheinlichkeit, dass der sexuelle Missbrauch traumatische Folgen für das Opfer zeitigen kann[6]. Ein solches Inzest-Opfer leidet als Folge auch an Vertrauensverlust, es fühlt sich verraten, enttäuscht. – Und werden beim *inzestuösen* Kindesmissbrauch Gewalt, Zwang, und Drohungen eingesetzt, sind die traumatischen (Folge-)Schäden sehr oft schlimmer, ja im schlimmsten Fall sogar irreparabel[7].

Der Mutter-Sohn-Inzest ist genauso verheerend wie der Vater-Tochter-Inzest

Dass der sexuelle Missbrauch und seine schädlichen Auswirkungen bei männlichen Opfern denen der weiblichen Opfer sehr ähneln und genauso gravierend sind, und zwar unabhängig vom Geschlecht des Täters, ergibt sich aus entsprechenden Studien[8]:

• Bei einer Überprüfung der Literatur waren *Watkins* und *Bentovim* (1992) außerstande, klare Beweise zu finden, ob männliche oder weibliche Opfer durch den Missbrauch mehr geschädigt werden.

• Dass weibliche wie männliche Kinder den sexuellen Missbrauch durch Frauen – in der Regel Mütter – genauso traumatisch erleben können wie durch Männer und Väter, ist unstrittig. Der sexuelle Missbrauch durch Frauen und Mütter ist sogar sehr häufig bedrohlicher. Insbesondere der sexuelle Missbrauch durch die eigene Mutter ist zerstörerisch, die Opfer leiden ein Leben lang an den – oft auch irreparablen – Folgeschäden[9]. Dies gilt insbesondere für die Individualität und die Identität des missbrauchten Sohnes als Mann.
Die klinische Studie von *Johnson* und *Shrier* (1987) beispielsweise zeigt, dass die meisten Jungen, die von Frauen und Müttern missbraucht wurden, den Missbrauch als traumatisch erlebten. Sie fanden keinerlei nennenswerten Unterschied in der Traumatisierung, gleichgültig, ob es sich um einen männlichen oder weiblichen Täter handelte. Dass der Mutter-Sohn-Inzest genauso verheerend ist wie der Vater-Tochter-Inzest, davon ist auch *Gödtel* (1992; vgl. auch *Mayer*, 1992; *Love*, 1997) überzeugt.

• Der inzestuöse Missbrauch ist in der Regel für die weiblichen *und* männlichen Opfer mit traumatischeren (Folge-)Schäden verbunden als der durch Fremdtäter[10].
„Durch den sexuellen Missbrauch verliert das Kind", wie *van den Broek* (1996, S. 43, 44) unter Hinweis auf *Lew* (1993) zutreffend ausführt, „die Kindheit und Erinnerung daran. Sexueller Missbrauch führt zu Schmerz. Eine Art, diesem Schmerz zuvorzukommen, ist der Versuch des schnellstmöglichen Vergessens. ... Das Traurige daran ist, dass sie früher oder später dahinterkommen, dass sie kein Kind haben sein können. Diese Zeit können sie nicht mehr nachholen, und niemand gibt sie ihnen jemals zurück. ... Durch den erlittenen Missbrauch wagt das Kind es nicht mehr, sich dem Spiel (mit anderen Kindern - Anm. d. Verf.) spontan hinzugeben. Oft ist Alleinsein die einzige Art, sich sicher zu fühlen. Spielen verlangt Spontaneität, Kreativität und Aktivität. Für viele Opfer ist dies zu bedrohlich. Die Angst, die Kontrolle über die Umgebung zu verlieren, dominiert, wodurch es sehr schwierig ist, gute und schöne Erfahrungen zu machen."

Auch leiden Kinder, denen bei sexuellen Übergriffen insbesondere Gewalt angetan wurde, unter einem psychischen Schock: Angst, Depression, Alpträume und Schlafstörungen begleiten ihre weitere „Kindheit", „Jugend" und „Erwachsensein". Sie entwickeln während der sexuellen Gewalt häufig einen Schutzmechanismus, um den Gewaltakt „auszuhalten" und zu „überleben". Das Trauma manifestiert sich dabei massiv in ihre Kinderseele: Sie wählen die „Flucht aus ihrem kindlichen Körper", die sie während des Aktes

vom Schmerz, der Angst, dem „Erdrücktwerden" zumindest vorübergehend „befreit".
„Viele Kinder machen sich vor allem während des Missbrauchs völlig steif", berichten *Bauerfeind* und *Schäfer* (1992, S. 115), „sie erstarren nahezu. Sie entwickeln eine Art Muskelreflex, mit dem sie ihren Körper leblos, unbewohnt und gefühllos machen. Als Erwachsene erleben sie später oft Lähmungserscheinungen und Gefühllosigkeit bestimmter Körperteile."

Die Autorinnen (1992, S. 156) zitieren eine Frau, die als Kind von ihrer Mutter jahrelang mit „Darmeinläufen, Untersuchungen und Fiebermessungen im Analbereich missbraucht" wurde. Dieser brutale Kindesmissbrauch habe zu einer „Spaltung der Körper-Seele-Geist-Einheit" geführt:

„Ich träumte, dass ich meinen Kopf abgenommen und zu meiner Mutter in den Eisschrank gelegt hatte. Als ich dann mein eigenes Leben in meiner Ehe beginnen wollte, merkte ich, dass der Kopf nicht mehr auf den Körper passte. Die Verbindungsstränge – Adern, Sehnen, Muskeln – ließen sich nicht mehr zusammenfügen. Dieser Trennungsschmerz war ein totaler Schock."

Ein 38-jähriger Mann, der in seiner Kindheit langjährig von seiner Mutter missbraucht wurde, berichtet gegenüber *Teegen* u. a. (1992, S. 21):

„Ich spüre meinen Körper durch Schmerzen und Verschlingungen der Därme und durch den Magendruck."

Bevor der Verfasser nun die *psychosexuellen Dysfunktionen* und *psychosomatischen, psychischen* und *sozialen Folgen* sowie *Autoaggressionen*, die bei insbesondere schwerwiegendem sexuellen Missbrauch auftreten können, im einzelnen beschreibt, erlaubt er sich, auf folgende Punkte hinzuweisen:

• Eine Kausalität zwischen (Folge-)Schäden und sexuellen Missbrauch kann *nicht* zwingend hergestellt werden. Mit anderen Worten: Es gibt *keine* spezifische Diagnose, auf die man *ausschließlich* den sexuellen Missbrauch zurückführen kann[11].

• Häufig sind es psychische, physische Misshandlungen und Verwahrlosung, die ursächlich verantwortlich sein können für nach dem Missbrauch auftretenden Folgeerscheinungen. Mit anderen Worten: Ein vorhandenes dysfunktionales Familienklima (Erziehungsstil, elterliche Gewalt, Scheidung der Eltern und belastende Erfahrungen bei der Aufdeckung) ist zwingend zu berücksichtigen[12].

• Aus den empirischen Befunden zu den Langzeitfolgen lässt sich *kein* typisches „Missbrauchssyndrom" ableiten[13].

Folgen sexuellen Missbrauchs

Probleme mit der Sexualität / Sexuelle Dysfunktionen

Sexuelle Probleme und Dysfunktionen können (müssen es aber nicht) als Folge des sexuellen Missbrauchs auftreten: Vermeidung von Sexualität, Frigidität, Dyspareunie (schmerzhaften Geschlechtsverkehr), Vaginismus (psychisch bedingter Scheidenkrampf), phobische Reaktionen auf Sexualität, Erregungs- und Orgasmusprobleme, Impotenz, Verwirrung hinsichtlich der sexuellen Orientierung (Geschlechtsidentität) und sexueller Normen, aber auch sexuelle Auffälligkeiten wie beispielsweise übersteigertes und zwanghaftes, altersinadäquates und aggressives Verhalten finden sich in zahlreichen Studien[14]. Für einige Autoren sind sexuelle Dysfunktionen das häufigste auftretende Folgeproblem[15].
Viele missbrauchte Opfer, die Probleme mit der Geschlechtsidentität haben[16], leiden häufig unter der Angst, homosexuell zu sein: oft wird weder Nähe noch Intimität zugelassen.
Häufig wird die Beziehung mit Menschen sexualisiert und in Form der Promiskuität ausgelebt[17]. Über Sexualverhalten mit großen Risiken wie ungeschütztem Geschlechtsverkehr mit Risikopartnern berichten *Allers* und *Benjack* (1991) sowie *Allers* u. a. (1993), die feststellen, dass bei 42% in ihrer Kindheit sexuell missbrauchten Opfern, die sich später promiskuitiv verhielten, eine HIV-Infektion gefunden wurde.
Auch sexuelle Deviationen können (müssen aber nicht) auftreten. So wird beispielsweise im Rahmen der sexualisierten und promiskuitiven Beziehung häufig auch sexuelle Perversionen ausgelebt[18].

> Kinder, die von Frauen und Müttern sexuell missbraucht wurden (und werden), leiden verstärkt an sexuellen Problemen und sexuellen Dysfunktionen. Zu diesen gehören insbesondere unsichere Geschlechtsidentität, Vermeidung von Sexualität, phobische Reaktionen auf Sexualität, Erregungs- und Orgasmusprobleme, *Ejaculatio praecox, Impotenz*.
> In ihrem Verhalten sind sie vielfach auch sexuell aggressiv. Sexualität sehen sie als ein Machtinstrumentarium, dass sie in der Kindheits- und Adoleszenzphase wie auch als Erwachsene gegen Dritte einsetzen[20].

Viele missbrauchte Opfer haben bereits in ihrer Kindheit sexuelle Probleme. Auch sind häufig sexuelle Dysfunktionen nachweisbar.
Johnson und *Shrier* (1985) beispielsweise verglichen 40 sexuell missbrauchte ältere Jungen mit 40 nicht missbrauchten Jungen; von den missbrauchten Jungen hatten 23%, von den nicht missbrauchten Jungen hingegen „nur" 8% psychosoziale Probleme der verschiedensten Art. Bei 25% der missbrauchten und „nur" bei 5% der nicht missbrauchten Jungen fanden sie sexuelle Dysfunktionen und Auffälligkeiten verschiedener Art wie beispielsweise gehemmte Libido, vorzeitige Ejakulation und ausbleibende Ejakulation, Hypersexualisierung bzw. altersunangemessenes Sexualverhalten[21]. *Friedrich* u. a. (1986) kommen in einem Vergleich zu dem Ergebnis, dass 31 sexuell missbrauchte Jungen im Alter

von drei bis acht Jahren sich im Vergleich zu 33 gleichaltrigen Jungen, die nicht sexuell missbraucht wurden, die aber wegen Erziehungsschwierigkeiten in Behandlung waren, häufiger sexuell auffallend verhielten; die nicht-missbrauchten Jungen waren häufig ungehorsam, „zappelten" und „jammerten". In einer zweiten Studie kommt *Friedrich* (1988) zu ähnlichen Ergebnissen. *Johnson* (1988, 1989) hingegen berichtet, dass schwer und mehrfach sexuell missbrauchte Mädchen häufig ein aggressives Sexualverhalten zeigen, während die Hälfte der 47 von ihm untersuchten sexuell aggressiven Jungen im Alter von 4 bis 13 Jahren keinen sexuellen Missbrauch erfahren hatte.

In ihrer Überblicksarbeit kommen *Beitchman* u. a. (1991) zum Ergebnis, dass bei sexuell missbrauchten Kindern häufig ein sexualisiertes Verhalten im Vorschulalter ausgeprägt ist, in der Latenzzeit zurücktritt und in der Adoleszenz letztlich als Promiskuität, Prostitution oder sexuelle Aggression wieder auftritt.

Ein sehr interessantes Ergebnis stellt die Untersuchung von *Kinzl* u. a. (1995) dar, in der festgestellt wird, dass Funktionsstörungen im Sexualbereich als mögliche Folge sexueller Traumatisierung erst aus der Verbindung zwischen sexuellen Missbrauch *und* Beeinträchtigungen der Eltern-Kind-Beziehung erklärbar werden.

> Kinder, die von Frauen, Müttern sexuell missbraucht wurden (werden), neigen häufig zur Promiskuität: die Sexualität wird „wahllos", suchtartig ausgelebt[22].

Sexuelle Auffälligkeiten im Kindesalter sind *nicht* zwingend ein Indikator dafür, dass sexueller Missbrauch auch stattgefunden hat. So berichtet beispielsweise *Volbert* (1997, S. 394):

„Dennoch lässt sich aus dem Auftreten eines sexuellen Verhaltens bei einem Kind allein kaum ein Hinweis oder gar ein Beleg für einen stattgefundenen sexuellen Missbrauch ableiten. Gerade bei Kindern zwischen drei und sechs Jahren sind auto-erotische Aktivitäten sowie das Zeigen der eigenen Genitalien und Anschauen und Anfassen der Genitalien anderer (anderer Kinder, vertrauter Bezugsperson) häufig zu beobachten, und bieten von daher keinen Anlass, nach etwaigen Auslöser-Ereignissen für diese Handlungen zu suchen. Unter Kindern seltene sexuelle Verhaltensweisen wie das Einführen von Gegenständen in Anus oder Vagina oder oral-genitale Kontakte sind ebenfalls allein noch kein Beleg für einen stattgefundenen sexuellen Missbrauch."

Und zu Recht warnt *Volbert* (1997, S. 395) vor unnötigen „Belastungen und der Gefahr möglicher suggestiver Einflussnahme: Besonders zu warnen ist davor, jede sexuelle Verhaltensäußerung von Kindern als erklärungsbedürftig und möglichen Hinweis auf einen sexuellen Missbrauch zu erachten. Dies kann in der Konsequenz nicht nur zur Suggestion einer Aussage über einen sexuellen Missbrauch führen, sondern tangiert sicherlich auch in negativer Weise die weitere Sexualentwicklung des Kindes."

Auch *Scholz* und *Endres* (1995, S. 7, 8) mahnen zur Vorsicht:

„Zwar können im Regelfall bei Kindern im Grundschulalter exzessives Masturbieren, sexuell distanzloses, aggressives oder verführerisches Verhalten gegenüber anderen Kindern oder Erwachsenen als altersunangemessen gelten. Was in diesen Zusammenhängen jedoch ‚exzessiv' und ‚distanzlos' bedeutet, dürfte wesentlich von subjektiven Maßstäben des Beurteilers abhängen. Zudem ist immer die Gesamtheit der Lebensumstände eines Kindes zu berücksichtigen. Es gehört zu den seit langem gesicherten entwicklungspsychologischen Erkenntnissen, dass autoerotisches Verhalten (Spielen mit den eigenen Genitalien) und sexuelle Spiele mit anderen schon bei Kleinkindern relativ häufig zu beobachten sind. Die Frage, welche Formen sexuellen Verhaltens in welcher Häufigkeit bei Kindern welchen Alters so ungewöhnlich sind, dass sie als starke Indikatoren für sexuellen Missbrauch zu bewerten sind, kann nach bisherigem Wissensstand nicht beurteilt werden."

Zu Recht warnen auch *Bange* und *Boehme* (1997, S. 733) vor einer „Überinterpretation sexualisierten Verhaltens":

„'Doktorspiele' oder Zeichnungen, auf denen Genitalien zu sehen sind, finden sich häufig auch bei nicht missbrauchten Jungen. Außerdem sind nicht längst alle sexuell missbrauchten Jungen in sexueller Hinsicht auffällig. Schließlich bereitet es erhebliche Probleme, den Begriff ‚altersunangemessenes Sexualverhalten' präzise zu definieren, da kaum verlässliche Erkenntnisse über ‚normales' Sexualverhalten von Kindern vorliegen."[23]

Und *Rutschky* (1997, S. 23) weist daraufhin, dass der Begriff der „nichtaltersgerechten Sexualisierung" – von ihr bezogen auf behinderte Kinder in Spezialeinrichtungen – von besorgten Erziehern definiert wird[24].

Einige Untersuchungen konnten bei in ihrer Kindheit missbrauchten Betroffenen keine sexuellen Dysfunktionen feststellen. *Fromuth* (1986) beispielsweise fand bei den weiblichen und männlichen Befragten keinen Zusammenhang zwischen sexuellen Kindesmissbrauch und sexuellen Selbstwert. Und *Greenwald* u. a. (1990), die in ihrer Studie mittels Fragebogen missbrauchte Frauen befragten, gelang es nicht, einen signifikanten Anstieg der sexuellen Unzufriedenheit oder der sexuellen Dysfunktion nachzuweisen. Allerdings werteten sie ihre Daten nicht auf die Frauen hin aus, die vom Missbrauch mit Penetration betroffen waren.

Andere ExpertInnen kommen in ihren Untersuchungen zum Ergebnis, dass die weiblichen und männlichen Opfer, soweit *keine* Gewalt ausgeübt wird, in sehr vielen Fällen den sexuellen Kontakt zu Erwachsenen als positiv bewerten – und sie in ihrer weiteren sexuellen Entwicklung nicht geschädigt sind. Die sexuellen Erlebnisse haben demnach in diesen Fällen keine Auswirkungen auf das Geschlechtsleben, die Sexualität, die sexuelle Einstellung der Betroffenen[25].

Psychosomatische Folgen

Auch psychosomatische Beschwerden werden mit dem sexuellen Missbrauch in Verbindung gebracht. Eindeutige Ergebnisse, die eine Kausalität beweisen, existieren offenbar nicht.

Verschiedene Untersuchungen sehen beispielsweise bei *Anorexia nervosa* bzw. Bulimie (Ess- und Magersucht) einen Zusammenhang mit sexuellem Missbrauch *und* Körpermisshandlung[26]. Andere Studien berichten über Bauch- und Unterleibsschmerzen[27].

Mit Blick darauf, dass gerade weibliche Opfer unter all diesen Beschwerden leiden, sei an dieser Stelle auch *Dyspareunie* (schmerzhaften Geschlechtsverkehr) und *Vaginismus*[28] (psychisch bedingter Scheidenkrampf) sowie chronische Depressionen[29] und Selbstverstümmelung[30] als Missbrauchsfolge genannt.

Mit Blick auf die Bulimie gibt es auch „Gegenstimmen": So konnten beispielsweise *Lacey* (1990), *Waller* (1991), *Pope* und *Hudson* (1992), *Schaaf* und *McCanne* (1994) und *Kinzl* u. a. (1994) bei ihren Untersuchungen keinen entsprechenden Zusammenhang zwischen sexuellem Missbrauch und Bulimie feststellen.

Dass Bulimie auch und gerade andere Ursachen haben kann, ist bekannt: Der Schlankheitswahn – konkret: Schönheitsterror beispielsweise, der insbesondere unter jungen Menschen herrscht, führt häufig bei Mädchen wie Jungen zu schweren psychischen Störungen. Sie träumen von dem – in den Medien und der Werbung gezeigten – perfekten Körperbild der durchgestylten Bodys von Mädchen und Jungen, Frauen und Männern, und sie leiden darunter, dem Schönheitsideal nicht zu entsprechen.

Psychische und soziale Folgen

Auch psychische und soziale Folgen werden im Zusammenhang mit dem sexuellen Missbrauch genannt. Beispielsweise können Beziehungsprobleme (jedwede Form von Gewalttätigkeit oder Probleme mit Nähe), Rückzug und soziale Isolation auftreten[3][1].

Weitere Folgen können erwachsen: beispielsweise Ohnmacht, Scham, Phobien, Verwirrung, mangelndes Selbstvertrauen, Schuld und Misstrauen, Sprachstörungen und Legasthenie, mangelndes Erinnerungsvermögen an die Missbrauchserfahrungen oder auch plötzliche unkontrollierbare und belastende Rückerinnerungen an die traumatischen Situationen (sogenannte *flash backs*: Reize, die an dem Missbraucher bzw. Missbraucherin erinnern – beispielsweise Genitalien, Geruch von Sperma, Schweiß, Berührungen an bestimmten Körperteilen des Mannes oder der Frau – und Ähnlichkeiten mit dem Missbraucher oder der Missbraucherin).

Posttraumatische Belastungsstörung

Einige Untersuchungen stellen eine Kausalität zwischen sexuellem Missbrauch und posttraumatischen Belastungsstörungen (PTSD) her, die bei missbrauchten Kindern häufig auftreten können. So fanden beispielsweise *McLeer* u. a. (1988) bei 48% sexuell missbrauchten Kindern eine PTSD. Die gleiche Gruppe um *Deblinger* u. a. (1989) fanden kurze Zeit später bei anderen, von ihnen untersuchten sexuell missbrauchten Kindern allerdings „nur" in 21% der Fälle eine PTSD. Auch *Merry* u. a. (1994), die in Neuseeland eine Untersuchung mit 95 sexuell missbrauchten Kindern durchführten, fanden „nur" in 18% der Fälle eine posttraumatische Belastungsstörung. Und *Kendall-Tackett* u. a. (1993, 1997, S. 158) kommen in ihrer Meta-Analyse von 45 Untersuchungen auf einen durchschnittlichen „Anteil von 32% an Opfern mit Symptomen einer PTSD, was dem Niveau der anderen häufig auftretenden Symptome wie geringem Selbstwert (35%), Promiskuität (38%) und allgemeinen Verhaltensproblemen (37%) entspricht".

Auch wenn nicht alle kindlichen Opfer unter einer posttraumatischen Belastungsstörung leiden, zeigt dies doch, dass für einige von ihnen der sexuelle Missbrauch schlimmste Folgewirkungen nach sich zieht.

Aber auch hier gibt es kritische „Gegenstimmen": Weder die Theorie noch die empirischen Ergebnisse bezüglich der Symptomatologie der PTSD rechtfertigen ein generelles, gültiges charakteristisches Muster bei einem sexuellen Missbrauch.

Diese Auffassung vertreten *Kendall-Tackett* u. a. (1993, 1997, S. 170), die in ihrer Meta-Analyse darauf hinweisen, dass „eine PTSD ... nicht spezifisch für einen sexuellen Missbrauch (ist), insofern als auch viele nicht-sexuell missbrauchte Kinder an einer PTSD leiden." Und sie weisen zutreffend darauf hin, dass es sich bei der posttraumatischen Belastungsstörung um ein Cluster von Symptomen handelt, die eine diagnostische Kategorie bilden. Auch *Bange* und *Boehme* (1997, S. 733) merken kritisch an, dass es Bemühungen gibt, „die Missbrauchsfolgen unter die psychiatrische Kategorie der posttraumatischen Belastungsstörung (PTSD) (DSM III-R) zu subsumieren. (...) Eine solche Kategorisierung von Reaktionen missbrauchter Kinder beinhaltet die Gefahr, die sinnvollen Widerstandsformen und psychischen Überlebensstrategien der Kinder zu psychiatrisieren. Außerdem ist zu beachten, dass diese Diagnosekategorie nicht alle von missbrauchten Kindern gezeigte Symptome erfasst. Des Weiteren ist die PTSD nicht speziell für die Diagnose von möglichen Missbrauchsfolgen konzipiert worden. Schließlich sind in den Untersuchungen Jungen bisher kaum berücksichtigt worden, so dass ungeklärt bleibt, inwiefern die ... PTSD-Raten auch für missbrauchte Jungen gelten."

Borderline-Persönlichkeitsstörung

Nach verschiedenen kleineren klinischen Studien scheint es offenbar einen Zusammenhang zwischen der Borderline-Persönlichkeitsstörung, sexuellem Kindesmissbrauch *und* physische Gewalt zu geben. *Guzder* u. a. (1996; vgl. auch *Kutcher* und *Korenblum,* 1992) beispielsweise stellten einen entsprechenden Zusammenhang her, nachdem sie 41 Kinder, die als Borderline-Persönlichkeiten diagnostiziert wurden, mit nicht betroffenen 57 Kindern verglichen. Über Borderline-Persönlichkeitsstörung als Komplexe traumatische Störung[32] berichtet *Rensen*[33] (1992, S. 138):
„Bei ‚Borderline' (‚Grenzfall' zwischen neurotisch oder psychotisch werden) entsteht die Störung in der frühkindlichen Bindungs- und Lösungsphase. Durch Traumata in den frühen Kinderjahren – Vernachlässigung oder häufiger Wechsel der Umgebung – wird die psychische Entwicklung des Kindes geschädigt. Sexueller Missbrauch ist eine wichtige Ursache. 60% der Menschen mit ‚Borderline' sind in ihrer Jugend sexuell missbraucht worden. Die Ich-Funktionen arbeiten nur mangelhaft, chronische Angst, Phobien, Zwangssymptome, Dämmerzustand, Zurückziehen, Entpersonalisierung, Depressionen und manchmal auch Verlust der Impulskontrolle können die Folgen sein. In der schwierigen Übergangsphase zur Pubertät, in der das Kind auch nach einer eigenen Identität sucht, verliert es sein Interesse und wird dann weitgehend oder völlig psychotisch (im Volksmund heißt das: ‚verrückt'). Bei einer Psychose ist der Kontakt zur Wirklichkeit gestört, so dass schreckliche Ängste und Wahnvorstellungen entstehen. Die Gefahr des Selbstmords ist dann sehr groß."

Dissoziative Identitätsstörung

Es ist offenbar möglich, dass sich bei einigen sexuell *und* körperlich misshandelten Menschen eine sogenannte dissoziative Identitätsstörung entwickeln kann. Gerade missbrauchte Opfer, die ab dem Kleinkindalter jahrelang nicht nur durch eine, sondern mehrere nahestehenden Personen (Verwandte oder Bekannte) missbraucht *und* misshandelt wurden, leiden nach fester Überzeugung einiger Autorinnen[34] unter *dissoziativen Identitätsstörungen* – auch unter dem Begriff „Multiple Persönlichkeitsstörungen"[35] (MPS) bekannt. So berichten *Ross* u. a. (1991), dass die von ihnen befragten Frauen und Männer, die über 11,7 Jahre[36] von durchschnittlich 2,3 Täterinnen – in den meisten Fällen oral, anal, vaginal – sexuell missbraucht *und* vergewaltigt wurden, unter MSP litten. Zur Herstellung von Kinderpornographie wurden etwa ein Fünftel missbraucht; zu sexuellen Handlungen mit Tieren wurden über 10% gezwungen. Die Frauen als Täterinnen setzten sich zusammen aus 16% Müttern, 3% Stiefmüttern, 11% weiblichen Verwandten und rund 20% anderen Frauen.

Angeblich können im Rahmen der dissoziativen Identitätsstörung bis zu 400 widerstreitende Ichs wie beispielsweise Prostituierte oder gar begabte Pianistinnen in den ersten zwei Lebensjahren in der „Gastgeberin" auftreten; durch eine Spezial-Therapie werden diese dann bewusst gemacht und wieder zu einem eigenen „Ich" zusammengefügt.

Die Diagnose dissoziative Identitätsstörung ist unter den WissenschaftlerInnen allerdings sehr umstritten. Zahlreiche KritikerInnen argumentieren, ihnen sei noch nie ein Mensch mit einer dissoziativen Identitätsstörung begegnet, sie sei wissenschaftlich nicht haltbar, somit eine Fehldiagnose, darüber hinaus unseriös – und sprechen gar von einer Modeerscheinung[37].

Wie auch immer der wissenschaftliche „Streit" ausgehen mag: Als Novum in der deutschen Prozessgeschichte kann sicherlich ein Mordprozess vor dem Landgericht Düsseldorf angesehen werden, in dem die Diagnose „multiple Persönlichkeit" (dissoziative Identitätsstörung) im Mittelpunkt stand. Vor der Strafkammer musste sich eine 23-jährige Frau mit ihrem Verlobten verantworten. Die Staatsanwaltschaft, berichtet die Nachrichtenagentur *dpa* am 15. September 2001, warf beiden vor, die Mutter und den Stiefvater der 23-Jährigen ermordet zu haben, um an das elterliche Vermögen von etwa zehn Millionen Mark zu gelangen. Die Verteidigerinnen der Frau argumentierten, ihre Mandantin sei wegen ihrer multiplen Persönlichkeit unschuldig. Durch schweren sexuellen Missbrauch in ihrer Kindheit leide sie unter psychischen Störungen und habe eine multiple Persönlichkeit entwickelt. Die Gerichtssachverständigen stuften die multiple Persönlichkeitsstörung als vorgespielt ein, die angeklagte Frau sei schuldfähig. Der sorgfältig geplante Mord passe nicht zum Krankheitsbild verschiedener Persönlichkeiten, weil diese voneinander unabhängig sind. Das Gericht folgte den Gutachtern und verurteilte beide wegen gemeinschaftlichen Doppelmordes zu „lebenslänglich" – bei besonders schwerer Schuld. Die gegen die Verurteilung eingelegte Revision wurde vom Bundesgerichtshof im Sommer 2002 verworfen *(Spiegel*, 33/2002, S. 56-61).

„Renaissance der Hysterie in neuem Gewand"

Über einen in den siebziger Jahren in der Fachwelt viel diskutierten „Paradefall ‚Sybil'" berichtete der *Spiegel* (44/1998, S. 230-233). Der Fall „Sybil" machte „Medizingeschichte", „auf den sich die Psycho-Zunft gern berief", so der *Spiegel*, der behauptete, die Geschichte sei eine Geschichte, die „Erfindung einer Therapeutin und einer Autorin". Die Geschichte erschien 1973 in Buchform, wurde als psychologisches Meisterwerk gerühmt, gelangte in die Bestsellerlisten und wurde 1976 sogar verfilmt.

„Nun, ein Vierteljahrhundert nach dem Auftritt von Sybil in der internationalen Psycho-Szene, wird klar", so der *Spiegel*, „dass sie zu Unrecht als herausragendes Beispiel für ein bizarres Krankheitsbild gilt." Und der New Yorker Psychologe Robert *Rieber* wird zitiert: „Ihr Ruhm in der Psychologiegeschichte" beschränke sich in Wahrheit darauf, die „zentrale Figur im größten Psycho-Skandal des Jahrhunderts" gewesen zu sein. Der „Fall Sybil" sei in Wahrheit ein „hinterlistig eingefädeltes Betrugsmanöver". Die behandelnde Psychiaterin, Cornelia *Wilbur*, suggerierte ihrer Patientin in einem Zeitraum von elf Jahren – mit insgesamt 2354 Sitzungen – Schlüsselszenen, „die laut Sigmund Freud die Seelenlage eines Menschen mehr beeinflussen kann als jedes andere Trauma: Sybil glaubte schließlich fest daran, sie habe als Kind im elterlichen Schlafzimmer übernachtet und ihren Eltern beim Sex zugesehen. Skrupellos nutzte die Psychiaterin Wilbur ihre Machtposition als Therapeutin aus. Durch suggestive Fragen brachte sie Sybil dazu, sich an nicht existierende Vorkommnisse zu erinnern. So habe Sybil sich, wie das Tonband ausweist, zu der Aussage verleiten lassen, ihre Mutter habe ihr als Kind ‚Eiswasser in die Blase geleitet und sie gezwungen, in diesem Zustand stehend dem mütterlichen Klavierspiel zuzuhören'".

Der *Spiegel* weiter:

„Ein rätselhaftes Krankheitsbild, Sex, Gewalt und Missbrauch, verwoben in ein psychologisches Gebabbel, so hatten es sich Flora Schreiber" (1973), Journalistin und Autorin, „und Cornelia Wilbur zurechtgelegt, würde ihnen Ruhm, Anerkennung und viel Geld einbringen. Die Rechnung ging auf."

Zu den „Bremsern", die in dem Krankheitsbild Multiple Persönlichkeitsstörung, das insbesondere wegen des „Falls Sybil" als eigenständige Krankheit anerkannt wurde und von Anfang an, so der *Spiegel*, eher eine „Renaissance der Hysterie in neuem Gewand" sahen, gehört der Psychologie-Professor Hinderk *Emrich* von der Medizinischen Hochschule Hannover. Sicher haben einige seiner Patienten das „Vollbild MPS" entwickelt, doch, so wird *Emrich* vom *Spiegel* zitiert: „Die haben wir wahrscheinlich künstlich in diese Krankheit reingetrieben."

Aufgrund der umstrittenen MPS-Therapie diverser TherapeutInnen in den USA erstritten dort zwei betroffene Frauen mehrere Millionen US-Dollar. Die meisten Verfahren werden jedoch laut *Spiegel* außergerichtlich beigelegt, „um noch größeren Imageschaden von der Psychologenzunft abzuwenden. Gleichzeitig bemühen sich die eingeschworenen MPS-Anhänger, unrühmliche Spuren zu verwischen. Die dabei gewählte Taktik hat sich schon öfters bewährt: Die mit vergangenen Skandalen belasteten Begriffe verschwinden aus Lehrbüchern und Veranstaltungstiteln und werden durch neue Namen ersetzt". Wie oben berichtet, wurde die Multiple Persönlichkeitsstörung offiziell in Dissoziative Identitätsstörung umbenannt.

Nachstehend seien zwei wissenschaftlich sehr umstrittene Therapieformen kurz erwähnt, die im Rahmen der „Aufdeckung von Erinnerungen" zum Einsatz kommen.

Recovered Memory Therapy

Wie die „Dissoziative Identitätsstörung" kommt auch die Recovered Memory Therapy („Therapie zur Aufdeckung von Erinnerungen") aus den USA. Sie wird seit etwa Mitte der 80er Jahre in den USA und seit etwa zehn Jahren in der Bundesrepublik Deutschland praktiziert.

Die Recovered Memory Therapy wird, vereinfacht ausgedrückt, wie folgt betrieben: Auf einer Liste von Symptomen sucht die Patientin die sie betreffenden aus. Die ausgewählten Symptome lassen – angeblich auf ein „vergessenes" Trauma, in der Regel sexueller Missbrauch, schließen. Anders ausgedrückt: Die Erinnerungen an angeblich – in der Kindheit erlebte und im Laufe der Jahre vergessene bzw. verdrängte traumatische Erlebnisse werden mit Hilfe der Recovered Memory Therapy durch eine hochsuggestive Therapie „wachgerufen" und „wiedererlebt".

KritikerInnen sprechen zutreffend von der eingepflanzten Erinnerung. Mit anderen Worten: Therapeutische AufdeckerInnen würden ihren PatientInnen künstliche Erinnerungen einpflanzen[38].

Loftus[39] *(Loftus* und *Ketcham,* 1994, S. 169), die zunächst sehr skeptisch gegenüber der Theorie der eingepflanzten Erinnerung war, wollte sich durch ein kleines „Experiment" Gewissheit verschaffen. Sie legte der achtjährigen Jenny nahe, sie sei im Alter von fünf Jahren in einem Einkaufszentrum verlorengegangen und hätte fürchterliche Angst gehabt.

Loftus wollte es zunächst nicht glauben, doch das Experiment glückte sehr schnell: „Ich konnte nicht glauben, was ich da gerade erlebt habe. Innerhalb von fünf Minuten hatte Jenny durch ein paar Bemerkungen und durch leichtes Nachhelfen ihres Vaters eine falsche Erinnerung akzeptiert und sie noch mit eigenen Einzelheiten ausgeschmückt. Sie erinnerte sich daran, dass sie verlorengegangen war, sie erinnerte sich, Angst gehabt zu haben. In weniger Zeit, als man braucht, ein Ei zu kochen, hatten wir eine falsche Erinnerung erzeugt."

Die Fragwürdigkeit der Recovered Memory Therapy dokumentieren *Loftus* und *Ketcham* (1994, S. 328) auch mit folgendem Beispiel: Eine *CNN*-Reporterin betrat mit einer versteckten Videokamera die Praxis eines Therapeuten in Ohio und berichtete von Depressionen, unter denen sie seit etwa acht Monaten leide, ihre Antriebslosigkeit verursache allmählich Probleme in ihrer Ehe und ihrem Sexualleben. Der Therapeut diagnostizierte am Ende der ersten Sitzung: Inzest.

In der Bundesrepublik Deutschland hatte sich im Mai 1998 das Landgericht Marburg mit der Recovered Memory Therapy beschäftigen müssen. Angeklagt waren drei Männer, die wegen versuchter beziehungsweise vollendeter Vergewaltigung zu Haftstrafen verurteilte wurden.

Der Bundesgerichtshof (BGH) hob u. a. das Urteil im Fall des Mannes, der wegen vollendeter Vergewaltigung in zwei Fällen zu sechs Jahren verurteilt wurde, auf. Die Kammer des Landgerichts hätte sich mit den Widersprüchen in der Gesamtaussage des mutmaßlichen Opfers intensiver auseinandersetzen müssen. Das – weibliche – Opfer habe erstmals 1996 über die im Frühjahr 1991 stattgefundenen Taten berichtet, nachdem es seit September 1993 etwa 200 Therapiesitzungen wahrgenommen habe. Eine Fülle von Missbrauchshandlungen habe die Frau während den Therapiesitzungen „wiedererlebt". „Da die Strafkammer", so die Wiedergabe der BGH-Begründung durch die *Frankfurter Rundschau* (9. Januar 1999), „die angewandte Methode als zur Ermittlung einer beweiskräftigen Tatsachengrundlage ungeeignet ansehe, wäre es geboten gewesen, sich eingehend damit auseinanderzusetzen, ob die Angaben des Opfers bezüglich des Angeklagten nicht durch die intensive Therapie beeinflusst worden seien." Das Landgericht hatte die Methode des „begleitenden Wiedererlebens", so die *Frankfurter Rundschau*, „als Grundlage der Wahrheitsfindung" abgelehnt.

Hypnosetherapie

Die Aufdeckungstherapie beinhaltet häufig auch die sogenannte Hypnosetherapie, die das „Wiedererinnern" zum Ziel hat. Hypnosetherapie, davon sind die AufdeckungstherapeutInnen felsenfest überzeugt, würde mittels hypnotischer Rückführung immer die Wahrheit hervorbringen, die da lautet: Die Klientin beziehungsweise der Klient wurde in der Kindheit sexuell missbraucht, beziehungsweise vergewaltigt. Mittels Hypnosetherapie „erinnerte" sich beispielsweise die Schwesternhelferin Nadean *Cool*, als Mitglied eines satanischen Kultes Säuglinge verspeist zu haben; sie habe auch den Mord an ihrer achtjährigen Freundin mitangesehen. Mehr als 120 Persönlichkeiten – darunter von Kindern, Erwachsenen, Kannibalen, Engeln und einer „dämonischen Ente" – glaubte sie, in sich zu haben. Ihr Therapeut besprengte sie während einer fünfstündigen Teufelsaustreibung mit Weihwasser und schrie sie an, Satan solle ihren Körper verlassen. Später, als sie begriff, dass ihr falsche Erinnerungen eingepflanzt worden waren, verklagte sie den Arzt wegen Kurpfuscherei und erstritt 2,4 Millionen Dollar Schadenersatz[40].

Von Kurpfuscherei spricht auch *Yapko* (1996, S. 322), der sich seit vielen Jahren mit dieser Art der Aufdeckungstherapie beschäftigt:

„Menschen zu der Überzeugung zu bringen, sie seien missbraucht worden, wenn ihnen das nicht wirklich widerfahren ist, ist nicht mutig oder nobel. Es ist schlichtweg Kurpfuscherei."

Die hier beschriebenen Therapieformen zur Aufdeckung von Erinnerungen („verdrängter Erinnerungen") können für die Betroffenen schädliche Auswirkungen haben[41].

Autoaggressionen

Prostitution

Zahlreiche Untersuchungen berichten über einen Zusammenhang zwischen Prostitution *und* sexuellem Missbrauch.

Flügel (1921) gegenüber berichteten bereits Anfang des letzten Jahrhunderts von 103 Frauen, die wegen Prostitution festgenommen wurden, 51 Frauen, ihr erster sexueller Kontakt habe mit dem Vater stattgefunden. *James* und *Meyerding* (1977) legen in ihrer Studie dar, dass 46% der Prostituierten in ihrer Kindheit sexueller Gewalt durch mehr als 10 Jahre älteren Männern (hiervon waren 25% Väter, Stiefväter oder Pflegeväter und 11% „entferntere" Verwandte) ausgesetzt gewesen waren. *Silbert* und *Pines* (1981) untersuchten 200 Prostituierte: zwei Dritte von ihnen wurden in der Kindheit von „Vaterfiguren" sexuell missbraucht.

Nach *Marwitz* u. a. (1990) wurden 95% der Prostituierten, die ein Gesprächsangebot einer Beratungsstelle (in Berlin) annahmen, in der Kindheit sexuell missbraucht; 80% waren von legalen und illegalen Drogen abhängig.

Eine Studie der *Freien Universität Berlin*, in der 250 aktive und ehemalige Prostituierte befragt wurden, kommt zum Ergebnis, dass die Hälfte aller Prostituierten in ihrer Kindheit und frühen Jugend vergewaltigt oder sexuell genötigt worden. Diese Rate sei viel höher als beim Durchschnitt der weiblichen Bevölkerung, berichtete laut Angabe der Nachrichtenagentur *dpa* (11.Oktober 1999) Anand *Pant* von der *Freien Universität Berlin* auf dem „20. Kongress für angewandte Psychologie" im Oktober 1999 in Berlin.

Im Berufsleben der Prostituierten setze sich diese Gewalt fort. Von den betroffenen Frauen wurden 35% mindestens einmal vergewaltigt oder genötigt; die Hälfte der Vergewaltiger waren Zuhälter. Von diesen betroffenen Frauen wandte sich nur etwa ein Drittel an die Polizei.

An dieser Stelle sei angemerkt, dass verschiedene Studien auch über einen Zusammenhang zwischen sexuellem Missbrauch *und* Vergewaltigung berichten[4 1a].

So gaben in der Umfrage von *Loulan* (1992) 595 (38%) von insgesamt 1.566 lesbischen Frauen an, in ihrer Kindheit sexuell missbraucht worden zu sein. Von diesen gaben 28% an, sie seien als Erwachsene vergewaltigt worden; von den nicht missbrauchten Lesbierinnen berichten hingegen „nur" 8% über ein solches Erlebnis.

Russell (1986) berichtet in ihrer Untersuchung sogar von 65% in ihrer Kindheit sexuell missbrauchten Frauen, die von Männern, die nicht zur Familie gehörten, vergewaltigt wurden. Von den nicht missbrauchten Frauen gaben hingegen „nur" 36% eine Vergewaltigung an.

Auch unter Strichjungen gibt es offenbar zahlreiche, die in ihrer Kindheit sexuell missbraucht wurden.

So befragte beispielsweise *Weisberg* (1985) 79 Strichjungen, die angaben, zu 29% innerfamilialen und zu 15% außerfamilialen sexuellen Missbrauch erlebt zu haben. Und *Mathews* (1989 a) kommt in ihrer Studie auf 27,4% männliche *und* 30% weibliche jugendliche Stricher bzw. Prostituierte, die von inzestuösen sexuellen Erfahrungen in ihrer Kindheit berichten (vgl. auch *Bagley,* 1984).

Die meisten Prostituierten und Stricher wurden nie sexuell missbraucht. Mit anderen Worten: Die Mehrzahl der Missbrauchsopfer gehen nicht der Prostitution nach (vgl. beispielsweise *Alexande*r, 1989).

Prostitution ist für viele Missbrauchsopfer offenbar auch eine „Chance", sich für die sexuelle Gewalt, die ihnen angetan wurde, zu „rächen", und zwar richten sie die „Rache" gegen sich oder gegen Dritte.

„Frauen neigen dazu", schreibt *Matthews* (1995, S. 115), „erlebe Gewalt auf eine Weise umzusetzen, die sie in Form von Selbstbestrafung und selbstzerstörerischem Verhalten wie Hungern oder ‚Schnippeln', Prostitution und dem Herbeiführen sehr gefährlicher Situationen zunächst gegen sich selbst wenden, bevor sie ihr Handeln gegen andere richten."

Und sie wissen, gibt *Alexander* (1989, S. 159) die Aussagen von Prostituierten wieder, „dass sie in ihrer Arbeit einen Weg sehen, eine Situation zu beherrschen, die sie als Kinder nicht beherrschen konnten. Es ist bezeichnend, dass viele von ihnen sagten, sie hätten zum ersten Mal das Gefühl von Macht empfunden, als sie ihren ersten Freier hatten".

Drogen- und Alkoholkonsum

In zahlreichen Untersuchungen findet sich ein Zusammenhang zwischen erhöhtem Drogen- und Alkoholkonsum, sexuellem Missbrauch *und* körperliche Misshandlung[42]. So kommt *McCarty* (1986) zum Ergebnis, dass 46% der Frauen, die ihr Kind alleine sexuell missbrauchten, 22% der Co-Täterinnen und 20% der Frauen, die Komplizinnen waren, regelmäßig Drogen zu sich nahmen. *Runtz* und *Briere* (1987) untersuchten 152 Frauen, die sich in psychotherapeutischer Behandlung befanden: 21% der sexuell missbrauchten, aber nur 2% der nicht missbrauchten Frauen hatten mit Alkohol- und Drogenabhängigkeit Erfahrungen. *Arenz-Greiving* (1994) berichtet von einer Befragung von 1054 drogenabhängigen Frauen und Männer zwischen 20 und 40 Jahren, durchgeführt 1988 von der Universität Amsterdam. Hierbei ergab sich folgendes Bild: Über 30% von ihnen wurden vor ihrem 16. Lebensjahr sexuell missbraucht. Und in eine Umfrage unter 200 Frauen, die in einer Familie mit Alkoholproblematik aufwuchsen, gaben 50% der Frauen an, in ihrer Kindheit sexuell missbraucht worden zu sein *(Loulan* u. a., 1992).
Keinen Unterschied hinsichtlich des Alkohol- und Drogenkonsums zwischen missbrauchten und nicht missbrauchten Studentinnen konnten *Sedney* und *Brooks* (1984) feststellen.
Suchtmittelmissbrauch scheint gerade bei Frauen, „die in der Kindheit missbraucht und misshandelt worden waren, zum Problem zu werden", berichtet auch *Richter-Appelt* (1997 a, S. 209, 210):
„Sie greifen vermehrt zu Mitteln, die ihnen kurzfristig Entspannung, Angst-, Bewusstseinsminderung, aber auch Abbau von Schuldgefühlen verschaffen und einen Lösungsweg darzustellen scheinen, mit Angst, Depressionen und Selbstzweifel besser umgehen zu können. Nicht selten wurde der sexuelle Missbrauch vom Täter unter Betäubung durch Suchtmittel vollzogen, so dass eine Assoziation von Sexualität und Suchtmittelkonsum stattgefunden hat, die wiederum dazu führen kann, dass Opfer von sexuellem Missbrauch später sexuelle Handlungen durch einen männlichen Partner überhaupt nur unter Suchtmitteleinfluss zulassen können. Drogen und Alkohol lassen Scham, Einsamkeit oder Schmerz vergessen, rauben aber auch die Fähigkeit, Gefühle bewusst zu erleben."
Auch die amerikanische Therapeutin Patricia L. *Holman* (1986, S. 73) zieht aus zahlreichen Gesprächen mit weiblichen Opfern die Schlussfolgerung:
„Alkohol und Drogen lassen Schmerz, Scham und Einsamkeit vergessen, aber auch Glück und Freundlichkeit, gleichzeitig rauben sie den Frauen die Fähigkeit, eigene Gefühle zu entwickeln, sie zu verarbeiten, an Schmerzen zu reifen und Freude zu empfinden."

Es gibt natürlich auch und gerade unter männlichen Opfern viele, die versuchen, ihre durch Frauen und Mütter erlebten Missbrauchserfahrungen mittels Alkohol und Drogen zu verdrängen.
An der medizinischen Fakultät der Universität Oklahoma führten „Fallstudien", berichtet der *Spiegel* (33/1991, S. 68-74), der offenbar die Untersuchung von *Krug* (1989) im Auge hatte, über Männer, die von ihren Müttern sexuell missbraucht wurden, zu folgenden Ergebnissen:
„Alle Patienten waren außerstande, längere Partnerschaften einzugehen. 88% litten unter Depressionen, 38% hatten schwere sexuelle Probleme. Besonders auffallend: 63% der Opfer waren drogensüchtig geworden."

Der *Spiegel* weiter:

„Exemplarisch scheint der Fall eines 29-Jährigen, der vom siebten Lebensjahr bis weit nach der Pubertät das Bett mit der Mutter, einer diplomierten Soziologin, teilte. Um seine widersprüchlichen Gefühle und Spannungen auszuhalten, schluckte er bereits als 10-Jähriger Tabletten, trank Alkohol. Mit 15 griff der Patient erstmals zu Heroin – einem Suchtstoff, von dem er auch dann nicht mehr loskam, als der Sexualkontakt zur Mutter schon längst nicht mehr bestand."

Krug (1989, S. 113) berichtet über derartige Fälle, beispielsweise über einen 24-Jährigen, der seit Jahren unter Depressionen und emotionaler Labilität litt. Im Alter von 7 bis 12 Jahren hatte er „mit der Mutter regelmäßig im selben Bett schlafen müssen, obwohl er dies ausdrücklich nicht wünschte und sich bei beiden Eltern darüber beschwerte. Die Mutter benutzte den Sohn, um zwischen sich und ihren Ehemann eine sichere Distanz zu legen. Ihr Verhalten gegenüber dem Sohn war verführerisch und kontrollierend".

Auch die Folgen für den Sohn im Jugendalter schildert *Krug* (1989, S. 113):

„Der Klient war in seiner Jugend drogenabhängig gewesen. Er war unfähig, länger andauernde Beziehungen einzugehen: Sobald es zu einer sexuellen Beziehung zu einer Frau kam, brach er die Beziehung ab; wenig später ging er dann nach dem gleichen Muster eine neue Affäre ein."

Auch Peter, 34, als Kind von seiner Mutter sexuell missbraucht, hatte sich jahrelang mit Alkohol betäubt. Nach dem er sich von dieser Droge mit Hilfe der Anonymen Alkoholiker hatte befreien können, aber sein seelischer Zustand sich dennoch verschlimmerte, suchte er nach einer Erklärung: Ihm wurde immer mehr bewusst, dass er in seiner Kindheit von seiner eigenen Mutter sexuell missbraucht worden war. Dass er sich an den Missbrauch zuvor nicht mehr erinnern konnte, erklärt er sich gegenüber der *Frankfurter Rundschau* (29. August 1998) so:

„Ich war von mir und meinen Gefühlen abgespalten."

Über die schmerzliche Auseinandersetzung mit den traumatischen Kindheitserfahrungen, von der eigenen Mutter sexuell missbraucht worden zu sein, „beichtet" er:

„Ich war an dem Punkt, wo ich mich umbringen wollte."

Seine Gefühle konnte er als Erwachsener nie richtig wahrnehmen, aus Angst vor Nähe blieben Beziehungen zu Frauen oberflächlich.

„Sie hat ihre sexuelle Verklemmtheit an mir vervollkommnen wollen."

Alkoholsucht als Folge sexuellen Missbrauchs wird auch deutlich bei der Behandlung von älteren Alkoholikern, die in ihrer Kindheit von den Müttern als Liebes- und Partnerersatz für die im Krieg gefallenen Ehemänner benutzt wurden.

Ein Betroffener berichtet gegenüber *Vogel* (1992, S. 29, 30) über den sexuellen Missbrauch, dem er kurz nach dem Krieg durch seine Mutter ausgesetzt war, nachdem der Ehemann nicht mehr zur Verfügung stand:

„Dass ihr Mann im Krieg geblieben war, bedeutete für mich einen großen Verlust. Mir fehlte der Vater. Und wie sehr er mir fehlte. Ich hatte kein Verständnis dafür, dass meine Mutter ihre sexuellen Wünsche an mich richtete, dass sie mich zum Ersatz für den nicht verfügbaren Ehemann machte, dass sie ihr Defizit an Männern an mir auszugleichen suchte. Sie stülpte ihr Bedürfnis nach Wärme und Zärtlichkeit einfach über mich. Meine Gefühle galten nichts und blieben unberücksichtigt."

> Der missbrauchte Sohn wagte es nicht, sich gegen die missbrauchende Mutter zur Wehr zu setzen, „denn die Erziehung und das Vierte Gebot, das mir der Pfarrer im Religionsunterricht ins Gedächtnis hämmerte, verboten es mir, mich in aller Deutlichkeit zu wehren":
> „Ich hasste es, (beim Baden – *Anm. d. Verf.*) splitternackt und jedes Schutzes beraubt vor ihr zu stehen und ihre lieblose Hand an meiner Brust, meinem Bauch und meinem Penis dulden zu müssen. Meine Bitten, dass ich mich ebenso selbst waschen könne, lehnte sie ohne Begründung ab. ... Während meiner gesamten Pubertät schnüffelte sie in meinem Bettlaken herum, roch in meinem Beisein an meiner Unterwäsche und an der Schlafanzughose, um Spuren meiner Sexualität zu entdecken. ... Sie hat ihre sexuelle Verklemmtheit an mir vervollkommnen wollen. Sie enthielt mir Zärtlichkeit, Selbstbestimmung und sexuelle Freiheit vor. Ihr Egoismus, mit dem sie mich zum Opfer ihrer lustlosen Leidenschaft machte, lähmte mich in meiner psychischen Entwicklung noch bis in die Zeit meines Studiums. Das emotionale Verhältnis zu meiner Mutter ist bis zum heutigen Tag gestört.
> In der Tagebuchaufzeichnung einer jungen Frau, die als Kind ebenfalls missbraucht worden ist, habe ich den Satz gelesen:
> ‚Vater, ich werde dich dafür ewig hassen!'
> Ich bin tief erschrocken über diesen Satz. Soll ich meine Mutter für das, was sie mir angetan hat, für immer hassen?"

Viele Männer sind als einzige Söhne von „Kriegerwitwen aufgewachsen", so der *Spiegel* (33/1991, S. 68-74), „mehrere von ihnen berichteten über sexuelle Beziehungen zur Mutter". Nur mit „Hilfe des Alkohols", so der *Spiegel*, der die sicherlich nicht von der Hand zu weisende Vermutung des Familientherapeuten Julius *Niebergall* wiedergibt, „hätten seine Patienten im prüden Nachkriegsdeutschland ihre Ängste und Gewissensbisse verscheuchen können – ohne Droge wären sie womöglich gewalttätig geworden oder hätten sich umgebracht. Der Preis, den sie für das Überleben gezahlt hätten, sei lebenslange Sucht".

Suizidversuche und Suizid

Zahlreiche AutorInnen berichten über einen Zusammenhang zwischen Suizidversuch, Suizid *und* sexuellem Missbrauch[4][3].
Briere und *Runtz* (1986) verglichen 133 sexuell missbrauchte und 62 nicht missbrauchte Frauen, die sich alle in psychotherapeutischer Behandlung befanden. Unter den Missbrauchsopfern ermittelten sie im Vergleich zu den Nicht-Missbrauchten einen hochsignifikanten Anteil (55% : 23%), der bereits einmal einen Suizidversuch unternommen hatte. 13 der 14 Frauen, die in ihrer Kindheit aus dem Leben scheiden wollten, wurden als Kinder sexuell missbraucht; und von 39 Frauen, die im Alter von 14 bis 18 einen Suizidversuch unternahmen, wurden 34 missbraucht. Die von *Wozencraft* u. a. (1991) befragten 65 sexuell missbrauchten weiblichen *und* männlichen Opfer gaben zu 37% an, dass sie an Freitod gedacht hätten – 5% versuchten, aus dem Leben zu scheiden. Die von

Teegen u. a. (1992) befragten 541 Frauen und 35 Männer gaben zu 30% Selbstmordgedanken an; als Jugendliche hatten 25% und als Erwachsene 14% einen oder mehrere Suizidversuche unternommen. In der Hamburger Studie von *Richter-Appelt* und *Tiefensee* (1996 a, 1996.228 b) gaben fast zwei Drittel der Frauen und fast die Hälfte der Männer, die sexuell missbraucht *und* körperlich misshandelt worden waren, an, Selbstmordgedanken gehegt zu haben.

Dem *Stern* (13/1993, S. 86-91) gegenüber berichtet Andreas, damals 38, nach dem Tod seiner Mutter sei er vom 6. bis zum 10. Lebensjahr von der Stiefmutter und der Haushälterin sexuell missbraucht worden. Nach mehreren Selbstmordversuchen – seit seinem 20. Lebensjahr – war Andreas immer wieder in psychiatrische Behandlung gewesen.

Auch Mario, der zu DDR-Zeiten in einem Spezialkinderheim in Meerane leben musste, erzählt, er sei wie viele andere Heimkinder zum Teil schwersten körperlichen *und* seelischen Misshandlungen wehr- und hilflos ausgesetzt gewesen; ein Erzieher habe ihn darüber hinaus sexuell missbraucht. Nach der Heimentlassung war er längere Zeit in stationärer psychiatrischer Behandlung und wollte sich einige Male das Leben nehmen (vgl. zu diesem Fall *Homes,* 1998, 2001 und *Spiegel* 41/1997, S. 84-87 und 29/2000, S. 41).

> Die psychiatrischen Einrichtungen sind voll von in ihrer Kindheit schwer sexuell missbrauchten *und* körperlich misshandelten Menschen. Studien über die Prävalenz bei bestimmten psychiatrischen Patientengruppen, die in ihrer Kindheit sexuell missbraucht worden sind, ermittelten folgende Prävalenzraten:
> *Metcalfe* u. a. (1990) kommen bei einer Gruppe von 100 erwachsenen männlichen Patienten auf 23%, *Palmer* u. a. (1992) bei einer Gruppe von 115 weiblichen Patienten auf 50% und *Jacobson* und *Herald* (1990) auf 40% aller männlichen *und* weiblichen Klinikpatienten, die in ihrer Kindheit sexuell missbraucht worden sind.
> *Kolko* u. a. (1988) entdeckten in einer Kinderpsychiatrie, dass sich unter 103 – in einem bestimmten Zeitraum aufgenommenen – Patienten 28,2% (14 Jungen und 15 Mädchen) aufhielten, die sexuell missbraucht worden waren. Und *Lanktree* u. a. (1991) fanden nach einer direkten Befragung in einer kinderpsychiatrischen Poliklinik 11,5% Jungen und 50% Mädchen, die missbraucht worden waren.

Die Opfer sind in der Regel unfähig, einen Trauerprozess zu durchlaufen – einen Trauerprozess über den Verlust der Kindheit, der Seele, der Gefühle. Die Fähigkeit zu trauern müssen sie oft erst wieder erlernen. Isolation und Einsamkeit sind für viele der alltägliche Begleiter. Manche Opfer, die mit ihrem „Leben" nicht mehr fertig werden, wählen den Freitod.

Im Jahre 2000 haben sich nach Angaben des *Statistischen Bundesamtes* 33 junge Menschen unter 15 und 272 junge Menschen zwischen 15 und unter 20 Jahren das Leben genommen. Mit anderen Worten: 25 Jungen und 8 Mädchen unter 15 und 206 männliche und 66 weibliche Jugendliche/Heranwachsende zwischen 15 und unter 20 Jahren haben den Freitod gewählt (zum Beispiel durch „vorsätzliche Selbstbeschädigung durch Erhängen, Strangulierung oder Ersticken", in zwei Fällen durch eine „Feuerwaffe/Schusswaffe" oder auch durch den „Sturz in die Tiefe"; vgl. hierzu auch *Homes* 1984 c).

In den Jahren 2001 und 2002 haben sich 46 bzw. 24 junge Menschen unter 15 und 261 bzw. 314 junge Menschen zwischen 15 und unter 20 Jahren das Leben genommen. Mit anderen Worten: 35/16 Jungen und 11/8 Mädchen unter 15 und 207/254 männliche und 54/60 weibliche Jugendliche/Heranwachsende haben den Freitod gewählt.
Auch 2 Jungen zwischen 5 und unter 10 Jahren haben 2001 den Freitod gewählt.
Die Dunkelziffer, so ist zu vermuten, dürfte um einiges höher liegen: Todesfälle unter Kindern und Jugendlichen, die nicht als Suizid erkannt oder von den Angehörigen bewusst verschwiegen werden.
Es gibt zahlreiche Gründe, warum junge Menschen den Freitod wählen. Sexueller Missbrauch gehört genauso zu diesen Gründen wie die Tatsache, dass Kinder und Jugendliche ihre Homosexualität „entdecken" und wegen der vorherrschenden Homophobie in der Gesellschaft, der Familie, im Freundeskreis jeden Lebenswillen verlieren.

4. Vom Opfer zum Täter

4.1 Der Weg vom Opfer- in den Täterstatus
Vom weiblichen Opfer zum weiblichen Täter

„Es geht um die Würde der Kinder, aber auch um die der Missbraucher. Diese Männer haben – jeder auf seiner Weise – ein schweres Defizit in ihrer persönlichen Entwicklung. Es geht also um die Entwicklung der Person, um Verstehen eines Verhaltens, das uns unheimlich und unverständlich erscheint. Nur wenn wir unser eigenes Tätersein akzeptieren, kann der Täter sich selbst verstehen und akzeptieren lernen und muss sich nicht mehr hinter seiner Scham verstecken."
Ingeborg Baldenius (1998, S. 51)

„Wenn es stimmt, dass Missbrauchte sehr oft wieder selbst missbrauchen, bedeutete das (wenn jedes dritte oder vierte Mädchen sexuell missbraucht wird, bis es ins Erwachsenenalter kommt), dass rund zehn Millionen Frauen in ihren Verhaltensweisen ‚gestört' sind", stellen *Bauerfeind* und *Schäfer* (1992, S. 95) nüchtern fest.
Und sie führen weiter aus:

„Nicht alle müssen wiederum zu Missbrauchern werden, doch mehr und mehr Fälle werden bekannt, weil zunehmend mehr Jungen beziehungsweise heranwachsende Jugendliche den Missbrauch offenbaren."

Auch Olive *Wolfers* (1995, 164), Gutachterin und Psychologin, die seit Jahren mit Opfern arbeitet, die von Frauen sexuell missbraucht worden sind, glaubt:
„Wenn die neuesten Forschungsergebnisse stimmen und mehr weibliche als männliche Kinder missbraucht werden, dann ist es nicht nur logisch, davon auszugehen, dass einige dieser Kinder als Erwachsene zu TäterInnen werden, sondern auch, dass es möglicherweise eine größere Zahl von (weiblichen) Täterinnen gibt, als wir uns vorstellen. Hier ist offensichtlich weitere Forschungsarbeit vonnöten."
Im Vergleich zu *Bauerfeind* und *Schäfer* und *Wolfers* sehen die meisten – insbesondere – feministisch orientierten Autorinnen *keine* Veranlassung, sich über missbrauchte weibliche Opfer, die zu Tätern werden, Gedanken zu machen. Dies gilt *auch* für missbrauchende Mütter *und* deren (Mit-)*Schuld*, wenn ihre Söhne *und* Töchter sich später an Kindern vergreifen. Über diesen Sachverhalt herrscht ganz offensichtlich eine *„Mauer des Schweigens".*
Es besteht, anders formuliert, offenbar ein *Konsens* darüber, beispielsweise folgende Fragen nicht – und schon gar nicht öffentlich – zu stellen:

• Wie viele („gestörte") Männer und Frauen gibt es, die in ihrer Kindheit sexuelle Gewalt durch Frauen beziehungsweise Mütter haben über sich ergehen lassen müssen?

• Sind die Mütter, neben den Vätern, die ihre Kinder emotional beziehungsweise sexuell missbrauchen, dafür *(mit-)verantwortlich*, wenn aus *ihren Kindern pädophile TäterInnen werden*?

• Welche *familiären Faktoren* in der Kindheit *und* Jugend begünstigen die Tatsache, dass aus Kindern, Jugendlichen, Heranwachsenden *und* Erwachsenen weibliche *und* männliche *regressive* beziehungsweise *fixierte* Pädophile werden?

• Tragen Mütter, neben den Vätern, (*Mit-*)*Verantwortung*, wenn sich ihre Kinder zu einer *Zwangs-*Homosexualität hin entwickeln, ohne sich selbst konkret *für* oder *gegen* die Homosexualität entscheiden zu können?

Der unausgesprochene Konsensus, sich derartige Fragen *nicht* zu stellen, erstreckt sich auch und insbesondere auf folgende Fragen:

• Tragen die Mütter, die ihre Söhne *und* Töchter an sich *binden, fesseln, ketten* und nicht *loslassen* können und wollen, eine (Mit-) Schuld an der pädophilen Veranlagung ihrer Kinder? Mütter, missbrauchende Mütter, die ihre Söhne *und* Töchter mit all ihrer mütterlichen Macht daran hindern, sich aus der *pathogenen, symbiotischen Gefangenschaft zu befreien*[1].

• Oder sind es – hier vor allem – die Söhne selbst, die die *Identifikation mit der Mutter* – mit deren Hilfe – zu Gunsten einer notwendigen eigenen *männlichen Identität* nicht aufgeben wollen (oder können)? – Die Söhne, *Muttersöhnchen*, die ihre Mütter, und nur diese, *abgöttisch lieben, begehren*, die sich nicht aus der *pathogenen, symbiotischen Beziehung* zur Mutter lösen wollen (oder können)? – Und die sich früher oder später Kindern zuwenden, weil sie *Angst* vor Frauen *und* weiblicher Erwachsenen-Sexualität haben!

• Warum wird dieser unausgesprochene Konsens, die „Mauer des Schweigens" so hartnäckig aufrechterhalten?

Ein gewichtiger Grund hierfür ist beispielsweise die Angst davor, dass die Anerkennung der Frau *und* Mutter als Kindesmissbraucherin nach herrschender feministischer Lehre zu einer Relativierung und Umschreibung der Geschichte des sexuellen Kindesmissbrauchs führen würde. Die Diskussion über missbrauchende Frauen und Mütter könnte somit ablenken von der – nach herrschender Meinung bestehenden – Übermacht der männlichen Missbraucher. Darüber hinaus sei die Gefahr sehr groß, dass die Anerkennung der Existenz der missbrauchenden Frau *und* Mutter als Verleugnung eines geschlechtsspezifischen Unterschiedes beim sexuellen Missbrauch dienen könne (vgl. *Forbes,* 1992, 1993).
Die uneingeschränkte und unwiderrufliche Anerkennung der Frau *und* Mutter als Kindesmissbraucherin würde aber auch zwangsläufig zu dem Eingeständnis führen, dass sie Mitverantwortung dafür trägt, wenn sich ihr Sohn beziehungsweise ihre Tochter später an Kinder vergeht.
„Natürlich gibt es auch Mutter-Sohn-Inzest", räumt beispielsweise *Wirtz* (1996, S. 22) ein, „der aber quantitativ und qualitativ eine andere Dimension hat. Auffällig ist ja, dass sexuell missbrauchte Jungen sich später zu Männern entwickeln, die selber missbrauchen, während sexuell missbrauchte Mädchen als Frauen Männer wählen, von denen sie wieder missbraucht werden."
Ursula *Wirtz*, eine feministisch orientierte und arbeitende Therapeutin, scheint offenbar die Tatsache zu „unterschlagen", dass auch viele in ihrer Kindheit missbrauchte Mäd-

chen Babys *und* Kinder sexuell ausbeuten *und* missbrauchen. Statt diese Tatsache uneingeschränkt anzuerkennen, diffamiert *Wirtz* (1996, S. 22) offenbar Jungen *und* Männer, wenn sie diese *pauschal* als (*potentielle*) Täter einstuft und hinsichtlich der Mädchen und Frauen erklärt:

„Sie bleiben Opfer, während die Jungen zu Tätern werden."

Die folgenden Ausführungen von *Freud* dokumentieren, dass es eben nicht nur Männer sind, die Kinder sexuell missbrauchen, sondern auch Frauen. Und er erwähnt insbesondere die männlichen kindlichen Opfer, die von Frauen missbraucht und vom Opfer zum Täter werden. Für *Freud* (1896, S. 444 f.) existieren drei Tätergruppen: erstens die „Attentate einmalige(r) oder doch vereinzelte(r) Missbrauch meist weiblicher Kinder von seiten erwachsener, fremder Individuen (...), (zweitens) jene weit zahlreicheren Fälle, in denen eine das Kind wartende erwachsene Person – Kindermädchen, Kindsfrau, Gouvernante, Lehrer, leider auch all zu häufig ein naher Verwandter – das Kind in den sexuellen Verkehr einführte und ein – auch nach der seelischen Richtung ausgebildetes – förmliches Liebesverhältnis, oft durch Jahre, mit ihm unterhielt" und als „die dritte Gruppe (...) die eigentlichen Kinderverhältnisse, sexuelle Beziehungen zwischen zwei Kindern. (...) Wo ein Verhältnis zwischen zwei Kindern vorlag, gelang nun einige Male der Nachweis, dass der Knabe – der auch hier die aggressive Rolle spielt vorher von einer erwachsenen weiblichen Person verführt worden war (...) und infolge des Erinnerungszwanges an dem kleinen Mädchen genau die nämlichen Praktiken zu wiederholen suchte. (...) Ich bin daher geneigt anzunehmen, dass ohne vorherige Verführung Kinder den Weg zu Akten sexueller Aggression nicht zu finden vermögen. Der Grund zur Neurose würde demnach im Kindesalter immer von seiten Erwachsener gelegt, (...)."

Die meisten Autorinnen behaupten, dass fast alle männlichen Täter in der Kindheit *nicht* sexuell missbraucht wurden. Vor allem (radikal) feministische „Expertinnen" wie beispielsweise *Heiliger* und *Engelfried* (1995) verteidigen *vehement* diesen *tendenziös feministisch-ideologisierten Mythos*. Sie alle ignorieren eine *überwältigende Anzahl von Studien*, die eindeutig aufzeigen, dass kindliche, jugendliche, heranwachsende *und* erwachsene Täter zuvor Opfer sexuellen Missbrauchs waren. Die Missbrauchsrate liegt hier zwischen 18% und 82% (vgl. hierzu beispielsweise *Bolton* u. a., 1989; *Ryan,* 1989; *Adams* u. a., 1995; *Vizard* u. a., 1995).

Viele TäterInnen wurden, wie Studien[2] belegen, nicht nur *sexueller Gewalt*, sondern auch gleichzeitig *(elterlicher) Gewalt* wehr- und hilflos ausgesetzt. So kommt beispielsweise *Faller* (1987) in ihrer Studie zum Ergebnis, dass 72,5% der *missbrauchenden* Mütter ihre Kinder *gleichzeitig* auch *vernachlässigten* und *malträtierten*. Fehrenbach u. a. (1986) berichten, dass von den *Strafgefangenen*, die sie befragten, 11% sexuell missbraucht, 16% körperlich misshandelt *und* 7% körperlich *und* sexuell misshandelt worden waren. Und *Rosencrans* (1997) berichtet von 93 weiblichen Inzestopfern, die zu 49% angaben, auch schwere körperliche Gewalttaten erlebt zu haben.
Im folgenden werden nun zahlreiche Studien[3] mit den jeweiligen Raten aufgeführt, die belegen, dass TäterInnen in ihrer Kindheit nicht nur in einer hochsignifikanten Anzahl Opfer sexuellen Missbrauchs waren, sondern dass auch eine *direkte Kausalbeziehung zwischen dem Opfer- und Täterstatus existiert:*

Serill (1974) konnte im *Rathway State Prison* (einem Gefängnis in den USA) unter 150 *männlichen Sexualstraftätern* einen Anteil von 75% finden, die in ihrer Kindheit sexuell missbraucht worden waren. *Groth* (1979, 1979 a) befragte im Rahmen einer Studie 178 *erwachsene Kindesmissbraucher* nach eigenen sexuellen Missbrauchserfahrungen in der Kindheit. Von diesen gaben 32% an, als Kind sexuell missbraucht worden zu sein; 66% von diesen benannten eine Frau beziehungsweise Mutter als Missbraucherin. In einer weiteren Studie über *inhaftierte Sexualstraftäter* am *Connecticut Correctional Institute*, die bei *Masters* und *Johnson* (1990) große Beachtung fand, ermittelte *Groth* (1983) eine erschreckend hohe Anzahl von Menschen, die Opfer sexuellen Kindesmissbrauchs waren: 82% der Täter wurden in der Kindheit Opfer sexueller Gewalt durch Frauen, vor allem durch ihre Mütter – im Gegensatz zu 29% der übrigen Gefangenen. *Longo* (1982) berichtet, dass von den befragten *jugendlichen Sexualstraftätern* mit eigenen Missbrauchserfahrungen 76,5% angaben, von einer Frau sexuell missbraucht worden zu sein. *MacFarlane* (1982) kommt bei *Sexualstraftätern*, die in ihrer Kindheit sexuell missbraucht wurden, auf 33% Täterinnen. Am *Massechusetts Treatment Center* fanden *Seghorn* u. a. (1983) heraus, dass 23% der *Vergewaltiger* und 59% der *Pädophilen* in ihrer Kindheit beziehungsweise Jugend von Frauen beziehungsweise Müttern sexuell missbraucht worden waren. *Fowler* u. a. (1983) berichten in ihrer Untersuchung, 80% der *Inzest-TäterInnen* seien als Kind sexuell missbraucht oder körperlich misshandelt worden. *Petrovich* und *Templer* (1984) berichten von 59% *Sexualstraftätern* und *Condy* und *Condy* u. a. (1985, 1987) von 57% *Sexualstraftäter*, die angaben, von Frauen beziehungsweise Müttern sexuell missbraucht worden zu sein. *Wolfe* (1985) gegenüber gaben 58% der *Sexualstraftäterinnen* an, in ihrer Kindheit sexuellem Missbrauch unterworfen gewesen zu sein. *Fehrenbach* u. a. (1986) berichten von 19% *jugendlichen Straftätern*, die in ihrer Kindheit missbraucht wurden. *Marquit* (1986, S. 123) berichtet von eigenen Untersuchungen[4] , wonach von 75 *Inzesttätern* 48% (weitere 20% „hielten es für durchaus möglich", dass sie sexuell missbraucht wurden, waren aber „nicht ganz sicher") und 70% bis 80% der Ehefrauen dieser Täter in ihrer Kindheit sexuelle Gewalt erlebt haben. *Burgess* u. a. (1987) gegenüber gaben 32,2% *Sexualstraftäter* eine Frau als Missbraucher an. *Knopp* und *Lackey* (1987) geben in ihrer Erhebung, die auf der Untersuchung von 476 Frauen basiert, die in den Jahren 1985 und 1986 in Behandlung waren, an, dass 93% der *Missbraucherinnen* Opfer sexuellen Missbrauchs in ihrer Kindheit waren. Von den 40 *Missbraucherinnen* aus der Studie von *Faller* (1987) waren 19 (47,5%) in der Kindheit sexuell missbraucht worden. In der Studie von *Mathews* (1987) gaben 33% bis 40% der *Täter* an, zuvor Opfer sexuellen Missbrauchs gewesen zu sein – ein Viertel dieser Täter war weiblich. *Becker* (1988) ermittelte 139 *jugendliche Sexualstraftäter*, von denen 19% angaben, in ihrer Kindheit sexuell missbraucht worden sein. *Burgess* u. a. (1988) ermittelten, dass von 41 inhaftierten erwachsenen *Serien-Vergewaltigern* 76% in der eigenen Kindheit Opfer sexueller Gewalt waren. *Fehrenbach* (1988) gegenüber gaben 50% der *Sexualstraftäterinnen* an, in ihrer Kindheit sexuelle Gewalt erlebt zu haben. *Johnson* (1988) berichtet, von 47 Jungen im Alter von 4 bis 13 Jahren, die andere Kinder (zu 47% Geschwister) sexuell belästigten beziehungsweise missbrauchten, waren 49% Opfer sexuellen Missbrauchs (und 19% wurden körperlich misshandelt). *Awad* und *Saunders* (1989) berichten von 29 *jugendlichen Sexualstraftätern*, von denen 26% in ihrer Kindheit sexuell missbraucht wurden. *Brannon* u. a. (1989) kommen in ihrer Untersuchung an *Sexualstraftätern* mit eigenen Missbrauchserfahrungen auf 58% Täterinnen. In ihrer Untersuchung berichtet *Johnson* (1989), dass von den unter 12-jährigen Mädchen und Jungen, die andere Kin-

der sexuell missbrauchten, 100% der Mädchen *und* 49% der Jungen zuvor Opfer sexueller Gewalt wurden. *Mathews* u. a. (1989) begutachteten eine Stichprobe von 16 *Sexualstraftäterinnen*, von denen 15 in ihrer Kindheit und eine als Jugendliche sexuell missbraucht wurden. Bei den von *McCarty* (1989) untersuchten 29 Müttern waren 72% in ihrer Kindheit sexuell missbraucht worden, meistens war der Bruder der Täter. *Abel* und *Rouleau* (1990) berichten, dass 30% der von ihnen untersuchten *Sexualstraftäter* von Frauen missbraucht wurden. *Katz* (1990) berichtet von 31 *jugendlichen Kindesmissbrauchern*, von denen 61% angaben, in der eigenen Kindheit sexuell missbraucht worden zu sein. *Allen* (1991) kommt in einer Untersuchung, die auf der Befragung von 75 männlichen *und* 65 weiblichen *Sexualstraftätern* basiert, die aufgrund nachgewiesenem sexuellen Kindesmissbrauchs an einem speziellen Therapieprogramm teilnahmen und angaben, in ihrer Kindheit sexuell missbraucht worden zu sein, zu folgendem Ergebnis: Die pädophilen Frauen gaben an, 94% der Täter seien männlich *und* 6% weiblich gewesen. Die *männlichen* Pädophilen gaben hingegen an, 55% der Täter seien männlich *und* 45% weiblich gewesen. *Becker* und *Stein* (1991) und *Becker* u. a. (1991) berichten von 160 beziehungsweise 246 *jugendlichen Sexualstraftätern*, von denen 23% beziehungsweise 21% angaben, in der eigenen Kindheit sexuell missbraucht worden zu sein. *Briere* und *Smiljanich* (1993) berichten von *Sexualstraftätern*, die zu 80% angaben, von einer Frau missbraucht worden zu sein. *Lake* (1993) ermittelte, dass von 83 *weiblichen Sexualstraftätern* rund zwei Drittel in ihrer Kindheit sexuell missbraucht *und* körperlich misshandelt worden waren.
Teegen u. a. (1992, S. 21, 22) gegenüber berichteten von den 576 missbrauchten weiblichen *und* männlichen Opfern, die zu 28% von weiblichen Tätern sexuelle Gewalt erfahren haben, insgesamt 15% vom „Wunsch (beziehungsweise) Drang nach sexuellen Kontakten mit Kindern und 6,4% geben an, sexuelle Handlungen an Kindern vollzogen zu haben". Vom „Drang, sich Kindern zu nähern, berichten Männer häufiger als Frauen. Männer berichten auch signifikant häufiger als Frauen über sexuelle Kontakte mit Kindern, sowohl für das Jugendalter wie auch für die heutige Situation". Auch in der kleinen Studie von *Teegen* (1993, S. 339) gaben von 7 Frauen und 8 Männern, die von weiblichen Tätern wie beispielsweise der Mutter missbraucht worden waren, 3 weibliche und 4 männliche Opfer zu Protokoll, dass sie den „Wunsch/Drang" verspürten, Kinder zu missbrauchen: „Zwei Männer machten Angaben über den Versuch, Kinder sexuell zu misshandeln. Beide empfinden starke Schuldgefühle zu diesen Handlungen. Ein Mann erwähnte Rachephantasien an Frauen. Sie entwickeln sich in Situationen, die ihn an einen Missbrauch erinnern. Von Bedeutung scheint, dass sich bei den Männern zwar die Tendenz zeigt, den erlebten eigenen Missbrauch an Kindern auszuagieren, dies jedoch bewusst wahrgenommen und kontrolliert beziehungsweise noch Jahre später als Unrecht erlebt wird."
Allen und *Pothast* (1994) berichten von 79 *inhaftierten erwachsenen Kindesmissbrauchern*, von denen 36% angaben, in der eigenen Kindheit sexuell missbraucht worden zu sein. *Ford* und *Linney* (1995) ermittelten, dass von 21 *jugendlichen Kindesmissbrauchern* 52% in ihrer Kindheit eigene sexuelle Gewalterlebnisse hatten. *Worling* (1995 a) ermittelte, dass von 32 *jugendlichen Inzest-Straftätern* 66% in der eigenen Kindheit Opfer sexueller Gewalt waren. Weiter ermittelte *Worling* (1995 b, 1995 c) 29 *jugendliche Sexualstraftäter* (mit Mädchen als Opfern), 12 *jugendliche Sexualstraftäter* (mit Jungen als Opfern) und 19 *jugendliche Sexualstraftäter* (mit Mädchen *und* Jungen als Opfern), die zu 24%, 75% und 74% in der eigenen Kindheit sexuell missbraucht worden waren. *Cooper* u. a. (1996)

ermittelten, dass von 330 *jugendlichen Sexualstraftäter* 34,2% in der eigenen Kindheit sexuell missbraucht worden sind. *Graham* (1996) berichtet von 286 *Sexualstraftätern*, von denen rund 70% angaben, in ihrer Kindheit sexuell missbraucht worden zu sein. *Ryan* u. a. (1996) berichten, dass von etwa 1600 *sexuell aggressiven* Kindern, Jugendlichen und Heranwachsenden im Alter von 5 bis 21 Jahren, die von ihnen untersucht wurden, 39% sexuellen Missbrauch erlebt haben; körperliche Misshandlung haben 42% und Vernachlässigung 26% der jungen Täter erleiden müssen. *Burkett* und *Bruni* (1997, S. 355) stellen eine Untersuchung des Behandlungszentrums von Bridgewater, Massachusetts, vor, wonach 57% der dort behandelten „Kinderschänder als Kinder missbraucht worden waren". *Howitt* (1998) berichtet von *jungen Sexualstraftätern*, die zu 81% angaben, als Kind sexuell missbraucht worden zu sein; im Vergleich hierzu berichteten „nur" 25% Nicht-Sexual-Straftäter über entsprechende Missbrauchserlebnisse in der Kindheit.

Die Gründe für den Schritt vom Opferdasein zur Täterschaft sind *insbesondere das Gefühl der Machtlosigkeit, Minderwertigkeitsgefühle, Ohnmachts- und Hilflosigkeitsgefühle und ein niedriges Selbstwertgefühl* des missbrauchten Opfers[5].
In der Rolle des Täters geht es den früheren Opfern vor allem *um das Gefühl von Macht, Dominanz, Überlegenheit, Kontrolle, Unterwerfung* und *Erniedrigung*, der sie als Opfer ausgesetzt waren[6]. Mit anderen Worten: Es findet letztlich eine *„Re-Inszenierung"* des Missbrauchs mit vertauschten Rollen[7] statt, in der das frühere Opfer sich an Kindern vergeht – und somit vom Opfer zum Täter oder Täterin wird. Das *traumatische Kindheitserlebnis*, dass im Inneren ständig weiterlebt, wird in der Rolle des Täters oder der Täterin *wiederholt* und *durchlebt*. Anders ausgedrückt: *Ohnmacht, Wut, Verzweiflung, Gewalt*, die man als Kind hat erleben müssen, *wiederholen* sich in Form der *Reinszenierung des Traumas*, werden zum *Lebensinhalt* und übertragen sich häufig nahezu *nahtlos auf die nächste Generation*. Jetzt übt das ehemalige Opfer *Gewalt, Macht, Kontrolle, Dominanz* auf das kindliche Opfer aus, das durch den Missbrauch erniedrigt und entwürdigt wird. So kommen beispielsweise *Hanks* und *Saradjian* (1991, S. 252; vgl. auch *Hanks* und *Saradjian*, 1994) mit Blick auf weibliche Täter in ihrer Untersuchung zum Ergebnis, „dass das missbräuchliche Verhalten der Frauen in einem starken Zusammenhang mit dem Bedürfnis zu sehen ist, den sexuellen Missbrauch, den sie in ihrer Kindheit selber erfahren hatten, zu reinszenieren. Wenn sie selber zum mächtigen, kontrollierenden Täter wurden, empfanden sie ein Gefühl von Kontrolle und scheinen eine körperliche Befreiung von Spannungszuständen zu erreichen. Hierdurch entsteht eine starke Motivation, das missbräuchliche Verhalten zu wiederholen".

Hier unterscheiden sich Täterinnen nicht von männlichen Tätern[8].

Im Versuch, das *Ursprungstrauma* zu wiederholen und so die damit verbundene Ängste zu bewältigen, begeht das Opfer häufig später *dieselben sexuellen Missbrauchshandlungen*. Diese werden so lange *wiederholt*, bis das Opfer, das zum Täter beziehungsweise Täterin „mutiert(e)", einen anderen Ausweg – aus seiner damaligen Situation – gefunden hat (vgl. hierzu *Freud*, 1920). Dieser psychische Mechanismus wird „zwanghafte Wiederholung" genannt.
Um die eigene „Männlichkeit" – männliche Identität – *wiederzuerlangen*, begeben sich männliche Täter in die *Rolle des Aggressors* mit dem Ziel, sich wieder als „richtige" Jungen beziehungsweise Männer zu fühlen; ihre Opfer sind vorwiegend weibliche Kinder.

So berichtet beispielsweise *O'Brien* (1989) in seiner Studie über Jungen, die von Frauen und Müttern missbraucht worden waren und sich fast ausschließlich weibliche Opfer suchten. Bei weiblichen Tätern verhält es sich umgekehrt:
Um die eigene „Weiblichkeit" *wiederzuerlangen*, machen sie vorwiegend männliche Kinder zu Opfern, missbrauchen sie sexuell, tun ihnen Gewalt an, benutzen sie, *um ihre weibliche Identität durch sexualisierte Gewalt „wiederzuerlangen"* beziehungsweise zu stabilisieren[9].
Es findet letztlich eine *Identifikation mit dem (früheren) männlichen oder weiblichen Täter, dem Aggressor beziehungsweise der Aggressorin* statt[10].

Nach Meinung von ExpertInnen kann der Missbrauch eines Kindes dem früheren Opfer und späteren Täter beziehungsweise Täterin helfen, die Gefühle der *Hilflosigkeit* und *Machtlosigkeit* vorübergehend zu „bewältigen". Insofern wird offenbar nicht ausgeschlossen, dass der Kindesmissbrauch möglicherweise ein Mittel sein könnte, um das eigene, unverarbeitete sexuelle Trauma zu verarbeiten[11].
„Der Glaube", berichtet hierzu *Lothstein* (1996, S. 40), „auf diese Weise einen Konflikt aus der früheren Kindheit bewältigt zu haben, ist jedoch nur eine Illusion. Die Gefühle der Dominanz, Kontrolle, Macht und Lebendigkeit verschwinden bald wieder, folglich muss die Wiederholung (also der Missbrauch) erneut stattfinden. Auf diese Weise kann das Problem weder bewältigt noch gelöst werden, daher ist der Misshandler gezwungen, seine Tat immer wieder zu begehen. Nur durch psychologische Behandlung und Intervention kann das Sexualverhalten unter Kontrolle gebracht werden."
Dies illustriert *Lothstein* (1996, S. 41) mit einem schlimmen Fall:

„Pfarrer J. wurde von seiner Mutter, einer Alkoholikerin, erzogen. Sie wurde vom Gemeindepfarrer verführt und verkehrte mit ihm – vor den Augen ihres kleinen (anscheinend schlafenden) Sohnes. Dieser wurde später in einem Internat von einer Gruppe von Priestern körperlich misshandelt und sexuell gedemütigt. Als er Priester wurde, begann er, sich für heranwachsende Jungen zu interessieren. Er lebte sein Kindheitstrauma erneut aus, indem er sie sexuell missbrauchte."

Um sich aus der Opferrolle zu „befreien", missbraucht das frühere Opfer Kinder und macht diese zu Opfern – davon ist *Lew* (1993, S. 44, 71), der nach eigenen Angaben „Gespräche mit Hunderten von Therapeuten und Tausenden von Inzestopfern" geführt hat, überzeugt:

„Er wird zum Täter. Sein Gefühl sagt ihm, dass er Macht erlangen muss, um nicht länger zum Opfer werden zu können. In einer Welt, die in Täter und Opfer unterteilt ist, kann der Missbrauch als Macht interpretiert werden. Der einzige Weg, mannhaft (mächtig) zu werden, scheint dann darin zu bestehen, jemand anderen zum Opfer zu machen. So schrecklich es sich auch anfühlt, jemand zu sein, der einen anderen missbraucht, erschien dies doch als die einzige Möglichkeit, der Rolle des Opfers zu entgehen. Und der sexuell missbrauchte Mann will vor allem nie wieder Opfer sein. Ich habe keinen Zweifel daran, dass dies einer der Hauptgründe ist, warum man bei so vielen Menschen, die Kinder missbraucht haben, feststellt, dass sie selbst missbraucht worden sind."

> Über einen 42-jährigen Mann, der wegen mehrfachem sexuellen Missbrauch zweier Jungen im Alter von vier und neun Jahren sowie eines fünfjährigen Mädchens vom Landgericht Kassel zu sechs Jahren und neun Monaten Haft verurteilt worden ist, berichtete die *Frankfurter Rundschau* (22. Juli 1998). Der Richter sah in dem Angeklagten einen „relativ armen und einsamen Menschen", der als Kind selbst missbraucht worden sei und „nichts dazu kann, dass sich sein Trieb auf Kinder richtet". Da seine Neigung nicht therapierbar sei, darüber hinaus eine Kastration nicht helfen würde, bliebe lediglich die Möglichkeit einer abschreckenden Strafe. Hätte er nicht durch ein Geständnis den Auftritt der Opfer vor Gericht erspart, wäre diese sogar höher ausgefallen.

Bei dem „Wechsel" von der Opfer- in die Täterrolle spielen *Rachegefühle* gegen den Täter oder die Täterin eine gewichtige Rolle sowie eine „Begleichung der Rechnung", von der man wiederum weiß, dass man sie nicht mehr wird begleichen können.

Hinreichend bekannt ist, wie beispielsweise *Forward* und *Buck* (1979) in ihrer Studie berichten, dass männliche Gewaltopfer, die von weiblichen Tätern sexuell missbraucht wurden, sich zu *„Frauenhassern"* entwickeln können.
Das Gewaltopfer wird zum Täter, der Frauen, *seine* Frau misshandelt, der Mädchen, *seine* Tochter missbraucht, der vergewaltigt und im Extremfall mordet.
Und umgekehrt können sich *weibliche* Gewaltopfer zu *„Männerhassern"* entwickeln (vorwiegend gegen männliche Heterosexuelle, manchmal aber auch gegen männliche Homosexuelle gerichtet), die Männer *demütigen, psychisch* und *physisch misshandeln*[1][2], mit *Messer oder Schusswaffe bedrohen und sexuell nötigen, ja vergewaltigen*[1][3] – und die Kinder, insbesondere Jungen, *sexuell missbrauchen und quälen (beispielsweise den Penis verletzen)*.

In einer (vergleichenden) Studie kommt beispielsweise *Allen* (1991) zu folgenden erstaunlichen Ergebnissen, die konträr zur gängigen Vorstellung stehen:
Missbrauchende Frauen gaben viel häufiger als missbrauchende Männer an, ihrem Partner gegenüber gewalttätig gewesen zu sein. Insbesondere setzten sie ihre Partner *schwersten Gewalttätigkeiten* aus:

- 8% der Frauen *verprügelten* den Partner (6% der Männer verprügelten ihre Partnerin)

- 2% (0% der Männer) fügten ihm *Verbrennungen* oder *Verbrühungen* zu

- 6% (4% der Männer) *bedrohten* ihn mit einem *Messer* oder *Gewehr*

- 16% (5% der Männer) haben ihren Partner *getreten, gebissen* und *geschlagen*

- 20% (7% der Männer) haben ihn auch mit einem *Gegenstand* malträtiert.

Natürlich werden nicht alle Opfer später zu Tätern. Für viele missbrauchte weibliche wie männliche Opfer bedarf es größtmöglicher Anstrengungen, *nicht* zum Kindesmissbraucher zu werden. Das Opfer bleibt oft in „der Rolle des Opfers", so *Lew* (1993, S. 71), bezogen auf männliche Gewaltopfer – seine Ausführungen sind natürlich auch und gerade auf weibliche Opfer anwendbar:

„Auch hier hat der Betroffene das Empfinden, dass Männer nur die Wahl haben zwischen der Rolle des Opfers oder der des Täters. Da er weiß, wie man sich als Opfer fühlt, ist er entschlossen, niemals ein anderes menschliches Wesen dazu zu machen. So findet er sich damit ab, Opfer zu bleiben." Da Macht gleich Missbrauch ist, muss das Gewaltopfer, so seine Schlussfolgerung, „ohnmächtig bleiben, um nicht selber zum Täter zu werden. Die Opferrolle ist ihm vertraut geworden, und er trägt sie als Erwachsener in alle seine Beziehungen hinein, wobei er erwartet, dass man ihn ausnützen wird (was auch oft eintritt). Dies ist ihm jedes mal erneute Bestätigung für die Unvermeidlichkeit seiner Lage".

4.2 Die TäterInnen werden immer jünger
Kids, die Kids sexuell missbrauchen

„Zu jeweils einem Drittel sind die Täter selbst noch Kinder oder Jugendliche. (...) Bei den Tätern aus dem Bekannten- und Freundeskreis überwiegen jugendliche Täter. Dabei bleibt es bei rund einem Viertel bei erzwungenen Küssen, Umarmungen und beim Anfassen der Brüste der Mädchen (28%). Über die Hälfte der Täter fasste die Mädchen an die Genitalien, zwang sie zur Masturbation oder dazu, ihre Genitalien zu zeigen (51%). Gut ein Fünftel vergewaltigte die Mädchen entweder anal, oral oder vaginal oder versuchte es (21%). Genau die Hälfte der Täter setzte die sexuellen Handlungen mit körperlicher Gewalt durch."
Dirk Bange (1992, S. 112, 113)

Eine in der Fachwelt und -literatur kaum beschriebene und diskutierte Variante ist der sexuelle Missbrauch – mit einem teilweise hohen Gewaltpotential – von Kindern *und* Jugendlichen *durch* Kinder *und* Jugendliche. Kids, die andere Kids *gegen deren erklärten Willen* und unter *teilweise massiver Androhung und Anwendung körperlicher Gewalt zum Sex zwingen* – und sexuell missbrauchen.
Sexuelle Übergriffe von Kindern *auf* Kinder beziehungsweise Jugendlicher *auf* Kinder beziehungsweise Jugendliche *auf* Jugendliche hat – wie auch bei erwachsenen TäterInnen – mehr mit Gewaltausübung als mit sexuellem Trieb zu tun. So fanden beispielsweise *Lamb* und *Coakley* (1993) in einer retrospektiven Befragung von 128 nicht missbrauchten Studentinnen heraus, dass Kinder bei sexuellen Spielen untereinander zu einem erheblichen Teil – neben *Überredung* und *Manipulation* – auch *Gewalt*[1] ausüben. Und *Ryan* u. a. (1996) berichten in ihrer Untersuchung, das bei den *jugendlichen* Tätern zu 8% das *Ausleben von Sex an ihren kindlichen und jugendlichen Opfern* beispielsweise ein Weg war, ihr kindliches oder jugendliches Opfer zu bestrafen, zu erniedrigen und zu verletzen; bei 9% von ihnen ging es darum, Wut und Ärger „abzulassen"; *mächtig fühlten sich gegenüber ihrem Opfer 24% der jugendlichen Täter*. Aber auch *Langeweile* und *Probleme* in der Familie gaben viele als Missbrauchsauslöser an.

Die Medien sind voll von Schreckensmeldungen über zum Teil schlimmste Gewalt, die Kinder und Jugendliche anderen Kindern und Jugendlichen antun.

• Auf einem Parkplatz überfällt ein 12-jähriger Junge einen 9-jährigen Jungen und ein 11-jähriges Mädchen. Dem Jungen setzt er ein Butterfly-Messer an die Kehle und fordert, dieser möge mit dem Mädchen Sex machen. Beiden gelingt die Flucht; die Polizei verhaftet den Täter *(Bild*, 5. 10. 2001).

• In Sachsen-Anhalt wird ein 11-jähriger Junge von drei Jugendlichen im Alter von 15, 16 und 18 Jahren auf grausame Weise sexuell missbraucht. Fünf Stunden lang quälen die – geständigen – Täter den Jungen auf abscheulichste Art. Aus Scham und Angst vor den Tätern hat der Junge geschwiegen *(Frankfurter Rundschau*, 14. 3. 2002*)*.

• Ein 16-Jähriger entführt aus einer Herforder Kinderklinik ein 4-jähriges Mädchen und missbraucht es. Das Bielefelder Landgericht verurteilt den mittlerweile 17-Jährigen Anfang Juni 2002 wegen sexuellen Missbrauchs, Vergewaltigung und Körperverletzung zu drei Jahren und drei Monaten Jugendstrafe. Der junge Täter sei trotz seiner noch kindlichen Erscheinung voll schuldfähig *(Frankfurter Rundschau, 4. 6. 2002)*.

Und es sind nicht nur männliche Kinder *und* Jugendliche, sondern auch weibliche Minderjährige, die Mädchen *und* Jungen sexuelle Gewalt bis hin zur Vergewaltigung antun.

• Vier Mädchen, alle 15, zerren einen taubstummen 15-jährigen Jugendlichen in ein Gebüsch und vergewaltigen ihn. Nachdem die jungen Vergewaltigerinnen ihr Opfer ein zweites Mal vergewaltigt haben, schreibt es einen Brief an seine Mutter, die zur Polizei geht. Nach Festnahme und Verhör werden die Vergewaltigerinnen ihren Eltern übergeben, ihnen drohen zehn Jahre Jugendstrafe *(Bild, 13. 6. 2001)*.

Viele junge Menschen, die Kinder missbrauchen, waren zuvor Opfer sexueller Gewalt. Über den *Opfer-Täter-Teufelskreis* berichtet *Knopp* (1986, S. 15):
„Ein zwölfjähriger Junge wurde von seinem Vater, seiner Stiefmutter und seinem Großvater sexuell missbraucht. Als er etwa sechs oder sieben Jahre alt war, sagte der Vater zu ihm: ,Mein Vater tat das mit mir und ich werde es mit dir tun und du wirst es auch tun, wenn du ein Mann bist.' Er wurde von seinem Vater und Großvater anal penetriert. Der Junge glaubte, der einzige Weg für ihn, dies zu stoppen, sei, selbst andere zu penetrieren. Er missbrauchte seine fünfjährige Schwester."

Bernard (1973, S. 22) lässt einen 23-Jährigen zu Wort kommen, der in seiner Kindheit mit männlichen Jugendlichen und Erwachsenen sexuelle Erlebnisse hatte – und im Jugend- und Erwachsenenalter die Täterrolle einnahm:
„Als ich sieben Jahre alt war, hatte ich (sexuellen) Kontakt mit meinem Bruder von acht Jahren. Die Initiative ging von meinem Bruder aus. Ich fand diese sexuellen Kontakte nett und betrachtete das alles als eine Art Spiel. Zur gleichen Zeit ging ich mit Jungen von 17 bis 18 Jahren schwimmen – und bei dieser Gelegenheit kam es auch zu sexuellen Kontakten in den Umkleidekabinen. Als ich zwölf Jahre alt war, ging ich einmal Billard spielen und lernte einen Mann kennen, der mich nett fand und mich einlud, mit ihm nach Hause zu kommen. Ich akzeptierte diese Einladung noch am gleichen Abend und ging mit ihm. Er war offenbar früher Schiedsrichter gewesen (Oberliga Fußball) und war zu der Zeit Vertreter. Obwohl ich vor ihm ,Angst hatte' (er blickte etwas schielend), konnte ich es doch nicht unterlassen, immer wieder zu ihm zu gehen. Seine sexuelle Technik war offenbar so perfekt, dass ich es einfach nicht unterlassen konnte, immer wieder zu ihm zu gehen. Das ging so weiter, bis ich 18 war. Inzwischen kam noch ein zweiter hinzu. Ich lernte ihn auf der Strasse kennen. Ich bekam Geld von ihm, aber ich tat es wegen Sex. Mit Jungen meines Alters tat ich es auch. Das fand ich eigentlich noch schöner."
Der junge Mann erzählt ganz offen von seiner Vorliebe für kleine Jungs. So beispielsweise von einem 5-jährigen Jungen:
„In Wirklichkeit richtete sich mein Interesse auf Jungen, die noch kleiner waren als ich. In diesem Alter hatte ich überhaupt kein Interesse an Mädchen oder Frauen, das kam

erst, als ich 18 war oder 19. Von meiner Mutter aus durfte ich mit Mädchen nicht verkehren, aber meine Schwester wohl mit Jungen. Es gab da eine Nachbarin, die zwei Kinder hatte, ein Mädchen von elf und einen Jungen von fünf. In den Jungen von fünf war ich total vernarrt, und mit ihm habe ich auch was gehabt, auch jetzt noch, wo er zehn Jahre alt ist. Seine Mutter findet es in Ordnung, wenn er mit mir geht, denn dann sagt sie: ‚Wenn er bei dir ist, dann weiß ich, dass es gut ist.' Ich habe nie bereut, was früher mal geschehen ist. Ich fand es herrlich und würde es, wenn ich noch mal jung wäre, wieder so machen. Auch die Erziehung, die ich von seiten meines Vaters genoss. Als ich 18 war, habe ich eine Zeit lang im Krankenhaus gelegen. Ich hatte dort Kontakt mit einem Jungen von drei Jahren, der auch dort war, und noch mit einem von fünf und einem von acht Jahren. Die Kinder fanden diese Kontakte besonders nett und wollten es immer wieder erleben. Meine augenblickliche Haltung ist die, dass ich Jungen vorziehe, aber ich finde Mädchen auch wichtig, besonders zum Kinderkriegen, denn ich mag nun mal kleine Jungen!"

Über einen brutalen Kindesmord berichtete die Nachrichtenagentur *Associated Press* am 16. März 2000. Ein 15-jähriger Junge wurde vom Magdeburger Landgericht wegen Mordes eines 6-jährigen Mädchens zu sechs Jahren und neun Monaten Haft verurteilt. Der zur Tatzeit 14-jährige Junge hatte versucht, das Mädchen sexuell zu nötigen. Nachdem das Mädchen ihm gedroht hatte, dies zu melden, erwürgte der Junge das Kind mit einem Gurtband. Er selbst war als Kind von einem Gartennachbarn seiner Eltern mehrfach vergewaltigt worden.

Es sind nicht nur *männliche* Opfer *männlicher* Täter, die vom *Opferstatus in dem Täterstatus übertreten*. Auch *männliche* Opfer, von *weiblichen* Tätern sexuell missbraucht, werden sehr häufig bereits in ihrer Kindheit zu Tätern.
Ein Beispiel möge dies verdcutlichen:
Den sexuellen Missbrauch ihres 13-jährigen Sohnes, den sie täglich mit der Hand stimulierte, erklärte sich eine Sozialpädagogin gegenüber dem *Stern* (13/1993, S. 86-91) mit den Worten: Sie wolle „aus dem Sohn einen zärtlichen Liebhaber" machen, ihn so erziehen und somit in die Lage versetzen, „seine sexuellen Triebe zu kontrollieren, damit er später nicht zum Vergewaltiger" würde[2].
Der *Stern* über die Folgen:
„In die Praxis eines Therapeuten kam sie mit ihrem Sohn, weil der Junge in der Schule andere Kinder sexuell belästigte."
Auch junge weibliche Opfer „wechseln" von der *Opfer- in die Täterrolle*. Mit anderen Worten: Nicht alle weiblichen Opfer internalisieren[3] und bewältigen ihr *psychisches Trauma* ausschließlich durch *autoaggressive Handlungen*. Dieser Tatbestand wird ganz offensichtlich insbesondere von den parteilich-feministischen Autorinnen fast ausnahmslos verschwiegen, negiert oder – wenn überhaupt – in einem Nebensatz angedeutet. So berichtet beispielsweise, aus parteilich-feministischer Sicht, *Steinhage* (1990, S. 174), ohne Mädchen als potentielle Täterinnen zu benennen, pauschal:
„Jungen wenden die erfahrene sexuelle Gewalt weniger gegen sich selbst, sondern in der Regel nach außen. Sie werden selbst zum Täter, indem sie kleine Jungen und Mädchen demütigen und missbrauchen."
Mit dieser einseitigen, nur auf Jungen bezogenen Behauptung – und Stimmungsmache – setzt sich *Steinhage* der Gefahr aus, *alle missbrauchten Jungen zu diffamieren*, was durch-

aus einer Art von *zweitem Missbrauch* gleichkommen kann. Es gibt auch männliche (kindliche) Opfer, die ihr *psychisches Trauma* nicht *externalisieren*[4], sondern *internalisieren*. Die Externalisierung ihres Traumas vollziehen auch weibliche Opfer.
Hirsch (1994, S. 101) berichtet über einen derartigen Fall:
„Eine Patientin, die vom Vater sexuell missbraucht worden war, hatte mit 12 Jahren den 6 Jahre jüngeren Bruder in aggressiver Weise masturbiert und versucht, einen vaginalen Koitus mit ihm durchzuführen."
Ein Opfer, so *Hirsch* unter Hinweis auf diesen Fall, mache sich „auch schuldig, wenn es die erlittene Gewalt an Schwächere, z. B. jüngere Geschwister oder später die eigenen Kinder weitergibt, auch wenn es gar nicht anders kann".
Über weibliche Opfer, die ihr Trauma externalisieren und zu Tätern werden, berichten auch *Mathews* u. a. (1989). So beispielsweise über eine in ihrer Kindheit von einer Babysitterin und einem Nachbarn missbrauchte Frau, die, als sie 15 Jahre alt war, einen von ihr beaufsichtigten drei- bis vierjährigen Jungen missbrauchte. Sie befriedigte sich an dem Jungen, indem sie ihn auf das Bett warf und sich auf ihm sitzend rieb. Auch an ihrer 9-jährigen Cousine vergriff sie sich: Sie manipulierte die kindlichen Brüste und Genitalien und verlangte von dem Mädchen, es auch bei ihr so zu machen. Weigerte sich das Kind, schlug sie es. Etwa dreimal in der Woche zwang sie das Kind zu sexuellen Handlungen wie Küssen, Saugen an den Brüsten und Penetration mittels Finger. Die Missbraucherin erklärte später, dass sie die Opfer auf genau die gleiche Weise verletzen wollte wie es ihr in ihrer Kindheit widerfahren war.
Und eine in ihrer Kindheit von Vater *und* Mutter sexuell missbrauchte Frau gesteht gegenüber *Elliott* (1995, S. 190):
„Ich habe auch missbraucht. Ich habe an unschuldigen Kindern den gleichen Missbrauch verübt, wie ich ihn erlebt habe. Zuerst habe ich meine SpielkameradInnen ‚eingeweiht'. Als ich älter wurde, wollten die gleichaltrigen Kinder nicht mehr mitmachen, und ich wandte mich jüngeren Kindern zu. Zu meiner Schande und zu meinem Bedauern muss ich gestehen, dass ich als Teenagerin und als junge Erwachsene auch Kinder missbraucht habe, die mir anvertraut waren. Ich zog sie aus und berührte ihre Geschlechtsteile und ließ sie mich auf eine Art und Weise anfassen, die zwischen Kindern und Erwachsenen nicht angemessen ist."

Es gibt Mädchen, die Babys und Kleinkinder sexuell missbrauchen

Dass es unter Täterinnen auch viel mehr Mädchen, weibliche Jugendliche und junge Frauen als bisher angenommen gibt, die Babys *und* Kleinkinder sexuell missbrauchen[5], ist eine Tatsache, die kaum zur Kenntnis genommen wird[6].
In ihrer Studie kommen beispielsweise *Knopp* und *Lackey* (1987) zu dem Ergebnis, dass von 476 in den Jahren 1985 und 1986 behandelten Täterinnen 30 unter 11, 189 zwischen 11 und 17 und 427 über 18 Jahren waren, als sie sich an Babys *und* (Klein-)Kindern vergriffen.
Völlig zu Recht verweist *Knopf* (1993, S. 31, 32) darauf, dass sich auffallend häufig unter den Täterinnen Frauen, die unter 20 Jahren sind, befinden, die ihnen anvertraute Kinder sexuell missbrauchen und als „Babysitter abuse" bezeichnet werden:
„Diese Mädchen werden als zurückgezogen und ängstlich, ihre Sexualerziehung als rigi-

de beschrieben. Das Motiv sei Neugier. Es muss kaum erklärt werden, dass dieser als ‚neugierig-erkundend' zu bezeichnende Kontakt sehr häufig bei jungen und unterlegenen Kindern mit weniger Angst verbunden ist, als es sexuelle Kontakte zu Gleichaltrigen wären."

Und sie erwähnt ein betroffenes weibliches Opfer:

„Frau E. berichtet mir von einer ihrer frühesten Erinnerungen, dass sie von ihre circa 18-jährigen Kinderfrau häufig mit auf Bahnhofstoiletten genommen worden sei, wo sie dann mit der Hand oder dem Mund das Genital der Frau berühren musste. Sie selbst sei damals ca. drei Jahre alt gewesen. Diese Erfahrung schilderte sie als beeindruckend und unangenehm."

Von einem 13-jährigen Mädchen berichtet *Scavo* (1989), dass dieses während des Badens eines ihr anvertrauten dreijährigen Mädchens die Genitalien des Kindes aggressiv rieb und ihr beim Anziehen in die Genitalien griff.

Die Nachrichtenagentur *dpa* berichtete am 7. November 1999 von einem 12-jährigen Mädchen, das zugegeben hatte, an Jungen im Alter von vier, fünf und sechs Jahren mehrere „unzüchtige Handlungen" begangen zu haben. In zwei weiteren Fällen habe sie zwei Mädchen zu solchen Handlungen verleitet. Sie wurde in Manchester (England) wegen „Sittlichkeitsvergehen" verurteilt; sie stand ein Jahr lang unter behördlicher Aufsicht und ist als erstes „jüngstes Mädchen" in einem Register aufgenommen worden, in dem alle Sexualstraftäter geführt werden.

Auch Mütter missbrauchen ihre Babys

Über drei Mütter berichten *Chasnoff* u. a. (1986), die ihre Söhne, kaum waren sie auf der Welt und ein paar Tage beziehungsweise Wochen alt, sexuell missbrauchten, indem sie den *Penis der Säuglinge stimulierten, in den Mund nahmen und dabei masturbierten.* Eine dieser Mütter benutzte ihr *zwei Wochen altes Baby zur eigenen Selbstbefriedigung, indem sie ihn gegen ihre Genitalien drückte und rieb. Die Mütter waren allein erziehend: soziale Entfremdung und Isolierung waren offenbar die Indikatoren für den Kindesmissbrauch.*

Die Worte einer durch ihre Mutter bereits im Säuglingsalter sexuell missbrauchten Frau gibt *Teegen* (1993, S. 336) wieder:

„Erforschung meiner Genitalien als Säugling. Stimulation meiner Lust. Häufige Berührungen meines Körpers auf ekelhaft zärtliche Art. Später dann Anregung zur Masturbation, entweder gemeinsam im Bett, oder sie hat mich provoziert, öffentlich in ihrem Beisein und auch meines Vaters Beiseins zu masturbieren. Das ganze auch noch heimlich und völlig lautlos nach dem Motto, niemand merkt es. Ich habe irgendwie gespürt, dass ich so den völlig willkürlichen Prügeln entgehen konnte."

Trube-Becker (1997, S. 45, 46), die sich in ihren Veröffentlichungen häufig mit der sexuellen Ausbeutung von Babys *und* Kleinkindern beschäftigt hat, erhebt völlig zu Recht folgende Anklage:

„Säuglinge und Kleinkinder sind in ganz besonderem Maße auf Gedeih und Verderb dem Erwachsenen, insbesondere den Eltern ausgeliefert. (...) Das gilt auch für die sexuelle Ausbeutung, die viele, auch gerade Ärzte bei Kindern dieser Altersstufe nicht wahrhaben wollen. Während des Medizinstudiums, auch noch in der heutigen Zeit, werden die Studenten weder auf dem sexuellen Missbrauch bei Säuglingen noch auf die Folgen hingewiesen. Die *Vulvovaginitis gonorrhoica* der Kleinkinder wird als Folge unhygieni-

schen Verhaltens oder verschmutzter Waschlappen bei der Körperreinigung dargestellt. Von sexuellem Missbrauch ist keine Rede, was ich als Student selbst erlebt habe. Auch in der heutigen Zeit wird der sexuelle Missbrauch bei Säuglingen und Kleinkindern, obwohl weit verbreitet, weder in der Praxis noch in der Literatur Beachtung geschenkt. ... An körperlichen Spuren gibt es gerade bei Kleinkindern neben Tripperinfektionen des Mundes, der Vagina, des Anus, verschiedene Analverletzungsmuster, auf die bei ärztlichen Untersuchungen und sogar bei Obduktionen oft nicht geachtet wird. Obwohl Säuglinge und Kleinkinder kaum über das Erlebte berichten können, so senden sie dennoch typische Signale aus, die von Eltern und Ärzten erkannt werden müssten."
Als Folge der sexuellen Gewalt beobachteten *Lewis* und *Sarrel* (1969) bei Babys u.a. Angstzustände, Ernährungsstörungen, Erbrechen, Verdauungsstörungen – und zusätzlich bei Kleinkindern: Sprachstörungen, Stottern, Schlafstörungen.

Das Alter der kindlichen Missbrauchsopfer

Bedingt durch die Tatsache, dass nur wenige Untersuchungen[6 a] und somit Daten über *regressive* und *fixierte* pädophile Frauen existieren, die Kleinkinder *und* Kinder sexuell missbrauchen, ist über das Alter der kindlichen Opfer nicht viel bekannt. Es gibt auch Babys von wenigen Tagen, die von männlichen beziehungsweise weiblichen Tätern missbraucht werden.
Die folgenden Daten beziehen sich demnach vorwiegend auf männliche, aber auch auf weibliche Täter.
In der Studie von *Nau* (1965) sind fast 50% der 1441 sexuell missbrauchten Mädchen *und* knapp 30% der 205 sexuell missbrauchten Jungen unter zehn Jahre alt. *Finkelhor* (1979) kommt zum Ergebnis, dass unter den Opfern sexueller Gewalt 4- bis 6-jährige Mädchen und Jungen mit einem Anteil von 14% beziehungsweise 18% vertreten sind. *Baurmann* (1983) fand heraus, dass 37% der Opfer unter neun Jahren und jünger und 7% unter fünf Jahren und jünger waren. *Russell* (1986) weist daraufhin, dass in 11% der erfassten Fälle der sexuelle Kindesmissbrauch vor dem 5. Lebensjahr begonnen hat. In der Studie von *Faller* (1987) wird das Durchschnittsalter der 86 Kinder mit 6,4 angegeben: Hiervon waren 19% jünger als vier, 41,3% zwischen vier und sechs, 30,2% zwischen sieben und zehn und 9,5% über zehn Jahre. *Finkelhor* u. a. (1990) berichten, dass 14% der Frauen und 12% der Männer zur Zeit des Missbrauchs 6 Jahre und jünger waren. Das *Kinderschutzzentrum* Kiel, so *Johns* (1990), zählte 55 Opfer bis August 1989, darunter alleine 16,4% Kinder, die bei Beginn des sexuellen Missbrauchs unter 4 Jahre alt waren. Die Rate bei den 5- bis 8-Jährigen betrug 40%, die der 9- bis 12-Jährigen 27% und die der 13- bis 16- Jährigen 14,6%. *Teegen* u. a. (1992, S. 15) führen unter Hinweis auf ihre Untersuchung zum Alter bei Beginn des Missbrauchs aus: „Für 22% der Frauen und Männer begann der Missbrauch im Kleinkindalter, als sie 0 - 3 Jahre alt waren. Insgesamt 40% waren 0 - 5 Jahre alt; 43% waren 6 - 11 Jahre alt; 15% waren 12 - 15 Jahre alt. Etwa die Hälfte der TeilnehmerInnen (46%) war erst 0 - 6 Jahre alt, als sie zum ersten Mal sexuell missbraucht wurden. Das mittlere Alter bei Beginn des Missbrauchs ist für Mädchen mit 6,9 Jahren geringfügig niedriger als das der Jungen (7,8 Jahre)."
Ryan u. a. (1996) ermittelten in ihrer Untersuchung folgende Opferraten: zu 91% waren die Opfer zwischen 3 und 16, jünger als 9 waren 67%, jünger als 2 immerhin 3%; von ihnen waren 39% Verwandte der Täter, 10% kamen aus sogenannten *Peergroup*s, und

fremd waren den Tätern 6% der Opfer. *Wetzels* (1997, S. 156) kommt zu einem durchschnittlichen Erst-Viktimisierungsalter von 11 Jahren: „Von den Opfern (298) waren 11,3% erstmals im Alter zwischen 3 und 6 Jahren betroffen, 27,4% zwischen 7 und 10 Jahren, 33,3% zwischen 11 und 13 Jahren sowie 28% zwischen dem 14. und vor Vollendung des 16. Lebensjahres." *Müller* (1997, S. 68) berichtet, dass das mittlere Alter bei Missbrauchsbeginn „für Mädchen bei 10,5 Jahren und für Jungen bei 10,2 Jahren (liegt). Jüngere Opfer (Altersgruppe 6-10 Jahren) waren häufiger von Missbrauch durch Familienangehörige und von mehrfachem Missbrauch betroffen". Das durchschnittliche Alter der von *Rosencrans* (1997) befragten 93 weiblichen Inzestopfer, die von ihren Müttern sexuell missbraucht worden waren, lag bei Missbrauchsbeginn bei 3,2 Jahren und dauerte im Durchschnitt 8 bis 10 Jahre.

Dass viele erwachsene TäterInnen bereits als Kinder *und* Jugendliche beginnen, jüngere, gleichaltrige *und* ältere Kinder *und* Jugendliche sexuell zu missbrauchen, zeigen zahlreiche TäterInnen- Studien. Der Täteranteil der Kinder und Jugendlichen am sexuellen Missbrauch von Kindern beträgt in den Studien mindestens rund ein Drittel (oft auch mehr). Auch haben viele von ihnen im Laufe ihres Lebens zahlreiche Opfer. Somit beginnt für viele Menschen – männlichen wie weiblichen Geschlechts – sehr häufig bereits in ihren Kindheits- oder Jugendjahren die „Karriere" als Täter.
Die Ergebnisse einiger der zahlreichen Studien[7] seien an dieser Stelle ausdrücklich erwähnt:
Finkelhor (1979) kommt zum Ergebnis, dass 33,6% der Frauen *und* 39,1% der Männer in ihrer Kindheit von Kindern, Jugendlichen und jungen Erwachsenen im Alter von 10 bis 19 Jahren sexuell missbraucht wurden[8]. *Longo* und *Groth* (1983) fanden in ihrer Studie 81% männliche *und* 19% weibliche missbrauchende Jugendliche. *Russell* (1986) beziffert den Anteil der unter 18-jährigen Täter mit 26%. *Risin* und *Kross* (1987) berichten in ihrer Studie, dass fast die Hälfte der Täter zwischen 14 und 17 Jahre waren. *Johnson* (1988) berichtet von 47 missbrauchenden Jungen im Alter von 4 bis 13 Jahren. In ihrer Untersuchung berichtet *Johnson* (1989) von Mädchen *und* Jungen unter 12 Jahren, die Kinder sexuell missbraucht hatten. In der Befragung der *Los Angeles Times* von 1985 finden sich 20% Jungen *und* 10% Mädchen, die von Gleichaltrigen sexuell missbraucht wurden (vgl. *Finkelhor* u. a.,1990; *Gordon*,1990). Die Strafverfolgungsstatistik des Bundeskriminalamtes, berichtet *Baurmann* (1991), weist für 1988 unter den Sexualstraftätern die 14- bis 20-Jährigen mit einem hohen Anteil von 17,4% bei den Tatverdächtigen *und* 15,6% bei den Verurteilten aus; mit einem Anteil von 13,2% an der Gesamtbevölkerung seien sie deutlich überrepräsentiert. Die 14- bis 20-Jährigen seien alleine unter den Tatverdächtigen im Bereich der Sexualdelikte, die der sexuellen Gewalt beziehungsweise des sexuellen Missbrauchs beschuldigt wurden, mit 43,9% beziehungsweise 43,7% nochmals überproportional vertreten. Aus der *Polizeilichen Kriminalstatistik* für das Jahr 2000 geht hervor, dass sich unter den insgesamt 9038 *Tatverdächtigen* insgesamt „2313,728" Kinder, Jugendliche und Heranwachsende befinden. Der Anteil der Kinder beträgt „614,584", der der Jugendlichen „1156,864" und der der Heranwachsenden 542,28. Aus der Statistik des *Statistischen Bundesamtes*[8a] für das gleiche Jahr geht hervor, dass 139 männliche und 1 weibliche Jugendliche und 109 männliche und 2 weibliche Heranwachsende gemäß §§ 176 Abs. 1 - 3, 176a StGB[9] *rechtskräftig verurteilt* worden sind. Für

2001 weist die Statistik 147 männliche und 2 weibliche Jugendliche und für 2002 177 männliche und 2 weibliche Jugendliche aus. Bei den Heranwachsenden sind 113 männlich (2001) bzw. 128 männlich und 1 weiblich (2002). *Rensen* (1992, S. 97) berichtet: „Die Hälfte der Männer ist jünger als 25 und 70% jünger als 30 Jahre." In der Studie von *Bange* (1992) waren von der sehr kleinen Untersuchungsgruppe 46% der Täter, die Jungen missbrauchten und 37% der Täter, die Mädchen missbrauchten, jünger als 18 Jahre. Über den Altersunterschied zwischen den kindlichen Opfern und den kindlichen *und* jugendlichen Tätern berichtet *Bange* (1992, S. 113):

„14% der weiblichen und 7% der männlichen Opfer sind als Kinder von anderen Kindern oder Jugendlichen, die mindestens fünf Jahre älter waren, sexuell ausgebeutet worden. Immerhin 28% der sexuell missbrauchten Studentinnen und 43% der Studenten erfuhren sexuelle Gewalt durch Gleichaltrige (1 bis 4 Jahre Altersunterschied), davon wurden bei den Frauen 51% dieser Fälle und bei den Männern 40% mit körperlicher Gewalt oder Drohung durchgesetzt."

In ihrer Homburger Studie berichten *Bange* und *Deegener* (1996, S. 145, S. 147) von 44% Täter, die Jungen missbrauchten *und* 27% Täter, die Mädchen missbrauchten *und* jünger als 18 Jahre waren:

„Bei der Homburger Befragung gaben 38% der sexuell missbrauchten Teilnehmerinnen und 22% der Teilnehmer an, sie seien als Kinder (unter 13 Jahre) von über 21-jährigen Tätern sexuell missbraucht worden. 13% der Frauen und 4% der Männer wurden als Kinder Opfer anderer Kinder oder Jugendlicher, die mindestens 5 Jahre älter waren. 25% der betroffenen Frauen und 35% der Männer wurden im Alter von 13 bis 16 Jahre von über 21-jährigen Personen gegen ihren Willen zu sexuellen Handlungen gezwungen. 27% der Frauen und 39% der Männer wurden von Gleichaltrigen sexuell missbraucht."

Burger und *Reiter* (1993) berichten in ihrer Studie, dass 16 der jüngsten Missbraucher unter 12 Jahre und 41 zwischen 12 und 14 Jahre alt waren. Und 74 der MissbraucherInnen – ab hier werden auch Mädchen und Frauen als Missbraucherinnen angeführt – waren zwischen 15 und 17 Jahre *und* 70 zwischen 18 und 20 Jahre alt. *Brayton* (1996) berichtet über eine kanadische nationale Polizeiumfrage, wonach 33% aller *Sexualstraftäter* unter 21 waren. *Ryan* u. a. (1996) kommen in ihrer Untersuchung zu der Feststellung, dass von etwa 1600 *sexuell aggressiven* Kindern, Jugendlichen *und* Heranwachsenden im Alter zwischen 5 und 21 90% zwischen 10 und 18 Jahre alt waren; bei 97% der Stichprobe handelte es sich um Jungen; vaginale oder anale Penetration oder oral-genitale Kontakte betrafen 68% der sexuellen Handlungen. Die *Statistics Canada* (1997) weist 21% *Sexualstraftäter* aus, die zwischen 12 und 19 Jahre alt waren. *Wetzels* (1997, S. 154; vgl. auch *Raupp* und *Eggers* 1993) kommt in seiner repräsentativen Untersuchung zu dem Schluss: „Es fällt auf, dass 34,8% (40) der männlichen Opfer sexueller Übergriffe in Kindheit und Jugend ausschließlich ‚sonstige' sexuelle Handlungen mit jugendlichen Tätern berichten. Bei Frauen betrifft dies lediglich 15,6% (43) der Opfer. Dies stimmt mit Ergebnissen bundesdeutscher Studien an studentischen Stichproben überein. Auch dort zeigte sich, dass Männer zu einem höheren Anteil als Frauen sexuelle Übergriffe durch gleichaltrige beziehungsweise jugendliche Täter erlebten."

Auch *Finkelhor* (1979) kommt zu dem Ergebnis, dass Männer in ihrer Kindheit und Jugend signifikant häufig sexuellen Handlungen durch gleichaltrige beziehungsweise jugendliche männliche Täter ausgesetzt sind.

Dass es sogar jüngere „Täter" im Alter von drei bis acht Jahren gibt, die Gleichaltrige, aber auch jüngere Kinder missbrauchen, darauf weist *Van Outsem* (1993) hin.

„Doch noch eine Frage wird ewig offen bleiben, daran ändert alle Schuld nichts: Warum muss es überhaupt Menschen geben, die so sind? Sind sie damit meist geboren?
Lieber Gott, was haben sie vor ihrer Geburt verbrochen?"
Jürgen Bartsch (1980, S. 232)

„Viele möchten mich tot sehen", titelte der *Spiegel* (31/1992; vgl. auch *Spiegel* 48/1992, S. 129-134) eine Geschichte um einen Jungen, „der mit 13 zum ersten Mal tötete". Das Kind Marco *missbrauchte*, bevor er andere Kinder *tötete*, mehrere Jungen:
Ende März 1991 tötete er einen 10-jährigen Jungen, nachdem er ihn zuvor sexuell missbrauchte und quälte. Im Februar 1992 missbrauchte, quälte und tötete er, nun 14 Jahre alt, einen 8-jährigen Jungen. Das Kind Marco tötete, weil er Angst hatte, *sie würden ihn verraten*. Marco war, bevor er tötete, in *Heimen* untergebracht. Im ersten *Heim* wurde er von einem 18-jährigen Jungen sexuell missbraucht. Die körperliche *und* sexuelle Brutalität steigert sich, als er in einem *Erziehungsheim* untergebracht worden war: Das Manipulieren der *Geschlechtsteile* sowie *Oral-* und *Analverkehr* war für das Kind Marco Bestandteil der ihm *aufgezwungenen Sexualkontakte*.
Vor Gericht zeigte Marco keinerlei Regung, Gefühl, er strahlte Gleichgültigkeit und Kälte aus. Auf die Frage, wie viele Sexpartner er im Heim hatte, antwortete er:

„Man kann sagen, dass ich fast mit jedem im Heim, vielleicht mit 30 Kindern, sexuellen Kontakt hatte."

Marco war immer der *Unterlegene*, der *Unterdrückte*, der *Verlierer*. Vor Gericht versicherte Marco, er hätte nie andere Kinder missbraucht und getötet, *wenn er nicht selbst missbraucht worden wäre*.
„Es gibt", so der *Spiegel*, „für den Sachverständigen zwischen den sexuellen Handlungen, die Marco erlitt, und den von ihm selbst verübten sexuellen Handlungen Ähnlichkeiten. Marco wiederholte Handlungsmuster, die er zuvor selbst über sich ergehen lassen musste."
Der Gerichtssachverständige stellte in seinem Gutachten eine *gemischte sexuelle, pädophil-sadistische Deviation* fest; Marco sei eine *antisoziale, hochgradig affektgestörte, gefühlsarme Persönlichkeit*. Der Gutachter stellte darüber hinaus *Hospitalismus* fest, der eindeutig auf die Heimerziehung zurückzuführen sei: Der Aufenthalt in den Heimen und die dort erlebte Gewalt habe das Kind aus der Bahn geworfen und ihm seine Entwicklung – sprich: Kindheit – geraubt.
Weitere Folgen für den Jungen, so der Gerichtssachverständige: *Gefühlsarmut, fehlende Identität; er habe kein Gewissen und kein Gefühl für sich und andere entwickeln können.*

Die Kindestötungen durch das Kind Marco hätten, davon ist er selbst überzeugt, offenbar verhindert werden können.
Sellin und *Weber* (1999) haben den Fall von Marco beschrieben und führten mit dem damals 21-Jährigen ein Interview.
„Viele hätten es verhindern können", versicherte Marco den Autoren.
Viele hätten verhindern können, dass das Kind Marco zum zweifachen Kindesmörder wird:

> „Vor allem die Erzieher, mit denen ich damals täglichen Umgang hatte, und auch das Jugendamt. Nur, ich war damals ein Problemkind. Und Probleme schiebt man am liebsten beiseite. Damit hat man dann keine Probleme mehr. Es hätten sich damals einfach geschulte Leute ... mit mir beschäftigen müssen. Die hätten das dann wahrscheinlich erkannt und etwas unternehmen können. Jeder, der sich näher mit mir beschäftigt hätte, hätte etwas dagegen tun können. Aber das soll jetzt kein Vorwurf sein. Die mir vertrauten Leute wollten eben nichts zu tun haben mit mir. Es gab viele Situationen, wo mir das sehr, sehr wehgetan hat. (...) Wenn ich einen Schuldigen benennen soll, neben mir, neben meiner eigenen Person, dann würde ich ihn beim Jugendamt sehen. Aber ich bin der Hauptschuldige. Das Jugendamt hat damals die Verantwortung übernommen. Was sie gemacht haben, mich ins Heim gesteckt, war das Verkehrte. Die haben mich dort wieder als Problemkind eingestuft und abgeschoben ins nächste und so weiter. Und dann war irgendwann Schluss."
>
> Im November 1992 wurde das Kind Marco zu sieben Jahren und sechs Monaten Haft verurteilt. Vor der Verbüßung sollte Marco in der forensischen Psychiatrie eine Behandlung erfahren. Da sich aber kein Platz fand, wurde eine „Änderung der Vollstreckungsreihe" verfügt.
> Den folgenden Ausführungen kann sich der Verfasser nur ausdrücklich anschließen: „Die kindlichen Täter sind auch Opfer. Sie sind Spiegelbilder der Erwachsenenwelt, Seismographen", so der *Spiegel* (9/1993, S. 232-242) folgerichtig in einer Titelgeschichte: „Kinder, die töten".

Es besteht ein recht hohes Risiko für in ihrer Kindheit sexuell missbrauchte Jungen, aber auch Mädchen, später ein *abweichendes sexuelles Verhalten zu entwickeln und Kinder zu missbrauchen*[10]. In einer Übersicht führen *Araij* (1997) sowie *Johnson* (1998) acht Untersuchungen über sexuell aggressive Kinder im Alter zwischen 3 und 12 Jahren auf. Zusammenfassend dokumentieren die Untersuchungen, dass die *sexuell aggressiven Kinder* überwiegend selbst Opfer von sexuellem Missbrauch wurden (die Untersuchungen weisen hier *Missbrauchsraten* von 50% bis 100% aus). Drei der acht Untersuchungen führen auch *Misshandlungsraten* auf: Bei der *Körpermisshandlung* beträgt diese zwischen 41% und 93%, bei der *seelischen Misshandlung* 31% bis 68% und bei der *Vernachlässigung* 8% bis 86%.
Die *sexuelle Devianz* beziehungsweise das *paraphile Interesse*[10a] beginnt laut *Abel* und *Rouleau*[11] (1990), die 561 Sexualstraftäter, die sich in zwei US-amerikanischen Universitäten therapieren ließen, untersuchten und interviewten, oft *vor* dem 16. Lebensjahr. Die von ihnen Befragten gaben zu 54% an, bereits *mehrere sexuelle Übergriffe* begangen zu haben – bei den Übergriffen handelte es sich um *Exhibitionismus* (50%), *sexuellen Kindesmissbrauch* (40%) und *Vergewaltigung* (30%). In einer weiteren Untersuchung zum Beginn und der Häufigkeit *sexuell devianter Verhaltensweisen* kommen *Abel* u. a. (1993), bezogen auf 1025 Patienten, zu folgendem Ergebnis: Das jeweilige *deviante Interesse* (insbesondere *sexueller Missbrauch, Vergewaltigung, Masochismus, Sadismus, obszöne Telefonanrufe, Voyeurismus, Frotteurismus*) wiesen zwischen 27% und 72% der Befragten bereits mit 17 Jahren auf. Und es blieb hier nicht nur beim *devianten Interesse der Betroffenen*: Die männlichen Probanden im Alter von 11 bis 17 Jahren hatten eine mitt-

lere Anzahl von zwischen 5 und 76 Opfern[12] und wiesen in der *Mehrzahl sogar mehrere abweichende sexuelle Interessen* auf[13].

Über 3000 männliche Studenten befragten *Koss* u. a. (1987) anonym, von denen 25% angaben, seit dem 14. Lebensjahr in irgendeiner Form *sexuell aggressives Verhalten praktiziert zu haben*. Von der Gesamtstichprobe bekannten sich 5% zu *Verhaltensweisen*, die durchaus die *rechtlichen Kriterien einer Vergewaltigung indizierten* – und 3% räumten eine *versuchte Vergewaltigung* ein. *Küsse* und *genitale Manipulationen* – beispielsweise unter *Gewalt* oder *Gewaltandrohung* – räumten 10% ein. Die Untersuchung von *Fehrenbach* u. a. (1986) zeigt, dass von 279 *Sexualstraftätern* im Alter von 18 Jahren und jünger 59% *genitale Manipulationen*, 11% *exhibitionistische Handlungen*, 7% andere Handlungen ohne Kontakt und 23% *Vergewaltigungen* an ihren Opfern begangen hatten. Und *Marshall* u. a. (1991) fanden unter den von ihnen untersuchten Missbrauchern 29%, die *deviante sexuelle Phantasien* auf Kinder vor ihrem 20. Lebensjahr zeigten.

Dass die *deviante sexuelle* Phantasie sehr häufig auch ausgelebt wird, braucht an dieser Stelle sicherlich nicht betont werden[14].

> „... Männer, die als Kind oder Jugendlicher zu Hause oft geschlagen wurden, neigten später selber häufiger dazu, (sexuelle) Gewalt auszuüben."
> *Barbara Krahé* und *Renate Scheinberger-Olwig (1997)*
>
> Dass *aggressives Sexualverhalten*, und zwar unabhängig möglicher eigener Missbrauchserfahrung, zwischen Jugendlichen weit verbreitet ist, ist wenig bekannt beziehungsweise wird tabuisiert. Auch in der (deutschsprachigen) Forschung gibt es hierzu kaum systematische Arbeiten[15].
> Barbara *Krahé* und Renate *Scheinberger-Olwig* (1997, 2002) vom *Institut für Psychologie der Universität Potsdam* haben zu dem Thema mit Unterstützung der *Deutschen Forschungsgemeinschaft* geforscht. Insgesamt 560 männliche *und* weibliche Jugendliche[16] an verschiedenen Orten in Berlin und Potsdam nahmen an der Untersuchung teil, wobei es bei der Befragung *nur* um sexuelle Gewalt von Männern gegen Frauen ging.
> Die Ergebnisse aus der Opfer-Perspektive (die Häufigkeit, mit der Frauen über *unfreiwillige* Sexualkontakte berichteten) zeigen, dass die Formen der *sexuellen Aggression* nach Auffassung von *Krahé* und *Scheinberger-Olwig* (1997) „im Sinne des Strafrechts als sexuelle Nötigung und versuchte beziehungsweise vollendete Vergewaltigung aufzufassen sind". Von *sexueller Nötigung* berichteten 12,2%, von *versuchter Vergewaltigung* 6,6% und von *Vergewaltigung* 6,3% der Frauen.
> Den Einsatz *körperlicher Gewalt zur Durchsetzung sexueller Interessen* „gestanden" hingegen „nur" insgesamt 3,2% der befragten Männer ein: Von diesen „gestanden" 1,6% die *sexuelle Nötigung*, 1,2% die *versuchte Vergewaltigung*[17] und 0,4% die *Vergewaltigung*.
> Beim Einsatz *sexueller Aggressivität* spielen *Alkohol* oder andere *Drogen* „eine nicht unerhebliche Rolle", berichten die Forscherinnen:
> „Gut ein Viertel der von den Frauen beschriebenen sexuellen Gewalterfahrungen (26%) und annähernd die Hälfte der von den Männern eingestandenen sexuellen Gewalt (43%) fand unter dem Einfluss von Alkohol oder Drogen statt. Dabei wurden hier nur die Situationen erfragt, bei denen Alkohol oder andere Drogen als Mittel zur Durchsetzung sexueller Interessen ‚gezielt' eingesetzt wurden. Es ist also anzunehmen, dass es eine

> weitaus größere Anzahl an Situationen sexueller Gewalt gibt, in deren Verlauf Alkohol oder andere Drogen konsumiert wurden."
>
> *Sexuelle Gewalt* wurde auch und gerade als *Machtmittel gegen Frauen* eingesetzt, von denen ein Teil der befragten Männer berichteten, sie hätten mit ihnen in der *Vergangenheit schlechte Erfahrungen gemacht.* Hierzu berichten *Krahé* und *Scheinberger-Olwig* (1997): „Das heißt, die Männer, die sich in der Vergangenheit oft von Frauen getäuscht oder missbraucht fühlten, neigen häufiger dazu, sich sexuell aggressiv gegen Frauen durchzusetzen. Ebenso zeigen die Männer eine höhere sexuelle Gewaltbereitschaft, die dazu tendieren, sich in Situationen zu begeben, in denen sie die Kontrolle über sich und ihr Tun verlieren."
>
> Von den befragten Frauen gaben 8% an, in ihrer Kindheit sexuell missbraucht worden zu sein – und weitere 8%, sich dessen nicht sicher zu sein. Von den männlichen Befragten berichtet „nur" einer, in der Kindheit sexuell missbraucht worden zu sein[18]. Dass sexuell missbrauchte Mädchen (aber auch Jungen) ein signifikant höheres Risiko haben, später erneut Opfer sexueller Übergriffe zu werden, betonen die Forscherinnen völlig zu Recht.
>
> Von den befragten Frauen und Männern berichteten 13%, in ihrer Kindheit zu Hause *oft* oder *regelmäßig* geschlagen worden zu sein.
>
> „Für die Männer ergab sich ein signifikanter Zusammenhang zwischen eigener erlebter körperlicher Gewalt in der Kindheit und späterer Neigung zu sexueller Aggressivität", so *Krahé* und *Scheinberger-Olwig (1997):*
>
> „Das heißt, die Männer, die als Kind oder Jugendlicher zu Hause oft geschlagen wurden, neigten später selber häufiger dazu, (sexuelle) Gewalt auszuüben."
>
> Über das *Gefühl, nichts wert zu sein,* berichtete jede dritte Frau (32%) *und* jeder fünfte Mann (21%).
>
> „Sowohl für Frauen wie für Männer stand dieser Befund in signifikantem Zusammenhang zu späterer sexueller Gewalt", berichten *Krahé* und *Scheinberger-Olwig* (1997) weiter:
>
> „Das heißt, Minderwertigkeitsgefühle in der Kindheit stehen in Zusammenhang mit sexuellem Missbrauch beziehungsweise Gewalt in der Familie (beziehungsweise sind möglicherweise u. a. deren Resultat) und sind insofern ebenfalls ein Faktor, der auf eine erhöhte Wahrscheinlichkeit für spätere sexuelle Gewalt hindeutet."

Es gibt AutorInnen, die sexuelle Gewalt *unter* Kindern *und* Jugendliche nicht unter „sexuellen Missbrauch" einstufen.

Doch ist diese Unterscheidung gegenüber den erwachsenen Tätern zulässig? Das *soziale* und *entwicklungsbedingte Macht- und Autoritätsgefälle* ist nicht *nur* ausschließlich und somit unwiderruflich auf das Verhältnis zwischen Erwachsenen *und* Kindern anwendbar. Es ist auch dann gegeben, wenn ein *älteres* Kind ein *jüngeres* Kind oder ein Jugendlicher *ein* Kind oder ein *älterer* Jugendlicher einen *jüngeren* Jugendlichen (und ein Erwachsener einen Erwachsenen) gegen den *erklärten Willen* des anderen missbraucht. Wobei man hier sicherlich über die Art und Weise *und* die Intensität *des sozialen und entwicklungsbedingten Macht- und Autoritätsgefälles* „streiten" kann.

Wetzels (1997, S. 71) gehört zu denen, die Bedenken haben, den Begriff „*sexueller Missbrauch*" auf junge Täter anzuwenden. Für ihn „erscheint der Begriff des sexuellen Miss-

brauchs für solche Vorfälle nicht angemessen. Es wäre richtiger, hier die Begriffe Vergewaltigung oder sexuelle Nötigung zu verwenden, nicht aber den Begriff Missbrauch":
„Sexuelle Handlungen zwischen Gleichaltrigen wie auch solche von Jugendlichen gegenüber Kindern werden nicht mit dem Begriff des sexuellen Missbrauchs bezeichnet. (...) In solchen Täter-Opfer-Konstellationen fehlt jedoch das Moment des besonderen sozialen und entwicklungsbedingten Macht- und Autoritätsgefälles, wie es für das Verhältnis zwischen Erwachsenen und Kindern konstitutiv ist."
Auch *Romer* und *Berner* (1998) haben Bedenken, den Terminus *sexueller Missbrauch* entsprechend auf diese Gruppe anzuwenden.
Sie schlagen vor, stattdessen von *sexuell aggressiver Impulsivität* zu sprechen, da hierdurch mehr die vorliegende *Psychopathologie* betont werde.

„Man kann die pädophilen Jugendlichen nicht über Nacht einschließen."

Ein Tabu stellt die Tatsache dar, dass auch und gerade in Heimen Kinder *und* Jugendliche Kinder *und* Jugendliche sexuell missbrauchen. Es handelt sich um Kinder *und* Jugendliche, die häufig in der Herkunftsfamilie sexuell missbraucht worden waren und nun als Heimkinder andere Heimkinder missbrauchen.
Unstrittig gibt es leider derartige Fälle, die genauso der *„Mauer des Schweigens"* anheimfallen wie *physische* und *psychische Misshandlungen*[19] sowie *sexueller Kindesmissbrauch* durch HeimmitarbeiterInnen[20] *(Homes*, 1996, 1998, 2001*)*.
Über ein Heim berichtet beispielsweise *Conen* (1997, S. 716), in dem „ein Mädchen von zwei weiblichen Jugendlichen vergewaltigt (wurde), die – wie später herauskam – selbst sexuell missbraucht und dabei erhebliche Gewalterfahrungen gemacht hatten".
Schumacher (2004, S. 23), die seit zwölf Jahren in einer Mädchengruppe im stationären Jugendhilfebereich arbeitet, berichtet von dort untergebrachten Mädchen, die „fast alle traumatisiert" sind – „häufig mehrfach":
„Ihre Aussagen (auch die der Jungen, mit denen ich 10 Jahre lang gearbeitet habe) enthielten und enthalten häufig Informationen über erlebte Gewalt – auch durch Mütter. Dazu zählen körperliche Gewalt (schlagen, auspeitschen, Verbrennungen zufügen ...), psychische Gewalt (demütigen, beschämen, unter Druck setzen ...) sowie Vernachlässigung und Verwahrlosung, die zu Behinderungen führen. Und sie sprechen immer wieder von sexueller Gewalt. (...) Ohne längere Überlegung fallen mir 10 Mädchen aus der Wohngruppe ein, die uns von sexueller Gewalt durch Frauen (Mutter, Tante, Bekannte, Schwester, Lebensgefährtin der Mutter) erzählten. Alle Mädchen waren zusätzlich körperlicher und psychischer Gewalt durch diese Frauen ausgesetzt. Keine dieser Frauen wurde angezeigt, d. h. keine Tat strafrechtlich verfolgt. ... Diese Gewalttaten gegen Kinder und Jugendliche stehen in keiner Statistik und gehören somit zu einer meiner Erfahrung nach enormen Dunkelziffer."[20a]
Sie berichtet auch über „Mädchen in unserer Gruppe, die andere Mitbewohnerinnen sexuell misshandelten oder/und zuvor auch schon z. B. die Geschwisterkinder in einer Pflegefamilie sexuell misshandelt hatten".
Im Rahmen der sexuellen Gewalt übten sie Druck auf ihre Opfer aus, indem sie beispielsweise Gewalt androhten bzw. anwandten oder damit drohten, „kleinere Kinder zu verletzen oder umzubringen" (2004, S. 24).

Und sie fährt fort:

„Folgende Verhaltensweisen sexueller Gewalt haben Mädchen im Alter von 10 bis 16 Jahren im Kontext von Geheimhaltung, zur Befriedigung eigener Bedürfnisse, an anderen Mädchen der Gruppe ausgeführt:

- streicheln (über der Kleidung, unter der Kleidung, nackt),
- ausziehen lassen,
- küssen (an der Brust, an der Scheide),
- den nackten Körper ablecken,
- an die Brust fassen, die Brust streicheln, in die Brust kneifen,
- Finger, Papilotten, Stifte in die Scheide einführen,
- sich nackt am ganzen Körper des Mädchens reiben.

Und die Mädchen ließen auch an sich folgende „sexuelle Handlungen ... vornehmen:

- sich küssen lassen (mit der Zunge, an der Brust),
- sich an der Scheide anfassen lassen,
- sich an der Scheide solange streicheln lassen, bis ein Orgasmus erfolgt."

Auch dem Verfasser wurden derartige Fälle berichtet.
Hier zwei Fallbeispiele:

- Frau B., Mutter von vier Jungen im Alter von vier bis vierzehn, brachte ihre Kinder nach Rücksprache mit dem Jugendamt in ein *evangelisches* Kinderheim, um sie vor den *gewalttätigen Übergriffen des Kindesvaters*, einem Alkoholiker, zu schützen. Nach dem sie die Kraft aufgebracht hatte, sich vom Ehemann zu trennen, wollte sie ihre Kinder wieder zu sich nehmen, doch das Jugendamt lehnte ab.
„Der Richter sagte gleich zu Beginn der Verhandlung, dass er mir das Sorgerecht entzieht, egal, was ich sage. Der Heimleiter sagte danach: ‚Sie sehen, jetzt haben wir gewonnen und Sie verloren.' Doch verloren hatten nur die Kinder!"
Einem Gutachten ist zu entnehmen:
„Die Vorgehensweise, die Kinder entgegen allen Absprachen der Mutter einfach nicht mehr zu geben, ist sicherlich zumindest als unglücklich zu bezeichnen. ... Zur Zeit liegen keine Anhaltspunkte vor, Frau B. nach § 1666 BGB das Sorgerecht zu entziehen. Es ist vielmehr so, dass alle vier Kinder eine enge Bindung zur Mutter haben und es nicht zum Wohle der Kinder war, sie dauerhaft von der Mutter zu trennen."
Die Kindesmutter stellte bei ihren Kindern, die die Ferien bei ihr verbrachten, immer wieder „Rötungen im Intimbereich" fest, wenn diese zu Besuch waren. Das Jugendamt, von ihr wegen *Verdacht des sexuellen Missbrauchs* eingeschaltet, habe ihr und den Kindern keinen Glauben geschenkt – und behauptet, die „sexuellen Auffälligkeiten der Kinder" seien dadurch erklärbar, dass sie den sexuellen Verkehr der Eltern mehrfach mitbekommen hätten. Von dieser Darstellung rückte das Jugendamt ab, nachdem eine Mitarbeiterin des Heims den Verdacht des sexuellen Missbrauchs bestätigte: Im Rahmen eines Elterngespräches wurde die Kindesmutter darüber aufgeklärt, dass der Verdacht bestünde, wonach zwei ihrer Söhne, vier und neun Jahre alt, von dem elfjährigen Jungen Markus sexuell missbraucht worden sind.

Der neunjährige Julian berichtete seiner Mutter, während er weinte, zitterte und die Augen bedeckt hielt, Markus habe an ihm mehrmals den Analverkehr ausgeübt. Und der vierjährige Robin zuckt, nach Angabe der Mutter, zusammen, wenn er den Namen Markus hört; dieser habe den Penis an seinem Po gerieben.
In einem Protokoll des Sozialen Dienstes des Landratsamts E. wird aufgrund der „Ermittlungen dieses Verdachts" festgehalten:
„Es ist glaubhaft, dass es zu einem sexuellen Übergriff auf Robin gekommen ist in der Form, dass Markus seinen Penis an Robins Po gerieben hat. Auch Julians Beschreibungen von dem Erlebnis mit Markus im Frühjahr und kürzlich sind glaubhaft. Robin und Julian haben vor Markus Angst."
Anstatt Konsequenzen zu ziehen, um die Kinder zu schützen, wurde zwischen Heimleiter und Jugendamt laut Protokoll vereinbart:
„Die Vorsichtsmassnahmen zum Schutz von Julian und Robin bestehen darin, dass Markus und Robin und Julian von den Erzieherinnen nicht aus den Augen gelassen werden. Sie reden mit Markus eindringlich, dass er die Kinder in Ruhe lassen solle."
Dennoch waren die betroffenen Kinder, nachdem die Verantwortlichen über ausreichende Kenntnisse verfügten, noch einige Zeit mit Markus in der gleichen Heimgruppe untergebracht. Der Heimleiter, versichert die Kindesmutter, habe ihr gegenüber erklärt:
„Sexueller Missbrauch kann ja vorkommen. Wenn Kinder im Heim sind, kann man sie vor Missbrauch nicht schützen. Man kann pädophile Jugendliche über Nacht nicht einschließen."
Die Kinder berichteten der Mutter, nicht nur der elfjährige Markus habe sie missbraucht, auch ein fünfzehnjähriger Junge, der den gleichen Vornamen hat, habe sich an ihnen vergangen.

„Der Missbrauch läuft mittlerweile seit mindestens einem drei viertel Jahr und ist im fünften Monat bekannt!"

• In einem privaten Kinder- und Jugendheim berichtete ein Kind einer Erzieherin, es habe gesehen, wie der 13-jährige A. mit der 11-jährigen N. den Analverkehr ausübte. Das Mädchen, das wegen erlebtem sexuellem Missbrauch im Heim untergebracht wurde, fiel zuvor durch häufiges Masturbieren, provozierendes und aggressives Verhalten auf. Nach heiminternen Recherchen kam heraus, dass der 13-Jährige auch drei 8-jährige Jungen missbrauchte; darüber hinaus habe er mit zwei älteren Mädchen sexuellen Kontakt gehabt. Die Mitarbeiter hatten offenbar nichts Nennenswertes unternommen, um die Opfer, die nicht einmal medizinisch und psychologisch versorgt wurden, zu schützen. In einem Bericht hält ein – früherer – Heimmitarbeiter fest:
„Die Mitarbeiter versuchten alleine die Missbrauchssache unter Kontrolle zu bekommen, was in einem dreistöckigen Wohnhaus mit 11 Kindern (8 - 15 Jahre) und regelmäßig einem Diensttuenden (vor allem abends und nachts) sehr schwierig war. Der Gruppenleiter Herr T. hielt sich für kompetent, den Missbrauch in Grenzen und den Täter unter Kontrolle zu halten, relevante Gespräche alleine zu führen und den Kontakt zu den betroffenen Jugendämtern zu pflegen. Dem Täter versicherte er, dass er auf jeden Fall im Hause bleiben kann; zur ‚Strafe' musste A. Sozialstunden leisten, zum Beispiel Blätter fegen im Hof."
Erst nachdem bekannt wurde, dass der 13-Jährige das 11-jährige Mädchen weiterhin sexuell missbrauchte, entschloss sich die Gruppen- und Heimleitung, eine Verlegung

> des Jungen ins Auge zu fassen. Der Mitarbeiter hierzu:
> „Der Missbrauch läuft mittlerweile seit mindestens einem drei viertel Jahr und ist im fünften Monat bekannt!"
>
> Nachdem der Junge in eine andere Einrichtung verlegt wurde, hörten die Missbrauchsfälle nicht auf. Nun war er das Opfer.
> Der Mitarbeiter berichtet weiter:
> „Der Schüler T. hat sich u. a. an A. vergangen und musste deshalb das Heim verlassen. Der Junge J. hatte ebenfalls sexuelle Kontakte im Hause, zum Beispiel mit A. und wurde auf Wunsch der Mutter in Wohnortnähe verlegt."
> Er berichtet auch von *physischen Misshandlungen, denen Kinder durch Erzieher ausgesetzt waren* – und hält in seinem Bericht fest:
> „In der Wohngruppe leben viele Kinder, die aufgrund von Missbrauchserlebnissen dort eingewiesen wurden. Leider dürften manche von ihnen dort auch zum ersten Male sexuellen Kontakt gehabt haben beziehungsweise missbraucht worden sein, zum Beispiel R. (körperlich und im Lernen zurückgeblieben) und A. Letzterer war generell im sexuellen Verhalten auffallend und frühentwickelt. So trat A. zum Beispiel durch häufiges Onanieren in Erscheinung beziehungsweise wollte andere, teilweise noch jüngere Kinder (auch von Erziehern) dazu oder zu anderen ‚Spielchen' (z. B. Pipimannlutschen) animieren."
> Ausdrücklich verweist er auf das Problem, dass aus Opfern Täter werden können:
> „Wichtig erscheint auch der Hinweis auf den sogenannten Negativkreislauf, dass oft die Opfer wieder zu Tätern werden (der 13-jährige Täter A. wurde von T. missbraucht!). Was ist mit den drei Opfern, die zur Zeit noch im Hause sind, zum Beispiel wenn sie älter werden oder jüngere Kinder in die Wohngruppe gekommen sind, beziehungsweise wieder von den Jugendämtern eingewiesen werden!?"

Heime und Internate sind für sexuelle Gewalt unter Kindern und Jugendlichen besonders prädestiniert

Die in vielen Einrichtungen immer noch vorhandene *Geschlechtertrennung* führt sehr häufig zu einer *psychosexuellen Fehlentwicklung*, die beispielsweise eine *Zwangshomosexualität*, aber auch *Perversionen* verschiedenster Arten nach sich ziehen kann[21]. Einige Biographien von Betroffenen beziehungsweise über sie sind hierzu erschienen[22]. Über insbesondere *konfessionell* ausgerichtete Heimeinrichtungen, gekennzeichnet durch *rigide, autoritäre sexualfeindliche Strukturen („Schwarze Pädagogik")* berichtete beispielsweise *Roth* (1973, S. 31), der Anfang der siebziger Jahre 130 Kinderheime untersuchte:

„Langsam aber sicher und endgültig deformieren sich Tag für Tag die Bedürfnisse der Kinder nach affektiver Zuwendung, nach menschlicher Wärme zu neurotischen Verhaltensstrukturen. Während der Erzieher immer noch die Möglichkeit hat, seine sexuellen Frustrationen dem Kind gegenüber durch sadistische Sanktionen abzuleiten, zieht sich das Kind entweder ganz in sich zurück oder es passt sich nach außen hin an. (...) Bei 70% aller katholischen Heime gab es keinerlei differenzierte konkrete Einstellung zur Sexualität. Keine Einstellung heißt, dass Gespräche, die auf Sexualität oder auf sexuelle Bedürfnisse der Kinder zu sprechen kamen, sofort abgeblockt wurden. Begrün-

dung: ‚Das gibt es bei uns nicht.' (...) In den meisten Heimen, nämlich in 90%, fehlten die elementaren Voraussetzungen, dem Kind Zärtlichkeit zu geben. (...) Die totale Negierung jeder Lust und Sinnlichkeit, die sich anders als in frömmelnder Demut gegenüber den Kindern und der eigenen Person ausdrückt. Jede Intimität, Zärtlichkeit, jede lustvolle Erregung des eigenen Körpers beziehungsweise des Körpers des Kindes gilt als ‚unsittlich'. ... Die Einstellung zur Sexualität zeichnet sich durch das sprachlose Verleugnen jeglicher sexueller Bedürfnisse aus. (...)
Der ideologische Hintergrund der Erzieher ist dominant religiös bestimmt. Man kann sagen, dass die Apartheid der religiösen Ziele sich in der Tatsache widerspiegelt, dass die Manifestationsformen der Religion in den Heimen stark ritualisiert sind und gewissermaßen sexuellen Ersatz bieten. ... Das Gerede von Sündhaftigkeit und nötiger Liebe zwecks Freude lassen darauf schließen, dass hier sexuelle Frustrationen neurotisch verarbeitet werden."

Den Unterschied zwischen „den meisten katholischen und evangelischen Heimen" auf der einen und staatlichen Heimen auf der anderen Seite sieht *Roth* (1973, S. 34, 35) in der „religiösen Liebe", die den „Selbstzweck (habe), konkreten Forderungen der Kinder nach Zärtlichkeit und liebevoller Intimität aus dem Weg zu gehen, weil die Erzieher nicht in der Lage sind, kindliche Zärtlichkeit von ihren eigenen sexuellen Frustrationen zu trennen. ... In über 90% aller Heime werden jegliche sexuelle Aktivitäten der Kinder untereinander durch die ständigen Drohungen der Erzieher, sich ja nicht sexuell zu betätigen, mit starken Schuldgefühlen belastet – zumal wenn sie sich trotzdem gegenseitig sexuell befriedigen. Die durch die Schuldgefühle entstehende Ängste, die sich im Über-Ich des Kindes strukturell manifestieren, verhindern für die gesamte weitere Zukunft befriedigende sexuelle Kontakte, frei von Ängsten und Hemmungen. Alles spielt sich unter dem Schleier der Heimlichkeiten ab, im Kinderheim wie später im familiären Bereich. (...) Was bleibt, ist die Perversion der frustrierten sexuellen Bedürfnisse in sadistische und masochistische Kanäle, die sich im weiteren Verlauf als ‚Verwahrlosung' oder als ‚sexuell gehemmte Persönlichkeit' darstellen".

Die von *Roth* beschriebenen Fakten hatten – und haben selbstverständlich auch heute noch – für die Betroffenen *katastrophale psychosexuelle Fehlentwicklungen* zur Folge:

Unzählige Menschen, die insbesondere in *konfessionell* ausgerichtete Heimeinrichtungen *rigiden, autoritären sexualfeindlichen* Strukturen ausgesetzt waren (und sind), kommen mit dem *Sexualstrafrecht* in Kontakt.

Der Verfasser ist davon überzeugt, dass sich viele dieser Menschen in *Gefängnissen*, aber auch in der *forensischen Psychiatrie* befinden. Menschen, die *seelische Krüppel* sind, und die sich – aus ihrer tiefen inneren Not heraus, über deren tiefere Ursachen sie sich in aller Regel nicht bewusst sind – an Kindern und Frauen vergangen haben, im schlimmsten Fall Menschenleben brutal auslöschten.
Es soll dies keine Entschuldigung sein, aber man muss einfach die Kausalitätenkette verstehen.

Insofern ist es ein absolut menschenverachtender Skandal, dass diese *Geschlechtertrennung* auch heute noch in vielen Heimen und Internaten anzutreffen ist.

Über *psychosoziale* und *psychosexuelle Schwierigkeiten*, die Jungen dank *katholischer* Heimerziehung davontrugen, berichtet *Love* (1996, 53, 54, 75) in seiner Biographie sehr eindrucksvoll:

„Viele Jungs aus dem Kinderheim sind schwul geblieben, haben sich mit der Sache auseinandergesetzt und sind damit gut zurechtgekommen. Aus meiner Gruppe sind es mindestens zehn. Die haben nie die Chance beim Schopf gepackt, einmal mit einem Mädel zu schlafen. Allerdings haben sie ihre Neigung gut getarnt. ... Manche weinen ... auch, weil sie mit der ganzen Scheiße nicht klarkamen. (...) Viele der Jungs aus dem Heim hatten Angst, richtige Panik vor Frauen, weil das für sie ja totales Neuland war. (...) Ich traf immer mehr Jungs aus dem Kinderheim, die schwul geworden waren, in der Altstadt. Sie waren auf der Suche nach einem festen Partner. Sie erkannten mich zwar, aber deckten mich auch: ‚Ich habe dich nicht gesehen, und du mich nicht.' Im Lehrlingsheim durfte nämlich niemand von meinem Doppelleben wissen."

4.3 Begehrtes Sexualobjekt, der Körper der Kinder
Ein Psychogramm männlicher und weiblicher Pädophilie

„Die Vorstellung, Pädophile seien gewalttätig und würden von den Kindern sexuelle Handlungen erzwingen, beruht nicht auf Tatsachen. Pädophile ziehen sich meist sofort zurück, wenn das umworbene Kind die geringste Ablehnung zeigt."
Helmut Kentler (1985, S. 86)

Wie ist männliche *und* weibliche Pädophilie[1] erklärbar? Wie entsteht Pädophilie? Warum lieben, begehren Jugendliche, Heranwachsende und Erwachsene emotional und sexuell Kinder?[2]
Der Verfasser bemüht sich in diesem Kapitel, wesentliche Erklärungsmodelle darzulegen, ohne den Anspruch auf Vollständigkeit zu erheben.
Einen „unvollständige(n), aber anschauliche(n) Überblick", der „deutlich machen (soll), wie unterschiedlich und doch wie ähnlich sich diese Männer sind", versucht *Baldenius* (1998, S. 50), die im Rahmen ihrer Forschung zahlreiche Pädophile interviewte – und *nur* von männlichen, aber nicht einmal im Ansatz von weiblichen Pädophilen spricht:

„Es werden bei genauerer Exploration Gleichartigkeiten in der Art ihrer sozialen Beziehung und Kontaktaufnahmen deutlich.
Solche Eigenschaften sind:

1. Sie nehmen nur Kontakt zu ihnen bekannten Kindern auf oder solchen, denen sie sich bekannt gemacht haben;
2. sie lehnen körperliche Gewalt ab, haben sogar Angst davor;
3. sie empfinden sich selbst als sehr schwach und wenden nie – auch in anderen Situationen – körperliche Gewalt an;
4. sie schmeicheln sich bei den Kindern ein, erfinden Spiele, mit denen sie den Kindern imponieren können;
5. sie wollen von den Kindern geschätzt werden;
6. sie werden auch von Kindern in der Regel bewundert oder sogar geliebt;
7. sie mögen Kinder gern und sind sehr freundlich zu ihnen. Sie sind der nette Mann von nebenan;
8. sie haben (teilweise) sexuelle oder erotische Gefühle dem Kind gegenüber;
9. einige haben sexuelle Gefühle, wenn sie an Kinder denken;
10. sie bezeichnen sich als Missbraucher oder als pädophil;
11. sie definieren sich nicht als Täter;
12. sie versuchen mit allen Mitteln, ihr Selbst aufrechtzuerhalten, um sich nicht als ein ‚Schwein' zu empfinden;
13. sie haben sehr viel Mitleid mit sich selbst und dem ‚armen Schwein' in sich;
14. sie schämen sich, so etwas getan zu haben, und bleiben in dieser Scham verhaftet;
15. sie stehen nicht zu dem, was sie getan haben;
16. sie haben Angst, nochmals eine solche Tat zu tun;
17. wenn sie sich als pädophil bezeichnen, wollen sie ihr sexuelles Verhalten offensiv wiederholen;

18. sie haben Schwierigkeiten in sozialen Beziehungen, haben wenige oder keine Freunde, fast nie Menschen, denen sie sich anvertrauen können;
19. sie spüren sich selbst nicht, haben keinen Kontakt zu ihren Gefühlen, und
20. sie denken, dass die wirklich schlimmen Täter die anderen sind, nicht sie selbst."

Die von *Baldenius* beschriebenen Eigenschaften treffen *auch* auf weibliche Täter zu. Viele von ihnen haben beispielsweise *Mitleid* mit sich selbst, sie schämen sich, so etwas getan zu haben, und bleiben in dieser *Scham* verhaftet – und sie stehen nicht zu dem, was sie getan haben. Aber auch bei dem vollständigen *Ableugnen der Tat*, dem *Eingestehen von Schuld* und der *Einsicht hinsichtlich des Schweregrades der sexuellen Gewalt* gegen (ihre) Kinder unterscheiden sie sich *nicht* von den männlichen Tätern[3]. So leugneten sechs der zehn von *Wolfers* (1990) untersuchten Täterinnen den sexuellen Missbrauch. Auch die Ergebnisse der Studie von *Allen* (1991) zeigen ein eindeutiges Bild: Die 75 Männer *und* 65 Frauen des Samples hatten alle nachweislich sexuell missbraucht. Von den Männern gestanden immerhin 49%, von den Frauen *nur* ganze 27% – ohne *Skrupel* behaupteten 73% von ihnen, *unschuldig* zu sein. Auch *Fillion* (1996) berichtet von *bestreitenden* Frauen, die, in Form einer „Entschuldigung", behaupteten, *nie* irgendetwas Falsches getan zu haben. Auch die Folgen für die kindlichen Opfer spielten die Kindesmissbraucherinnen herunter – und gaben ihnen die Schuld: Die kindlichen Opfer seien „sexy" oder „verführerisch" gewesen.

Das sind Argumente, die auch von missbrauchenden Männern ins Feld geführt werden.

Über eine sexuell missbrauchende und *leugnende* Mutter von drei Söhnen im Alter von fünf, acht und zwölf berichtet *Braun* (2001, S. 19, 20). Markus, der älteste, fällt im Sportverein dem Trainer durch sein „sexualisiertes Verhalten" auf. Von diesem angesprochen, berichtet Markus von dem „Vögeln" mit seiner Mutter. Der Trainer, der die katastrophalen Familienverhältnisse kennt, benachrichtigt das Jugendamt, das Markus in einem Heim unterbringt. Kurze Zeit später werden auch die anderen Jungen ins Heim verbracht, da auch an ihnen ein ähnliches Verhalten bemerkt wird. Die Kindesmutter reagiert gegenüber dem Jugendamt *aggressiv, leugnet die Tat und bezichtigt ihren Sohn Markus, ein geborener Lügner zu sein.*
Obwohl die Kindesmutter die Beratungstermine des Jugendamts nicht wahrnimmt und die Tat leugnet, wird sie in die stationäre Betreuung der Kinder mit einbezogen. Das aggressive Verhalten ihrer Kinder nimmt derweil im Heim zu, und die beiden jüngsten Kinder verbünden sich gegen den großen Bruder und geben ihm die Schuld für den Heimaufenthalt (die Mama habe doch „gar nix Schlimmes" gemacht). Für alle drei Kinder wird eine Therapie anberaumt, als Markus beginnt, andere Kinder sexuell zu belästigen. Die häufigen Besuche der Mutter werden vom Heim und Jugendamt als positiv bewertet und „belohnt": Über Weihnachten darf sie ihre Kinder nach Hause holen; sogar die Rückführung in die Ursprungsfamilie wird langfristig angestrebt.
Hätte es sich in diesem Fall um einen missbrauchenden Vater gehandelt, so hätte „das Augenmerk auf den Tätermerkmalen gelegen", bei der Täterin „lag das Augenmerk auf den Muttermerkmalen", kritisiert *Braun* völlig zu Recht. Und dem männlichen Täter, dem missbrauchenden Vater, hätte man sicherlich notfalls mit gerichtlicher Hilfe den Umgang mit seinen Kindern verboten.

„Ja, ich habe an seinem Penis herumgespielt."

Im Rahmen der Therapie von missbrauchenden Müttern, Frauen, die den sexuellen Missbrauch *leugnen* oder *verharmlosen* und nur ein *kleines, harmloses „Geständnis"* ablegen, empfiehlt *Eldridge* (1999) eine „erfolgreiche Interventionsstrategie".
Der Verfasser zitiert aus dem von *Eldridge* (1999, S. 150, 151) angeführtem Behandlungsprotokoll:

„Angesichts dessen, was Sie mir bereits erzählt haben, halte ich es für unmöglich, dass Sie ihm nicht noch weitere Dinge angetan haben. Wenn Sie mit dem Kind gekuschelt haben oder ihm die Windeln gewechselt haben, dann wird dies auf eine andere Art stattgefunden haben, als bei den Eltern, die nicht Ihr Problem haben. Können Sie mir mal erzählen, wie Sie dem Kind die Windeln gewechselt haben. (...) Ich glaube, dass Sie ihr Kind auch anders geküsst haben. Was können Sie mir darüber erzählen?"
„Ja, es war sexuelles Küssen – auf den Mund. Ich tat es für meine eigene sexuelle Befriedigung."
„Haben Sie die Zunge in seinen Mund gesteckt und er seine in ihren?"
„Ja", antwortete die missbrauchende Mutter nur noch flüsternd.
„Was taten Sie noch, während Sie ihn küssten?"
„Nichts."
„Aber Sie waren doch sexuell erregt. Das ergibt keinen Sinn, dass Sie einfach nur still und ruhig geblieben sind."
„Ja, ich hab' nicht mit meinen Händen masturbiert, aber er muss schon eine schaukelnde Bewegung gespürt haben."
„Wie war das mit dem Windeln wechseln?"
„Ja, vielleicht habe ich damals dann seinen Penis berührt."
„Wie haben Sie das gemacht?"
„... ich hab' ihn gestreichelt."
„Wie haben Sie ihn gestreichelt, zeigen Sie mir, wie Sie das gemacht haben."
Die missbrauchende Mutter hat dies dann mit ihrer Hand gezeigt.
„War das wirklich so?"
„Nun, es war langsamer."
„Seit wann haben Sie das gemacht?"
„Seit das Kind geboren ist."
„Wie war das beim Baden, haben Sie da auch etwas mit dem Kind gemacht?"
„Ja, ich habe an seinem Penis herumgespielt, das Wasser um den Penis herum bewegt und geguckt, ob das Kind eine Erektion hatte."

Eine Reihe von männlichen Tätertypen zählt *Baurmann* (1983, Anhang: „Hinweise für Eltern und Erzieher zum Thema Kinderfreunde – Sexuelle Handlungen mit Kindern, 1. und 2. Seite") auf, wobei weibliche Täterinnen bei seiner Längsschnittuntersuchung eine absolut untergeordnete beziehungsweise überhaupt keine Rolle spielen, da sie für ihn laut Statistik kaum vorhanden sind:

„Es kann ein Mensch sein, der keinen Unterschied sieht zwischen Zärtlichkeit mit Kindern und Zärtlichkeit mit erwachsenen Partnern. – Es kann ein junger, noch unreifer Mensch sein, der Schwierigkeiten hat mit seiner sexuellen Entwicklung. – Es kann ein Junge sein, der nur wenig älter ist als Ihr Kind. Die beiden machen zusammen Sexspiele, auch Doktorspiele genannt. – Es kann ein Mensch sein, der es vorzieht, Kinder als erotische oder sexuelle Partner zu haben. – Es kann ein unsicherer und gehemmter Mensch sein, der nur schwer Kontakt zu Menschen seines Alters findet[5] – Es kann ein älterer, unauffälliger Mensch sein, dessen Persönlichkeit sich im Alter verändert hat. – Es kann ein seelisch kranker Mensch sein, der unglückliche Erfahrungen hinter sich hat (z. B. unerfreuliche Erfahrungen mit Frauen, eine schlechte Sexualerziehung, usw.). – Es kann ein Bekannter oder Verwandter sein, der plötzlich und überraschend Gewalt anwendet, um zu seinem sexuellen Ziel zu kommen. Unter diesen schon vorher bekannten Tätern befinden sich überraschenderweise meist auch die gefährlicheren Täter, und nicht unter den Fremden."

Folgende Tätermerkmale führen *Bernard* u. a. (1989) an, die diese auf männliche Täter beziehen, *obwohl sie auch auf weibliche Täter übertragbar sind*; sie werden hier wie folgt zusammengefasst wiedergegeben (vgl. *Berner*, 1997, S. 132):

- „Eigene körperliche Misshandlung oder eigener sexueller Missbrauch;
- Alkohol oder Drogenmissbrauch;
- ständiges Beschäftigt-Sein mit sexuellen Themen;
- Verleugnung, Konfusion oder Schuldgefühle der eigenen Sexualität gegenüber;
- gesellschaftlich empfundener Druck, ‚männlich' aggressiv (im Sinne einer ‚Macho'-Attitüde) oder gewalttätig zu sein;
- schwere Eheprobleme;
- Beziehungsdefizite;
- keine oder sehr wenige Freundschaften während der Adoleszenz;
- eine Störung in der Entwicklung eines Sinnes für ‚Moral';
- Gefühle von Angst, Furcht, Machtlosigkeit, Wut, Unfähigkeit und geringem Selbstwert."

Sehr differenziert und analytisch beschreibt *Bintig* (1998, S. 43) männliche *regressive* Pädophile[6]. Seine Beschreibung trifft insbesondere auf männliche *Inzesttäter* zu:
„Wenn solche Männer in Krisen- oder Konfliktsituationen geraten, werden sie in ihrer männlichen Identität so stark bedroht, dass sie diese mit ‚normalen', andere nicht schädigenden Mechanismen nicht mehr aufrechterhalten können. Sie brauchen eine schnelle, sichere Bestätigung ihrer männlichen Macht. (…) So greifen solche Männer auf ‚sichere' Machtbeweise zurück, indem sie sich mit oder vor den Kindern sexuell betätigen (mit Jungen wie mit Mädchen), nachdem sie häufig ihre inneren Hemmungen zuvor mit Alkohol reduziert haben. Hier ist die Angst vor Zurückweisungen, vor dem neuerlichen Versagen nicht so groß; sie können mit ihrer Männlichkeit leichter beeindrucken."[7]
Den *regressiven* Tätern fügt *Bintig* (1998, S. 49) eine Unterkategorie zu: die „sozial inkompetenten, beziehungsgestörten Täter, Männer, die ihre sexuellen und emotionalen Energien zwar zumeist auf gleichaltrige Frauen richten, sich aber nicht an sie ‚herantrauen'. Sie wissen häufig nicht, wie ‚man' eine Frau anspricht, ihnen fehlen sämtliche (pubertären) Erfahrungen mit Werbungsverhalten und Umgang mit dem anderen Ge-

schlecht oder Gleichaltrigen überhaupt. Auch diese Männer sind in ihrer Männlichkeit sehr irritiert und versuchen, ihre Identität durch sexualisierte Gewalt zu stabilisieren".
Und bezogen auf männliche *fixierte* Pädophile führt *Bintig* (1998, S. 42) aus:
„Diese Männer kennen sich in der Welt der Kinder ihrer bevorzugten Altersgruppe bestens aus, sie kennen deren Vorlieben und Nöte, ‚leben' in deren Welt und schwingen mit ihnen mit, unternehmen mit ihnen vieles, was den Kindern Spaß und Freude macht. Dies können sie, weil sie in ihrer emotionalen und sozialen Entwicklung auf einer früheren Entwicklungsstufe stehen geblieben, auf diese ‚fixiert' sind. Da sie in ihrer körperlich-sexuellen Entwicklung jedoch erwachsene Männer mit männlichen sexuellen Machtgelüsten sind, nutzen sie ihre Kenntnisse und Fertigkeiten aber auch unbewusst oder ganz gezielt dazu, an diesen ‚geliebten' Kindern sexualisierte Gewalttaten zu begehen."
Seine Ausführungen treffen auch auf *regressive* und *fixierte* pädophile missbrauchende Frauen, Mütter zu. Insbesondere *regressive* weibliche Pädophile brauchen beispielsweise *Bestätigung ihrer Weiblichkeit*, sind *machtbesessen* und versuchen, *ihre Identität durch sexualisierte Gewalt zu stabilisieren*[8].

Es bleibt festzuhalten, dass sich in einem Punkt mindestens *fixierte* Pädophile offenbar kaum von *regressiven* Pädophilen unterscheiden. Ein Machtgefälle, bedingt durch die physische und psychische Ungleichheit, ist in der Regel vorhanden. Die Gefahr der Ausübung von Macht, Dominanz, Kontrolle, Abhängigkeit lastet auf pädophilen Beziehungen, verstärkt auf die der *regressiven* Pädophilen, aber eben auch auf die *fixierten* Pädophilen selbst. Je kleiner das Kind ist, um so größer ist die Gefahr des Macht- und Ohnmachtgefälles. Auch wenn man all dies weitgehend ausschließt, weil viele *fixierte* Pädophile sich größtmögliche Mühe geben, ihre wie auch immer geartete Überlegenheit gegenüber dem Kind nicht auszuleben, ist *Schorsch* (1993, S. 168-169) durchaus zuzustimmen, der die Auffassung vertritt:
„Die Neuformulierung der Gewaltfrage begreift Gewalt nicht allein und nicht in erster Linie als spürbare, zugefügte Gewalt oder deren Androhung, sondern Gewalt ist Machtgefälle. Selbst der überaus liebevolle, jegliche Aggression verleugnende Pädophile wird in den Augen des Kindes allein durch sein Alter, sein größeres Wissen, seine überlegene Beurteilungsfähigkeit, ja schon durch die Ungleichheit der Körpergröße und -kraft als stark, imponierend und gewaltig wahrgenommen, was sein starkes Werben um das kleine Kind nur noch verführerischer machen kann. All dies ist gar nicht hinwegzuargumentieren."

Kockott[9] (1999, S. 317, 318) teilt „nicht-familiären sexuellen Kindesmissbrauch" in „Untergruppen" ein, wobei er völlig zu Recht zwischen *nicht-aggressiven* und *aggressiven* Pädophilen unterscheidet:

• „Pädophilie im Sinne einer Paraphilie. Der Pädophile ist in seiner sexuellen Ausrichtung auf meist vorpubertäre Kinder fixiert. Die Mehrzahl Pädophiler versucht, durch nicht-aggressive Überredung und Belohnungen Kinder zu sexuellen Handlungen zu bewegen.

• Kontaktarme, zurückgebliebene, sexuell unerfahrene Jugendliche, die nicht auf Kinder fixiert sind. Sie wenden sich Kindern zu, weil sie weniger Abwehr erwarten und/oder sich auf eine "kindernahe Stufe" stellen.

• Sexuelle Handlungen älterer Menschen mit herabgesetzter Selbstkontrolle, hirnorganischer Wesensveränderung oder Fehleinschätzungen der Situation. Das ist jedoch eher selten.

• Als Übergang zu aggressiven Tätern finden wir sozial randständige Jugendliche und sozial und psychisch instabile Männer, die sexuelle Straftaten gegenüber Kindern begehen.

Unter den vorwiegend aggressiven Sexualstraftätern kann man folgende *Typologie* aufstellen:

• Retardierte, einzelgängerische, sexuell unerfahrene, eher jugendliche Täter mit relativ günstiger Prognose;

• sozial relativ angepasste Täter mit versteckten Aggressionen gegenüber Frauen;

• sozial randständige, desintegrierte, zu Aggressionen und allgemeiner Kriminalität neigende Täter; sie haben die schlechteste Kriminalprognose;

• Sadisten im Sinne einer Paraphilie; sie sind eher selten und stellen sehr wahrscheinlich weniger als 10% der gesamten Täterpopulation."

Sehr gefährlich ist der *soziopathische Tätertyp*, auf den die von *Kockott* (1999) angewandte *Typologie* weitgehend in fast allen Punkten zutrifft, der, *aggressiv und sadistisch orientiert, sein Opfer abwertet, nicht als Individuum anerkennt. Das Opfer verkörpert für ihn alles, was er hasst. Er erniedrigt, demütigt und malträtiert das Opfer. Das kindliche Opfer muss für seine verkorkste „Kindheit" büßen. Stellvertretend* für seine Eltern, ErzieherInnen, die ihn in seiner Kindheit physisch, psychisch, verbal misshandelten, malträtierten, oft auch sexuell missbrauchten. All das, was das kindliche Opfer als Kind ausmacht, wird von ihm *zerstört*: die *Kindheit*, die man ihm *verweigerte*, das *Kind-Sein*, das man ihn mit aller Gewalt nicht leben ließ, die *kindliche Spontaneität, Natürlichkeit, Unbefangenheit* usw.

Die Kirchenmänner tobten ihr sadistisches christliches Menschenbild unter der Jesusfigur am Kreuze erbarmungslos an den Zöglingen aus

Am Fall des vierfachen Kindermörders Jürgen *Bartsch* beschreibt Alice *Miller* (1980, S. 259, 260) die „Situation von tiefer Demütigung, Bedrohung, Vernichtung der Würde, Entmachtung und Ängstigung eines kleinen Jungen in Lederhosen, der er einst gewesen war". – Und die er in Form der *Reinszenierung* bei dem sexuellen Missbrauch einschließlich der Kindestötung immer wieder neu durchlebte:
„Es erregte ihn, in die verängstigten, gefügigen, hilflosen Augen des Opfers zu blicken, in denen er sich selbst begegnete und mit dem er die Vernichtung seines Selbst in großer Erregung immer wieder durchspielte – diesmal nicht mehr als hilfloses Opfer, sondern als der mächtige Verfolger."

Und *Miller* (1980, S. 262) führt zutreffend weiter aus:
„Im Wertesystem des kleinen Jungen erlebt sich Jürgen Bartsch in den Mordszenen als der Mächtige mit einem starken Selbstbewusstsein, obwohl er weiß, dass ihn alle dafür verdammen. In den anderen Szenen kommt aber der abgewehrte Schmerz des gedemütigten Opfers hoch und löst eine unerträgliche Scham in ihm aus..."
Bartsch tötete in den Jahren 1962 bis 1966 im Alter von 16-20 vier Jungen zwischen 8 und 13 auf grausame Art und Weise.
Warum tötete Jürgen Bartsch sie?
Mit dem Töten der Kinder war das Auslöschen, die physische Vernichtung jungen Lebens verbunden: Bartsch tötete mit den Kindern auch gleichzeitig seine eigene „Kindheit", indem er das „Kind" Jürgen immer wieder selbst vernichtete und mordete, aber zugleich das Leben anderer Kinder auslöschte. Anders formuliert: Er liebte und beneidete die Kinder um ihre Kindheit, weil sie seine übergroße Sehnsucht nach Kindheit reproduzierten, und gleichzeitig hasste er sie, weil er auch über sie mittels *Reinszenierung* seine Kindheit, die er nicht leben durfte, nicht erlangen konnte. Dem „Kind" Jürgen war bewusst, dass er niemals eine solche Kindheit, um die er die Jungen so sehr beneidete, nachholen konnte. Dieser sehr tief sitzende, unerträgliche Schmerz wurde derart unerträglich, dass er nur den einen Ausweg sah: sich durch die Vernichtung seiner Opfer von dem Schmerz zu „befreien". Mit der Ermordung der Kinder vernichtete, löschte, tötete er all das, was ihn an seine „Kindheit" erinnerte.
Bei den Morden wäre es Bartsch am liebsten gewesen, wenn die Jungen sich zuvor gewehrt hätten. Doch er genoss die Hilflosigkeit, das Betteln der Kinder, sie am Leben zu lassen. Und er wusste: Die Jungen hatten gegen ihn keine Chance.
„Sie waren alle so klein", erzählte Bartsch dem Journalisten Paul *Moor (Moor*, 1972, S. 63), „viel kleiner als ich. Sie haben alle solche Angst gehabt, dass sie sich gar nicht gewehrt haben (...). Bis 1962 ging das nur um das Ausziehen und das Befühlen und so. Später, als das Töten dazu kam, da war ziemlich sofort auch das Zerschneiden dabei. Zuerst habe ich immer an Rasierklingen gedacht, aber nach der ersten Tat habe ich dann auch langsam an Messer, an unsere Messer gedacht."
Paul *Moor* (1972, S. 22, 23), der über Bartsch ein Buch schrieb, führt zu den Morden aus:
„Die Morde ähnelten sich. Er lockte einen Jungen in einen leeren ehemaligen Luftschutzbunker, machte sich diesen durch Schläge gefügig, fesselte ihn mit einer Schinkenschnur, manipulierte seine Genitalien, während er selber manchmal masturbierte, tötete das Kind durch Erwürgen oder Erschlagen, schnitt den Leib auf, leerte Bauch- und Brusthöhle vollständig und begrub die Überreste. Die verschiedenen Varianten umfassten die Zerstückelung der Leiche, Abtrennung der Gliedmassen, Enthauptung, Kastration, Ausstechen der Augen, Herausschneiden von Fleischstücken aus Gesäß und Schenkeln (an denen er roch) und den vergeblichen Versuch analen Geschlechtsverkehrs. In seinen eigenen, außerordentlich detaillierten Schilderungen in der Voruntersuchung und während der Verhandlung betonte er, dass er den Höhepunkt der geschlechtlichen Erregung nicht bei seiner Masturbation erreichte, sondern beim Schneiden, das ihn zu einer Art Dauerorgasmus brachte. Bei seinem vierten, letzten Mord gelang ihm schließlich, was ihm seit jeher als höchstes Ziel vorgeschwebt hatte: Er band sein Opfer an einen Pfahl und schlachtete das schreiende Kind, ohne es vorher zu töten."
Bartsch konnte sich, während er die Kinder quälte und brutal mordete, in deren Angst und Schmerzensschreie wiedererkennen. Er sah ihnen in die Augen – und diese spiegel-

ten seine „Kindheit" wider. In diesem Moment nahm er nicht die vor Schmerzen schreiende Kinder wahr. Mit anderen Worten: Er schaute direkt in die ängstlichen Augen des kleinen Jürgen. Das zum „Kind" mutierte hilflose Wesen ist wieder das kleine ängstliche, wehrlose Heimkind, das der Inkarnation des Bösen: der „Hölle auf Erden" in Gestalt des katholischen Internats Marienhausen in *Rüdesheim-Aulhausen* ausgesetzt ist. Das Kind Jürgen durchlebt in diesem Moment erneut die christliche „Schwarze Pädagogik": die militärische Zucht und Ordnung, die Brutalitäten der katholischen Pfarrer unter dem Kreuz, denen er und seine Leidensgenossen wehr- und hilflos ausgeliefert sind – ausgeführt im Namen Gottes. Das „Kind" sieht auch gleichzeitig den Kirchenmann vor sich, der ihn vielfach sexuell missbraucht; er spürt die „von Gottes Hand" geführten Hände des Mannes an seinem nackten kindlichen Körper.

Die Kirchenmänner tobten ihr sadistisches christliches Menschenbild unter der Jesusfigur am Kreuze erbarmungslos an den ihnen anvertrauten Zöglingen aus.

„Marienhausen war die Hölle", so Bartsch (*Moor*, 1972, S. 58), „wenn auch eine katholische, das macht sie nicht besser. Ich denke da nur an die Schlägerei im Priesterrock, ob nun in der Schule, beim Chor, oder, auch da machte man sich nichts draus, in der Kirche. An die sadistischen Strafen (stundenlanges Strammstehen im Schlafanzug im Kreis im Hof, bis der erste zusammenbricht), an die verbotene Kinderarbeit bei schwerer Hitze auf dem Feld, Stockschläge für langsame Kinder, die gnadenlose Verteufelung der (für die Entwicklung notwendigen!) ach so bösen ‚Schweinereien' unter Jungen, das unnatürliche ‚*Silentium*' beim Essen und die wirren, unnatürlichen Sprüche gegenüber Kindern, etwa: ‚Wer eines unserer Küchenmädchen auch nur anschaut, bekommt Prügel.'"

Bartsch musste lernen, die sadistische Brutalität der Kirchenmänner widerspruchslos hinzunehmen. Noch schlimmer: Er musste lernen, die Sehnsucht nach körperlicher und seelischer Nähe eines Menschen zu verdammen und in sich abzutöten. Wer bei homosexuellen Handlungen erwischt wurde, bekam Prügel. Kindern, auf der Suche nach körperlicher Wärme, wurde eingetrichtert, dass man solche Jungen an ihren feuchten Händen erkennen könne. Homoerotische Kontakte wurden verteufelt, als Verbrechen deklariert. Solche „verbrecherischen Schweinereien", wurde ihnen erzählt, kämen „direkt nach Mord".

Jürgen Bartsch, der mit 29 Jahren im Westfälischen Landeskrankenhaus Eickelborn an den Folgen eines Narkosefehlers, der im Rahmen der Kastrationsoperation gemacht wurde, starb, versuchte sich mit den bestialischen, grausamen Kindestötungen und der Frage, warum er die Kinder gequält und gemordet hatte, auseinanderzusetzen. Eine Antwort auf die Frage, warum er zum vierfachen Kindermörder wurde, findet sich möglicherweise in einem Brief, den er aus dem Gefängnis heraus an seine Adoptiveltern schrieb, und den Paul *Moor* (1972, S. 63; vgl. auch *Bartsch*, 1991) in seinem Buch über ihn zitiert:
„Ihr hättet mich nie von den anderen Kindern absperren dürfen, so bin ich in der Schule nur ein feiger Hund gewesen. Ihr hättet mich nie zu diesen Sadisten im Schwarzrock schicken dürfen, und nachdem ich ausgerissen war, weil der Pater mich missbraucht hatte, hättet ihr mich nie wieder ins Heim zurückbringen dürfen."
Oder in seinen Worten an Paul *Moor* (1972, S. 58):
„Besonders anfällig für Triebverirrungen sind Internatskinder, allerdings nur diejenigen, man möchte sagen, die mit Gewalt jahrelang vom anderen Geschlecht ferngehalten werden. Das ist eine widernatürliche Entwicklung."

Folgende Faktoren benennt *Godenzi* (1993, S. 214), „die Erwachsene zu sexuellem Missbrauch prädisponieren:

Sexuelle Gefühle gegenüber Kindern (Motivation):

- Sozialisation in männliche Geschlechtsrolle
- Konsum von Pornographie[10] mit Kindern
- Konsum von Werbung, welche Kinder sexualisiert
- Sexuelle Erfahrungen in der Kindheit
- Sexuelle Erfahrungen mit anderen Kindern

Überwindung interner Barrieren:
Sozialisation innerhalb kultureller Normen, die sexuelles Interesse an Kindern nicht hemmen

- Niedrige Impulskontrolle
- Alkohol
- Rückschlag für Selbstwertgefühl
- Belastungen
- Frustration in anderen sexuellen Beziehungen (Ehe o.ä.)

Überwindung externer Barrieren: Abwesende, kranke, ohnmächtige Mutter

- Wenig Schutz durch die Mutter
- Dominanter Vater
- Gemeinsames Schlafen oder zuwenig Platz zum Wohnen
- Gelegenheit, mit dem Kind allein zu sein
- Soziale Isolation
- Geographische Isolation.

Überwindung des kindlichen Widerstandes:

- Kind ist emotional zu wenig versorgt
- Kind ist sozial isoliert
- Kind kennt die erwachsene Person
- Kind ist der erwachsenen Person emotional besonders nahe
- Kind ist durch die Lockmittel der erwachsenen Person manipulierbar
- Kind fühlt sich hilflos und ohnmächtig
- Kind weiß nicht, was mit ihm geschieht
- Kind ist sexuell unterdrückt und sexuell neugierig
- Zwang."

In einer „Symptomatologie des sexuellen Missbrauchs" benennt auch *Marquit* (1986, S. 122) folgende Faktoren, die zu einer Täterschaft führen können:

„1. Vorgeschichte sexueller Vergehen ohne nachfolgende Behandlung, 2. Vorgeschichte als Opfer sexueller Vergehen, 3. Vorgeschichte, in der ein Kind von der Mutter verlassen beziehungsweise vom Vater zurückgewiesen wurde, 4. Vorgeschichte physischer Misshandlung, 5. Vorgeschichte von Alkohol- beziehungsweise Drogenmissbrauch oder -abhängigkeit, 6. Sexualisieren des Ausdrückens von Zuneigung – Pansexualität, 7. Geringes Selbstwertgefühl, 8. Eine Persönlichkeit voller Schamgefühl, 9. Unfähigkeit, zwischen sich und anderen zu differenzieren, 10. Indirekter Ausdruck von Gefühlen – Missdeutung von Gefühlen, 11. Fixierung oder Regression der Entwicklung, 12. Charakterliche Defizite oder narzisstische Persönlichkeit, 13. Verleugnung als primäre Abwehr von Schmerz, 14. Autokratischer Umgangsstil mit Familienmitgliedern, 15. Orthodoxie (rigides Moral-/Wertesystem, rigider oder fundamentalistischer/ religiöser Glaube), 16. Frauen werden als übermächtig betrachtet, man selbst als schwach, unzulänglich und überwältigt, 17. Unzulängliche soziale Fertigkeiten – in zwischenmenschlichen Beziehungen isoliert, 18. Geheimniskrämerischer Kommunikationsstil."

Nicht nur, aber insbesondere die (frühere) Frauenbewegung, der Feminismus, die feministische Missbrauchsforschung, die feministische Hilfs- und Beratungsstellen und feministische Autorinnen verschweigen letztlich, dass alle diese Indikatoren gleichwertig unumstritten auch bei Frauen, eben bei den Täterinnen zu beobachten sind.

Interessant ist aber auch, wie die hier angeführten Zitate zeigen, dass das Psychogramm des männlichen Täters wenig mit dem Bild des Mannes zu tun hat, das von der (radikal-) feministische Bewegung entworfen wurde – und auch weiterhin wider besseres Wissen unerbittlich aufrecht erhalten wird. Demnach ist der Mann der *Patriarch*[11] , von *Männerherrschaft* und *Männergewalt* beherrscht, ein (*potentieller*) *Kindesmissbraucher* und *Vergewaltiger*. In Wirklichkeit haben die meisten männlichen Täter wenig bis nichts gemeinsam mit dem (radikal-)feministischem Bild des Mannes, der für sie die Inkarnation des Bösen schlechthin darstellt. Mit anderen Worten: Diese Täter leiden vielmehr darunter, keine „richtigen" Männer zu sein, keine männliche Identität zu haben; sie haben kein Selbstwertgefühl und -vertrauen.

Dieser Sachverhalt wird bewusst und gezielt verschwiegen, weil es das seit Jahrzehnten gegen Männer (und Jungen) gerichtete Feindbild *ad absurdum* führen würde.

„Das Panorama, das sich hier eröffnet, ist ein bizarres Kaleidoskop der Grausamkeiten."

Auf einem Internationalen Kongress zum Thema sexueller Missbrauch von Kindern, der 1997 unter dem Motto „Wege aus dem Labyrinth" in Berlin stattfand, sprach die englische Therapeutin Hilary *Eldridge*, die seit 21 Jahren Sexualstraftäter durch Gefängnisse und Kliniken begleitet – und sich mittlerweile auf Sexualstraftäterinnen spezialisiert hat –, ausführlich über Frauen und Mütter, die Kinder, *ihre* Kinder sexuell missbrauchen, quälen, erniedrigen, malträtieren, verletzen und verstümmeln.

Über diese Tagung berichtete Constanze *von Bullion* in der Berliner *die tageszeitung (taz-*Report. Magazin Nr. 5347 vom 04.10.1997, Seite 9).

Hier ein Auszug:

„Die Stimme verrät alles. Wie ein Rinnsal tropft sie in das Mikrophon des Kassettenrekorders. Wird schwächer, versickert dann ganz – und schießt plötzlich wieder los wie ein

> harter Wasserstrahl. Janet Robinson erzählt es nicht zum ersten Mal.
> Die junge Frau mit dem schnörkellosen, nordenglischen Tonfall kennt die Fragen der Therapeutin auf der anderen Seite des Recorders. ‚Warum hast du deinen Sohn missbraucht?', fragt die leise, aber unerbittlich. ‚Weil ich dachte, ich hätte ein Recht darauf', antwortet sie. Es klingt wie eine vorsichtige Rechtfertigung. ‚Ich hatte das Gefühl, dieses Kind ist mein Besitz.'
> Janet Robinson, die ihre Erfahrungen bei Hilary *Eldridge* aufs Band spricht, hat lange nicht begriffen, was man ihr vorwarf.
> ‚Was ich getan habe, war ganz normal und selbstverständlich', erinnert sie sich. ‚Ich habe gedacht, es ist okay für Marc. Als die Leute vom Jugendamt sagten, dass ich mein Kind sexuell missbrauche, war ich total schockiert.'
> Diese Frau lügt nicht.
> Inzwischen hat sie erkannt, dass sie ihre Kinder verwahrlosen ließ; dass sie pornographische Fotos von ihrem Sohn gemacht hat; dass sie ihn regelmäßig mit sexuellen Attakken gequält hat.
> Was Janet Robinson ihrem Sohn angetan hat, braucht sie nicht mehr zu erzählen. Ihre Betreuerin weiß es. Der sechsjährige Marc weiß es. Sie selbst weiß es auch. Nach jahrelanger Therapie hat die Mutter von drei Kindern begriffen, dass ihr Kind fast zerbrochen wäre in ihren Händen. Hat gelernt, dass Sex, Gewalt und Liebe verschiedene Dinge sind. Und dass sie es nie wieder tun darf. Sonst muss sie in den Knast.
> Es war normal für Janet Robinson, die Wut an ihrem Sohn auszulassen, weil das schon ihr Großvater und ihre Mutter mit ihr getan hatten. Janet war minderjährig und Single, als Marc auf die Welt kam. Die Großmutter kümmerte sich – und vergriff sich ebenfalls an dem Säugling. Wann Janet selbst zulangte, kann sie inzwischen sehr genau erklären. ‚Wenn ich wütend war und deprimiert, habe ich mich richtig reingesteigert. Den ganzen Tag konnte ich den Zorn festhalten. Und am Abend bin ich explodiert.' Ihr Sohn, sagt sie, sei der einzige gewesen, der ihr ‚die Wut nehmen' konnte."
> Robinson hat zwei Töchter, die nicht missbraucht wurden. Sie leben – wie auch ihr Sohn – in Pflegefamilien.

Will man ein konkreteres Psychogramm der männlichen *und* vor allem auch weiblichen *regressiven* sowie *fixierten* Pädophilen beschreiben, und das zeigt eine Unmenge von Fachliteratur und zahlreiche Untersuchungen[1][2] , so müssen zwingend weitere Faktoren Berücksichtigung finden:

Die TäterInnen leiden in der Regel unter *Vereinsamung, Versagens- und Beziehungsängsten, Depressionen, Ohnmachts-, Hilflosigkeits-* und *Minderwertigkeitsgefühle, geringem Selbstbewusstsein, mangelndem Einfühlungsvermögen* und *mangelnder sozialen Kompetenz, sozialer Isolierung, Hass* und *Wut* – diese Indikatoren kennzeichnen ihr Dasein.
Egle u. a. (1997, S. 81) führen hierzu aus, dass ca. 85% der Täter (gemeint sind männliche Täter) „das Bild des passiven, emotional und sozial abhängigen" Mannes darstellen: „Nach außen hin meist unauffällig, in geordneten Familienverhältnissen lebend, hat er große Probleme, seine Position in Beziehung zu erwachsenen Frauen zu finden." Diese Täter sind „schüchtern, introvertiert und suchen in der Liaison mit der Tochter eine Beziehung, der sie sich gewachsen fühlen."

Die *emotionale Gesamtsituation* der männlichen Täter beschreibt *Marquit* (1986, S. 124): „Das Einzige, das alle Täter verbindet, ist ein geringes Selbstwertgefühl und eine Persönlichkeit voller Schamgefühle. Beide Faktoren resultieren aus der Erfahrung, in der frühen Kindheit missbraucht worden zu sein – offenkundig oder verdeckt. Die offenkundige Form ist sexueller Missbrauch; die verdeckte Form ist eine von Missbrauch und Scham gekennzeichnete Sozialisierung. (...) Die Ursprungsfamilie des Täters wie auch ihre aktuelle Kernfamilie sind konfliktbeladene Familien. Sie sind rigide, autokratisch, ihnen fehlen innere Grenzen und vor allem können sie Zuneigung und Sexualität nicht unterscheiden."

Sie fühlen sich *minderwertig* und besitzen *kaum* oder gar *keine* soziale Kompetenz im Umgang mit Frauen, vor denen sie oft Angst haben. Und sie sind in ihrer *emotionalen* und *psychosexuellen Entwicklung behindert* beziehungsweise *sehr eingeschränkt* (vgl. hierzu beispielsweise, auf jugendliche Täter bezogen, *Beckett* u. a. (2002). Dies alles wirft auch die Frage über die Rolle der (sexuell missbrauchenden) Mütter der männlichen wie auch weiblichen Täter auf:

Inwieweit tragen diese Mütter (Mit-)Verantwortung daran, dass beispielsweise aus ihren Söhnen Sexualstraftäter werden?[13]

Aus verschiedenen Studien ergibt sich, dass Sexualstraftäter, insbesondere Vergewaltiger, in ihrer Kindheit von Frauen und Müttern sexuell missbraucht worden sind. So kommt beispielsweise *Groth* (1979 a, 1983) auf 66% beziehungsweise 82%, *Longo* (1982) auf 76,5%, *MacFarlane* (1982) auf 33%, *Seghorn* u. a. (1983) auf 23%, *Petrovich* und *Templer* (1984) auf 59%, *Condy* und *Condy* u. a. (1985, 1987) auf 57%, *Burgess* u. a. (1987) auf 32,2%, *Brannon* u. a. (1989) auf 58%, *Abel* und *Rouleau* (1990) auf 30% und *Briere* und *Smiljanich* (1993) auf 80% Vergewaltiger, die Opfer sexueller Gewalt durch Frauen wurden.

Häufig werden die Mütter der Täter im einzelnen als *gefühlskalt, dominierend, aggressiv, fordernd, kontrollierend, autoritär* und *streng gläubig* geschildert. Dabei treffen häufig mehrere Attribute gleichzeitig zu[14]. So sehen es offensichtlich auch *Schorsch* und *Maisch* (1980, S. 113), die eine ganz *erhebliche psychoanalytische Begründung für die Entstehung der Pädophilie im (negativen) Verhältnis zwischen Mutter und Kind erkennen*[15]. Der vor Jahren verstorbene renommierte Gerichtspsychiater Wilfried *Rasch* bekräftigte in einem *Stern*-Interview (Ausgabe 37/1996), dass eine *dominierende Mutter (mit-)verantwortlich ist für das Entstehen der Pädophilie*: Die Dominanz der Mutter führe zu der Angst, vor erwachsenen Sexualpartnern zu versagen. *Rasch* gegenüber dem *Stern*:

„Viele Pädophile sind Männer, denen die Lösung von der Mutter nicht gelungen ist, die in die frühe, kleinkindhafte Beziehung zur Mutter zurückkehren möchten. In der pädophilen Beziehung zum Kind werden Anteile der eigenen Mutter-Kind-Beziehung rekonstruiert."

Auch *Harten* (1995, S. 99, 1997, S. 112; vgl. beispielsweise zur Rolle der Mutter auch *Hanson* und *Bussière* 1996, 1998), der es für sehr wichtig hält, dass im *Prozess der Sexualisierung von Aggressionen*[16] bei den Tätern *eigene Missbrauchserfahrungen* zu berücksichtigen sind, „die, wie kriminologische Untersuchungen zeigen, zumindest in der Lebensgeschichte von Sexualtätern eine nicht zu vernachlässigende Rolle spielen", hebt die Rolle der Mutter hervor:

„Die Sexualisierung von Aggressionen ist dann nur ein Beispiel für eine allgemeine Tendenz zur Sexualisierung von Gefühlen und Beziehungen. Sie hat aber natürlich auch spezifische Ursachen. Zu den wichtigsten dieser Ursachen gehören Ängste vor Frauen: Da Männern häufiger das Gefühl einer sicheren Geschlechtsidentität fehlt, entwickeln sie auch leichter eine Angst vor Intimität, in der diese Unsicherheit zutage treten könnte; damit sind Ängste verbunden, vor Frauen nicht bestehen zu können. Solche Ängste können Aggressionen auslösen, die sich in eine übersteigerte Darstellung männlicher Verhaltensstereotypen und damit in ein aggressives Sexualverhalten umsetzen."

Und *Harten* führt mit Blick auf die „übermächtige", „verführerische Mutter" weiter aus: „Ebenso kann in der Begegnung mit einer Frau das furchterregende Bild der (präödipalen) übermächtigen Mutter, die die Ablösung verhindert oder aber zu wenig Selbstvertrauen vermittelte, um die Aufgabe der Ablösung erfolgreich bestehen zu können, wieder aktualisiert werden und den Wunsch nach Kontrolle und Unterwerfung wachrufen; und es kann generell zu einer Wiederbelebung früher Trennungs- und Ablösungskonflikte kommen, die die fragile männliche Identität bedrohen und aggressive Reaktionen nach sich ziehen. Psychologische, vor allem psychoanalytisch orientierte Erklärungsansätze führen sexuelle Aggressionen von Männern gegen Frauen zumeist auf eine Geschichte negativer Kindheitserfahrungen zurück, in deren Zentrum Erfahrungen der Ablehnung, der Grausamkeit, der Beherrschung oder „overprotection" und oft auch der sexuellen Verführung durch weibliche Bezugspersonen stehen; insbesondere eine verführerische Mutter erzeugt überwältigende Ängste, die später auf andere Frauen verschoben werden."

Die Ausführungen von *Harten* sind ähnlich auch auf – in ihrer Kindheit – missbrauchte beziehungsweise vergewaltigte Frauen übertragbar. Dies betrifft die Unsicherheit in der Geschlechtsidentität, die zur Angst vor Intimität führen kann, genauso wie die Angst vor Männern oder der Hass auf alles Männliche, der bis hin zur „Sexualisierung von Aggressionen" reichen kann.

„Wir leben im eigenen Körper wie im Exil..."
Ursula Wirtz (1996, S. 215)

Über einen internationalen Kongress zum Thema *„Inzest und verwandte Probleme"*, der 1987 in Zürich stattfand, berichtet *Wirtz* (1996, S. 97). Eine „Gruppe aktiver Lesbierinnen" habe daran erinnert, „dass Homosexualität eine positive Wahl sei, eine Entscheidung aus Neigung, und dass sie nicht als missglückte Heterosexualität verstanden werden dürfe. Sie wehrten sich damit gegen einen gewissen Trend in der Forschung, Homosexualität als Inzestfolge und damit als sexuelle Devianz abzuklassifizieren".

Wirtz identifiziert sich ganz offensichtlich mit dieser Darstellung der „Gruppe aktiver Lesbierinnen", die für den Verfasser so nicht ganz nachvollziehbar ist. Es gibt viele weibliche wie auch *männliche Opfer sexuellen Missbrauchs oder gar von Vergewaltigung, die sich, ohne eine „positive Wahl" zu haben, in der Adoleszenzphase, spätestens im Erwachsenenalter für die Zwangs-Homosexualität oder Zwangs-Pädophilie haben entscheiden müssen*[17].

„Lesbische Sexualität ist ohne Zweifel durch die frühen Erfahrungen lesbischer Frauen mit Männern beeinflusst", davon ist völlig zu Recht *Nichols* (1992, S. 84) überzeugt: „In einer Gesellschaft, in der schätzungsweise 25% aller Frauen bis zum 18. Lebensjahr sexuellen Angriffen von Männern ausgesetzt waren, ist die Sexualität aller Frauen durch die unglückliche Verbindung von Sex mit Brutalität und Ausbeutung sicherlich irgendwie beschädigt."

Vor ihrem *Coming-out* hatte die überwiegende Mehrzahl der Lesben sexuelle Beziehungen zu Männern, so *Nichols* (1992, S. 84) weiter:

„Mehr als 90% hatten Sex mit Männern, und ein Drittel von ihnen war verheiratet."

Es gäbe Lesben, die *ohne* sexuelles Verlangen nach Männern Sex mit ihnen hätten, um nicht aufzufallen.

Das scheint offenbar *Wirtz* (1996, S. 97) nicht wahrhaben zu wollen, die einen Zusammenhang zwischen Inzest *und* Homosexualität in Abrede stellt, dass also „... aus der Tatsache, dass viele lesbische Frauen als Kinder sexuell missbraucht worden sind, nicht auf einen kausalen Zusammenhang von Inzest und Homosexualität geschlossen werden kann. Tatsächlich entwickelt sich die Mehrheit der Inzestopfer gerade nicht zu Homosexuellen".

Ob es nun insbesondere parteilich-feministische Autorinnen wahrhaben wollen oder nicht: Der sexuelle Missbrauch in früher Kindheit *beeinflusst* bei vielen betroffenen Mädchen (und Jungen) die *sexuelle Präferenz*. Die Folge ist häufig, dass sich vor allem Mädchen und Frauen für die weibliche Homosexualität entscheiden[18].

„Weibliche Homosexualität kann z. T. als Flucht vor männlicher Sexualität verstanden werden", glaubt beispielsweise *Hirsch* (2000, S. 85), der über eine Frau berichtet, die in ihrer Kindheit, Jugend und in ihrer Rolle als Mutter der *Allmacht* und *Aggression* der *fordernden* und *dominierenden* Mutter ausgesetzt war – und sich später für eine homosexuelle Beziehung entschieden hat (*Hirsch*, 1994, S. 177):

„Die Mutter war eine aggressive, fordernde, dominierende Frau, die von ihren Kindern die spätere Patientin am meisten ablehnte, auch für mehrere Jahre in einem Heim unterbrachte. Trotzdem legte sich die Mutter in das Bett des Kindes, wenn sie es brauchte; noch als die Patientin über 40 Jahre alt war, benutzte die Mutter ihre Angst vor Gewitter, um in das Bett der Tochter zu kriechen. Um zu verhindern, dass die damals 18-jährige Tochter sich selbständig machte, suchte die Mutter einen Mann für sie aus, der in den Haushalt von Mutter und Tochter aufgenommen wurde und mit dem die Mutter noch zusammenlebte, als die Tochter sich endlich getrennt hatte. Das Kind der Patientin, das geboren wurde, als sie 19 Jahre alt war, nahm ihr die Mutter weg und sorgte für es, bis es 15 Jahre alt war. Nach dramatischen Versuchen, sich von der Mutter und vom Ehemann zu trennen, ging die Patientin eine homosexuelle Beziehung zu einer älteren Frau ein, mit der sie jahrelang zusammenlebte. Die Therapie wurde wegen phobischer Ängste und der Angst, von Medikamenten abhängig zu sein, begonnen."

Auch Untersuchungen dokumentieren einen Kausalzusammenhang zwischen weiblichen Opfern *und* weiblicher *Zwangshomosexualität*. Auf 29% Opfer des Vater-Tochter-Inzests, die ernsthafte homosexuelle Probleme hatten, kommt beispielsweise *Medlicott* (1967). Auch die Umfrage von *Loulan* (1992) unter 1.566 lesbischen Frauen ergab, dass 595 (38%) in ihrer Kindheit sexuell missbraucht worden sind[19]. Hochinteressant ist die Tatsache, dass 83 (14%) der Frauen versicherten, in ihrer Kindheit von Frauen sexuell missbrauchen worden zu sein.

Dem Verfasser haben weibliche *wie* männliche Betroffene in Gesprächen bestätigt, dass sie sich aufgrund des in der Kindheit erlebten Missbrauchs – und teilweise auch der Vergewaltigung – *gegen* die Heterosexualität und *für* die (männliche beziehungsweise weibliche) Homosexualität entschieden haben. Sie berichteten jeweils auf das andere Geschlecht bezogen von einer *Abneigung* gegenüber erwachsenen Männern und erwachsenen Frauen und vom *Ekel*, den sie empfinden, wenn sie an *erwachsene Genitalien*, sprich: *Penis* und *Sperma*, *Vagina*, *Klitoris*, *Schamlippe* und *Brüste* denken (vgl. hierzu auch *Wirtz*, 1996, S. 98). Und einige erzählten, dass sie Abschied von der Erwachsenenwelt und der Erwachsenen-Sexualität genommen haben. Sie hätten sich unwiderruflich für die Pädophilie entschieden. Das sind die Opfer, die zu KindesmissbraucherInnen wurden (und werden).

Dem Verfasser berichtete beispielsweise eine in ihrer Kindheit sexuell missbrauchte Frau, sie sei wegen der sexuellen Gewalt, der sie durch die eigene Mutter jahrelang wehr- und hilflos ausgesetzt gewesen sei, pädophil geworden. Sie sei unfähig, mit erwachsenen Frauen und Männern Freundschaften und Beziehungen, geschweige denn eine sexuelle, einzugehen. Nur bei Kindern fühle sie sich wohl, geborgen, aufgehoben, indem sie wieder eintauche in einer Kindheit, die letztlich keine Kindheit war: Durch Kinder und deren Fähigkeiten, ihre Natürlichkeit, Unschuld, Spontaneität, Gefühle, Bedürfnisse, Sehnsüchte, Träume frei und unbefangen auszuleben, werde sie wieder zum Kind.

Auf dieses „klassische" Pädophilen-Klientel – hier sind die „echten" (also „fixierten") weiblichen *und* männlichen Pädophilen und nicht die „regressiven" Pädophilen gemeint – treffen auch exakt die Ausführungen von *Wirtz* (1996, S. 215) zu, die diese aber nur und ausschließlich auf die weiblichen Inzestopfer bezieht:

„Beim Inzest haben wir das Kind verloren, das wir einst waren, und auch das Bild von dem Kind, das wir hätten werden können. Alles, was für uns wertvoll war, ist uns genommen worden. Wir leben im eigenen Körper wie im Exil, wir haben die Identität verloren, die Unschuld, die Gefühle, den Glauben an eine Gerechtigkeit in dieser Welt. ... Vorzeitig ausgestoßen aus dem Kindheitsparadies, verurteilt zu Scham und Schuld, fühlen wir den Tod mitten im Leben."

Genau das, was *Wirtz* hier beschreibt, macht den „klassischen" weiblichen *und* männlichen Pädophilen aus.

Wirtz selbst benennt – ohne dies offenbar zu erahnen – letztlich die entsprechenden Indikatoren, die zur *Zwanghomosexualität* und *Zwangspädophilie* führen (können), indem sie missbrauchte *und* offensichtlich vergewaltigte Frauen zu Wort kommen lässt, deren Aussagen ein entsprechendes Psychogramm bilden.

Betroffene Frauen berichteten *Wirtz* (1996, S. 96, 97), dass sie „im sexuellen Bereich sehr viel häufiger und schmerzlicher unter ihrer Hemmung und Blockierung" leiden, „als unter dem Zwang, sich sexuell ausleben zu müssen. Frauen erzählen, dass sie sich keinem Mann nähern können, ohne Schüttelfrost zu bekommen, dass der bloße Gedanke an sexuelle Intimität so starke Ekelgefühle auslöst, dass sie erbrechen müssen. Das Spektrum möglicher Auswirkungen auf die Sexualität ist groß. Manche Frauen spüren sich nur im Verweigern, im Nein-Sagen. Einzig das Nein bietet die Möglichkeit, mit der verdrängten Wut in Kontakt zu kommen. ... Die panische Angst vor dem anderen Geschlecht kann sich auch in völlig trivialen Alltagssituationen manifestieren. Manche Frauen beginnen zu schwitzen und bekommen feuchte Hände, sobald sie mit einem Mann alleine sind. ... Das Gefühl des Bedroht-Seins und der Gefahr ist allgegenwärtig".

Wirtz spricht ganz offen von dem Hass, der totalen Ablehnung auf alles Geschlechtliche – und hierbei bezieht sie sich ausschließlich auf missbrauchte beziehungsweise vergewaltigte Frauen:

„Häufiger als der Hass auf die Sexualität und die totale Ablehnung alles Geschlechtlichen ist das schmerzliche Gefühl der Blockierung und der Unfähigkeit, Intimität zuzulassen. Die meisten Frauen leiden unter dieser Hemmung beziehungsweise darunter, dass sie Sexualität als schmutzig empfinden. Daraus ergeben sich Schuld- und Minderwertigkeitsgefühle. Nur im Leben als ‚Neutrum', nur im Verweigern des allzu Weiblichen kann dann Sicherheit gefunden werden, eine Sicherheit, die jedoch jede Spontaneität erstickt. Es ist gar nicht so selten, dass für manche Frauen der Vater nicht nur der erste, sondern auch der einzige Mann in ihrem Leben ist. Sie wählen ein weltliches Zölibat, weil nur die totale sexuelle Abstinenz ihnen Sicherheitsgefühle vermittelt und Schutz vor einer Konfrontation mit den Affekten von damals, den hässlichen Gefühlen von Scham und Schuld."

In dem Zusammenhang berichtet *Wirtz* (1996, S. 97) über eine ihrer Klientinnen, die sich eine längere Zeit lang „nur bei Klosterschwestern" sicher fühlte, die eine „katholische Internatsschule" besuchte, ihre Ferien in „Klöstern" verlebte „und sich während einiger Jahre nicht vorstellen (konnte), je in der Welt draußen leben zu können".

„Wenn es stimmen würde, dass Missbrauch in der Kindheit einen Menschen dazu führt, andere zu missbrauchen, wäre die Mehrzahl unserer KindesmissbraucherInnen weiblichen Geschlechts!"
Kathryn T. Jennings (1995, S. 310)

Wenn man in Übereinstimmung mit den meisten Studien und Untersuchungen davon ausgeht, dass in der Mehrzahl Mädchen sexuell missbraucht werden und – was keinerlei empirische Bestätigung findet – weiter einmal unterstellt, dass Frauen *und* Mütter in der Mehrzahl Mädchen, *ihre* Töchter (und weniger Jungen – *ihre* Söhne) sexueller Gewalt aussetzen, wie es beispielsweise *Heiliger* und *Engelfried* (1995), *Kavemann* (1996 b, 1996 c) und *May* (1997) suggerieren, so muss die Frage erlaubt sein:

Wie hoch ist der Anteil an missbrauchenden pädophilen Täterinnen, die lesbisch sind?

Über lesbische Frauen – unabhängig davon, ob sie Opfer eines Missbrauchs oder Vergewaltigung wurden –, die Mädchen sexuell missbrauchen, *schweigen offenbar nicht nur parteilich-feministische Autorinnen; auch die feministische Forschung verliert hierüber, zumindest in der (Fach-)Öffentlichkeit, kein einziges Wort*[20].
Dem Verfasser ist es nicht gelungen, entsprechende Missbrauchsraten zu ermitteln. Warum finden sich hierzu keine Daten? Gehört dieser Bereich zu dem *„bestgehütetem Geheimnis"*, von dem *Rush* (1982) Anfang der achtziger Jahre behauptete, es existiere hinsichtlich des sexuellen Missbrauchs von Mädchen durch Männer und Väter?
Dass es unter den Täterinnen lesbische Frauen gibt, die, wie *Hanks* und *Saradjian* (1991, 1992, 1994; vgl. auch *Knopf* 1993) völlig zu Recht glauben, kleine Mädchen sexuell missbrauchen, liegt auf der Hand.
Eine Frau, die in ihrer Kindheit von der Mutter *und* dem Vater sexuell missbraucht wurde und sich nicht nur für die lesbische Liebe entschied, sondern Kinder sexueller Gewalt aussetzt, lässt *Elliott* (1995, S. 188-190) ausführlich zu Wort kommen:
„Meine Mutter fasste mich auch an, und manchmal schlug sie mich auf den Kopf, aber ich habe erst jetzt gemerkt, dass sie nicht ganz normal für ihr kleines Mädchen gesorgt

hat, sondern dass es um sie selbst ging. (...) Meine Mutter fing an, mich zu missbrauchen, als ich etwa fünf war. Sie nahm mich dann mit ins Schlafzimmer und cremte meine Genitalien ein. Ich hatte einen Horror davor. Das dauerte an, auch als ich alt genug war, um zu wissen, dass das nicht richtig sein konnte. Es geschah immer heimlich, wenn sonst niemand zu Hause war. Es war ein Geheimnis, genau wie der Missbrauch durch meinen Vater ein Geheimnis war."

Das Opfer und die Täterin in Personalunion empfand den Missbrauch durch die Mutter im Vergleich zu jenem des Vaters schlimmer. Und dass sie Kinder missbrauchte, erklärt sie sich mit dem Missbrauch, den sie durch die Mutter ausgesetzt war:

„Es ist komisch, dass der Missbrauch durch meinen Vater nicht so schrecklich war wie der durch meine Mutter. Mit einer Mutter ist es etwas anderes. Wenn du klein bist, ist sie normalerweise diejenige, zu der du läufst, wenn dir etwas weh tut; der erste Mensch, mit dem du schmust, der dich liebt und sich um dich kümmert. Wenn sie dich dann missbraucht, ist es sogar noch schlimmer, als wenn dein Vater das macht. (...) Ich bin hin- und hergerissen zwischen Liebe und Hass und zu keinem von beiden in der Lage. Ich habe meiner Mutter vergeben, was sie getan hat, aber mir selbst kann ich nicht vergeben. Ich mache mir Vorwürfe, weil ich die Kinder meiner Freundin missbraucht habe und weil meine Mutter mich missbraucht hat. In meinen Träumen kastriere ich meinen Vater und ersticke ihn. Aber meiner Mutter kann ich nichts tun."

Auch unter den von dem Verfasser befragten drei weiblichen Pädophilen ist eine lesbische Frau, die ausschließlich Mädchen mag (die anderen Frauen mögen ausschließlich Knaben). Die Frauen berichten, bevor sie von Männern in jeglicher Hinsicht Abschied genommen haben, hätten sie aufgrund des Missbrauchs beziehungsweise der Vergewaltigung durch ihre Väter unüberwindbaren *Hass* und *Ekel*, unbezwingbare *Aversion* und *Verachtung* gegen alles Männliche aufgebaut. Diese Frauen berichteten im Zusammenhang mit Angst ähnliches wie die von *Wirtz* (1996, S. 103) zitierte Frau, die von der „Angst vor den Schmerzen beim Akt" spricht:

„Angst, die Kontrolle zu verlieren. Angst, dass er mich zwingt, etwas gegen meinem Willen zu machen ..."

Es ist *diese* Angst, aber auch *der* Ekel vor Männern, was die weiblichen Opfer zu der Entscheidung führt, Kinder *und* Kleinkinder zu begehren, auch sexuell. Mit anderen Worten: Diese Frauen greifen auf Kinder zurück, da sie vor ihnen keine „Angst vor den Schmerzen beim Akt" haben müssen und Kinder ihnen nicht „etwas gegen meinen Willen" aufzwingen.

Der Hass, die Aversion und der Ekel kommen, so die übereinstimmende Erklärung von zwei der drei betroffenen Frauen, in der (sexuellen) Beziehung zum Kind nicht zum Tragen. Folgt man ihrer Darstellung, so sind diese Beziehungen geprägt von Liebe, Emotionalität, Zärtlichkeit, Zuneigung, Leidenschaft, Vertrauen. Sie legen Wert auf die Feststellung, dass es ihr Wunsch ist, dem weiblichen beziehungsweise männlichen kindlichen Partner all diese Dinge zu geben, die sie selbst als Kind nie bekommen haben. Anders sieht es bei der dritten pädophilen Frau, die auf Knaben steht, aus. Sie hasst alles Männliche und lässt es die kindlichen Opfer spüren: Macht, Hass, Aggressionen und Wut, die sie an ihnen auslebt – stellvertretend für den Vater, der sie ab dem 6. Lebensjahr missbrauchte und, als sie 12 Jahre alt war, bis zum 15. Lebensjahr regelmäßig vergewaltigte.

> Die pädophile Frau, die vom Vater und der Mutter auch schwer misshandelt wurde, berichtete dem Verfasser:
>
> „Immer dann, wenn mein Vater mich missbrauchte und vergewaltigte, wurde mir immer wieder von neuem bewusst, was Macht bedeutet. Das gilt auch für die körperliche Gewalt, die ich durch meine Eltern erfahren habe. Ich wollte nie mehr der elterlichen Macht, vor allem der männlichen Macht ausgeliefert sein. Mir war klar, dass ich bei einem Mann immer die Unterlegene bin, die von der männlichen Macht missbraucht, benutzt und erniedrigt wird. Heute brauche ich nicht nur das Gefühl von Macht, ich will sie auch einsetzen und ausleben können – gegen das Kind. Habe ich erst einmal den kindlichen Widerstand gebrochen, bin ich am Ziel: Bereits die völlige Unterwerfung des Jungen verursacht in mir eine Art von sexuellem Orgasmus."

Während zahlreiche Untersuchungen und entsprechende Fachliteratur zur Typologie des männlichen Pädophilen existieren, gibt es über weibliche Pädophile kaum Vergleichbares. Beate *Balzer* (1998, S. 69; vgl. auch *Mathews* u. a., 1989) zählt zu den wenigen Autoren, die sich mit der Rolle der Frau als missbrauchende Täterin beschäftigt hat. Sie benennt folgende **„Einflussvariablen auf die Täterschaft von Frauen"**, die *keine* signifikanten Unterschiede zu männlichen Tätern aufweisen:

- „1. Strukturen in der Herkunftsfamilie (primäre Sozialisation – eigene Kindheitserfahrung): Abwesenheit eines erwachsenen Partners (durch Scheidung/Tod[2][1]);
- 2. Alkohol/Drogenkonsum beziehungsweise Missbrauch;
- 3. berufliche und finanzielle Probleme;
- 4. Selbstbild (oft negativ);
- 5. im Fall der Mittäterschaft: emotionale beziehungsweise finanzielle Abhängigkeit vom Partner;
- 6. mangelnde Fähigkeit zur Wahrnehmung von Grenzen und Individuation;
- 7. Motivation: Demonstration von Macht, Suche nach Nähe und Zärtlichkeit, Stressabbau, Befriedigung sexueller Bedürfnisse; emotionale und sexuelle Deprivation (durch Partnerschaftsprobleme, soziale Isolation)."

Einige „Hauptrisikofaktoren" hat Hilary *Eldridge*[22] (1999, S. 140) zusammen mit Jacqui *Saradjian* zusammengestellt, die als nützliche Hinweise für die Arbeit mit Täterinnen gelten können – und die deutlich machen, dass zu männlichen Tätern überhaupt *keine* signifikanten Unterschiede existieren:
„Missbrauch im Zentrum des Lebens: eine Vielzahl von Bedürfnissen wird darüber abgedeckt – Anzahl der Opfer – Ausmaß der Fixierung auf Kinder – keine Möglichkeit, mit emotionalen Bedürfnissen anders umzugehen – keine anderen Ressourcen, ‚nichts mehr zu verlieren haben' – Isolation – Zugang zu Kindern, Verantwortung für die intime Versorgung – fehlendes Mitgefühl für sich als Opfer sexuellen Missbrauchs – fehlendes Mitgefühl für das/die eigene/n Opfer – verzerrte Ansichten über die Art der Beziehung von Erwachsenen und Kindern – hohes Ausmaß an Phantasien zu Missbrauchshandlungen und Masturbation – hohes Ausmaß an Leugnung der Schädlichkeit missbräuchlicher Handlungen – Sadismus – Impulsivität in Verbindung mit einem hohen Stressniveau

und fehlende soziale Unterstützung – schneller Zyklus – Alkohol und seine enthemmende Wirkung in Verbindung mit depressiven Stimmungsschwankungen – die Verwendung von Kinderpornographie."

Zum weiblichen „allgemeinen Tatzyklus" (auch hier gibt es *keinen* signifikanten Unterschied zu männlichen Tätern) führt *Eldridge* (1999, S. 140-143) aus, dass dieser „mit tatfördernden Gedanken, Phantasien und Verhaltensweisen" beginnt: „Gedanken und Gefühle, die das Missbrauchsverhalten entschuldigen und rechtfertigen, können jedoch häufig diese internen Hemmfaktoren umstoßen." Mit Hemmfaktoren meint *Eldridge*: „... Postulate des Gewissens wie Verbote, Schuldgefühle, Ängste und der Gedanke, was solch ein Verhalten über einen aussagt." Hierauf aufbauend „beginnen Phantasievorstellungen zuzunehmen. Mit ihrer Hilfe wird das Tatverhalten erprobt und eingeübt. Es folgt die Auswahl und das gezielte Ansteuern eines bestimmten Kindes gekoppelt mit dem Planen der Tat. Dabei können einige Aspekte der Planung sehr bewusst ablaufen, andere fallen Selbsttäuschungen anheim". Um die Einwilligung und Kooperationsbereitschaft des Kindes zu erreichen, aber auch, um sich das Schweigen des kindlichen Opfers zu sichern, wird nun in einer weiteren Phase im *Tatzyklus* das Kind umworben: „Dies erfordert die Manipulation des Kindes und jeder Person, die es schützen könnte. Auf diese Phase erfolgt die eigentliche Tathandlung, der weitere Manipulationen folgen, um eine Enthüllung zu verhindern. Schließlich wird über die begangenen und zukünftigen Taten phantasiert." Angst und Schuldgefühle nach der Tat „versucht die Frau dann mit beruhigenden Phantasien zu verdrängen. Zusätzlich versucht sie, ihr eigenes Verhalten zu legitimieren, indem sie das Verhalten des Opfers in der von ihr gewünschten Weise interpretiert oder aber sich das Versprechen gibt, nie wieder so etwas zu tun. Im nächsten Schritt geht es um Manipulationen, um geheime Wünsche und Pläne zu verbergen".

Über die Gründe des sexuellen Kindesmissbrauchs gaben die von *Mathews* u. a. (1989) befragten Täterinnen, die von dem *Verlangen, Bedürfnissen der Frauen nach Nähe, Zärtlichkeit, Körperkontakt und Sexualität* sprechen (vgl. hierzu beispielsweise auch *Forward* und *Buck,* 1979; *Allen,* 1991), Folgendes zu Protokoll:

• Sie seien *genötigt, gezwungen, selbst missbraucht worden*;
• sie hätten *Angst, wären in schlechter Verfassung gewesen*;
• sie wären *bedürftig und einsam gewesen*;
• sie hätten *Nähe, Aufmerksamkeit, Bestätigung bei den kindlichen Opfern gesucht*, zumal sie *einsam gewesen wären*;
• neun Frauen gaben darüber hinaus ein *niedriges Selbstwertgefühl* an;
• sieben Frauen fühlten sich *vom Partner abgelehnt und versicherten, sie hätten dem Partner oder anderen Personen gegenüber Gefühle von Wut, Rache, Eifersucht*;
• drei Frauen immerhin sagten es ganz frei und offen heraus: *Die sexuelle Beziehung sei der Beweis ihrer Liebe zum Kind*;
• zwei Frauen bekannten frei und ganz offen: *Sie hätten sich bei den Kindern die sexuelle Befriedigung geholt, die sie von ihren Lebenspartner beziehungsweise Ehemann nicht in befriedigender und ausreichender Form bekommen hätten.*

Auch diese Studie zeigt eindeutig, dass die „Argumente" und Rechtfertigungen der weiblichen *regressiven* und *fixierten* Pädophilen im wesentlichen mit denen der männlichen *regressiven* und *fixierten* Pädophilen völlig übereinstimmen.

Die Frau sehnte sich nach dem Körper des Mädchens

Eine sehr differenzierte Unterteilung von *sexuellen Beziehungen* zwischen Frauen *und* Kindern versucht *Knopf* (1993), die eine Definition des Begriffs Pädophilie anhand verschiedener Fallbeispiele vornimmt, wobei sie sich hierbei auf Frauen als Täterinnen bezieht, obwohl sie vollinhaltlich auch auf Männer anwendbar ist. Denn wie die bisherigen Ausführungen zeigen, existiert *keine* signifikante Unterscheidung zwischen männlichen *und* weiblichen Pädophilen. Auch die Erklärungsversuche und Rechtfertigungen wie beispielsweise: „Es war Liebe im Spiel", „Die Kinder haben bereitwillig mitgemacht", „Die sexuellen Handlungen sind eine Art von Sexualaufklärung gewesen", wird auch vielfach von männlichen Pädophilen benutzt. Das betrifft auch das fehlende Selbstbewusstsein sowie Schuldgefühle und Unrechtsbewusstsein.

Knopf (1993, S. 29) unterteilt die „Beziehungsmuster" und die „jeweils unterschiedlichen Motive der Frauen" wie folgt:

„1. Beziehungen, in denen das Kind als Ersatzobjekt für einen erwachsenen Partner fingiert":

„Bei diesem Beziehungsmuster sind die kindlichen Partner Jungen meistens im Alter von 10 Jahren aufwärts, die von den Frauen als fast erwachsene Männer wahrgenommen und behandelt werden. Aus Sicht der Frauen erhalten die pädosexuellen Handlungen eine Berechtigung dadurch, dass dabei Liebe im Spiel war. Sie betonen, dass die Kinder freiwillig beteiligt gewesen seien. Die Beziehung habe ausschließlich positive Wirkungen für die Kinder gehabt; die sexuellen Handlungen seien eine Art praktische Sexualaufklärung gewesen. Schuldgefühle oder ein Unrechtsbewusstsein finden sich in den Schilderungen der diesem Typus zuzuordnenden Frauen kaum."
Knopf (1993, S. 29, 30) interviewte eine *regressive* pädophile betroffene 26-jährige Frau, die mit einem Kind – als Ersatzobjekt für einen erwachsenen Partner – eine „Liebesbeziehung" unterhalten hatte. Die Frau wirkte auf sie, so *Knopf*, „attraktiv und selbstbewusst" und arbeitete früher als „Aktmodell".
Sie gibt das Gespräch wie folgt wieder:
„Frau A. hat ihren 12-jährigen, sexuell unerfahrenen Partner im Krankenhaus kennen gelernt. Sie war dort Krankenschwester, er Patient. Sie findet eigentlich erwachsene Männer interessanter und hatte auch schon mehrere sexuelle Bekanntschaften. Bereits während des Krankenhausaufenthaltes des Jungen hatte sich Zuneigung zwischen beiden entwickelt, die von ihrer Seite zunächst rein freundschaftlich war. Auch nachdem der Junge aus dem Krankenhaus entlassen war, haben beide Kontakt miteinander gehalten. Er hat sich dann in sie verliebt und auch sexuelle Wünsche geäußert. Sie hat den Jungen zunächst abgewiesen. Als aber ihre damalige Liebesbeziehung in die Brüche ging, hat sie es als zunehmend reizvoll empfunden, auf seine sexuellen Wünsche einzugehen. Der letzte Anstoß ist von ihr gekommen. Sie hat den Jungen verführt. Es entwickelte sich schließlich eine über ein halbes Jahr lang andauernde feste Freundschaft mit regelmäßigen sexuellen Kontakten. Zeitweise hat der Junge mit Einverständnis seiner Eltern bei ihr gelebt. Sexuell habe er alles von ihr gelernt und sei dadurch sehr auf sie abgestimmt gewesen. In sexueller Hinsicht sei es für sie eine der tollsten Erfahrungen

gewesen, und auch er habe nur von ihr profitieren können. Wichtiger jedoch als Sexualität sei das Zusammensein, die Zärtlichkeit, das gemeinsame Lachen gewesen. Das habe sie mit einem erwachsenen Partner noch nie so schön erlebt. Dabei habe sie den Jungen eigentlich als Mann erlebt, nicht als Kind; sexuelle Handlungen mit Kindern verabscheut sie. Getrennt hat sie sich dann von ihm, weil ihre Erwartungen an eine Beziehung von einem so jungen Partner nicht erfüllt werden könnten. Die Trennung sei ihr schwergefallen, weil sie sehr vernarrt in den Jungen gewesen sei. Gelegentlich treffen sich beide noch, wobei der Kontakt ein freundschaftlicher sei. Zum Zeitpunkt des Interviews lebte Frau A. mit einem etwa gleichaltrigen Mann zusammen; der Junge hat eine etwa gleichaltrige Freundin."

Pädophile Beziehungen „im klassischen Sinn" beschreibt sie so:

„2. Beziehungen, bei denen die ‚Kindlichkeit' die sexuelle Attraktion ausmacht (d.h. im klassischen Sinn pädophile Beziehungen)":

„Das Kind fungiert hier nicht als Ersatzobjekt für einen erwachsenen Partner und wird infolgedessen auch nicht als ‚fast erwachsen' phantasiert, sondern gerade wegen seiner Kindlichkeit begehrt. Der kindliche, unbehaarte Körper, die Unberührtheit, die Unbefangenheit des Kindes machen den sexuellen Reiz aus. In diesem Sinne lassen sich die Beziehungen als pädophil bezeichnen. Auffällig ist hier das im Gegensatz zu den Frauen der ersten Gruppe deutlich größere Schuldgefühl. Dies lässt sich möglicherweise u. a. dadurch erklären, dass der durch die Sexualisierung der Beziehung zu einem Kind begangenen Tabubruch stärker bewusst ist."

In diesem Zusammenhang berichtet *Knopf* (1993, S. 30, 31) von einer pädophilen Frau, die sie als „Frau B." benannt hat – und mit der sie ein Interview führte.

„Frau B. ist 26 Jahre alt, lebt mit ihrem Freund und ihrer 5- jährigen Tochter zusammen. ... Sie hat lange versucht, ihre Gefühle vor sich selbst zu verstecken, muss sich jetzt aber ihre auf kurz vor der Pubertät stehenden Mädchen (ab zehn Jahre) gerichteten sexuellen Interessen eingestehen. Sie ertappt sich dabei, wie sie ihnen zwischen die Beine schaut. Dabei phantasiere sie, das Mädchen mit dem Mund zu befriedigen. Erregend für sie sei die gerade erst beginnende Sexualität des Mädchens und die Vorstellung, ihr ein ‚Aha-Erlebnis' zu vermitteln. Sie genießt dabei das Gefühl von Überlegenheit. Sie erinnert sich, selbst im Alter von ca. zehn Jahren gewünscht zu haben, von einem erwachsenen Mann in die Sexualität ein-geführt zu werden. Ihre Phantasien in die Realität umzusetzen, könne sie sich aber nicht vorstellen. Die Hemmungen sind zu groß. Sie hat auch lesbische Erlebnisse gehabt, bei denen der Schritt vom Wunsch zum Handeln leichter zu vollziehen gewesen ist, da das Tabu nicht als so mächtig empfunden wurde. Außerdem war dieser Wunsch von ihr als drängender erlebt worden."

Mit zwei weiteren Frauen, die *Knopf* (1993, S. 30, 31) als „Frau C." und „Frau D." bezeichnet hat und die zu einem Gespräch nicht bereit waren, konnte sie nur schriftlich korrespondieren. Der Grund: „Scham beziehungsweise Angst vor strafrechtlicher Verfolgung."

Über Frau C. berichtet *Knopf* (1993, S. 30):

„Frau C. ist ebenfalls 26 Jahre alt und seit einem Jahr verheiratet. Bis zu ihrer Heirat hat sie bei ihrer Mutter gelebt. Das Erlebnis, über das sie berichtet, liegt fünf Jahre zurück. Sie besuchte damals die Handelsschule. Die 8-jährige Tochter einer Nachbarin hielt sich zu der Zeit oft bei ihr zu Hause auf. Sie hat mit dem Kind gespielt und getobt

und dabei ihre Wärme und Zärtlichkeit genossen. Bald habe sie sich nach dem Körper des Mädchens gesehnt. Dieser sei so glatt, weich und rein gewesen. Frau C. hat das Mädchen nach dem Toben zu gemeinsamen Spielen mit sexuellen Inhalten gebracht. Es kam zu gegenseitigen Berührungen der Genitalien, zu oral-genitalen Kontakten und zur gegenseitigen vaginalen und analen Penetration mit dem Finger. Die Beziehung dauerte mehrere Monate an. Sie habe das alles sehr genossen, aber große Angst- und Schuldgefühle gehabt. Deshalb ist sie froh, dass alles vorbei ist, wenn sie auch sagt, dass sie leider noch manchmal mit Behagen an diese Zeit denke. Frau C. hat sich wegen ihrer schweren Schuldgefühle inzwischen an eine Beratungsstelle gewandt."
Über Frau D. berichtet *Knopf* (1993, S. 31):
„Wegen ihres ausschließlichen Interesses an vorpubertären Jungen entspricht diese am ehesten den bekannten Definitionen einer pädophilen Entwicklung. (...) Frau D. ist 23 Jahre alt und Kinderkrankenschwester. Sie hat seit ihrem 16. Lebensjahr sexuelle Beziehungen zu Jungen ab sechs Jahren. Erinnern kann sie sich an ca. 10 bis 15 verschiedene Kontakte.
Wenn die Jungen in die Pubertät kommen, verliert sie das sexuelle Interesse an ihnen. Vorher gefällt ihr die Ungezwungenheit der Jungen und ihr unbehaarter Körper. Ihr derzeitiger Freund ist 13 Jahre alt. Kennen gelernt hat sie ihn auf einem FKK-Campingplatz vor drei Jahren. Treffen finden ca. ein- bis zweimal pro Woche statt. Für den Jungen sei es wichtig, dass sie älter sei und ihn trotzdem ernst nehme, meint Frau D. Die Initiative zur Sexualität gehe von beiden aus. Sie befriedigt den Jungen mit der Hand oder dem Mund, der Junge sie mit der Hand. Seit ca. einem Jahr komme es auch zum Geschlechtsverkehr. Die Eltern des Jungen wissen von ihrer Freundschaft, allerdings nicht von der sexuellen Komponente der Beziehung. Bisher hat sie noch keine Probleme mit der Polizei gehabt, hat allerdings Angst, irgendwann von einem der Jungen erpresst zu werden. Meistens fühlt sie sich aber sicher, da sie nie gegen den Willen der Jungen handele."
Wie beispielsweise auch *Amendt* (1993) kommt *Knopf* (1993, S. 32) zu der Feststellung, dass es „offenbar einen großen Bereich körperlich-sinnlicher, auch erotischer Kontakte" gibt, „der von den Frauen selbst als alltäglich wahrgenommen wird und sich bisher einem wissenschaftlich-empirischen Zugriff entzog".

Pädophile sind ständig auf der Suche nach dem eigenen inneren Kind

Männliche wie auch weibliche Pädophile – gemeint sind hier *fixierte*, nicht *regressive* Pädophile – suchen (und finden) in dem Objekt Kind die eigene Kindheit immer wieder neu. Sie sind ständig auf der Suche nach dem eigenen inneren Kind – das Kind, das sie nicht sein durften: kindlich, unbefangen, offen und voller Spontaneität.
Nicht nur sexuell missbrauchte Kinder lehnen später häufig die Erwachsenenrolle, die Erwachsenen-Welt, die Erwachsenen-Sexualität usw. ab[2][3]. Auch nicht sexuell missbrauchte Kinder, die in ihrer Kindheit in einer *total autoritären, gewalttätigen, strengen, strafenden, emotionslosen* Umgebung wie Familie beziehungsweise Heim aufgewachsen sind und schlimmste Erfahrungen mit Erwachsenen, Müttern, Vätern und anderen nahen Verwandten sowie ErzieherInnen usw. gemacht haben, nehmen später häufig die Erwachsenenrolle nicht an, lehnen die Erwachsenenwelt für sich ab, weigern sich, auf

der Basis von Erwachsenen-Sexualität mit anderen erwachsenen PartnerInnen einzulassen. Ihr „Leben" ist dadurch gekennzeichnet, dass sie nur „überleben" können im Umgang mit Kindern, im Kreise von Kindern, auf der sozialen, emotionalen und sexuellen Stufe von und mit Kindern. Anders ausgedrückt: Pädophile sind, als heutige Erwachsene, *sozial, emotional* und *psychosexuell* auf der Entwicklungsstufe eines Kindes stehen geblieben. Die *psychosexuellen Reifungsstörungen* unterscheiden sich in der Regel nicht wesentlich von *Pubertätsstörungen*.

Letztlich kann man durchaus von einer *zweiten Pubertät* sprechen. Der Verfasser ist sogar davon überzeugt, dass in vielen Fällen von einer Rückkehr in eine kindliche oder frühpuberale Entwicklungsstufe ausgegangen werden muss.

Mit Blick auf ihre schwierige und belastende Kindheit berichtet *Kentler* (1994, S. 150) über Männer und ihr *pädosexuelles Verlangen*:

„Pädophile Männer haben – als Folge ihrer Persönlichkeitsschäden und Entwicklungsbehinderung – im allgemeinen eine Fehleinstellung zur Sexualität: Sie wollen eine Sexualität, die nichts mit Ausscheidungen, Schweiß, Gestank, Blut und Haaren und – wie ich sie häufig sagen höre – ‚diesen ganzen Schweinereien' zu tun haben. Ihre Sexualität ist unreif, ihre sexuellen Bedürfnisse und Wünsche sind kindlich geblieben, entsprechen daher meist denen der Kinder. Ihre sexuellen Beziehungen bleiben darum im allgemeinen im Rahmen sexueller Spielereien. Viele Pädophile, die ich kennen gelernt habe, verschaffen sich orgastische Befriedigung erst, wenn das Kind nicht mehr da ist."

Den *fixierten* männlichen *und* weiblichen Pädophilen geht es auch und insbesondere um den Versuch, *frühkindliche emotionale Bedürfnisse* auszuleben.

„Ein Aspekt, der zur Pädophilie führt", so *Schorsch* (1988, S. 195) über männliche Pädophile, „sind starke Unzulänglichkeitsgefühle in bezug auf die eigene Männlichkeit. Solche Männer sind der Konfrontation mit einer erwachsenen Frau oft nicht gewachsen. Sie fühlen sich beim Kontakt mit dem anderen Geschlecht nur sicher und stark, wenn ihnen die Frau in Gestalt eines Kindes begegnet. Zum anderen handelt es sich häufig um Männer, die auf Grund einer hochkomplexen Problematik dazu neigen, sich sehr stark mit Kindern zu identifizieren. Sie wiederholen sozusagen ein Stück der eigenen Kindheit in der Beziehung zum Kind. Bei wieder anderen spielen fürsorgliche Aspekte eine große Rolle. Sie stellen gewissermaßen die eigene Eltern-Kind-Situation regressiv wieder her und wiederholen Dinge oder inszenieren sie, die für die Bewältigung ihrer eigenen Probleme, ihrer Geschichte von Bedeutung sind. Das ist ein sehr häufiger Aspekt, den man bei Pädophilen findet."

An anderer Stelle berichtet *Schorsch* (1993, S. 167): „... es geht um eine regressive Wiederfindung der eigenen Kindheit und Kindlichkeit, die naturgemäß immer nur illusionäre Verkennung und Umdeutung sein kann zu einer Art Pseudokindheit und Pseudokindlichkeit." Und darum, „... die eigene verhasste und vielleicht verpasste Erwachsenenidentität zu verleugnen, sich ihrer zu entledigen."

Mit anderen Worten: Innerhalb der Beziehung mit einem Kind versucht der oder die *fixierte* Pädophile eine Inszenierung durch die Wiederherstellung der eigenen kindlichen Situation: der „Kindheit". Allerdings ist er beziehungsweise sie in der Regel stets darum bemüht, die selbst erlebten Gewalterfahrungen nicht durch eine entsprechende (Re-)Inszenierung zu wiederholen. Im Gegenteil: Durch die Wunschvorstellung einer *nicht* durch Gewalt, Hass, Ablehnung, Gefühlskälte usw. geprägten Kindheit ist er beziehungsweise sie bemüht, den Wunsch in und durch die Beziehung zum kindlichen Partner beziehungsweise Partnerin zu realisieren und zu (durch)leben. Die Wunschvorstellung ist darauf ausgerichtet, tief in eine „Kindheit" einzutauchen, die erfüllt ist von Liebe, Zärtlichkeit, Nähe, Geborgenheit, körperliche und seelische Wärme, Hautkontakt, „Sich-Fallen-Lassen" usw. Der beziehungsweise die *fixierte* Pädophile versucht also, in der Beziehung zum Kind seine beziehungsweise ihre Wunschphantasien zu erfüllen und somit auszuleben.

Doch die Gefahr, dass sie dabei gegenüber dem Kind Macht, Dominanz, Gewalt ausüben, ist groß und nicht von der Hand zu weisen. Pädophile halten sich in ihren Phantasien nach Auffassung von *Berner* (1996) für zärtlich *und* fürsorglich, ihre Dominanz *und* Aggressivität gegenüber dem Kind sei ihnen nicht bewusst. Das Kind würde von ihnen als klein *und* groß, hilflos *und* doch mächtig phantasiert, *und hierin liege die pädophile Erregung*. In dem Zusammenhang spricht *Berner* (1997, S. 133, 134) von einen „tragischem Dilemma", unter dem die Pädophilen „leiden" und davon, dass sie in der Regel die volle sexuelle Befriedigung meiden:

„Sie wollen der aggressiv erlebten Auseinandersetzung mit der Mutter ausweichen, suchen immer zartere und kleinere Mädchen (oder manchmal sogar Buben), um durch die Dominanz über sie erregt zu werden, und müssen dann feststellen, dass ihnen selbst in diesen Kindern wieder die Mutter begegnet, die sie fürchten. Auch deshalb (und nicht nur, um dem Kind nicht zu schaden) wird oft die volle sexuelle Befriedigung am Kind vermieden – nicht einmal das Kind soll Zeuge ihres ‚Schwach-Werdens' sein."

Tatsächlich scheint Pädosexualität in der Regel eine untergeordnete Rolle zu spielen (vgl. beispielsweise auch *Baurmann,* 1983; *Marshall,* 1989; *Kutchinsky,* 1991).

„Auch die Handlungen mit Körperkontakt sind vielfach flüchtiger Natur...", so *Kutchinsky* (1991, S. 36), der auch völlig zutreffend zwischen *regressiver* und *fixierter* Pädophilie unterscheidet:

„Wenige Sexualdelikte werden von Pädophilen verübt, d. h. von Personen, die sich sexuell mehr von Kindern als von Erwachsenen angezogen fühlen. Die meisten Täter fühlen sich von Kindern jedoch nicht in besonderem Maße angezogen. Sie suchen die sexuelle Stimulation durch Kontakte mit Kindern vermutlich, um zwar eine bevorzugte, aber unerreichbare oder unzulängliche sexuelle Beziehung mit einer erwachsenen Person zu kompensieren."

Kutchinsky (1991, S. 36), Wissenschaftler am *Institute of Criminal Science* der Universität Kopenhagen, Dänemark, ist um Differenzierung bemüht, wenn er die Auffassung vertritt:

„Pädophilie im Sinne eines bewussten erotischen und sexuellen Interesse an Kindern (aus denen nicht zwangsläufig sexuelle Übergriffe resultieren) sollte daher nicht als Synonym für sexuellen Missbrauch von Kindern verwandt werden."

Soweit das Ausleben von Sexualität bei *fixierten* Pädophilen Bestandteil der Beziehung mit dem beziehungsweise der kindlichen PartnerIn ist, stehen offenbar Dinge wie Zärtlichkeiten, Streicheln, Küssen und gemeinsames oder gegenseitiges Masturbieren im Vordergrund.

Scheller (1985, S. 90) beschreibt dies, leider nur auf männliche Pädophile bezogen, so:

„Sogenannter ‚regelrechter' Geschlechtsverkehr liegt normalerweise völlig außerhalb des sexuellen Verlangens eines Pädophilen. Vom zärtlichen Streicheln der Genitalien bis zu deren oraler Liebkosung, vom forschenden Betasten der erogenen Zonen bis hin zum entspannenden Aneinanderschmiegen der Körper in inniger Umarmung wird durchgespielt, was unter Petting verstanden wird. Der Pädophile sucht in seiner Partnerin bewusst das Kind und nicht etwa ‚Ersatz' für ein altersangemessenes weibliches Wesen. Dementsprechend sind auch Art und Umfang seines sexuellen Gebens und seiner sexuellen Erwartung."

Ähnlich beschreibt es *Walter* (1988, S. 272):

„Es seien hier nur ein paar der vielfältigen Formen von Zärtlichkeit genannt, die in der pädophilen Beziehung den Bereich der Sexualität ausmachen: Das Ertasten, Erfühlen, Erstreicheln jeder Kleinigkeit des kindlichen Körpers mit den Händen. Das Riechen, Küssen und Liebkosen mit der Zunge. Das Küssen überhaupt. Das ungehemmte Sich-Betrachten. Der zärtliche Dialog. Das Einschlafen in enger Umarmung, das Miteinander-Baden. Und schließlich die Berührung und Befriedigung der Geschlechter mit dem Mund und den Händen oder die Herbeiführung des Orgasmus durch die äußerliche Berührung der Geschlechtsorgane."

Und *Böhringer* (1973, S. 28) bringt es auf den Punkt:

„Was den Erwachsenen am Kind, das an der Schwelle der Pubertät steht, so ungemein fasziniert, ist gerade der Schwebezustand zwischen Kindheit und Pubertät, das Knospenhafte und noch nicht Entfaltete, das noch nicht bewusste Wissen um die speziell sexuelle Lust. Es reizt den Erwachsenen, der erste zu sein, der bei einem Kind den geschlechtlichen Bereich gekonnt erweckt. Die meisten Menschen widerstehen dieser Versuchung. Nicht nur aus Furcht vor Strafe, sondern auch, weil sie ahnen, dass damit ein Kind zum Objekt der eigenen Befriedigung des Erwachsenen gemacht wird. Hier von Partnerschaft zu reden, ist Verfälschung der Wahrheit."

Döring (1980, S. 152-154), eine bekennende pädophile Frau, gehört nicht zu den Pädophilen, die der Versuchung widerstehen können. Ihr emotionales und sexuelles Verlangen nach kleinen Mädchen, die ihr Begehren erwidern, beschreibt sie wie folgt:

„Ich bin jetzt 19 Jahre alt und habe eigentlich erst in den letzten zwei Jahren über mich und meine Sexualität, meine Pädophilie, nachgedacht, sie gelebt. (…) Letztlich trug wohl ein Erlebnis mit einem 9-jährigem Mädchen zu jener Klärung bei.
Vor drei Jahren arbeitete ich auf einer Kinderstation, auf der sie auch lag. Eines abends, ich hatte Spätdienst, kam sie zu mir, nahm meine Hand, deutete an, ich sollte mich setzen. Sie setzte sich schließlich selbst auf meinen Schoss, sprach ganz lieb und brachte auch ihre sexuellen Wünsche zum Ausdruck. Ich war wie betäubt von ihr, so verliebt in ihre Art, ihr Aussehen, ihre Gefühlswelt."

Die junge Frau ist wegen ihrer pädophilen Gefühlen verunsichert, sie fragt sich, ob es weibliche Pädophilie überhaupt geben kann und fürchtet sich vor der pädophilen Identität:

„Von da an begann ein schreckliches Doppelleben, bis ich meine Pädophilie für mich akzeptieren und ausleben konnte. Denn einerseits verdrängte ich meine sexuellen Bedürfnisse und meine Zuneigung in Bezug auf das Mädchen, denn was sollten die anderen denken von einer ‚Kinderverführerin'? Sie hatten ja nicht gesehen, wie sie zu mir gekommen ist. Hinzu kam, dass ich mich fragte, ob es weibliche Pädophilie überhaupt geben kann. Das kann einfach nicht sein, dachte ich. (…) Je mehr ich mich damals vor einer solchen Identität gefürchtet habe – wer weiß warum –, umso mehr habe ich mich dafür interessiert. Ich bemerkte, dass ich mich in vielem, was die Päderasten berichteten, wiederfinden konnte, aber nicht in allem. Dann fiel mir auf, wie ich mich immer wieder kleinen Mädchen zuwandte, und sie sich mir. Wir begegneten uns auf der Strasse, sahen uns an, und wir merkten, es läuft etwas zwischen uns. Manchmal ergab sich ein Gespräch, oder sogar eine nächste Verabredung. Je mehr ich mir im klaren darüber war, was ich wollte, umso intensiver wurden auch die Erlebnisse."

Im Laufe der Zeit akzeptiert sie die pädophilen Gefühle und gewinnt an Selbstsicherheit:

„Während ich am Anfang noch Angst hatte, ein Kind anzulächeln, weil es dann vielleicht bemerken könnte, dass ich es gerne habe, so fällt mir das heute nicht mehr schwer, weil ich erlebt habe, dass es für uns beide gut sein kann. Einen ähnlichen Prozess erlebte ich mit den Reaktionen und Ängsten in Bezug auf die Personen, die unsere Kommunikation bemerkt haben könnten. Es ist noch nicht lange her, als ich mir in Situationen, in denen irgendwelche Leute bemerkt hatten, was zwischen mir und einem Kind abläuft, gesagt habe: ‚Sollen sie nur denken, was sie wollen, ich lasse mich von ihnen nicht kaputt machen! Schließlich tun wir nichts Schlimmes, ganz im Gegenteil!' Über diesen Schritt bin ich sehr glücklich, denn es war entsetzlich, meine Gefühle zu Kindern nicht positiv akzeptieren zu können, weil sie gesellschaftlich verurteilt werden."

Zum einen fürchtet sie sich vor der Strafbarkeit pädosexueller Kontakte, zum anderen stellt sie fest, dass nur kleine Mädchen ihre Wünsche und Bedürfnisse befriedigen können.

„Heute habe ich Angst vor den Gesetzen, die Liebe zwischen Erwachsenen und Kindern immer noch bestraft, weil ich es bei meinem Freund erlebt habe, dessen tiefe Beziehung zu einem 13-jährigen Jungen durch Zufall entdeckt und dann gewaltsam, brutal zerschlagen wurde. Davor habe ich Angst, ich verstehe es auch nicht, daher will ich, und hoffentlich nicht nur ich, alles tun, damit sich jene Gesetze ändern.
Nachdem ich nun eine längere, auch sexuell intensivere Beziehung zu einem Mädchen habe, erlebe ich, dass kein Mann und keine Frau, sondern nur ein Kind, insbesondere ein Mädchen, meine Wünsche und Bedürfnisse in Wechselbeziehung zu ihrigen befriedigen kann. Jetzt erfahre ich so viel Liebe, Zärtlichkeit, Ausgelassenheit, Wildheit..."

Eine andere pädophile Frau berichtet gegenüber *Bernard* (1979, S. 24) – anonym:

„Ich bin bisexuell und sehe gern nach jüngeren Mädchen, wobei ich auf den kleinen, schlanken Typ fixiert bin. Diese Mädchen (so um die 12 Jahre alt), manchmal jünger, manchmal älter, haben für mich insofern eine sexuelle Anziehungskraft, dass ich sie anfassen möchte, streicheln, und ich würde ihnen gerne beibringen, falls sie ihn noch nicht kennen sollten, wie man einen Orgasmus erlebt."

Über die tragische Lebenssituation der Pädophilen führt *Amendt* (1982, S. 151), der sich hier offensichtlich nur auf männliche Pädophile bezieht, folgerichtig aus, dass sie „zwanghaft und unausweichlich ihre Sexualobjekte unter Kindern suchen müssen. Ihre Lage ist tragisch, weil Pädophilie für sie psychisch die Lösung eines schweren Konflikts darstellt, der oft weit in die Kindheit zurückreicht. Tragisch, weil die alternative ‚Lösung' oft Suizid oder Psychose ist. Tragisch, weil ihre Lösung gesellschaftlich nicht akzeptierbar ist, weil sie zwangsläufig auf Ausbeutung und Unterdrückung beruht. Weil sie Opfer zwingt, neue Opfer zu schaffen".

Die „Erfüllung" ihrer sexuellen Bedürfnisse ist ständig von öffentlicher Bloßstellung, Isolierung, Strafverfolgung bedroht. Die Verheimlichung und das Doppelleben macht ihnen zu schaffen. Das folgende Zitat eines betroffenen Pädophilen, den *Bernard* (1979, S. 114) zu Wort kommen lässt, spiegelt die tragische Lebenssituation der männlichen *und* weiblichen Pädophilen wider:

„Unterdessen bleiben mir hier nur drei Möglichkeiten. Erstens: vollkommene und lebenslange Enthaltsamkeit, als Folge davon sich abschließen in einem geistigen und körperlichen Ghetto. Kurzum: Ich muss alle sexuellen Kontakte mit Minderjährigen lebenslang ausschließen. Zweite Lösung: eine oder mehrere Beziehungen zu Minderjährigen, wodurch man sofort an den Rand gedrückt wird. Ein ‚Gesetzloser' oder ‚Außenseiter' oder ‚Sittenstrolch', ein ‚Sünder' in den Augen der Kirche, ein ‚Verbrecher' in den Augen der Gesellschaft. Ein Patient für eine geschlossene Anstalt oder ein Anwärter für enorm lange Gefängnisstrafen und Gerichtsverfolgungen mit allen Plagen und Idiotien, die dazu gehören (einschließlich der Akten), eine nur aufgeschobene Exekution. Das alles, weil Paragraph soundsoviel des Strafgesetzbuches dies verbietet. Dritte Lösung: Selbstmord."

Einsamkeit, Schuldgefühle und Selbsthass kennzeichnen das Leben vieler weiblicher wie männlicher Pädophiler, von denen manch einer sich durch Suizid das Leben nimmt. *Knopf* (1993, S. 25, 26) zitiert eine 26-jährige pädophile Frau, die über mehrere Monate einen sexuellen Kontakt mit einem 8-jährigen Mädchen unterhielt und ihre Schuldgefühle so beschreibt:

„Wenn mein Mann oder meine Mutter davon erfahren würden, wäre sicher meine Ehe dahin, und ich würde mich umbringen. (...). Ja, ich würde so gern mal alles, aber auch alles herausschreien. Immer habe ich das Gefühl, dass dann alles besser wird und die Last von mir abfällt (...). Schreiben Sie mir schnell, bevor ich wieder den Mut verliere. Ich glaube nicht, dass ich auf die Dauer mit dieser Last für mich alleine leben könnte."

> „Die Taten (...) erwecken offenbar in uns (...) Phantasien, denen wir bei einer solchen Gelegenheit freien Lauf lassen. Das verhilft zu der allgemeinen Einsicht, dass die Taten der Sexualstraftäter verbotene Wünsche in uns wecken, deren Existenz wir uns bewusst nicht eingestehen mögen. (...) Der Sexualstraftäter wird zum Sündenbock, den wir opfern, um uns von Verbotenem zu befreien."
> *Eberhard Schorsch* (1980, S. 153)
>
> In Zahlen ist eine Unterteilung der *regressiven* und *fixierten* Pädophilen schwerlich möglich – Täteruntersuchungen differenzieren hier nicht. Ein gewichtiger Grund hierfür ist in der Tatsache zu sehen, dass die Betroffenen sich wegen (drohender) Strafverfolgung durch Geheimhaltung schützen. Insofern gibt es naturgemäß nur Schätzungen.
> So schätzt *Brongersma* (1977, S. 18, 1980, S. 137) die *fixierten* Pädophilen auf nur 1% beziehungsweise 2%, *Lautmann* (1994, S. 10) hingegen auf 5%. *Gebhard* (1980, S. 139) vom *Kinsey Institut* ermittelte für die USA 2 - 5% (95-98% haben *keine* pädophilen Neigungen; sie sind sogenannte *regressive* Pädophile, die vorwiegend erwachsene Personen bevorzugen). Auch *Wolter* (1985,.311 S. 112), der die Zahl der Pädophilen, die Kinder des anderen Geschlechts bevorzugen, auf 80% schätzt, geht von einer sehr niedrigen Zahl „echter" Pädophiler aus: „In 99 von 100 Sex-mit-Kindern-Fällen ist der Täter ein Gele-

genheits-Pädophiler." Nur ein Drittel der Männer, berichten *Barbaree* und *Marshall* (1989), die wegen Kindesmissbrauch auffällig wurden, zeigen eine eindeutige pädophile Präferenz[24]. Und nicht alle pädophil „veranlagten" Menschen würden ihre Liebe und ihre Sexualität mit Kindern ausleben. *Schwarzer* (1980, S. 5), die wie die meisten AutorInnen keine entsprechende Differenzierung zwischen *regressiven* und *fixierten* Pädophilen vornimmt, berichtet, etwa die Hälfte der Pädophilen bevorzugen Kinder des anderen Geschlechts, ein Drittel Kinder des gleichen Geschlechts und das restliche Sechstel besitzt keine bestimmte Vorliebe[25]. *Lautmann* (1994) kommt in seiner Studie zu einem anderen Ergebnis, wobei eine entscheidende Tatsache mitberücksichtigt werden muss: Pädophile, die Mädchen bevorzugen, leben offenbar versteckter. Von den 60 pädophilen Männern, die er interviewte, gaben etwa zwei Drittel an, sich zu Jungen und ein Drittel zu Mädchen hingezogen zu fühlen; drei Pädophile, die auch mit erwachsenen Partnern verkehrten, zeigten sich zu beiden Geschlechtern hingezogen.
Der wissenschaftliche Mitarbeiter beim Bundeskriminalamt Michael *Baurmann* (1983, S. 18), der offenbar zwischen *Pädophilie* und *Pädosexualität* unterscheidet, weist in seiner Studie daraufhin, dass die „unter § 176 StGB angezeigten Fälle (zwei Drittel der deklarierten Opfer waren zwischen sieben und dreizehn Jahren – *Anm. d. Verf.*) ... nur zum geringen Teil pädophile Sexualkontakte" betreffen:
„Die Fälle von ‚Pädophilie' sind somit bedeutend seltener als es von der Größe der strafrechtlichen Fallgruppe ‚sexueller Missbrauch von Kindern' her häufig geschlossen wird."
Der holländische Therapeut Ruud *Bullens* geht davon aus, dass sich ein Viertel aller Männer Sex mit Kindern in Form der sexuellen Phantasie vorstellt, stand in einem Bericht der *Frankfurter Rundschau* (22. 4.1998.) Die Moralschranke überschreiten demnach 17%, die sich bewusst wünschen, von Kindern befriedigt zu werden. Tatsächlich würden letztendlich 6% zu Tätern, indem sie ihre Phantasien in die Realität umsetzen. – Über potentielle pädophile Frauen verliert *Bullens* kein Wort.

Dass es nicht nur potentielle männliche Pädophile gibt, sondern selbstverständlich auch potentielle weibliche Pädophile, zeigen sehr eindrucksvoll die Untersuchungsergebnisse von *Bange* (1992) und *Bange* und *Deegener* (1996, S. 202)[26]. Ihnen gegenüber bejahten[27] bei der Dortmunder Befragung von den nicht missbrauchten Frauen (Gesamtzahl: 375) 10% und von den missbrauchten Frauen (Gesamtzahl: 127) 13% die 1. Frage:
„*Kinder haben auf mich eine erotische Ausstrahlung.*"
Hingegen waren es bei der Homburger Befragung (Gesamtzahl der antwortgebenden Frauen hier: 290/124) „nur" 3% der nicht missbrauchten beziehungsweise 4% der missbrauchten Studentinnen.
Die 2. Frage:
„*Ich habe sexuelle Phantasien mit Kindern*",
bejahten die nicht missbrauchten wie die missbrauchten Dortmunder Studentinnen (Gesamtzahl der antwortgebenden Frauen hier: 374/124) mit je 2%. Bei der Homburger Befragung (Gesamtzahl der antwortgebenden Frauen hier: 290/98) hingegen verneinen dies die nicht missbrauchten Studentinnen, und die missbrauchten Studentinnen bejahten sie zu 2%.
Die 3. Frage:
„*Ich habe den Wunsch nach sexuellen Kontakten mit Kindern*",
haben alle antwortgebenden nicht missbrauchten und missbrauchten Dortmunder Studentinnen (354/118) wie auch Homburger Studentinnen (290/124) verneint.

Es wird deutlich, dass, sieht man von den Homburger Studentinnen einmal ab, die die Frage 2 verneinen, zwischen missbrauchten und nicht missbrauchten Studentinnen *kein* signifikanter Unterschied hinsichtlich der Frage 1. und 2. besteht.

Die Frage muss erlaubt sein, ob die auf die 3. Frage erfolgte Antwort die tatsächliche Wirklichkeit widerspiegelt.

Anders sieht es bei den Studenten aus:

Die nicht missbrauchten beziehungsweise missbrauchten Dortmunder Studenten beantworteten die 1. Frage mit 26% zu 50% (308 zu 28 der antwortgebenden Befragten), die 2. Frage mit 8% zu 14% (306 zu 27) und die 3. Frage mit 2% zu 14% (302 zu 27).

„Zwei der drei Unterschiede", so *Bange* und *Deegener* (1996, S. 201) folgerichtig, „erreichen Signifikanzniveau", hingegen erreichten die (Homburger) Raten keine signifikanten Unterschiede.

Die nicht missbrauchten beziehungsweise missbrauchten Homburger Studenten beantworteten die 1. Frage mit 14% zu 15%, die 2. Frage mit 3% zu 4% und die 3. Frage mit 1% zu 4%. Hier ist die Gesamtzahl der – antwortgebenden – 381 nicht missbrauchten und 27 missbrauchten Studenten bei allen drei Fragen gleich.

Deegener (1999, S. 355) führt darüber hinaus einen Fragebogen zur Erfassung psychosexueller Merkmale bei Sexualtätern aus dem MSI (*Multiphasic Sex Inventory*) an. Folgende Fragen bezüglich der „devianten sexuellen Phantasien beziehungsweise Handlungen" wurden von 111 männlichen Studierenden der Medizin (1. Semester) bejaht:

- „Manchmal fühle ich mich zu Kindern sexuell hingezogen": 4%
- „Manchmal wurde ich durch das Umarmen und Halten eines Kindes sexuell erregt": 9%
- „Ich habe mich zu kleinen Mädchen sexuell hingezogen gefühlt": 3%
- „Ich habe gegen den Impuls, ein Kind in sexueller Weise zu berühren, ankämpfen müssen": 3%
- „Ich habe mehr als ein Kind sexuell belästigt": 8%
- „Ich habe einen Jungen sexuell belästigt": 12%
- „Die Vorstellung, jemanden zu vergewaltigen, hat mich erregt": 6%
- „Ich habe mir oft in meiner Phantasie vorgestellt, jemanden zu vergewaltigen": 3%
- „Ich habe masturbiert und mir dabei vorgestellt, jemanden zu vergewaltigen": 5%
- „Ich muss gegen den Impuls, jemanden zu vergewaltigen, ankämpfen": 1%
- „Je ängstlicher eine Person wurde, desto mehr stieg meine sexuelle Erregung": 1%
- „Manchmal erregt es mich sexuell, jemandem wehzutun": 2%
- „Die Vorstellung, jemanden zu fesseln und mit ihm/ihr sexuell zu verkehren, hat mich sexuell erregt": 13%
- „Ich habe jemanden bei sexuellen Aktivitäten gefesselt": 4%.

Auch *Briere* und *Runtz* (1989) erwähnen in ihrer Untersuchung, dass von 193 männlichen Studenten 21% angaben, kleine Kinder würden sie zumindest sexuell erregen. Über Sexualphantasien mit Kindern berichteten 9%. Und den Wunsch nach sexuellen Kontakten mit Kindern, wenn diese straffrei wäre, bekundeten 5%.

Das sexuelle Interesse an Kindern war insbesondere bei Studenten stark ausgeprägt, die über negative sexuelle Erlebnisse in ihrer Kindheit berichteten, die eine Einstellung zur sexuellen Dominanz hatten, verbunden auch mit dem Wunsch, eine Frau zu vergewaltigen.

Und *Fromuth* u. a. (1991) berichten von 582 amerikanischen Studenten, von denen 3% sexuelle Kontakte, die als missbräuchlich eingestuft wurden, mit Kindern angaben.

Auf einer Fachtagung zum Thema „Täterinnen – Frauen, die Mädchen und Jungen sexuell missbrauchen", die vom 22. bis 24.11.1993 in Bielefeld stattfand, versicherten einige der Teilnehmerinnen[28] ganz offen, berichtet *Kavemann* (1994, S. 21), sie hätten „durchaus Erfahrung damit, dass Kinder sexuell anregend auf sie wirken können". Gleichzeitig versicherten sie, dass diese „Gefühle", der „Wunsch nach sexueller Befriedigung beziehungsweise dem Bedürfnis, sich gewaltsam durchzusetzen" nicht zum Ausbruch kamen. Eine Teilnehmerin und *Fachfrau* versicherte, sie fand es „als Jugendliche erregend..., beim Babysitten Kinder zu wickeln".
Kavemann (1994, S. 26) zitiert eine der *Fachfrauen*, die ganz offen die Frage stellte: „Darf ich nicht durch ein Kind erregt sein? Es ist nichts Schlechtes an sexueller Erregung, die Frage ist, was ich damit mache, wo meine Verantwortung ist."
Diese Ausführungen zeigen, dass es auch unter *Fachfrauen* zumindest potentielle Pädophile zu geben scheint.

4.4 Von der Mutter entmachtet, verschlungen und vernichtet
Sind Mütter mitschuldig an der Entstehung der Perversion?

„Würden sie ... die Maske der guten Mutter und asexuellen Heiligen fallen lassen und ihre dunklen Seiten genau wie Männer in Orgasmen ausdrücken, anstatt sich selbst oder ihre Kinder leiden zu lassen?"
Alexandra Berger und *Andrea Ketterer* (1997, S. 329)

In ihrer Kindheit missbrauchte *und* misshandelte männliche wie auch weibliche Opfer berichten häufig von *Gewaltphantasien* und vom realen Umsetzen und Erleben dieser *Gewalt*, davon, dass sie sexuelle „Erfüllung" nur dadurch erreichen und erleben können, wenn sie sich *Demütigungen, Erniedrigungen und sadomasochistischen Spielen unterwerfen*.
In den masochistischen Kernphantasien werden, berichten Egle u. a. (1997), wieder und wieder *traumatische Erlebnisse durchlebt*, und zwar würden unter der *eigenen Regie in Abfolge die Vorgänge von Leiden und Demütigung reinszeniert.*
Mit anderen Worten: *sexuelle Gewalt, Masochismus*[1] beziehungsweise *Sadismus* prägen ihr Leben.
Für die Betroffenen ist der *sexuelle gewaltsame Akt* die immer wieder neu erlebte *triumphale*[2] Aufhebung einer tief verinnerlichten Beschädigung und der unbewusste Versuch der Wiedergutmachung, ja der Versuch eines Befreiungsschlags und Selbstrettungsversuchs. Er bedeutet immer wieder das erneute Aufleben der in der Kindheit erlebten Gewalt in Form des Traumas[3].

Es gibt natürlich auch viele weibliche *und* männliche Missbrauchsopfer, die „nur" in ihrer Phantasie *Perversionen*[4] in Form von *sadistischen*[5] beziehungsweise *masochistischen*[6] Handlungen ausleben.
Über weibliche Opfer und ihre *sadistischen Phantasien* berichtet *Wirtz* (1996, S. 100, 207), die es offenbar vermeidet, einen realen Bezug zu Frauen *und* Müttern herzustellen, die ihre in der Phantasie immer wieder ausgelebten *sadistischen* beziehungsweise *masochistischen* Handlungen in die Realität umsetzen.
Diese Frauen „leiden darunter, dass sie nur sadomasochistische Phantasien produzieren können, dass nur Gewalt beziehungsweise Unterwerfung, Demütigung und Erniedrigung zu sexueller Erregung und Entspannung führen. Sie empfinden sich als pervers und verworfen, besonders dann, wenn auch sexuell missbrauchte Kinder in den Phantasien erregende Qualität annehmen. Viele Inzestopfer bekennen sich dazu, dass selbst die schlimmsten autobiographischen Berichte anderer Betroffener neben Empörung auch sexuelle Erregung in ihnen auslösen. (...) Manche Frauen berichten, dass sie beim Lesen von Selbsterfahrungsberichten vergewaltigter Frauen onanieren, und Szenen, in denen Kinder sexuell missbraucht werden, erregend finden".

Über eine 42-jährige Frau berichten *Bauerfeind* und *Schäfer* (1992, S. 172, 173), die ihnen gegenüber offenbart:
„Um mich sexuell zu stimulieren, musste ich mir entweder pornographische Bilder anschauen oder sie in meiner Phantasie erfinden. Meine Sexualität ist schrecklich pervers

und schmutzig, und ich ekle mich vor mir selbst. ... Ich wundere mich, dass ich mich in meinen Vorstellungen manchmal wie eine Exhibitionistin verhielt, die sich kleinen Kindern im Park zeigte."

Sie reproduziert so ein Kindheitserlebnis, berichten die Autorinnen (1992, S. 173), „in dem ein männlicher Exhibitionist sie fast täglich auf dem Schulweg belästigte".

Und eine betroffene Frau, die als Fünfjährige vom Pflegevater missbraucht worden war und sich mit dem Aggressor beziehungsweise Täter in nachahmender Form identifiziert, berichtet gegenüber *Gardiner-Sirtl* (1983, S. 32):

„Schon als sechsjährige entwickelte ich regelmäßig Phantasien, in denen ich einen nackten, wehrlosen Herrn ... sadistisch quälte, und diese Phantasien taten mir unheimlich gut und befriedigten mich. ... Noch heute ist es so, dass die Vorstellung, als Mann (!) sexuelle Handlungen an kleinen Mädchen vorzunehmen, mich erregt. ... Es ist so entsetzlich."

Dass auch das weibliche Geschlecht in der Lage ist, sogar bei *Folter* und *Mord sexuelle Erregung* und *sexuelle Lust zu empfinden*, dokumentiert beispielsweise die Arbeit des Londoner Gerichtspsychologen Dr. Jeremy *Coid*, der mit rund 90 Frauen, die in britischen Hochsicherheitsgefängnissen einsitzen, Tiefeninterviews führte. Die gewalttätigsten Frauen berichteten ihm, dass sie immer wieder auf die gleichen Masturbationsphantasien zurückgriffen: extremer sadistischer Sex, in der der Partner während des Orgasmus brutal getötet wird. Andere Frauen gerieten bei dem Gedanken, ein Kind, eine Frau oder einen Mann zu töten, in einen sexuellen Erregungszustand, sie hatten den Drang, diese Vorstellung zu realisieren. Die sexuelle Erregung dieser Frauen wurde immer wieder durch die Phantasien angeregt, Kinder zu erdrosseln, zu ersticken oder zu erwürgen. So berichtete beispielsweise eine Frau, in ihrer Phantasie würde sie ein Kind entführen, sich in einen Mann verwandeln, das Kind vergewaltigen, sich dann wieder als Frau „umwandeln", das Kind erstechen und ihm den Kopf abtrennen. *Kirsta* (1994, S. 113, 114) zitiert den Gerichtspsychologen mit den Worten:

„Die Vorstellung, jemanden umzubringen, ist für sie (diese Frauen) sehr erregend und sexuell erfüllend. Jedes Mal, wenn sie masturbieren, verstärken sie dieses Gefühl der Befriedigung, um dann möglicherweise loszuziehen und diese Phantasie in die Tat umzusetzen, also ein passendes Opfer zu finden, zu jagen, zu verschleppen und zu ermorden."

Nicht nur Männer *und* Väter, auch Frauen *und* Mütter leben *Herrschaft* und *Allmacht in Verbindung mit ihren sexuellen sadistischen Perversionen in verschiedenen Formen aus*[7]. Und Kinder, *ihre* Kinder sind hierbei *ideale Objekte*, an denen sie ihre *sadistische Allmacht, sexuelle Lust, Leidenschaft* und *Erregung ausleben können*.
Ein Beispiel möge dies verdeutlichen:

Eine Chronologie von sexuellem Missbrauch, Vergewaltigung und Folter dokumentieren die Kindheitserinnerungen einer von ihrer Mutter jahrelang *sadistisch gequälten und malträtierten* Frau[8]. Sie brach nach Jahren qualvollen Leidens mit zehn Jahren ihr Schweigen gegenüber einer Nonne, die ihr für die Offenbarung eine schallende Ohrfeige gab, sie der Lüge bezichtigte und aufforderte, ihre Eltern zu ehren.

Über ihre *unerträglichen qualvollen Kindheitsjahre* berichtet sie gegenüber *Elliott* (1995, S. 180-182):

„Mein Vater war wegen seiner Arbeit die meiste Zeit nicht da. Seit ich mich erinnern kann, schlief meine Mutter fast jede Nacht bei mir. Meine ersten Missbrauchserinnerungen handeln davon, wie ich gestreichelt werde; vermutlich begann das schon im Säuglingsalter. Als ich drei Jahre alt war, musste ich Mutter auch selbst anfassen. Später brachte sie mir oralen Sex bei. Das lief fast jede Nacht so, bis ich zwölf war. Das alles war an sich schon schlimm genug, aber als ich in die Schule kam, begann Mutter auch noch, mich sexuell zu foltern.
Das erste Mal, an das ich mich erinnere, fand im Wald statt. Mutter streichelte mich, hatte oralen Sex mit mir und führte ihre Finger in meine Vagina ein. Ich weinte und schrie, weil es so weh tat. Das ärgerte Mutter; um mich zum Schweigen zu bringen, nahm sie einen großen Stock und rammte ihn mir in die Vagina. Dieser Vorfall lehrte mich, ruhig zu sein und meine Schmerzen auszublenden."

Die Kindesmutter steigert die sexuelle Gewalt wie auch die Intensität der Folter gegen ihre kleine Tochter auf unvorstellbar brutaler Weise:

„Als ich fünf war, wollte ich einmal Mutters Aufmerksamkeit gewinnen, aber sie war zu sehr mit dem Bügeln beschäftigt. Aus Versehen kippte ich die alte gläserne Sprühflasche um, und sie zerbrach. Mutter war wütend. Sie zerrte mich ins Schlafzimmer und kettete mich mit ausgebreiteten Armen und weit gespreizten Beinen ans Bett. Dann nahm sie eine Glasscherbe und zerschnitt damit meine Vagina.
Ein anderes Mal war Mutter wütend auf mich, weil ich irgendein Verbot übertreten hatte. Bei dieser Gelegenheit bestand meine Strafe aus einem Eispickel in meinem Anus. Ich erlitt eine Mastdarm-Perforation. (...)
Ein anderes Mal steckte Mutter mir eine Kerze in die Vagina. Ich muss etwas getan haben, um das auszulösen, aber ich hatte keine Ahnung, was. (...)
Einmal pflückte ich ohne Erlaubnis im nachbarlichen Garten einen Blumenstrauß für meine Mutter. Sie kochte vor Wut. Sie drückte mich auf den Lehmboden in unserem Schuppen. Sie setzte sich auf mich drauf, um mich unten zu halten, während sie meine Beine auseinander drückte und die dornigen Rosenstiele in meinen Körper stieß. Seit dieser Zeit kann ich keine Blumen mehr pflücken. Ich habe sogar Probleme, wenn ich welche geschenkt bekomme."

Die mütterliche Folter konzentriert sich ausschließlich auf die kindlichen Genitalien. Als Folterinstrumente kommen eine Schere, der Stiel eines Holzlöffels, ein Kleiderbügel, Stifte und brennende Zigaretten zum Einsatz:

„Sie hat mich auch mit der Schere gefoltert. Ich schnitt auf meinem Bett Papierpuppen aus und machte aus Versehen ein winziges Loch in die Bettdecke. Zur Strafe fesselte Mutter mich wieder ans Bett und beschnitt meine Schamlippen. Mir wird jedes Mal übel, wenn ich eine Schere benutzen muss.
Eine Zeitlang rammte Mutter mit dem Stiel eines Holzlöffels in die Vagina. Sie stocherte mit einem Kleiderbügel in mir herum. Sie untersuchte meine Körperöffnungen mit Stiften. Und sie steckte brennende Zigaretten in mich hinein."

Solche Fallbeispiele sind Beleg dafür, dass Mütter (mit-)verantwortlich an der Entstehung von Perversionen sind (und zieht man in Betracht, dass auch diese Mutter wahrscheinlich wiederum ihre Missbrauchs-Vorgeschichte hat, so zieht man eine Ursachenkette ans Licht, deren Ende nicht abzusehen ist).

Zahlreiche Experten unterstellen zu Recht der emotional beziehungsweise sexuell missbrauchenden Mutter – und somit der *negativen Mutterbeziehung*[9] – eine *(Mit-)Verantwortung bei der Entstehung der Perversion*. Stoller (1998) beispielsweise berichtet, die Unterschiede zwischen einzelnen Perversionen, den verschiedenen Perversionsformen und dem „normalen" Sexualverhalten hängen möglicherweise mit den unterschiedlichen Versagungen und Befriedigungen im Säuglingsalter und in der Kindheit zusammen, die, oft durch die Gesellschaft bedingt, von den Eltern, hier insbesondere der Mutter, vermittelt werden.

Die Perversion selbst bezeichnet *Stoller* (1998) als erotische Form von Hass, die sich zumeist gegen die *kastrierende*[10] *übermächtige* Mutter richtet und darauf abzielt, *Frustrationen und Traumatisierungen in der Kindheit, die die männliche Identität bedrohen, zu bewältigen*. Die essentielle Qualität sexueller Delinquenz sieht er in Gefühlen von Wut, Hass und Feindseligkeit.

„Häufig litten Perverse", so *Berger* und *Ketterer* (1997, S. 326, 327) mit Blick auf die „Entstehung und Funktion von Perversionen", „zum Beispiel unter einer Mutter, die aufgrund eigener psychischer Defizite nicht fähig war, ihr Kind als Person wahrzunehmen. Sie ignorierte seine Bedürfnisse und Gefühle und vergötterte es statt dessen als eine Art Gegenstand, benutzte den Körper des Kindes wie ein lebendiges Spielzeug. Diese Kinder beginnen oft, wie viele traumatisierte, verzweifelte Kinder, manisch zu onanieren, in der Pubertät verschmelzen dann Abwehrgefühle gegen die Mutter mit Masturbationsphantasien, die für die Teenager ganz typisch sind. Viele Teenies entwickeln ein fetischistisches Szenario, zu dem sie masturbieren. (...) Menschen mit perversen sexuellen Fixierungen ... haben oft als Jugendliche kaum oder gar keine Erfahrungen mit Partnern. Die Phase der Onanie ist extrem intensiv und lange ausgedehnt, und eine der kindlichen Lüste bleibt die Hauptsache. Die Perversion ermöglicht ihnen, kindliche Konflikte in Rituale einzubinden, noch einmal zu durchleben und bedrohliche Emotionen wie Angst, Hass, Zerstörungslust und Rachegefühle unter Kontrolle zu halten. ... Allerdings kann die Aggression, die die Perversion bindet, bei Konflikten jederzeit ungefiltert durchbrechen."

Mit anderen Worten: Die emotional beziehungsweise sexuell missbrauchende Mutter verweigert dem Sohn seine (Geschlechts-) Identität, Autonomie, Sexualität; das Kind wird zum Objekt der sexualisierten Abhängigkeit. Der Sohn wird von ihr zum Liebes- und Sexualobjekt abgerichtet. Die gegen alles Männliche gerichtete mütterliche Aggression und Wut einschließlich der negativen Einstellung zur (Erwachsenen-)Sexualität ist der Sohn auf Gedeih und Verderb wehr- und hilflos ausgeliefert. Darüber hinaus raubt die missbrauchende Mutter dem Kind seine Kindheit, insbesondere wird der Sohn in einer brutalen und absolut unerträglichen Art und Weise zum *Lebenspartner-Ersatz* degradiert; das Kind wird einerseits in die Rolle eines Erwachsenen gedrängt, andererseits bleibt es aber das *Kleinkind*.

„Dem Kind werden", so zutreffend *Heyne* (1993, S. 324), „verschiedene und einander widersprechende Rollen abverlangt; die des abhängigen Kleinkindes, die des gleichwertigen Partners und die der nährenden Mutter. Analog nimmt die Mutter wechselweise die

Rolle der Mutter, die der Partnerin und die des bedürftigen Kleinkindes ein – aber sie ist im Unterschied zum Kind diejenige, die die Macht hat, die Regeln dieses verwirrenden Spiels zu diktieren."

Ein absolut existenzvernichtender Zustand für das Kind: Alle Bestrebungen nach Autonomie werden von der missbrauchenden Mutter ohne Wenn und Aber im Keim erstickt. Das Kind, in der sexualisierten *und* pathogenen symbiotischen Gefangenschaft der missbrauchenden Mutter, kann sich, wenn überhaupt, im Laufe der Jahre nur sehr schwer von den Ketten und dem Gefängnis befreien.

Die Folgen für das Kind, den Jugendlichen und späteren Erwachsenen sind oft absolut irreparabel: Die *perverse pathogene Symbiose* unter ausdrücklichem Einschluss der *sexuellen Gewalt*, der *sexualisierten Abhängigkeit* und der hiermit einhergehenden *Zerstörung* und *Vernichtung* der Persönlichkeit sowie sexueller (besonders männlicher) Identität führt sehr häufig in die Perversion.

Auf die Abwehr von Ängsten, von der *Mutter entmachtet, verschlungen* und *vernichtet* zu werden, verweisen *Schorsch* u. a. (1985).

Becker (1995; vgl. auch *Berner* 1985) verweist auf das Zusammenwirken von *verführerischer* und *übermäßig zugewandter Mutter*, die mit Blick auf ein *fehlendes, positiv besetztes inneres Vaterbild den Vater ihres Sohnes entwertet,* und den *fehlenden Vater, der wegen einer unzureichenden Verinnerlichung der Vater-Sohn-Beziehung keinen Bezugsrahmen für die Beziehung zum eigenen Sohn hat.* Und er verweist in dem Zusammenhang auf die Verleugnung der sexuellen Wahrheit für die Bildung der Lücke. Der Mensch, der später eine Perversion entwickelt, bleibt demnach mit den alten Bildern der Eltern behaftet:

„So besteht innerlich weiter die *Imago* einer allmächtigen idealen Mutter und, auf einer tieferen Ebene, abgewehrt die *Imago* einer für den Jungen lebensbedrohlichen, archaischen Mutter.

Hinter der *Imago* des herabsetzenden oder nicht existenten Vaters findet sich auf einer tieferen Ebene die *Imago* eines idealisierten Vaters oder, von ihm abgelöst, die *Imago* des von ihm abgelösten idealisierten Phallus."

Khan und *Masud* (1989) heben die *Idolisierung* der Mutter in der Kindheit des „Perversen" hervor, einer Mutter, die ihr Kind übermäßig liebt, und zwar mit einer *Ausbeutung, die triebhafte Komponenten hat* – einer Mutter, die dem Kind den *lebensnotwendigen und lebenserhaltenden Ablösungsprozess mit allen zur Verfügung stehenden Mitteln verweigert.* Im späteren Alter muss das erwachsen gewordene *dissoziale* Kind Überlebenstechniken entwickeln, *gerichtet gegen die allgegenwärtige, fesselnde, dominante Mutter, um „existenzfähig" zu sein –* und um *„überleben" zu können.* Das gelingt, so *Khan,* durch die Partizipation an der Perversion.

Und *Socarides* (1976) weist darauf hin, dass es dem Perversen in seiner frühesten Kindheit nicht gelungen ist, erfolgreich die *symbiotische Trennungs- und Individuationsphase* zu durchlaufen. Dies habe insbesondere zur Folge, dass die *Perversion der Abwehr des zentralen präödipalen Kernkonflikts dient.*

Mit anderen Worten: Die Perversion dient als Abwehr des unauflösbaren Widerspruchs, der zwischen dem zwingenden Wunsch, durch *Verschmelzung die primitive Mutter-Kind-Einheit* wiederherzustellen und der Angst vor der Bedrohung des Verschlungen-Werdens besteht.

Sind Mütter (mit-)verantwortlich, wenn aus ihren Söhnen Frauenhasser werden, die Frauen bis hin zur Vergewaltigung Gewalt antun – und häufig leider auch töten?

„Wenn ein Mann jedoch wissen will, warum er so ist, wie er ist, und warum seine Beziehung zu Frauen, wie von einer dunklen Gewalt getrieben, ewig in die gleichen Erfahrungen von Hilflosigkeit, Angst, Furcht vor Impotenz oder wirklicher Impotenz münden, dann weist der aufklärende Blick in die Richtung der Mutter."
Gerhard Amendt (1995, S. 42)

Überwiegend handelt es sich bei den gewaltbereiten und gewalttätigen missbrauchenden und vergewaltigenden Tätern und Täterinnen *nicht* um psychisch kranke, vom Sexualtrieb getriebene Triebverbrecher. Bei Missbrauch und Vergewaltigung geht es ihnen vordergründig um das Ausleben von Aggressionen, Wut, Hass, Rache – und um Wiedererlangung von Kontrolle mittels Machtausübung[11]. So berichten beispielsweise *Groth* und *Hobson* (1986, S. 97) von Motiven der Macht, Wut und Aggression, welche viel stärker als die sexuellen Motivationen sind:
„Im Gegensatz zur allgemeinen Auffassung, dass Vergewaltigung ein sexuell befriedigendes Erlebnis für den Täter darstellt, ist das subjektive Gefühl, das der Vergewaltiger dabei hat, sehr unbefriedigend. Oder wie es ein Täter einmal ausgedrückt hat: ‚Vergewaltigung ist überhaupt nicht.' Was der Täter als befriedigend empfindet, ist das Entladen von Wut beziehungsweise das Ausleben eines Machtgefühls. (...) Obwohl die Vergewaltigung im allgemeinen als sexuell motiviertes Verhalten gilt, haben doch klinische Untersuchungen mit überführten Vergewaltigungstätern gezeigt, dass sie eine pseudosexuelle Tat darstellt, komplex und von vielen Faktoren abhängig, und eher die Faktoren Feindseligkeit (Wut) und Kontrolle (Macht) eine Rolle spielen als die Sexualität."

Auch weiblichen Vergewaltigern geht es um Wut, Rache und Macht

Wie dem männlichen Vergewaltiger geht es der Vergewaltigerin ganz offensichtlich nicht in erster Linie um Sex, sondern darum, das *Opfer zu erniedrigen und zum Objekt zu reduzieren*[12]. So ergab eine Befragung von 16 Vergewaltigerinnen, über die *Pearson* (1997) berichtet, dass *nur 2 von ihnen einräumten*, sie seien durch das Verbrechen sexuell erregt worden – 7 Vergewaltigerinnen erklärten, dass das Motiv „Wutgefühle, Rache, Macht, Eifersucht und zuvor erlittene Abweisung" gewesen sei.
Aus exakt den gleichen Gründen missbrauchen Frauen und Mütter auch Kinder, ihre Kinder.

„Das sexuelle Gewaltdelikt ist", so auch *Wille* und *Kröhn* (1990, S. 89), „sexueller Ausdruck von Aggressionen und eben nicht aggressiver Ausdruck von Sexualität."
Kröhn (1984) führte 1982 im Landgerichtsbezirk Kiel eine Studie über Vergewaltiger durch. Das Ergebnis: Von 147 Tätern traf nur bei 10% die Annahme des Triebverbrechers zu, bei 30% der Täter handelt es sich um *angepasste unauffällige, oft mittelgradig alkoholisch*

enthemmte Männer. Bei den „in ihrer Männlichkeitsrolle insuffizienten Tätern standen die Dominanzkonflikte im Vordergrund", so *Kröhn* (1984, S. 131):
„Die größte Gruppe von ca. 40% waren rücksichtslos, unkontrolliert aggressive Täter mit häufig vielfältiger und nicht einschlägiger Vorstrafenbelastung."

Eine von der *Deutschen Forschungsgemeinschaft* mitfinanzierte Untersuchung[13] der Universitätsfrauenklinik Freiburg aus dem Jahre 1983 kommt zu ähnlichen Ergebnissen[14]. Sie bestätigt, dass Vergewaltiger nicht durchgehend den landläufigen Vorstellungen vom *Typus des Vergewaltigungstäters* entsprechen. Nur bei 6% der Täter fand das Forscherteam den Typus „Triebtäter" mit *gesteigerter Hypersexualität*. Bei 15% fand es ausgeprägte Züge einer „neurotischen Verwahrlosung". Als „psychisch entwicklungsgestört" stuften die Forscher 80% der Täter, die als *überaus angepasst, unauffällig, passiv* und *zurückhaltend im Alltag* beschrieben werden, ein. Sie haben fast ausschließlich – was ebenfalls gegen die landläufige Annahme spricht – *kein übersteigertes Männlichkeitsverhalten*.
In ihrer Kindheit *dominierten* die Mütter (auch gegenüber den Vätern, konkret: *das Matriarchat unterdrückte das Patriarchat*), die mit *Aggressivität die freie Entfaltung der kindlichen Persönlichkeit behinderten beziehungsweise verhinderten*. Ihnen wurde durch die Mütter kein Spielraum zur Entfaltung einer „gesunden" Aggressivität zugestanden – mit der Folge, dass sie nicht in der Lage waren, Aggressivität in ein soziales Verhalten zu integrieren. *Sie wählten oft überlegene ältere Frauen als Partnerinnen, Frauen, die die dominierende Rolle und die erdrückende Liebe der Mutter stellvertretend einnahmen.*

„Es geschah am helllichten Tag"

Der Spielfilm „Es geschah am helllichten Tag" mit Gerd *Fröbe* und Heinz *Rühmann* zeigt genau diesen Tatbestand auf. Ein Mann, um die 40, der kleine Mädchen mittels einer „Kasperlepuppe" in den Wald lockt, missbraucht und tötet. Eine Ehefrau, die ihn in Wort und Mimik anherrscht, beherrscht, verbal beleidigt, quält, erniedrigt, entwürdigt. Und der Ehemann steht – psychoanalytisch gedeutet – vor ihr, der wieder zum Kind gewordene Mann, der die Wucht der Verachtung seiner Mutter ihm gegenüber in Gestalt der Ehefrau erträgt und hinnimmt – wie damals, als er noch ein kleiner Junge war. – Und dessen Stimme immer leiser wird, als die Ehefrau (und „Mutter" in Personalunion) ihn immer lauter und aggressiver anherrscht und anschreit. Der Ehemann, der kleine Junge, der unerträgliche Schmerzen und Ängste in sich aushalten muss, dessen Körper vor Angst zittert – und die Ehefrau (und „Mutter" in Personalunion) steht vor ihm und genießt sichtlich ihre Allmacht über den Ehemann, den kleinen Jungen, das erbärmliche ängstliche, zitternde Wesen, dass – immer wieder neu – zum Kind herabschrumpft.

In der Freiburger Studie wird der Fall eines 21-jährigen Mannes geschildert, der ein 14-jähriges Mädchen vergewaltigte. Zwei Stunden habe er nach eigenen Angaben gebraucht, bis er zum Samenerguss gelangt sei. Die psychologische Untersuchung ergab, dass in seiner Familie die Mutter dominierte. Deren Angaben nach war ihr Sohn „immer brav und voller Ängste". Gegenüber Mädchen habe er sich „total verklemmt" verhalten.

Der Täter offenbarte, er habe immer einen Drang verspürt zu älteren Frauen; gegenüber diesen habe er das Gefühl gehabt, „kein richtiger Mann" zu sein (vgl. *Sattler,* 1984; *Homes* 1985).

In dieser *Beziehungskonstellation* ist der Täter der „Mann", der „Sohn", das „Kind" in Personalunion. Der Sohn, der Mann, der Täter, der sich in der *Adoleszenzphase nicht durch Trennungsbestrebungen von der Mutter, die versucht, das Kind ein Leben lang durch eine überdominierende, alleinbesitzende und -beherrschende Mütterlichkeit bedingungslos und unwiderruflich an sich zu binden und zu unterwerfen, hat lösen können*[1][5].

Das „Mutter-Söhnchen", das eine „Hass-Liebe" zur Mutter aufbaut und das ohne die „aufopferungsvolle Mutterliebe" und ohne die *pathogene symbiotische Abhängigkeit* kaum oder nur schwer *überlebensfähig* ist. Folgerichtig suchen diese Menschen ihr Leben lang verzweifelt nach einer *Ersatz-Mutter*, einer *mütterlichen Bezugsperson*, auch im Blick darauf, dass die eigene Mutter irgendwann nicht mehr zur Verfügung stehen wird (zum Beispiel durch Tod).

„Dies bedeutet vielleicht eine ständige unbewusste Kränkung des Selbstwertgefühls, zumal solch eine Situation Konflikte ... zwischen der überlieferten männlichen Rollenvorstellung patriarchalischer Gesellschaften und der eigenen Unfähigkeit, diese zu leben (schafft)", so die Freiburger Forscher.

Das Gefühl der Überlegenheit, einmal andere Menschen beherrschen und erniedrigen zu können, verschafften sich die untersuchten Täter, die zu zwei Drittel *Einzelkinder* waren, durch die Vergewaltigung.

„Die eigentliche Befriedigung", so die Forscher, „schien den Tätern aus Unterwerfung und Demütigung zu erwachsen; die Vergewaltigung erscheint als ‚Dominanzverbrechen'."

Die Vergewaltigung ist auch und insbesondere ein *Racheakt gegen die überlegen Frauen, die die Mütter – stellvertretend – repräsentieren.* Rund 25% von ihnen hatten eine Art *Bestrafungsbedürfnis*[1][6].

Das oft hohe Alter des Opfers wird von den Forschern als Indikator dafür angesehen, dass es dem *Vergewaltigungstäter nicht immer um weibliche Attraktivität und Schönheit geht, sondern vielmehr um das Ausleben von Hass, Rache und Wut auf die Mutter.*

Unter den 93 Vergewaltigungsopfern waren alleine fünf Frauen über 50 Jahre alt.

„Das Opfer ist keine eigene Person", so die Forscher, „sondern nichts als ein Symbol für die Frau."

Viele Vergewaltiger wurden als Kind von Frauen und Müttern sexuell missbraucht

Viele *Vergewaltiger* wurden in ihrer Kindheit Opfer *psychischer, physischer* und *sexueller Gewalt* (vgl. beispielsweise Widom und *Ames,* 1994). Unter ihnen sind auch *Vergewaltiger,* die, wie Studien *belegen,* in ihrer Kindheit von Frauen und Müttern sexuell missbraucht worden sind. So kommt beispielsweise *Groth* (1979 a, 1983) auf 66% beziehungsweise 82%, *Longo* (1982) auf 76,5%, *MacFarlane* (1982) auf 33%, *Seghorn* u. a. (1983) auf 23%, *Petrovich* und *Templer* (1984) auf 59%, *Condy* und *Condy* u. a. (1985, 1987) auf 57%, *Burgess* u. a. (1987) auf 32,2%, *Brannon* u. a. (1989) auf 58%, *Abel* und *Rouleau* (1990) auf 30% und *Briere* und *Smiljanich* (1993) auf 80% *Vergewaltiger,* die Opfer sexueller Gewalt durch Frauen und Mütter wurden.

> Da ist es kein Wunder, dass viele der *Vergewaltiger*, die sich in Wirklichkeit an ihren Müttern rächen wollen, die Wut, den Hass und die Aggressionen gegen andere Frauen richten – stellvertretend für die missbrauchenden und gewalttätigen Mütter, vor denen sie eine übergroße, unüberwindbare Angst haben. Und die sie letztendlich trotz der mütterlichen Gewalt immer noch lieben, aber auch gleichzeitig abgrundtief hassen. Mit anderen Worten: Anstelle der Mütter, die nur als positiv erlebt werden dürfen, müssen die Opfer die geballte Wucht der Ohnmacht, Verzweiflung und Hoffnungslosigkeit, die sich im Laufe der Jahre in Wut, Hass sowie Aggressionen verwandelte, wehr- und hilflos über sich ergehen lassen. Genau dies drückt sich in der Vergewaltigung, Erniedrigung und Demütigung ihrer Opfer aus.
>
> Dieser unstrittige Tatbestand wird nicht nur, aber insbesondere von der feministischen Bewegung bewusst und gezielt verschwiegen.

Sind nun Jungen, zumal wenn sie als *Einzelkind einer dominierenden, ja aggressiven Mutter aufwachsen, potentielle Vergewaltigungstäter?*
Die Freiburger Forscher wollen ihre Untersuchungsergebnisse so nicht verstanden wissen.
Wie auch immer man diese Forschungsergebnisse bewerten mag: Nicht von der Hand zu weisen ist, dass insbesondere Jungen,

- die bei *dominanten* und *aggressiven* Müttern aufwachsen,
- die von ihren Müttern in einer *totalen emotionalen* und *unterwürfigen Abhängigkeit* gehalten werden,
- die von ihren Müttern *emotional* beziehungsweise *sexuell missbraucht* werden,

sich im Jugend- beziehungsweise Erwachsenenalter nicht gegen die für sie weder *physisch* noch *psychisch* erreichbaren Mütter zu Wehr setzen können.
Ihre (verspätete) *Rache* der *verbalen, psychischen und physischen* Gewalt richten sie generell gegen das weibliche Geschlecht. Mit anderen Worten: Die Wut, Ohnmacht, Rache richtet sich ersatzweise gegen Frauen und in der Regel nicht gegen die *allmächtige, allgegenwärtige, dominante, fesselnde, aggressive, gefühlskalte* Mutter, vor der der Sohn ein Leben lang (also auch in ihrem hohen gebrechlichen Alter) eine übergroße, unüberwindbare Angst hat.
„Wir dürfen ... erwarten", berichtet *Stoller* (1998, S. 156) mit Blick auf die Perversion, „dass wir Rachephantasien gegen die Person entdecken, die das Trauma verursachte – hauptsächlich die Mutter. ... In dem Maß, wie der perverse Mensch zwischen dem unmittelbaren Objekt seines gegenwärtigen Begehrens und dem ursprünglichen Objekt, das die starken Antriebe in Säuglingsalter und Kindheit behinderte, zu unterscheiden weiß, verringert sich die Gefahr, die er für andere darstellt. Je mehr er das aktuelle Objekt mit dem Objekt gleichsetzt, das ihn ursprünglich zwang, die perverse Dynamik zu entwickeln, um so gefährlicher die Perversion. ... Der Notzuchttäter oder Sexualmörder hat seinen ungeheuren Hass gegen das frühere Objekt kaum verhüllt."
Die Ausführungen von *Stoller* sind uneingeschränkt auch auf Männer übertragbar, die in ihrer Kindheit von ihren Müttern sexuelle Gewalt erlebt haben. Solange das Opfer in der Lage ist, zwischen dem „unmittelbaren Objekt" und dem „ursprünglichen Objekt", das

für schlimmste Gewalt verantwortlich ist, zu unterscheiden, ist die Wahrscheinlichkeit, dass es zur Gewalt neigt, gering. Zu solch einer Unterscheidung sind Vergewaltiger in der Regel nicht in der Lage: Sie setzen das „unmittelbare Objekt" mit der missbrauchenden *und* gewalttätigen Mutter gleich.

Fünf Fallbeispiele mögen verdeutlichen, dass sich der gegen die Mutter gerichtete Hass, die Wut, die Rache usw. gegen *unschuldige* Frauen richtet:

• In Frankfurt am Main hielt 1982 ein damals 23-jähriger Student Frauen in Angst und Schrecken (vgl. *Home*s, 1985). Insgesamt acht Frauen vergewaltigte er mit äußerster Brutalität, erniedrigte und demütigte sie. Der vor Jahren verstorbene renommierte Sexualforscher und Gerichtssachverständige Eberhard *Schorsch* bescheinigte ihm eine neurotische Persönlichkeit und sah die Taten vor dem Hintergrund einer „verspäteten Pubertätskrise". Der Täter habe die Frauen nicht einfach „mit Triebbefriedigung aus einem inneren, physikalischen Druck" heraus vergewaltigt – im Gegenteil: Diese Taten würden vielmehr mit einer gestörten Mutter-Kind-Beziehung im Zusammenhang stehen. Der Täter habe wahrscheinlich unbewusst versucht, in den Delikten „eine innere Wut gegen seine Mutter auszuagieren".

• Der *Spiegel* (24/1999, S. 201) beschreibt in einem Artikel über Sexualstraftäter mit dem Titel „Leben in der Hölle" einen Mehrfachvergewaltiger namens Klaus, 39, „ein hochgewachsener Elektriker, der in der Forensik G. einsitzt". Acht Frauen hat er vergewaltigt. „Bei einigen Opfern benutzte er Narkosegase, um sich ungestört an den Ohnmächtigen zu vergreifen. Nach dem Erwachen der Frauen berichtete Klaus seinen Opfern, dass er eine ‚kalte, abweisende Mutter' habe und mit Frauen nicht klarkomme."

• In einem Prozess vor dem Landgericht Frankfurt am Main, über den die *Frankfurter Rundschau* (10. 9. 1999) berichtete, wurde im September 1999 ein 27-jähriger Mann zu vier Jahren und neun Monaten Haft wegen zweifacher Vergewaltigung, dreifacher sexueller Nötigung sowie Körperverletzung und Beleidigung verurteilt. Darüber hinaus hatte er sich laut Urteil der Förderung des sexuellen Missbrauchs eines 14-jährigen Mädchens schuldig gemacht. Das Landgericht berücksichtigte bei seinem Urteil zu Gunsten des Verurteilten, dass eine „generelle Störung seiner psychischen Einstellung gegenüber Frauen" vorliege „und billigte ihm erheblich verminderte Schuldfähigkeit für einen Teil der Taten zu".

• Das Landgericht Potsdam, berichtete die *Berliner Zeitung* (11.11 und 18.11.00), verurteilte einen 33-jährigen Mann wegen erpresserischen Menschenraubes in Tateinheit mit Vergewaltigung, Körperverletzung und Diebstahl im besonders schweren Fall zu zehn Jahren Freiheitsstrafe und Unterbringung in einem psychiatrischen Krankenhaus. Nach dem Urteil hat der Verurteilte, der bereits mehrfach wegen Vergewaltigung und Diebstahl in Sachsen und Thüringen verurteilt wurde, am 1. April bei Seddin (Nähe Potsdam) eine 20-Jährige in seine Gewalt gebracht, sie unter Schlägen brutal in den Kofferraum eines in Sachsen gestohlenen Pkw gestoßen, kurz darauf hin vergewaltigt und später 500 000 Mark Lösegeld gefordert. Der psychiatrische Gutachter, der eine *Borderline-Persönlichkeitsstörung* diagnostizierte, erklärte vor Gericht, der Angeklagte sei auf Grund seiner Krankheit äußerst gefährlich, die Bevölkerung müsse vor ihm geschützt werden. Weiter führte er aus, dass der Mann Angst vor seinen sexuellen und gewalttätigen Fantasien und Handlungen habe. Gegenüber dem Opfer habe er auch seinen *Hass gegen Frauen, insbesondere gegenüber seiner Mutter* „ausgelebt", die ihn einem *unberechenbaren Erziehungsstil* aussetzte und *sexuell missbrauchte*. Der Sachverständige stellte eine Kausalität zwischen der Vergewaltigung *und* dem sexuellen Missbrauch *und* den Misshandlungen, denen der Vergewaltiger in seiner Kindheit ausgesetzt war, fest.

• Anfang der neunziger Jahre sorgte ein „Serienmörder" nicht nur in Polen für großes Aufsehen. Leszek Pekalski, Jahrgang 1966, gab die Vergewaltigung und Tötung von zehn Frauen zu; sieben weitere schilderte er in schriftlichen Aufzeichnungen. Im Prozess widerrief er sein umfangreiches Geständnis, doch einen Mord an einer 17-Jährigen konnte ihm nachgewiesen werden. Das Urteil lautete 25 Jahre Haft mit anschließender Sicherungsverwahrung. Das *ZDF* sendete in seiner Reihe „37 Grad" am 13. April 1999 eine Dokumentation über diesen Mann, der in Polen als „Jack the Ripper" tituliert wurde. Die Filmdokumentation gab Aufschluss über einen leicht behinderten Mann, der mit seiner Zwillingsschwester nach der Geburt direkt in ein Säuglingsheim abgeschoben wurde. Vier Jahre später kamen beide Kinder zurück zur Mutter *und* Großmutter, und ab dem Zeitpunkt begann sich für die Kinder die Hölle auf Erden aufzutun: Mutter *und* Großmutter haben den Kindern statt Liebe, Zärtlichkeit, Geborgenheit, Zuneigung und Wärme unverhohlenen Hass, Brutalität, Züchtigung, Kälte entgegengebracht. Insbesondere der Junge wurde von ihnen gequält, gedemütigt und brutal misshandelt.
Seine Jugendzeit musste er in *Heimen* und *Sonderschulen* verbringen. Hier wurde er von anderen Jungen geschlagen und gequält und von den Mädchen abgelehnt, verspottet und ausgelacht.
Mit 18 war er ein "freier" Mann – und doch ein „Kind": Auf der Suche nach einem Mädchen, nach Liebe, Zärtlichkeit, Geborgenheit, Zuneigung und Wärme streifte er durchs Land. Nachdem er all dies auch nicht von den Frauen bekommen konnte, denen er begegnete, vergewaltigte, schlug, quälte und mordete er. Über das tote 17-jährige Mädchen berichtete der Täter, der einräumte, dass er bei dem Verbrechen „sexuelle Befriedigung empfand":
„Ich wollte mit Sylvia kuscheln. Aber sie wollte nicht, sie hat sich gewehrt, und da habe ich sie geschlagen. ..."
Seine Zwillingsschwester versuchte für sich eine Erklärung zu finden, was ihren Bruder veranlasst haben könnte, zu vergewaltigen *und* zu morden:
„Er kannte nichts Gutes. Wir haben keine Liebe erfahren. Wir wurden erzogen, als ob etwas da ist, das eigentlich nicht da sein sollte – vielleicht wollte er darauf aufmerksam machen, dass er überhaupt existiert."

5. Sexualwissenschaft und Sexualstrafrecht im Spiegel des Feminismus

5.1 Schweigende Männer – Folge des Feminismus?
Verhindern ideologische Widerstände der Frauen die Erforschung des sexuellen Missbrauchs durch Frauen?

„Die Beschreibung der Forschungsgeschichte seit Freud hat deutlich gezeigt, dass die WissenschaftlerInnen in Deutschland, aber auch im Ausland bisher überwiegend zur Verschleierung der sexuellen Gewalt gegen Kinder beigetragen haben. Meist wurden Theorien entwickelt, die entweder die realen Gewalterfahrungen der Opfer in die Phantasie verlegten oder den Opfern die Schuld zuschrieben. In dieses Bild passt auch, dass in der Bundesrepublik Deutschland bisher keine größere Untersuchung über die Häufigkeit, die Umstände und Hintergründe sexueller Gewalt gegen Kinder durchgeführt worden ist."[1]
Dirk Bange (1992, S. 28)

Gegenstand der Kriminalstatistiken wie auch der (feministischen) Forschungsarbeiten und der zahlreichen (feministischen) Fachliteratur zum sexuellen Kindesmissbrauch sind fast ausschließlich männliche Täter. Dass auch Frauen als Täterinnen Kinder sexuell missbrauchen, wird allgemein von der (feministischen) Missbrauchsforschung kaum wahrgenommen bzw. relativ wenig Beachtung geschenkt. Hierfür mitverantwortlich sind, neben den (radikal-)feministischen Forscherinnen mit dem Schwerpunkt Kindesmissbrauch, auch parteilich-feministische Fach-Autorinnen, die in unzähligen Fachbüchern und Fachaufsätzen in Fachzeitschriften zum Thema geschrieben haben und fast ausnahmslos nur von männlichen Tätern und weiblichen Opfern sprechen – und die nicht müde werden, dass Gleiche auf Veranstaltungen und Fachtagungen zu referieren und zum Besten zu geben. „Es wundert nicht", so *Hoffmann* (2001, S. 305) zutreffend, „dass sich mit von Frauen begangenem Missbrauch kein Psychologenkongress beschäftigt, keine Lehrerkonferenz und kein Konzilium von Kinderärzten."

„Es ist nicht so, dass schlechte Männer die Schuld von bösen Frauen sind, aber ein Geschlecht vom anderen als tugendhaft oder tadelnswert abzugrenzen heißt einer falschen Spur zu folgen, wenn es darum geht, die Gründe für Gewalt zu verstehen. Wenn ein Mann körperliche oder sexuelle Gewalt von seiner Mutter lernt, was nützt es uns, wenn wir die Schuld auf seine Männlichkeit schieben, ihn dazu erziehen, nicht sexistisch zu sein, oder ‚Gewalt gegen Frauen' zu beklagen, so als ob Frauen nicht zu dieser Gewaltspirale beitragen würden?"
Patricia Pearson (1997, S. 112, 113)

Eine „Untersuchung"[2] von *Heiliger* und *Engelfried* [3] (1995) über männliche Sexualstraftäter dokumentiert geradezu die (radikal-) feministische Einseitigkeit gewisser Wissenschaftlerinnen: Die Gewalt, der Missbrauch, die Vergewaltigung der Opfer durch die Täter[4] wird von den Autorinnen (1995, S. 210) offenbar ausschließlich mit „dem hohen

Erwartungsdruck", der „sich aus einem patriarchalen Männlichkeitsbild für Jungen bzw. Männer ergibt", erklärt: „Dieses Männlichkeitsbild suggeriert ihnen qua Geschlechtszugehörigkeit eine erhöhte Stellung gegenüber Mädchen und Frauen, letztere als für sie verfügbar, und solches verfügende Verhalten als selbstverständlich zum männlichen Rollenverhalten gehörend."

Die Väter der Täter waren nicht fähig zu gefühlsmäßigen Äußerungen, waren wenig anwesend und somit für die Familie kaum verfügbar. Einige litten unter den *brutalen, frauenfeindlichen* Vätern. Für die meisten Jungen waren die Väter keine *positiven Identitätsfiguren*. Aber auch die Mütter waren nicht gerade *positive Identitätsfiguren*, was von den Autorinnen offenbar nicht ausreichend gewürdigt worden ist. Für *Heiliger* und *Engelfried* (1995, S. 172) sind offenbar *nur* und *ausschließlich* die Väter daran Schuld, dass sich ihre Söhne als Missbraucher oder Vergewaltiger betätigten[5]:

„Sie blieben an die brutale, übermächtige Vaterfigur fixiert und versuchten erfolglos, deren Vorstellung von ‚Männlichkeit' zu erfüllen."

Die Aussagen der Täter über die Rolle ihrer Mütter[5a], der zumindest *latente Inzest* und die *pathogene symbiotische Beziehung* einige der Mütter zu ihren Söhnen, sind für *Heiliger* und *Engelfried* offenbar keine möglichen Indikatoren dafür, *dass aus ihren Söhnen Kindesmissbraucher und Vergewaltiger wurden*. Die Schilderungen der Söhne über ihre – emotional – missbrauchenden Müttern stimmen exakt mit den Indikatoren in zahlreichen Untersuchungen überein, die die verantwortliche Rolle der Mutter beleuchten. Einige der Jungen fühlten sich von den Müttern als *Partnerersatz* ausgebeutet, gar missbraucht, die, gegen die Väter gerichtet, Parteilichkeit einforderten und sie mit Blick auf ihre eigenen kindlichen Bedürftigkeiten in die Helferrolle drängten. Die Autorinnen (1995, S. 112) berichten über einen Täter, dessen Mutter *besitzergreifend* war:

„H. erlebte seine Mutter als sehr besitzergreifend in Bezug auf ihre Söhne. Sie wollte die alleinige Frau sein. Er fühlte sich als das kleine Söhnchen, das von der Mutter gebraucht wurde. Die Mutter benutzte ihn als Bündnispartner und der Vater sah ihn nie so, wie er wirklich war."

Die Autorinnen (1995, S. 111) berichten von einem Täter, der „durch seine enge Beziehung zur Mutter sehr viel Einfühlungsvermögen und Emotionalität (entwickelte). Er hatte immer die Mutter im Blickfeld, die häufig migränekrank und depressiv war sowie Suizidversuche mit Tabletten unternommen hat". Der Täter empfand sich, so die Autorinnen weiter, als Partnerersatz, da der Vater kaum da war: „Also ich musste sehr häufig übernehmen, was eigentlich der Job meines Vaters gewesen wäre. Also wie geht es der Mutter, wie ist sie drauf, sie hatte dann auch starke depressive Hänger, die teilweise erpresserisch waren, was damals nicht mehr klar war, mit der Folge, dass ich mich dann halt sehr zuständig gefühlt habe, wenn es ihr schlecht ging."

Die Autorinnen stellen hierzu fest, dass der Täter „quasi die Rolle eines Familientherapeuten" einnahm. Er fühlte sich von der Mutter ausgebeutet, die ihn überfordert habe, auch indem sie ihm intime sexuelle Probleme mit ihrem Mann erzählte:

„Ich will mir nicht als Zehnjähriger anhören, wie es dir sexuell mit Papa geht. Da stimmt was nicht, das ist eine Grenzüberschreitung, das ist Missbrauch."

Die Autorinnen (1995, S. 106) berichten von einem Jungen, der bis „ca. 16-17 (Jahren) eine besondere Beziehung zu seiner Mutter hatte. Weil sie beim dritten Kind vergeblich das ersehnte Mädchen erhofft hatte, erzog sie nun ihn als Mädchen, ließ ihn nun Locken tragen und vermittelte ihm eher soziales Verhalten. ... Für ihre Söhne repräsentierte sie Weiblichkeit schlechthin."

> Dieser Täter vergewaltigte im Alter von zehn Jahren einen achtjährigen Jungen.
> Die Autorinnen (1995, S. 166) berichten über einen weiteren Täter, der der Mutter schutzlos ausgeliefert gewesen sei, er habe sich ihrer ohnmächtigen Macht beugen müssen: „Ihre eigenen Probleme führten dazu, dass sie für ihn kein Ort der Geborgenheit sein konnte. ... In einem Bericht der Sozialarbeiterin der Mutter, die sich im Rahmen einer ambulanten, psychotherapeutischen Betreuung um deren Schwierigkeiten kümmerte, wird eine Situation am Tag vor der Vergewaltigung, die Th. begeht, dargestellt. Die Mutter seifte den 17-jährigen Täter beim Waschen von oben bis unten ab, was als Grenzüberschreitung gewertet werden kann."
> Die Autorinnen berichten über einen anderen Täter, der als 14-Jähriger wegen Beihilfe zur Vergewaltigung und sexuellem Missbrauch verurteilt wurde, dieser „schläft immer noch bei der Mutter im Bett".
> Und die Autorinnen (1995, S. 174) berichten über einen weiteren Täter, von dem in einem Gutachten erwähnt wird, dass er erhebliche Aggressionen gegenüber Frauen hat: „Die Aggressionen richten sich in erster Linie gegen Mutterfiguren, was er aber im Gespräch leugnet. Er betont, dass er seine Mutter sehr möge und sich nicht vorstellen könne, nicht mehr mit ihr zusammenzuleben. An diesem Beispiel zeigt sich die Aufteilung der Frau in ‚Heilige' und ‚Hure'. Die eigene Mutter darf nur positiv erlebt werden, d.h. Aggressionen ihr gegenüber müssen verdrängt werden. Die negativen Empfindungen werden auf Frauen projiziert, die in einem ähnlichen Alter wie die Mütter sind. Dies erklärt auch sein besonderes Interesse an erwachsenen Frauen. Der Konsum von Pornographie verstärkt die Aufrechterhaltung der Spaltung innerhalb seiner eigenen Person."[6]
> Insbesondere dieser Fall zeigt eindeutig, wie bereits vielfach erwähnt und beschrieben, dass die Mutter die Verantwortung dafür trägt – auch wenn es ihr nicht bewusst ist –, dass aus ihrem Sohn ein Sexualstraftäter wurde.
> Die Autorinnen (1995, S. 167) kommen immerhin zu der Feststellung:
> „Grenzverletzungen seitens der Mütter aus den Akten scheinen jedoch derart massiv gewesen zu sein, dass sich die Jungen stark bedroht fühlten. Sie reagierten möglicherweise mit der Abspaltung der eigenen Bedürfnisse im emotionalen Bereich, um sich vor weiteren Übergriffen zu schützen. Ein Panzer wurde aufgebaut, der nichts mehr spüren lässt und schließlich auch dem Einfühlen in andere die Basis entzieht."
>
> Ist es da ein Wunder, dass die Angst der Jungen vor einer Überlegenheit des weiblichen Geschlechts ihr weiteres Leben maßgeblich (mit)bestimmen wird?

„Frauen als Täterinnen? Da haben Sie sich aber etwas vorgenommen! Also, ich glaube ja, dass das von einigen Verrückten hochgespielt wird. Glauben Sie wirklich, dass es so etwas gibt? Und wenn Sie tatsächlich so einen extremen Ausnahmefall finden, glauben Sie, dass da dann jemand mit Ihnen redet? (Therapeutin, die ich telefonisch um Unterstützung bat, kein Einzelfall)."
Hilke Gerber (2002, S. 76)

ErzieherInnen, PädagogInnen, PsychologInnen, ÄrztInnen, WissenschaftlerInnen usw. wollen oder können für sich die Tatsache sehr häufig nicht realisieren, dass auch Frauen *und* Mütter, Kinder, *ihre* Kinder sexueller Gewalt aussetzen. In diesem Zusammenhang sind die Ausführungen von *Saradjian* (1999, S. 126) sehr beeindruckend, die als Wissenschaftlerin seit rund zehn Jahren über Frauen als Täterinnen forscht und mehr als 60 solcher Frauen interviewte. Sie kritisiert das „Nicht-Sehen-und-Nicht-wahr-Haben-Wollen ... unter den Praktikern an vorderster Front, d.h. bei denjenigen, die sich professionell mit sexuellem Missbrauch befassen". Und sie zitiert Professionelle, „mit denen ich während meiner Forschung in den letzten Jahren gesprochen habe": Ein leitender klinischer Psychologe: „Sagten Sie Frauen? Sie können nicht sexuellen Missbrauch meinen? Was kann eine Frau denn tun? Wie sind sie denn an die gekommen?" – Ein für den Kinderschutz zuständiger, leitender Sozialarbeiter: „Können Sie mit denen normal sprechen? Sicherlich sind die geistig minderbemittelt?" – Der leitende Verwaltungsangestellte einer psychiatrischen Klinik: „Ist das eine genetische Mutation?" – Ein Gesundheitsfürsorger: „Sind diese Frauen nicht nur zu liebevoll?" – Und ein Arzt, „der telefonisch nach Rat fragte, nachdem ein männlicher Jugendlicher in seinem Büro in Tränen ausgebrochen war, als er erzählte, wie seine Mutter ihn sexuell missbrauchte: ‚Sicherlich lügt er. Sie, eine gebildete und begabte Mittelschichtsfrau, würde so etwas doch nie tun, oder? Mit ihrem eigenen Kind? Schon gar nicht ihrem eigenen Sohn!'"

Saradjian (1999, S. 130) gibt den Bericht von *Welldon* (1988) wieder, in dem eine Mutter ihren Arzt um Hilfe gebeten hatte, „weil sie so besessen ist von ihrer Tochter ..., dass sie stets mit ihr gemeinsam schlafen und baden wollte". Die Mutter zwang ihr Kind häufig, „ihre Brüste zu streicheln, und anschließend masturbierte sie mit dem Kind. Der Arzt sagte der Mutter, dass es ‚für eine Mutter natürlich ist, zärtlich zu ihrem Kind sein zu wollen, besonders wenn sie allein erziehend ist'". Jahre später, nachdem die Mutter Hilfe gesucht hatte, wurde die nun sechs Jahre alte Tochter wegen ihres schwer gestörten Verhaltens in eine psychiatrische Kinderklinik eingewiesen.

Die absolute Zurückhaltung der – insbesondere, aber nicht nur – sexualwissenschaftlichen Forschung zur weiblichen Pädosexualität erklärt sich *Knopf* (1993, S. 26) offensichtlich nur mit dem „männlichen Blick der Wissenschaft":

„Der männliche Blick der Sexualwissenschaft bestimmt das, was als sexuell zu bezeichnen ist. Als Maß gelten dabei Definitionen und Begriffe, die zunächst für die Beschreibung der männlichen Sexualität ‚erfunden' wurden und in einem zweiten Schritt auch auf die weibliche Sexualität angewandt werden. Sexuelle Handlungen zwischen Frauen und Kindern entsprechen möglicherweise häufig gar nicht dem durch den männlichen Blick geprägten Bild von Sexualität und werden deshalb auch nicht als solches definiert und wahrgenommen, obwohl von den Frauen durchaus sexuelle Erregung empfunden wird. Es ist sogar wahrscheinlich, dass Frauen – in Übereinstimmung mit der gültigen Definition von Sexualität – das, was sie mit den Kindern erleben, nicht als ‚richtige' Sexualität erleben, weil es keine Bezeichnung für das Geschehen gibt."

Und *Amendt* (1983, S. 21, 22) erklärt sich das *Schweigen der Wissenschaft* damit, dass „sie von der Ahnung getrieben wird, auf ‚böse Überraschungen' zu stoßen und mit Entdeckungen nur ‚böses Blut zu machen'. (...) Als Söhne haben männliche Wissenschaftler Angst vor dem, wovor sich die Frau fürchtet: dem Augen-Blick, der zur einsichtsfähigen Sprache, dem Besprechen von vagen Ungereimtheiten, von Schamgefühlen und Ohnmachtszustände führt. Deshalb haben bislang auch die Wissenschaftlerinnen zu diesem Problem geschwiegen. (...) Den idealisierenden Blick auf die Frau hat der Feminismus in den vergangenen Jahren zur Bastion kulturpolitischer Unberührtheit gekürt. Die feministische Beredsamkeit über die Tugendhaftigkeit der Frauen hat die Männer schweigsam gemacht".

Haben vor allem *männliche* Wissenschaftler (und *männliche* Psychologen und Pädagogen) tatsächlich Angst vor „bösen Überraschungen"? Haben sie Angst davor, dass sie möglicherweise selbst einmal in ihrer Kindheit mütterlicher sexueller Gewalt ausgesetzt waren und ihre eigene männliche Identität dadurch nachträglich in Frage gestellt ist? Oder ist es die (latente) Homophobie, die es ihnen so schwer macht, männliche Opfer von sexuellem Kindesmissbrauch (auch durch Mütter *und* Frauen) anzuerkennen (vgl. *Lenz*, 1999; *Peichl*, 2000; *Bange*, 2000).

Über die Einseitigkeit der Frauenbewegung *und* Forscher beiderlei Geschlechts berichtet *Amendt* (1993, S. 29):

„Forschung über unangemessene Beziehungen von Eltern ist bis zum heutigen Tag Forschung über Väter, Stiefväter oder andere männliche Personen in der unmittelbaren Lebenswelt von Töchtern geblieben. In dieser Einseitigkeit kommen nicht nur Vorlieben der Frauenbewegung und Forscher beiderlei Geschlechts, sondern ebenso gesellschaftliche Wünsche nach Schutz für Frauen vor neugierigen Fragern zum Ausdruck."

Ist die Tatsache, dass zum Thema Frauen, die Kinder sexuell missbrauchen, weltweit[7] wenig geforscht worden ist (entsprechende wissenschaftliche Literatur und Untersuchungen liegen kaum vor), auch und gerade auf die Frauenbewegung, den Feminismus, (radikal-)feministische Autorinnen sowie ihnen sehr nahestehende politische Kreise zurückzuführen? Anders gefragt: Wird die Kindesmissbrauchsforschung von (radikal) feministischen Forscherinnen dominiert?

„Eine feministische Ausrichtung trägt", so zutreffend *Wetzels* (1997, S. 12, 13), „die Gefahr in sich, zu einer Einschränkung der Ausrichtung empirischer Forschung zu führen, was von einigen Autoren auch als potentielles Hindernis für theoretische Weiterentwicklung angesehen wird. (...) Eine sachliche, nach wissenschaftlichen Kriterien transparente, ergebnisoffene Beschreibung des Problems stellt ... eine zentrale Voraussetzung dar, um sowohl die theoretische Debatte voranzutreiben als auch problemadäquate Konzepte der Prävention und Intervention entwickeln zu können. Benötigt werden dazu vor allem auch verallgemeinerungsfähige, deskriptive epidemiologische Informationen über Umfang und Risikofaktoren der Gewalt gegen Kinder."

Die Gefahr ist sehr groß, dass auch in Zukunft die feministische Forschung alles daran setzen wird, dass das ganze reale Ausmaß des sexuellen Missbrauchs, der sexuellen Gewalt an Kindern, verübt von Frauen *und* Müttern, nicht an die Öffentlichkeit gelangt. *Saradjian* (1999, S. 131) gibt die Worte einer betroffenen Frau wieder, „die ich zusammen mit ihrer Mutter für meine Forschung interviewte", und kritisiert mit diesem Zitat die „Bagatellisierung der Folgen sexuellen Missbrauchs durch Frauen":

„Ich nahm in einem Laden ein Buch in die Hand und war anfangs begeistert und erleichtert, endlich ein Buch über sexuellen Missbrauch zu sehen, in dem auch ein Kapitel mit dem Titel „Weibliche Inzesttäter" enthalten war *(Russell,* 1988)[8]. Als ich darin zu lesen begann, wurde ich immer wütender. ... Dort stand: ‚Inzestuöser Missbrauch durch weibliche Täter ist nicht nur selten, er scheint auch weniger ernst und weniger traumatisch zu sein als inzestuöser Missbrauch durch männliche Täter' (S.298). Ich wurde von meiner Mutter von frühester Kindheit an bis zu meinem achten Lebensjahr sexuell missbraucht. Die letzten 30 Jahre – den größten Teil meiner Jugend und meines Erwachsenenlebens – habe ich innerhalb und außerhalb von Nervenheilanstalten verbracht, in mehr oder weniger schlimmer psychischer Verfassung. Schließlich hat mir jemand geglaubt und ich bekam die Hilfe, die ich brauchte. Ich musste dafür 43 Jahre alt werden."

Wie viel Zeit wird letztlich vergehen, bis die WissenschaftlerInnen mittels einer *Enttabuisierung ihr Schweigen über die reale Existenz der Frau, der Mutter als Kindesmissbraucherin aufgeben?* Wann werden sie den Mut aufbringen, ihre *Forschungen uneingeschränkt auch auf weibliche Täter (und analog hierzu auf weibliche und insbesondere männliche Opfer) auszuweiten,* auch und gerade im Interesse der *Phänomenologie* und *Prophylaxe*? Haben sie vielleicht Angst, dass sich dann eine *hochsignifikante Verschiebung der Missbrauchsraten* ergeben könnte? Missbrauchsraten, die unwiderruflich dokumentieren und beweisen könnten, dass der sexuelle Missbrauch von Kindern durch Frauen *und* Mütter keine Seltenheit ist und möglicherweise denen der männlichen Täter, Väter nahe, sehr nahe kommen könnte?

Wo die Freiheit der Wissenschaft endet

Ein bislang einmaliger Vorgang in der 110-jährigen Geschichte des US-Psychologenverbands

Im Juli 1998 erschien in der renommierten, amerikanischen Psychologenzeitschrift *Psychological Bulletin*, einem renommierten Magazin der *APA* (*American Psychological Association*), der amerikanischen psychologischen Gesellschaft, die 159.000 Forscher und Dozenten repräsentiert, eine Studie zum Thema sexueller Missbrauch von Kindern. Die *APA*-Veröffentlichung löste eine unerwartete Woge der Entrüstung aus, die sich bis in die höchsten politischen Kreise zog. Dadurch gerieten die *APA* und die Autoren der Studie, die offensichtlich Sprengstoff barg, unter erheblichen öffentlichen Druck. Die Situation weitete sich so stark aus, dass das U.S. Repräsentantenhaus am 12.7.1999 eine Resolution verabschiedete, die den Artikel und die Schlussfolgerungen zurückwies und auf das Schärfste verurteilte.

Die Autoren dieser Studie – Bruce *Rind*, Robert *Bauserman* und Philip *Tromovitch* (1998) – analysierten anhand von 59 vorhandenen Untersuchungen, an denen 35 703 SchülerInnen bzw. College-Studenten (21999 Frauen/ 13704 Männer) teilnahmen, von denen 27% der weiblichen und 14% der männlichen Befragten über sexuelle Erlebnisse in ihrer Kindheit berichteten, die wissenschaftliche Genauigkeit des Begriffs „sexueller Missbrauch"[9].

Mit ihrer Meta-analytischen Studie sind sie der Frage nachgegangen, ob, was von den meisten ExpertInnen behauptet wird, der sexuelle Missbrauch tatsächlich *immer* und *ausschließlich* mit schwerwiegenden und bleibenden (Folge-)Schäden einher geht. Konkret: Ihnen ging es um die Überprüfung der wissenschaftlichen Genauigkeit des Begriffes anhand von vier damit generell verbundenen Annahmen, und zwar wurden die Beziehungen zwischen sexuellem Missbrauch und späteren psychologischen Problemen[10] analysiert.

Verursacht sexueller Missbrauch von Kindern *zwangsläufig* und *immer* schwerwiegende, anhaltende Schäden? Handelt es sich dabei um gravierende, ja wie von ExpertInnen oft behauptet, irreparable Folgeschäden? Und sind die Erfahrung von Jungen und Mädchen mit sexuellem Missbrauch gleichwertig, auch mit Blick auf die pauschal behaupteten Folgeschäden?

Rind, *Bauserman* und *Tromovitch* kommen in ihrer Meta-Analyse zum Ergebnis, dass viele der Studien an Mängeln (auch in Ausrichtung, mangelnder Genauigkeit, Subjektivität statt Objektivität) leiden. Die – *pauschale* und *undifferenzierte* – Grundannahme der ForscherInnen dieser Studien, sexueller Missbrauch an Kindern verursache zwangsläufig (Folge-)Schäden, wird mit Blick auf diese Meta-Analyse und der Ergebnisse nicht gestützt.

Ihre Befunde implizieren, so die Forscher, dass das negative Potential von sexuellem Missbrauch für die meisten missbrauchten Betroffenen übertrieben worden ist.
Die Ergebnisse der Wissenschaftler decken sich mit einer Vielzahl anderer Studien.

Im einzelnen fanden die Forscher heraus:

• Die Daten in vielen der analysierten Studien sind derart dürftig, dass die behaupteten schweren Folgeschäden wissenschaftlich gesehen so nicht verifizierbar sind.

• Die Annahme in der allgemeinen Bevölkerung, dass sexuelle Erfahrungen von Kindern und Jugendlichen mit Erwachsenen *generell* (Folge-)Schäden nach sich ziehen, kann durch entsprechende Beweise nicht unterstützt werden.

• Die sexuellen Erfahrungen, die älteren Kinder und Jugendliche mit älteren Partnern machen, sind häufig nicht schädlich, wenn sie keine Gewalt oder Drohungen beinhalten.

• Jungen empfinden sexuelle Kontakte deutlich positiver und weniger schädlich; es gibt in der Regel keine Verbindung zwischen den sexuellen Erfahrungen von Jungen und emotionalen Problemen, wenn die Erfahrung nicht unerwünscht war. Die Meta-Analyse zeigt auch, dass sexueller Missbrauch, soweit die Betroffenen über positive oder neutrale oder gemischte Gefühle berichteten, *keine äquivalente Erfahrung für Jungen und Mädchen* darstellt. So stuften 37% der männlichen (und nur 11% der weiblichen Befragten) die sexuellen Erfahrungen positiv ein. Im Zeitpunkt ihrer Befragung (rückwirkend erinnerte unmittelbare Reaktion und gegenwärtige Gefühle) waren es sogar 42% der männlichen (und 16% der weiblichen Befragten); weitere 29% der männlichen (und 18% der weiblichen) Befragten berichteten von „neutralen", „gemischten Gefühlen".

• Den Missbrauch stuften 33% der männlichen *und* 72% der weiblichen Befragten als *negativ* ein. Bei ihrer Befragung (rückwirkend erinnerte unmittelbare Reaktion und gegenwärtige Gefühle) waren es „nur" noch 26% männliche und 59% weibliche Befragte. Viele von ihnen hatten offensichtlich Furcht, waren verwirrt und verlegen, was sehr mit den von Jugendlichen berichteten Erfahrungen beim „ersten Mal" überein zu stimmen scheint. Denn gerade weibliche Befragte führten an, sie hätten sich ängstlich, verwirrt, schuldig und gebraucht bzw. benutzt gefühlt. Viele hatten aber auch moralische Bedenken, sie erkannten für sich ein moralisches Unrecht und einen Verstoß gegen soziale Normen. Jungen hingegen fühlten sich aufgeregt, glücklich und reif für diese Art der sexuellen Interaktion. Die Forscher erklären hierzu, dass diese Unterschiede wahrscheinlich durch eine Interaktion zwischen biologisch basierten Geschlechtsunterschieden und sozialer „Gelehrsamkeit von traditionellen Geschlechterrollen" verursacht sind.

Interessant ist der Hinweis der Forscher, dass die Mehrzahl der weiblichen Befragten den Missbrauch vor allem deshalb als *negativ* und *schädlich* empfinden, da gerade sie von *inzestuösem* Missbrauch in sehr jungen Jahren betroffen seien. Auch seien sie viel mehr von direkter sexueller Gewalt betroffen.

• Entgegen den Erkenntnissen zahlreicher Studien führen Faktoren wie die Dauer der sexuellen Beziehung, größere Häufigkeit der Kontakte oder dabei vorkommende Penetration nicht *automatisch* zu negativen Reaktionen und entsprechenden (Folge-) Schäden mit Langzeitwirkung. Dies betrifft auch die Frage einer negativen Beeinflussung des – späteren – Sexuallebens.

• Gewalt, fehlende Einwilligung, inzestuöser Kindesmissbrauch, aber auch familiäre Vernachlässigung *und* Körpermisshandlung gehen signifikant einher mit ausschließlich negativen Reaktionen und (Folge-)Schäden.

Auf einen gravierenden Fehler weisen die Autoren zu Recht hin: Die meisten ExpertInnen berücksichtigen in ihren Studien nicht den direkten Zusammenhang zwischen sexuellem Kindesmissbrauch und dem sozialen, insbesondere *familiären Umfeld* sowie der *psychischen* und *physischen Erwachsenen- und Elterngewalt*. Die Folge: Soweit ein tatsächlicher Schaden vorliegt, kann dieser *nicht zwingend* dem sexuellen Missbrauch zugeordnet werden. Gerade die *psychische* beziehungsweise *physische elterliche Gewalt* kann für *psychische Störungen* verantwortlich sein.

Aufgrund ihrer Ergebnisse stellen die Autoren fest, dass es irreführend ist, den Terminus „sexueller Kindesmissbrauch" für *alle* sexuelle Kontakte zu benutzen. Der Begriff impliziere einen individuellen Schaden, der in zahlreichen Fällen eben *nicht* vorhanden und somit *nicht* messbar sei. Und sie schlagen bei *einvernehmlich* erfolgten – von dem Minderjährigen positiv aufgenommenen – Sexualkontakten vor, die *Definitionsbegriffe zu modifizieren*, wie beispielsweise „Erwachsenen-Kind-Sex" bzw. „Erwachsenen-Jugendlicher-Sex". Der Begriff „sexueller Missbrauch" sollte nur bei *unerwünschten* sexuellen Erfahrungen und einer *negativen* Reaktion zur Anwendung kommen (vgl. hierzu *auch Baurmann, 1983).*

Es wäre schon sehr erstaunlich, wenn derartige Untersuchungsergebnisse in den USA nicht öffentliche Proteste und Widerstände nach sich ziehen würden (die sicherlich auch in der Bundesrepublik Deutschland zu erwarten wären). Stellen diese doch eindeutig die (insbesondere parteilich-feministische) Kindesmissbrauchsforschung, aber auch die (bundesdeutsche) Gesetzgebung (den 13. Abschnitt „Straftaten gegen die sexuelle Selbstbestimmung" des Strafgesetzbuches) in Frage, soweit das „sexuelle Selbstbestimmungsrecht" von jungen Menschen tangiert ist.

Aufgrund zahlreicher Proteste konservativer Organisationen wie *der NARTH (National Association on Research and Therapy of Homosexuality,* die Homosexualität als – heilbare – Krankheit[11] versteht), *der FRC (Family Research Council)* oder *der Christian Coalition* erklärte die *APA* zunächst, die Zuverlässigkeit der Untersuchungsmethode und Analyse überprüft zu haben. Sie versicherte, die Studie habe den harten Prüfungsprozess bestanden und sei seit der Kontroverse von einem Experten der statistischen Analyse nochmals überprüft worden. Dieser habe bestätigt, dass sie die momentanen Standards erfüllt und dass die Untersuchungsmethodik, die weitläufig von den *Nationalen Instituten für Gesundheit* zur Entwicklung von Richtlinien benutzt wird, einwandfrei ist.

Die *APA*-Erklärung führte nicht zu einer versachlichten öffentlichen Diskussion. Die Untersuchung wurde zum Gegenstand großer Diskussionen, Resolutionen und politischer Interessen:

Beispielsweise verabschiedete Alaska als erster Staat eine *Resolution (Legislature Of The State Of Alaska, House Joint Resolution No. 36)*, die sich an den US-Kongress und den Präsidenten der Vereinigten Staaten richtete, und drängte sie dazu, sich auf das Schärfste schriftlich wie mündlich von der Untersuchung und der *APA*-Veröffentlichung zu distanzieren. Auch die Bundesstaaten Kalifornien, Illinois, Pennsylvania und New Jersey erarbeiteten ähnliche Resolutionen. Und die Republikaner wurden aktiv und unterstellten dem US-Präsidenten, nachdem dieser auf ihre Resolution nicht schnell reagierte, dass nun jeder sehen könne, dass die demokratische Partei eine ernsthafte Bedrohung für „unsere" Kinder sei.

Am 12.7.1999 wurde die Resolution Nr. 107 einstimmig mit 355:0 Stimmen und 13 Enthaltungen angenommen und der *APA*-Artikel (und sein Gegenstand: die Studie) durch das US Repräsentantenhaus verurteilt. Der Senat folgte dem Beschluss kurze Zeit später.

Der massive politische öffentliche Druck wirkte. Die *APA* machte einen Rückzieher. In einer Erklärung wurde bekannt gegeben, dass sexueller Missbrauch von Kindern schwerwiegenden Schaden bei den Opfern verursacht. Die *APA* habe niemals eine andere Auffassung vertreten. Die Studie zeige nur auf, dass es mehrere Stufen der Schädlichkeit und manchmal auch mildernde Faktoren gibt. Diese Kenntnisse könnten helfen, Kinder vor dem sexuellen Missbrauch zu schützen, aber auch Opfer zu heilen, so die *APA* weiter.

APA-Direktor Raymond *Fowler*, der die Studie zuvor als „gute wissenschaftliche Arbeit" verteidigte, ging einen Schritt weiter und erklärte nunmehr, diese sei „aufhetzend" und mit der Grundhaltung der *APA* zum Schutz der Kinder „nicht vereinbar". Er sicherte zu, die veröffentlichte und von Gutachtern nicht beanstandete Studie nochmals überprüfen zu lassen.

5.2 Sexualstrafrecht und pädophile Frauen
Warum kommen pädophile Frauen kaum mit dem Sexualstrafrecht in Berührung?

„Es gibt einen politischen Widerstand, dieses Problem zu identifizieren, aus Angst, dadurch würde die Aufmerksamkeit von männlichen Sexualstraftätern abgelenkt. Außerdem wird der Diskurs zum Thema Kindesmissbrauch in Kanada und den Vereinigten Staaten in gewissem Grade von Frauen bestimmt. Kulturell werden Frauen eher als passive Empfängerinnen von Sex gesehen und nicht als Aggressorinnen."
Ruth Mathews und *Kathleen Speltz*[1] (1995, S. 317)

Ist die Missbrauchsrate von Frauen als Täterinnen am sexuellen Missbrauch tatsächlich so sehr viel niedriger als die von männlichen Tätern?
Zahlreiche internationale und bundesdeutsche Untersuchungen weisen absolut geringe Missbrauchsraten für weibliche Täter aus. Auch die bundesdeutsche Kriminalstatistik führt kaum weibliche Täter, die wegen sexuellen Kindesmissbrauchs aktenkundig und somit auch strafrechtlich in Erscheinung getreten sind. Eine Erklärung hierfür ist der Tatbestand, dass – im Vergleich zu sexuellen Delikten zwischen Männern und Kindern – sexuelle Handlungen zwischen Frauen und Kindern kaum von der Öffentlichkeit, der Politik, der Wissenschaft, den Medien und der Strafjustiz als pädosexuell und damit als strafbewehrt wahrgenommen werden. Eine immer noch kleine Minderheit von Forschern, aber auch Forscherinnen erklären sich diese Tatsache mit einer mangelnden kulturell bedingten Bereitschaft, Frauen überhaupt als Täterinnen anzusehen – vor allem aber mit der Tabuisierung des Themas. Das schließt ein Bild der weiblichen Sexualität ein, das besagt, dass diese Sexualität überhaupt eingeschränkt ist und Frauen nur passive Empfängerinnen von Lust sind. Hinzu kommt, dass bereits die ideologiebeladene Mutterrolle letztendlich ausschließt, dass auch und gerade Mütter ihre eigenen Kinder sexuell missbrauchen.

Warum wird bei Frauen – im Vergleich zu männlichen Tätern – ein Fehlverhalten, das Sexualstrafrecht betreffend, so selten festgestellt? Oder anders gefragt: Wie ist es erklärbar, dass in Untersuchungen und Kriminalstatistiken missbrauchende Frauen absolut unterrepräsentiert sind?

Lombroso (1894) und *Wulffen* (1923) sahen in der Frau die geborene Sexualverbrecherin schlechthin. Eine Sexualverbrecherin, die sich der Strafverfolgung gekonnt entziehe. *Hess* (1934) vertrat die Auffassung, das *statistische Bild der Frauenkriminalität* würde es verhindern, die Häufigkeit des sexuellen Missbrauchs von Kindern durch Frauen richtig und zutreffend wiederzugeben. Die im Rahmen der mütterlichen Erziehung und Körperpflege vorgenommenen Berührungen würden nicht als sexuelle Handlungen erkannt, und wenn doch, so von der Familie totgeschwiegen. *Von Hentig* (1965) hob hervor, dass nur wenige Sexualstraftatbestände[2] auch auf weibliche Täter zugeschnitten sind: Die Moralmaßstäbe der Gesellschaft würden in erster Linie von Männern erfunden, in Gesetze gegossen, überwacht und kontrolliert. Das hätte u. a. zur Folge, dass Sexualität unter Frauen und das gesamte Sexualverhalten der Frau im Gegensatz zur männlichen Sexualität entsprechend großzügig beurteilt werde. Seiner Auffassung nach haben *Ärzte, Anwälte* und *Beichtväter* detailliertere und umfangreichere Kenntnisse über Frauen, die Kinder sexuell missbrauchen, als die Kriminalstatistik und somit die Strafverfolgungsbehörden.

Auch *Heyne* (1993) spricht völlig zu Recht diesen strafrechtlich relevanten Punkt an, der offensichtlich von fast allen AutorInnen verschwiegen wird: *die Frau beziehungsweise die Mutter als Täterin im Sinne des Sexualstrafrechts*. Immer wieder wird ausdrücklich hervorgehoben, dass es, wenn überhaupt, höchstens einige wenige Frauen *und* Mütter sind, die Kinder, *ihre* Kinder emotional beziehungsweise sexuell missbrauchen. Und das ist *die Frau, die Mutter*: Sie ist *die* Täterin, die, was sich auf die Strafstatistik entsprechend auswirkt, nicht oder kaum strafrechtlich fassbar ist. *Heyne* (1993, S. 269) verweist auch auf den emotionalen Missbrauch, „... vor allem auf die Grauzone, in der die missbräuchliche Beziehung einer Mutter zu ihrem Kind weniger von manifesten Handlungen als vielmehr von einer emotional hochgradig verstrickten und zugleich stark erotisierten Atmosphäre geprägt ist, die außerordentlich schwer lösbare Abhängigkeiten erzeugt. Gerade in diesem Bereich ... kommt es zu subtilen Formen des Missbrauchs, die nicht ohne weiteres zu identifizieren sind, in den Folgen jedoch denen offensichtlicher sexueller Misshandlungen in nichts nahe stehen".

Dass es mehr Täterinnen gibt als in klinischen Studien und Dunkelfelduntersuchungen aufgeführt, vermuten *Groth* (1979) und *Justice* und *Justice* (1979). *Groth* (1979) geht davon aus, dass viele Täterinnen nicht erkannt werden, da der sexuelle Kindesmissbrauch, begangen von Mädchen und Frauen, häufig in den Familien stattfindet und die meisten Opfer über den sexuellen Missbrauch, der ihnen durch Angehörige angetan wird (oder wurde), beharrlich schweigen. *Travin* u. a. (1990) gehen sogar –im Vergleich zu männlichen Sexualstraftätern – von einer *höheren Dunkelziffer* bei weiblichen Sexualstraftäterinnen aus.

Von den offiziellen *niedrigen Missbrauchsraten* profitieren all die *regressiven* und *fixierten* pädophilen Frauen *und* Mütter, die Kinder, *ihre* Kinder emotional beziehungsweise sexuell missbrauchen. Solange sie *unentdeckt* bleiben, werden sie auch in Zukunft *nicht in den Untersuchungen und Kriminalstatistiken auftauchen.* Anders ausgedrückt: Solange es ihnen mit der *ungebrochenen* Unterstützung radikaler Feministinnen und der feministischen *Missbrauchsforschung* gelingt, in der Öffentlichkeit, in den Medien und bei Strafverfolgungsbehörden die *Tabuisierung in Gestalt der „Mauer des Schweigens" aufrechtzuerhalten,* werden es auch in Zukunft – fast – ausschließlich immer nur Männer sein, die Gegenstand der Untersuchungen, der Medien, der Strafverfolgung und Kriminalstatistiken sind.

Die kollektiv errichtete „Mauer des Schweigens" hilft Frauen und somit Müttern, den sexuellen Kindesmissbrauch zu verheimlichen, ihn weiterhin „ungestört" auszuüben und „lebensfähig" zu halten.

Auch das *Schweigen* der Opfer[3] hilft den Täterinnen, nicht in der Strafstatistik (und in Missbrauchsstudien) verewigt zu werden. Mit anderen Worten: Vom Schweigen der kindlichen Opfer und der „Mauer des Schweigens" profitieren die missbrauchenden Frauen *und* Mütter. Und solange die Opfer schweigen, bleibt die (mütterliche) Täterin vor Strafverfolgung geschützt.

Die Beweggründe, warum insbesondere *männliche Opfer den Missbrauch nicht anzeigen*, sind verschieden. Einige wurden bereits in den bisherigen Kapiteln dieses Buches diskutiert. Die Auswirkungen und Begleiterscheinungen bei Jungen, die von einer Frau sexuell – beziehungsweise emotional (!) – missbraucht werden, sind für die Opfer eine zusätzliche Schande: Jungen machen sich eher Vorwürfe oder spielen das Geschehene herunter: Es sei kein Missbrauch... Das gilt insbesondere dann, wenn die Mutter die Sexualstraftäterin ist.

Für das Schweigen der von Frauen *und* Müttern missbrauchten Opfer – und der damit einhergehenden niedrigen Zahl von (strafrechtlich) erfassten Täterinnen – benennt *Krug* (1989, S. 117, 118) folgende möglichen Gründe:

1. Jungen und Männer werden nicht schwanger, und der Missbrauch lässt sich nicht nachweisen.
2. Eine doppelte Moral macht uns glauben, Väter wären potentiell böse, Mütter hingegen ‚durch und durch gut'.
3. Es ist erwachsenen Männern peinlich, zuzugeben, dass sie mit ihren Müttern sexuell verkehrt haben und dadurch sexuell erregt wurden.
4. Es herrscht die Ansicht, Jungen würde der sexuelle Missbrauch nichts ausmachen; wenn Söhne etwas erzählen, werden sie ignoriert.
5. Weder Patienten noch TherapeutInnen sind sich des Zusammenhangs zwischen sexuellem Missbrauch von Jungen durch ihre Mütter und deren späteren Beziehungsproblemen bewusst.

Auch und gerade *ideologische Widerstände* sind maßgeblich mitverantwortlich dafür, dass missbrauchende Frauen und Mütter als Täterinnen öffentlich und damit strafrechtlich kaum in Erscheinung treten. Diese insbesondere parteilich-feministisch ideologischen Widerstände mit ihren Tendenzen, Männer und Frauen in „böse" und „gut" zu spalten, schützen die Missbraucherinnen (auch in ihrem Missbrauchsverhalten).

So gesehen liegt es nahe, dass die *geschlechtsspezifischen Zuweisungen* von *Täter-* und *Opferrollen* bereits fixiert sind. Frauen gelten immer noch als „fügsam, friedliebend, wenig aggressiv und sexuell harmlos, Männer hingegen als dominant, aktiv, potentiell gewalttätig und sexuell aggressiv", so folgerichtig *Heyne* (1993, S. 274):

„Da sexueller Missbrauch von Kindern im Zusammenhang mit Begriffen wie Macht, Kontrolle, Nötigung, Drohung, Zwang, Demütigung und Überwältigung umschrieben wird, fallen Frauen aus dem Wahrnehmungsspektrum heraus, sofern sie auf eine Art und Weise definiert werden, bei der ausgeschlossen wird, dass sie zu derartigen Verhaltensweisen überhaupt fähig wären."

Anhand eines bemerkenswerten und zutreffenden Beispiels verdeutlicht *Amendt* (1982, S. 154) die unterschiedliche geschlechtsspezifischen (Rollen-)Zuweisungen:

„Bereits die Rollen von Vater und Mutter werden sehr oft unterschiedlich definiert. Ihr sexueller Handlungsspielraum gegenüber den Kindern wird nach sehr unterschiedlichen Maßstäben abgesteckt. Der Blick ins Badezimmer von schräg oben aus der Nachbarwohnung von gegenüber: Ein Vater betupft vorsichtig mit dem Badeschwamm die zarten Porzellanbrüste seiner elfjährigen Tochter, während – gleiche Szene, gleicher Ort – die Mutter den zwölfjährigen Sohn gewohnheitsmäßig in die Genitalhygiene einweist. Aus der Sicht des denunziationsbereiten Nachbarn könnte sich der Waschvorgang als unzüchtige Handlung des Vaters, begangen an der minderjährigen Tochter, darstellen, während der entsprechende Vorgang, von Mutterhand betrieben, Chancen hat, unter Mutterliebe rubriziert zu werden."

Eindrucksvoll schildert auch *Banning* (1989) eine derartige Fallgeschichte. Eine Mutter unterhält eine sexualisierte Beziehung zu ihrem vierjährigen Sohn, die den Behörden bekannt ist, aber nicht als sexueller Missbrauch eingestuft wird und somit in keiner (Straf-)Statistik auftaucht. Die Geschichte, von *Banning* unter umgekehrten Vorzeichen berichtet, sieht natürlich anders aus, wenn es sich um einen Vater und seine vierjährige Tochter handeln würde. Hier würden ohne Zweifel die Behörden eingreifen und der Missbrauch strafrechtlich und statistisch erfasst.

Ein gewichtiger Indikator, der eine Aufdeckung *und* Strafverfolgung von sexuellem Missbrauch, sexueller Gewalt durch Frauen *und* Mütter verhindert, ist auch das von der früheren Frauenbewegung und dem Feminismus mit entworfene asexuelle Marien-Mutter-Bild. Gerade bei den Strafverfolgungsbehörden existiert ganz offensichtlich das Bild von der Frau *und* Mutter als *asexuelles Wesen*, die im Gegensatz zum Mann und Vater kein sexuelles Verlangen nach Kindern hat. Ein weiterer wichtiger Indikator ist, dass unterstellt wird, dass eine Frau ein Kind nicht wirklich sexuell missbrauchen kann, da die Tat unmöglich sexuell motiviert und somit auf die eigene Lustgewinnung hin orientiert gewesen sein kann. Die sexuelle Motivation, die sexuelle Lustgewinnung, die sexuelle Aggression wird *nur* den Männern unterstellt, da man Frauen *nur* als *passive Empfängerinnen von Lust* ansieht. An dem Mythos von der Frau und Mutter als *asexuelle Wesen* trägt nicht nur die frühere Frauenbewegung und der Feminismus, sondern vor allem auch – seit rund 2000 Jahren – die Kirche Schuld. Die Folge: Die Missbraucherinnen können und werden auch weiterhin unentdeckt Kinder sexuell missbrauchen.

Aus all diesen Gründen tut sich offenbar die Strafjustiz schwer, den Kindesmissbrauch zu verfolgen, wenn der Täter eine Frau ist. Dem Verfasser gegenüber haben MitarbeiterInnen aus dem Justizbereich die *Zurückhaltung bei der Strafverfolgung* von *regressiven* und *fixierten* pädophilen Frauen *und* Mütter wie folgt erklärt:

„Was soll eine Frau einem Kind schon an sexueller Gewalt antun können?" – „Frauen sind im Vergleich zu Männern nicht gewalt-tätig." – „Eine Frau hat keinen Penis!" – „Es übersteigt bei weitem meine Vorstellungskraft, dass Frauen Kinder missbrauchen – wie soll, wie kann Derartiges denn ablaufen?"

Dieses „Nicht-wahr-Haben-Wollen" macht *Wilkins* (1990, S. 153) an einem Beispiel eindrucksvoll deutlich:

„... das Gericht akzeptierte, dass das Mädchen von ihrem Vater sexuell missbraucht worden war, aber ‚entschied' sich dazu, dem Mädchen nicht zu glauben, als es sagte, dass es von seiner Mutter ebenfalls sexuell missbraucht worden sei. Was ein hinreichendes Beweismittel war, um den Vater zu verurteilen, wurde als unzureichend angesehen, auch die Mutter als schuldig zu erklären. Das Gericht schien eine Denkhemmung zu haben, als eine Frau des sexuellen Missbrauchs angeklagt wurde."

Diese Denkhemmung ist dafür (mit-)verantwortlich, dass Frauen *und* Mütter, welche Kinder, ihre *eigenen* Kinder, missbrauchen, kaum *strafverfolgt, angeklagt* und *abgeurteilt* werden. Und wenn sie denn überhaupt von den Strafverfolgungsbehörden strafverfolgt

und vor Gericht angeklagt werden, kommen sie in der Regel offenbar bei einer Verurteilung günstiger weg als Männer und Väter[4].
Ein Beispiel möge dies verdeutlichen:

• In den neunziger Jahren entdeckte die Kölner Polizei bei einem Ehepaar Sex-Videos, auf denen, so berichtete der *Kölner Stadt-Anzeiger* (29. 5. 2000), „das sexuelle Martyrium der eigenen Kinder zu sehen war. Nicht nur der Mann, auch die Frau war auf den Filmen zu sehen. Der Mann musste für fünf Jahre ins Gefängnis, seine Partnerin kam mit einer Bewährungsstrafe davon".

Es gibt aber vereinzelt auch Fälle, in denen Frauen und Mütter wegen *besonders schwerem Missbrauch* (häufig in Tateinheit mit *schwerer körperlicher Misshandlung*) von Kindern, *ihren* Kindern zu hohen Haftstrafen verurteilt werden.
Vier Beispiele mögen dies verdeutlichen:

• Eine Mutter musste sich im April/Mai 2000 vor dem Landgericht Landau wegen sexuellen Missbrauchs und Körpermisshandlung ihrer damals sechs und sieben Jahre alten Kindern verantworten. Der Vorwurf: Sie habe ihre Kinder von 1986 bis 1997 in mindestens 18 Fällen sexuell missbraucht. Von den Kindern habe sie verlangt, dass diese mit der Hand in ihre Scheide eindrangen, dort „herumspielten" und eine Flasche in ihre Vagina einführten. Ihre Kinder berichteten nicht nur über den sexuellen Missbrauch, die sexuelle Gewalt, sondern auch über körperliche Gewaltexzesse, denen sie durch die Mutter wehr- und hilflos ausgeliefert gewesen seien. Im Mai 2000 wurde sie zu 6 Jahren Haft verurteilt, die von ihr gegen das Urteil eingelegte Revision vom Bundesgerichtshof verworfen. Erstaunlich ist aber, dass sie sich erst seit April 2002 in Haft befindet. Wie die Staatsanwaltschaft dem Verfasser mitteilte, hatte sich die Kindesmutter einiges einfallen lassen, um den Haftantritt zu entgehen.
Ein Mann, ein Vater wäre in gleicher Situation von Anfang an in U-Haft genommen worden.

• Eine Mutter musste sich im November 2001 vor dem Landgericht Bamberg wegen sexuellen Missbrauchs ihrer damals drei und fünf Jahre alten Kinder verantworten. Mit ihr angeklagt war auch der Onkel der Kinder. Um sie gefügig zu machen, wurden die Kinder mit Messern bedroht – und während ihrer unerträglichen Todesangst fielen Mutter und Onkel über sie her. Die Kindesmutter wurde zu fünfeinhalb, der Onkel zu acht Jahren Haft verurteilt *(Fränkischer Tag* vom 23. 11. 2001).
Einige Zeit zuvor war bereits der Kindesvater wegen Missbrauch seiner Kinder zu vier Jahren Haft verurteilt worden. Im August 2002 musste sich die Oma der Kinder, die zunächst als verhandlungsunfähig eingestuft worden war, wegen vierfachen sexuellen Missbrauchs ihrer Enkelkinder verantworten. Die Großmutter, die unter Weinkrämpfen alle Vorwürfe bestritt („Ich weiß bestimmt, dass ich nichts gemacht hab" – *Fränkischer Tag*, 1. 8. 2002), hatte beispielsweise ihrer Enkeltochter einen Zweig in die Scheide eingeführt. Die 68-jährige Frau, die das Urteil mit einem „Ach Gott, ach Gott" kommentierte, wurde zu sechs Jahren Freiheitsstrafe verurteilt. Der Richter erklärte u. a. zur Urteilsbegründung:

„Wir haben noch nie eine Großmutter erlebt, vor der die Enkel Todesangst hatten."

• Eine siebenfache Mutter musste sich im April/Mai 2003 vor dem Landgericht Flensburg wegen „Beischlaf mit einem widerstandsunfähigen Minderjährigen" verantworten. Der Anklagevorwurf: Die 37-jährige Frau soll einen 13-jährigen Jungen zum Sex gezwungen haben, indem sie ihm ein halbes Gramm Hasch zum Rauchen sowie Bier und Schnaps (darin aufgelöst ein Beruhigungsmittel) gegeben habe, um sich an den willenlosen Jungen zu vergehen. Sie soll auch andere Jungen aus der Nachbarschaft mit Drogen und Alkohol versorgt haben. Vor Gericht bestritt sie die Vorwürfe:
„Jan war 13, als er sich in mich verliebte, aber schon 14, als ich erstmals Sex mit ihm hatte. Er hat immer freiwillig mit mir geschlafen. Er gab mir die Liebe, die ich gesucht habe. Mein Leben lang. Und ich gab ihm die Liebe, die er brauchte."
Auf die Frage, warum sie mit Jungen schläft, erklärte sie:
„Ich hatte so viele schlechte Erfahrungen mit älteren Männern. Einer hat mich fast totgeschlagen."
Bild (29. und 30. 4., 2. 5. 2003) hat mehrfach sehr ausführlich über den Fall berichtete und zitiert den Jungen mit den Worten:
„Sie hat mich geschlagen und wenn ich weggelaufen bin von ihr, schickte sie ihre Freunde los, die mich suchten, und ich bekam Prügel. Das erste Mal passierte es mit 13."
Die Angeklagte, die von ihm ein Kind bekam, wurde zu einer fünfjährigen Haftstrafe verurteilt. Die von ihr eingelegte Revision führt nun dazu, dass das Landgericht insbesondere über das Strafmaß neu entscheiden muss. Das Gericht wird nun zu prüfen haben, ob nicht möglicherweise mit Blick auf den Drogen- und Alkoholgenuss eine verminderte Schuldfähigkeit vorliegt.

• Eine Mutter musste sich im Februar 2004 vor dem Landgericht Magdeburg wegen sexuellen Missbrauchs ihrer Tochter Jennifer verantworten. Laut Anklage soll sie Jennifer (heute 16) von 2000 bis 2003 acht Mal missbraucht haben. Das Landgericht verurteilte sie zu fünf Jahren Freiheitsstrafe wegen Vergewaltigung in Tateinheit mit sexuellem Missbrauch von Schutzbefohlenen (*Bild*, 18. 2. 2004).

Auch in anderen Ländern haben die Strafverfolgungsbehörden offenbar Schwierigkeiten, missbrauchende Frauen und Mütter anzuklagen und bei entsprechendem Nachweis zu verurteilen.
So berichtet beispielsweise *Mathews* u. a. (1989) in ihrer Studie, dass 44% der weiblichen Missbrauchstäter überhaupt nicht strafverfolgt wurden. Und *Pizzey* (2000), die sich sicher ist, *dass der Anteil zwischen weiblichen und männlichen Pädophilen etwa gleich ist*, berichtet über eine missbrauchende Frau, die ein Mädchen sexuell missbrauchte, aber in England nicht angeklagt wurde:
„Ich rettete ein kleines englisches Mädchen vor einer weiblichen Pädophilen in England, während ich in New Mexico war. Es erforderte drei Jahre Kampf gegen die englischen Gerichte, sie zu retten und sie ihren Eltern zurückzubringen. Als der Staatsanwalt mich schließlich anrief und mir sagte, das ich in allem Recht hätte und das Kind missbraucht worden sei, fragte ich ihn, ob er die Frau anzeigen wolle. ‚Nein', sagte er. ‚Bisher ist noch jede Frau davongekommen – und es wird beim Kindesmissbrauch auch weiterhin so bleiben.'"
Nur ganz nebenbei sei angemerkt, dass auch Frauen, die Männer bewusst der Vergewaltigung bezichtigen, obwohl sie *nicht* vergewaltigt wurden (vgl. hierzu beispielsweise *Spiegel* 22/2003, S. 50-52 und 30/2003, S. 42-43; *Bild* vom 16.10. 2003), oft nicht straf-

verfolgt werden (einige interessante Studien über Quoten von Falschbeschuldigungen führt *Hoffmann, 2001* an).

Auch Mütter, die ihre Kinder töten, haben im Vergleich zu Vätern, die ihre Kinder töten, eine bessere Position.
Über Mütter, die ihre eigenen Kinder töten, berichtet Pearson (1997): Mordende Mütter, die trotz eindeutiger Beweislage freigesprochen werden, weil Geschworene sich weigern, sie der Todesstrafe auszuliefern. Deshalb würden die Anklagebehörden in den USA, Kanada und England versuchen, diese Fälle nicht als Mord zu werten. Für die mordenden Mütter würden beispielsweise als „entlastende" Argumente angeführt, sie litten unter *nachgeburtlicher Depression* oder unter dem *„Münchhausen-Syndrom by proxy"*[4 a]. Und von den Müttern, die tatsächlich wegen der Ermordung ihrer Kinder verurteilt wurden, kamen zwei Drittel ohne Haftstrafe davon.

Eine Mutter, die ihre fünf Kinder tötete, entkam nur knapp der Todesstrafe

Dass nicht alle mordenden Mütter auf gnädige Geschworene und Richter stoßen, zeigt der Fall einer *tief religiösen* Mutter, die am 20. Juni 2001 ihre fünf Kinder (im Alter von 6 Monaten bis 7 Jahren) in der Badewanne ertränkte und sich in Houston (US-Bundesstaat Texas) wegen 5-fachen Mordes verantworten musste[5]. Im Prozess plädierte sie auf „nicht schuldig". Die Anklage, die der Angeklagten „kaltblütige Morde" vorwarf, beantragte die Todesstrafe. Die Verteidigung konterte, die Angeklagte sei zum Zeitpunkt der Tat nicht zurechnungsfähig gewesen. Die hinzugezogenen Psychiater erklärten übereinstimmend, die Angeklagte sei schwer krank, ihre schizophrenen Schübe seien von Wochenbettdepressionen ausgelöst worden.
Unterstützung erhielt die mordende Kindesmutter von mehreren *Frauengruppen* wie beispielsweise der *Nationalen Frauenorganisation*, die gegen den Antrag auf Verhängung der Todesstrafe protestierte.
Die zwölf Geschworenen kamen zu dem Schluss, dass die Angeklagte zur Tatzeit zurechnungsfähig war und wusste, dass sie ein Verbrechen beging; sie verurteilten sie zu einer 40-jährigen Haftstrafe.

Auf England bezogen berichtet *Pearson* (1997), dass zwischen 1982 und 1989 nur 10% aller schuldig gesprochenen Mütter, aber 50% aller schuldig gesprochenen Väter inhaftiert wurden. Für *unzurechnungsfähig* wurden dreimal so viele Mütter wie Väter erklärt.

In den USA scheinen Frauen, die beispielsweise eines schweren Verbrechens in Verbindung mit Mord angeklagt und verurteilt werden, im Vergleich zu Männern dreimal so oft eine Bewährungsstrafe zu bekommen.
Und wenn sie zu einer Gefängnisstrafe ohne Bewährung verurteilt werden, dann haben sie den „Vorteil", dass sie eine durchschnittliche Haftstrafe von sechs Jahren erhalten, Männer hingegen bis zu 16,5 Jahren[6].
Ein Beispiel aus der Bundesrepublik Deutschland möge dies verdeutlichen:

Ein Mann, von seiner Frau gedemütigt, beleidigt, gekränkt, verlassen, bedroht (die Kinder werde er niemals wiedersehen), brachte vor Verzweiflung die gemeinsamen zwei Söhne (zwei und vier Jahre alt) um, indem er ihnen die Kehle durchschnitt. Er wurde wegen heimtückischen Mordes angeklagt, und der Staatsanwalt forderte in seinem Plädoyer eine lebenslange Haftstrafe wegen besonderer Schwere der Schuld. Auch die Kindesmutter forderte vehement die Höchststrafe „für den Mörder meiner Kinder". Die Strafkammer, die einen psychischen Ausnahmezustand verneinte, verurteilte den Kindesvater, nach dem zuvor der Verteidiger um eine Verurteilung wegen Totschlags – im Zustand verminderter Schuldfähigkeit – gebeten hatte, zu einer Freiheitsstrafe von 14 Jahren wegen Totschlags.

Mütter, die ihr Leben aus Verzweiflung beenden wollen, lassen in der Regel ihre Kinder nicht alleine zurück. Überleben sie das Verbrechen, wird ihnen meist ein *affektiver Ausnahmezustand* zugebilligt, und sie kommen mit einer niedrigen Haftstrafe davon.
Der *Spiegel* (51/2001, S. 58-62), der über den Fall berichtete, fragte sich zu Recht:

„Ein gerechtes Urteil? Zu hart oder zu milde? Wäre eine Frau auch mit 14 Jahren bestraft worden?"

6. Sexueller Missbrauch in Zahlen

6.1 Kann den Untersuchungen und Missbrauchsraten Allgemeingültigkeit zugesprochen werden? Die Manipulation von Missbrauchsraten

Die Kriterien werden, was die Definition des Missbrauchs angeht, je nach ideologischer, moralischer, religiöser und weltanschaulicher Einstellungen und Ambitionen willkürlich und nach Gutdünken immer wieder modifiziert.

Die meisten Untersuchungen, die im Rahmen der epidemiologischen Forschung über Ausmaß, Formen und Dunkelfeld des sexuellen Missbrauchs an Kindern entstehen, beruhen überwiegend auf retrospektive Befragungen: Erwachsene (es sind überwiegend Studenten und Studentinnen) werden nach sexuellen Erlebnissen in ihrer Kindheit befragt, die sie – bei weitem nicht alle – aus heutiger Sicht als sexuellen Missbrauch einstufen (würden). Mit Blick auf den Tatbestand, dass in diesen studentischen Befragungen keine Nicht-StudentInnen berücksichtigt werden, sind diese, wenn überhaupt, nur sehr begrenzt repräsentativ. Neben den studentischen Befragungen werden auch immer wieder retrospektive Befragungen durchgeführt, die eine möglichst repräsentative Gruppe der allgemeinen Bevölkerung berücksichtigt.
Fast alle Untersuchungen verwenden zahlreiche verschiedene *Missbrauchsdefinitionen*, indem sie beispielsweise nicht nur den Missbrauch *mit* Körperkontakt, sondern auch den Missbrauch *ohne* Körperkontakt (hier insbesondere *Exhibitionismus*) berücksichtigen. Auch jede Form der sexuellen Belästigung beziehungsweise Nötigung wird in der Regel (mit-)berücksichtigt[1]. All diese *Missbrauchsdefinitionen* fließen über die „Missbrauchsfälle" in die „Missbrauchsraten" mit ein.
„Eine detaillierte Auseinandersetzung mit der Definitionsfrage ist folglich sowohl für die öffentliche Diskussion als auch für wissenschaftliche Untersuchungen von besonderer Bedeutung", stellt völlig zu Recht *Bange* (1992, S. 50) fest:
„Zum einen, weil nur so die verschiedenen Untersuchungsergebnisse eingeordnet und verglichen werden können, was zu mehr Sachlichkeit in der öffentlichen Kontroverse führen könnte. Zum anderen, weil dadurch die Voraussetzungen der Untersuchungen transparent werden."
Und genau diese Transparenz ist nicht gegeben.
Nicht nur internationale, auch einige bundesdeutsche Studien verfahren bei der *Missbrauchsdefinition* sehr großzügig: So hat *Bange*[2] (1992), der „eine detaillierte Auseinandersetzung" hinsichtlich der *Definitionsfrage* von Bedeutung hält, *sexualisierte Küsse* oder das *Beobachten beim Baden* in die *Missbrauchsdefinition* mit aufgenommen. *Kloiber* (1994, S. 497) berücksichtigt in seiner Untersuchung neben Geschlechtsverkehr, Produktion pornographischen Materials, genitale Manipulation, auch *exhibitionistische* und *voyeuristische* Handlungen, „sexuelle Berührungen" sowie „sexuelle Umarmungen/Kuss". Auch *Richter-Appelt* und *Tiefensee* (1996 a) klassifizieren Vorfälle geringerer Intensität wie beispielsweise *sexuelle Küsse* oder *sexuelle Umarmungen* als sexuellen Missbrauch. *Teegen* (1993, S. 329) versteht unter „sexuellen Handlungen" auch „anzügliche Bemerkungen, Entblößen, Betrachten". Und *Gloor* und *Pfister* (1995) stufen in ihrer Schweizer

Studie *anzügliche "sexualisierte" Blicke* und *Bemerkungen, heimliches Beobachten beim Baden* oder auch das *beiläufige Berühren über der Kleidung* als sexuellen Missbrauch ein.

Auch (radikal-)feministische Autorinnen sind bei der *Auslegung der Missbrauchsdefinition* sehr großzügig. So führen beispielsweise *Kavemann* und *Lohstöter* (1986, S. 9) in ihrem Buch aus, dass zum sexuellen Kindesmissbrauch „... auch das Befühlen und die ‚fachmännische' Begutachtung der sich entwickelnden körperlichen Rundungen" und „das Betasten der Brust oder des Brustansatzes, verbunden mit abschätzigen oder auch wohlwollenden Qualitätsurteilen, dass das Mädchen jetzt zur Frau und damit als Sexualobjekt attraktiv wird", zählen.

Und *Heiliger* und *Engelfried* (1995, S. 23) sind fest davon überzeugt:
„Sexueller Missbrauch kann in Andeutungen, wie zufällig erscheinende Berührungen, Blicke, Beobachtungen, Worte ... eingebunden sein."

Auch unterschiedlichste Formen sexueller Kontakte zwischen Kindern und Erwachsenen beziehungsweise älteren Jugendlichen werden überwiegend unter Berücksichtigung einer *Altersdifferenz* von 5 oder mehr Jahren beziehungsweise 10 oder mehr Jahren zusammengefasst[3]. *Rind* u. a. (1998) stellen hierzu in ihrer Meta-Studie fest, dass 59% der 59 analysierten Studien eine *Altersdifferenz* von 5 Jahren und 27% von 10 Jahren zugrunde lag. Mit anderen Worten: Viele Studien beziehen nicht nur Erwachsene als TäterInnen mit ein, sondern auch jugendliche TäterInnen, wenn sie fünf beziehungsweise zehn Jahre älter sind. Andere Studien wiederum beziehen auch sexuelle Handlungen unter (jungen) Gleichaltrigen mit ein.

Darüber hinaus ist die *Schutzaltersgrenze* verschieden festgelegt: Die *Altersgrenze* bei einem Kind ist von Land zu Land verschieden. Die *Schutzaltersgrenze* in den ausländischen und bundesdeutschen „Missbrauchsstudien" reichen von 12 Jahren (z. B. *Gebhard* u. a., 1965; *Finkelhor*, 1979; *Fromuth* und *Burkat*, 1987; *Richter-Appelt*, 1994), 14 Jahren (z. B. *Kinsey* u. a., 1954; *Briere und Runtz, 1988; Elliger und Schötensack, 1991; Raupp und Eggers,* 1993), 16 Jahren (z. B. *Finkelhor,* 1984; *Baker* und *Duncan,* 1985; *Fromuth* u. a., 1987; *Bange* 199*2; Kloiber* 1994), 14, 16 und 18 Jahren *(Wetzels* 1997) und 18 Jahren (z. B. *Russell,* 1983, 1984; *Kercher* und *McShane,* 1984; *Finkelhor* u. a., 1990). Teilweise wird überhaupt keine *Altersgrenze* berücksichtigt (z. B. *Fritz* u.a., 1981; *Kercher* und *McShane,* 1984; *Paul* u. a., 1995).

Rind u. a. (1998) stellen in ihrer Meta-Studie fest, dass 88% der Studien im Rahmen der *Missbrauchsdefinitionskriterien* eine *Altersbegrenzung* für das Opfer verwendeten, 75% von diesen setzten das „Kind" mit dem „Jugendlichen" gleich. Die obere Grenze des *Schutzalters* setzten 35% auf 16, 25% auf 17 und nur eine „Minderheit" von 25% auf 14 fest.

Verschiedene Missbrauchsdefinitionen führen zu verschiedenen „Missbrauchsraten"

Wie sich die (prozentuale) Höhe der *„Missbrauchsraten"* aufgrund der jeweiligen *Missbrauchsdefinition* verändern (hier der Missbrauch *mit* und *ohne* Körperkontakt), zeigt eindrucksvoll die bundesdeutsche repräsentative Studie von *Wetzels* (1997)[4]. Er berücksichtigt in der Untersuchung die jeweilige im Strafrecht geltende *Schutzaltersgrenze* der §§ 176, 182, 174 StGB[5], also die Schutzaltersgrenze 14, 16 und 18. Und er kommt, bei den unterschiedlichen *definitorischen Eingrenzungen ohne chronologische Schutzalters-*

grenze (bei 1580 Männer und 1661 Frauen) auf 115 (7,3%) Männer und 301 (18,1%) Frauen, die angaben, *sexuelle Übergriffe* in ihrer Kindheit und Jugend (alle Handlungen, inklusive „sonstige" und inklusive Handlungen jugendlicher Täter) erlebt zu haben. Unter *Berücksichtigung einer Schutzaltersgrenze* kommt Wetzels bei einem *Schutzalter von unter 18 Jahren* auf „nur" noch 75 (4,7%) Männer und 254 (15,3%) Frauen, bei einem *Schutzalter von 16 Jahren* „nur" noch auf 68 (4,3%) Männer und 230 (13,8%) Frauen, bei einem *Schutzalter von 14 Jahren* „nur" noch auf 54 (3,4%) Männer und 177 (10,7%) Frauen, die sexuellen Missbrauch inklusive Exhibitionismus (ohne sonstige sexuelle Handlungen und ohne Handlungen jugendlicher Täter) erlebt haben. Und noch niedriger sind die Raten, wenn man die Handlungen *mit* Körperkontakt („ohne sonstige sexuelle Handlungen, ohne Exhibitionismus und ohne Handlungen jugendlicher Täter" – Wetzels, 1997, S. 154), und nur diese, ausschließlich als sexuellen Missbrauch klassifiziert: Bei einer *Schutzaltersgrenze von unter 18 Jahren* sind es dann „nur" noch 51 (3,2%) Männer und 159 (9,6%) Frauen, bei einem *Schutzalter von 16 Jahren* „nur" noch 44 (2,8%) Männer und 142 (8,6%) Frauen und bei einem *Schutzalter von 14 Jahren* „nur" noch ganze 32 (2,0%) Männer und 103 (6,2%) Frauen, die sexuellen Missbrauch *mit* Körperkontakt erfahren haben.

„In Abhängigkeit von der definitorischen Eingrenzung schwanken die Prävalenzraten erheblich", stellt hierzu folgerichtig Wetzels (1997, S. 154) fest:
„Für Frauen zwischen 6,2% und 18,1%, für Männer zwischen 2,0% und 7,3%. Bei gleicher definitorischer Eingrenzung sind die Raten der Opfer sexuellen Kindesmissbrauchs für Männer stets bedeutend niedriger als für Frauen, ein Ergebnis, das sich in Prävalenzuntersuchungen stets konsistent findet."

In Übereinstimmung mit zahlreichen bundesdeutschen und ausländischen Befunden weist Wetzels (1997, S. 156) darauf hin, dass „selbst bei dieser restriktiven Eingrenzung auf Delikte durch erwachsene Personen der größere Teil der Vorfälle mit Körperkontakt aus sexuellen Berührungen ohne Penetration (besteht). Der Anteil der Opfer von Delikten mit Penetration an der Gesamtzahl der Opfer von Delikten mit Körperkontakt unterscheidet sich zwischen Männern (31,2% = 13) und Frauen (38% = 54) nicht signifikant. Relativiert auf die Stichprobe beträgt die Rate der Opfer sexueller Missbrauchshandlungen mit Penetration bei Männer 0,9%, bei Frauen 3,3%".

Auch müssen *methodische* und *definitorische* Aspekte zwingend mit berücksichtigt werden: Je nach Art von *Datenerhebung, Stichprobe, Erhebungszeitraum, Erhebungsmethode, Erhebungsauswertung* und, wie bereits dargelegt, der *Definition sexuellen Missbrauchs* (beispielsweise *mit* oder *ohne* Körperkontakt) kommen die Untersuchungen zu unterschiedlichen, ja unvergleichlich hohen *Prävalenzraten*[6].
Auch die Art der Befragung mittels Fragebogen, Interview, Telefoninterview, inhaltliche Form der gestellten Fragen[7] und das Fehlen von Vergleichen mit anderen Symptomgruppen, um die Frage der Spezifität zu klären, spielt eine eminent große Rolle – und welche Methode (auch Ausgangsstichproben) angewandt wird.
An dieser Stelle sei ausdrücklich darauf hingewiesen, dass es *keine* spezifische Diagnose[8] gibt, auf die man ausschließlich und unwiderruflich den sexuellen Kindesmissbrauch zurückführen kann[9].

Es ist nicht verwunderlich, dass über die *Missbrauchsdefinitionskriterien* beziehungsweise *Standarddefinition* weltweit innerhalb der Kindesmissbrauchsforschung totale Uneinigkeit herrscht[10]. Mit anderen Worten: Die *Missbrauchsdefinitionskriterien* werden je nach *ideologischer, moralischer, christlicher* und *weltanschaulicher* Einstellungen und Ambitionen willkürlich und nach Gutdünken immer wieder modifiziert.
Entsprechend sind die *Definitionskriterien* in der Regel sehr weitgefasst. Insbesondere bei den feministisch orientierten Missbrauchsforscherinnen und Autorinnen sind sie durch *ideologische, parteilich-feministische Ausrichtung und pseudopsychologische Aufdeckungsideologie* geprägt. Wobei sie in ihren *Missbrauchsdefinitionen*, Untersuchungen und Umfragen – auch heute noch fast ausschließlich – *nur* von männlichen Tätern und *nur* von weiblichen Opfern ausgehen.
Gerade hier ist die Gefahr nicht von der Hand zu weisen,

• dass die Missbrauchsraten in den (radikal-)feministischen Umfragen sehr zweifelhaft sein können;

• dass manche der Initiatoren der Umfragen ihre Probanden und Probandinnen und die (suggestiven?) Fragen ganz gezielt aussuchen;

• dass manche der Initiatoren der Umfragen ihre Ergebnisse selbst „auswählen", die letztlich – inhaltlich – vorher bereits feststehen – und diese somit wissenschaftlich völlig unbrauchbar machen[11].

An dieser Stelle sei beispielsweise die in der Fachliteratur viel zitierte Studie von Diana *Russell* (1983, 1986) erwähnt. Mit der amerikanischen Radikalfeministin und ihrer Studie setzt sich beispielsweise *Denfeld* (1996) kritisch auseinander, der von einer wissenschaftlich fragwürdigen Umfrage spricht. *Russell* habe beispielsweise ihre Interviewerinnen strikt angewiesen, das Wort „Vergewaltigung" bei ihren Befragungen nicht zu benutzen. Bei der Auswertung habe *Russell*[12] offenbar keine Probleme gehabt, auch die Probandinnen als Vergewaltigungsopfer zu definieren, die bestritten, dass ihre Partner sie zum Sex gezwungen haben. Auch *Okami* (1990) setzt sich kritisch mit der Studie von *Russell* auseinander. *Russell* habe „geschulte" Frauen ausgewählt, die den weiblichen „Opfern" in ihrem Verhalten und Fragen sehr „mitfühlend" gegenüber traten und sie „ermutigten", die Fragen zu beantworten; hierbei wurde den weiblichen „Opfern" offenbar suggeriert, dass es keine positiven sexuellen Beziehungen zwischen einem Kind und einem Erwachsenen geben kann. *Okami* (1990) hinterfragt gleichzeitig die Studie von David *Finkelhor* (1979 b), in der offensichtlich auch von Befragten berichtete *positive* beziehungsweise *neutrale* sexuelle Erlebnisse als *negativ* und somit als sexueller Missbrauch eingestuft wurden, wenn es eine Altersdiskrepanz von mehr als fünf Jahren gab. Und er gibt völlig zu Recht zu bedenken, dass die *empirische Wahrheit*, wonach es „Opfer" gibt, die das sexuelle Erlebnis als *positiv* beziehungsweise *neutral* erlebt haben, *aus ideologischen Interessen ignoriert beziehungsweise verzerrt wird*.

Dass je nach Art der *Datenerhebung*, der *Stichprobe* und der *Definition* sexuellen Missbrauchs Untersuchungen zu unterschiedlichen, ja unvergleichlich hohen Prävalenzraten kommen, zeigt eine Übersicht von *Finkelhor* (1986). In einem weiteren Überblick über den internationalen Forschungsstand verglich *Finkelhor* (1994) national-repräsentative

Untersuchungen, die in neun verschiedenen Ländern durchgeführt wurden, mit Zufallsproben. Er stellte fest, dass wegen methodischer Divergenzen, fehlender Transparenz der Vorgehensweise sowie vereinzelter gravierender Unzulänglichkeiten eine Meta-Analyse für einen interkulturellen Vergleich nicht zu realisieren war.

Eine solche Meta-Analyse realisierten einige Jahre später *Rind* u. a. (1998), die 59 Untersuchungen verglichen, an denen 35703 SchülerInnen beziehungsweise College-Studenten (21999 Frauen/ 13704 Männer) teilnahmen. In dieser Analyse kritisieren sie, dass die Untersuchungen in der Mehrzahl auch *moralisch*, *religiös* und somit sehr *subjektiv* geprägt beziehungsweise beeinflusst sind und weniger unter *objektiven*, *empirischen* und *phänomenologischen Kriterien* entstanden. „Moralisch" bedeutet hier insbesondere, dass etwas als „unmoralisch" definiert wird – und diese Grundeinstellung ist in der Missbrauchsforschung mehr als problematisch[13].

Insofern vertreten *Rind* u. a. (1998), die mit Blick auf die von der Missbrauchsforschung verwendeten *Missbrauchsdefinitionen* von *zweifelhafter wissenschaftlicher Gültigkeit* sprechen, die Meinung, dass diese unzulänglich sind und wissenschaftlichen Standards zuwiderlaufen. Dies betrifft ihrer Auffassung nach auch den von vielen ForscherInnen pauschal unterstellten Tatbestand, dass der sexuelle Missbrauch ausschließlich auf Gewalt, gerichtet gegen das Kind, basiere.

„Was wir brauchen, ist der Mut, auch ungewohnte Blickwinkel einzunehmen. Dazu könnte auch die Frage gehören, ob nicht doch sexuelle Beziehungen zwischen Erwachsenen und Kindern denkbar sind, in denen es keine Opfer und Täter gibt, sondern zwei - wenn auch ungleiche - Partner."
Marina Knopf (1993, S. 26)

Unstrittig gibt es sehr viele „Opfer", denen keinerlei Gewalt angetan wird: „Opfer", die sich *nicht* als Opfer fühlen[13a]; „Opfer", die sich ohne Druck, Zwang, Gewalt auf die sexuelle Beziehung einlassen[13b]. Kurzum: Es sind „Opfer", die den „Missbrauch" *nicht* als negativ und schädlich für ihr weiteres Leben einstufen und ihm keinerlei nennenswerte Bedeutung für ihre weitere Entwicklung beimessen[14].
In der Bundesrepublik Deutschland war es Michael *Baurmann* (1983, S. 13) vom *Bundeskriminalamt*, der in seiner Studie bereits Anfang der achtziger Jahre bei der Frage, ob die Opfer durch den für die Täter strafbaren Sexualkontakt Schäden davon getragen haben, zu der nüchternen Feststellung gelangte:
„Bei etwa der Hälfte der deklarierten Sexualopfer (48,2%) konnten überhaupt keine Schäden festgestellt werden, etwa 18% zeigten ein geringes Ausmaß und 34% ein größeres oder sehr großes Ausmaß an Schäden. Sofern die Opfer geschädigt sind, litten sie unter den Schäden durchschnittlich vier Jahre und acht Monate."
Bei den 48,2% der Fälle, in denen die „Opfer" offensichtlich nicht geschädigt wurden, handelte es sich überwiegend um relativ oberflächliche beziehungsweise *einvernehmliche* sexuelle Handlungen. Im Rahmen der Untersuchung mit Hilfe der Methode der Clusteranalyse[15] kommt *Baurmann*[16] (1983, S. 18) gar zu dem Ergebnis, dass über die Hälfte der angezeigten Sexualkontakte mit Kindern (57,1%) „aus ausgesprochen oberflächlichen und harmlosen Kontakten bestehen, die keine Schäden bei den deklarierten Opfern verursachen. Einige Autoren, die annahmen, *alle* oder *die meisten* registrierten

Fälle mit sexuellem Missbrauch von Kindern enthielten Gewalt, Drohung oder Machtmissbrauch, werden hier mit Ergebnissen konfrontiert, die diese Meinung widerlegen".
Hierzu merkt *Baurmann* (1983, S. 16) völlig zutreffend kritisch an:
„Von vielen Fachleuten wurde bisher angenommen, es gebe kaum Sexualopfer ohne Schäden. Hier muss einiges neu überdacht werden. Erwachsene, die annehmen, dass nicht nur gewalttätige, sondern auch gewaltlose Sexualkontakte für Kinder grundsätzlich schädlich seien, müssen sich mit dem Ergebnis auseinandersetzen, dass manche Kinder erst zu Opfern wurden, *weil* Erwachsene es so erwarten. Manche Erwachsene haben die undifferenzierten Horrorberichte über die Folgen so verinnerlicht, dass sie sich unbefangene Reaktionen ihrer Kinder gar nicht vorstellen können. Andere Erwachsene haben selbst so viele sexuelle Probleme, dass sie zu einer unbefangenen Reaktion gar nicht fähig sind. Bedingt durch eine solche Erwartungshaltung verhalten sich manche Erwachsene dann in einer Weise, dass das Kind tatsächlich zum Opfer wird. Dieses Verhalten hat dann eine etikettierende Funktion. Es führt zum Labeling von Opfern."

Die wahllose, unterschiedlose Bezeichnung „sexueller Missbrauch" und die mit ihr einhergehende Terminologie „Opfer" und „Missbraucher" beziehungsweise „Täter" ist immer wieder kritisiert worden[17]. Auch die *Definition* der *Schädlichkeit* wurde immer wieder hinterfragt. So kritisiert beispielsweise *Kilpatrick* (1987), dass ForscherInnen unter dem Begriff *Schädlichkeit* auch die *Verletzung von Sozialnormen* aufführen, obwohl *keine* für das „Opfer" erkennbare *Schädlichkeit* einträte[18].

Durch diese Fakten liegt die Vermutung sehr nahe, dass viele „Opfer", die sich nicht als Opfer sehen, die die sexuelle Beziehung als für ihr Leben positiv bewerten und auch keine wie auch immer gearteten Schäden davongetragen haben, sich in den Befragungen entsprechend nicht dazu bekennen und genau das Gegenteil berichten. Viele kommen aber auch gar nicht in solch einen Konflikt, da das Gros der Befragungen nicht nach *konsensuellen Handlungen* fragt (vgl. hierzu beispielsweise *Okami*, 1991; *Rind* u. a., 1998). Dass dadurch die *Prävalenzraten* hochsignifikant beeinflusst werden, dürfte unstrittig auf der Hand liegen. Konkret betrifft dies auch die *epidemiologische Forschung* und *Phänomenologie des sexuellen Kindesmissbrauchs*[19].
Rind u. a. (1998) fragen sich, ob es nicht mit Blick auf die hochsignifikante Anzahl insbesondere männlicher Opfer, die über positive beziehungsweise auch „neutrale" Erfahrungen berichten, sowie den niedrigen *Schädlichkeitsraten* indiziert ist, die *Definitionen des sexuellen Missbrauchs von Kindern* in erster Linie auf weibliche Opfer anzuwenden, da bei ihnen unstrittig eine hochsignifikante *Missbrauchsrate* unterstellt werden kann. – In *allen* Studien sind überproportional weibliche Opfer vertreten, die – nicht alle – von unerwünschten negativen Erfahrungen berichten.
Wegen fehlender Beweise für die *Schädlichkeit* und den fehlenden Beweisen für die *psychologische Beeinträchtigung* bei vielen männlichen – wie auch bei einer kleineren Anzahl weiblicher – „Opfern" warnen beispielsweise auch *Long* und *Jackson* (1993) zur Vorsicht bei der gängigen *Definition des sexuellen Kindesmissbrauchs*.
Die wissenschaftliche Definition des sexuellen Kindesmissbrauchs sollte eine Modifikation erfahren unter ausdrücklicher Berücksichtigung der Tatsache, dass eine hochsignifikante Anzahl männlicher „Opfer" – und eine kleinere Anzahl weiblicher „Opfer" – über *keine* gewalttätigen, erzwungenen, negativen *und* schädlichen Erfahrungen berichten. Bei einer entsprechenden Modifikation sollte auch der unstrittige Tatbestand Berück-

sichtigung finden, dass sich insbesondere eine hochsignifikante Anzahl von männlichen „Opfern" ohne Druck, Nötigung, Gewalt usw. auf derartige Beziehungen einlassen[20].
Dies sieht offenbar auch der *BKA*-Mann Michael *Baurmann* (1983, S. 20) so, der dafür plädiert, dass der „Opferbegriff (‚Opfer', ‚Geschädigte', u. a.)" nur dann benützt werden sollte, „wenn die Person nachweislich geschädigt ist oder sich selbst als geschädigt empfindet. Auf der Täterseite gibt es schon längst entsprechende Unterscheidungen (wie beispielsweise ‚Tatverdächtiger', ‚Beschuldigter', ‚Angeklagter', ‚Täter' usw.)". Die strafrechtlichen Instrumente, „wie der abstrakte Gefährdungstatbestand, das Offizialdelikt, u. ä. müssen im Bereich mancher Sexualstraftatbestände auf ihre Tauglichkeit hin überprüft werden", fordert *Baurmann* (1983, S. 20):
„Strafrechtsbestimmungen, die durch ihre Existenz Opfer sekundär schädigen (können) und die selten schützen, sollten ebenfalls zur Diskussion gestellt werden."
Ähnlich scheint es *Kühn* (1980, S. 23) zu sehen, die in der *Verbandszeitschrift des Deutschen Kinderschutzbundes* ausführt:
„Es wäre ... eine Überlegung wert, gewaltlose Sexualdelikte aus dem Strafgesetzbuch zu streichen, die in der Regel ein Kind seelisch nicht schädigen können."
Und sie beruft sich auf Reinhard *Lempp*, Kinder- und Jugendpsychiater an der Universität Tübingen, und Harald *Körner*, damals Staatsanwalt und heute Oberstaatsanwalt in Frankfurt am Main, die die Auffassung vertreten, „dass gerade bei den gewaltfreien Delikten der ganze Verfahrensaufwand in keinem Verhältnis zur Tat stehe und dass die Kinder durch dieses Gerichtsverfahren seelisch mehr geschädigt werden können als durch die Tat selbst".
Kirchhoff[21] (1994, S. 37, 38) folgert aus der Studie *Baurmanns* folgerichtig:
„Diese Unterscheidung zwischen ‚harmlos' im Sinne von folgearm und ‚gewaltsam' im Sinne von folgenintensiv ist im Hinblick auf die mit einer Aufdeckung verbundenen Folgen sinnvoll. Sie berücksichtigt, dass die Mitteilung, Opfer geworden zu sein, in ‚harmloseren' Fällen schwerwiegendere Konsequenzen als der sexuelle Übergriff haben kann. Denn es besteht potentiell die Möglichkeit, dass mit der Aufdeckung stigmatisierende Reaktionen der Familie, des Täters oder der Vertreter der formellen Sozialkontrolle einhergehen, die dem Opfer schaden können."
Und *Körner* (1975, S. 284) hinterfragt völlig zu Recht nicht nur die Art und Weise der *Vernehmung von kindlichen Opfern und Zeugen vor Gericht*. Er erhebt auch *schwerste Vorwürfe gegen die Justiz*, der er als Staatsanwalt angehört:
„Der mit der Verfahrensprozedur bezweckte *Jugendschutz* verkehrte sich in diesen Fällen in das Gegenteil, in eine *Jugendschädigung*. Während ich lediglich bei nur 10% der Fälle physische oder psychische Tatfolgeschäden feststellen konnte, stieß ich bei 141 Verfahren (29,19%) auf psychische Verfahrensauswirkungen. Dies bedeutet, dass bei den Opfern meines Materials die Ermittlungs- und Strafverfahren verbunden mit fehlerhaften Umweltreaktionen mehr seelischen Schaden bewirkten als die Sexualverfehlungen der Täter. So stellt sich die von mir in der Einführung gestellte Frage, ob das *Verbrechen* nicht erst im *Gerichtssaal* stattfand. Fest steht zumindest, dass die beschriebenen Kinder nicht nur Opfer des Täters und Opfer ihrer elterlichen Erziehung, sondern auch Opfer der Justiz wurden. Diese meine Ergebnisse stehen im Einklang mit fast allen Untersuchungen zu dieser Frage."[22]

Unter ausdrücklicher Berücksichtigung der bis hierhin referierten Faktenlage ist der Verfasser der festen Überzeugung, dass der überwiegenden Anzahl von internationalen wie auch nationalen Studien, insbesondere im Hinblick auf die jeweilige *Missbrauchsrate*, kaum *Allgemeingültigkeit* zugesprochen werden kann.

Der Verfasser führt nun zahlreiche der in der Fachwelt bekannten internationalen Studien und die dort aufgeführten Missbrauchsraten renommierter ExpertInnen an[2 3]. Selbstverständlich werden nicht nur die Studien erwähnt, die sich mit männlichen Tätern und kindlichen (überwiegend weiblichen) Opfern beschäftigen (diese finden vorwiegend bei feministisch orientierten Autorinnen Gehör), sondern auch und gerade die, die sich mit Frauen und Müttern als Täterinnen und weiblichen *und* männlichen Opfern beschäftigen.

Internationale Missbrauchsraten zum sexuellen Kindesmissbrauch im Allgemeinen

In einem Überblick kommt *Finkelhor* (1994), der nationalrepräsentative Untersuchungen, die in neun verschiedenen Ländern durchgeführt wurden, analysierte, auf Missbrauchsraten, die bei weiblichen Missbrauchsopfern zwischen 9% und 33% und bei männlichen Missbrauchsopfern zwischen 3% und 16% schwanken. Wie die unten aufgeführten Prävalenzraten zahlreicher Studien deutlich machen, liegen diese – insbesondere bei den weiblichen Opfern – in den einzelnen internationalen Untersuchungen teilweise sogar höher.

Diese gewaltige Spannbreite muss – wie bereits dargelegt – insbesondere auf *methodische* und *definitorische* Aspekte zurückgeführt werden. Hierzu zählt auch die *obere Altersbegrenzung* für das Opfer, die bei den Studien zwischen 12 und 18 liegt, und der *Altersunterschied*, der bei Opfer *und* TäterIn – fast durchgängig – 5 oder mehr Jahren beziehungsweise 10 oder mehr Jahren beträgt. Zweifelhaft und unseriös sind die *Missbrauchsraten* bereits dann, wenn Studien als *Obergrenze des Schutzalters* 14, 15, 16, 17 oder 18 Jahre angeben und hierbei auch noch eine *Täter-Opfer-Altersdifferenz* von 5 oder mehr Jahren beziehungsweise 10 oder mehr Jahren berücksichtigen. Mit anderen Worten: Es kann unstrittig nicht von einem *sexuellen Kindesmissbrauch* gesprochen werden, wenn das „Opfer" 14 Jahre und älter ist. Hier im Rahmen der *Missbrauchsdefinition* vom *sexuellen Missbrauch eines Kindes* zu sprechen, ist geradezu absurd und bringt die *Kindesmissbrauchsforschung* in Verruf und Misskredit.

Auch die jeweilige *ideologische Ausrichtung*, insbesondere – aber nicht nur – die feministische, muss zwingend mitberücksichtigt werden.

Es sei an dieser Stelle noch einmal darauf hingewiesen, dass die meisten Untersuchungen *keine* Allgemeingültigkeit besitzen.

In einer Studie kommt *Finkelhor* (1979) zum Ergebnis, dass 19% der Studentinnen und 8% der Studenten in ihrer Kindheit missbraucht wurden; von diesen gaben 94% der befragten Studentinnen und 84% der Studenten Männer als Täter an. *Fritz* u. a. (1981) berichten von 8% Studentinnen und 5% Studenten, die angaben, in ihrer Kindheit missbraucht worden zu sein. *De Jong* (1983) berichtet über ein Zentrum für missbrauchte Kinder, dass von 81,8% Mädchen und 18,2% Jungen aufgesucht wurde.

In einer nationalen repräsentativen Studie in Großbritannien kommen *Baker* und *Duncan*

(1985) in einem aufwändigen Erhebungsverfahren, in dem eine Stichprobe von 1049 Frauen und 970 Männer persönlich interviewt wurde, auf 13% Frauen und 4% Männer, die angaben, vor ihrem 16. Lebensjahr sexuell missbraucht worden zu sein. Etwa jeweils zur Hälfte hatte der sexuelle Missbrauch *ohne* Körperkontakt stattgefunden.
Goldman und *Goldman* (1988) berichten von 28% Frauen und 9% Männer und *Haugaard* und *Emery* (1989) von 12% Frauen und 5% Männer, die in ihrer Kindheit missbraucht wurden.
Finkelhor u. a. (1990) und *Gordon* (1990) berichten von der ersten nationalen repräsentative Untersuchung in den USA, die durch die *Los Angeles Times* 1985 mittels einer landesweiten Telefonbefragung durchgeführt wurde. Die *Los Angeles Times* befragte 1145 Männer und 1481 Frauen ab dem 18. Lebensjahr (insgesamt 630 lehnten die Beantwortung der Fragen ab). Das Ergebnis lautet, wobei die Grenze des Schutzalters auf das 18. Lebensjahr festgelegt wurde: Von den insgesamt 1996 befragten InterviewpartnerInnen gaben 16% der Männer und 27% der Frauen an, in ihrer Kindheit und Frühadoleszenz sexuell – *mit* oder *ohne* Körperkontakt – missbraucht worden zu sein. Und nur in einem geringen Teil der Missbrauchsfälle war es zu einer *direkten Gewaltanwendung* gekommen, und zwar bei 15% der Jungen und 19% der Mädchen.
Priest (1992) berichtet von 25% Studentinnen und 12% Studenten, die Opfer sexuellen Missbrauch wurden. *Kinzl* und *Biebl* (1993) berichten von 36% Studentinnen und 18% Studenten, die Kindesmissbrauchserlebnisse angaben. *Fischer* (1991) kommt auf eine Prävalenzrate von 19% für Mädchen und 7% für Jungen, *Ernst* u. a. (1993) auf 11,5% für Mädchen und 3% für Jungen, *Sariola* und *Uutela* (1994) auf 5% für Mädchen und 2% für Jungen, *Benedixen* u. a. (1994) auf 19% Mädchen und 3% Jungen, *Pedersen* und *Aas* (1995) auf 17% für Mädchen und 1% für Jungen, *Paul* u. a. (1995) auf 15% für Mädchen und 10% für Jungen. *Lopez* u. a. (1995) berichten von 22% Mädchen und 15% Jungen, die sexuellen Missbrauch erfahren haben. *Gloor* und *Pfister* (1995) kommen bei einer Zufallsstichprobe von PsychologiestudentInnen in Zürich auf 25% weibliche und 15% männliche Opfer[2,4].
In einer neueren repräsentativen Umfrage in den USA *(Finkelhor* u. a., 1997) wurden 998 Eltern über eigene sexuelle Missbrauchserfahrungen vor ihrem 18. Lebensjahr befragt, aber auch über sexuelle Missbrauchserfahrungen ihres Kindes. Über derartige Erfahrungen im Jahr vor der Befragung haben 2% der Jungen und 1,7% der Mädchen laut den Eltern verfügt. Und jemals betroffen waren 6,1% der Söhne und 5,3% der Töchter.

Dass Jungen mehr als Mädchen von Missbrauch betroffen gewesen sein sollen, widerspricht den von den Eltern selbst berichteten eigenen Opferraten. Denn 30% der Mütter und 9% der Väter berichteten über eigene Opfererfahrungen vor dem 18. Lebensjahr. Auch den Prävalenzstudien ist überwiegend zu entnehmen, dass Mädchen im Vergleich zu Jungen häufiger Opfer sexueller Gewalt werden.

Es soll an dieser Stelle nicht unerwähnt bleiben, dass es Stimmen gibt, wonach der Anteil der Jungen an sexuellen Gewalterlebnissen bei bis zu 70% liegen könnte[2,4a].
Holzkamp (1994) geht sogar davon aus, dass der Anteil männlicher Missbrauchsopfer – bei zunehmender Offenbarung und einer Intensivierung der Erforschung des sexuellen Missbrauchs an Jungen – im Umfang dem der weiblichen Opfer entsprechen würde. Auch *Porter* (1986) geht davon aus, dass das Verhältnis hier in Richtung 1:1 wachsen wird.

Faber u.a. (1984) schätzen, dass Jungen, und offenbar nicht so sehr Mädchen, in 30% bis 70% der Missbrauchsfälle die bevorzugten Opfer sexuell motivierter Straftaten sind. Den in fast allen Opferstudien ermittelten geringen Anteil männlicher Opfer von, wie sie meinen, insbesondere männlichen Tätern führen sie auf zögerliches Mitteilungsverhalten zurück.

Doch auch und gerade mit Blick auf weibliche Täter *und* männliche Opfer geht man von einer hohen Dunkelziffer aus[25]. Auch hier ist von einem zögerlichen Mitteilungsverhalten auszugehen[26]. Darüber hinaus ist zu berücksichtigen, dass zahlreiche Jungen sexuelle Erfahrungen (auch mit Blick auf Abenteuer und Neugier) mit älteren Frauen gemacht haben und sich nicht als Opfer sexuellen Missbrauchs sehen[27].

Männliche Opfer waren kaum Gegenstand von Forschungsarbeiten und Missbrauchsstatistiken

In der (internationalen) Forschung war bis Anfang der achtziger Jahre der sexuelle Missbrauch an Jungen durch Erwachsene kaum ein Thema. Mit anderen Worten: Männliche Opfer waren nur selten Gegenstand von Forschungsarbeiten und Statistiken zum sexuellen Kindesmissbrauch[28].
Nachdem nun auch männliche Kinder uneingeschränkt als – potentielle – Opfer sexuellen Missbrauchs erkannt und anerkannt worden waren, wurden, um Klarheit über das Ausmaß der sexuellen Gewalt an Jungen zu erhalten, in den USA Präventivprogramme und im Laufe der Jahre vermehrt entsprechende Untersuchungen durchgeführt.
An dieser Stelle seien einige Untersuchungen erwähnt.

Bei der Auswertung einer Reihe klinischer Studien stellt *De Jong* (1982) fest, dass der Anteil der sexuell missbrauchten männlichen Opfer bei 11% bis 17% liegt. Bei dem Nationalen Zentrum gegen Kindesmissbrauch und -verwahrlosung (*National Centre on Child Abuse and Neglect*) in den USA waren, so berichten *Finkelhor* und *Hotaling* (1984), von den im Jahre 1982 gemeldeten Fällen sexuellen Missbrauchs an Kindern alleine 16% Jungen betroffen. *Nielson* (1983) schätzt den Missbrauchsanteil der Jungen auf 25% bis 30%. Von *Pierce* und *Pierce* (1985) wird der Anteil der missbrauchten Jungen auf 10% bis 17% geschätzt; Jungen ohne Vaterfigur würden dreimal häufiger missbraucht als Mädchen ohne Vaterfigur – männliche Missbrauchsopfer würden darüber hinaus im Vergleich zu weiblichen Missbrauchsopfern fünfmal weniger aus der Familie entfernt, auch dann, wenn sie neben der sexuellen Gewalt physische Gewalt ertragen müssen. *Risin* und *Kross* (1987) kommen in ihrer nationalen Stichprobe von 2.972 männlichen Studenten im Alter von 18-24 Jahren auf eine Missbrauchsrate von 7,3%. Die von *Fromuth* und *Burkhart* (1987) befragten Studenten gaben zu 14% sexuellen Kindesmissbrauch an. Bei *Hatfield* (1988) sind es 12% von 213, bei *Urquiza* (1989) 17% von 2016, bei *Fishman* (1991) 18% von 148, bei *Predieri* (1992) 6% von 557 und bei *Collings* (1995) 29% von 284 Jungen, die über sexuellen Missbrauch in ihrer Kindheit berichten. *Trocme* (1994) berichtet von 14% Männern, die inzestuösem, und 18% Männern, die nicht-inzestösem Missbrauch ausgesetzt waren. Alleine bei den 8-11-jährigen Opfern waren die Jungen zu 42% bis 44% vertreten.

An dieser Stelle sollen auch einige Studien erwähnt werden, die weibliche Opfer aufführen.

Gegenüber *Russell* (1983, 1986) gaben die weiblichen Probanden zu 28% an, bis zur Altersgrenze von 14 Jahren Opfer von *inzestuösen* Missbrauchshandlungen geworden zu sein. Die Rate stieg unter Berücksichtigung weiterer befragter Probandinnen (bis zur Altersgrenze von 18 Jahren) zusammen auf 38%. *Wyatt* (1985) gegenüber berichteten 46% der Frauen über Missbrauchserfahrungen. *Fromuth* (1986) gegenüber gaben von 482 befragten Studentinnen 22% an, missbraucht worden zu sein. Bei *Hrabrowy* (1987) sind es 28% von 383 Frauen, bei *Bagley* (1990) 32% von 750 Frauen, bei *Brubaker* (1991, 1994) 18% beziehungsweise 25% von 282 beziehungsweise 400 Frauen, bei *Edwards* und *Alexander* (1992) 44% von 103 Frauen, bei *Moor* (1992) 18% von 437 Frauen, bei *Pallota* (1992) 20% von 275 Frauen, bei *Anderson* u. a. (1993) 25% von 1660 Frauen, bei *Loulan* (1992) 38% von 1.566 lesbischen Frauen, bei *Higgins* und *McCabe* (1994) 24% von 199 Frauen, bei *Kinzl* u. a. (1994, 1995) 22% von 202 Frauen, bei *Lam* (1994) 18% von 264 Frauen, bei *Everill* und *Waller* (1995) 71% von 69 Frauen, bei *Gidyez* u. a. (1995) 59% von 797 Frauen, die über sexuellen Missbrauch in ihrer Kindheit berichteten.

6.2 Der Anteil der missbrauchenden Frauen in internationalen Studien
Missbrauchen Frauen vorwiegend Jungen?

„Wenn es stimmen würde, dass Missbrauch in der Kindheit einen Menschen dazu führt, andere zu missbrauchen, wäre die Mehrzahl unserer KindesmissbraucherInnen weiblichen Geschlechts!"
Kathryn T. Jennings (1995, S. 310)

In der Missbrauchsforschung führt die Tatsache zu großen Irritationen, dass männliche wie weibliche Opfer anfangen, über ihre sexuellen Erlebnisse einschließlich der sexuellen Gewalt, denen sie durch Frauen, Mütter, Tanten, Omas, Babysitterinnen usw. in Kindheit ausgesetzt waren, zu berichten. Dies hat zur Folge, dass die Anzahl der Frauen, die Kinder missbraucht haben, verstärkt in Studien berücksichtigt werden kann – und auch in Zukunft mit signifikanten Missbrauchsraten Berücksichtigung finden wird. Hierbei wird immer deutlicher: Insbesondere der Anteil der *männlichen* Opfer, die sexuellen Kindesmissbrauch durch Frauen, vor allem durch die eigenen Mütter, erleben mussten und müssen, ist wesentlich höher als der Anteil der weiblichen *regressiven* und *fixierten* pädophilen Täter in den Kriminalstatistiken.
„Während diese einen Anteil von nur 0 bis 6% angeben", berichtet *Knopf* (1993, S. 28), „belaufen sich die Zahlenangaben der retrospektiven Arbeiten auf bis zu 16%."
Aus dieser Diskrepanz schließt *Knopf* folgerichtig, „dass die Kontakte zwar stattfinden, aber selten öffentlich und dadurch kriminalisiert werden".
Dass die Zahlenangaben entsprechender retrospektiver Arbeiten zum Teil höher liegen als die von *Knopf* erwähnten 16%, zeigen vor allem amerikanische Untersuchungen und Umfragen, die zum sexuellen Kindesmissbrauch durch Frauen vorliegen. Die US-Zahlen liegen hier zum Teil wesentlich höher.
„Dies könnte daran liegen", so *Bange* (1992, S. 115), „dass in den USA schon längere Zeit über sexuellen Missbrauch durch Frauen diskutiert wird. Denn für die meisten Männer ist es sicher kaum vorstellbar, dass ein Junge von einer Frau sexuell missbraucht werden kann. Dies widerspricht einfach allem, was man als Junge über das Geschlechterverhältnis lernt. Ist es für einen Mann schon schwierig genug, einen sexuellen Missbrauch durch einen Mann für sich zu akzeptieren, dürfte es bei einem durch eine Frau verübten noch schwieriger sein. Deshalb ist erst dann mit einem spürbaren Anstieg des Täterinnenanteils in den Statistiken zu rechnen, wenn der sexuelle Missbrauch durch Frauen stärker enttabuisiert wird. Jungen und Männer müssen erfahren, dass es nicht die eigene Männlichkeit in Frage stellt, das Opfer einer Frau zu werden. In der Bundesrepublik Deutschland hat sich in dieser Richtung bisher fast nichts getan."
Der Verfasser führt nun zahlreiche internationale Studien über den Anteil missbrauchender weiblicher Täter an, wobei auch hier die Missbrauchsraten zum Teil großen Schwankungen unterliegen (die bundesdeutschen Untersuchungen sind im Kapitel 6.3 aufgeführt).

In einigen ausländischen Studien wird die Missbrauchsrate mit bis 10% angegeben[1].
Russell (1983), die sich nur auf weibliche Inzestopfer bezieht, nennt 7% Frauen als Täterinnen. *Finkelhor* und *Hotaling* (1984) kommen zum Ergebnis, dass in 10% der Fälle

Frauen Kinder sexuell missbrauchen: bei 95% der Missbraucherinnen handelt es sich um die biologische Mutter oder die Stiefmütter der Opfer. Auch *Trocme* (1994) berichtet von 10% weiblichen Missbrauchern.

In anderen Studien und Veröffentlichungen werden *höhere* Missbrauchsraten ermittelt[2]. Von einer Stichprobe berichtet *Groth* (1979), wonach von 60 männlichen *Sexualstraftätern* 20% in ihrer Kindheit von einer Frau sexuell missbraucht worden waren. In einer weiteren Stichprobe an inhaftierten *Sexualstraftätern* kommt *Groth* (1983) auf 25% (ältere) Täterinnen. In der von der *Los Angeles Times* 1985 in den USA durchgeführten landesweiten Telefonbefragung gaben 17% der männlichen Befragten (im Vergleich zu „nur" 1% weiblichen Befragten) an, von einer Frau sexuell missbraucht worden zu sein *(Finkelhor* u. a. 1990; *Gordon* 1990). *Briere* und *Runtz* (1988) berichten von 15% Missbraucherinnen. Das niederländische Vertrauensärztebüro (1989) kommt auf 12% Frauen. Bei der *„Incest Crisis Line"*, einem telefonischen Beratungsdienst für missbrauchte Kinder, klagten laut *Spiegel* (33/1991, S. 68-74) 1989 14% der jugendlichen Anrufer über sexuelle Belästigungen der Mutter. *Vennix* (1984) kommt auf 20% weibliche Täter. *Faller* (1987) berichtet von etwa 14% Missbraucherinnen. *Hunter* (1990) beschäftigte sich in seinen Arbeiten mit Hunderten männlicher Opfer sexueller Gewalt und fand fast 25% Jungen, die von Frauen sexuell missbraucht wurden. *Li* u. a. (1990) kommen in ihrer Studentenuntersuchung zum Ergebnis, dass 18,1% der Studenten in ihrer Kindheit von einer Frau missbraucht wurden (im Vergleich zu 24,7% männlichen Tätern). *Sattler* und *Flitner* (1994) vermuten 5% bis 20% Täterinnen. Und das Magazin *„Panorama"* (1997) der britischen *BBC* berichtet, in England geht man davon aus, dass 25% der Täter weiblich sind (von weiblichen Teenagern bis zu Großmüttern), dies führe zu 250.000 Opfern, die im Vereinigten Königreich der sexuellen Gewalt durch weibliche Missbraucher ausgesetzt seien. Bei zahlreichen Studien und Veröffentlichungen liegen die Quoten der Missbrauchsraten bei den Frauen sogar mit mehr als 25% bis 75% um ein Vielfaches höher[3]. Dies betrifft auch den Tatbestand, dass nach zahlreichen Untersuchungen Jungen *häufiger* als Mädchen von Frauen sexuell missbraucht werden.

Bell u. a. (1981) berichten von 27% Männern, die in ihrer Kindheit von Frauen missbraucht worden waren. *Fritz* u. a. (1981) berichten in ihrer Untersuchung, dass von den 412 männlichen befragten Psychologiekursteilnehmern an der Universität von Washington 7,3% angaben, in ihrer Kindheit sexuell missbraucht worden zu sein, 60% von ihnen erlebten sexuelle Gewalt durch Frauen (von den befragten 540 weiblichen Psychologiekursteilnehmern berichten 7,7%, in ihrer Kindheit Opfer sexuellen Missbrauchs gewesen zu sein; 10% von ihnen benannten eine Frau als Täter.) Die von *Longo* (1982) befragten jugendlichen *Sexualstraftäter* mit *eigenen Missbrauchserfahrungen* gaben zu 76,5% eine Frau als Missbraucherin an; von ihnen trugen 47% *sexuelle Dysfunktionen* (*Ejaculatio praecox, Impotenz*) davon. *MacFarlane* (1982) kommt bei *Sexualstraftätern, die in ihrer Kindheit sexuell missbraucht wurden*, auf 33% Täterinnen. *Finkelhor* und *Russell* (1984) kommen bei einem Vergleich von Studien zu sexuellem Missbrauch auf 5% Mädchen und 20% Jungen, die von älteren Frauen missbraucht worden waren. *Petrovich* und *Templer* (1984) fanden heraus, dass von 83 erwachsenen *Vergewaltigern* 49 (= 59%) vor ihrem sechzehnten Lebensjahr (durchschnittliches Alter zur Zeit des Missbrauchs: 11,5 Jahre) durch eine ältere Frau sexuell missbraucht wurden[4]. Bei einer Befragung von *Condy* und *Condy* u. a. (1985, 1987) gaben 45% der männlichen *Gefängnisinsassen*[5] beziehungsweise 16% der männlichen Studenten an, als Kind beziehungsweise Jugendlicher – außerfamiliale – sexuelle Erlebnisse mit einer oder mehreren älteren Frauen gehabt zu haben, wobei sie sich überwiegend sexuell nicht missbraucht fühlten. *Kercher* und *MacShane* (1985) kommen in ihrer Untersuchung auf 25,6% Frauen (im Vergleich = 16,4% Männer), die Jungen missbrauchten; bei dem *inzestuösen* Kindesmissbrauch ermittelten sie sogar eine Missbrauchsrate von 60% an männlichen Kindern, die durch ihre Mütter sexuelle Gewalt erfahren haben. *Marquit* (1986) berichtet von 30% - 40% Frauen, die Kinder sexuell missbrauchen. *Burgess* u. a. (1987) berichten von 56% einer Stichprobenpopulation von *Serienvergewaltigern*, die zu 32,2% angaben, von einer Täterin sexuell missbraucht worden zu sein. *Fromuth* und *Burkhart* (1987, 1989), die an zwei verschiedenen Orten der USA Studentenbefragungen durchführten, fanden 15% beziehungsweise 13% Männer, die in ihrer Kindheit sexuell missbraucht worden waren; von diesen wurden 72% beziehungsweise 78% von einer Frau sexuell missbraucht. Mit Furcht und Schock haben „nur" 12% der Jungen reagiert, „überrascht" waren 28%, interessiert oder gar Lust empfunden hatten 60%; die Mehrheit der Jungen hatte keine negativen Langzeitfolgen davongetragen. *Johnson* und *Shrier* (1987) fanden unter 1000 adoleszenten männlichen Patienten einer medizinischen Klinik 25 Missbrauchsopfer: 44% wurden von einer Frau missbraucht, dreiviertel der Täterinnen versuchten, das kindliche Opfer zu ejakulieren, und beinahe die Hälfte von ihnen hatte Erfolg. Die meisten hatten den Missbrauch als traumatisch erlebt. *Knopp* und *Lackey* (1987) kommen auf 51% Täterinnen. Sie untersuchten 44 *Behandlungsprogramme für weibliche Täter*. Und sie berichten von 476 Täterinnen und 911 Missbrauchsfällen, von denen 646 (71%) als sogenannte „hands-on"-Übergriffe[6] bezeichnet werden. Der sexuelle Missbrauch beziehungsweise die *Vergewaltigungs- und Notzuchtdelikte* richteten sich gegen 329 männliche (51%) und 317 weibliche (49%) Opfer. Bezogen auf das Alter der pädophilen Täterinnen in der Altersgruppe bis 17 Jahren waren die weiblichen Opfer mit 55,7% in der Mehrzahl gegenüber den männlichen Opfern mit 44,3%. Waren die weiblichen Pädophilen über 18 Jahre alt, verkehrten sich die Opferzahlen nach Geschlecht: 54,3% der Opfer waren männlich, 47,7% weiblich. *Risin* und *Kross* (1987, 1988) kommen in ihrer nationalen Stichprobe von 2.972 männlichen Studenten im Alter von 18 bis 24 Jahren, von denen 7,3% angaben, vor dem 14. Lebensjahr missbraucht worden zu sein, auf 42,7% weibliche Täter (in weiteren 4,2% missbrauchten Frauen mit Männern zusammen, insgesamt also 47,1% Täterinnen)[7]; fast die Hälfte der Missbraucherinnen waren *Babysitterinnen* im Alter von 14 bis 17 Jahren. Von den Jungen machten fast die Hälfte aktiv mit – und sie fühlten sich überwiegend nicht sexuell missbraucht. Bei den Jungen, die sich passiv verhielten, fühlten sich wiederum die meisten sexuell missbraucht. *Becker* (1988) berichtet von 40,7% missbrauchenden Frauen. *Finkelhor* u. a. (1988) fanden in ihrer Untersuchung über sexuellen Kindesmissbrauch in *Kindertagesstätten* 40% Frauen, die die ihnen anvertrauten Kinder missbrauchten[8]. *Brannon* u. a. (1989) kommen in ihrer Untersuchung an Sexualstraftätern mit eigenen Missbrauchserfahrungen auf 58% Täterinnen. *Drion* (1989) berichtet, dass beim Kinder- und Jugendtelefon in Groningen (Niederlande) 32 Jungen anriefen, die angaben, überwiegend von Frauen sexuell missbraucht worden zu sein; bei einem Viertel davon waren es Mütter, die ihre Söhne missbrauchten. *Ramsay-Klawsnik* (1990 a) berichtet in seiner Studie, dass Jungen zu 33% von Männern und zu 12% von männlichen Jugendlichen missbraucht wurden; die Missbrauchsraten der weiblichen Täter, die Jungen missbrauchten, lag höher: Sie betrug 37% für weibliche Erwachsene und 19% für weibliche Jugendliche. *Allen* (1991) legt die Geschichten von 22 Täterinnen dar, die 36 Missbrauchsfälle angaben: 69,4% der Opfer waren Jungen, 30,6% Mädchen. *Briere* und *Smiljanich* (1993) berichten von *Sexualstraftätern*, die zu 80% angaben, von einer Frau missbraucht worden zu sein. *Kirsta* (1994) berichtet, dass die englische Hilfsorganisation „Kidscape", die eine eigene Statistik anhand erwachsener Opfer von sexueller Gewalt durch Frauen erstellte, auf drei Viertel Opfer kam, die von Frauen missbraucht wurden; ein Viertel wurde von Männern missbraucht. Drei Viertel der männlichen und die Hälfte der weiblichen Opfer wurden von ihren Müttern sexuell missbraucht (der Rest verteilt sich auf Stiefmütter, Tanten, Großmütter, Babysitterinnen und Kindermädchen). *Harrison* und *Cobham* (1995, S. 155) berichten über Unterlagen von *ChildLine,* ein Notruf für Kinder in Großbritannien, die dokumentieren, „dass tendenziell eher Jungen als Mädchen von Frauen missbraucht wurden. Von einem Prozent der Mädchen und von zwölf Prozent der Jungen, die wegen sexuellen Missbrauchs anriefen, wurde eine Täterin gemeldet". *Starling* u. a. (1995) berichten in ihrer Studie, dass von 151 Kindern 17,3% von weiblichen Betreuungspersonen und 12,6% von ihren eigenen Müttern missbraucht wurden (im Vergleich zu 37% Vätern und 20,5% Liebhabern der Mütter).

Im Vergleich zu den Studien, wonach Frauen und Mütter mehr männliche Kinder sexuell missbrauchen, kommen einige zum gegenteiligen Ergebnis. Danach liegt der weibliche Opferanteil im Vergleich zu den männlichen Opferanteilen höher.
Fehrenbach (1988) kommt auf 35,7% männliche und 57,1% weibliche Opfer. *McCarty* (1986) untersuchte 29 Mütter, von denen 60% die eigene Tochter und 40% den eigenen Sohn sexuell missbrauchten. *Faller* (1987) kommt in ihrer Stichprobe zum Ergebnis, dass von 86 Opfern zwei Drittel Mädchen und ein Drittel Jungen waren. *Mathews* u. a. (1989) berichten von 64% weiblichen und 36% männlichen Opfern.
Es ist bei den Ermittlungen der Missbrauchsraten hinsichtlich weiblicher Täter, die besagen, dass der Anteil der weiblichen Opfer im Verhältnis zu den männlichen Opfern höher liegt, größte Vorsicht geboten.
„Diese Zahlen erwecken den Anschein", berichtet *Jennings* (1995, S. 312), „als würden Mädchen eher als Jungen von Frauen missbraucht; bei solchen Schlussfolgerungen ist jedoch allergrößte Vorsicht geboten."
Kavemann (1996 b, S. 253), Mitglied von „Wildwasser Berlin", gehört zu den bundesdeutschen parteilich-feministischen Autorinnen, die offensichtlich ganz gezielt die Behauptung aufstellen:
„Es sind und bleiben in der Mehrzahl Mädchen, die sexuell missbraucht werden, auch von Frauen."[9]
Neben *Kavemann* gehört auch *May* (1997, S. 353), die sich ausdrücklich auf sie beruft, zu den feministischen Autorinnen, denen es offenbar sehr schwer fällt, anzuerkennen, dass ihr eigenes Geschlecht beim Ausüben sexueller Gewalt gegen Kinder vorwiegend auf Knaben fixiert ist:
„Zahlenmäßig werden nach derzeitigem Erkenntnisstand mehr Mädchen von Frauen sexuell missbraucht als Jungen."
Der Verfasser fragt sich, ob *Kavemann* und *May* spätestens seit Erscheinen der bundesdeutschen repräsentativen Studie von *Wetzels* (1997) ihre Behauptung einer Modifikation unterworfen haben. Dieser kommt auf 3,9% weibliche *und* 7,3% männliche Missbrauchsopfer, die von Frauen sexuell missbraucht wurden.
Auch die oben erwähnten Studien kommen überwiegend zum Ergebnis, dass weibliche Täter vor allem auf Knaben fixiert sind.
„Auffallend hoch", berichtet *Heyne* (1993, S. 273), „ist übrigens auch die Zahl der Mehrfachtäterinnen."

Die von *Faller* (1987) befragten Frauen hatten zu 60% zwei oder mehr Kinder missbraucht (zum Vergleich: 59,8% der Männer waren Mehrfachtäter). In der Studie von *Mathews* u. a. (1989) gaben 16 Frauen an, 44 Kinder missbraucht zu haben. Die 22 Täterinnen, die *Allen* (1991) untersuchte, gestanden insgesamt 36 Missbrauchsfälle ein. Und von 476 Frauen, die insgesamt 911 Übergriffe begangen hatten, berichten *Knopp* und *Lackey* (1987).

Sexualstraftäter sind als Kinder in einer hochsignifikanten Anzahl von Frauen und Müttern missbraucht worden

In zahlreichen Studien wurden inhaftierte *SexualstraftäterInnen* danach gefragt, ob sie in ihrer Kindheit sexuell missbraucht wurden. Bei einigen der Befragungen ergab sich ein *hoher Anteil weiblicher Täter*[10].

An dieser Stelle sei darauf hingewiesen, dass bei den ermittelten Missbrauchsraten berücksichtigt werden muss, dass diese Umfragen (sie wurden nicht nur, aber vor allem in den USA gemacht) als eine Methode der Dunkelfeldforschung mit dem Ziel, die *quantitative Verbreitung sexuellen Kindesmissbrauchs* (auch und gerade mit Blick auf den Anteil von weiblichen Tätern) zu ermitteln, nicht geeignet sind, und zwar wegen ihrer, im Vergleich zur Gesamtbevölkerung, kleinen Zahl[11]. Dieser Tatbestand betrifft aber auch *klinische Studien* (vgl. beispielsweise *Dawes*, 1989; *Dawes* u. a., 1989). Auch *retrospektiven Studien* haftet dieses Manko an, da die *retrospektiven Umfragen* fast ausschließlich auf Befragungen von StudentInnen basieren. Sie sind daher wegen des fehlenden Vergleichs zu Nicht-StudentInnen nicht auf die Gesamtbevölkerung übertragbar (vgl. beispielsweise *Sears*, 1986; *Rind* u. a., 1998). Hierbei ist insbesondere aus sozioökonomischer Sicht zu berücksichtigen, dass StudentInnen überproportional aus der Mittelschicht stammen und Nicht-StudentInnen überproportional aus der Unterschicht. Mit anderen Worten: Missbrauchte Opfer – insbesondere schwer missbrauchte Opfer – stammen überproportional aus dysfunktionalen Familien, die überwiegend der Unterschicht angehören. Diese Opfer, die vorwiegend keine höheren Schulen, Fachhochschulen und Universitäten besuchen, sind bei den Umfragen absolut unterrepräsentiert.

Von parteilich-feministischen Autorinnen sowie der feministischen Missbrauchsforschung wird das Argument, dass die entsprechenden Stichproben nicht repräsentativ sind, neben der Frage der Glaubwürdigkeit von Sexualstraftätern leidenschaftlich ins Feld geführt[12]. Mit anderen Worten: Die hochsignifikante Missbrauchsrate unter den (Sexual-)Strafgefangenen, die von Frauen *und* Müttern in ihrer Kindheit sexuell missbraucht worden sind, wird entschieden bestritten.

Dass gerade von inhaftierten männlichen, aber auch weiblichen (Sexual-)Straftätern Frauen *und* Mütter als Missbraucherinnen genannt werden, beweist einmal mehr*, dass die missbrauchenden Frauen und Mütter Mitverantwortung und Mitschuld an den Biographien dieser Menschen tragen, die insbesondere wegen physischer und sexueller Gewalt beziehungsweise Vergewaltigung von Kindern und Frauen zu Haftstrafen verurteilt wurden*[13]. Die feministische Missbrauchsforschung sowie parteilich-feministische Autorinnen scheuen sich allerdings, diesen Sachverhalt ins Auge zu fassen.

6.3 Die bundesdeutsche Missbrauchsrate
Der Anteil der Täterinnen in der BRD

„Das Vorherrschen von intrafamilialem Missbrauch darf zwar nicht den Blick von extrafamilialem Missbrauch, wie er zunehmend in Institutionen bemerkt wird, ablenken. Jedoch macht es das Ausmaß von intrafamilialem Missbrauch unbedingt erforderlich, dass die Familie nicht länger idealisiert, sondern als potentieller Tatort bekannt wird."
Edith Burger und *Caroline Reiter* (1993, S. 105)

Bis Anfang der 90er Jahre gab es in der Bundesrepublik Deutschland keine methodisch angemessenen Prävalenzstudien, die eine Einschätzung der Verbreitung sexuellen Kindesmissbrauchs erlaubt hätten. Dies änderte sich im Laufe der 90er Jahre. Es entstanden einige nicht-klinische, retrospektive (darunter eine repräsentative) Prävalenzstudien[1] über den sexuellen Kindesmissbrauch.
Die Missbrauchsraten schwanken hier zwischen 18% und 31% bei Mädchen und 4% und 16% bei Jungen, wobei die Grenze des Schutzalters teilweise auf das 16. Lebensjahr festgelegt worden ist.
Der Missbrauchsanteil *weiblicher* Täter beträgt in diesen Studien zwischen 6% und 40%. Der Autor erhebt mit diesem Überblick keinen Anspruch auf Vollständigkeit.

Elliger und *Schötensack* (1991) veröffentlichten 1991 eine Prävalenzstudie über den sexuellen Missbrauch im Kindes- und Jugendalter in Würzburg. Sie befragten 220 UniversitätsstudentInnen, 241 FachhochschulabsolventInnen und 557 BerufsschülerInnen. Die Befragung ergab folgendes Bild, wobei die Autoren *verschiedene Definitionskriterien* anlegten: Bei der Definition von sexuellem Missbrauch *mit* Körperkontakt und einer Altersdifferenzierung von mindestens fünf Jahren ermittelten sie eine Prävalenzrate für Kinder – vor dem 14. Lebensjahr – von 6,9%. Sodann bezogen sie „Nicht-Kontakthandlungen" (beispielsweise Exhibitionismus, verbale Belästigung und Pornographie) in Form einer *erweiterten* Definition mit ein, so dass die Prävalenzrate auf fast das Doppelte anstieg: 12,5%. Nachdem sie dann noch die Altersdifferenz von 5 auf 2 Jahre herabsetzten, kamen sie auf eine Prävalenzrate von 33,5%.
Die Autoren (1991, S. 151) führen zu dieser hohen Rate aus:
„In einer so weiten Definition müssen dann aber auch pädosexuelle Aktivitäten aufgenommen werden, die eine Täter-Opfer-Differenzierung zumindest in epidemiologischen Studien unmöglich machen. So scheinen in unsere Untersuchung an dieser Stelle vorrangig aktive sexuelle Früherfahrungen eingegangen zu sein und weniger passiv erlittene und leidvolle Erlebnisse."
Bei der von ihnen verwendeten Altersdifferenzierung von fünf Jahren zwischen Täter und Opfer kommen sie auf 2,6% Mädchen und 1,7% Jungen, die vor ihrem 14. Lebensjahr sexuelle Missbrauchshandlung in Form von analem, oralem oder vaginalem Geschlechtsverkehr erlebt haben. Die Rate steigt, wenn man „sonstige pädosexuelle Körperkontakte" berücksichtigt. Werden *exhibitionistische Handlungen* miteinbezogen, so erhöht sich diese Rate auf 14,7% bei Mädchen und 4,7% bei Jungen.
Über weitere Ergebnisse berichten *Schötensack* u. a. (1992), die 1992 in Würzburg und

Umgebung 1841 Berufsschüler und Studenten im Alter von 20 bis 25 Jahren und 310 Berufsschüler in Leipzig über Missbrauchserfahrung in ihrer Kindheit befragten. Sexuelle Erlebnisse während des Kindesalters (vor dem 14. Lebensjahr) beschreiben 35,2% der Frauen und 31,4% der Männer in Würzburg und 30,2% der Frauen und 31,4% der Männer in Leipzig, wobei jedoch der *größte* Teil sich auf *einvernehmliche Kontakte* bezieht. Über Missbrauch im Sinne der angewandten Definition von sexuellem Missbrauch *(mit* Körperkontakt: vaginalem, analem, oralem Verkehr, erotischen Berührungen; *ohne* Körperkontakt: Reden, Gesten, Pornographie, Exhibitionismus) und unter Zugrundelegung einer Altersdifferenz von 5 Jahren zwischen Täter und Opfer hatten 16,1% der Frauen und 5,8% der Männer in Würzburg berichtet. Beschränkt auf Missbrauch *mit* Körperkontakt waren es dann „nur" noch 4,0% der Männer und 10,3% der Frauen; hiervon gaben 0,9% der Männer und 1,9% der Frauen Sexualverkehr an. In der Leipziger Gruppe ergab sich eine Prävalenz von 10% für Mädchen und 6% für Jungen.

Über *negative* Gefühle im Zusammenhang mit ihren Erfahrungen berichteten „nur" 35% der Frauen und 9% der Männer. Eine gleich hohe Rate für Männer findet sich in der Leipziger Studie, die der Frauen ist mit 9,6% niedriger.

Unter den Missbrauchern waren 110 weibliche Pädophile.

In der von *Raupp* und *Eggers* (1993) durchgeführten Essener Prävalenzstudie, an der 547 BerufsfachschülerInnen der Gesamthochschule Essen und 385 StudentInnen der Universität Essen (520 Frauen / 412 Männer) teilnahmen, gaben 40% der Frauen und 33% der Männer an, in ihrer Kindheit sexuelle Erfahrungen gemacht zu haben. Die Grenze des Schutzalters betrug 14; *Kinder ab 12 Jahren, die Erfahrungen mit um 5 oder mehr Jahre Älteren berichteten und diese als positiv bewerteten, wurden aus der Missbrauchsstatistik herausgenommen*[1 a]. Bezogen auf den sexuellen Missbrauch ergab sich – bei den gleichen angewandten *Missbrauchskriterien* wie in der Untersuchung von *Elliger* und *Schötensack* (1991) – eine Prävalenz von 25,2% für Mädchen und 6,3% für Jungen (hierbei wurden Vorfälle zwischen Gleichaltrigen und sogenannte *„Hands-off"-Erlebnisse* berücksichtigt). Reduziert man den sexuellen Missbrauch auf den *mit* Körperkontakt, so ergibt sich „nur" noch eine Prävalenz von 14% für Mädchen und 3,9% für Jungen. Werden die Missbrauchsfälle, bei denen der Altersabstand zwischen Täter und Opfer unter 5 Jahren beträgt, ausgeschlossen, liegt der Anteil „nur" noch bei 11,9% für Frauen und 2,1% für Männer, die Missbrauch *mit* Körperkontakt erlebt haben. 90% der Missbrauchsfälle *mit* Körperkontakt sind von Tätern begangen worden, die dem Opfer bekannt waren. Unter den Missbrauchern waren 46 weibliche Pädophile.

Bange (1992) befragte 518 weibliche und 343 männliche Studenten der Universität Dortmund, *Bange* und *Deegener* (1996) in Homburg 431 Studentinnen/Fachschülerinnen und 438 Studenten/Fachschüler anhand des jeweils gleichen Fragebogens. Sexuelle Handlungen *mit* und *ohne* Körperkontakt wurden erfasst. Die Grenze des Schutzalters wurde bei 16 Jahren angesetzt. Bei der Dortmunder Befragung gaben 130 Frauen (25%) und 28 Männer (8%) an, mindestens einen sexuellen Übergriff in ihrer Kindheit erlebt zu haben; in der Homburger Befragung waren es 95 Frauen (22%) und 22 Männer (5%). Von den betroffenen Dortmunder Frauen und Männer erfuhren 28% bzw. 43% und von den Homburger Frauen und Männer 27% bzw. 39% sexuelle Gewalt durch Gleichaltrige (1 bis 4 Jahre Altersunterschied). Unter Berücksichtigung einer Altersdifferenz von 5 Jahren errechnet sich insgesamt eine Prävalenzrate (unter Einschluss *exhibitionistischer Vorfälle, sexualisierter Küsse und Beobachten beim Baden*) von 17% für Frauen und 3,6% für Männer (vgl. hierzu *Wetzel*s,1997, S. 50).

Bange (1992, S. 115) berichtet in seiner Dortmunder Studie von den Täterinnen, die sich an männlichen Opfern vergingen:
„Von den Studenten wurden ... zwei von Frauen sexuell missbraucht (7%). Auch hier kam es einmal zu einem exhibitionistischen Erlebnis. Ein anderer Mann musste als 13-Jähriger bei seiner 26-jährigen Cousine Vaginalverkehr durchführen."
Und bezogen auf die Homburger Studie führen *Bange* und *Deegener* (1996, S. 148) aus:
„Bei den sexuell missbrauchten Männern aus dem Saarland liegt diese Zahl bei 28 Prozent deutlich höher."
In der Dortmunder Studie berichten *Bange* und *Deegener* (1996) auch von einer Studentin, die als Mädchen von einem Mädchen, und einer weiteren Studentin, die von einer Frau sexuell ausgebeutet wurden; laut den Autoren sind das 1% der gesamten Missbrauchsfälle. In der Homburger Befragung *(Bange* und *Deegener* 1996, S. 148) sind es 6%, die Zahl liegt demnach „etwas höher".
Gemeinsam stellen *Bange* und *Deegener* (1996, S. 149) fest, „... dass in der Dortmunder Befragung die Frauen als Täterinnen unterrepräsentiert sind. Dagegen dürften die Zahlen der Homburger Befragung eher die Wirklichkeit treffen".
Burger und *Reiter* (1993) von der Katholischen Sozialethischen Arbeitsstelle e.V. in Hamm führten im Auftrag des Bundesministeriums für Familie und Senioren in der Zeit vom 1. Juli 1989 bis zum 31. Januar 1992 eine Studie zur Intervention und Prävention von sexuellem Missbrauch an Kindern durch. Sie befragten Jugendämter, Verbände und Erziehungsberatungsstellen, die insgesamt 2605 „aufgedeckte Fälle" und 3099 „vermutete Fälle" mitteilten[2]. In ihrer Studie kommen sie zu dem Ergebnis, dass es sich bei dem sexuellen Missbrauch von Kindern überwiegend um *Inzest* handelt. Insgesamt waren es 1814 Nennungen (bei allen Nennungen war eine Mehrfachnennung möglich), bezogen auf männliche Missbraucher (darunter 655-mal der biologische Vater, 536-mal der Stief-, Pflege- und Adoptivvater, Partner der Mutter und 225-mal der [Stief-]Bruder, Großvater, Onkel), die Mädchen missbrauchten. Und 278 Nennungen (darunter 64-mal der biologische Vater, 51-mal der Stief-, Pflege- und Adoptivvater, Partner der Mutter und 29-mal der [Stief-]Bruder, Großvater, Onkel), bezogen auf Jungen als Opfer.
Bei den Frauen, die Mädchen missbrauchten, weist die Untersuchung 33 Nennungen aus (darunter 21-mal die biologische Mutter, 1-mal die Stief-, Pflege- und Adoptivmutter, Partnerin des Vaters und 3-mal die [Stief-]Schwester, Großmutter, Tante). 73 Nennungen waren es bei den Frauen, die Jungen sexuell missbrauchten (darunter 60-mal die biologische Mutter, 2-mal die Stief-, Pflege- und Adoptivmutter, Partnerin des Vaters und 6-mal die [Stief-]Schwester, Großmutter, Tante).
Das Alter der TäterInnen wurde überwiegend mit 26 – 40 Jahren angegeben. Und von den jüngeren männlichen Missbrauchern waren 16 unter 12 Jahre alt, 41 zwischen 12 und 14, 74 – und ab hier waren es auch jüngere Missbraucherinnen – zwischen 15 und 17 und 70 zwischen 18 und 20.
Die Verfasserinnen der Studie befragten auch die MitarbeiterInnen dieser Institutionen hinsichtlich eigener möglicher sexueller Kindesmissbrauchserfahrungen. Von den 134 *Beratungsstellenleitern* gaben 16% an, als Jungen sexuell missbraucht worden zu sein. Mit 29% deutlich höher lag der Missbrauchsanteil bei den *Leiterinnen*. Von den 121 befragten *Mitarbeitern* bejahten 12% und von den befragten 235 Mitarbeiterinnen 32% den sexuellen Missbrauch in ihrer Kindheit.
Teegen u. a. (1992, S. 12) gelang es, in der ersten Jahreshälfte 1991 in verschiedenen Medien (vor allem Frauenzeitschriften) auf ihren Fragebogen zur genauen „Klärung der

Missbrauchserfahrung, damit verbundene Folgeschäden sowie von Bewältigungsversuchen" aufmerksam zu machen. Der Fragebogen, der bis Ende Juli 1991 2097-mal angefordert wurde, wurde bis Ende August von 541 Frauen und 35 Männern, die, so *Teegen* u. a. (1992, S. 13), „sich an den erlebten Missbrauch erinnerten beziehungsweise begonnen hatten, ihre Missbrauchserfahrungen im Zusammenhang mit Krisen, Erkrankungen, psychologischer Beratung und Therapie aufzuklären", ausgefüllt zurückgeschickt. Von ihnen gaben 7% der Frauen und 22% der Männer an, von weiblichen Tätern (deren Gesamtzahl belief sich auf 11%, wobei Mütter mit 5% am häufigsten genannt wurden) sexuell missbraucht worden zu sein. *Teegen* u. a. (1992, S. 15) führen hierzu aus: „Die Männer nennen häufiger Täterinnen als die Frauen, vor allem die Mutter. Jungen, für die der Missbrauch im Kleinkindalter begann, wurden überwiegend in der Familie (häufig durch die Mutter) missbraucht."

Hoffmann (1991) veröffentlichte in der Zeitschrift *Cosmopolitan* einen Beitrag zum Thema „Sexueller Kindesmissbrauch, verübt durch Frauen" – und verwies auf die von *Teegen* u. a. (1992) durchgeführte Untersuchung der Universität Hamburg. Nach Veröffentlichung forderten 26 Personen einen Fragebogen von der Universität Hamburg an, der von 7 Frauen und 8 Männern ausgefüllt zurückgesandt wurde[3] (vgl. hierzu *Teegen*, 1993). Von den insgesamt 15 Personen wurden nach eigenen Angaben 14 von engen Familienangehörigen langjährig missbraucht; ein Mann, der nicht von einem Familienmitglied missbraucht wurde, bewertete seine Erlebnisse nicht als negativ und hat seinen Angaben nach auch keine Folgeschäden davongetragen. Insgesamt 13-mal wurde die Mutter, einmal die Stiefmutter als Missbraucherin genannt; sieben Frauen und Männer wurden zusätzlich von Großmutter, Tanten, Vater oder von Bekannten der Mutter missbraucht.

Kloiber (1994) verschickte Ende 1991 / Anfang 1992 in Berlin einen Fragebogen[4] an 1492 Männer (1000 West, 492 Ost) im Alter von 18 bis 60 Jahren[5]. Der Fragebogen bezog sich auf „biographische Daten", „das Missbrauchsgeschehen und -erleben" und „mögliche Folgen des Missbrauchs". Der ausführliche Fragebogen wurde von insgesamt 176 Männern, und eine Kurzformversion des Fragebogens von 35 Männern beantwortet. Unter Berücksichtigung der Tatsache, dass diese sehr geringe Stichprobe nicht repräsentativ ist und das Schutzalter auf 16 festgesetzt wurde, kommt *Kloiber* auf 16,4% (29 von 176) Männern, die in ihrer Kindheit beziehungsweise Jugend missbraucht worden sind. Die Täter setzen sich aus 21 (56,8%) Männern und 15 (40,5%) Frauen zusammen. Hinzu kommt noch ein weiterer Täter (2,7%), der mit einer Frau zusammen den Missbrauch vollzog. *Kloiber* (1994, S. 498) führt zu dem hohen Anteil an Täterinnen aus: „Der Täterinnenanteil überrascht, war er doch höher ausgefallen als in den meisten bekannten Untersuchungen, in denen Jungen zum Teil zu etwa 20% von Frauen sexuell missbraucht wurden."

Die hohe Angabe über missbrauchende Frauen ist, wie es auch *Kloiber* folgerichtig ausführt, sicherlich darauf zurückzuführen, dass er in dem Fragebogen *keine* wertende Frageform gewählt hatte – konkret: auf die Bezeichnung „sexueller Missbrauch" gänzlich verzichtete. Den Männern, „die sich subjektiv nicht als Opfer sexueller Gewalt sehen wollen beziehungsweise können", fiel es, so *Kloiber* (1994, S. 499), „möglicherweise leichter, sich zu ihren sexuellen Erfahrungen mit Frauen zu äußern. Eine andere Frageform (z. B. ‚Wurden Sie sexuell missbraucht?') hätte evtl. weniger positive Antworten zur Folge gehabt". Dennoch maß von den, wie es *Kloiber* (1994, S. 496) formuliert, „29 missbrauchten Männern" 15 (7 ohne Angabe) dem „Missbrauchserlebnis keine Bedeutung für ihre weitere Entwicklung bei" (S. 501).

In der von *Richter-Appelt* und *Tiefensee* (1996 a, 1996 b) erstellten Hamburger Studie[6] wurden 3000 Fragebogen vorwiegend an StudentInnen verschiedener Hochschulen verschickt; die Rücklaufquote betrug 35%. 616 Frauen und 452 Männer – zu drei Viertel StudentInnen – der verschiedenen Hamburger Hochschulen wurden schriftlich nach sexuellen Gewalterfahrungen in der Kindheit befragt, wobei sexuelle Missbrauchserfahrungen auf Erfahrungen *vor dem 12. Lebensjahr*[7] begrenzt und Vorfälle *geringerer Intensität* wie beispielsweise *sexuelle Küsse* oder *sexuelle Umarmungen* als sexueller Missbrauch klassifiziert wurden. Bei den Frauen fanden sich 23%[8] Opfer sexuellen Missbrauchs (11% von diesen wurden aufgrund ihrer Angaben von Ratern als sexuell missbraucht eingestuft; ohne konkrete Angaben zu machen, bezeichneten sich weitere 12% global als Opfer sexuellen Missbrauchs[9]). Unter den Männern fanden sich 4% sexuell missbrauchte Opfer.

Von der gesamten Stichprobe nannten „nur" zwei Frauen und zwei Männer eine Frau als Täterin.

Müller (1997) führte eine retrospektive Befragung an fünf Berufsschulen und drei Fakultäten der Kölner Universität durch. Befragt wurden 976 BerufsschülerInnen und StudentInnen im Alter von 18 bis 25[10]. Als obere Altersgrenze gibt *Müller* das 14. Lebensjahr „aufgrund nationaler Gesetzgebung (§ 176 StGB)" an, und zwar „in Übereinstimmung mit weiteren nationalen und internationalen Studien". Von den weiblichen Befragten gaben 34% und von den männlichen Befragten 37% an, vor dem 14. Lebensjahr sexuelle Erfahrungen gemacht zu haben. Tatsächlich betroffen von sexuellem Missbrauch waren 104 Mädchen und 34 Jungen, eine Prävalenz von 21,1% beziehungsweise 8,3%, was einer Gesamtprävalenz von 15,3% entspricht[11]. Wird nur der Missbrauch *mit* Körperkontakt (zum Beispiel orale, genitale und anale Penetration, die im Mittel über 4 Jahre dauerte) berücksichtigt, so verringert sich die Prävalenz für Mädchen auf 10,9% und für Jungen auf 2,9%. Kinder im Alter von 6 - 10 Jahre waren, so *Müller*, besonders häufig von Missbrauch durch Familienangehörige betroffen – und Kinder im Alter von 2 - 5 Jahren eher von Missbrauch *mit* Körperkontakt.

„Vor allem an Missbrauchssituationen mit Körperkontakt waren bei den männlichen Opfern in einem Drittel der Fälle Frauen beteiligt, in 24% der Fälle waren sie die Alleinverantwortlichen", so *Müller*[12] (1997, S. 69).

In der einzigen bundesdeutschen repräsentativen Untersuchung, die vom Kriminologischen Forschungsinstitut Niedersachsen unter Federführung von *Wetzels* und *Pfeiffer* im Auftrag des Bundesministeriums für Familie, Senioren und Jugend 1992 entstandenen ist, kommt *Wetzels*[13] (1997), der sich eng an dem bundesdeutschen Sexualstrafrecht orientiert, auf eine Missbrauchsrate *(mit* und *ohne* Körperkontakt) von 13,8% für Mädchen und 4,3% für Jungen, die vor ihrem 16. Lebensjahr Opfer sexuellen Missbrauchs wurden. Unter ausschließlicher Berücksichtigung von § 176 StGB reduzieren sich die Missbrauchsraten auf 10,7% für Mädchen und 3,4% für Jungen, die vor ihrem 14. Lebensjahr Opfer sexuellen Missbrauchs wurden. Wird nur der Missbrauch *mit* Körperkontakt berücksichtigt, beträgt die Missbrauchsrate „nur" noch ganze 8,6% für Mädchen und 2,8% für Jungen vor ihrem 16. Lebensjahr – und 6,2% für Mädchen und 2,0% für Jungen vor ihrem 14. Lebensjahr.

Von den Befragten gaben 3,9% der 139 weiblichen Opfer (Täter-Opfer-Konstellation gesamt: 155; die Gesamtopferzahl beträgt hier 142; drei von ihnen machten zum Täter keine Angaben) und 7,3% der 44 männlichen Opfer (Täter-Opfer-Konstellation gesamt: 55) Frauen als Täter an. Demnach sind es mehr Frauen als Männer, die Jungen missbrauchen. In keinem Fall wurde eine Mutter als missbrauchende Täterin angegeben. *Wetzels* (1997, S. 159) erklärt sich, wie andere AutorInnen auch, die geringe Nennung von Frauen so:

„Zwar gibt es zweifellos auch sexuelle Handlungen erwachsener Frauen an Kindern und Jugendlichen. ... Allerdings scheint es so zu sein, dass Männer zwar Erfahrungen mit älteren Frauen beschrieben, die zumindest bezogen auf die involvierten Handlungen der Definition sexuellen Missbrauchs entsprechen würden, dass sie sich aber nicht als Opfer fühlen. Dies könnte ein Grund dafür sein, weshalb in einer Prävalenzstudie wie der hier vorliegenden kaum Täterinnen genannt werden."

„Die Unterschiede bezüglich Gewalttätigkeit und Opfererfahrung von Männern und Frauen sind relativ gering."

Das Nachrichtenmagazin *Focus* beauftragte 1994 das *Sample Institut* mit einer – bundesweiten – repräsentativen Befragung (Befragungszeitraum: 12.08. – 24.08.1994) zum Thema *Gewalt in der* Familie[14]. Das *Sample Institut* befragte 2600 Personen zwischen 14 und 59 Jahren in Mehrpersonenhaushalten. Bei der Befragung – Doppelnennungen waren offenbar möglich – zur sexuellen Gewalt (Befragte hier: 1714 = 869 Frauen und 845 Männer) wurde die „gesamte zurückliegende Lebenszeit" und die „letzten 5 Jahren" berücksichtigt. Die *Focus*-Umfrage[15] zeigt ein durchaus interessantes Bild: „Im Abschnitt ‚Sexuelle Gewalt' überraschen die Zahlen der ‚vergewaltigten' und ‚sexuell genötigten' Männer", so *Focus*.

Dass sie durch ein Haushaltsmitglied zum „Beischlaf, durch Gewalt oder Drohung gezwungen" worden sind, berichten 2,1% (Westdeutschland) beziehungsweise 1,3% (Ostdeutschland) der Männer und 6,2% beziehungsweise 2,6 der Frauen (Gesamt: 3,7%). Und das dies in den letzten fünf Jahren geschah, gaben 1,2% (Westdeutschland) beziehungsweise 0,6% (Ostdeutschland) der Männer und 4,2% beziehungsweise 1,3% der Frauen an (Gesamt: 2,4%).

Dass sie „andere sexuelle Handlungen, durch Gewalt oder Drohung erzwungen", erlebt haben, berichten 1,8% beziehungsweise 1,3% der Männer und 5,3% beziehungsweise 1,5% der Frauen (Gesamt: 3,1%). Und das dies in den letzten fünf Jahren geschah, gaben 0,9% beziehungsweise 0,2% der Männer und 3,3% beziehungsweise 1,1% der Frauen an (Gesamt: 1.8%).

Dass sie „Beischlaf oder sexuelle Handlungen mit einem (einer) Jugendlichen unter 16 Jahren (als ich noch ein Kind war)" erlebt haben, berichten 2,1% beziehungsweise 0,9% der Männer und 3,7% beziehungsweise 1,7% der Frauen (Gesamt: 2,6%). Und dass dies in den letzten fünf Jahren geschah, gaben 1,1% beziehungsweise 0,9% der Männer und 2,7% beziehungsweise 1,1% der Frauen an (Gesamt: 1,7%).

Von den Befragten waren 179 zwischen 14 und 19 Jahre alt.
Von diesen waren ihren Angaben nach

- je 3,1% „überhaupt" und „in den letzten 5 Jahren" Opfer von „Beischlaf, durch Gewalt oder Drohung erzwungen"
- je 2,8% „überhaupt" und „in den letzten 5 Jahren" Opfer von „andere sexuelle Handlungen, durch Gewalt oder Drohung erzwungen" und

- 4,5% „überhaupt" und 3,3% „in den letzten 5 Jahren" Opfer von „Beischlaf oder sexuellen Handlungen mit einem (einer) Jugendlichen unter 16 Jahren (als ich ein Kind war)" gewesen.

Nach dieser repräsentativen Befragung gibt es zwar signifikante Unterschiede hinsichtlich der männlichen und weiblichen Befragten in Westdeutschland, jedoch nicht bei den Befragten *beiderlei* Geschlechts in Ostdeutschland. Dort existiert kein nennenswerter signifikanter Unterschied zwischen männlichen und weiblichen Befragten. Auch eine Gegenüberstellung der männlichen Befragten in Westdeutschland mit den weiblichen Befragten in Ostdeutschland ergibt keinen nennenswerten signifikanten Unterschied. Interessant ist auch und insbesondere die Tatsache, dass es in allen Bereichen zwischen den westdeutschen *und* ostdeutschen Frauen signifikante Unterschiede gibt.

Das Nachrichtenmagazin kommt aufgrund der repräsentativen Befragung, die neben der sexuellen Gewalt *auch* körperliche Misshandlung *und* Gewalt beinhaltet[16], zu folgenden Erkenntnissen:

„Überraschenderweise sind die Unterschiede bezüglich Gewalttätigkeit und Opfererfahrung von Männern und Frauen relativ gering." – Die *Focus*-Umfrage belege „eine beträchtliche weibliche Aggressivitätsrate. Die Quote ausgeübter Gewalt liegt insgesamt bei etwa zwei Drittel der Männerquote". – „Dass ein erheblicher Teil der ‚Gewalt gegen Mädchen' von Frauen selber kommt. ... Nach der deutschen Kriminalstatistik werden rund 40% der angezeigten Kindesmisshandlungen von Frauen begangen. Bei Kindesmisshandlungen mit Todesfolge liegen die Frauen laut einer Studie sogar vor den Männern. Selbst beim Kindesmissbrauch soll der Täterinnen-Anteil zwischen etwa 15 und 30% liegen."

Regionale Erhebungen über den Missbrauchsanteil weiblicher Täter

Der Jahresbericht des *Deutschen Kinderschutzbundes* (DKSB) Frankfurt am Main weist für 1990 aus, dass in 10,7% der Fälle sich Frauen an Kindern sexuell vergangen haben: 6,8% entfielen auf Mütter, 1,5% auf Pflegemütter, 0,8% auf Stiefmütter, je 0,8% auf Bekannte und Nachbarn sowie auf Professionelle. Und 1991 waren es laut Jahresbericht 9,27% Frauen: 7,2% entfielen hier alleine auf Mütter (vgl. *Spiegel* 33/1991, S.68-74).

„Der Missbrauch durch Frauen ist ein unterschätztes Problem", erklärte im Frühjahr 1993 die Psychologin Monika *Weber-Hornig* vom *Kinderschutzzentrum* Mainz gegenüber dem *Stern* (13/1993, S. 86-91). Das Kinderschutzzentrum berichtete aufgrund eines abgeschlossenen zweijährigen Forschungsprojekts über Folgeproblematiken und Hilfserfordernisse für sexuell missbrauchte Jungen, dass etwa 10% der Täter Frauen waren: „Zwei Drittel von ihnen vergingen sich an ihren eigenen Kindern. Der Rest waren Stiefmütter, weibliche Verwandte, aber auch Erzieherinnen", berichtete der *Stern*.

„Zartbitter" in Köln, eine Beratungs- und Hilfsvereinigung für sexuell missbrauchte Kinder, schätzt, dass etwa 20% der männlichen Opfer von Frauen sexuell missbraucht wird *(Frankfurter Rundschau,* 29. August 1998).

Die *Universitätsstadt Gießen* hat in Zusammenarbeit mit zehn Einrichtungen und Beratungsstellen der Jugendhilfe – wie beispielsweise „*Wildwasser*"[17] – im Jahre 1995 eine „empirische Studie"[18] durchgeführt. Berücksichtigt wurden alle bekannt gewordenen Kindes- und Jugendmissbrauchsfälle[19] aus dem Jahr 1994, die aus dem Gebiet der

Stadt Gießen, dem Landkreis Gießen und anderen Städten und Kreisen stammen. Insgesamt 277 Fälle „sexuellen Missbrauchs an Kindern und Jugendlichen unter 18 Jahren (wurden) registriert": 251 (91%) Mädchen und 26 Jungen (9%). „89% aller Mädchen und 69% aller Jungen ... (waren) Opfer männlicher Übergriffe. Der Anteil der Täterinnen betrug bei den weiblichen Opfern 11% und bei den männlichen Opfern 31%. Dort, wo Frauen als (Mit-)Täterinnen agierten, wurden die Kinder in der Regel zusätzlich von Männern missbraucht. (S.13)". Von den „Täterinnen agierten", ist der „empirischen Studie" (S. 13) weiter zu entnehmen, „nur 3 in Einzeltäterschaft, in allen übrigen Fällen waren Frauen an der Tat beteiligt".

Das *Kinderschutzzentrum München* berichtet in seinem Jahresbericht 1997 *(Kirchmann,* 1999, S. 71) von zwei Fällen, in denen Mütter ihre Kinder missbrauchten:

„In einem Fall war die starke erotische Spannung zwischen der Mutter und ihrem 5-jährigen Sohn Thema der Beratung. Im anderen Fall erstattete die 14-jährige Tochter nach sexuellen Übergriffen Anzeige gegen die eigene Mutter."

Der Verein *„Tauwetter"* in Berlin, Anlaufstelle für Männer, die als Jungen sexuell missbraucht wurden, hat in den letzten Jahren ungefähr 350 Gespräche mit Betroffenen geführt. Rund ein Viertel der Männer waren in ihrer Kindheit Opfer sexuellen Missbrauchs durch Frauen.

Auch einige AutorInnen sollen an dieser Stelle mit ihren Schätzungen über den Anteil der Kindesmissbraucherinnen erwähnt werden.

Brongersma (1980, S. 138) berichtet über die Häufigkeit von pädophilen Frauen: „Aus der Erinnerung vieler erwachsener Männer dürfen wir aber schließen, dass sie zahlreich vertreten sind und dass die Einführung von Jungen in Sexualpraktiken eine beliebte Beschäftigung für nicht wenige Frauen darstellt." *Rush* (1982), *Fürniss* (1994) und *Jäckel* (1994) berichten von einem Täterinnenanteil von 10% bis 20%. *Enders* (1999, S. 179) führt über die Häufigkeit missbrauchender Frauen aus: „Der Anteil der Täterinnen liegt zwischen 10% und 20%. Der Überblick des amerikanischen Forschungsstandes zeigt auf, dass bei männlichen Opfern von einem Anteil an Täterinnen zwischen 13% und 25% ausgegangen werden muss. Bei weiblichen Opfern wird er durchgängig als etwas niedriger eingeschätzt." *Wirtz* (1996, S. 23) berichtet unter Berufung auf die (damalige, von Union und FDP geführte) Bundesregierung: „Das Verhältnis von männlichen Tätern zu weiblichen ist 9:1." *Fatke* (1992) gibt die Zahl der weiblichen Pädophilen mit 15% an. *Brockhaus* und *Kolshorn* (1993) schätzen den Täterinnenanteil auf etwa 20%. *Bange* (1997, S. 16) führt, differenziert nach männlichen und weiblichen Opfern, aus: „Bei (missbrauchten) Jungen geht man von einem Täterinnenanteil von etwa 20% und bei den (missbrauchten) Mädchen von unter 10% aus." *Kavemann* (1996 a, S. 2) beziffert den Täterinnenanteil im Jahre 1996 noch auf „etwa 10%", im Jahre 1999 auf „etwas mehr als 10%" (1999, S. 37) und im Jahre 2000 – unter Hinweis auf entsprechende empirische Untersuchungen – auf 10% bis 15% – sie geht sogar von einer hohen Dunkelziffer aus (Berliner *Stadtzeitung Zitty* (13/2000)[20].

Das ganze Ausmaß an weiblichen Kinderschänderinnen kann man sich möglicherweise mit den von *Mathews* (1991), *Heyne* (1993) und *Saradjian* (1999) errechneten Zahlen mehr als verdeutlichen.

Der kanadische promovierte Psychologe Fred *Mathews* (1991, 1995, S. 305) erklärte 1991 bei einer Tagung in Toronto, dass – bezogen auf Kanada – etwa 10% Frauen Kinder sexuell missbrauchen:

„Wenn jeder siebte kanadische Mann und jede vierte Frau als Kind sexuell missbraucht wurden, wie eine Untersuchung gezeigt hat, dann sind das etwa fünf Millionen Menschen. 10% davon würde bedeuten, dass 500 000 KanadierInnen von Mädchen oder Frauen missbraucht wurden; 1% wären 50 000. Ich weiß nicht, wie es Ihnen geht, aber ich finde, das ist eine ganze Menge."

Heyne (1993, S. 275, 276) fragt sich mit Blick auf die Aussage von *Finkelhor* und *Russell* (1984, S. 175), die zu dem Ergebnis gelangten, dass 20% der männlichen und 5% der weiblichen Opfer von Frauen sexuell missbraucht werden, aber dennoch erklären, dass Frauen nur eine „kleine Minderheit der Kind-Erwachsenen-Beziehung" darstellen:

„In absoluten Zahlen ausgedrückt bedeuten diese Prozentzahlen – auf die USA bezogen – aber, dass rd. 1,6 Mio. Jungen und 1,5 Mio. Mädchen, insgesamt also rd. 3,1 Mio. Kinder Opfer sexueller Übergriffe durch Frauen werden. Selbst wenn man davon ausginge, dass die Zahl der Missbrauchsfälle nur 10% der auch von Finkelhor und Russell angenommene Fälle ausmachten, bleiben für die USA 310 000 Kinder als Opfer sexueller Gewalt durch Frauen. Analog gäbe es in Deutschland demnach – bezogen auf eine angenommene Zahl von 300 000 jährlich missbrauchten Kindern und einem Anteil von 10% durch Frauen missbrauchter Kinder – jährlich insgesamt 30 000 Opfer sexueller Gewalt durch Frauen. Selbst wenn diese Zahlen viel zu hoch gegriffen sein sollten und in Wirklichkeit nur ca. 80 000 Kinder pro Jahr Opfer sexueller Gewalt werden (nach Schätzungen des Deutschen Kinderschutzbundes; siehe „Psychologie heute" 1993: 20 [2], S. 10), blieben 8 000 Kinder jährlich, deren Leben durch die Täterschaft von Frauen schwer belastet, wenn nicht zerstört wird. Niedrige Prozentzahlen bedeuten eben nicht, dass das reale Ausmaß des Problems ohne größere Bedeutung wäre."

Saradjian (1999, S. 136) kommentiert die Zahlen von *Finkelhor* und *Russell* mit den Worten:

„Wenn diese Zahlen mit den Häufigkeitsdaten von sexuellem Missbrauch generell in Beziehung gebracht und in konkrete Zahlen übersetzt werden, dann sind ... eines von hundert Mädchen und einer von hundert Jungen in ihrer Kindheit das Opfer gewaltsamer sexueller Übergriffe durch eine ältere Frau. ... Die genannten Zahlen lassen erkennen, dass die Vorstellung, dass Kinder von Frauen nur sehr selten sexuell missbraucht werden, einer ernsthaften Überprüfung bedarf. Dennoch glaube ich nicht, dass wir entdecken werden, dass ebenso viele Frauen wie Männer Kinder sexuell missbrauchen."

Und sie zitiert Tilman *Fürniss* mit den Worten:

„... mein Gefühl ist, dass im Ergebnis weniger als 50% der Missbraucher herauskommen werden, aber weniger als 50% ist weit entfernt von den bislang als Richtzahl geltenden 2%."[2][1]

Die internationalen und nationalen Missbrauchsraten für die weiblichen Täter zeigen unstrittig, dass in der gesamten Missbrauchsforschung *und* Öffentlichkeit dringend ein Umdenkungsprozess sowie eine Diskussion über Frauen *und* Mütter als Kindesmissbraucherinnen stattfinden muss. Die „WissenschaftlerInnen und PublizistInnen" müssen, schreibt Michele *Elliott* (1995, S. 12) kritisch in der Einleitung zu dem von ihr herausgegebenen Buch „Frauen als Täterinnen: Sexueller Missbrauch an Mädchen und Jungen", „ihre Arbeit womöglich revidieren":

„Tatsache ist, dass wir über sexuellen Kindesmissbrauch noch lange nicht alles wissen. Möglicherweise stellt sich heraus, dass sexueller Missbrauch durch Frauen selten ist. Das würde unsere bisherigen Theorien bestätigen. Sollten wir jedoch herausfinden, dass das Problem weiter verbreitet ist als bisher angenommen, dann müssen die möglichen Ursachen sexuellen Kindesmissbrauchs neu untersucht werden. Auf jeden Fall müssen wir diejenigen unterstützen, die darunter gelitten haben."

Und Renee *Koonin* (1995), Dozentin im Fachbereich Sozialarbeit und Soziologie an der Universität von Sidney, die von ihrem Stiefvater und ihrer Mutter sexuell missbraucht wurde, berichtet hierzu aus feministischer Sicht:

„Wenn wir fortfahren, wie bisher, setzen wir uns den Vorwürfen der Überlebenden aus, dass wir nicht hören wollen. Wir werden betroffene Kinder ignorieren und das Feld antifeministischer Theorie und Praxis überlassen. Es ist möglich, den Missbrauch durch einige Frauen zu akzeptieren, ohne den Blick dafür zu verlieren, dass die Mehrzahl der Missbraucher Männer sind. Es ist möglich, die Gemeinsamkeiten und Unterschiede von sexuellem Missbrauch durch Männer und Frauen zu erforschen und zu prüfen, ob unser Verständnis vom sexuellen Missbrauch durch Männer auf Frauen übertragbar ist."

Die hier referierten Untersuchungsergebnisse hinsichtlich des weiblichen Täteranteils dokumentieren unstrittig einen hohen Anteil von pädophilen Frauen, Müttern, die Kinder, *ihre* Kinder sexuell missbrauchen. Insofern ist eindeutig das „Problem weiter verbreitet, als bisher angenommen", wie es *Elliott* (1995, S. 12) folgerichtig und zutreffend formuliert. Die PolitikerInnen, WissenschaftlerInnen, PublizistInnen, JuristInnen, PsychologInnen, PädagogInnen, die Medien und die Öffentlichkeit werden diesen Tatbestand anerkennen und die dringend notwendigen Konsequenzen ziehen müssen. Notfalls auch gegen die massive feministische Propaganda.

6.4 Horror-Zahlen?
Feministisches Zahlenspiel wider besseres Wissen

„Wie sind die erfundenen Opferzahlen zu deuten, die 300 000 in Deutschland, die sechs Millionen, die auch schon genannt wurden, und das Drittel der weiblichen Weltbevölkerung?"
Karin Walser (1994, S. 276)

Warum haben interessierte Kreise ein sehr großes Interesse daran, in unverantwortlicher Weise mit Horrorzahlen über die Häufigkeit sexuellen Kindesmissbrauchs zu jonglieren? Ist die Beantwortung dieser Frage in der Tatsache zu finden, dass eine langlebige Legitimation und Existenzberechtigung jener Beratungs- und Hilfsvereine, die nicht nur, aber meistens parteilich-feministisch orientiert und geprägt sind, dann erst gewährleistet ist – wie viele feministische Protagonistinnen erkannt haben –, wenn man öffentlichkeitswirksam mit Horrorzahlen durchs Land zieht? Anders gefragt: Sind niedrigere Missbrauchszahlen gleichzusetzen mit der Angst, das sehr schwer erkämpfte Monopol, das sie beim Thema sexueller Kindesmissbrauch innehaben, kampflos aufgeben zu müssen – mit der Folge, dass sie nach einer neuen Legitimation und Existenzberechtigung händeringend suchen müssten?

Die Zahl – mindestens – 300 000 missbrauchte Kinder jährlich: eine Horror-Zahl, die seit 1984 in den Medien und in zahlreichen Fachbüchern immer wieder gebetsmühlenartig genannt und wiederholt wird. Diese magische Zahl „300 000" stammt von *Kavemann* und *Lohstöter* (1984, S. 28) und wurde von ihnen, den Urheberinnen, unters Volk gebracht. Die parteilich-feministisch geprägten Autorinnen „missbrauchten" damit offenbar gewollt oder ungewollt den wissenschaftlichen Mitarbeiter des *Bundeskriminalamts* in Wiesbaden, Michael *Baurmann*, den sie als „Kronzeugen" für diese hohe Missbrauchsrate benutzten.
Doch *Baurmann* hat diese Missbrauchszahl nie ins Spiel gebracht.
Mindestens 300 000 sexuell missbrauchte und sexuell ausgebeutete Kinder, das wirkte (und wirkt auch weiterhin) geradezu magisch auf die Medien und Öffentlichkeit – möglicherweise aber auch auf die Höhe der Buchauflage von *Kavemann* und *Lohstöter* (1984). Und natürlich sind (fast) ausschließlich Männer die Täter.
Zu dieser Horror-Zahl *300 000* stellt Michael *Baurmann* (1992, S. 82) unmissverständlich klar:
„Schon bei Kavemann/Lohstöter schlägt ein Rechenfehler der Autorinnen zu Buche, der dazu führt, dass das Ausmaß der sexuellen Gewalttaten gegen Kinder etwa mit dem Faktor fünf bis sechs zu hoch eingeschätzt wird."
Und *Baurmann* (1992, S. 100, Anm. 18) weiter:
„Die Autorinnen stellen dort eine atemberaubende Zahl von ‚schätzungsweise jährlich 300 000 Kinder(n)' vor, die ‚sexuell missbraucht werden'."
Kavemann und *Lohstöter* (1984, S. 28) waren so frei, dass sie u. a. offensichtlich „Vergewaltigungen" und „sexuelle Nötigung" von „Mädchen unter 18 Jahren" in die Dunkelzifferschätzung hineinrechneten. *Baurmann* (1992, S. 100, Anm. 18) kritisiert die Autorinnen auch, weil „mir eine Dunkelfeldschätzung im Bereich des ‚Sexuellen Missbrauchs von

Kindern' von 1:20 zugeschrieben wird (richtig wäre gemäss der dort zitierten Quellenangabe: ‚1:2 bis 1:18'. Diese fragwürdige Dunkelzifferschätzung (1:20) wird dann als Multiplikator für 15 000 angezeigte Fälle von sexuellem Missbrauch und sexueller Gewalt gegen Kinder benutzt[1]. Diese Hellfeldzahl war aber bei Erscheinen des Buches (1984)[2] schon um etwa 3000 bis 3500 Opferfälle übertrieben, selbst wenn man Fälle von Exhibitionismus vor Kindern als ‚sexuellen Missbrauch' oder als ‚sexuelle Gewalt' bewertet. Wenn man diese nicht so bewertet, dann war die Hellfeldzahl sogar um 6000 bis 7000 Opferfälle übertrieben".

Mindestens 300 000: Diese Zahl sei hiervon unabhängig zu hochgegriffen, so *Baurmann* (1992; vgl. auch *Undeutsch* 1994, S. 173), da die geschätzte Dunkelziffer (1:20) für das spezielle Inzestdelikt (§ 173 StGB) und der angezeigten Zahl des sexuellen Missbrauchs von Kindern (§ 176 StGB) auf einer fehlerhaften Verrechnung beruhen. Die Dunkelziffer sei wesentlich niedriger (1:5; vgl. hierzu *Undeutsch*, 1994, S. 173). Im Bereich „der Dunkelfeldschätzungen sind ... viele Angaben überhöht oder falsch", kritisiert *Baurmann* (1992, S. 82):

„Ich kann das so bestimmt sagen, weil beispielsweise dem Bundeskriminalamt und/oder mir als Person öfters Dunkelfeldangaben zugeschrieben werden, die angeblich besagten, dass in Westdeutschland jährlich 300 000 Kinder sexuelle Gewalttätigkeiten oder gar Vergewaltigungen erleben würden. Eine solche Aussage unsererseits gibt es nicht, die vermeintlichen Zitate sind in der Regel ungeprüft aus der Sekundärliteratur übernommen worden, häufig zeigen die Quellenangaben – wenn überhaupt vorhanden – sehr deutlich, dass die AutorInnen das Original überhaupt nicht in der Hand hatten."

Baurmann, vor dem einige (radikal-)feministische Schriftstellerinnen den Verfasser dieses Buches im Rahmen seiner Recherchen warnten, kommt zu dem Schluss, dass offenbar einige AutorInnen eifrig voneinander abgeschrieben haben könnten, indem sie völlig ungeprüft das Zahlenkonglomerat anderer übernahmen. Er verweist hierbei beispielsweise auf *Glöer* und *Schmiedeskamp-Böhler* (1990, S. 16), die ihm eine „angenommene Dunkelziffer (1:18 beziehungsweise 1:20)" zuschreiben und daraus die Zahl von 300 000 sexuell missbrauchten Kindern errechnen. Vermutlich haben diese Autorinnen, so *Baurmann* (1992, S. 100, Anm. 16), „die falschen Angaben ungeprüft aus Kavemann/Lohstöter übernommen".

Auch andere AutorInnen wie *Trube-Becker* (1982, 1992), *Rust* (1986), *Steinhage* (1987, 1994), *Remschmidt* (1987), *Lachmann* (1988), *Botens* und *Stenzel* (1989), *Enders* (1990), *Gutjahr* und *Schrader* (1990), *Hartwig* (1992), *Kiper* (1994), *Bossi* (1996), *Wirtz* (1996), *Egle* u. a. (1997) und *May* (1997) übernahmen offenbar – vermutlich – die falschen Zahlen von *Kavemann* und *Lohstöter* sowie von *Glöer* und *Schmiedeskamp-Böhler*. Auch *Hirsch* (1994, S. 18) zählt zu ihnen – noch schlimmer: Hirsch lässt sich zu der undifferenzierten und nicht verifizierbaren Behauptung hinreißen:

„Es lässt sich kaum eine Form der Kindesmisshandlung denken, bei der die Dunkelziffer ähnlich hoch ist."

Die Kritik von *Baurmann* wird von *Kirchhoff* (1994, S. 28) geteilt:

„Die Zahl, die ... (die) Autoren der Studie Baurmanns entnommen haben wollen, ist nicht belegt. Sie wurde von Baurmann nicht genannt, er selbst verzichtet auf Hochrechnungen."

Folgerichtig rügt *Kirchhoff* (1994, S. 28, 29) derartige Hochrechnungen:

„Um Dunkelzifferforschungen richtig einzuordnen und miteinander vergleichen zu können, müssen Stichproben und Definitionen hinterfragt werden. Die meisten Dunkelzifferforschungen beruhen auf Befragungen bestimmter Bevölkerungsgruppen. Damit stellt sich die Frage nach einer Übertragbarkeit der Ergebnisse auf die Gesamtbevölkerung. (...) Hier fehlen repräsentative empirische Untersuchungen, die zwischen exakt definierten Deliktbereichen unterscheiden."

Und *Kirchhoff* (1994, S. 30) führt weiter aus:

„Bislang wurden nur Dunkelfeldschätzungen genannt, ohne jedoch auf die qualitativen Aspekte wie Verwandtschafts- und Bekanntschaftsgrad oder Art der Gewaltbeziehung einzugehen. Diese Kriterien sind aber unabdingbar zur adäquaten Erfassung des Problems."

Auch *Hoyndorf* u. a. (1995, S. 130) kritisieren die Art der Dunkelzifferberechnung von *Kavemann* und *Lohstöter*:

„Der dieser Berechnung zugrundeliegende Faktor zur Berechnung der Dunkelziffer beruht auf Spekulation und weist möglicherweise zu hohe Opferzahlen aus."

Trotz der eindeutigen und unmissverständlichen Klarstellung von *Baurmann* „hält sich die Zahl 300 000 hartnäckig", so auch *Wetzels* (1997, S. 47), „und wird gebetsmühlenartig wiederholt".

Und *Bange* und *Deegener* (1996, S. 41) führen hierzu aus:

„Seitdem ist ein heftiger Streit um das Ausmaß der sexuellen Ausbeutung von Kindern entbrannt. Je nach Standpunkt werden willkürlich immer wieder andere Zahlen genannt."

Andererseits kritisiert *Bange* (1992, S. 180) die Kritiker, die mit Blick auf die Zahl 300 000 von einer Horrorzahl sprechen, diese würden sich „grob fahrlässig" verhalten, da hierdurch „das Ausmaß des sexuellen Kindesmissbrauchs verharmlost wird".

Offensichtlich reicht ihm *(Bange,* 1992, S. 180) diese Kritik nicht, denn er geht *Baurmann* scharf an:

„So auch, wenn Michael Baurmann vom Bundeskriminalamt die von vielen Experten genannte Zahl von jährlich 300 000 sexuell missbrauchten Kindern allein in den alten Bundesländern als fehlerhaft und dramatisierend bezeichnet. Geradezu unverantwortlich erscheint seine Warnung, diese Zahl ‚könnte dazu verleiten, unsinnigerweise an sehr vielen Orten ... die Einrichtung von spezialisierten Beratungsstellen zu fordern' *(Baurmann,* 1990, S. 36)."

Auch weiterhin wird die Dunkelziffer sehr hoch gehandelt: Als wäre die Horrorzahl von 300 000 sexuell missbrauchter Kinder nicht schon schlimm genug, treiben *Brockhaus* und *Kolshorn* (1993, S. 48) unter Berufung auf *Bange* (1992) und dessen Ergebnissen seiner studentischen Befragung die Horrorzahl weit nach oben, und zwar auf jährlich eher bis zu einer Million Missbrauchsfälle. In einer Rezension des Buches „Seelenmord" von Ursula *Wirtz* behauptet die Rezensentin *Metzger* (1991, S. 73), es gäbe – angeblich – ein aktenkundiges Hellfeld von mindestens 300 000 Kindern zu der Dunkelfeldschätzung von mindestens 4,5 bis 6 Millionen Kindern, die jährlich Opfer von Vergewaltigungen oder anderen sexuellen Handlungen würden. Und *May* (1997, S. 353) nimmt für sich folgende Missbrauchsraten – immerhin unter Berücksichtigung weiblicher Täter (!) – in Anspruch:

„Auf der Grundlage des von mir errechneten Mittelwertes sexuell missbrauchter (Mädchen) (unter 14) von 240 000 für 1993 ergibt sich, dass möglicherweise zirka 14 400 Mädchen durch Frauen sexuell missbraucht wurden. Bei den Jungen könnte man auf der Grundlage dieser Zahlen davon ausgehen, dass von den rund 75 000 Opfern etwa 10 500 durch Frauen sexuell missbraucht wurden. Somit könnte sich eine Zahl von 25 000

Kindern ergeben, die Opfer von Missbraucherinnen wurden. Gemessen an der Gesamtzahl von 315 000 betroffenen Mädchen und Jungen könnte sich somit ein Durchschnittswert von 7,9% für Täterinnen ergeben. Entsprechend käme auf zwölf Täter eine Täterin: Mutter, Tante, Großmutter, Schwester, Trainerin, Babysitterin, Lehrerin, Jugendleiterin, Erzieherin etc."

Mit Blick auf das horrende Zahlenmaterial kann man *Balzer* (1998, S. 46) nur ausdrücklich zustimmen, die die folgerichtige Auffassung vertritt:
„Das Ausmaß des sexuellen Missbrauchs von Kindern darf keinesfalls unterschätzt oder überschätzt werden, es ist jedoch ebenfalls illegitim, unfundiertes, horrendes Zahlenmaterial in die Welt zu setzen, um dadurch die Dringlichkeit eines Handlungsbedarfs zu unterstreichen, der heute weitgehend anerkannt ist."
Und *Jacobi*[3] (1973, S. 26, 27) bringt es auf den Punkt:
„Angstmacherei ist das vorherrschende motiv dieser autoren, schulbehörden vertreiben hand in hand mit kinderschutzbünden steckbriefe. Täglich, so weiß die statistik zu berichten, ist die zahl der opfer so hoch wie der tödlich im (strassen-)verkehr verunglückten menschen, und ‚immer' wieder werden einige dieser grausam behandelt oder getötet. Das wären nach meinen mathematischen kenntnissen wenigstens 700 kinder jährlich, die bei einem sexualverbrechen in der BRD und Westberlin getötet werden. Gegenüber der bundesstatistik, die von rund 10 kindern spricht, ist diese zahl 7 000% zu hoch. Demgegenüber werden alleine in der BRD und Westberlin täglich 8 kinder im strassenverkehr getötet und gleichzeitig 160 kinder mit zum teil irreparablen schäden in krankenhäuser eingeliefert. Rund 100 Kinder jährlich werden von ihren eltern erschlagen und wenigstens 10 000 kinder jährlich im elternhaus schwer misshandelt. (...) An dieser stelle wird (...) deutlich, dass in erster linie den sexualexperten aufmerksamkeit gewidmet werden muss, die, statt einer unaufgeklärten eltern- und lehrerschaft angst zu nehmen, wider besseres wissen erstarrte vorstellungen untermauern, der bildzeitung den boden bereiten und sich dem herrschenden vorurteil fugenlos anschmiegen. Nur notdürftig verbirgt sich hier eine massive bürgerhetze gegen sexuelle minderheiten unter dem fadenscheinigen moralischen mäntelchen moderner sexualpädagogik, der unterstützung aller kultusministerien sicher."
Auf der Internationalen Tagung der Schweizerischen Arbeitsgruppe für Kriminologie im März 1991 gibt *Baurmann* (1992, S. 80, 81) zu bedenken:
„Es ist allerdings nicht hilfreich oder notwendig, die sehr verständlichen Emotionen mit fehlerhaften Zahlenangaben, die nur scheinbar objektiv sind, zu untermauern. Die negativen Nebeneffekte solcher Fehleinschätzungen können enorm sein. So kann es beispielsweise geschehen, dass Polizei, Justiz, soziale Dienste oder Selbsthilfeeinrichtungen sich mit speziellen Angeboten nach den fehlerhaft geschätzten Fallzahlen ausrichten oder ausrichten sollen."
Um Sachlichkeit und Differenzierung bemüht, betont *Baurmann* (1992, S. 82, 83) immer wieder, er habe „verschiedentlich versucht, diese fehlerhaften Dunkelfeldschätzungen richtig zu stellen. Ich habe allerdings den Eindruck, dass eine solche Klarstellung bei manchen Expertinnen und Experten unerwünscht ist, weil sie anscheinend der Meinung sind, ein wichtiges soziales Problem – was sexuelle Gewalt zweifellos ist – könne erst dann ‚richtig' angegangen werden, wenn die statistischen Angaben möglichst atemberaubend sind. Bei solchen Zahlenoperationen wird dann meist auch nicht mehr zwischen versuchten und vollendeten Handlungen unterschieden, nicht mehr zwischen an-

gezeigten und verurteilten und auch nicht mehr zwischen gewaltlosen, gewaltfernen und gewalttätigen. Viele Expertinnen und Experten fassen beispielsweise die Fälle im Bereich ‚Sexueller Missbrauch von Kindern' (§ 176 StGB), wie sie in unserer Polizeilichen Statistik aufgeführt sind, sämtlich als a) nachgewiesen, b) vollendet und c) sexuelle Gewalttaten auf und übersehen dabei u. a., dass es sich bei einem Drittel dieser Fälle um angezeigte ‚sexuelle Handlungen *vor* einem Kind', d. h. in der Regel um exhibitionistische (§ 176 (5) 1 StGB), handelt. Diese haben eine andere Qualität als sexuelle Gewalt- und Ausbeutungshandlungen zu Lasten von Kindern".
Baurmann ist vollinhaltlich zuzustimmen.

Die in der *Polizeilichen Kriminalstatistik* (PKS) jährlich aufgeführten Zahlen dokumentieren ausschließlich die den Polizeibehörden bundesweit bekannt gewordenen „*Verdachtsfälle*" (darunter befinden sich beispielsweise auch anonyme Hinweise, die auf schlimmste Diffamierung und Rufmord gründen). Anders formuliert: Die *PKS* ist eine reine *Anzeige- und Verdachtsstatistik*, die nur die Zahl der *Tatverdächtigen*, nicht aber die der *rechtskräftig Verurteilten* darstellt. Mit anderen Worten: Diese *Kriminalstatistik* ist, so Bundesinnenminister Otto *Schily* bei der Vorstellung der „*Polizeilichen Kriminalstatistik 2001*", ein „Tätigkeitsbericht der Polizei", der erst mit der „Verurteiltenstatistik" seinen Wert erhalte *(Frankfurter Rundschau*, 3. Mai 2002).

Im Jahr 2001 wurden laut *PKS* insgesamt 15 117 Verdachtsfälle (darunter 1 mit Todesfolge) von sexuellem Missbrauch an Kindern den Polizeibehörden bekannt (im Vergleich zu 2000, wo die Rate bei 15 581 lag, ein Rückgang von 3%). Nach der „Verurteilungsstatistik" des *Statistischen Bundesamts* (die über den Wert verfügt, von dem Otto *Schily* glaubt, dass *dieser* der Kriminalstatistik gebührt) wurden – ausgehend von der Rate aus dem Jahre 2000 – von 9038 Tatverdächtigen[3 a] insgesamt 2698 (darunter befanden sich 2 Täter, denen Missbrauch mit Todesfolge vorgeworfen wurde) *abgeurteilt* beziehungsweise wurden von diesen wiederum „nur" 2249 (darunter 1 mit Todesfolge) *rechtskräftig verurteilt*; demnach kam es im Laufe des Strafverfahrens zu 6789 *Verfahrenseinstellungen* beziehungsweise *Freisprüchen*[4]. Anders ausgedrückt: Von den insgesamt 9038 Tatverdächtigen wurden „nur" 24,89% *rechtskräftig abgeurteilt*.

2002 wurden insgesamt 15 998 Verdachtsfälle bekannt. Nach der „Verurteilungsstatistik" des *Statistischen Bundesamts* wurden 2002 – ausgehend von den in der *PKS* registrierten 10 078 Tatverdächtigen – insgesamt 2767 Personen *abgeurteilt* beziehungsweise wurden von diesen wiederum „nur" 2286 *rechtskräftig verurteilt* (22, 68% von 10 078 Tatverdächtigen. Demnach kam es zu 7792 *Verfahrenseinstellungen* beziehungsweise *Freisprüchen*.

Diese Faktenlage wird wiederum bewusst und gezielt von insbesondere (radikal-) parteilich-feministischen Kreisen der Öffentlichkeit gegenüber verschwiegen. Viele feministische AutorInnen spielen hier ganz offensichtlich mit „falschen Karten"[4 a]. So berichtet beispielsweise *Teegen* (1993, S. 329):
„Der sexuelle Kindesmissbrauch (nach § 176 StGB) gehört mit ca. 150 000 kriminologisch dokumentierten Fällen pro Jahr in (West-)Deutschland zu der häufigsten Form der Gewalt gegen Kinder."
Bei dem Fachgespräch zum Thema sexueller Missbrauch von Kindern im Frühjahr 1997 (DJI, 1997) erklärte *Baurmann*:
„Ich halte solche Zahlenangaben im pädagogischen und im Medienbereich nicht für hilfreich. Man muss das journalistisch oder pädagogisch ganz konkret abwägen: Was kann sich der Einzelne darunter vorstellen, wenn 200 000 Fälle pro Jahr in Deutschland im

Dunkelfeld passieren? Sind das versuchte oder vollendete Fälle (in der polizeilichen Kriminalstatistik und in Dunkelfeldbefragungen kommt beides vor)? Sind exhibitionistische Handlungen *vor* Kindern dabei? Oder sind ausschließlich sexuelle Gewalttätigkeiten *gegen* Kinder im engeren Sinn gemeint? Sind sexuelle Reden vor einem Kind ebenfalls gemeint? Ist bewusst, wie unterschiedlich die einzelnen Grenzüberschreitungen auf Kinder wirken können? Die Rezipienten solcher Botschaften zum Dunkelfeld und der großen Zahl haben jedoch fast ausschließlich die dramatischen Ereignisse vor Augen: Vergewaltigung und Sexualmord gegen Kinder. Und das 200 000-mal!!"[5]

Wie hoch die tatsächlichen Zahlen auch immer sein mögen: Verantwortungslos ist das Jonglieren mit dem Leid der tatsächlich sexuell missbrauchten Kinder zugunsten der *Missbrauchs-Aufklärungs-Kampagne.*

„Wie sind die erfundenen Opferzahlen zu deuten, die 300 000 in Deutschland, die sechs Millionen, die auch schon genannt wurden, und das Drittel der weiblichen Weltbevölkerung?", fragt sich Karin *Walser* (1994, S. 276).

Und sie fährt fort:

„Und was hat das mit Töchtern zu tun, die Schutz brauchen, und was mit Müttern, denen Absolution erteilt wird? Und was mit Taten, die aufgedeckt werden und nie verjähren sollen, was mit Fakten, die anerkannt werden müssen, und mit Müttern, die alles wussten, aber nichts dagegen taten; was mit Töchtern, die überleben, aber sich schuldig fühlen und sich schämen für etwas, für das sie nichts können? Was mit dem ‚Totalangriff auf das Menschsein', von dem ‚Wildwasser' spricht, und was mit den ‚Vätern als Tätern?'"

Der renommierte Gerichtssachverständige Udo *Undeutsch* (1994, S. 173) geht in seiner Kritik ein ganzes Stück weiter:

„Wer aus Gründen der Sensationshascherei mit exorbitanten Prävalenz- und Inzidenzraten meint aufwarten zu müssen, fühlt sich getrieben, überall das Gesuchte zu finden. Wie wird man fündig? Dafür gibt es ein unfehlbares Rezept: Man muss Ausschau halten nach Symptomen, Auffälligkeiten, Befunden, Merkmalen usw., die sich bei vielen Kindern finden. Da sie sich bei vielen Kindern finden, finden sie sich auch bei vielen sexuell missbrauchten Kindern. Dann kommt der Kapitalfehler in der Beweisführung: Da sie bei vielen missbrauchten Kindern zu beobachten sind, sind sie offensichtlich typisch für sexuell missbrauchte Kinder und können daher als ‚Indikatoren' für sexuellen Missbrauch dienen. Fehlschlüsse nach diesem Muster scheinen unausrottbar."

Würde die Zahl 300 000 (und mehr) vielleicht sogar Realität, wenn insbesondere in der Hell- und Dunkelfeldforschung die Bereitschaft und der ernsthafte Wille vorhanden wäre, die *Frau als Täterin*, als *Kindesmissbraucherin* zu berücksichtigen?

Anhang

7.1 Der sexuelle Missbrauch von Heimkindern
Kinder und sexueller Missbrauch in der katholischen Kirche

„Einige Träger und Vorgesetzte leugnen trotz klarer Hinweise die sexuelle Ausbeutung in ihrer Institution."
Ursula Enders (1999, S. 191)

Kinder und Jugendliche, die inzestuösen sexuellen Missbrauch – oft Wochen oder Monate, ja Jahre – haben über sich ergehen lassen müssen, werden von den Jugendämtern folgerichtig aus der inzestuösen familialen Umgebung herausgenommen und in Heimen untergebracht, in denen sie geschützt sein sollen. Aber auch hier sind sie vor weiteren Missbrauchshandlungen nicht immer sicher. Anstelle der missbrauchenden Eltern sind es nun häufig Erzieher, Pädagogen, Psychologen und Priester, die die ihnen anvertrauten Kinder sexuell missbrauchen. – Aber auch Erzieherinnen, Pädagoginnen, Psychologinnen und Nonnen setzen Heimkinder sexueller Gewalt aus[1]. Dieser Tatbestand wird weitgehend tabuisiert.

Dem Mythos von den *asexuellen* weiblichen Heimmitarbeitern widerspricht völlig zu Recht *Enders* (1999, S. 191):
„Insbesondere Frauen wird die sexuelle Ausbeutung von Mädchen und Jungen nicht zugetraut. Bis heute hält sich z. B. das Bild der Erzieherin als ‚kinderliebes Unschuldslamm'."

Das Bild der Frau, der Erzieherin als ‚kinderliebes Unschuldslamm' hatte auch *Gerber* (2002, S. 75), die „in der Heimerziehung" tätig war, verinnerlicht. Sie berichtet, sie habe – während dieser Zeit – „in vier Fällen sexuelle Beziehungen zwischen Kindern und Frauen, die mehr als fünf Jahre älter waren", erlebt: „In keinem der Fälle wurde dies einrichtungsintern als sexueller Missbrauch von Frauen an Kindern thematisiert. Erst als ich, Jahre später, an einem Referat zum Thema sexueller Missbrauch von Frauen an Kindern arbeitete, begann ich darüber nachzudenken."

Dieses Nachdenken führte zu dem Eingeständnis (2002, S. 98):
„Und ich als Frau, ich glaube, ich habe aus Schuldgefühlen diesen Kids gegenüber angefangen, denen ich bestimmt nicht gerecht geworden bin in der Heimerziehung. Die waren in missbräuchlichen Beziehungen verwickelt und ich habe es nicht begriffen."

Auch *regressive* und *fixierte* pädophile Frauen suchen den Erzieherberuf gezielt aus, um sich an den ihnen anvertrauten Kindern und Jugendlichen sexuell zu vergreifen. Fünf Fallbeispiele über sexuell missbrauchende Erzieherinnen mögen dies verdeutlichen:

• Im Frühjahr 1998 wurden eine Erzieherin und ein Erzieher, die bis Februar 1994 im *St. Josephshaus*, einer Einrichtung des *Bistums Mainz* in Klein-Zimmern bei Darmstadt, gearbeitet haben, wegen *Misshandlung von Schutzbefohlenen* und *sexuellem Missbrauch von Kindern* verurteilt (vgl. hierzu *Homes*, 1998, 2001). Von den körperlichen und sexuellen Misshandlungen hatten der damals zuständige *Domkapitular* und die damalige Heimleitung bereits seit etwa zwei Jahren Kenntnis. In der Urteilsbegründung – bezogen auf

die Erzieherin – führte der Vorsitzende Richter folgerichtig aus: Einige der Kinder wurden gerade wegen sexueller Übergriffe, denen sie in ihrer Familie ausgesetzt waren, im *St. Josephshaus* untergebracht. Die Öffentlichkeit darf daher erwarten, dass diese Kinder im Heim nicht neuerlichen sexuellen Handlungen ausgesetzt werden. Auch Züchtigungen an Kindern können nicht hingenommen werden:
„Die körperliche Unversehrtheit von Kindern ist ein hohes Rechtsgut."

- Mitarbeiter einer Einrichtung, berichtet *Conen* (1997, S. 714), vermuteten, dass ein 14-jähriger Junge, der ein sexualisiertes Verhalten zeigte, sich einigen 6-8jährigen Mädchen sexuell genähert habe. Bezüglich der eigenen Kindheitsgeschichte war bekannt, dass der Junge im Vorschulalter von seiner Mutter in sexuelle Spiele mit ihren wechselnden Sexualpartnern einbezogen wurde; er habe sich oft im Bahnhofsviertel aufgehalten und sei offensichtlich auf den Straßenstrich gegangen. In der Einrichtung „kam es zu einer sexuellen Beziehung mit einer Mitarbeiterin, die ihn zunächst einfühlsam und sehr zugewandt betreute und ihn auch an den Wochenenden mit zu sich nach Hause nahm, wo es dann zu sexuellen Kontakten zwischen der Betreuerin und dem Jugendlichen kam".

- In einem weiteren Beispiel, das *Conen* (1997, S. 714) anführt, „werden Dynamik und die Langzeitfolgen deutlich, die die sexuellen Übergriffe durch Mitarbeiter bei Kindern und Jugendlichen herbeiführen können. Ein ehemaliger Heimjugendlicher, der von einer Heimmitarbeiterin sexuell missbraucht worden war, meldet sich bei einem früheren Mitarbeiter. Er ist mit seinen 18 Jahren am Ende. Er hat bereits mehrere Suizidversuche begangen und hat extreme Alkoholprobleme. Der Jugendliche hat, nachdem er die Einrichtung wegen Verhaltensauffälligkeiten verlassen musste, über längere Zeit versucht, Kontakt zu der Mitarbeiterin herzustellen, was ihm anfangs auch gelang. Jedoch wandte sich die Mitarbeiterin (Mitte 30 Jahre alt) nach einiger Zeit von ihm ab und verwahrte sich gegen die teilweise recht massiven Kontaktversuche seitens des Jugendlichen. Der Jugendliche erlebte diesen Beziehungsabbruch als existentiell sehr bedrohlich und agierte seine Verzweiflung und Wut in der folgenden Zeit mehrfach aus. So zerstach er die Reifen des Pkws der Mitarbeiterin, übte wochenlang Telefonterror aus und bedrohte sie. Die Mitarbeiterin erstattete deswegen Anzeige gegen ihn. Der Jugendliche wurde zu einer Geldstrafe verurteilt. Der sexuelle Missbrauch war in den Ermittlungen ‚kein Thema'. Psychisch am Ende angelangt, schwankte er in seinem Hass auf diese Mitarbeiterin, entweder sich selbst zu töten oder diese Mitarbeiterin oder andere Frauen zu vergewaltigen. Der frühere Mitarbeiter verhalf ihm zu einer Therapie, so dass er eine Hilfestellung fand, diese Erfahrungen, soweit wie möglich, zu verarbeiten".

- Über einen ähnlichen Fall berichtet *Enders* (1999, S. 189), die sich auf die „persönliche Mitteilung einer der Täterinnen" beruft:
„Ein 14jähriger Schüler lebt im Heim für männliche Jugendliche. Seine Betreuerin verwickelt ihn in eine sexuelle Beziehung. Anschließend wird der Junge von einer mit ihr befreundeten Kollegin sexuell ausgebeutet. Als der Junge die Situation nicht mehr ertragen kann und einen Suizid versucht, drohen andere Jugendliche des Heimes, die sexuelle Ausbeutung auffliegen zu lassen. Daraufhin entlassen die beiden Täterinnen ihr Opfer in eine Nachsorgemaßnahme ‚Betreutes Wohnen': Der Junge wird aus der stationären Einrichtung entlassen und in einer eigenen Wohnung von einer der beiden Erzieherinnen ‚weiterbetreut'. Innerhalb der stationären Einrichtung garantiert eine von den bei-

den Erzieherinnen durch Bevorzugung und Benachteiligung geschickt manipulierte Gruppendynamik das Schweigen der redebereiten anderen Jugendlichen. Einige ‚treue' Jungen regeln die Angelegenheit zudem im Sinne der Täterinnen. Sie drohen ihren redebereiten Mitbewohnern an, notfalls die Fäuste sprechen zu lassen."

• Im Februar 2000 wurde Frau K., die eine Kinderpension betrieb, wegen zehnfachen sexuellen Missbrauchs eines 15-jährigen Jungen zu zwei Jahre auf Bewährung verurteilt. Sie bestritt die Vorwürfe, räumte aber ein, im Bett des Jungen geschlafen zu haben: „Ich habe H. nicht als Mann, sondern als Kind betrachtet. Ich wollte ihm nicht zumuten, dass er als 15-Jähriger bei Sechsjährigen schläft."
Vor Gericht versicherte der mittlerweile 17-Jährige, er sei von ihr zum Geschlechtsverkehr gezwungen worden. Die Leiterin, die sich gegenüber dem Opfer als Ersatz-Mutter fühlte, habe damit gedroht, ihn und seinen 8-jährigen Bruder (beide waren wegen dem Tod ihrer Mutter in der Kinderpension untergebracht) sonst aus der Einrichtung wegzubringen.
„Es ist alles tatsächlich passiert", versicherte das Opfer vor Gericht: „Ich musste öfters bei ihr übernachten. Sie fasste mir immer in die Hose, streichelte mich. Ich sollte ihre nackten Brüste küssen, dann musste ich mit ihr schlafen."
Die Leiterin habe erst von ihm gelassen, als sie einen neuen Lebenspartner gefunden habe.

„Sexuelle Übergriffe von Mitarbeitern sind in den verschiedensten Formen und Einrichtungen zu beobachten", berichtet *Conen*[2] (1997, S. 715) über sexuelle Gewalt innerhalb der konfessionellen und nicht-konfessionellen Heimerziehung:
„Die Übergriffe von Mitarbeitern werden sowohl von männlichen als auch von weiblichen Mitarbeitern begangen. Es handelt sich bei den Missbrauchern sowohl um leitende Mitarbeiter, pädagogische Mitarbeiter und Betreuer als auch – und das nicht selten – um Praktikanten. Ob es sich um Einrichtungen handelt, in denen kirchliche MitarbeiterInnen oder nicht-konfessionell gebundene Kollegen tätig sind, oder ob sich die Einrichtung in der Nähe eines Straßenstrichs oder auf dem Lande befindet, spielt ebenfalls keine Rolle. Manches Mal sind die sexuellen Übergriffe sogar Mitarbeitern in den unterbringenden Jugendämtern bekannt. So wurden weiterhin Jugendliche in einem Heim untergebracht, von dem bekannt war, dass der Leiter sexuelle Kontakte mit Jugendlichen aufgenommen hatte beziehungsweise vermutet wurde, dass sogar eine Jugendliche von ihm schwanger geworden war. In einer anderen Einrichtung unterhielt eine Nonne jahrelang sexuell gefärbte Kontakte zu einer ehemaligen geistig behinderten Betreuten."
Schlimm und unerträglich ist der auch von dem Verfasser immer wieder benannte Tatbestand, dass (leitende) MitarbeiterInnen sowie die jeweilige Heimleitung (oft auch der jeweilige Heimträger) von sexueller Gewalt an Heimkindern, verübt durch KollegInnen, Kenntnis haben und schweigen (vgl. hierzu ausdrücklich *Homes*, 1981, 1984, 1996, 1998, 2001).
Einen ganz entscheidenden Faktor, warum nicht missbrauchende ErzieherInnen Angst davor haben, sich der Heimleitung oder dem Heimträger zu offenbaren, benennt *Conen* (1997, S. 718):
„Ein weiteres Moment stellen mögliche Verwicklungen und Verbindungen zwischen der Heimleitung und den betreffenden Kollegen dar. Mitarbeiter sollten berücksichtigen, dass sie zum Spielball der Dynamik der Institution werden können. Die Abhängigkeit vom

Arbeitsplatz und Ängste vor dem Verlust oder auch gar Schikanen tragen mit dazu bei, dass nicht wenige Mitarbeiter mögliche sexuelle Übergriffe von Kollegen nicht thematisieren. Eigene sexuelle Belästigungen sowohl von Kollegen als auch durch die Leitung können ebenfalls Mitarbeiter zum Schweigen bringen. Sie erfahren bereits hier mangelnde Unterstützung durch Kollegen und Leitung, warum sollten sie darauf vertrauen, diese dann bei der Thematisierung von sexuellen Übergriffen gegenüber Kindern zu bekommen. Es ist hinlänglich bekannt, welchen Schwierigkeiten Mitarbeiterinnen begegnen, wenn sie die sexuellen Übergriffe der Leitung oder von Kollegen aufdecken."

Mit Blick auf die notorische „Mauer des Schweigens" führt *Enders* (1999, S. 191, 192) folgerichtig und zutreffend aus:

„Einige Träger und Vorgesetzte leugnen trotz klarer Hinweise die sexuelle Ausbeutung in ihrer Institution, denn sie erkennen nicht, dass sie den Ruf ihrer Einrichtung mehr gefährden, wenn sie das Verbrechen unter den Teppich kehren, anstatt offensiv den Schutz der Kinder sicherzustellen und den Opfern bei der Bewältigung der Gewalterfahrungen Unterstützung anzubieten. In einzelnen Fällen spielt sicherlich die Tatsache eine Rolle, dass die betroffenen Institutionen aufgrund ihrer innovativen Konzeption als ‚Vorzeigeeinrichtungen' gelten. Andere Träger haben sich selbst durch Jugendhilfeangebote gegen sexuelle Gewalt profiliert und können die Möglichkeit der sexuellen Ausbeutung innerhalb einer eigenen Einrichtung nur schwer in ihr Selbstbild integrieren. In einigen Fällen erschwert zudem ein Konkurrenzempfinden gegenüber anderen Trägern der Jugendhilfe den Prozess, sich der Problematik der sexuellen Ausbeutung im eigenen System zu stellen."

Die institutionellen Strukturen, die sexuelle Übergriffe durch MitarbeiterInnen zulassen können, beschreibt *Conen* (1997, S. 719; vgl. auch *Enders,* 1999 und *Kuhne,* 1999):

„Die institutionellen Strukturen stehen im Zusammenhang mit zwei Kategorien von Einrichtungen:

a. die *von rigiden und autoritären Strukturen gekennzeichneten Einrichtungen*, die ihren Mitarbeitern wenig emotionale Unterstützung geben, so dass über einen längeren zeitlichen Prozess hinweg Mitarbeiter die Nähe und den emotionalen Kontakt zu betreuten Kindern und Jugendlichen suchen,

b. die *wenig strukturierten und unklar geleiteten Einrichtungen*, die ihren Mitarbeitern kaum Orientierung geben, und in denen eine destruktive Beliebigkeit besteht sowie ein Mangel an Anerkennung vorzufinden ist, so dass es zu sexuellen Übergriffen gegenüber den betreuten Kindern und Jugendlichen kommen kann."

Kinder und sexueller Missbrauch in der katholischen Kirche

„Katholische Priester hatten nicht nur Tausende von Kindern missbraucht, die Kirche, die ihnen die ehrfurchtgebietende Macht zu segnen und zu vergeben verliehen hatte, hatte sie auch noch jahrzehntelang gedeckt. Konfrontiert mit der Wahl zwischen Gerechtigkeit für die Opfer und Gnade für die Priester, die Kinder missbrauchten, hatten sich die Kirchenoberen stets für das letzte entschieden. Betet, befahlen sie den Priestern, die vom Wege abwichen. Bereut..."
Elinor Burkett und *Frank Bruni* (1997, S. 45)

In ihrem Buch „Das Buch der Schande – Kinder und sexueller Missbrauch in der katholischen Kirche" klagen *Burkett* und *Bruni* (1997) zahlreiche „Kinderschänder" und Vergewaltiger im *Priester- und Nonnengewand* in den USA an, die Kinder und Jugendliche sexuell missbraucht haben. Ihre Anklage richtet sich völlig zu Recht auch gegen das große *Schweigen der Kirchen* sowie ihrer klerikalen Kirchenfunktionäre[3]:
„Bischöfe, die doch eigentlich dem Beispiel Jesus folgen und die Schwachen und Hilfsbedürftigen unterstützen sollten, verdrängten ihre Verantwortung als Seelsorger und verhielten sich statt dessen wie gute Manager: Sie vertuschten die Geschichte. ... Wenn sie Eltern gegenüberstanden, die durch das, was man ihren Kindern angetan hatte, erschüttert und verstört waren, logen sie. Wenn die Lügen nicht fruchteten, dann verschleppten sie entweder die ganze Angelegenheit oder schüchterten Gemeindemitglieder ein, die doch eigentlich ihrer Obhut anvertraut waren. Die Kirchenoberen schienen hoffnungslos in Lügen verstrickt zu sein – sie bestritten die Vorwürfe, die die Opfer vorbrachten, den großen Schaden, der ihnen zugefügt worden war, die Schwere der psychischen Krankheit, an der die Täter litten, ja sogar das Ausmaß dieses Problems innerhalb des Klerus."

Der Vatikan soll Missbrauch systematisch vertuscht haben

Nach britischen Presseberichten hat der Vatikan 1962 offiziell angeordnet, Fälle sexuellen Kindesmissbrauchs durch Priester nicht in die Öffentlichkeit dringen zu lassen. In einem Vatikan-Dokument mit dem Titel „Crimine Solicitationies" seien damals die Bischöfe in der ganzen Welt streng vertraulich angewiesen worden, die Verbrechen „mit größter Geheimhaltung" innerkirchlich zu verfolgen. In der 69-Seiten-Anweisung heißt es weiter: „Dieser Text ist als streng vertraulich zu betrachten und sorgfältig in den Geheimarchiven der Kurie zu verwahren."
Schlimmer noch: Die von Priestern sexuell missbrauchten Opfer sollten unter Androhung der Exkommunizierung „ewiges Stillschweigen" schwören (*dpa*, 19. 8. 2003).

Vier von zehn Nonnen in den USA sind schon einmal sexuell missbraucht worden

Seit 1996 wird eine Studie der Universität St. Louis (USA) unter Verschluss gehalten, da die katholische Kirche einen Skandal befürchtet. Für die Studie, die von amerikanischen Nonnenorden mit finanziert wurde, befragte man 1164 Nonnen aus 123 US-Ordensgemeinschaften.

> Das Ergebnis lautet: Vier von zehn Nonnen wurden schon einmal sexuell missbraucht, und zwar häufig von einem Priester oder einer anderen Nonne.
> Möglicherweise sind insgesamt 34 000 Nonnen betroffen, wie „Blick-Online" (Schweiz) am 5. Januar 2003 berichtete. Die Autoren der Studie, der einzigen dieser Art, gehen von einer hohen Dunkelziffer aus, weil viele der Befragten aus Scham und Furcht vor einer Entdeckung möglicherweise nicht offen geantwortet hätten. Viele der Nonnen seien „Opfer der Strukturen in derselben Institution, der sie ihr Leben gewidmet haben", zitiert „Blick-Online" den Psychologen John *Chibnall*.

Statistische Zahlen über die Anzahl *pädophiler* und *ephebophiler*[4] (das bedeutet eine Vorliebe für 14 bis 17 Jahre alte Jugendliche) Kleriker und Nonnen, die Kinder sexuell missbrauchen, existieren nicht. Während über die Anzahl missbrauchender Nonnen keine Schätzungen existieren[5], sieht es bei den Klerikern anders aus. Deren Zahl schätzt *Sipe* (1992, S. 198 ff.), bezogen auf pädophile katholische Priester in den USA, auf etwa 2%; weitere 4% sind „vorübergehend an heranwachsenden Jungen und Mädchen sexuell interessiert"[6].

In den Vereinigten Staaten gibt es nach Angaben von *Rossetti* (1996 a, S. 13) „weit über 50 000 Priester und Mönche". Das würde, auf die USA bezogen, bedeuten, dass ausgehend von rund 50 000 katholischen Gottesmännern mindestens 1000 *pädophil* und mindestens 2000 *ephebophil* „veranlagt" sind.

In der Bundesrepublik Deutschland gibt es 13 000 katholische Priester. Nimmt man die von *Sipe* auf die USA bezogenen Prozentangaben als Berechnungsgrundlage, so wären mindestens 260 der katholischen Priester *pädophil* und 520 *ephebophil*[6 a].

Auf die etwa 20 000 evangelischen Geistlichen bezogen wären demnach mindestens 400 *pädophil* und 800 *ephebophil*.

Nach Auffassung des Verfassers dürften die Zahlen jedoch um einiges höher liegen.

> **In den vergangenen fünfzig Jahren sind in den USA landesweit 4.392 Priester des sexuellen Missbrauchs Minderjähriger beschuldigt worden.**
>
> Zu diesem Ergebnis kommt eine offizielle Bilanzstudie der katholischen Kirche in den USA, die vom *John-Jay-Institut für Kriminalstatistik* der Universität New York im Auftrag der Bischöfe erstellt wurde. Bei den 195 US-Diözesen gingen insgesamt 10.667 Klagen ein.
>
> Hier einige Ergebnisse:
>
> • 6.700 Anschuldigungen konnten erhärtet werden, weitere 1.000 wurden fallengelassen; 3.300 Fälle konnten nicht verfolgt werden, weil die Beschuldigten bereits verstorben waren.
>
> • 533,4 Millionen US-Dollar sind bislang nach gerichtlicher oder außergerichtlich erzielten Einigungen mit Opfern gezahlt worden (in diesem Betrag ist die im September 2003 vereinbarte 85-Millionen-Dollar-Entschädigung der Diözese Boston nicht enthalten).

- Die Polizei wurde bei 640 der insgesamt 4.392 beschuldigten Priester kontaktiert, in 226 Fällen sind Anzeige erstattet und insgesamt 138 Geistliche verurteilt worden; von diesen haben 100 eine Gefängnisstrafe verbüßt.

- Laut der Bilanzstudie waren 81% der Opfer männlich, die Hälfte davon zwischen 11 und 14 Jahre alt. Zweitgrößte Altersgruppe waren mit 27,3% die 15-17-Jährigen gewesen. Und 6% aller Opfer waren unter sieben Jahre alt.

Auch Nonnen verüben sexuelle Gewalt an Kindern

Abtreibung ist „ein schlimmerer moralischer Skandal als Priester, die junge Leute missbrauchen".
George Pell, australischer Erzbischof
(*Frankfurter Rundschau*, 14. 9. 2002)

Über Nonnen, die Kinder *und* Jugendliche misshandeln beziehungsweise missbrauchen, existieren fast keine Veröffentlichungen. Die Erklärung hierfür liegt in der Tatsache begründet, dass es den Kirchen – wie auch bei missbrauchenden Klerikern – immer wieder erfolgreich gelingt, derartige Misshandlungs- und Missbrauchsfälle zu vertuschen, wobei ihnen offenbar jedes Mittel recht ist, damit solche Verbrechen nicht an die Öffentlichkeit gelangen.

„Ich musste mich ausziehen und mich mit den Armen auf dem Rücken vor den Altar knien mit der Bibel, und es hieß: ‚Wir warten auf die Oberschwester."

Ein männliches Opfer berichtet den Autorinnen *Glöer* und *Schmiedeskamp-Böhler* (1990, S. 90-94) von den Kindheitserfahrungen in einem katholischen Heim. Die *rigide christliche Erziehung* war geprägt von *schlimmsten – sadistischen – psychischen, physischen* und *sexuellen Misshandlungen*, verübt von einer Oberschwester und einem Pater, der ihn mit acht Jahren auch oral und anal vergewaltigte:

„Und dann haben sie uns beide, die Oberschwester mich, der Pater das Mädchen, am späten Abend wieder an den Ohren nackt herausgeschleift und haben uns an dem angrenzenden Zaun festgebunden, der das Gelände umgab ... es zog ein Gewitter auf, und uns wurde gesagt, dass jetzt ein Gottesurteil käme.
In Kreuzsymbolik am Drahtzaun festgebunden, splitternackt wurde mir gesagt, bevor das Gottesurteil komme, würde man dafür sorgen, dass ich dieses Vergehen mein Lebtag nicht vergäße, und hat mir den ganzen Penis und die Hoden mit Brennesseln eingerieben. Erst kitzelte es, später kam dann der Schmerz.
Was der Pater mit dem Mädchen gemacht hat, weiß ich nicht, ich habe sie später nie mehr wiedergesehen."

Das Gottesurteil, dass die gequälten und geschundenen „Kinder Gottes" unstrittig niemals werden vergessen können, folgt auf dem Fuße.

„Die beiden haben sich zurückgezogen, nachdem alles schön mit Brennesseln eingeschmiert war, und dann kam das Gottesurteil, und das war schlimm..., ich habe heute noch Angst vor Gewitter. ... Das Gewitter zog heran, wirklich ein fürchterliches, knochenhartes Gewitter. Sie können sich vorstellen, ein Achtjähriger mit dem ganzen Vorgeschehen, ich hatte wirklich Angst, Todesangst. Das habe ich nie mehr in meinem ganzen späteren Leben so erlebt wie damals."

Die Angst, die Todesangst des Kindes – wie sehr haben sich die sadistisch veranlagte Nonne und der Pater an dem kleinen wehr- und hilflosen Jungen ergötzt und an seinem zitternden nackten Körper geweidet.

„Ich wurde auf ein Bett gelegt, so eine Pritsche, so ein Militärbett, die Arme nach hinten, ganz nackt, die Füße festgebunden, und dann kam das, wovon ich sage, das ist Sex gewesen. Sie hat gerieben und eingeschmiert, und sobald irgendwelche Regungen kamen vom Penis her, hat sie mir über die Brust gepeitscht. ... Auch zur Toilette durfte ich nicht. Sie hat meinen Penis genommen und quasi für mich uriniert, den After abgewischt usw. ... Aber das Schlimmste war eigentlich, dass ich den anderen vorgeführt wurde als der durch den Teufel Fehlgeleitete. Wie ich da nackt gelegen habe, gefesselt, mit den schon sichtbaren Pickeln, wurde gesagt: ‚Das kommt, wenn ihr...' Und dann durfte die ganze Gruppe an mir vorbeimarschieren. Dieses absolute Ausgeliefertsein, egal was sonst noch passierte, das Ausgeliefertsein, das war das Schlimmste. Wehrlos zu sein. Diese absolute Wehrlosigkeit."

Die Oberschwester hat sich an dem kleinen Knabenkörper, dem kleinen kindlichen Phallus sexuell befriedigt.

„Auch zur Toilette durfte ich immer nur mit Schwestern. Ich durfte mich nicht mehr anfassen. Waschen unterhalb des Bauchnabels wurde dieser Oberschwester überlassen. Und in diesem Zusammenhang, beim Baden – das ist schon fast sadistisch – hat sie mich mit dem Finger stimuliert, und wenn dann was kam, mein Gott, als Achtjährigem passiert einem das schon mal, gab es einen hinten drauf. Dann musste ich mich hinknien, und ich kriegte richtig den Hintern versohlt."

Und der Gottesmann missbraucht eiskalt christliche Rituale zur sexuellen Stimulation, um das Kind zu vergewaltigen.

„Und dann ging das Spiel weiter. Ich musste mich wieder ausziehen, und er kam mit Weihrauch über den nackten Körper und Einreiben und Blabla und Brimborium. Während der ganzen Zeit war er unter seiner Kutte nackt, und irgendwann musste ich seinen Penis in den Mund nehmen. Weil er von Jesus eingesetzt sei, wäre das die einzige Möglichkeit, mich zu retten. Der Mann ist später verhaftet worden, weil er es noch mit anderen Jungen und Mädchen getrieben hat. ... Er hat mit mir auch den Analverkehr durchgeführt. Diese Situation habe ich bewusst erlebt, ohne zu wissen, was vorher passiert war. Also wieder Sexualität in Form von Gewalt.

> Zweimal in der Woche musste ich zu ihm gehen, obwohl ich es nicht wollte. Erstens tat es weh, und zweitens konnte ich es nicht unter einen Hut kriegen, dass jemand, der das Credo singt im Hochamt, wo wir jeden Sonntag hin mussten, solche Sachen mit mir veranstaltete."
>
> *Das gedemütigte, missbrauchte, gequälte und gefolterte Opfer berichtet weiter, als Erwachsener gegenüber Frauen gewalttätig gewesen zu sein. Auch seine eigene Frau habe er immer wieder im Keller nackt gefesselt, ausgepeitscht und vergewaltigt.*

Nur selten werden Verbrechen, die Nonnen (*und* Priester) an Kindern begehen, öffentlich. Hier einige Fallbeispiele:

• *Burkett* und *Bruni* (1997, S. 122) berichten über eine Schwester namens Georgene Stuppy, die ein Mädchen sexuell missbrauchte und das Verbrechen „mit religiösen Rechtfertigungen" bemäntelte. Die fromme Frau, die 1990 von dem Opfer verklagt wurde, war ohne jegliches Unrechtsbewusstsein: sie leugnete jedes Fehlverhalten. Das „Fehlverhalten" bestand nach Angaben des Opfers darin, dass die fromme Frau sie einige Jahre lang regelmäßig unzüchtig berührte und an ihren Brüsten saugte.
„Es tut wirklich weh, wenn Sie das als sexuellen Kontakt bezeichnen", geben *Burkett* und *Bruni* (1997, S. 123) die Einlassung der Nonne gegenüber den Anwälten der Klägerin vor Gericht wieder, „aber ich weiß, dass man das wohl so nennen muss."
Gegenüber *Burkett* und *Bruni* (1997, S. 347) gab die Missbraucherin in Nonnengewand folgendes Statement ab:
„Ich bestreite jede Anschuldigung, dass ich eine Straftat begangen hätte."
Liebesbriefe der Nonne an das Mädchen bezeichnen das kindliche Opfer abwechselnd als Geschenk, Mittler von Gott, Mutter Gottes und als Personifikation Jesu. Die Autoren (1997, S. 123) zitieren ein Schreiben der Nonne, in dem sie einen Traum beschreibt, „in dem sie Gott durch das Mädchen erfuhr":
„Du nahmst meine Hand, drehtest sie um und strecktest meinen Arm aus, so dass ich SEIN Gesicht berühren konnte, und dann war irgendwie SEIN Gesicht auch dein Gesicht. Ich spüre noch in meinen Fingern die Wärme und Weichheit deines Gesichts. Zuerst ist dein Gesicht trocken, und dann gleite ich mit meinen Fingern buchstäblich über ein Meer von Tränen."

• *Elliott* (1995, S. 45) lässt ein weibliches Opfer zu Wort kommen, die von einer Nonne missbraucht wurde:
„Als ich sieben Jahre alt war, fasste eine der Nonne, die uns unterrichteten, ständig mit der Hand unter meinen Rock und spielte mit meinen Genitalien, wenn ich an ihrem Schreibtisch stand.
Erst als ich erwachsen war und mich meiner besten Freundin aus der Schulzeit anvertraute, erfuhr ich, dass sie das auch mit anderen Mädchen machte. Ihr war das gleiche passiert und einigen anderen ebenfalls. Ich war so wütend, dass ich noch einmal zu der Schule fuhr und die Nonne zur Rede stellte. Sie stritt es nicht ab, sagte aber, sie hätte es ‚aus Liebe' zu uns getan, und das könnte ich doch sicher verstehen. Stellen Sie sich vor,

Sie sollen einem Erwachsenen erzählen, dass eine Nonne Sie sexuell missbraucht hat. Das glaubt Ihnen doch kein Mensch. Ich habe es meinen Eltern bis heute nicht gesagt. Die würden sich zu sehr aufregen."

• Die Zeitschrift *Boston Globe* (14.5.2004) berichtete über neun ehemalige Schüler einer Gehörlosenschule in Boston (die 1994 geschlossen wurde), die gegen Nonnen und Priester schwere Vorwürfe erhoben haben. Die drei Frauen und sechs Männer, die damals zwischen 7 und 16 Jahre alt waren, werfen den „Schwestern von St. Joseph" und anderen Mitarbeitern vor, sie geschlagen und sexuell missbraucht zu haben. Die Kläger, die heute zwischen 47 und 67 Jahre alt sind, erstatteten Anzeige gegen mindestens 14 katholische Ordensschwestern und Priester. Die Vorfälle sollen sich zwischen 1944 und 1977 ereignet haben. Der Bischof soll informiert gewesen sein, habe aber geschwiegen. Es wird erwartet, dass sich dem Verfahren weitere ehemalige Schüler anschließen werden.

• Der *Evangelische-Presse-Dienst* (15.2.2003) berichtete, dass in der italienischen Stadt Bergamo zwei Ordensfrauen wegen sexuellen Missbrauchs von Kindern zu je neun Jahren und sechs Monaten Haft verurteilt worden sind. Den 70- und 65-jährigen Frauen ist die Arbeit in Kindergärten für immer verboten worden.

• Die *Frankfurter Rundschau* (2.8.1997) berichtete über Regine B., die – wie auch andere Mädchen – im Alter von acht bis zehn Jahren in einem katholischen Mädchenheim in Chiemgau in Oberbayern von einer Klosterschwester misshandelt und sexuell missbraucht worden sei. Vor dieser Nonne habe sie Angst gehabt. Mit einem Holzlineal oder auch Kleiderbügel habe die fromme Frau sie misshandelt. Die Prügelexzesse hätten nicht heimlich, sondern öffentlich stattgefunden: Auf den nackten Po sei geschlagen worden, während die anderen Mädchen zuschauen mussten:
„Ich hab' ziemlich viel Angst vor der Frau gehabt", erinnert sich das Opfer: „Gleichzeitig war es aber auch die Frau, die für mich zuständig war. Es gab nicht viel Entrinnen."
Auf die Frage: „Was war das Schlimmste?", antwortete sie:
„Dass ich mich so geschämt habe. Ich dachte immer, ich sei selber schuld, weil ich mich selbst ausziehen musste."

• Die *Neue Westfälische* (30.11.2001) berichtete über den 44-jährigen Pierre De Picco, der von 1963 bis 1972 im St.-Hedwig-Kinderheim in Lippstadt, das von katholischen Ordensschwestern betrieben wurde, untergebracht war (die Anstalt wurde 1999 wegen „Personalmangels" geschlossen). *De Picco* erinnert sich an diese Zeit:
„Es war ein absoluter Albtraum. Wir wurden geschlagen, gequält und eingesperrt. Das ganze Gelände war mit Stacheldraht umzäunt. Viele haben versucht, zu entkommen. Aber geschafft hat es niemand. ... Die Schwestern haben förmlich darauf gewartet, uns körperliche Gewalt anzutun. Es waren wirkliche Misshandlungen, die dort im Namen Gottes stattgefunden haben."
Brutalität habe zum Alltag gehört, gibt die *Neue Westfälische* die weiteren Erinnerungen des Opfers wieder:
„Bis zur Bewusstlosigkeit sei er geschlagen worden, das Nasenbein habe ihm eine Schwester gebrochen, als er sieben Jahre alt war."
De Picco erinnert sich auch an sexuelle Gewalt, der er durch eine Nonne vielfach wehr-

und hilflos ausgesetzt war:
„Sie holte sich immer kleine Jungs auf ihre Zelle. Fünfmal in all den Jahren war ich der kleine Junge. ... Sie war eine massive und kräftige Person. Ich war klein und schmächtig. Wehren konnte ich mich nicht."

„Der sexuelle Missbrauch fing an im 6. Lebensjahr im Beichtstuhl."

Der Bayerische Rundfunk sendete im Juni 2004 einen Hörfunkbeitrag mit dem Titel „Unbarmherzige Schwestern – Erziehung in kirchlichen Kinderheimen". In dem Beitrag kommen Menschen zu Wort, die im „Namen Gottes" schwersten Misshandlungen wehr- und hilflos ausgesetzt waren. So auch *Cornelia H.*, heute 40, die ab dem 4. Lebensjahr zehn Jahre ihres Lebens im Marienheim in Würzburg verbringen musste. Das Marienheim war für sie die „Hölle, es war die Hölle. Das war Hölle".
Der Verfasser gibt Auszüge des Interviews wieder, das die Rundfunkjournalistin *Claudia Becker* mit ihr führte:

Claudia Decker: „Sie waren bei Nonnen!"

Cornelia H.: „Dass ein wehrloses Kind, wirklich ein wehrloses kleines Wesen – mir fehlen die Worte, was da angerichtet worden ist. (Schluchzt) Ich bin als behindertes Kind groß geworden. Man hat mir meine ganze Selbstverantwortung, Denkweise, alles, was ein individueller Mensch mit der Zeit erfährt, lernt vor allem, ist mir genommen worden, indem ich machtlos gemacht worden bin, dass ich überhaupt kein Selbstwertgefühl habe. Das habe ich auch heute noch nicht, ein Selbstwertgefühl. Die haben das mit Schlägen, wie man das im Knast macht, entwürdigt."

Decker: „Wofür gab es Schläge?"

H.: „Für alles. ... Ich war bei Pinguine. Das waren bestialische, schwarzweiß gekleidete Frauen, die es mit uns gar nicht gut gemeint haben. Wie sollen sie's gut meinen, wenn sie mich schon ab dem 5. Lebensjahr mit wirklich hochgradigen Psychopharmaka vollgepumpt haben. (...)
Ich bin sexuell missbraucht worden. Der sexuelle Missbrauch fing an im 6. Lebensjahr im Beichtstuhl. Wir haben oben im Heim selber einen Beichtstuhl gehabt, mit einem ganz primitiven Vorhang. Ich bin von Schwester Reginalda regelmäßig da reingeführt worden zu diesem Pfarrer. Ich musste ihn oral befriedigen, ich musste mich auf ihn setzen. Die Reginalda hat neben dran gestanden, hat zugehört."

Decker: „Sie wollen nicht damit sagen, dass sie wusste, was hinter dem Vorhang vor sich geht?"

H.: „Sie wusste wohl, was da hinten war."

Decker: „Das ist eine Vermutung!"

> H.: „Nein das ist keine Vermutung, das ist eine Tatsache. Sie hat sehr wohl gewusst, was da passiert war, denn wo der Pfarrer dann fertig war mit mir, bin ich rausgegangen, sie hat mich an die Hand genommen, hat mir ins Ohr reingeflüstert, du bist 'ne Drecksau, was du da gemacht hast, war nicht richtig. Hat mir 'n Rosenkranz in die Hände gedrückt und hat gesagt, so, jetzt gehst du vor und betest zwanzig Mal ein Ave Maria um Vergebung."

Es ist ganz offensichtlich, dass sich hinter dem berüchtigten Hang von Nonnen, den Bräuten Christi (aber auch von Pastoren und Priestern), Kinder körperlich, seelisch *und* verbal zu malträtieren, Anzeichen von *sexuellem Sadismus* verbergen (vgl. hierzu *Homes*, 1981, 1984, 1996, 1998, 2001). Kenneth *Lanning*, ein FBI-Experte für sexuellen Kindesmissbrauch, den *Burkett* und *Bruni* (1997, S. 122) zitieren, stellt aufgrund entsprechender beruflicher Erfahrungen folgende Fragen: Verbirgt „sich hinter dem berüchtigten Hang von Nonnen zur körperlichen Züchtigung nicht ein gewisser Grad von sexuellem Sadismus ...? Ist es eine Disziplinarmassnahme, wenn jemand ein Lineal nimmt, ein Kind auf das Pult drückt und es mit dem Lineal züchtigt? Ist es körperliche Misshandlung? Oder ist es sexueller Missbrauch? Meiner Meinung nach könnte jede der drei Möglichkeiten zutreffen". In einem von dem Verfasser herausgegebenem Buch mit dem Titel „Heimerziehung – Lebenshilfe oder Beugehaft" (1984, S. 74, 75, 76) hat dieser eine katholische Nonne interviewt, die ganz offen und ehrlich über die von ihr praktizierte „Schwarze Pädagogik", die (sexuelle) sadistische Züge trug, Auskunft gab[7]:

„Wir haben den Kindern immer wieder gesagt, dass wir sie im Namen von Jesus Christus erziehen und ihnen helfen wollen. Doch in Wirklichkeit haben wir – auch wenn diese Erkenntnis schmerzlich ist! – gegen diese christlichen Grundsätze verstoßen! (...) Ich träume heute noch von diesen Heimkindern. Aber es sind keine schönen Träume, keine schönen Erlebnisse, die da wach werden. Erst vor kurzem hatte ich wieder einen dieser Träume: Ich sah wieder, wie ich einen etwa sieben Jahre alten Jungen bei der Selbstbefriedigung erwischte. Ich war außer mir und stellte ihn zur Rede. Doch das Kind begriff nichts. Meine Wut wurde immer größer, und ich zog ihn an den Haaren in den Duschraum. Dort habe ich kaltes Wasser in eine Wanne einlaufen lassen und den Jungen mit Gewalt hineingezerrt und ihn viele Male untergetaucht. Ich sah – wie damals in der Wirklichkeit –, wie er sich zu wehren versuchte; ich hörte ihn wieder schreien. Es kostete eine ganze Menge Kraft, diesen kleinen, zierlichen Körper wieder und wieder unterzutauchen. Ich merkte, wie die Kraft des Jungen nachließ. Sein Gesicht lief blau an, und dennoch machte ich weiter. Der Junge bekam kaum noch Luft, als ich endlich von ihm abließ.
Ich erinnere mich an einen anderen Traum, der ebenfalls ein wirkliches Erlebnis in Form von schrecklichen Bildern für mich lebendig werden ließ. Ein Kind schrie, weil es von einem anderen Kind geschlagen wurde. Ich konnte diese Schreie nicht mehr ertragen, brüllte es an. Doch das Kind schrie weiter. Ich fasste den Jungen am Kopf und schlug ihn mehrmals gegen die Wand. Auf einmal hatte ich Blut an den Händen, und ich erschrak. Ich sah das Kind an. Das Kind zitterte am ganzen Körper und lief davon. (...)
Ein Kind sagte einmal zu mir: ‚Der liebe Gott wird Sie für alles, was Sie uns angetan haben, bestrafen.' Damals ballte ich meine Hand zu einer Faust zusammen und schlug dem Kind ins Gesicht. Heute weiß ich, was das Kind mir mitteilen wollte."

"Schweig! Du hast mir aufs Wort zu gehorchen!"

In dem Buch des Verfassers mit dem Titel „Gestohlene Kindheit" (Homes, 1996, 1998), das im April 2001 unter dem Titel „GottesTal der Tränen" (Homes, 2001) neu verlegt wurde, finden sich Kindheitserlebnisse und -erfahrungen von Kindern in katholischen Heimen. Diese – ehemaligen – Heimbewohner erinnern sich hautnah, als wären sie dieser katholischen „Schwarzen Pädagogik" immer noch wehr- und hilflos ausgeliefert, an eine Nonne, die für sie die Inkarnation des Bösen darstellte. Eine der schlimmsten Szenen, in der diese Nonne ein Kind sadistisch quält und sexuell missbraucht, sei hier wiedergegeben (Homes, 2001, S. 122, 123):

„Schwester Emanuela geht mit Stefan in ihr Schwesternzimmer und schließt die Tür ab. Sie nimmt ihren Rohrstock vom Nachttisch und schwingt ihn durch die Luft.
‚Zieh sofort deine Hose aus', fordert sie Stefan auf, während sie den Rohrstock vor seinem Gesicht hin- und herbewegt. Stefan zittert am ganzen Körper. Schwester Emanuela erkennt in seinem Kindergesicht die große Angst. Ihr altes, lebloses Gesicht erstrahlt plötzlich im Glanz ihrer Frömmigkeit.
Stefan, dessen Hände zittern, zieht langsam die Hose aus.
‚Die Unterhose sollst du auch ausziehen!'
Ihre Stimme wird für Stefan immer angstvoller und bedrohlicher. Langsam zieht er, wie befohlen, gehorsam seine Unterhose aus. Stefan steht direkt vor ihr, und mit zittrigen Händen deckt er vor Scham und Angst seinen Penis ab. Die alte Frau will mehr.
‚Nimm die Pfoten da vorne weg, wird's bald!'
Total verstört und ängstlich nimmt Stefan seine Hände beiseite und fängt an zu weinen. Das Zittern seines gesamten Körpers nimmt zu. Schwester Emanuela begutachtet gierig Stefan, seinen kindlichen, knabenhaften und zierlichen Körper. Sie schaut auf seinen Penis. Ihr Gesicht färbt sich rot. Auf ihrer Stirn bildet sich Schweiß, und ihr Herz klopft hastig und schnell.
‚Stefan' – in ihrer Stimme liegt ein Zittern, und sie atmet schwer – ‚zieh sofort deine ganzen Kleider, einschließlich deiner Strümpfe, aus, und leg dich mit dem Bauch auf mein Bett!'
Stefan zieht sich, ohne einen Hauch von Widerstand zu zeigen, ganz aus. Wie befohlen, legt er sich bäuchlings auf das Bett, schließt die Augen und beisst seine Zähne fest zusammen. Jeden Moment, denkt er, wird Schwester Emanuela mit dem Rohrstock auf ihn einschlagen.
Schwester Emanuela steht direkt hinter Stefan und kniet sich auf das Bett neben ihm nieder. Den Rohrstock legt sie auf dem Nachttisch und schlägt mit der flachen Hand ganz leicht auf Stefans Rücken. Beim Po hält sie inne und fängt an, ihn zart zu streicheln. Stefan ist völlig irritiert, sein Körper verkrampft sich. Plötzlich vernimmt er bei der alten Frau ein Schnaufen und bald darauf ein leichtes Stöhnen. Schwester Emanuela streichelt mit ihren Händen seinen ganzen Körper.
‚Leg dich auf den Rücken', herrscht sie ihn dann an.
Ihre bebende und zugleich fordernde Stimme lässt ihn erneut erschauern. Stefan setzt ihr einen kleinen Widerstand entgegen und verweigert sich. Mit Tränen in den Augen schaut er sie angstvoll an. Ihr gerötetes und verschwitztes Gesicht verfinstert sich. Sie nimmt ihren Rohrstock in die Hand und schlägt mit diesem auf Stefans Po. Stefan krümmt

sich vor Schmerz und stößt laute Schreie aus.
‚Schweig! Du hast mir aufs Wort zu gehorchen', schreit Schwester Emanuela ihn erbarmungslos und mit eiskalter Stimme an.
‚Wenn du nicht stillhältst, schlage ich dich so lange mit dem Rohrstock, bis dein schöner Körper mit Striemen übersät ist! Leg dich sofort auf den Rücken!'
Die Androhung von weiteren Schlägen zeigt Wunder. Stefans innerer Widerstand ist gebrochen. Ihm ist kotzübel. Er dreht sich langsam um und sieht ihr dabei ins Gesicht. Schwester Emanuela streichelt mit ihren Fingern sein Gesicht, Hals, Bauch, Bauchnabel und Schenkel. Dann nimmt sie seinen Penis in die Hand und reibt an ihm."

„Ich hatte meinen ersten Samenerguss von einer Nonnenhand!"

Über seine Kindheitserlebnisse in einem katholischen Heim berichtet auch Sven *Love* (1996, S. 47, 48), ein Callboy, der als Kind von einer Nonne zu sexuellen Handlungen „verführt" wurde:
„Eines Abends rief sie mich ... auf ihr Zimmer und fing an, mich unten zu massieren. Ehrlich gesagt war ich am Anfang nicht besonders erregt, im Gegenteil: Ich hatte Panik, denn sie war eine Autoritätsperson und trug noch dazu ihre Uniform. Dann legte sie das Häubchen ab. Sie hatte lange Haare, war ungefähr 26 Jahre alt, und eine junge, attraktive Frau. Und schließlich hob sie ihre Kutte hoch – sie trug nichts darunter. Ich durfte sie anfassen und streicheln. Wir hatten keinen Verkehr, sie hat mir nur alles an sich gezeigt. Ich durfte alles sehen. Aber sie blieb für mich eine Nonne, schließlich trug sie ja auch noch ihre Kutte. Keiner von uns sprach ein Wort, aber erregt war sie auf jeden Fall. Ich kann schließlich unterscheiden, ob eine Scheide feucht oder trocken ist. Ich hatte meinen ersten Samenerguss von einer Nonnenhand!"

Sehr ausführlich berichten *Burkett* und *Bruni* (1997) über männliche *und* weibliche *pädophile* sowie *ephebophile* (klerikale) Würdenträger, Priester und Nonnen. Ihre Berichte dokumentieren exakt das *Psychogramm* der weiblichen *und* männlichen *regressiven* und *fixierten* Pädophilen. Sie berichten über in ihrer Kindheit schwer be- und geschädigte Geistliche und Nonnen:

Unreif, einsam, angepasst, autoritätsgläubig, unsicher und durch *massive sexuelle Repression*[8] geprägt. Beschädigte, geschädigte Menschen, deren Sexualität aus ihrem Bewusstsein „aus- beziehungsweise wegradiert" worden ist, deren psychosexuelle Entwicklung in Kindheit und Jugend schwer gestört wurde. Die von ihnen genannten Indikatoren sprechen in ihrer Gesamtheit für die Tatsache, dass insbesondere die *sexualfeindliche, rigide, repressive, autoritäre, religiöse* und *klerikale* Erziehung („Schwarze Pädagogik") dafür verantwortlich ist, dass Menschen, die solch eine „Kindheit" erleben, durchleben, häufig von dem *Opferstatus* in den *Täterstatus* „überwechseln".
Rossetti (1996 b, S. 73) berichtet über Priester, die vom Opfer zum Täter werden:
„... etwa zwei Drittel der wegen sexuellen Missbrauchs angeklagten Priester, die von uns am Saint Luke Institute befragt wurden, sind als Kinder selbst sexuell missbraucht worden".

Eine in den siebziger Jahren durchgeführte Studie über die *seelische Gesundheit* amerikanischer Priester bedarf keiner näheren Kommentierung. Die Forscher *Kenneda* und *Heckler*, über die *Rossetti* (1996 a) berichtet, beurteilten 271 Teilnehmer anhand von vier Entwicklungsstufen: *mangelhaft entwickelt, unterentwickelt, in der Entwicklung begriffen, und entwickelt.* „Die Priester schnitten dabei nicht gut ab", so *Rossetti* (1996 a, S. 14):
„Die große Mehrheit fiel unter der Kategorie der emotional Unterentwickelten (179). Die nächstgrößte Gruppe war die der in Entwicklung Begriffenen (50), einige wenige fielen unter die Extreme der Entwickelten (19) und mangelhaft Entwickelten (23).
Das war kein schönes Bild."
Die Ergebnisse dieser Studie besitzen nach fester Überzeugung des Verfassers auch heute noch uneingeschränkte Gültigkeit.

Es sind religiöse Menschen, die psychische *und* physische Schäden aus der oft *jahrzehntelangen Triebunterdrückung, Selbstkastrierung* und *Entmenschlichung* durch die Institution Kirche, hier insbesondere der katholischen Kirche, davontragen[9].
„Die meisten Kleriker, befragt man sie nach ihrer sexuellen Entwicklung, werden heute verneinen, dass sie ‚repressiv' erzogen worden seien", davon ist *Drewermann* (1989, S. 530) überzeugt:

„Sie werden, wie im April 1989 Bischof Lehmann im Gespräch mit Michael Albus, erklären, dass sie in einem glaubensgefestigten, aber nicht unterdrückenden Elternhaus aufgewachsen seien, und sie werden, wie der Bischof von Mainz, dabei einen Augenblick lang spöttisch lächeln, wie um zu sagen: ‚Ich verrate mich nicht. Und: ich lasse mich nicht psychologisch in Zweifel setzen. Ich bin, wer ich bin.' Doch schaut man genauer hin, so erkennt man die alte Angst wieder, nur in unausgesprochener, verdrängter Form. Die Täuschung geht so weit, dass nicht wenige Kleriker von ihrer Sexualentwicklung in Kinder- und Jugendjahren behaupten werden, ‚damit' nie irgendein Problem gehabt zu haben; sie ahnen nicht, dass eben diese scheinbare Problemlosigkeit das eigentliche Problem darstellt und jedenfalls erklärt, warum sie sich später gerade in diesem Bereich ihres Lebens vor unauflösbaren Schwierigkeiten gestellt sehen."

Es sind religiöse Menschen, die sich vor ihren *sexuellen Trieben* und *Phantasien* fürchten und sie brutal unterdrücken; die versuchen, *unscheinbar, angepasst, asexuell* zu leben, als wären sie keine sexuellen Wesen. Es sind Menschen, die sehr häufig wegen einer *dominanten, herrschsüchtigen, aggressiven, gefühlskalten* Mutter sowie einer *pathogenen symbiotischen* Mutter-Sohn-Beziehung eine *Mutter-Hass-Liebe* entwickeln – und die Angst vor der *übergroßen* und *übermächtigen* Mutter haben.
„Sieht man genau hin", so *Drewermann* (1989, S. 589), der sich hierzu sehr zurückhaltend und verklausuliert äußert, „so durchweht die Psyche der meisten Kleriker ein Hauch nie abgelegten Muttersöhnchentums, in dem die frühere ... Überanspruchname ebenso wie die Überverwöhnung durch die Mutter eine seltsame Mischung eingeht, die von der katholischen Kirche in der beschriebenen Weise mit einem zeremoniellem Aufwand ohnegleichen übernommen und weitergeführt werden."
Die *klerikale Unterdrückung der eigenen Sexualität* funktioniert nicht lange. Auch nicht bei denen, die wegen ihrer *sexuellen Neigung* Priester werden und hoffen, unter dem *Deckmantel des Zölibats* (Heiratsverbot für Priester) und dem *Keuschheitsgelübde* (sexuelle Enthaltsamkeit) werde ihnen ihr Gott helfen, die *Sex-Triebe* auf immer und ewig zu

unterdrücken, ja *abzutöten.* Der *ständige Triebstau,* insbesondere verursacht durch den *Zölibat* und das *Keuschheitsgelübde,* sucht sich seine Wege und kommt früher oder später zum Durchbruch. Davon ist auch der katholische Priester und Psychologe Stephen J. *Rossetti* (1996 b, S. 77) fest überzeugt[10]:

„Kandidaten, die der Überzeugung sind, die Verpflichtung zu einem zölibatären Lebensstil werde ihnen helfen, ihre sexuellen Probleme loszuwerden, verfallen damit einem Irrtum. Wie viele Kindesmisshandler haben mir erzählt, dass sie dachten, ihr zölibatäres Priesteramt werde ihnen ihre Kämpfe mit der Sexualität ersparen! Viele von ihnen hatten während der ersten zehn bis fünfzehn Amtsjahren keine Probleme. Doch irgendwann machte sich ein unbewältigtes sexuelles Problem bemerkbar."

Auch *Burkett* und *Bruni* (1997, S. 339), die sich hier sehr vorsichtig ausdrücken, gehen davon aus, „dass der Zölibat möglicherweise einen Magnet für Menschen, die sexuell unreif sind oder unter sexuellen Störungen oder Krankheiten leiden, bilden könnte". Die Autoren (1997, S. 305) verweisen auf den zutreffenden Zusammenhang zwischen sexuellem Kindesmissbrauch *und* Sexualunterdrückung, Zölibat, Keuschheitsgelübde und Kirchenhierarchie:

„Wenn es eine Wahrheit gibt, die jeder Experte zu Fragen des Kindesmissbrauchs unterschreibt, dann die, dass Missbrauch in hierarchischen, autoritären Institutionen gedeiht – besonders in solchen, die auch noch die Sexualität unterdrücken. Wenn Experten solche Institutionen beschreiben, scheinen sie die katholische Kirche zu charakterisieren."

In dem Zusammenhang zitieren *Burkett* und *Bruni* (1997, S. 306) Mike *Lew* mit den Worten:

„Ich glaube, jede Institution, die Unfehlbarkeit, Hierarchie und Patriarchat betont, die in sich geschlossen ist, in der es viel Geheimnistuerei gibt und (der es) an Offenheit mangelt, bildet ein Umfeld, in dem Kinderschänder sich ausleben können, ohne entlarvt zu werden. ... Diese Systeme sind Brutstätten des Missbrauchs."

Solange es bei diesem Status quo bleibt, wird die Kirche eine „Brutstätte" der Pädophilie sein.

Wie können missbrauchende Priester und Nonnen das Verbrechen an Kindern mit ihrem Gott und dem christlichen Menschenbild vereinbaren? Die Antwort ist einfach:
Sie glauben im Ernst, durch Gebete und Beichte wird ihnen ihr Gott für die Verbrechen Vergebung schenken. Und während sie beten und beichten, missbrauchen sie auch weiterhin Kinder.
Rossetti und *Müller* (1996, S. 119, 120) lassen einen betroffenen Priester („Bericht eines Priesters, der Kinder missbraucht hat") zu Wort kommen, der betete *und* beichtete *und* sich weiter an Kindern versündigte:

„Meine Beziehung zu Gott war immer gut. Ich dachte, wir könnten alles gemeinsam durchstehen, doch diese Dinge waren zu schwerwiegend. Gott nahm mir meine Gebete nicht ab. Ich beichtete, bereute und fühlte mich gereinigt, sündigte jedoch sofort wieder. Daher sagte ich Gott, dass ich von nun an meinem freien Tag in der Suppenküche arbeiten werde, solange, bis Er etwas täte. Ich ging dorthin mit der Mutter der Kinder, die ich missbrauchte."

Die katastrophalen Folgen für die kindlichen Opfer, die durch Priester und Nonnen sexuell missbraucht werden, beschreiben *Burkett* und *Bruni* (1997, S. 186):

„Sexueller Kindesmissbrauch hinterlässt bei den Opfern keine sichtbaren Narben. ... Sie tragen die Narben eines frühzeitigen Verlustes der kindlichen Unschuld. Diese Narben hindern sie daran, gesunde Erwachsene zu werden. Kleine Kinder fangen wieder an, sich wie Babys zu benehmen. Sie machen ins Bett oder weigern sich, allein zu schlafen. ... Opfer erzählen alle die gleichen Geschichten – von jahrelangen Depressionen, Angstzuständen, Selbsthass und Furcht vor anderen. Sie richten ihr Leben nach ihren Wunden ein. Viele hassen ihren Körper, der sie verraten hat, als er den Täter zum Missbrauch veranlasste ..."

Dass gerade (kindliche) Opfer von sexuellem Missbrauch durch Priester einen noch größeren Folgeschaden davon tragen als Opfer von anderen, nicht klerikalen Tätern, davon sind *Burkett* und *Bruni* (1997, S. 187) überzeugt:

„Wenn die Täter einen Priesterkragen tragen, sind die Wunden noch tiefer."

Und sie zitieren einen Therapeuten, der Opfer von Tätern im Priesterrock untersucht hat:

„Ich bin der festen Überzeugung, dass diese Kinder viel größere Schäden davongetragen haben als alle anderen Kinder, die ich in den vergangenen fünfundzwanzig Jahren in meiner Praxis hatte. Ich habe Kinder gesehen, die von einem Jugendleiter missbraucht wurden. Ich habe Kinder gekannt, die von einem Pfadfinderführer missbraucht wurden. Das hier ist ganz anders. Diese Opfer waren viel verletzter und traumatisierter. Sie achteten ihre Eltern nicht mehr. Sie achteten ihre Kirche nicht mehr. Sie achteten nichts und niemand mehr. Sie waren völlig leer. Ich sah Körper, hohle Körper. Das hatte ich noch nie zuvor in meiner Praxis erlebt."

Die traumatischen Verletzungen bekommen eine zusätzliche religiöse Dimension: Das Verhältnis des Opfers zur Kirche wird zerstört. Noch schlimmer: Das Opfer verliert den Glauben an seinen Gott.

7.2 Sexueller Kindesmissbrauch – Plattform für die Wiedervereinigung der Frauenbewegung?
Um die „Missbrauchs-Industrie" am Leben zu erhalten, werden Horrorzahlen produziert

„Was man nicht von der Hand weisen kann, ist die Existenz einer ganzen Missbrauchsindustrie, die sich zur Aufgabe gemacht hat, den sexuellen Missbrauch von Kindern aufzuspüren. ... Als die sexuelle Missbrauchsindustrie sich vergrößerte, brauchte sie sich um Arbeitskräfte nicht zu sorgen. Die zukünftigen Angestellten folgten dem Fluss des Geldes wie die Möwen den Heringsschwärmen."
John Money (1992, S. 25)

In den siebziger Jahren driftete die bis dahin geeinte Frauenbewegung teilweise auseinander. Um den totalen Zusammenbruch zu verhindern, wurde über Nacht der Mann als (potentieller) Vergewaltiger entdeckt und gebrandmarkt: „... die Polarisierung (wurde) um die *sexuell schlagenden*, nämlich penetrierenden Väter und nicht penetrierenden Mütter erweitert", so *Amendt* (1998, S. 9): „Zur Spaltung gehörte die Zuweisung von Sündenbockfunktionen an Männer und – spiegelverkehrt dazu – die Idealisierung der Frauen; böse Männer und gute Frauen, *gute Mütter* und *böse Väter*! So gesehen kam es nicht nur zu einer entdifferenzierten Wahrnehmung übergriffiger Väter, sondern zu einer allgemeinen Abwertung von Männlichkeit: *Jeder Mann ein potentieller Vergewaltiger*, oder wie es in einer Schrift des *Deutschen Jugendinstituts* von 1995 noch heißt: *Sexuelle Gewalt: Männliche Sozialisation und potentielle Täterschaft.*"[1]

Doch diese Strategie ging langfristig nicht so auf, wie frau es sich erhoffte. Da kam für die Frauenbewegung der in den siebziger Jahren in den USA[2] aufkommende große Protest, der sich gegen die Tabuisierung des sexuellen Missbrauchs von Kindern in der Gesellschaft richtete, gerade recht. Plötzlich entdeckte frau – obwohl sich Frauenbewegung und Feminismus für missbrauchte *und* gequälte Kinder offenbar überhaupt nicht interessierte – den rettenden Anker, das rettende Ufer: Das weibliche Kind als Opfer männlicher Gewalt. Der feministische Grundsatz lautete nunmehr: Der Mann sieht nicht nur die Frau als Freiwild seiner sexuellen Triebe an, sondern auch das Mädchen – für *männliche* kindliche Opfer interessierte frau sich zu dem Zeitpunkt überhaupt nicht. Einer der größten Kritiker der Frauenbewegung und des Feminismus, der vor Jahren verstorbene Sexualwissenschaftler Ernest *Borneman* (1992, S. 21), rekapitulierte diesen historischen Abschnitt:

„Als die einst geeinte Frauenbewegung im Laufe der letzten zehn, fünfzehn Jahre langsam auseinanderstrebte, haben viele kluge Frauen darüber nachgedacht, unter welcher Tatsache, unter welchem Schirm sich alle auseinanderstrebenden Gruppen der Frauenbewegung wieder vereinigen lassen. Das erste, was gezielt dafür ausersehen worden ist, war Vergewaltigung. Welche Frau will vergewaltigt werden? Also hatte man wieder etwas gefunden, unter dem man fast alle Frauen vereinigen konnte. Als das nicht mehr wirkte, kamen sie auf den Gemeinnenner: ,Sexueller Missbrauch von Kindern'. Welche Mutter, welche halbwegs normale Frau, würde nicht schaudern, wenn sie Angst haben müsste, ihr Kind könnte vergewaltigt werden?"

„Ich kann die Irritationen nachvollziehen, die viele Frauen spüren. Den Blick auf die Täter sexualisierter Gewalt haben wir Frauen bislang immer nach außen gerichtet; ihn auch auf das eigene ‚Kollektiv' zu richten löst zuerst einmal dieses innere Sträuben aus. Er scheint nicht verträglich mit einer feministisch-parteilichen Haltung Frauen gegenüber zu sein; diesen Außenblick richten wir meist nicht auf uns selbst, und wir erwarten von Frauen zwar vieles – und nicht nur Lobenswertes –, aber auf keinen Fall, dass sie sich am Körper eines Kindes sexuell befriedigen."
Barbara Kavemann (1995, S. 17)

Während die (heute nicht mehr existierende) Frauenbewegung und der Feminismus[3] Jungen und Männer als zumindest *potentielle Täter diffamierten*, bekannten sich etwa zeitgleich in entsprechenden Veröffentlichungen linke, autonome, teilweise lesbische und radikal-feministische weibliche Pädophile aus der Frauen- und Lesbenbewegung – als Akt weiblicher Selbstverwirklichung – zu ihren auf Kinder gerichteten sexuellen Vorlieben. „Weibliche Pädophile", schreibt Sabine *Braune* (1990, S. 195) in einem Artikel für die *„Beiträge zur feministischen Theorie und Praxis"*, „treten in letzter Zeit immer mehr an die Öffentlichkeit und fordern das Recht auf Sexualität mit Mädchen. Sie verstehen sich als fortschrittlichen Teil der Linken, der Frauen- und Lesbenbewegung."
Einige Beispiele seien hier angeführt:

• Eine Frau, Mutter eines Kindes, bekannte sich in einem Beitrag, der 1989 im „Autonomen Frauenkalender"[4] unter dem Titel „Zwischen Angst und Lust" erschien, ganz offen zur weiblichen Pädophilie. Ihre inzestuöse Beziehung zu ihrer vierjährigen Tochter, die Zungenküsse und Masturbation mit einschloss, beschrieb sie wie folgt:
„Ich nehme sie in den Arm, reibe meine Nase an ihr, küsse sie vom Nacken bis zum Po. Sie liegt und genießt, küsst mich auf den Mund, leckt mir durchs Gesicht, lutscht an meiner Zunge. Ich schmelze dahin. ... Ach leckt mich doch alle am Arsch! Meine Tochter und ich, wir machen, was wir schön finden!"

• In einem Anfang der 80er Jahre in den USA und 1989 in deutscher Übersetzung erschienenem Buch von *Califia* (1989, S. 182) mit dem Titel „Sapphistrie. Das Buch der lesbischen Sexualität" wird folgende Position vertreten:
„Als Lesben haben wir eine einzigartige Gelegenheit, traditionelle Ansichten über Sexualität in Frage zu stellen. ... Manchmal können sich sexuelle Handlungen zwischen Kindern und Erwachsenen ergeben. ... Manche Lesben sind der Ansicht, jede Art von Sexualität zwischen einem Kind und einem erwachsenen Menschen habe Zwangscharakter. ... Andere Lesben halten es nicht für abwegig, dass eine liebevolle Beziehung zwischen einer/m Erwachsenen und einem Kind auch eine erotische Komponente enthalten kann. Sie glauben, dass es ohne weiteres möglich ist, diese Erotik auf eine für das Kind angenehme und lustvolle Weise zum Ausdruck zu bringen. Sie sind auch der Meinung, dass Kinder in der Lage sind, sexuelle Beziehungen (mit Erwachsenen...) einzuleiten, da sexuelles Verlangen sowohl bei Kindern als auch bei Erwachsenen besteht."

• Eine Gruppe von Männern und Frauen, die sich „Kanalratten" nannte, propagierten Ende der achtziger Jahre im Rahmen der Berliner Lesbenwoche zum Thema „Kindersexualität und weibliche Pädophilie" die weibliche *„Pedofilie"* als das Mittel zur Befreiung der Kinder schlechthin. In der von ihnen herausgegebenen Kanalrattenzeitung (1. Berlin, o. J.; zitiert nach *Knopf,* 1993, S. 24) favorisierten sie die weibliche Pädosexualität: „Weibliche *pedofilie* heißt für uns liebe zwischen mädchen und erwachsenen frauen, die freiwillig ist und sexuelle befriedigung mit einschliesst, keine herrschaft über andere menschen ist und lebensform, in der wir es nicht nötig haben, kinder zu beherrschen oder zu besitzen, wir wollen leben ohne macht über kinder und ohne tote erwachsenensexualität. erwachsenensexualität heißt zerstörung von lebendigkeit und umwelt. der zerstörung der umwelt geht die zerstörung der kindersexualität voraus."

• Dem Verfasser gegenüber berichtete eine 42-jährige bekennende weibliche Pädophile und Feministin, die sich regelmäßig mit anderen betroffenen Frauen zum Erfahrungsaustausch trifft:
„Ich stehe dazu: Ich begehre Knaben im Alter von acht bis zwölf Jahren. Ich habe seit fast einem Jahr eine tiefe innige, erotische und sexuelle Beziehung zu einem zehnjährigen Jungen. Es gibt nichts Schöneres für mich als der unbefleckte, zarte, unbehaarte Körper eines Knaben. Ich liebe es, ihn sehr behutsam in die nicht enden wollende Liebe einzuführen. Ich liebe seinen Körper, der sich an mich schmiegt, der vor Lust anfängt zu vibrieren, wenn ich ihn zart mit meinen Händen und meiner Zunge vom Gesicht über den Hals, Bauch, Genitalien bis zu den Füßen hin berühre. Und ich mag es, wenn er auf mir liegt und ich an seiner Atmung merke, dass es ihm gefällt und er sich mir völlig hingibt. Auch ich lasse mich fallen, gebe mich ihm hin. (...) Mit einem Mann, da bin ich mir absolut sicher, könnte ich niemals vergleichbare Orgasmen erleben."

• In den USA feierte die Frauen- und Lesbenbewegung die Aufführung eines radikalfeministischen Theaterstücks von Eve *Enslers* mit dem Titel „The Vagina Monologues". Sie war derart begeistert, dass größte Anstrengungen unternommen wurden, das Stück möglichst auf jedem Campus aufzuführen. In dem Theaterstück kommt eine 24-jährige Frau vor, die ein Mädchen von 13 Jahren zu sexuellen Handlungen verführt, indem sie ihr Alkohol einflößt. Von der Bühne herab verkündet das Mädchen:
„Jetzt sagen die Leute, das war eine Art Vergewaltigung. ... Tja, ich sage, wenn es eine Vergewaltigung war, dann war es eine gute Vergewaltigung."
Unstritig würde die Frauen- und Lesbenbewegung, auch in der Bundesrepublik Deutschland, größten Protest erheben, Demonstrationen, Mahnwachen usw. abhalten, wenn es sich hier nicht um eine Frau, sondern um einen Mann handeln würde – oder um männliche Darsteller. Das gebietet schon alleine die (radikal-)feministische Definition, wonach es sich bei solch einer Tat um eine Vergewaltigung handelt.

• Die australische Feministin Germaine *Greer* versichert in ihrem Bilderbuchband „Der Knabe" ausdrücklich: „Ich nehme für alle Frauen das Recht in Anspruch, an der flüchtigen Schönheit des Knaben Gefallen zu finden." Und sie führt weiter aus (2003, S. 226 – 228):
„Frauen haben ihr Recht, hinzusehen und dieses Hinsehen auch zu genießen, mittlerweile durchgesetzt – auf Kosten von Knaben, nicht von Männern. (...) Vielleicht müssen sich Frauen noch immer bei der Bewertung eines Männerkörpers zurückhalten – bei einem Knaben sind sie solchen Zwängen kaum unterworfen. Ein Junge muss sich älteren Männern beugen, dominantes Verhalten steht ihm nicht zu. Wenn wir Passivität weiterhin als weibliche Eigenschaften betrachten wollen, haftet auch dem Knaben etwas

> Weibliches an. Anders ausgedrückt: Dem männlichen Geschlecht werden phallische Aktivität und Dominanz nur in Form patriarchaler Herrschaft zugestanden. Der Knabe, der nicht imstande ist, phallische Macht auszuüben, besitzt lediglich einen reagierenden Penis, keinen machtvollen Phallus. Folglich kann er auch ungestraft sexualisiert werden."

Die Frauenbewegung, der Feminismus hatte unstrittig Erfolg mit dem neu „erfundenen" Thema. „Missbrauch ist modern geworden, weil die ganze Gewaltdiskussion mit Frauen nicht funktioniert hat", so zutreffend *Rutschky* (1999, S. 17):
„Die Frauenbewegung wäre längst weg vom Fenster, wenn sie nicht in den siebziger Jahren die Vergewaltigung entdeckt hätte. Aber die gesamte Gesellschaft ist nur durch Kindesmissbrauch zu motivieren."
Das neue Thema: der sexuelle Missbrauch von *weiblichen* Kindern schlug öffentlich wie eine Bombe ein – und verhalf ihr zu einer bleibenden Legitimation. Die „Wiedervereinigung" der Frauenbewegung gelang zunächst. Mit dem Thema „war nun wirklich endlich ein Slogan gefunden worden", so Borneman[5] (1992, S. 21), „unter dem man alle Frauen vereinigen konnte. Das war ein vorzügliches strategisches Konzept". Und *Rutschky*[5] (1997, S. 23) stellt hierzu nüchtern fest:
„Der Feminismus hat Männer viel zu pauschal als ‚potentielle Täter' identifiziert, zuerst als Vergewaltiger von Frauen. ... Die unausgesprochene Botschaft vieler Kampagnen in den letzten Jahren ist aber die, dass noch viel mehr Männer kriminalisiert gehören, sei es als sexuelle Belästiger am Arbeitsplatz, als Vergewaltiger der Ehefrau, als Sextourist oder pädophiler Freier, der sich seine Opfer unter minderjährigen Trebegängern, Junkies oder abenteuernden Jugendlichen aus dem Osten sucht."

> **Der Junge darf nach (radikal-)feministischer Ideologie kein Opfer sein**
>
> Während der sexuelle Missbrauch von Mädchen, der zunächst innerhalb der Frauenbewegung *keine* nennenswerte Rolle spielte, plötzlich das Thema war, wurden die *missbrauchten, gequälten* und *geschundenen männlichen Kinder* auch weiterhin eine *sehr lange Zeit lang völlig ignoriert*. Deren Schicksale interessierte nicht. Konkret: Jungen wurden *nicht* als (potentielle) Opfer sexuellen Kindesmissbrauchs wahrgenommen. Im Gegenteil: Ihnen unterstellte frau generell und pauschal, *potentielle Sexualstraftäter* zu sein. Diese (*radikal-)feministische Selektion* wird auch heute noch überwiegend betrieben. Ist dieser Tatbestand darauf zurückzuführen, dass Jungen mit einem Phallus – auch wenn naturgemäß in kleiner Form – ausgestattet sind? Konkret: Warum ist auch heute noch der Junge, der zum Mann heranreift, in den Augen etlicher – meist radikalen – Feministinnen, unter denen sich unzählige Lesbierinnen befinden – unabhängig davon, ob sie möglicherweise in ihrer Kindheit missbraucht beziehungsweise als Mädchen oder Frau vergewaltigt worden sind –, eine Bedrohung? – Der Junge: ein *potentieller Vergewaltiger* und *Kindesmissbraucher*? – Der Junge, als die *Inkarnation des Bösen verdammt*, der offenbar nach (*radikal-)feministischer Ideologie kein Opfer von sexuellem Kindesmissbrauch sein kann und darf*.[6]

Die Frauenbewegung bündelte ihren radikal-feministischen Kampf und ihre Legitimation völlig neu. Der „feministische Kampf", der „feministische Krieg" gegen die Männer wurde intensiviert. Der reale und der nicht reale sexuelle Missbrauch von weiblichen – *nicht männlichen* – Kindern wurde zum Mittelpunkt im Kampf gegen das männliche Geschlecht schlechthin erkoren.

„Es ist ... unleugbar", so *Borneman* (1992, S. 21), der sich auch über mögliche Folgen des „feministischen Krieges" Gedanken machte, „dass ein gewisser Flügel der Frauenbewegung uns Männer gegenwärtig systematisch als unbeherrschbare Vergewaltiger betrachtet, vor denen kein Kind sicher ist. Und diese Vereine, die dem Missbrauch von Kindern vorbeugen wollen, sagen der Mutter: ‚Sag deiner Tochter vorbeugend, alle Männer sind Vergewaltiger, einschließlich ihres eigenen Vaters.' Wenn du das mal einem Kind sagst, dann kann ich dir garantieren, dass aus diesem Kind als Erwachsene niemals eine heterosexuelle Frau werden kann. Ich will aber auch nicht auf Heterosexualität als das Wichtigste pochen. Das Kind wird als Lesbe ebenfalls frigide sein. Das heißt, mit diesem einen Satz, von dem sich diese Organisationen das Heil der Prävention versprechen, machst du eine ganze Generation von Mädchen innerhalb von zehn bis zwölf Jahren total frigide. Das ist die wirkliche Katastrophe, die uns bevorsteht."

Dieser (radikal-)feministische Feldzug machte vor den Medien nicht halt: Seit Mitte der achtziger Jahre nahmen die Medienberichte und die Veröffentlichungen von parteilich-feministischen Autorinnen rasant zu. Über diesen Tatbestand berichtet *Schetsche* (1994 b, S. 32, 33), der im Rahmen seiner empirischen Untersuchung, in der er der Frage nachging, „wie das Verhältnis Kindheit/Sexualität in den letzten vierzig Jahren von der deutschen Fachöffentlichkeit behandelt worden ist", 165 Fachaufsätze auswertete; diese sind zwischen 1950 und 1991 in 15 „ausgewählten Fachzeitschriften aus den Disziplinen Pädagogik, Jurisprudenz, Psychologie und Sozialarbeit" erschienen. Ihm fiel auf, dass bei den älteren Aufsätzen „ganz deutlich Autoren dominierten" und „wir es bei der aktuellen Debatte ganz überwiegend mit Autorinnen zu tun (haben)".
Schetsche stellt nüchtern fest:
„Es ließ sich in den neueren Aufsätzen keine einzige Autorin finden, die in den untersuchten Zeitschriften vor 1985 zur sexuellen Gefährdung des Kindes publiziert hatte."

Mitte der achtziger Jahre entstanden die parteilich-feministisch orientierten Beratungsstellen, die schnell zu eingetragenen und als gemeinnützig anerkannten Vereinen ausgebaut wurden. Die in ihren Reihen zahlreich vorhandenen Frauen, die selbst Opfer sexueller Gewalt geworden waren und sich zu einem großen Teil für die lesbische Liebe entschieden hatten, kamen federführend in den Beratungsstellen unter. Frauen, die direkt betroffen waren *und* Frauen, die sich mit den weiblichen Opfern solidarisierten, marschierten *und* kämpften plötzlich an vorderster Front gegen den sexuellen Missbrauch von Mädchen. Sie marschierten gegen – potentielle – männliche Missbraucher *und* Vergewaltiger, aber nicht gegen – potentiell – missbrauchende *und* vergewaltigende Frauen *und* Mütter, die Kinder, *ihre* Kinder sexuell missbrauchten *und* vergewaltigten.

„Private Schutzvereine wie „Wildwasser", „Zartbitter", „Korallenriff" arbeiten den Ermittlungsbehörden zu und lösen damit jene Verfolgungsmaßnahme aus, die in den letzen Jahren mit Begleitung lauten Pressewirbels die Prozesslandschaft bestimmt haben. Ubiquitäre Phänomene mit erheblichen sozialen Folgen wie die Vernachlässigung, Verwahrlosung oder Misshandlung von Kindern durch Gewalt finden nicht annähernd die Aufmerksamkeit in der Öffentlichkeit wie eben die sexuelle Misshandlung von Kindern."
Rüdiger Deckers (1997, S. 456)

Schlimmste Misshandlungen von Kindern durch körperliche, seelische, verbale Gewalt und Vernachlässigung fanden und finden – im Vergleich zu den 70er Jahren – in der Öffentlichkeit und den Medien nicht annähernd mehr die große öffentliche Aufmerksamkeit wie der sexuelle Missbrauch von Kindern. Und innerhalb der Frauenbewegung scheint hier ganz offensichtlich überhaupt kein großes Interesse bestanden zu haben.

Warum haben sich die Frauenbewegung, der Feminismus, die (radikal-)parteilich-feministischen Frauenvereine und -initiativen, die unzähligen parteilich-feministischen Beratungsstellen, die sich für sexuell missbrauchte Mädchen und – leider nur vereinzelt – Jungen massiv und öffentlichkeitswirksam einsetzen, nicht und gerade auch für die vernachlässigten *und* körperlich *und* seelisch misshandelten Kinder eingesetzt *und* stark gemacht? Warum haben sie sich nicht auch *und* gerade anklagend gegen die gewaltsamen, schlagenden, prügelnden Frauen *und* Mütter gewandt, die Kinder, *ihre* Kinder misshandeln, malträtieren *und* emotional beziehungsweise sexuell missbrauchen? Warum sind sie auch heute noch überwiegend, wenn nicht gar ausschließlich, dieser parteilich-feministischen Lethargie treugeblieben? Und warum ergreifen sie bis heute nicht (und gerichtet auf die Zukunft) als Anklägerinnen *und* in Personalunion als Anwältinnen der Kinder *Partei für Kinder*?

In den 70er Jahren stand insbesondere die physische Misshandlung von Kindern im Zentrum des öffentlichen Interesses, wobei sich die Frauenbewegung *und* der Feminismus sehr rar machten. Mitte der 80er Jahre spätestens interessierte die physische Gewalt gegen Kinder kaum noch: Der große „Hit" war nun fast ausschließlich nur noch der sexuelle Missbrauch von Mädchen. Dieser Tatbestand schlug sich auch in den Medien entsprechend nieder. So berichten *Amann* und *Wipplinger* (1997) aus Österreich, dass in der Zeit von 1979-1984 die Anzahl der Publikationen in der Tagespresse zur physischen Misshandlung von Kindern noch ca. 15-mal höher als die zum sexuellen Kindesmissbrauch war. Im Zeitraum 1990-1994 wandelte sich das Verhältnis dramatisch: Nun betrafen 53% der Zeitungsbeiträge das Thema sexueller Kindesmissbrauch *und* nur noch zu 47% die physische Misshandlung. Auch die Anzahl der Fachpublikationen (zum Kindesmissbrauch) in der deutschsprachigen Datenbank „Psyndex" lag im Jahr 1987 bei 15 und in der englischsprachigen Datenbank „Psychlit" bei 72. Das änderte sich im Laufe der Jahre schlagartig: 1995 waren es 113 beziehungsweise 723 Fachpublikationen. Diese Entwicklung ist sehr erstaunlich, da unstritig die Misshandlungsraten der körperlich, seelisch *und* emotional misshandelten *und* vernachlässigten Kinder viel höher sind als beim sexuellen Kindesmissbrauch (vgl. hierzu für die Bundesrepublik Deutschland *Wetzels*, 1997).

> „Das ist recht befremdlich", bringt es *Rensen* (1992, S. 62) mit Blick auf die Vernachlässigung auf den Punkt, „wenn man sich anschaut, mit wie viel Aufhebens über sexuellen Missbrauch geschrieben wird, und wie wenig man über Vernachlässigung lesen kann. Vernachlässigung ist ein Thema, das vernachlässigt wird, Missbrauch ist ein Thema, das missbraucht wird, und dies angesichts der Tatsache, dass die Vernachlässigung ebenso schlimme Folgen zeitigen kann wie Missbrauch. Ein vernachlässigtes Kind ist nicht mehr in der Lage, enge Beziehungen einzugehen. Viele vernachlässigte Jungen landen auf dem Wege über die Kriminalisierung schließlich im Gefängnis. Vernachlässigte Mädchen sind häufig lebenslang voller Verzweiflung auf der Suche nach Zuneigung (von wem auch immer) und landen so schließlich in der Prostitution oder vernachlässigen oder misshandeln das eigene Kind. ... Eine hoffnungslose Existenz."

Um ihr neues Monopol bundesweit erfolgreich ausbauen zu können, erweiterten die parteilich-feministischen Beratungs- und Hilfsvereine in den folgenden Jahren den Radius ihres Aufklärungs- und Verfolgungsfanatismus entsprechend. Die Missbrauchs- und Aufklärungskampagne in der Öffentlichkeit wurde intensiviert. Um entsprechende Geldmittel zu erhalten, musste von einem großen, ungeheuren, beängstigenden, furchterregenden Ausmaß dieses Problems gesprochen werden. Nun wurden plötzlich „über Nacht" auch von einigen dieser parteilich-feministischen Beratungs- und Hilfsvereinen das männliche Kind als Opfer, als potentielles Opfer erkannt und anerkannt – „Wildwasser" beispielsweise akzeptiert zwar das männliche Kind als – potentielles – Opfer, doch werden dort nach wie vor *nur* weibliche Opfer betreut.

„Zu den Mädchen als Opfer", so *Rutschky* (1994, S. 18), „treten längst in steigendem Anteil die Jungen, zum Inzest kommt der latente Inzest usw. usf. Missbrauch wird als Ursache und Urgrund aller möglichen psychischen und sozialen Fehlentwicklungen vermutet, nachgefragt und irgendwie auch bestätigt. Trebegänger, Drogensüchtige, Bulimiekranke, Psychotiker, Heimkinder oder schlicht kriminelle Rückfalltäter werden auf Missbrauch oder sexuelle Gewalterfahrungen hin abgeklopft und neu gedeutet oder angeleitet, sich selbst neu zu deuten."

Um ihren Einflussbereich auszuweiten, brauchten und brauchen die parteilich-feministischen Beratungs- und Hilfsvereine kindliche Opfer[7]. Mit anderen Worten: „Produziert" diese „Kindesmissbrauchs-Industrie" auch Opfer, die in Wirklichkeit keine Opfer sind?

An dieser Stelle sei erinnert an die „Wormser", „Montessori" und „Nordhorner" Prozesse. Bei diesen Mammutverfahren stand genau diese Frage im Raum. Und die Antwort ist leider sehr erschreckend: Unstrittig wurden sehr viele *kleine* Kinder, die *keine* Opfer sexuellen Missbrauchs waren, *erst* zu Opfern gemacht. Anders ausgedrückt:
Hier wurden massenweise kindliche Missbrauchsopfer künstlich produziert.

Aber auch in ihrer Kindheit (mutmaßlich) missbrauchte (fast ausschließlich weibliche) Erwachsene waren (und sind) sehr gefragt. So hat die *Aufdeckung*[7a] angeblichen sexuellen Kindesmissbrauchs bei (fast ausschließlich weiblichen) Erwachsenen mittels *„Recovered Memory Therapy" (Therapie zur Aufdeckung von Erinnerungen)* zum enormen Wachstum der Missbrauchs-Aufklärungs-Industrie geführt[8]. Gleiches gilt für die *Multiple Persönlichkeitsstörung (MSP)*, heute *„dissoziative Identitätsstörung"* genannt[9].

Mit den parteilich-feministischen Beratungs- und Hilfsvereinen entstand und etablierte sich in Deutschland eine *Missbrauchs-Aufklärungs-Industrie* mit einem großen wirtschaftlichen Interesse (staatliche Zuschüsse, hochbezahlte Therapie, Fort- und Weiterbildungsseminare usw.). Eine „Missbrauchs-Industrie", die im Laufe der Jahre durch Bundes-, Landes- und Gemeindemittel gefördert wurde (und wird), ist offenbar total abhängig von sehr hohen Missbrauchsraten.
Ein Beispiel möge dies verdeutlichen:

„In Frankfurt missbrauchen 7% aller Erwachsenen Kinder als Sexobjekte."
Diese medienwirksame Behauptung stellte der Frankfurter Bezirksverband des *Deutschen Kinderschutzbunds* auf, der im Dezember 1995 mit einer Plakataktion um Spenden geworben hatte. In Zahlen ausgedrückt: Damit wurde letztlich die Behauptung aufgestellt, dass im Dezember 1995 von den insgesamt in Frankfurt am Main – gemeldeten – 553 703 Erwachsenen *(Stichtag: 31.12.1995, Amt für Statistik, Wahlen und Einwohnerwesen)* 38 759 erwachsene Kinderschänder und -missbraucher in dieser Stadt wohnten. Im gleichen Monat lebten dort 72 934 Kinder (bis 14 Jahre – Stichtag: 31.12.1995, *Amt für Statistik, Wahlen und Einwohnerwesen*). Geht man einmal von einem Kind pro Kinderschänder, Kindermissbraucher aus, so wurden 53% aller Kinder in Frankfurt Opfer eines sexuellen Missbrauchs.

Der Feminismus produziert Horrorzahlen, um die „Missbrauchs-Industrie" am Leben zu erhalten

Bei einem Fachgespräch zum Thema sexueller Missbrauch von Kindern im Frühjahr 1997 (DJI, 1997) berichtete Michael *Baurmann* vom *Bundeskriminalamt Wiesbaden*:
„Es ist mir bei Einladungen von engagierten Frauen zu Vorträgen schon passiert, dass mir offen gesagt wurde: ‚Also, Herr Baurmann, wenn Sie den Vortrag halten, nicht dass da Zahlen kommen, die das erdrückende Ausmaß in Frage stellen, denn wir haben gerade einen Förderungsantrag laufen.'"
Die Feministin Anita *Heiliger* vom *Deutschen Jugendinstitut* in München, die auch zu dem Fachgespräch geladen war, entgegnete *Baumann* ganz offen:
„Es gibt sehr viel Angst um die Ressourcen. Dass auf die Zahlen hingewiesen werden muss, hat damit zu tun, dass für Projekte im wesentlichen Geld zur Verfügung gestellt werden, wenn skandalisiert wird. Im Grunde bräuchte es das gar nicht, weil das Problem schon mit einer Handvoll Betroffener so gravierend ist, dass jede Hilfe gerechtfertigt ist. Aber so wird es nicht gesehen, die Gelder werden nur verteilt, wenn du ganz riesig schreist und auf die bestehenden Probleme unablässig hinweist."
Auch die Feministin Angela *May* (1997, S. 294) von der *Bundesarbeitsgemeinschaft Prävention & Prophylaxe e.V.* in Berlin drückt es ganz offen aus:
„Da PolitikerInnen, die über die Bezuschussung und Förderung von Beratungsstellen zu entscheiden haben, aber erst reagieren, wenn ein Problem zahlenmäßig als gravierend eingestuft wird, erscheint mir die Ermittlung aktueller Zahlen wichtig."
May (1997, S. 294) ist so frei, für die „Ermittlung aktueller Zahlen" die statistischen Angaben aus dem Jahre 1993 (15 430 den *Polizeibehörden* bekannt gewordenen Verdachts-Fälle; das *Statistische Bundesamt* führt 12 873 bekannt gewordene Fälle für 1993

auf) mit dem „Dunkelzifferfaktor 18 beziehungsweise 20", den sie Michael *Baurmann* unterstellt, zu multiplizieren und errechnet so „für das Jahr 1993 eine Zahl von 277 740 beziehungsweise 308 600 betroffene Mädchen und Jungen unter 14 Jahren, die sexuellem Missbrauch durch Erwachsene ausgesetzt waren".

May, offenbar eine Fachfrau für das Berechnen von „Dunkelziffern", berechnet auf der gleichen Grundlage auch die den *Polizeibehörden* bekannt gewordenen Verdachtsfälle beim Missbrauch von Jugendlichen, *indem sie wahllos Straftatbestände unter Berücksichtigung der Kriminalstatistik anführt, die mit sexuellem Missbrauch nichts zu tun haben.* Unter Hinweis auf die Strafparagraphen 174, 184, 180 a + b, 181, 181 a und 175 StGB *(Sexueller Missbrauch von Schutzbefohlenen, Verbreitung pornographischer Schriften, Förderung der Prostitution, Menschenhandel, Schwerer Menschenhandel, Zuhälterei, Homosexuelle Handlungen - Sexueller Missbrauch von Jugendlichen)* berechnet sie die Gesamtzahl mit dem „Dunkelziffermittelwert von 1:18 beziehungsweise 1:20": So „ergeben sich noch einmal 46 638 (1:18) beziehungsweise 51 820 (1:20) Fälle sexuellen Missbrauchs an Minderjährigen über 14 Jahren, was zu einer Gesamtsumme von 324 378 beziehungsweise 360 420 Fällen sexuellen Missbrauchs an Minderjährigen führen würde".

Es gehört nun wirklich sehr viel Phantasie dazu, derartige Horrorzahlen zu produzieren. Nach dem *Statistischen Bundesamt* in Wiesbaden wurden im Jahre 1993 „nur" 100 Personen wegen sexuellem Missbrauch von Jugendlichen abgeurteilt beziehungsweise 76 Personen rechtskräftig verurteilt[10]. Auch sind im Jahre 1993 „nur" 1. 800 Personen (von 5 946 Tatverdächtigen) rechtskräftig nach § 176 StGB verurteilt worden. Das dürfte auch *May* bekannt gewesen sein.

Der Verdacht ist wohl nicht ganz von der Hand zu weisen, dass *May* im Zusammenhang mit dem sexuellen Missbrauch von Kindern und Jugendlichen *gezielt mit Zahlen jongliert*, sprich: mit Horrorzahlen die Öffentlichkeit täuscht.

Warum *May* in ihren Berechnungen von Dunkelziffern bezüglich des sexuellen Missbrauchs von Jugendlichen und des sexuellen Missbrauchs von Schutzbefohlenen auch die Straftatbestände: *Verbreitung pornographischer Schriften, Förderung der Prostitution, Menschenhandel, Schwerer Menschenhandel* sowie *Zuhälterei* aufführt, wird ihr „Geheimnis" bleiben.

An dem Beispiel von *Angela May* wird deutlich, dass der Feminismus ganz offensichtlich Horrorzahlen produziert, die mit der Realität überhaupt nichts zu tun haben – Zahlen, die mit Blick auf die radikal-feministische Ideologie dringend gebraucht werden, um die „Missbrauchs-Industrie" am Leben zu erhalten. Doch nicht nur *May*, auch andere – insbesondere feministisch orientierte – AutorInnen beherrschen das Spielen mit Missbrauchszahlen und deren Manipulationen.

Horrorzahlen beeindrucken nicht nur die Medien und die Öffentlichkeit, sondern natürlich auch die PolitikerInnen in diesem Lande. Millionen von Mark sind geflossen und werden auch weiterhin in Euro fließen – durch den Staat sowie eine massive Spendenkampagne, die von betroffenen parteilich-feministischen Beratungs- und Hilfsvereinen betrieben wird.

Die enormen Geldbeträge dienten und dienen dazu, auch und insbesondere den Kampf gegen das Patriarchat – man beachte: nicht gegen das Matriarchat – erfolgreich führen zu können.

„Es gibt so viele gewalttätige Frauen wie Männer", so zutreffend Erin *Pizzey* (zitiert nach *Cook*, 1997, S. 122):
„Aber es steckt viel mehr Geld darin, Männer zu hassen, vor allem in den Vereinigten Staaten – Millionen von Dollar. Es ist politisch gesehen keine gute Idee, das hohe Budget für Frauenhäuser zu bedrohen, indem man sagt, dass nicht alle Frauen dort ausschließlich Opfer sind. So oder so, die Aktivistinnen dort sind nicht da, um Frauen dabei zu helfen, mit dem fertig zu werden, was ihnen widerfahren ist. Sie sind da, um ihre Budgets zu begründen, ihre Konferenzen, ihre Reisen ins Ausland und ihre Stellungnahme gegen Männer."
Und *Pizzey* (2000), eine der Mitbegründerinnen der Frauenschutzbewegung in den USA, die dort Anfeindungen radikal-feministischer Ideologinnen ausgesetzt ist, fährt, und zwar völlig zutreffend, fort:
„Ich sah, wie die Frauenbewegung dort (gemeint sind Frauenhäuser in Deutschland – *Anm. d. Verf.*) Bastionen des Männerhasses aufbaute. Es sind Festungen, in denen Frauen unterrichtet werden, dass Männer ‚Vergewaltiger und Bastarde' seien, und wo Kindern großer Schaden zugefügt wird, indem ihnen beigebracht wird, dass man Männern nicht trauen kann."
Es sind Gelder, die auch in massive Öffentlichkeitskampagnen, Fortbildungs- und Aufklärungsveranstaltungen investiert werden. Mit anderen Worten: Ein riesiges Arbeits- und Betätigungsfeld ist mit dem Thema sexueller Missbrauch an Kindern entstanden. Doch dieser gewaltige Apparat ist nur sehr schwer zu finanzieren, zumal die öffentlichen Fördermittel nicht mehr überall so großzügig fließen. Das hat zur Folge, dass sich eine Art von Überlebenskampf breit gemacht hat.
Auf diesen Sachverhalt macht beispielsweise *Fegert* (1993, S. 141) aufmerksam:
„Engagierte Initiativgruppen, deren Mitglieder meist zu völlig ausbeuterischen Bedingungen arbeiten (müssen), geben im Streit um die wenigen Fördermittel jeweils vor, den allein glückselig machenden Weg zur Lösung aller Probleme im Zusammenhang mit sexuellem Missbrauch zu haben."
In diesem Kontext kritisiert *Fegert* (1993, S. 141), „dass in der Bundesrepublik Deutschland der Kampf um die spärlichen Mittel Fronten unter den ‚Kinderschützern' (aufrechterhält), die teilweise so hart umkämpft sind, dass das gemeinsame Ziel aus den Augen gerät. (...) Ich halte es für teilweise unverantwortlich, wie hochmotivierte Leute meist ohne vorhergehende Berufserfahrung sich als freiwillige Mitarbeiter beziehungsweise auf ABM-Stellen in solchen Projekten ‚verschleißen'. Ein extrem häufiger Betreuerwechsel und schnelles ‚Burn-out' charakterisiert diese zeitgemäße Verschärfung des ‚Helfersyndroms'. Je weniger Supervision, adäquate Bezahlung, professionell angebrachter Abstand und Erholungsmöglichkeiten eine fundierte Arbeit mit den betroffenen Kindern und Jugendlichen und ihren Familien ermöglichen, umso mehr werden Ideologien zum Motor der Helfer beim ‚Durchhalten'".
In ihrer Kindheit sexuell missbrauchte Frauen, die in parteilich-feministischen Beratungsstellen arbeiten, haben nach Ansicht parteilich-feministischer Autorinnen den Vorteil, dass sie in ihrer Eigenschaft als Beraterinnen entsprechend sensibilisiert sind.
„Problematisch wird es jedoch dann", so *Bauerfeind* und *Schäfer* (1992, S. 142), „wenn eine ‚Überidentifizierung' mit der Thematik stattfindet. Aus dem Impuls heraus, betroffenen Frauen unter allen Bedingungen Empathie und uneingeschränkte emotionale und moralische Unterstützung zu gewährleisten, tendiert die Hilfe oft zur Einseitigkeit. Hierhin gehören zum Beispiel die Wut und der Hass auf den Täter."

Zu den glühenden Verfechterinnen der uneingeschränkten, bedingungslosen Empathie gehört die radikale Feministin Rosemarie *Steinhage* (1997, S. 469) von „Wildwasser" in Wiesbaden:

„Therapeut(inn)en sollten ihre Klient(inn)en annehmen und lieb haben, wie Eltern ihre Kinder annehmen. Deshalb sollten Therapeut(inn)en nur die Klient(inn)en in eine Therapie aufnehmen, die sie tatsächlich bedingungslos wertschätzen können."[1 1]

Durch den eigenen erlebten Missbrauch und dem erlittenen Trauma ist die Gefahr sehr groß, so *Rösner* und *Schade* (1993, S. 1134), dass die Beraterinnen durch die erneute Konfrontation mit dem sexuellen Missbrauch zu „selektiver Wahrnehmung und projektiven Prozessen mit erheblicher Beteiligung von Affekten wie Angst und Wut neigen":

Mit Blick auf die „besondere affektive Betroffenheit ... besteht das Problem der Unvereinbarkeit zwischen Betroffenheit einerseits und jener Objektivität und Neutralität in der Wahrnehmung, den Einstellungen und Gefühlen andererseits, wie sie für die professionelle Arbeit im Bereich der Diagnostik sexuellen Missbrauchs, z. B. im Rahmen eines Sachverständigengutachtens, unerlässlich sind. Damit wird der juristische Begriff der Besorgnis der Befangenheit psychologisch gut begründbar".

Doch nicht nur in ihrer Kindheit missbrauchte Beraterinnen scheinen hier fehl am Platze zu sein, sondern auch und gerade die Vertreterinnen des feministischen Ansatzes, die dem beschuldigten Mann beziehungsweise Vater eine pauschale Täterschaft unterstellen, und zwar unabhängig von einem entsprechenden Ermittlungs- und Anklageverfahren einschließlich einer rechtskräftigen Verurteilung. Objektivität und Schuldnachweis interessieren hierbei nicht, da es sich dabei um „typisch patriarchale Kriterien" handelt (vgl. beispielsweise *Dörr* und *Schulze-Berndt*, 1992).

Es wird zu diskutieren sein, ob die Vertreterinnen des feministischen Ansatzes, aber auch betroffene weibliche Opfer sowie Lesbierinnen weiterhin in Beratungs- und Hilfsvereine arbeiten sollten. Denn die Gefahr ist nicht von der Hand zu weisen, dass kindliche Opfer durch diese Beraterinnen *erneut* viktimisiert werden *und* kindliche Opfer, die *keinen* realen Missbrauch erlebt haben, in unverantwortlicher Weise *erst* eine Viktimisierung erfahren[1 2].

Nachfolgend werden Aussagen von betroffenen Opfern wiedergegeben, die ihre Erfahrungen wie folgt beschrieben:

Eine von ihrer Mutter sexuell missbrauchte Frau, über die *Teegen* (1993, S. 345) berichtet, wurde an eine Lesbengruppe verwiesen. Dort erlebte sie eine „ideologische Barriere: ,dass Frauen ja so super sind; ohne Fehl und Tadel, und vor allem unfähig, sexuell zu missbrauchen'". *Teegen* u. a. (1992, S. 23) zitieren ein Opfer, das bei einer Psychologin in Therapie war, wobei nicht deutlich wird, ob diese einer Beratungsstelle angehört[1 2a], mit den Worten:

„Die Psychologin wollte nichts von dem Missbrauch wissen. Sie konnte es in keiner Weise einschätzen, was auch ihre Frage ,War das nicht auch schön für Sie, Ihren Altersgenossen sexuell voraus zu sein?' zeigte."

Kees, der vom „vierzehnten Lebensjahr an sieben Jahre lang von seinem gesetzlichen Vormund, dem Direktor einer Kinderschutzeinrichtung, missbraucht wurde", kritisiert gegenüber *van den Broek* (1996, S. 99) die von ihm in Anspruch genommene Beratungsstelle:

„Ich bin also auf die professionellen Hilfseinrichtungen nicht so gut zu sprechen, sie betrachten dich bloß als Objekt und nicht als Menschen. Mehr noch, ich habe das Gefühl, dass du als eine Nummer betrachtet wirst."

Und ein weibliches Missbrauchsopfer berichtet über ihre Erfahrungen in einer Selbsthilfegruppe gegenüber *Bauerfeind* und *Schäfer* (1992, S. 142):

„Es wurde von mir verlangt, dass ich endlich mit meiner Aggression rauskäme, die ich aber gar nicht empfand. Die Leiterin bohrte immer weiter und warf mir Unehrlichkeit vor. Auch die anderen hackten ständig auf mir herum. Da habe ich zugemacht. Ich hatte bald keine Lust mehr hinzugehen, ja, ich hatte richtig Angst. Außerdem warfen sie mir vor, dass ich zu früh geheiratet hätte."

Bauerfeind und *Schäfer* (1992, S. 142) hinterfragen, ob bei dieser „Überidentifizierung", einschließlich der damit einhergehenden *subjektiven Parteilichkeit*[1][2b] und *Einseitigkeit*, „wirklich die Probleme zu lösen sind. Das zentrale Problem der Selbsthilfe liegt offenbar in der zu einseitigen Täter-Opfer-Sicht. Was als Unterstützung der Opfer gedacht ist, verfestigt sich sehr oft zu einer Fixierung auf die Opferrolle. Es ist immer wieder zu beobachten, dass Betroffene sich in ihren Hass auf den Täter und ihre anschließende Konzentration auf die eigene Verletzung verrennen".

Auch *Hirsch* (1994, S. 12) führt hierzu zutreffend aus:

„Meines Erachtens aber birgt die feministische Sicht in der Überidentifizierung mit dem Mädchen als häufigstem Inzestopfer die Gefahr, in ein einfaches Täter-Opfer-Schema abzugleiten, das dem äußerst komplexen Familiengeschehen, das darüber hinaus in eine bestimmte Gesellschaft eingebettet ist, nicht gerecht werden kann. Zudem werden so Existenz und Dynamik des Missbrauchs von Jungen, sei es durch die Mutter oder durch männliche Familienmitglieder, vernachlässigt."

Für die Ablehnung betroffener, missbrauchter beziehungsweise vergewaltigter Frauen als Beraterinnen *und* „Aufklärerinnen" spricht auch die Tatsache, dass das Opfer für viele dieser Frauen – dies gilt auch für nicht missbrauchte und nicht vergewaltige Frauen – ein zumindest latentes Opfer von „Verführung" darstellen kann, die betroffene Mitarbeiterinnen dazu veranlasst, *eigene* sexuelle Wünsche zu kompensieren, indem sie sich *mit* und *über* das Opfer identifizieren und gleichzeitig ihre *eigenen* latent vorhandenen *pädophilen* Wünsche und Neigungen abwehren.

Für den Verfasser ergeben sich hieraus folgende Fragen:

• Dient der Kampf gegen die Jungen *und* Männer, als potentielle Kinderschänder diffamiert, der eigenen „Unschuld" in Form des Ausschlusses, selbst potentielle weibliche Kinderschänder zu sein?

• Dienen also die ununterbrochenen massiven Verdrängungs- und Abwehrmechanismen in Form der Projektion eben dieses Motivs dazu, ein positives Selbstbild aufrechtzuerhalten und Männerfeindlichkeit, teilweise verbunden mit Sexualfeindlichkeit oder auch Prüderie, immer wieder neu zu beschwören?

„Es ist wohl ein Ergebnis der vorhergehenden Diskussionen über Formen und Möglichkeiten weiblicher Sexualität in der Frauenbewegung", so *Schetsche* (1994 b, S. 37), „dass sich Frauen ihrer Gefühle Kindern gegenüber nicht mehr so sicher sind. Ähnlich wie beim ‚Konzept Triebverbrechen' müssen alle sexuellen Impulse dem Kind gegenüber vehement in den anderen verwiesen werden – und das ist der Mann."

„Die postulierte Eindeutigkeit der Trennung von Opfern und Tätern nach Geschlecht hat keine Gültigkeit mehr." – „Die Feindbilder stimmen nicht mehr", klagte eine Teilnehmerin nur halb im Scherz, und eine andere sagte: „Es ist verwirrend, dass Frauen Opfer und Täterinnen sein können, Bündnispartnerinnen und Verräterinnen in der Arbeit mit den Mädchen. Das ist schwer auszuhalten."
Barbara Kavemann (1994, S. 18, 19)

Vom 22.11.1993 bis 24.11.1993 fand in Bielefeld eine Fachtagung zum Thema „Täterinnen – Frauen, die Mädchen und Jungen sexuell missbrauchen" statt, die durch das *Ministerium für die Gleichstellung von Frau und Mann* des Landes Nordrhein-Westfalen finanziert wurde. An dieser Fachtagung nahmen 30 *Fachfrauen* teil, die aus dem ganzen Bundesgebiet kamen und unter ca. 80 Interessentinnen ausgewählt wurden. Es waren fast ausschließlich Sozialpädagoginnen, Diplompädagoginnen und Diplompsychologinnen mit langjährigen Erfahrungen in der Diskussion und Fortbildungsarbeit zu sexuellem Missbrauch.
Einige der *Fachfrauen* berichteten von Missbrauchsfällen durch Frauen *und* Mütter, die, wie sie einräumten, als Einzelfälle eingestuft wurden und nicht zu „Konsequenzen für die Konzeption der Beratungsarbeit" führten. Frauen, die Kinder, *ihre* Kinder missbrauchen, sei letztlich ein „Nicht-Thema" in den feministischen Projekten und Beratungsstellen, eine entsprechende Auseinandersetzung sei noch nicht geführt worden: „Die Seltenheit sexuellen Missbrauchs durch Frauen in Relation zur Vielzahl der Fälle sexueller Gewalt von Männern verband sich", berichtet *Kavemann* (1994, S. 7, 8), einer der Organisatorinnen der Tagung, „mit einer Abwehr dieser Problematik – auch unter Frauen – und mit einer Schwierigkeit, diese Gewalt in eine feministische Gesellschaftsanalyse zu integrieren. Dies verhinderte eine selbstverständliche, offene Auseinandersetzung."

Die *Fachfrauen*, die Fallgeschichten aus der Praxis vorstellten, sahen ihr „Verhalten oder das des Teams sehr kritisch als ambivalent, ausweichend oder schlichtweg falsch an und benannten Ängste und Unsicherheiten, die in diesen Situationen eine ausschlaggebende Rolle gespielt" hatten: Dass es Verdachtsfälle auf sexuellen Missbrauch durch Frauen gab, empfanden „alle als so schrecklich, dass im Team kaum darüber gesprochen wurde". Dass eine Mutter ihre kleine Tochter mit verschiedenen Männern sexuell missbraucht und pornographische Aufnahmen macht, berührt eine *Fachfrau* so sehr, dass sie „Hassgefühle auf diese Mutter" empfindet. Dass eine Ärztin ein Mädchen sexuell missbraucht, können viele *Fachfrauen* im Team nur schwer glauben. Dass der Verdacht auftaucht, eine Mutter habe in einem Kinderladen ihr Kind missbraucht, das „war für alle Eltern so bedrohlich, dass es nie offen angesprochen wurde". Ebenso, dass eine von ihrer Mutter missbrauchte Tochter ihrer Therapeutin über den sexuellen Missbrauch, dem sie durch die Mutter ausgesetzt war, berichtet und diese nicht in der Lage war, hierzu Stellung zu nehmen. Dass eine Teilnehmerin in der Selbsthilfegruppe berichtet habe, dass und wie sie ihre Tochter sexuell missbrauchte, und die anderen fragten, ob das sexueller Missbrauch sei – da konnte „keine ... etwas sagen".
Es gibt *Fachfrauen*, berichtet *Kavemann* (1994, S. 21), die offen zugeben, dass sie „durchaus Erfahrung damit (haben), dass Kinder sexuell anregend auf sie wirken können" und gleichzeitig versichern, dass diese „Gefühle" („Wunsch nach sexueller Befriedigung be-

ziehungsweise dem Bedürfnis, sich gewaltsam durchzusetzen") nicht zum Ausbruch kommen. Eine Teilnehmerin und *Fachfrau* versicherte, sie fand es „als Jugendliche erregend..., beim Babysitten Kinder zu wickeln".

Diese Fachfrauen gaben wirklich alle der sexuellen Erregung und dem Verlangen nach sexueller Befriedigung nicht nach?

Diese *Fachfrauen* und *Expertinnen* betreuen und therapieren Kinder, *missbrauchte* Kinder.
Eine der *Expertinnen*, die *Kavemann* (1994, S. 26) zitiert, stellt ganz offen die Frage: „Darf ich nicht durch ein Kind erregt sein? Es ist nichts Schlechtes an sexueller Erregung, die Frage ist, was ich damit mache, wo meine Verantwortung ist."
Die weiteren Ausführungen von *Kavemann* (1994, S. 26) zeigen, dass sie und die *Expertinnen für die Aufklärung sexuellen Kindesmissbrauchs* davon ausgehen, dass auch Frauen *und* Mütter pädosexuell empfinden (können):
„Sexuelle Empfindungen können verunsichern, wenn sie im Zusammenhang mit einem Kind entstehen. In dieser Situation kann bereits die Wahrnehmung von Erregung bedrohlich wirken. Es liegt aber immer an unserer Entscheidung, wie wir uns verhalten. Weder weibliche Sexualität noch männliche ist ein unkontrollierbares, destruktives Phänomen. Ein Kind sexuell zu missbrauchen, ist eine bewusste Entscheidung – und mit dieser Entscheidungsfähigkeit können wir uns sicher fühlen. Wenn Frauen Täterinnen werden, dann geschieht das, weil sie sich in der jeweiligen Situation dazu entschieden haben. Keine Frau, auch keine Beraterin kann ungewollt oder versehentlich Täterin sein."
Die *Fachfrauen* gehen offenbar davon aus – auch wenn sie sich zu dem Punkt sehr vorsichtig äußern –, dass die Missbraucherin im Vergleich zum männlichen Missbraucher weniger gewalttätig und der Missbrauch weniger schädigend ist.
„Die Teilnehmerinnen stellten fest", berichtet *Kavemann* (1994, S. 21), „dass sie dahin tendierten, sexuelle Gewalt von Frauen anders zu bewerten als die von Männern: In der Gruppe tauchte die Frage auf, ob nicht etwas dran sei an dem oft gehörten Argument, Frauen seien weniger aggressiv als Männer und ihre Formen des Missbrauchs daher weniger schädigend."

Sind Frauen und Mütter tatsächlich beim sexuellen Missbrauch von Kindern, ihren Kindern weniger aggressiv? Und sind die weiblichen Missbrauchsformen weniger schädigend?

Die Initiatoren der Fachtagung forderten die Teilnehmerinnen auf, in einer Liste zusammenzutragen, welche sexuellen Handlungen von Frauen an Kindern ihnen bekannt geworden sind. Nach Erstellung der Liste wunderten sich die *Expertinnen* darüber, „wie sehr die sexuellen Handlungen denen ähnelten, die von missbrauchenden Männern bekannt sind".
Der Verfasser zitiert nun wortwörtlich aus dieser Liste (vgl. *Kavemann*, 1994, S. 35), die eine *Chronologie schlimmster sexueller Gewalt an Kindern, verübt durch Frauen,* widerspiegelt:

„Sexuelles Bewerten/Taxieren der Tochter; Mädchen/Jungen zwingen, nackt bei der Mutter zu schlafen; Geschlechtsverkehr mit Jungen/Söhnen; sexuell motivierte Misshandlungen; Aufdrängen eigener sexueller Erfahrungsberichte; ein Mädchen/einen Jungen masturbieren, sexuell stimulieren; die Tochter/den Sohn in den Geschlechtsverkehr der Eltern einbeziehen; ein Mädchen/einen Jungen vor der Kamera mit Gegenständen vergewaltigen; dem 18-jährigen Sohn die Genitalien waschen; sich am Körper eines Mädchen/eines Jungen reiben beziehungsweise befriedigen; Zungenküsse; die 6-jährige Tochter veranlassen, die Brust der Mutter zu saugen; sich von Mädchen/von Jungen lecken lassen; einem Mädchen, einem Jungen im Genitalbereich Schmerzen zufügen; Sexualmord („Der Fall von zwei jugendlichen Mädchen, die ein kleines Kind sexuell missbraucht und ermordet haben, war durch die Presse gegangen"); ein Mädchen/einen Jungen im Rahmen von Ritualen von Tieren vergewaltigen lassen; ein Mädchen/einen Jungen zur Prostitution zwingen; ein Mädchen/einen Jungen mit Pornographie konfrontieren; vor einem Mädchen/einem Jungen masturbieren; ein Mädchen/einen Jungen einem Mann zur Vergewaltigung überlassen; Mädchen beziehungsweise Jungen zur Herstellung von Pornographie benutzen."

Trotz dieser von Frauen *und* Müttern verübten sexuellen Gewalt an Kindern gab es im Plenum eine offenbar amüsierte Diskussion, in der nach Angaben von *Kavemann* (1994, S. 38) frau feststellte, „dass die Diskussion um die Täterinnenarbeit zwischen Größenwahn („Niemand kann Täterinnenarbeit so gut machen wie wir") und Helferinnensyndrom („Das Prinzip ‚helfen statt strafen' liegt bei Frauen als Täterinnen plötzlich nahe, von juristischen Konsequenzen wollten wir erst mal Abstand nehmen") schwankte".
Wie reagieren die *Expertinnen*, *Fachfrauen* und *Beraterinnen* wohl, wenn Männer die Forderung erheben würden, von „juristischen Konsequenzen" gegen missbrauchende männliche Täter erst einmal „Abstand" zu nehmen?

Die wissenschaftlich fundierte Kritik an den insbesondere parteilich-feministisch orientierten und geprägten Beratungs- und Hilfsvereinen wird an deren Grundhaltung wohl nichts ändern. Die dort beschäftigten Frauen werden – unabhängig, ob sie missbraucht oder nicht missbraucht wurden – auch weiterhin für sich das Monopol der Missbrauchs- und Aufklärungsarbeit beanspruchen. Und ihnen gemeinsam ist die *Instrumentalisierung der kindlichen Opfer des sexuellen Missbrauchs* – als „Waffe" gegen Jungen *und* Männer. Insofern wird der „Krieg" der (radikalen) Feministinnen gegen das Patriarchat auch weiterhin geführt. Die Feministin Judith *Herman* (1993, S. 82) spricht von einem „Krieg zwischen den Geschlechtern":
„Versteckte männliche Gewalt erzwingt die Unterordnung der Frau und hält sie aufrecht. Zwischen den Geschlechtern herrscht Krieg. Vergewaltigungsopfer, misshandelte Frauen und sexuell missbrauchte Kinder sind die Opfer dieses Krieges. Und die Hysterie ist die Kriegsneurose des Geschlechterkampfes."
Federführend im „Krieg zwischen den Geschlechtern" ist unangefochten die (Radikal-)Feministin Alice *Schwarzer*. Die Vorkämpferin der – nach Auffassung des Verfassers nicht mehr existierenden – Frauenbewegung nutzte beispielsweise den Freispruch von Lorena *Bobbitt*[1 3], die ihrem schlafenden Mann das Glied abgehackt hatte und dennoch von einem US-Gericht freigesprochen wurde, zur (radikal-)feministische Gewaltpropaganda:
„Sie hat sich gewehrt. Sie hat ihren Mann entwaffnet. ... Eine hat es getan. Jetzt könnte es jede tun. Der Damm ist gebrochen, Gewalt ist für Frauen kein Tabu mehr. Es kann

zurückgeschlagen werden. Oder gestochen. Amerikanische Hausfrauen denken beim Anblick eines Küchenmessers nicht nur mehr an Petersilie-Hacken. ... Es bleibt Opfern gar nichts anderes übrig, als selbst zu handeln. Und da muss ja Frauenfreude aufkommen, wenn eine zurückschlägt. Endlich."[14]

Warum verstümmeln und amputieren Frauen den männlichen Penis?

Vielleicht haben sich in der Bundesrepublik Deutschland Frauen, die ihrem Ex-Freund oder Ehemann den Penis abschnitten, durch die durchaus als sadistisch zu bewertenden Worte von Alice *Schwarzer* ermuntert gefühlt. Beispielsweise die Putzfrau aus Frankfurt/Oder, über die *Stern* (1996, S. 244) berichtet, die ihren Exfreund mit einem Stuhl niederschlug und ihm mit einem Brotmesser den Penis abschnitt? Oder die 21-jährige Türkin, die, nachdem sich ihr türkischer Mann ausgefallene Sexspiele wünschte – die sie ablehnte, und zu denen er sie zwingen wollte –, ein Messer nahm und ihm nicht nur den Penis abschnitt, sondern ihm 17-mal in Bauch und Brust stach *(Bild,* 13.12. 2001)?

Lorena *Bobbitt,* die Putzfrau aus Frankfurt/Oder und die junge Türkin sind nicht die einzigen Frauen, die die Männer mit einer solch unglaublich gewalttätigen Verstümmelung traktierten.
Eine Ansammlung derartiger Penisamputationen[15] findet sich bei *Shaw* (1998, S. 60):

„In Toronto schnitt eine Frau ihrem Mann während einer heftigen Auseinandersetzung den Penis mit einer Schere ab. In Los Angeles kam eine Frau vor Gericht, die ihrem Mann während eines Ehestreits die Hoden abgeschnitten hatte. ... In Jefferson wurde eine 35 Jahre alte Frau angeklagt, nachdem sie ihrem Ex-Freund mit bloßen Händen den Hodensack abgerissen hatte. Bei einer häuslichen Auseinandersetzung in Hongkong wurde dem 43-jährigen Wong Cheong-do von seiner Frau der Penis abgeschnitten. ... Während eines Streits in Davenport im US-Bundesstaat Iowa biss Jamie Johnson einen Hoden ab, der zu einem gewissen James Liske gehörte. Im Mai 1994 musste einem 35-jährigen Mann in Saginaw im US-Bundesstaat Michigan mit 65 Stichen der Penis genäht werden, nachdem seine Freundin hineingebissen hatte. In Thailand ist die Penisamputation als Standardvergeltungsmaßnahme wütender Ehefrauen derart populär geworden, dass es sogar einen Namen dafür gibt: Penizid. Die thailändische Polizei schätzt, dass seit 1992 mehr als hundert Penisse von wütenden Ehefrauen abgetrennt wurden."

Warum verstümmeln oder amputieren Frauen den männlichen Penis? Ist es die Angst vor dem erwachsenen Penis, dem *Phallussymbol der Männlichkeit*? Oder ist es der radikal-feministische Kampf gegen den Phallus, dem – aus radikal-feministischer Sicht – *Instrument des Terrors*? Oder ist es „nur" der *Penisneid*?
Es gibt Mütter, die den kindlichen Penis ihrer Söhne *verletzen* oder Mütter, die den kindlichen Penis, der im Gegensatz zum erwachsenen Penis keinerlei Bedrohung darstellt, abgöttisch lieben, begehren, liebkosen, masturbieren, ihn oral oder vaginal oder anal in ihre Körperöffnungen einführen. Und sie begehren auch den kleinen, jungen, unbehaarten, zarten Knabenkörper, der zum begehrten Sexual- und Lustobjekt ihrer sexuellen Wollust wird.[16]

Den Krieg zwischen den Geschlechtern beschreibt Alice *Schwarzer* in einem Beitrag mit dem Titel „Die gläserne Wand. Siege und Niederlagen der Frauen im Kampf gegen die Männerherrschaft"[17] (veröffentlicht im *Spiegel* 41/2000, S. 80-84):
„Diese Gewalt zwischen den Geschlechtern ist fast immer eine sexualisierte Gewalt, die Frauen oft schon in der Kindheit – durch Missbrauch – bricht und lebenslang in Schach hält. Sexualgewalt ist das dunkle Herz der Männerwelt. Und es ist kein Zufall, dass mit der Forderung nach mehr Emanzipation auch die Sexualgewalt steigt."
In ihrem *Spiegel*-Beitrag[18] finden sich *keine* Worte über misshandelte, malträtierte *und* geschundene Kinder, die den *Allmachtsphantasien* und der *Gewalt* durch Frauen *und* Mütter wehr- und hilflos ausgesetzt waren *und* ausgesetzt sind. *Kein* Wort verliert die radikale Frauenrechtlerin und Feministin, die 1996 das *Bundesverdienstkreuz* erhalten hat und 1997 zur „Frau des Jahres" erkoren wurde, über Frauen *und* Mütter, die Kinder, *ihre* Kinder sexuell missbrauchen *und* ausbeuten, *kein* Wort über die Jungen *und* Mädchen, die täglich unter der sexuellen Gewalt durch Frauen *und* Mütter leiden. Und sie verliert auch *kein* Wort über die Männer, die von Frauen *gegen* ihren erklärten Willen mittels Vergewaltigung zum Sex gezwungen werden.

Frauen vergewaltigen Männer

„Die Vorstellung von der Frau als Vergewaltigerin ist in diesen Tagen zum ersten Mal in meinen Forschungen aufgetaucht."
Nancy Friday (1991, S. 145)

Ein sehr großes Tabu in der Gesellschaft ist die Tatsache, dass auch Frauen das sexuelle *Selbstbestimmungsrecht* von Jungen *und* Männern verletzen, indem sie Jungen *und* Männer *zum Sex nötigen, ja vergewaltigen.* – Hier ist bewusst von *Vergewaltigung* die Rede, denn diese sexuellen Übergriffe sind nicht anders einzustufen und zu bewerten, als es die (radikal-)feministische *Vergewaltigungs-Definition*, die von der feministischen Frauenforschung benutzt wird, formuliert. Die *sexuelle Gewalt* und *Vergewaltigung* von Jungen *und* Männern durch Frauen sind auch ein Tabu in den Medien, der Fachliteratur sowie fast allen zugänglichen Untersuchungen und Studien zum Thema sexueller Missbrauch, sexueller Gewalt und Vergewaltigung[19]. Immer noch herrscht der Mythos vor, dass Frauen nicht imstande sind, Männer zu vergewaltigen. Die Frau sei nicht in der Lage, mit gleicher Münze „heimzuzahlen", behauptet beispielsweise die (Radikal-)Feministin Susan *Brownmiller* (1978), denn sie könne einen Mann nicht vergewaltigen, da dies physiologisch völlig ausgeschlossen sei. Während *Brownmiller* den Frauen die (radikal-)feministische Absolution erteilt, verdammt sie alle Männer[20]:
„Jeder Mann ist ein potentieller Vergewaltiger."

Auch wenn es (Radikal-)Feministinnen nicht wahrhaben wollen: Die Wirklichkeit sieht anders aus – und sie wurde auch vereinzelt immer wieder beschrieben. *Sarrel* und *Masters*[21] (1982) dokumentieren in ihrer Studie 11 Fälle, in denen mehrere als *dominierend* bezeichnete Frauen (darunter befanden sich auch Mütter *und* Babysitterinnen) die männlichen jungen Opfer unter *Androhung von physischer Gewalt oder Mord zu sexuellem Verkehr gezwungen haben*. *Stets* und *Pirog-Good* (1989) kommen in ihrer Studenten-

Befragung auf 11% Frauen, die sich bei ihren „*dates*" gegenüber den Männern „sexuell missbrauchend" verhielten. Andere Studien wie beispielsweise die von *Muehlenhard* und *Cook* (1988) und *Struckman-Johnson* (1991) kommen auf rund ein Drittel Studentinnen, die, stimuliert durch *Drogen*, vor allem *Alkohol*, versuchten, *gegen den erklärten Willen der Männer den Geschlechtsverkehr zu vollziehen*. Von 204 Studenten, die *Struckman-Johnson* und *Struckman-Johnson* (1994; vgl. auch *Struckman-Johnson*,1997) befragten, berichten 52%, sie seien aufgrund *psychologischen Drucks* unerwünschte sexuelle Aktivitäten eingegangen. 28% Männer hätten aus einer Mischung aus *körperlichem* und *seelischem Zwang* und 10% aus *körperlichem Zwang* mitgemacht. *Anderson* und *Aymami* (1993, S. 339) berichten in ihrer Studie, dass die befragten Männer auf die Frage, wie Frauen mit ihnen sexuellen Kontakt aufnahmen, zu 44,9% antworteten, schon einmal betrunken oder high gemacht worden zu sein; 20,3%, die Partnerin habe gedroht, sich etwas anzutun; 29,9%, sie seien mit Argumenten bestürmt worden; 18%, sie habe ihre Macht und Autorität eingesetzt; 26,6%, ihre Sexualität sei von der Frau in Frage gestellt worden; 19,5%, die Frau habe einen Vorteil aus einer kompromittierenden Situation gezogen; 15,6%, die Frau habe mit körperlicher Gewalt gedroht; 18%, die Frau habe mit der Beendigung der Beziehung gedroht; 83,2%, die Frau sei viel zu erregt gewesen, um sich zu bremsen; 17,3%, die Frau habe sich für etwas rächen wollen. Und 4,7% der Männer berichteten, die Frauen hätten sie mit einer *Waffe* bedroht (vgl. zum *Einsatz von Waffen* auch *Grammer,* 1995).

In dem Sammelband von *Friday* (1991) über *weibliche Sexträume* schildern viele Frauen zwischen 20 und 30 Jahren ihre *Sex-* und *Machtphantasien*: sie träumen von Männern, die sie sich *einfach nehmen, kontrollieren, fesseln, vergewaltigen* und *quälen*.

Unter der Titelüberschrift „Frau versucht angeblich, Mann zu vergewaltigen" berichtete die *Frankfurter Rundschau* (11. und 15.9.1999) über einen entsprechenden Vorfall[2 2]:

„Mit vorgehaltener Pistole hat eine unbekannte Frau in Göttingen versucht, einen 27-jährigen Spaziergänger auf dem Stadtwall zum Sex zu zwingen. Wie der Student der Polizei berichtete, hatte ihn die etwa 20 bis 25 Jahre alte Frau in der Nacht zum Freitag angesprochen und gebeten, sie über den Wall zu begleiten, weil sie alleine Angst habe. Dort habe sie ihn mit einer Pistole bedroht und ihn gezwungen, seine Hose herunterzulassen. Sie habe ihm an seine Geschlechtsteile gegriffen und ihm ein eindeutiges Angebot gemacht. Er habe jedoch abgelehnt. Als Passanten vorbeikamen, konnte der Student der Frau die Waffe entreißen. Daraufhin sei die Unbekannte weggelaufen und habe laut ‚Vergewaltigung' geschrien. Der Student warf die Waffe weg und alarmierte die Polizei. Nach den bisherigen Ermittlungen hatte die Frau zuvor einen weiteren Mann bedroht. Die Tatwaffe wurde bislang nicht gefunden."

Einige Tage später stellte sich die Frau der Polizei und gestand die Vorfälle. Die Frau habe, so die Polizei, auch ein Paar mit vorgehaltener Pistole versucht, zum Sex zu zwingen. Sie habe von dem Paar gefordert, sich auszuziehen und den Geschlechtsverkehr zu vollziehen. Die Polizei selbst erklärte, die Frau sei in einer seelischen Krise und befinde sich in stationärer psychiatrischer Behandlung; offiziell nicht bestätigt ist die Information, dass sie selbst früher Opfer einer Vergewaltigung gewesen sein soll. Die Polizei prüfe, so ein Sprecher, ob die 32-Jährige für ähnliche Vorfälle verantwortlich ist.

Unter der Titelüberschrift „Frau beißt Mann im Streit um Sex – Opfer stirbt" berichtete die Nachrichtenagentur *Reuters* (19. 10. 2002) über eine 45-jährige Frau, die in Modesto, Kalifornien, ihren 65-jährigen Mann durch Bisse schwer verletzt habe, weil er keinen Sex mit ihr haben wollte. Der Ehemann wurde mit 20 Bisswunden in eine Klinik eingeliefert, wo er später starb. „Die meisten Bisse beschränkten sich auf Arm und Bauch; einige waren so tief, dass Gewebe schwer verletzt wurde", berichtete ein Polizeibeamter.

Es sei an dieser Stelle ausdrücklich darauf hingewiesen, dass die psychischen *und* psychosexuellen Folgen für die männlichen Vergewaltigungsopfer durchaus mit denen vergewaltigter Frauen vergleichbar sind[2][3]. Zu diesen zählen beispielsweise – wie bei missbrauchten beziehungsweise vergewaltigten weiblichen Opfern auch – ein geringes Selbstwertgefühl, Unsicherheiten hinsichtlich der geschlechtlichen Identität, Abneigung gegen Sexualität, sexuelle Funktionsstörungen wie beispielsweise Impotenz usw.

Die „Leidenschaft" der Frauenbewegung, bereits in den 70er Jahren, den Mann als *Feindbild* aufzubauen, hatte *Marcuse* (1975) als *Reaktion auf das patriarchalische Bild der Frau* verstanden. *Marcuse* (1975, S. 11), der von dem „radikalen, subversiven Potential der Frauenbewegung" sprach, kritisierte dies als unrealistisch und wirklichkeitsfremd. Doch das von *Marcuse* so sehr beklagte, unrealistische und wirklichkeitsfremde „Feindbild Mann" war innerhalb der Frauenbewegung das große existenzsichernde Thema schlechthin. Von dem „Feindbild Mann" lebte die Frauenbewegung, das war ihr Kapital und ihr Monopol. Und dieses Kapital und Monopol hat sie an die „Erbinnen" und „Nachfolgerinnen" – konkret: radikal parteilich-feministischen Strömungen, Initiativen sowie Beratungs- und Hilfsvereine – weitervererbt.
Die gemeinsame Losung (Slogan) eines *kollektiven Rachefeldzugs gegen die Männer* lautet auch weiterhin:

„Alle Männer sind zumindest potentielle Kinderschänder beziehungsweise Vergewaltiger."

Von dem Krieg gegen das „Feindbild Mann" lebt auch heute *und* in Zukunft die *Missbrauchs-* und *Aufklärungsindustrie* in der Bundesrepublik Deutschland.
Katharina *Rutschky* (1992) ist davon überzeugt, das es auch darum geht, die Frauenfrage mit der Methode der Sexualisierung öffentlich präsent zu halten. Sie sieht letztlich eine Wiederaufrichtung des Puritanismus. Die Zielsetzung laute: die Isolierung und Verfolgung von Sexualität.
Einen ähnlichen Vorwurf erhob auch der vor Jahren verstorbene Sexualwissenschaftler Ernest *Borneman* (1992, S. 21):

„Die Frage ist, wem hat es genützt? Für die Kinder, für die weiblichen Nachfolger dieser Frauen folgte aus diesem Konzept die totale sexuelle Verunsicherung, indem man ihnen dieses Misstrauen gegen jede Form der Sexualität eingeimpft hat. Diese Verunsicherung wird fürchterliche Folgen innerhalb der nächsten Generation haben. Was am Anfang taktisch als ein sinnvoller Plan zur Vereinigung der Frauenbewegung ausgesehen hat, wird sich in anderthalb Jahrzehnten ganz bitter an den Frauen rächen."

Diese Befürchtungen scheinen den (radikalen) Feministinnen wie Alice *Schwarzer* offenbar nicht zu interessieren.
„Die Saat geht auf", wettert *Schwarzer* im *Spiegel* (41/2000, S. 80-84) – und verkündet stolz:

„Wir Feministinnen haben mehr erreicht, als ich vor 30 Jahren auch nur zu träumen gewagt hätte. Sicher, damals wollten wir die Welt aus den Angeln heben und die Sterne vom Himmel holen. Dass wir dazu aber auch Muskeln und Macht auf Erden brauchen, das hatten wir noch nicht so richtig zu Ende gedacht. Da kamen wir erst mit den Jahren drauf, nach dem Auszug aus den Frauenzentren und dem Einzug in die Welt. (...) Was Feministinnen nach 4000 Jahren unerschütterlicher Männerherrschaft innerhalb von diesen nur 30 Jahren erreicht haben, ist überwältigend. Und das, obwohl ihnen von Anfang an schärfster Gegenwind ins Gesicht blies."

Dass die Feministinnen offensichtlich noch nicht alles erreicht haben, darauf weist die australische Feministin Germaine *Greer* in ihrem Bilderbandbuch „Der Knabe" hin. Unter Hinweis auf den „Anspruch der Frau auf die Lust am visuellen Genuss", den sie mit ihrem Buch zum Durchbruch verhelfen will, erklärt sie (2003, S. 11):

„Ende des 20. Jahrhunderts wurde der weibliche Hunger auf sexuelle Stimuli erkannt,... Es wird Zeit, diesen gesunden Appetit durch erlesene Speisen zu befriedigen. Wir brauchen uns nur umzusehen: Überall entdecken wir wunderschöne Bilder junger Männer, die unsere Sinne auf vielschichtige, raffinierte Art und Weise stimulieren. Verstärkt wird die Freude am Anblick eines Knaben durch das Pathos und die Ironie eines flüchtigen Zustands, der die Jugend ausmacht, denn was wir sehen, geht so schnell vorüber, dass uns keine Zeit bleibt, es wirklich zu genießen. Nur die Kunst vermag den vergänglichen Reiz der Knabenzeit vor dem Zahn der Zeit zu bewahren."

Interview mit einer ehemaligen „Aufklärerin"

„Das Prinzip der Parteilichkeit ist zwar im Rahmen beratender und therapeutischer Arbeit sinnvoll und angemessen. Die Tatsache, dass Mitarbeiterinnen von Institutionen wie ‚Wildwasser' zum Teil selbst Opfer sexuellen Missbrauchs waren, mag auch zur Sensibilisierung für die Problematik beitragen. Insbesondere die eigene Missbrauchserfahrung ist jedoch mit der Gefahr verbunden, die professionelle Objektivität zu verlieren und die Missbrauchsthematik ausschließlich aus einer bestimmten Perspektive zu begreifen."
Eberhard Carl, Richter am OLG Rostock (1995, S. 1188)

Findet insbesondere in den parteilich-feministischen Beratungs- und Hilfsvereinen eine *Instrumentalisierung* der – kindlichen – Opfer zugunsten von Feminismus und deren „Kampf gegen das Feindbild Mann" statt?
Werden kindliche Opfer benutzt im „Krieg gegen das Patriarchat", im „Krieg gegen den männlichen Phallus"?
Dass die Instrumentalisierung von missbrauchten und nicht missbrauchten Kindern tatsächlich bittere Realität zu sein scheint, bestätigte dem Verfasser die frühere Mitarbeiterin einer Beratungsstelle für missbrauchte Mädchen und Frauen, die nur unter der ausdrücklichen Zusicherung der völligen Anonymität bereit war, über ihre damalige Arbeit zu sprechen. Sie will unerkannt bleiben, da sie befürchtet, „bedroht, eingeschüchtert und verfolgt zu werden wie eine frühere Kollegin, die auch die Vorgehensweise der Beraterinnen anzweifelte und hinterfragte".

Wenn Sie heute ihre Arbeit in der Beratungsstelle Revue passieren lassen, würden Sie diese „aufdeckende" und „aufklärerische" Tätigkeit in der „Tradition" der Aufklärungs-Missbrauchs-Kampagne in der gleichen Form noch einmal ausüben?

Nein! Meine feministisch-parteiliche Sozialarbeit als Beraterin war – wie die der anderen Frauen auch – eindeutig und gezielt darauf angelegt, die feministischen Fraueninitiativen und speziell die parteilich-feministische Beratungsstelle für missbrauchte Mädchen und Frauen, für die ich arbeitete, im feministischen Kampf gegen die Allmacht der patriarchalen, chauvinistischen Männerwelt und -gewalt zu unterstützen und somit zu stärken. Unser Ziel war es natürlich, mit allen Mitteln die Männer in der Öffentlichkeit als potentielle Gewalttäter, Kindesmissbraucher, Vergewaltiger darzustellen – ohne Wenn und Aber! Das wirkt sich auch heute noch auf die Aufklärungs-Missbrauchs-Kampagne aus, wonach ganz gezielt und planmäßig die Behauptung verbreitet wird: Mehr als 300 000 Kinder werden jährlich sexuell missbraucht, obwohl es seriöse Untersuchungen gibt, die dem ganz entschieden widersprechen.
Der entscheidende Grund für diese bewusst falsche Darstellung ist die Tatsache, dass die Beratungsstellen um jede Mark kämpfen müssen, um ihren gewaltigen Aufklärungs- und Kampagneapparat auch weiterhin finanzieren zu können.

Verstehe ich Sie richtig: Sie klagen sich, die Fraueninitiativen und -organisationen und die feministischen Beratungsstellen an, die sexuelle Gewalt an Kindern für eigene Zwecke und Ziele benutzt zu haben?

Diese Erkenntnis, diese Wahrheit tut weh. Aber es ist tatsächlich so: Wir haben die Kinder benutzt, die, die wirklich missbraucht worden sind, und die, die erkennbar nicht missbraucht wurden – und die wir trotz dieses Wissens zu Opfern erklärt haben. So wird aus dem sexuell missbrauchten Opfer noch einmal ein Opfer. Und das nicht missbrauchte Kind wird so erst erklärtermaßen zu einem Opfer gemacht. Sie sind alle auch Opfer der parteilich-feministischen Aufklärungs- und Hetzkampagne und des feministischen Krieges gegen alles Männliche.

Ist es richtig, dass in den feministischen Beratungsstellen vor allem auch betroffene missbrauchte beziehungsweise vergewaltige Frauen und Lesbierinnen arbeiten?

Zunächst einmal: Ich selbst bin in meiner Kindheit sexuell missbraucht worden. Natürlich sind die Beratungsstellen voll mit in ihrer Kindheit sexuell missbrauchten und vergewaltigten Frauen, dies betrifft auch und gerade lesbische Frauen. In diesen leben sie ihre aggressiven Gefühle und Vorstellungen vom sogenannten Missbraucher und Vergewaltiger aus. Hieraus ergibt sich: Der in ihnen innewohnende Männerhass wird bei jeder Beratung voll ausgelebt, Objektivität und Sachlichkeit sind nicht gefragt – gemäss der Maxime: Alle Männer sind potentielle Kindesmissbraucher und Frauenvergewaltiger. Anders ausgedrückt bedeutet das, dass sich diese Frauen mitten im feministischen Krieg gegen die patriarchalische Männergesellschaft befinden. Und für Radikal-Feministinnen gehören Jungen neben den Männern zu den erklärten Kriegs-Gegnern. Dieser feministische Krieg wird seit fast zwanzig Jahren verstärkt mit dem Thema sexueller Missbrauch an Kindern geführt.

Ist der Ausspruch: „Alle Männer sind – potentielle – Kindesmissbraucher" auch auf Frauen übertragbar: „Alle Frauen sind - potentielle – Kindesmissbraucher"?

Es ist geradezu absurd, alle Männer als potentielle Kindesmissbraucher anzusehen, das gleiche gilt umgekehrt auch für Frauen. Wer behauptet, jeder Mann ist letztendlich ein potentieller Täter, der muss fairerweise auch behaupten, alle Frauen sind letztendlich potentielle Täterinnen. Dass es auch Frauen gibt, die Kinder sexuell missbrauchen, ist eine nicht leugbare Tatsache. Diese Tatsache wird von den feministisch-parteilich orientierten Graueninitiativen etc. zum Teil intern eingeräumt, doch öffentlich nicht diskutiert. Eine öffentliche Anerkennung der Tatsache, dass auch Frauen und Mütter Kinder, *ihre* Kinder sexueller Gewalt aussetzen, passt nicht in das emanzipatorische, feministische Weltbild. Der feministische Krieg könnte so wie bisher nicht ernsthaft und glaubwürdig weitergeführt werden, da die Legitimation wegfallen würde.

Ist es zutreffend, dass sich in dieser Beratungsstelle die sexuell missbrauchten, aber auch die sexuell nicht missbrauchten Kinder einer hochsuggestiven[24] Exploration unterwerfen mussten?

Ja, das ist richtig! Natürlich war auch mir bewusst, dass das ständige Fragen, Abfragen, Nachfragen die Kinder verunsichert, verwirrt, verängstigt hat, das ist gar keine Frage. Und natürlich haben die Kinder darunter gelitten. Die Befragung beinhaltete immer das uneingeschränkte Ziel, mit absoluter Präzision hinsichtlich der Suggestion an die Kleinen massiv heranzutreten. Die Fragestellung, geprägt durch die Parteilichkeit, war ent-

sprechend hochsuggestiv. Die Aufdeckungsarbeit mit Hilfe anatomischer Puppen und Kinderzeichnungen wurde von uns völlig voreingenommen betrieben. Wir haben entsprechend total willkürliche Deutungen vorgenommen. Wir haben in allem immer nur „Signale", Indikatoren für einen sexuellen Missbrauch sehen wollen. Maßgeblich bei der Diagnostik waren immer unsere eigenen aggressiven Phantasien, die die bewusste Vorstellung prägten, der Missbrauch hat bei jedem einzelnen Kind auch tatsächlich stattgefunden. Und wir haben unsere eigenen Missbrauchserfahrungen und die hieraus resultierende Verzweiflung, Wut, Aggressionen, ja Hass auf alle Männer und Väter in die Kinder hineinprojiziert. Die Befragung der Kinder war eindeutig eine Gehirnwäsche: Den „Erinnerungen" der Mädchen haben wir nachgeholfen, sie notfalls korrigiert, wenn uns die Antworten nicht zufrieden stellten. Wir haben ihnen dann Worte, Sätze in den Mund gelegt, ja aufgedrängt. Auch ich verfolgte unentwegt das Ziel, aus diesen Mädchen Opfer zu machen, egal, ob sie nun sexuell missbraucht wurden oder nicht. Wir haben, nein, wir wollten selbst fest daran glauben, dass jedes der Kinder tatsächlich Opfer von brutaler Männergewalt geworden ist.
Deshalb der Slogan: „Wir glauben jedem Opfer, denn in solchen Fällen lügen Kinder nicht."

Haben die parteilich-feministischen Beratungsstellen in der von Ihnen beschriebenen Form überhaupt noch eine Legitimität, eine Existenzberechtigung?

Nein! Die „beratende", „helfende" und „therapeutische" Dominanz der sehr häufig selbst missbrauchten oder vergewaltigen Beraterinnen und Therapeutinnen muss beendet werden. Es geht nicht an, dass hier betroffene Frauen tätig sind, denen die notwendige Objektivität eindeutig fehlt. Im Übrigen sind sehr viele der Beraterinnen ohne eine notwendige berufliche Qualifikation.
Ich kann nur an die Betroffenen appellieren, sich aus den Beratungsstellen zurückzuziehen und für nicht betroffene, qualifizierte Beraterinnen Platz zu machen.

Beim Kindesmissbrauch sowie bei der Vergewaltigung wird immer wieder – unter ausdrücklichem Verweis auf den Nationalsozialismus – der Begriff des „Überlebens" verwendet. Überlebt haben die Menschen, die in Konzentrationslagern eingesperrt und bei der Befreiung noch am Leben waren. In der Missbrauchsdiskussion wird der Terminus von Radikal-Feministinnen bewusst und gewollt angewandt auf das Missbrauchs- oder Vergewaltigungsopfer, das durch Überlebensstrategien und Widerstandsformen zumindest versucht hat, sich dem Missbraucher beziehungsweise Vergewaltiger zu entziehen: Das Opfer hat aus feministischer Sicht demnach „überlebt". Ist dieser Vergleich zulässig?

Hier wird tatsächlich der Begriff „Überlebende", der geprägt ist von der Judenverfolgung und -vernichtung sowie der Befreiung der Überlebenden aus den Konzentrationslagern, missbraucht. Dieser Vergleich ist eine ungeheuerliche Diffamierung und Verharmlosung der millionenfachen Vernichtung von Kindern und Erwachsenen – und der Menschen, die die Vernichtungslager überlebt haben.

Radikale Feministinnen setzen sexuelle Gewalt an Frauen mit dem nationalsozialistischen Terror gleich

„Meine Gefühle gegenüber Männern sind das Ergebnis meiner Erfahrungen. Ich habe wenig Sympathie für sie. Wie ein Jude, der gerade aus Dachau freigekommen ist, sehe ich den hübschen jungen Nazi-Soldaten mit einer Kugel im Bauch, sich vor Schmerzen krümmend, niedersinken, und ich schaue nur kurz und gehe weiter. Es geht mich einfach nichts an. Männer sind Nazis durch und durch; ihr Tod ist also historisch gerechtfertigt"
Marilyn French (zitiert nach *Hoffmann*, 2001, S. 465)

Einige parteilich-feministische Autorinnen sowie parteilich-feministische Hilfs- und Beratungsvereine sprechen von „Totalangriff auf das Menschsein" und von „Überlebenden" – und meinen hiermit weibliche – *nicht männliche* – Missbrauchs- und Vergewaltigungsopfer.
Es ist nach fester Überzeugung des Verfassers eine Ungeheuerlichkeit, mit dieser Terminologie eine Analogie zur Judenverfolgung und -vernichtung herzustellen.
Mit anderen Worten: Diese Gleichsetzung ist eine Verharmlosung der ermordeten sowie der überlebenden Opfer des Holocausts.
Insofern ist *Amendt* (1993, S. 161, 175) vollinhaltlich zuzustimmen, der zwar mit Blick auf die Traumatisierung vieler sexuell missbrauchter Opfer auf die „große Ähnlichkeit zu der überlebenssichernden Gefühlsabtrennung, von denen viele Überlebende der nationalsozialistischen Konzentrationslager berichten", hinweist, aber dennoch unmissverständlich klarstellt:

„Die Vergleichbarkeit der *Traumaauswirkung* (Hervorhebung von Amendt übernommen – Anm. d. Verf.) ist keine Legitimation, die sexuelle Gewalt an Frauen mit der Ausrottung von Juden, Sinti und Roma während des nationalsozialistischen Terrors zu vergleichen. Dieser Trend in manchen feministischen Gruppen ist vielmehr eine Verharmlosung des Nationalsozialismus und ein untauglicher Versuch, mit den verschwiegenen Handlungen der Muttergeneration zurande zukommen."

Auch *Walser* (1994, S. 277, 278) spricht hier von einer „ungeheuren Verharmlosung der Leiden und Vernichtung in Auschwitz":

„So fehlt dem weiblichen Bewusst-Sein offenbar das Wissen, dass in Deutschland von ‚Totalangriff auf das Menschsein' und von ‚Überlebenden' zu sprechen mehr als problematisch ist, wenn es in einem anderen Zusammenhang als dem der Judenverfolgung und -vernichtung geschieht. Mitnichten ist es nämlich so, dass diejenigen, die sich um eine differenzierte Sicht und um die Unterscheidung zwischen Realität und Phantasie bemühen, den Missbrauch verharmlosen würden, wie es von den Vertreterinnen und Vertretern der Bewegung gegen sexuellen Missbrauch immer wieder, notfalls mit Gewalt, behauptet wird. Von ‚Totalangriff auf das Menschsein' und der ‚Frau als Überlebender' in ihrem Zusammenhang zu sprechen, bedeutet vielmehr umgekehrt eine ungeheure Verharmlosung der Leiden und der Vernichtung in Auschwitz."

Stellvertretend für andere (bundesdeutsche) parteilich-feministische Autorinnen seien hier *Wirtz* (1996), *Bauerfeind* und *Schäfer* (1992), *Steinhage* (1994) und *Falardeau* (1998) zitiert, die offenbar einen derartigen Vergleich für völlig legitim halten.

Die feministische Therapeutin und Autorin Ursula *Wirtz* (1996, S. 111) rechtfertigt diesen Vergleich, indem sie zunächst rein vorsorglich darauf hinweist, dass es ihr nicht darum geht, „den systematischen Terror und die gezielte und perfektionierte Ausrottung einer ganzen Menschengruppe mit der sexuellen Ausbeutung eines Individuums gleichzusetzen". Dann jedoch wird sie sehr konkret, denn sie nimmt offenbar eindeutig die Gleichung vor, die von ihr bestritten wird, auch wenn sie versichert:

„Mir liegt es fern, die nationalsozialistische Schreckensherrschaft in irgendeiner Weise trivialisieren zu wollen oder Unterschiede zu verwischen."

Wirtz' (1996, S. 111, 113, 115, 122, 123) Rechtfertigung dieser Parallele gipfelt in Sätzen wie:

„Parallelen sehe ich ausschließlich im seelischen Erleben der Betroffenen, in der traumatischen Auswirkung auf ihre psychische Integrität und der gesellschaftlichen Reaktion auf das Geschehen." – „Die Atmosphäre, die um jene Menschen ist, die dem Naziterror ausgesetzt waren und die das Todeslager überlebt haben, war mir persönlich bekannt." – „Wenn ich die kollektiven Reaktionen auf die Tatsache der Vernichtungslager und auf das Faktum der sexuellen Ausbeutung in der Familie betrachte, so stelle ich eine nicht zu übersehende Gemeinsamkeit fest. Beide Themen sind tabu. Es wird nicht darüber gesprochen. In beiden Fällen wird abgewehrt, verleugnet, verdrängt. ... Die unerträglichen Geschehnisse in den Todeslagern, ebenso wie diejenigen in den Kinderstuben, dem ‚trauten Hort der Familie', werden immer noch bagatellisiert, angezweifelt und als so nicht geschehen dargestellt." – „Weder die KZ-Opfer noch die Kinder vor Gericht durften erleben, dass sie als Mensch ernst genommen und respektiert wurden." – „Die grauenvollen Naziverbrechen sowie die an Kindern verübten sexuellen Gewaltakte in der Familie lösen Wut aus. ... Die Berichte über das Geschehen in den Vernichtungslagern wie auch die Erzählungen aus der Familienhölle können tief verdrängte sadomasochistische Triebwünsche beim Zuhörer heraufbeschwören und die eigene Anfälligkeit für Antisemitismus, Faschismus und sexuelle Ausbeutung in gefährlicher Weise mobilisieren. Wir müssen uns bewusst sein, dass wir alle in uns auch faschistische Tendenzen und gewalttätige Impulse haben, die mit unserem ethischen Wertesystem nicht in Einklang zu bringen sind und daher ins Unbewusste verdrängt werden." – „Zu den typischen therapeutischen Reaktionen auf den Holocaust und das Inzesttrauma gehört auch das Gefühl, das Elend, das in den Stunden wiederbelebt wird, nicht aushalten zu können. Mancher Therapeut fühlt sich wie im Schock und muss gegen Ekel und Übelkeit kämpfen, wenn beschrieben wird, wie Kinderleichen und die Leichen von Erwachsenen aufeinandergeschichtet wurden, um das beste Feuer zu gewährleisten, oder wie der Inzesttäter mit der Stricknadel in die Scheide des Kindes stach."

Bauerfeind und *Schäfer* (1992, S. 192) identifizieren sich offenbar sehr engagiert mit der Terminologie und Parallelität, wie sie von *Wirtz* vertreten wird, und zitieren diese entsprechend in vielfältiger Weise:

„Der Umgang mit der Inzestproblematik weist gewisse Parallelen zur Auseinandersetzung der Deutschen mit dem KZ-Schicksal der jüdischen Nazi-Opfer auf. Auch diese Thematik ist über lange Zeit kollektiv verdrängt worden. Die unerträglichen Geschehnisse in den Folterkammern und Vernichtungseinrichtungen der Konzentrationslager wurden ebenso aus unserem Bewusstsein ausgeklammert und bagatellisiert wie das unglaubliche Geschehen in den Kinderzimmern unserer gutbürgerlichen Gesellschaft."

Auch *Falardeau* (1998, S. 46) schlägt – unter Hinweis auf *Wirtz* – in die gleiche Kerbe: „Zur Sichtweise des Täters gehört die Schuldzuweisung an das Opfer. Daher übernehmen Opfer, die sich mit dem Aggressor identifizieren, die Schuldgefühle, die jener eigentlich haben müsste. Dieser Mechanismus ist vor allem von Folteropfern und KZ-Insassen bekannt. Viele Kinder erleben im Familienraum Situationen, die einer Folter oder einem KZ-Aufenthalt gleichen."

Und Mathias *Hirsch* (2000, S. 79) spricht im Zusammenhang mit Inzest von einem „Seelenmord", der „die traumatische Schwächung der Ich-Organisation wie bei Folter, KZ-Haft, Gehirnwäsche (bedeutet): ein Angriff auf die Kohärenz des Identitätsgefühls."

7.3 Reaktionen zur 1. Auflage

„Wer diese Hetzschriften liest, muss sich fragen: Warum gehen wir nicht gleich auf die Straße und demonstrieren für das Recht aller Erwachsenen auf freien Sex mit Kindern? Dann haben wir das leidige Problem vom Tisch, dass Frauen sagen, Männer sind Kinderschänder und Männer sagen, Frauen sind Kinderschänderinnen."
Karin Jäckel, Schriftstellerin

„Das Buch wird Furore machen und viel Emotion und Streit hervorrufen. Es ist insofern ein sehr wichtiges Buch, weil es ein Quasi-Tabu auf- und angreift: die 'Beinah-Heilige Kuh' Mutter und ihr verklärtes Bild in der Gesellschaft, die gern weg schaut, es sei denn Geld und Quote stehen zu Gebote. Ganz schlecht wäre es, wenn dieses Buch als Gegenbuch zur feministischen Bewegung verstanden würde, wenn es auch von dort die wahrscheinlich vehementeste und vernichtendste Kritik erfahren wird. An der Gewaltbereitschaft und immer noch Vormachtstellung der Männer kann es nach wie vor keinen Zweifel geben. Hier ist die Emanzipation noch längst nicht zu Ende.
Frauen und Mütter sind vermutlich von Haus aus keine besseren, vielleicht – und das wohl meist kultur- und sozialisationsbedingt – andere Menschen als Männer und Väter, obschon die Weltgeschichte der Aggression, Gewalt und Kriege völlig unzweideutig und klar eine männliche Dominanz zeigt, die den Feministinnen viel mehr Recht gibt als der Tendenz, die man dem Autor unterstellen könnte.
Was mich gleich störte, war der für mich leichtfertige Gebrauch des Begriffes ‚pädophil'. Pädophile lieben Kinder und Jugendliche und fühlen sich von ihnen erotisch-sexuell angezogen. Wer Kinder missbraucht, sei es durch Verführung oder Gewalt, ist zunächst überhaupt nicht pädophil, sondern nach unseren Gesetzen in erster Linie einmal ein Krimineller. Echte Pädophile lieben Kinder und leiden darunter, dass sie sie nicht lieben dürfen. Wer liebt, malträtiert, quält, missbraucht und foltert nicht. Kindermissbrauchende daher undifferenziert als Pädophile zu bezeichnen, ist falsch und schafft womöglich eine gefährliche und nicht zu rechtfertigende Pogromstimmung gegen Pädophile als echte sexuell Abweichende (Deviante). Man sollte nicht von ‚pädophil', sondern von pädosexuell sprechen.
Das Literaturverzeichnis von 77 Seiten legt nahe, dass der Autor weiß, wovon er spricht und vor allem, dass er seine Informationen und Thesen auch belegt, und zwar so, wie es sich in der Wissenschaft gehört – und nicht so unwissenschaftlich, wie es in der akademischen Psychologie leider üblich ist – , nämlich mit Seitenzahl, damit man leicht und schnell die Behauptungen und Zitate überprüfen kann."

Dr. Rudolf Sponsel, Dipl.-Psychologe (Betreiber der Internetseite „Internet Publikation für Allgemeine und Integrative Psychotherapie (IP-GIPT:-http://www.sgipt.org)

„Mit über 650 Seiten umfasst Homes' Buch einiges an Material. Dabei erstreckt sich der reine Text auf etwa 460 Seiten. Den Rest nimmt ein umfangreicher Apparat an Anmerkungen und Quellenangaben ein. ... Homes hat sich aber vor allem gründlich mit zahlreichen Original-Studien und Untersuchungen auseinandergesetzt. Das zentrale Ergeb-

nis dieses Buches wird bereits in seinem Vorwort deutlich: Bei sexuellem Missbrauch wurde bislang der Anteil weiblicher Täter vor allem in der öffentlichen Diskussion weit unterschätzt, obwohl im akademischen Bereich bereits einige aufschlussreiche Ergebnisse dazu vorliegen.
Die sexistisch-ideologische Sicht von Missbrauch als einem Verbrechen, das von Männern an Mädchen verübt wird, lässt sich nicht aufrechterhalten. Stattdessen ist eine neue Perspektive nötig: weg von einem simplen Täter-Opfer-Schema des männlichen Geschlechts gegen das weibliche, hin zu einem System, wo über die Geschlechtergrenzen hinweg Opfer zu Tätern werden. So weist Homes mit Nachdruck darauf hin, dass unterschiedlichen Studien zufolge Vergewaltiger in ihrer Kindheit zu einem hohen Ausmaß sexuelle Gewalt insbesondere durch ihre Mütter und andere Frauen durchleiden mussten. Die These vom Vergewaltiger als Guerillakrieger des Patriarchats war schon immer intellektuell armselig, aber nach dem inzwischen vorliegenden Wissensstand verläuft sie sogar entgegengesetzt zu den tatsächlichen Verhältnissen.
Homes ist bewusst, dass viele Menschen auch deshalb unfähig scheinen, den Gedanken von Frauen als Missbrauchstäterinnen zu akzeptieren, weil sie das weibliche Geschlecht grundsätzlich als harmlos und friedliebend wahrnehmen. Dass dies ein Irrtum ist, belegt Homes mit kleinen Exkursen unter anderem über weibliche Vergewaltigerinnen und auch den hohen Anteil weiblicher Täterschaft im Bereich häuslicher Gewalt. Dabei führt er detailliert sogar die auch mir zuvor nicht im Einzelnen bekannten Ergebnisse der repräsentativen Befragung auf, die 1994 das Sampling-Institut im Auftrag der Zeitschrift FOCUS bundesweit getätigt hatte. Überraschenderweise sind die Unterschiede bezüglich Gewalttätigkeit und Opfererfahrungen von Männern und Frauen relativ gering, hatte FOCUS diese Ergebnisse schon damals zutreffend resümiert. Bezeichnenderweise wurden sie danach mehrere Jahre lang nie wieder aufgegriffen.
Kaum ein gutes Haar lässt Homes am radikalen Feminismus. Er wirft dieser Bewegung vor, in den siebziger Jahren nur dadurch einen Zerfall vermieden zu haben, dass sie den Mann als bedrohlichen Triebtäter ‚entlarvte' und sich gegen ihn verbündete. Während sie von Frauen begangenen Missbrauch verleugne und verharmlose, treibe sie ihrer Ideologie zuliebe substanzlose Missbrauchsvorwürfe gegen Männer leichtfertig voran. Dabei nahm sie auch in Kauf, dass über Zahlenspielereien wie eine aus der Luft gegriffene enorme Dunkelziffer die Zahlen des behaupteten Missbrauchs ins Grotesk-Phantastische schossen. So zitiert Homes eine frühere Mitarbeiterin einer feministischen Beratungsstelle, die zugibt, im Krieg gegen das Patriarchat bzw. den männlichen Phallus ihrer Verantwortung nicht gerecht geworden zu sein: ‚Wir haben die Kinder benutzt, (...) die, die wirklich missbraucht worden sind, und die, die erkennbar nicht missbraucht wurden, und die wir trotz dieses Wissens zu Opfern erklärt haben. So wird aus dem sexuell missbrauchten Opfer noch einmal ein Opfer. Und das nicht missbrauchte Kind wird so erst erklärtermaßen zu einem Opfer gemacht. Sie sind alle auch Opfer der parteilich-feministischen Aufklärungs- und Hetzkampagne und des feministischen Krieges gegen alles Männliche.' Einmal in die Welt gesetzt, durften die irrwitzigen feministischen Behauptungen über die Allgegenwart von Missbrauch auch von Fachleuten nicht wieder bezweifelt werden. So zitiert Homes den BKA-Mitarbeiter und Missbrauchs-Experten Baurmann: ‚Es ist mir bei Einladungen von engagierten Frauen zu Vorträgen schon passiert, dass mir offen gesagt wurde: Also, Herr Baurmann, wenn Sie den Vortrag halten, nicht dass da Zahlen kommen, die das erdrückende Ausmaß in Frage stellen, denn wir haben da gerade einen Förderungsantrag laufen.' (...)

Schließlich kommt Homes darauf zu sprechen, dass der Feministin Barbara Kavemann zufolge verschiedene ‚Fachfrauen' in der Bekämpfung sexuellen Missbrauchs offen zugeben, durch Kinder sexuell erregt zu werden. (...) Wenn es um missbrauchende Mütter geht, entsteht bei den feministischen ‚Fachfrauen' bezeichnenderweise das Bedürfnis, weniger zu verurteilen und zu strafen, sondern vielmehr zu helfen: ‚Von juristischen Konsequenzen wollen wir erst mal Abstand nehmen.' Wie Homes ausführt, steht diese Haltung völlig konträr zu der Haltung, die missbrauchenden Männern entgegengebracht wird. Diese erscheinen als Monster, und wenn sie therapeutisch behandelt werden, klagen Organe wie die ‚Emma' empört über ‚Psycho statt Recht'.

Die Frage liegt nahe, ob manche besonders stark geifernden Radikalfeministinnen ihre eigenen sexuellen Begierden nicht schlichtweg übergroß auf den gefährlichen Unhold Mann projizieren, um sie dort zu bekämpfen, statt sich mit den Untiefen ihrer eigenen Psyche auseinanderzusetzen. Diese These bildet sich auch in Homes' Interview mit einer pädophilen Feministin heraus, das sicher zu den provozierendsten Textdokumenten dieses Buches gehört.

Zusammenfassend kommt ‚Von der Mutter missbraucht' zu dem Schluss: ‚Das Schweigen der Opfer beiderlei Geschlechts verdeckt unstrittig das ganze Ausmaß der sexuellen Gewalt durch Frauen und Mütter. Das vorliegende Buch soll genau aus diesem Grund auch männliche und weibliche Opfer von weiblichen Tätern ermutigen, aufzubegehren und sich an die Öffentlichkeit und Strafjustiz zu wenden. Solange sie schweigen, profitieren die weiblichen Kinderschänder sowie die (radikal-)feministische Bewegung."

Arne Hoffmann, Schriftsteller

„Für unseren Verband war es schon vor 12 Jahren ein Thema, der Missbrauchsverdacht, der wie ein Damoklesschwert über jeder hochstreitigen Scheidung schwebt. Sollte der Vater einmal im Sorgerechtsstreit die besseren Karten haben, so wurde – und wird auch heute noch, ja in manchen Gerichtsbezirken verstärkt – der Verdacht geäußert, der Vater habe sich an der Tochter vergangen. Es waren nahezu ausnahmslos Männer, die dieser Vorwurf traf. – Die Medien sind auch heute noch voll mit Berichten über männliche Sexualstraftäter. Über missbrauchende Frauen erfährt der Leser nichts. – Gibt es sie nicht oder darf es sie nicht geben, weil ansonsten das feministische Axiom vom Mann als potenziellem Gewalttäter ins Wanken gerät? – Das Buch von Alexander Markus Homes – es umfasst 652 Seiten, allein 66 Seiten Literaturverzeichnis – räumt mit diesem Tabu auf. (...) Überraschendstes Ergebnis des Buches: Homes zitiert Frauen, die zwar eingestehen pädophil zu sein und ihre pädophile Neigung auszuleben. Aber gleichzeitig rechtfertigen sich diese Gewalttäterinnen damit, dass weiblicher Missbrauch milder sei als männlicher. Tja, was lernen wir daraus? Kinderschänderinnen sind bessere Menschen als Kinderschänder. – Derartiger Schwachsinn verdeutlicht einmal mehr die ideologische Verstiegenheit feministischer Kreise.

Homes hat sich in seinem Buch mit zahlreichen wichtigen und unwichtigen Untersuchungen, Zeitzeugen und Quellen auseinandergesetzt. Wir kritisieren, dass im Literaturverzeichnis nicht auf unser ‚Weißbuch sexueller Missbrauch' und auf unseren Band 2 ‚Der Missbrauch mit dem sexuellen Missbrauch oder schuldig auf Verdacht' verwiesen wird. Im Gegensatz zu so manchem zitierten Autor hat der ISUV (Interessenverband Unterhalt und Familienrecht – *Anm. d. Verf.*) – Bernd Marchewka, der ISUV-Vorsitzende

Rechtsanwalt Dr. Braune, die stellvertretende Vorsitzende Rechtsanwältin Rosemarie Rittinger – echtes Agenda Setting betrieben – und etwas bewegt im Sinne des Kindeswohls, dass nämlich heute Missbrauchsvorwürfe im Zusammenhang mit Trennung und Scheidung gründlich geprüft und Väter nicht a priori vom Umgang ausgeschlossen werden. Homes' Buch ist es zu wünschen, dass es auch etwas bewegt im Sinne des Kindeswohls."

ISUV (Interessenverband Unterhalt und Familienrecht)

„Kindesmissbrauch ist männlich – so wollen es die Medien. Forschung und Fachöffentlichkeit sind schon einen Schritt weiter: Dass auch Frauen und Mütter (ihre) Kinder sexuell missbrauchen, ist kein Geheimnis mehr und wird auch nicht in Frage gestellt. Einzig um Zahlen und Belege wird noch gestritten, weil das empirische Material bislang nicht ausreicht, Erhebungsmethoden angezweifelt werden oder die Diskussion um Wahrnehmungen und Hilfeansätze eine so grundsätzliche Offenheit braucht, dass dies nicht weniger als einen, für manche schmerzhaften Paradigmenwechsel in der Gewaltdebatte bedeutet.
Wie schmerzhaft, dem setzt sich aus, wer A. M. Homes' akribisch recherchiertes, 650 Seiten starkes Buch liest, davon allein 180 Seiten für Quer- und Quellenverweise. Dabei hat – wie so oft – eine persönliche Betroffenheit die Arbeit initiiert; eine persönliche Betroffenheit und Vehemenz, die schon seinerzeit für Frauen und der daraus resultierenden Bewegung ein wichtiges Befreiungssignal war. Denn mit solch einem Engagement und Erkenntnisinteresse werden sonst kaum Publikationen vorbereitet, für die es viel Kraft bedarf. Und A. M. Homes bearbeitet hier auch ein Lebensthema, bereits 1981 veröffentlichte er seine 14-jährige Heimbiografie unter dem Titel ‚Prügel vom lieben Gott' (päd. extra buchverlag); nur waren es damals Ordensschwestern, die ihm die Hölle auf Erden bescherten. Nicht der liebe Gott.
Nach über 20 Jahren und einer nach wie vor anhaltenden Debatte um Missbrauch und Prävention ist für den Autor die Zeit reif, Übergriffe von Frauen in einem – wie hier geschehen – solchen Umfang zu benennen und aufzuzeigen, in welcher Weise auch sie missbräuchliche Handlungen begehen. Dabei belässt es Homes nicht beim simplen Aufzählen zahlreicher Beispiele, er wendet sich auch gegen die Art und Weise einer ‚feministisch' geführten Debatte, den ‚weiblichen Anteil an sexueller Gewalt, gerichtet gegen Kinder, fast ausnahmslos (zu) leugnen'. Sein Buch versteht er als Beitrag dazu, dass ‚angesichts solcher Fakten die Geschichte des sexuellen Kindesmissbrauchs wohl umgeschrieben, wenn nicht gar neu geschrieben werden (muss)'.
Was bis zu diesem Aufsehen erregenden Fazit passiert, ist eine Auseinandersetzung mit Fakten… Sicher ist, dass dieses Buch unangenehm ist und provozieren wird. Dass es nicht nur neutral und sachlich geschrieben wurde, sondern auch parteilich und emotional, ist nachvollziehbar vor dem Hintergrund der wohl vor allem persönlichen Erfahrungen des Autors.
Mann müsse mehr provozieren, um mit Tabu-Themen überhaupt wahrgenommen zu werden, ist in letzter Zeit häufiger zu hören. Und diesem Tenor schließt sich Homes an. Das anzunehmen fällt (mir) allerdings noch immer schwer, weil die wortgewaltige Provokation von jeher eine männliche Domäne war. Schicksal, wenn auch Wahrheiten darunter sind, während nun die Spreu vom Weizen getrennt werden will? Das Abschlussgespräch zur Tagung ‚Männliche Opfererfahrungen' der Evangelischen Akademie Tutzing im März

2002 brachte es auf den Punkt, als titelnd gefragt wurde: ‚Wieviel Verletzbarkeit von Männern verträgt die Gesellschaft?'. In Fortführung dessen wäre anzuschließen: Wieviel von diesem Buch verträgt die Öffentlichkeit? Selbst unabhängig von einzelnen, möglicherweise strittigen Passagen?
Wenn A. M. Homes mit seiner Veröffentlichung erreicht, das Thema ‚Missbrauch durch Mütter' in der Gewaltdebatte angemessen zu platzieren, und wenn es der (Fach-)Öffentlichkeit zugleich gelingt, auf dumpfe Rechnungen und Gegenrechnungen zu verzichten, wären wir alle ein bisschen erwachsener geworden."

Alexander Bentheim (Switchboard – Zeitschrift für Männer und Jungen)

„Interessant ist nebenbei, dass die promovierte Schriftstellerin Karin Jäckel, die früher mal der Väterbewegung sehr nahe stand, inzwischen mit Anita Heiliger zusammen arbeitet (was Jäckel bestreitet – *Anm. d. Verf.*) und sich darob auch sehr glücklich schätzt. Jäckel startete kürzlich – zunächst anonym – eine einigermaßen fragwürdige (weil nicht nachvollziehbare) Kampagne gegen A. M. Homes' Buch über den Kindesmissbrauch durch Mütter. Eine heftige Debatte entbrannte, als ihre Autorenschaft aufgedeckt wurde. Frau Jäckel fühlt sich deswegen jetzt selbst als Ziel einer Kampagne und schrieb dazu in einem Forum:
‚Kaum verfasse und veröffentliche ich eine negative Besprechung über ein Buch, das Mütter an den Pranger stellt und mithin von den Eiferern der Väterrechtsbewegung mit dem Feindbild des ‚Klassenfeindes Mutter' belobigt wird, werde ich in einer grandiosen öffentlichen Aktion durch Bundesvorstandsmitglieder des Väteraufbruch e.V. (VafK) als väterfeindlicher Wendehals abgestempelt.'
Die erste Reaktion dazu kam übrigens von Anita Heiliger, die darin Stoff für ihr nächstes Buch sieht, dessen Leser/innenkreis in den regierungsnahen Gremien sitzt, von denen der VafK bisher nur träumen kann.
Schon merkwürdig, wie diese Frau infolge einer Auseinandersetzung, die man auch mit offenen Karten und sachlich hätte führen können, plötzlich derartig die Fronten und offenbar auch gleich ihre inhaltlichen Auffassungen und Prinzipien wechselt.
Zu gerne wüssten wir, warum Frau Jäckel nicht mal soviel Rückgrat bewies, die Provokation unter ihrem Autorennamen zu veröffentlichen: Zweifel an der eigenen Seriosität? Ob Homes' Buch das Werk eines mütterfeindlichen Eiferers ist, wie Jäckel meint, darüber sollte man sich besser ein eigenes Urteil bilden.
Man muss es nur lesen."

RoteMännerInfo

Der Verfasser erlaubt sich, die von Jäckel verfasste anonyme Rezension (die nachweislich Unwahrheiten enthält) an dieser Stelle zu veröffentlichen. Der Text ist dazu geeignet, den Verfasser in diffamierender, beleidigender und verleumderischer Form zu diskreditieren. Er verletzt und beeinträchtigt ihn in seinen allgemeinen Persönlichkeitsrechten. Ein weitergehendes Urteil über den „Zweck", den Karin Jäckel mit ihrer „Rezension" erfüllt sehen will, bleibt der Leserin/dem Leser überlassen.

„Kein Wunder, dass dieses Buch nur verlegt und veröffentlicht werden konnte, weil der Autor vom Lektorat bis zum fertigen Buch selbst dafür bezahlte! Wohl kein Verlag würde einen Autor dafür bezahlen, ein solches Buch zu schreiben, das fast ausschließlich aus umfänglichen Abschriften und Zitaten besteht. Von der Skandalgeschichte in der Tagespresse bis hin zu wissenschaftlichen Studien und Publikationen finden Sie in diesem von Mütter- und Frauenhass geprägten Sammelsurium alles, was ein fleißiger Abschreiber in einigen Jahren sammeln kann.
Neues oder gar Originales bietet Alexander Markus Homes mit seiner Fleißarbeit über Mütter als Kinderschänderinnen absolut nicht. Im Gegenteil, er beweist nur, dass schon viele andere Frauen und Männer auf der ganzen Welt erforscht, gewusst und veröffentlicht haben, was Homes nun in mehr Quantität als Qualität als sein eigenes Werk verkauft. Interessant ist allenfalls, wie sich der als Abschriften-Autor Alexander Markus Homes als nahezu fanatischer Mütterhasser outet, der wohl jede Sekunde der letzten Jahre damit verbracht hat, die Veröffentlichungen der Welt nach Textstellen abzugrasen, welche er mit missionarischem Eifer ausschlachten und abschreiben konnte. Ein Schelm, wer Böses dabei denkt, dass Homes in bis zu 80 Prozent aller Kindesmissbrauchsfälle Mütter und Frauen als Täterinnen anprangert, sich gleichzeitig aber in weiten Passagen mit großer Sympathie und viel Verständnis über männliche Kinderschänder wie Pädophile und Päderasten auslässt.
Wahrlich, ein Markus Alexander Homes hat uns als neuer Zorro der Väterrechtsbewegung gerade noch gefehlt. Ein Hurra den Vätervereinen, in deren Reihen das Buch zum Erkenntnis-Wunder des Jahres hochgejubelt wurde."

Betroffene Menschen, die das Buch gelesen haben, können für die Vorgehensweise der Frau Jäckel kein Verständnis aufbringen. Diese Opfer, die von ihren eigenen Müttern sexuelle Gewalt erlebt haben, sind mehr als erstaunt darüber, dass Jäckel dem Verfasser unterstellt, Sympathie und Verständnis für männliche Täter zu zeigen.
Die Autorin scheut sich offenbar nicht, andere Personen (insbesondere Rezensenten), die sich zum Buch positiv geäußert haben, zu diffamieren. Nicht einmal vor Menschen, die in der Kindheit sexuelle Gewalt erlebt haben, scheint die selbsternannte „EXPERTIN", die zum Thema Kindesmissbrauch einige Bücher veröffentlicht hat, Respekt zu haben:

„Bisher habe ich von Männern nur positive Meinungen gelesen. Arne Hoffmann, der als Autor und Buchkritiker bekannt ist, sowie Josef Linsler vom ISUV gehören wohl mit zu den Ersten, die ihr Lob veröffentlichten. (...) Um den Einwand vorweg zu nehmen: Ja, ich weiß, dass auch Frauen dieses Buch positiv bewertet haben. Monika Fassbender sei stellvertretend genannt. Mich interessiert hier an dieser Stelle allerdings weniger die Meinung von Sado-Masochist/innen, Homosexuellen, Lesben und/oder die Meinung der selbst von sexuellem Kindesmissbrauch durch Frauen/Mütter Betroffenen. Sie alle mögen dieses Buch aus mir völlig begreiflichen privaten frauen/mütterfeindlichen Gründen vielleicht als Befreiungsschlag empfinden und entsprechend positiv bewerten."

Reaktionen und Beurteilungen von Leser und Leserinnen

„Eine Rezension der Frau Karin Jäckel, die sie auf der Homepage http://www.med1.de veröffentlichte, war für mich ausschlaggebend, Ihr Buch zu kaufen. Bisher dachte ich immer, der Anteil der Frauen am Kindesmissbrauch sei kaum erwähnenswert. Ihr Buch hat mir die Augen geöffnet. Ihre dort aufgeführten Untersuchungen und Missbrauchsraten muss man erst einmal verdauen. Und auch das lange Interview mit der pädophilen Feministin ist sehr beeindruckend, zeigt es doch, dass sich weibliche Täter genauso wie männliche Täter das Recht herausnehmen, Kinder nach Bedarf zu missbrauchen.
Für mich ist nicht nachvollziehbar, warum Frau Jäckel Sie einen fleißigen Abschreiber nennt und Ihr Buch als ‚Sammelsurium' abqualifiziert. Es ist üblich, dass wissenschaftliche Sachbücher auch wissenschaftliche Untersuchungen und Zitate anführen. Offenbar verfügt Frau Jäckel über kein fachliches Wissen, zumal sie anführt, dem Buch sei ‚Neues oder gar Originales, also Ureigenes' nicht zu entnehmen. Das Buch bietet eine Menge an Informationen zum Thema Kindesmissbrauch und weibliche Täterschaft. Den größten Teil der Untersuchungen, die Sie anführen, habe ich in der Fachliteratur nicht finden können. Frau Jäckel sollte dies doch bitteschön zur Kenntnis nehmen.
Mich hat im Übrigen sehr gewundert, dass Frau Jäckel völlig gezielt aus dem Zusammenhang gerissene (Buch-)Zitate anführt, um Sie zu diskreditieren. Das von Ihnen beschriebene ‚Psychogramm männlicher und weiblicher Pädophilie' ist, wissenschaftlich betrachtet, hochinteressant und enthält für meine Arbeit wichtige Informationen.
Die Ihnen von Frau Jäckel zugeschriebene Aussage Kinderschänder, zitiert er, seien Pädophile fast nie, habe ich im Buch nicht finden können. Diese Aussage stellt Frau Jäckel bewusst und gezielt ihren weiteren Ausführungen voran (beispielsweise, dass Pädophile schon Säuglinge penetrieren und danach erklären, sie seien verführt worden von der zarten Haut, den kleinen Fingern, dem winzigen Mund, der an allem saugt, was man ihm anbietet).
Frau Jäckel wird sich der Tatsache bewusst sein, dass sie mit dieser Stimmungsmache durchaus eine Art von ‚Pogromstimmung' erzeugt. Warum in Frau Jäckel, von der ich bisher sehr viel gehalten habe, der Brechreiz aufsteigt, wenn sie Ihr Buch liest, wird ihr Geheimnis bleiben."

Sabine M.

„Ich habe Ihr Buch gelesen, und zwar mit den Augen eines Opfers, das von seiner Mutter jahrelang sexuell missbraucht wurde. Das Wort sexueller Missbrauch ist eigentlich das falsche Wort, weil es nur unzureichend beschreibt, was ich durchlebt habe. Zutreffender ist das Wort sexuelle Gewalt.
Ich habe die Auseinandersetzung zwischen Ihnen, Frau Dr. Karin Jäckel und anderen verfolgt – und ich kann Ihnen versichern: Für mich ist nicht nachvollziehbar, wie Frau Dr. Karin Jäckel dazu kommt, Ihnen Sympathie und Verständnis für Pädophile zu unterstellen. Ich kann Ihnen versichern: Auch andere Betroffene, die ich kenne (wir treffen uns regelmäßig), haben das Buch sehr gut aufgenommen. Es wurde Zeit, dass zum Thema sexuelle Gewalt und weibliche Täterschaft endlich ein Buch erschienen ist.
Ich habe von Frau Dr. Jäckel einige Bücher gelesen, die ich wirklich sehr gut finde.

Gerade deshalb ist für mich überhaupt nicht nachvollziehbar, warum sie so sehr gegen eine Enttabuisierung anschreibt, indem sie Ihr Buch massiv bekämpft.
Ich kann Ihnen versichern: Ihr Buch ist weder pädophilen-freundlich noch ist es ein Frauen-Mütter-Hass-Buch. Im Gegenteil: Das Buch ist ein sehr wichtiges Aufklärungswerk! Und es hilft den Betroffenen."

Anonymus (Name ist dem Verfasser bekannt)

„Ich wurde ebenfalls von meiner Mutter missbraucht.
Tagtäglich musste ich ihre perversen Phantasien über mich ergehen lassen: Abtrocknen, Müll rausbringen, im Garten helfen und unzählige andere demütigende Dinge.
Und immer wenn ich mal wieder eines ihrer perversen ‚Mach-schön-lieb-deine-Hausaufgaben'-Fetisch-Spiele mitmachen musste, überkam sie so ein befriedigtes Lächeln im Gesicht. Mit fünf Jahren musste ich einmal mit heruntergelassenen Hosen vor ihren Freundinnen posieren!!! Sie redeten zwar von der neuen Unterhose, die meine Mutter für mich gekauft hatte, aber ich spürte die gierigen Blicke der Damen auf meinem Geschlechtsteil. Es war eine einzige Qual. Es ist immer noch ein Tabuthema in dieser Gesellschaft. Ich hoffe, Ihr Buch bringt diese dunklen Machenschaften endlich mal ans Tageslicht!!!"

Erkan

„Dass der Anteil an Frauen, die Kinder missbrauchen, hochsignifikant ist, habe ich bisher nicht für möglich gehalten. Ich war felsenfest davon überzeugt, dass die Täter fast ausschließlich männlich sind. Ihr Buch belegt nun eindeutig das Gegenteil. Besonders die Untersuchungen, die sich mit der Häufigkeit weiblicher Täterschaft beschäftigen, belegen, dass der Kindesmissbrauch durch Frauen bittere Realität ist. Hier ist eine Aufklärung mit dem Ziel der Enttabuisierung im Interesse der Opfer dringend notwendig. Ihr Buch ist im Kampf gegen Kindesmissbrauch eine unschlagbare Waffe.
Ich wünsche Ihnen viele, viele Leser und Leserinnen."

Maria S.

„Habe das Buch gelesen und kann es weiterempfehlen. In Deutschland gibt es viele dunkle Seiten – und endlich hat jemand einmal Mut gehabt auch dieses Thema anzusprechen. Einige Sachen sind vielleicht etwas übertrieben dargestellt, andere hätten noch tiefgründiger recherchiert werden müssen. Trotz alledem: Ein Kapitel aktueller dunkler und von Politikern unter die Decke gekehrtes Problem ist erstmals ausführlich angesprochen worden. Ich verstehe die Kritik an diesem Buch nicht so recht. Auch finde ich keinen Ansatz von Pädophilie in diesem Buch – und möchte damit Frau Jäckels Eindruck widersprechen. Frau Jäckel hat mit Ihrem Streit sicherlich das Buch erst aus dem Dornröschenschlaf geweckt. Ansonsten wäre es im Dschungel der Buchhandlungen untergegangen."

Jürgen Gellert

„Der Autor belegt auf ca. 650 Seiten anhand sämtlicher ihm zugänglicher internationalen Forschungsergebnisse und anhand zahlreicher ‚Fallbeispiele' das Ausmaß der sexuellen und körperlichen Gewalt von Müttern an ihren Kindern, Söhnen wie Töchtern, ohne dabei auf irgendeine Weise die Gewalt von Vätern oder Männern zu verharmlosen. Darüber hinaus bringt er Beispiele aus (vor allem katholischen) Erziehungsheimen und ähnlichen Einrichtungen.

Damit wird das Buch zu einem Kompendium über physische, psychische und sexuelle Gewalt gegen Mädchen und Jungen durch Frauen und Männer und zeigt so in einer verständlichen und gut lesbaren Sprache das reale Ausmaß von Kindesmisshandlung und ihren Folgen, sowohl für die Betroffenen als auch für die Gesellschaft, ganz jenseits abstruser therapeutischer Theorien.

Homes bringt aber nicht nur die Fakten; er wagt es, diese Fakten zutreffend und schonungslos zu interpretieren, eine Interpretation, der mir bekannte Forschungen zu dieser Thematik bislang verschämt auswichen: Die Familie, zeigt er, ist die Brutstätte von Gewalt, Kriminalität, Drogensucht, Pädophilie und Perversionen. Er macht unmissverständlich deutlich, dass und wie nicht nur Väter, sondern auch Mütter daran beteiligt sind. Nicht zuletzt hat er den Mut, die Ignoranz, Heuchelei und barbarische Haltung der so genannten Feministinnen gegenüber dem Schicksal männlicher Kinder zu entlarven.

Das Buch ist wertvoll für alle, die umfassende Informationen suchen und eine parteiliche, emotional beteiligte Haltung brauchen. Es liefert keine Weisheiten, sondern stellt auf durchaus provozierende Weise kluge und angemessene Fragen.

Ich wünsche diesem Buch zahlreiche Leserinnen und Leser und eine größere Aufmerksamkeit, als es sie bislang vermutlich bekommen hat."

www.selbsthilfe-missbrauch.de

Anmerkungen

1. Tatort Familie: Der „andere" Inzest

1.1 Inzest als schlimmste Form des sexuellen Kindsmissbrauchs

[1] Der Inzest (lat. *incestus* = unrein, frevelhaft, blutschänderisch) wird in der Fachliteratur verschieden und doch im Kern gleichlautend interpretiert. Die Definition vom *National Center of Child Abuse and Neglect* – zitiert nach *Justice* und *Justice* (1979, S. 27) – lautet:
„Intrafamiliärer sexueller Missbrauch, der an einem Kind begangen wird durch ein Mitglied der Familiengruppe dieses Kindes. Er schließt nicht nur Geschlechtsverkehr, sondern jede Handlung ein, die mit der Absicht verbunden ist, ein Kind sexuell zu stimulieren oder ein Kind für sexuelle Erregung entweder des Täters oder einer anderen Person zu benutzen."
Der wissenschaftliche Rat der amerikanischen Ärztevereinigung (*Council of Scientific Affairs of The American Medical Association*, 1985, S. 798) definiert *sexuellen Missbrauch* als „das Ausnützen eines Kindes zur (sexuellen) Befriedigung eines Erwachsenen". Die diagnostischen Kriterien für *Pädophilie* (302.2 DSM-IV) lauten nach dem *Diagnostic and Statistical Manual of Mental Disorders* (kurz: DSM-III-R, das diagnostische und statistische Handbuch der Psychologen, auch die „Bibel" genannt; APA, 1994, S. 528):
A: Während einer Periode von mindestens sechs Monaten wiederkehrende intensive sexuell erregende Phantasie, Drangzustände oder Verhalten, die sexuelle Aktivitäten mit einem oder mehreren vorpubertären Kindern (im allgemeinen 13 Jahre oder jünger) beinhalten. B: Diese Phantasien, Drangzustände oder Verhaltensweisen verursachen klinisch eindeutige Beschwerden oder eine Verschlechterung der sozialen beschäftigungsmäßigen oder sonstigen Anpassung. C: Die betroffene Person ist zumindest 16 Jahre alt und mindestens fünf Jahre älter als das entsprechende Kind (beziehungsweise die Kinder). Nicht einzuschließen ist ein „Spätadoleszenter" (oder: „-adoleszente"), der oder die in eine Liebesbeziehung mit einem oder einer 12- oder 13-Jährigen involviert ist. Zu unterscheiden sind gleichgeschlechtliche Pädophile, gegengeschlechtliche und bisexuelle Pädophile, sowie ausschließliche oder nicht-ausschließliche Pädophile, sowie inzestuöse beziehungsweise nicht-inzestuöse.

[2] *Hirsch* (1994, S. 11) berichtet zutreffend, dass ein Kind auf „Körperkontakt, Zärtlichkeit, Streicheln, Umarmen und körperliches Spiel mit Erwachsenen (Eltern) angewiesen" ist: „Das Kind hat ein Recht, körperliche Zärtlichkeit uneigennützig zu bekommen; das bedeutet nicht, dass nicht auch der Erwachsene befriedigt sein kann, dem Kind etwas zu geben oder auch von ihm etwas (zurück)zubekommen. Sexuelle Erregung ist nicht das primäre Ziel eines Kindes, das Körperkontakt zu einem vertrauten Erwachsenen sucht; wenn das der Fall ist, hat m. E. bereits ein Erwachsener einmal eine Form sexuellen Kontakts zu dem Kind aufgenommen."

[3] Vgl. hierzu Kapitel 5.2.

[4] Vgl. hierzu beispielsweise *Groth* (1979); *Justice* und *Justice* (1979); *Plummer* (1981); *Amendt* (1993); *Hirsch* (1994).

[5] Vgl. hierzu für viele andere beispielsweise *Körner* (1975); *Herman* (1981); *Steele* und *Alexander* (1981); *Baurmann* (1983); *Hirsch* (1994); *Hoyndorf* u. a. (1995).

[6] Dass das intrafamiliäre Familienklima bei Opfern sexueller Gewalt im Vergleich zu Nichtopfern signifikant schlechter ist, berichten zahlreiche AutorInnen wie beispielsweise *Faller* (1987), *Draijer* (1990), *Finkelhor* u. a. (1990), *Fromuth* und *Burkhart* (1991), *Bange* (1992), *Knight* und *Prentky* (1993), *Moeller* u. a. (1993), *Stanley* und *Goddard* (1993), *Mullen* u. a. (1994), *Miller* u. a. (1995), *Bange* und *Deegener* (1996), *Bentovim* (1996), *Mullen* u. a. (1996), *Richter-Appelt* und *Tiefensee* (1996 b), *Ryan* u. a. (1996), *Flemming* u. a. (1997), *Müller* (1997), *Wetzels* (1997). So stellt beispielsweise *Wetzels* (1997, S. 179) in seiner Untersuchung fest: „Die Hypothesen, dass bei Opfern sexuellen Kindesmissbrauchs das Klima in der Herkunftsfamilie konflikthafter und die Eltern-Kind-Beziehung durch weniger positive Zuwendung sowie vermehrte negative Reaktionen seitens der Eltern gekennzeichnet ist, werden empirisch gestützt."

[7] Vgl. hierzu beispielsweise *Finkelhor* u. a. (1990); *Finkelhor* (1993); *Wetzels* (1997).

[8] Vgl. hierzu beispielsweise *Trube-Becker* (1982); *Baker* und *Duncan* (1985); *Finkelhor* (1986); *Russell* (1986); *Bange* (1992); *Bange* und *Deegener* (1996); *Müller* (1997); *Wetzels* (1997).

[9] Vgl. beispielsweise *Justice* und *Justice* (1979); *Herman* (1981); *Finkelhor* (1984); *Chasnoff* u. a. (1986); *Finkelhor* und *Baron* (1986); *Russell* (1986); *Faller* (1987); *Knopp* und *Lackey* (1987); *Braun-Scharm* und *Frank* (1989); *Goodwin* und *DiVasto* (1989); *Krug* (1989); *Saradjian* (1990, 1999); *Wolfers* (1990); *Allen* (1991); *Hanks* und *Saradjian* (1991, 1992, 1994); *Alexander* (1992); *Brockhaus* und *Kolshorn* (1993); *Godenzi* (1993); *Marshall* und *Eccles* (1993); *White* und *Koss* (1993); *Hirsch* (1994); *Straus* (1994); *Seligman* (1995); *Trocme* (1995); *Richter-Appelt* und *Tiefensee* (1996 a, 1996); *Müller* (1997); *Rosencrans* (1997); *Wetzels* (1997); *Mitchell* und *Morse* (1998); *Pfeiffer* u. a. (1998); *Wallace* (1998).

[10] Vgl. hierzu Kapitel 1.4.

[11] Vgl. hierzu *Kempe* und *Kempe* (1984); *Finkelhor* und *Baron* (1986); *Russell* (1986); *Parker* und *Parker* (1986); *Goodwin* und *DiVasto* (1989); *Krug* (1989); *Bange* (1992); *Knight* und *Prentky* (1993); *Reiter* und *Burger* (1993); *Bange* und *Deegener* (1996); *Mullen* u. a. (1996); *Bentovim* (1996); *Ryan* u. a. (1996); *Müller* (1997); *Rosencrans* (1997); *Mitchell* und *Morse* (1998); *Pfeiffer* u. a. (1998); *Wallace* (1998).
Die mit einem Elternteil lebenden Kinder sind einem weiteren Risiko ausgesetzt: *Ryan* u. a. (1996) untersuchten 1600 sexuell Aggressive im Alter zwischen 5 bis 21 Jahren, von denen 57 % den Verlust eines Elternteils erlitten haben; von diesen wiederum waren 34 % fremduntergebracht. Nur ganze 28 % lebten in Familien, in

denen beide Elternteile vorhanden waren. Und *Bentovim* (1996) berichtet in seiner Untersuchung von kindlichen und jugendlichen Tätern im Alter zwischen 11 und 15 Jahren, die zu 65 % Beziehungswechsel und Verlust der Eltern zu vergegenwärtigen hatten.

[12] *Bange* (1992) und *Bange* und *Deegener* (1996) kommen in ihren nicht-repräsentativen Untersuchungen zu völlig anderen Ergebnissen. Die von Bange befragten Studentinnen gaben – hier nicht auf die jeweilige Gesamtstichprobe bezogen – zu 28 % an, durch Väter, 3 % durch Stiefväter missbraucht worden zu sein. Und bei der Homburger Studie von *Bange* und *Deegener* (1996) gaben hingegen „nur" 14 % der Frauen an, durch Väter missbraucht worden zu sein. Und 6 % gaben Stiefväter als Täter an. Insgesamt handelte es sich bei *Bange* und *Bange* und *Deegener* um 16 missbrauchende Väter und 3 Stiefväter. Insofern verweisen *Bange* (1992, S. 98) und *Bange* und *Deegener* (1996, S. 131) einschränkend daraufhin, dass diese „Ergebnisse mit Vorsicht betrachtet werden (müssen), da das Redetabu beim sexuellen Missbrauch durch Väter am stärksten wirkt. Hinzu kommt, dass die TeilnehmerInnen unserer Untersuchungen relativ selten aus ‚broken homes' (‚zerbrochenes Zuhause' - Anm. d. Verf.) kommen und deshalb nur wenige von ihnen einen Stiefvater hatten. Es ist deshalb sehr wahrscheinlich, dass der wirkliche Anteil des Missbrauchs durch Väter und Stiefväter höher ist."

[13] Der Exhibitionist ist in der Regel ungefährlich, stellt für das Opfer in der Regel keinerlei Gefahr dar und verursacht bei dem Opfer entweder keine (Folge-)Schäden oder „nur" geringe psychische Beeinträchtigungen (vgl. für viele andere: *Schorsch*, 1973; *Körner*, 1975; *Baurmann*, 1983; *Russell*, 1986; *Schetky*, 1990; *Baurmann*, 1992; *Wetzels*, 1997; *Rind* u. a., 1998; *Elz*, 2001). Er stellt seinen Penis zur Schau und wiederholt oft ein Leben lang die Demütigungen und Erniedrigungen, denen er durch eine Frau, in der Regel die Mutter, in seiner Kindheit hat ertragen müssen. Mit dem Zeigen seines Geschlechtsteils demonstriert er aber, dass die Demütigungen und Erniedrigungen, aber auch die *Kastrationsängste* bei ihm nicht zum Erfolg führten. Konkret: Dass die Frau – die Mutter – ihn nicht besiegt hat. Das Kindheitstrauma hat sich für einen kleinen Moment zumindest in einen Triumph verwandelt. Da er vor der Mutter, die ihn in seiner Psyche, seiner Männlichkeit schwer verletzte, Angst hat, rächt er sich – jetzt der Angreifer und Sieger – an unbekannten, fast ausschließlich weiblichen Opfern – jetzt die Angegriffenen und Besiegten. „Der frühere Gegner", so *Stoller* (1998, S. 170), „soll genau die Empfindungen durchleiden, die das Kind, das einstige Opfer, peinigten." Wenn er erwischt wird und die Polizei ihn festnimmt, dann ist dies für ihn eine Niederlage, aber gleichzeitig bedeutet es den Sieg über die unbekannte Frau. Es bedeutet aber auch einen Sieg über die Angst, so *Stoller* (1998, S. 170), „über die Angst vor der eigenen Bedeutungslosigkeit, genau wie die erhoffte Schockreaktion der Frauen, vor denen er sich exhibitioniert": „Selbst wenn er festgenommen wird, erfüllt ihn eine eigenartige Ruhe, weil die Verhaftung in kürzester Form zeigt, dass er doch einen herrlichen Penis hat, der durchaus fähig ist, die Umwelt zu erschrecken. Es kann uns also nicht wunder nehmen, dass die Zahl der Verhaftungen beim Exhibitionismus höher liegt als bei allen anderen Perversionen." In fast allen Studien, Untersuchungen, Umfragen fließen die Fälle von Exhibitionismus

in die Missbrauchsraten mit ein (vgl. hierzu beispielsweise für viele andere *Finkelhor,* 1979 b; *Russell,* 1983, 1986; *Wyatt,* 1985; *Elliger* und *Schötensack,* 1991; *Kinzl* und *Biebl,* 1993; *Halperin* u. a., 1996; *Müller,* 1997; *Rind* u. a., 1998). So kommen *Rind* u. a. (1998), bezogen auf die Missbrauchsdefinition, in ihrer Meta-Analyse von 59 Untersuchungen zum Ergebnis, dass die meisten Studien, nämlich 73 %, in ihrer Missbrauchsdefinition ausdrücklich sexuellen Missbrauch *mit* und *ohne* Körperkontakt (u. a. Exhibitionismus) anführen.

Im Rahmen eines Fachgespräches zum Thema sexueller Missbrauch von Kindern im Frühjahr 1997 (1997, DJI) berichtet *Baurmann,* dass 32 % bis 33 % (!) aller in Deutschland angezeigten Fällen des sexuellen Missbrauchs von Kindern in Wirklichkeit exhibitionistische Handlungen eines anderen Kindes, Jugendlichen oder Mannes (Täterseite) vor einem Kind (Opferseite) sind. „Diese Fälle haben", so Baurmann, „kriminologisch wenig gemein mit sexuellen Gewalttaten gegen Kindern."

Die viel zitierte Studie von *Kinsey* u. a. (1953, 1954) kommt sogar auf eine höhere Rate. 24 % der insgesamt 4441 befragten Frauen berichten, dass sich ihnen vor der Pubertät ein Mann sexuell genähert habe. In 53 % der Fälle habe es sich um Exhibitionismus und in 31 % der Fälle um Berührungen *ohne* genitalen Kontakt gehandelt. Die Kinsey-Gruppe (*Gebhard* u. a., 1965, S. 393-394) berichtet hierzu: „Von allen Sexualstraftätern hatten sie (die Exhibitionisten) den höchsten Anteil an Verurteilungen (72 Prozent) wegen sexueller Delikte und dementsprechend den niedrigsten (28 Prozent) auf Grund nicht-sexueller Vergehen. ... Auch in der Häufigkeit der Verurteilungen pro Kopf fallen sie aus dem Rahmen ... und in der Anzahl der zu Haftstrafen führenden Gesetzesverstöße stehen sie an erster Stelle. ... Keine andere Gruppe reicht in der Pro-Kopf-Zahl der Verurteilungen wegen sexueller Delikte an sie heran. Bezogen auf Sexualdelikte, die wir als ‚einschlägig' bezeichnen – d. h. von Exhibitionisten begangene exhibitionistische Straftaten, von Notzuchttätern verübte Notzuchthandlungen usw. –, kamen bei den Exhibitionisten pro Kopf bei weitem die meisten einschlägigen Sexualdelikte vor: ... Kurz, die Exhibitionisten hatten (gemessen an rechtskräftigen Verurteilungen) mehr Sexualdelikte begangen als jede andere Tätergruppe." Auch *Abel* und *Rouleau* (1990) berichten in ihrer Studie, dass es sich bei 50 % der Fälle um Exhibitionismus handelt. Und *Wetzels* (1997) kommt in seiner bundesdeutschen repräsentativen Studie zu dem Ergebnis, dass bei einer Festsetzung des Schutzalters auf das 16. Lebensjahr die Fälle von Exhibitionismus allen anderen Formen des Kindesmissbrauchs weit überwog (ausgehend von insgesamt 3241 Befragten gaben 6,5 % eine exhibitionistische Handlung an; 5,3 % berichteten von mehrfachen exhibitionistischen Handlungen).

Einige Experten zweifeln, so *Baurmann* (1992, S. 91; vgl. beispielsweise *Jäger* u. a., 1987; *Honig,* 1992), ob bei den Straftatbeständen „Exhibitionismus" und „Erregung öffentlichen Ärgernisses" die strafrechtliche Reaktion „überhaupt angemessen ist". Es müsse überlegt werden, so *Baurmann* (1992, S. 91, 92), „ob die sexualpädagogischen und kriminologischen Nebenwirkungen solcher Straftatbestände überhaupt noch zu verantworten sind": „Mit Blick auf die (potentiell) konfrontierten Kinder und Frauen ist es dringend notwendig, den Exhibitionisten aus dem phantasierten ‚Karrieremodell sexueller Gewalttäter' herauszunehmen (Öffentlichkeitsarbeit), sein Handeln sexologisch präzis zu beschreiben (Öffentlichkeitsarbeit Sexualerziehung) und ganz konkret darüber zu sprechen, wie Kind/Frau mit seiner Konfrontation umgehen will (politische Diskussion; Sexualpädagogik).

[14] Missbrauchende Onkel: Einige Untersuchungen gehen von einem im Vergleich zum Vater-Tochter-Inzest höheren Onkel-Nichte-Inzest aus. Beispielsweise kommt *Wyatt* (1985) auf einen Anteil von 26 % Onkel-Nichte-Inzest gegenüber 6 % Vater-Tochter-Inzest, *Russell* (1986) fand mit 25 % eine höhere Anzahl von Onkel-Nichte-Inzest gegenüber 14 % Vater-Tochter-Inzest, *Draijer* (1990) kommt auf 28,2 % Onkel-Nichte-Inzest gegenüber 20,5 % Vater-Tochter-Inzest (einschließlich Stief- oder Pflegevater), und *Bange* (1992) auf 33 % Onkel-Nichte-Inzest gegenüber 28 % Vater-Tochter-Inzest.

[15] Missbrauchende Großväter: Beispielsweise kommt *Maisch* (1968) auf 5 % Großväter (bei 85 % Väter und Stiefväter), *Russell* (1986) auf 4 % (und 2 % Stiefgroßväter), *Goodwin* u. a. (1983) auf 10 %, *Draijer* (1990) auf 10,3 % und *Wyatt* (1985) auf „nur" 1 %. *Forward* und *Buck* (1978) schätzen den Anteil auf ca. 10 %. Über missbrauchende Großväter berichten beispielsweise *Knopp* (1986) und *Eldridge* (1999).

[16] Vgl. beispielsweise *Finkelhor* (1979, 1980, 1984); *Finkelhor* und *Baron* (1986); *Parker* und *Parker* (1986); *Russell* (1986); *Mullen* u. a. (1994).

[17] Für Väter, die ihre Söhne missbrauchen, werden die Missbrauchsraten beispielsweise von *Pierce* und *Pierce* (1985) mit 20 %, von *Ellerstein* und *Canavan* (1980) mit 7 %, von *Spencer* und *Dunklee* (1986) mit 14 % und von *Friedrich* u. a. (1988) mit 48 % angegeben. *Van der Mey* (1988) glaubt, dass Jungen für den Missbrauch besonders prädestiniert sind, wenn ihr Vater in der Kindheit Opfer sexuellen Missbrauchs wurde.

[18] *Lukianowicz* (1972) befragte weibliche und männliche Patienten einer psychiatrischen Klinik nach Missbrauchserfahrungen und ermittelte alleine 50 % Bruder-Schwester-Inzest. Die von *Finkelhor* (1979) befragten StudentInnen gaben – soweit sie von Inzesterfahrung berichteten – zu 39 % (Mädchen) und 21 % (Jungen) an, von Geschwistern missbraucht worden zu sein; bei *Russell* (1986) sind es 15 %. *Johnson* (1988) berichtet, dass von 47 Jungen im Alter zwischen 4 und 13 Jahren 47 % ihre Geschwister sexuell belästigten beziehungsweise missbrauchten. Nach Auffassung von *Wiehe* (1997) ist der Geschwisterinzest – insbesondere zwischen älterem Bruder und jüngerer Schwester – die am weitesten verbreitete Form des „sexuellen Missbrauchs" von Kindern in der Familie. Die Missbrauchsrate von Brüdern innerhalb des Geschwisterinzests wird von *Finkelhor* (1980 a) mit 13 %, von *Thomas* und *Rogers* (1983) mit 33 % und von *Pierce* und *Pierce* (1985 a) mit 6 % angegeben. *Longo* und *Groth* (1983) berichten in ihrer Studie, dass 19 % der „Geschwister-Inzesttäter" weiblich waren. In den meisten Fällen von Geschwisterinzest, berichten *Pierce* und *Pierce* (1985 a), ist das Opfer jünger als der weibliche oder männliche Täter. Geschwister, die Geschwister missbrauchen, haben oft eine niedrige Selbstachtung, sind isolierte, unreife Einzelgänger, die die Gesellschaft von jüngeren Kindern bevorzugen (vgl. *Shoor* u. a., 1966; *Groth* und *Loredo*, 1981). Die Gewalttätigkeiten unter

Geschwistern ist ein kaum diskutiertes Problem und wird von Eltern oft entsprechend nicht als Gewalt wahrgenommen (vgl. *Steinmetz*, 1977/78). *Straus* (1980) beispielsweise kommt in seiner Studie zum Ergebnis, dass 83 % Jungen und 74 % Mädchen einen Bruder oder eine Schwester körperlich angriffen; 49 % Jungen und 46 % Mädchen griffen einen Bruder oder eine Schwester schwerwiegend an.

Auch unter Cousins und Cousinen gibt es sexuellen Missbrauch. So kommen hier *Finkelhor* (1979 b) auf 28 % und *Russell* (1986) auf 18 % aller Inzestopfer.

[19] „Großmütter und ältere Frauen werden für noch ‚reiner' gehalten als die Mütter selbst, falls das überhaupt möglich ist", davon ist *Saradjian* (1999, S. 130) überzeugt: „Der sexuelle Missbrauch, den sie verüben, wird wahrscheinlich noch mehr geleugnet, minimalisiert beziehungsweise ignoriert als der von jüngeren Müttern." Insofern wird über den Großmutter-Enkelin-Inzest (vgl. hierzu beispielsweise *Knopp* und *Lackey*, 1987; *Goodwin* und *DiVasto*, 1989; *Burger* und *Reiter*, 1993; *Elliott*, 1995) in der Fachliteratur kaum berichtet. *Barry* und *Johnson* (1958) beschreiben den Fall einer Frau, die von ihrer Großmutter zur gegenseitigen Masturbation gezwungen wurde und erst im Alter von 15 Jahren in der Lage war, den Missbrauch zu beenden. Auch *Cabanis* und *Phillip* (1969) berichten von einer 74-jährigen Frau, die ihre 8-jährige Enkeltochter zwang, ihre Genitalien zu stimulieren, um ihren Unterleib zu stärken. Und *Teegen* (1993, S. 335) berichtet von zwei männlichen Opfern, die je von der Mutter und Großmutter sexuell missbraucht worden sind; die Formen des Missbrauchs beschreibt sie – bezogen auf diese Fälle – wie folgt: „Übertriebene Pflege; Untersuchung des Analbereichs, Stimulation des Gliedes und Entwertung der Erektion: ‚krank' ... ‚kleiner Partner' der Mutter; sexuelle Stimulation durch Großmutter bei der Pflege des Kindes."

[20] Vgl. hierzu *Russell* (1986); *Faller* (1987); *Abel* und *Rouleau* (1990); *Enders* (1990); *Wyre* und *Swift* (1991); *Bullens* (1995); *Elliott* u. a. (1995).

[21] Vgl. beispielsweise *Maisch* (1968); *Groth* (1979, 1982); *Justice* und *Justice* (1979); *Hirsch* (1994). *Maisch* (1968, S. 92), der 78 Gerichtsfälle zum Thema Inzucht analysierte, widersprach 1968 dem Mythos vom geistesgestörten alten Sittenstrolch: „Was sich heute aufgrund der bisherigen Forschung ganz sicher sagen lässt ist, dass es den Inzesttäter gar nicht gibt. Sein Persönlichkeitsbild reicht (vereinfacht ausgedrückt) vom geistig normalen, charakterlich und sozial unauffälligen, treu sorgenden Familienvater bis zur durch alkoholische Exzesse bereits veränderten Persönlichkeit."

[22] Vgl. hierzu *Gutheil* und *Avery* (1977); *Rosenfeld* (1979 a); *Hirsch* (1994).

[23] Vgl. hierzu *Ferenczi* (1933); *Kaufman* u. a. (1954); *Gutheil* und *Avery* (1977); *James* und *Nasjleti* (1983); *Mitnick* (1986); *Hirsch* (1994).

[24] Vgl. hierzu *James* und *Nasjleti* (1983); *Rosencrans* (1997); *Mitchell* und *Morse* (1998).

[25] Vgl. hierzu Kapitel 4.4.

[26] Es gibt im Kern – sieht man einmal von der familiären Bindung ab – nur einen signifikanten Unterschied zwischen Inzest und Pädophilie: Während der weibliche und männliche Pädophile in der Regel sein Interesse an dem Kind verliert, sobald es in die pubertäre Phase kommt, wird für den Inzesttäter und die Inzesttäterin das weibliche und männliche Kind in dieser Entwicklungsphase erst richtig interessant. Konkret bedeutet dies, dass im Vergleich zum nicht-inzestuösem Missbrauch der inzestuöse Missbrauch selbst sehr häufig über eine längere Zeit bis weit in die Adoleszenzphase hinein andauert.

„Wir haben gesehen", sagt *Maisch* (1968, S. 150, 151), „dass es beim Inzest in der Mehrzahl der Fälle gerade die biologische Reife, die sich entwickelnde oder bereits entwickelte weibliche Körperform der Tochter ist, die für den Vater oder Stiefvater zum sexuellen Anreiz, zur Versuchung wird. Außerdem sprechen die relativ langen durchschnittlichen Tatzeiträume und in der Regel das Bemühen des Täters, sein Opfer so lange wie möglich zu ‚halten', eher gegen als für eine Abnahme des sexuellen Anreizes, der von der fortschreitenden körperlichen, weiblichen Entwicklung der Minderjährigen ausgeht. Mit der letzteren ist ja häufig gerade, und im Unterschied zu den pädophilen Akten, eine Zunahme der Intensität sexueller Kontakte zwischen den Inzestpartnern verbunden. Die ‚leibliche' und ‚biographische' Reifedifferenz zwischen Vater und Tochter gleicht sich mit Fortdauer der Beziehung immer mehr aus, während sie bei der Pädophilie eben wegen der Alterslimitierung des minderjährigen Sexualpartners bleibt. Führt die Verringerung der körperlichen Reifedifferenz bei der Pädophilie zum Abbruch der sexuellen Beziehung, so wird sie beim Inzest zum sexuellen Anreiz für den erwachsenen Partner."

Peters (1976) nimmt in seinem Überblick von 224 psychoanalytisch interviewten, häufig behandelten Tätern keine Unterscheidung zwischen Inzesttätern und pädophilen Tätern vor. *Kempe* und *Kempe* (1978, S. 62; 1980) verwenden folgende Definition, wobei sie offenbar auch keinen Unterschied zwischen Pädophilie und Inzest machen:

„Sexueller Missbrauch wird definiert als die Inanspruchnahme von abhängigen, entwicklungsmäßig unreifen Kindern und Adoleszenten für sexuelle Handlungen, die sie nicht gänzlich verstehen, in die einzuwilligen sie in dem Sinne außerstande sind, dass sie nicht die Fähigkeit haben, Umfang und Bedeutung der Einwilligung zu erkennen, oder die sozialen Tabus von Familienrollen verletzen. Sie schließt Pädophilie (Vorliebe eines Erwachsenen für sexuelle Beziehungen zu Kindern oder die Neigung eines Erwachsenen dazu), Vergewaltigung und Inzest ein."

Kempe und *Kempe* (1984) erweiterten die Missbrauchsdefinition einige Jahre später, indem sie Exhibitionismus, Belästigung, Prostitution und Kinderpornographie unter sexuellen Missbrauch subsumierten.

Hirsch (1994, S. 80), der Pädophilie mit sexueller Perversion gleichsetzt, macht hingegen einen Unterschied aus: „Für meine Begriffe hat die Pädophilie als Form der sexuellen Perversion primär nichts mit dem Vater-Tochter-Inzest zu tun, da dieser sich in vorbestehenden zwischenmenschlichen Beziehungen (eben zwischen Vater und Tochter) abspielt, zur Definition der sexuellen Perversion aber das Vorliegen unpersönlicher Objekte (also fremde Kinder außerhalb der Familie im Falle der Pädophilie) gehören."

Hirsch scheint die Definition der sexuellen Perversion offenbar nicht auf inzestuösen Kindesmissbrauch anzuwenden und den inzestuösen Kindesmissbrauch auch nicht unter der Pädophilie einzuordnen. An dieser Stelle sei erwähnt, dass Pädophile in der Regel eine persönliche Beziehung zum „Objekt" Kind aufbauen.

[27] Vgl. hierzu auch *Cavallin* (1966); *Stoller* (1998); *Hirsch* (1994) und Kapitel 4.3.

[28] Nur wenige AutorInnen berichten über diesen Tatbestand, der insbesondere von parteilich-feministischen Autorinnen sehr häufig verschwiegen wird.

[29] Die Identifikation mit der Aggressorin (der Mutter) ist auch bei vielen Pädophilen zu finden. *Frenken* (2000, S. 51) berichtet hierzu: „Im Sinne einer Identifikation mit dem Angreifer identifiziert sich der spätere Pädophile bei wachsender Angst vor der Mutter mit ihr..."

[30] Über die gestörte, verweigerte, fehlende Identitätsbildung im Kontext der pathogenen symbiotischen Beziehung zur Mutter berichten beispielsweise *Forward* und *Buck* (1979); *Stoller* (1998); *Keller-Husemann* (1983); *Khan* und *Masud* (1989); *Bossi* (1993); *Hirsch* (1994); vgl. aber auch die Kapitel 4.3 und 4.4.

[31] Vgl. hierzu *Cavallin* (1966); *Lustig* (1966); *Gutheil* und *Avery* (1977); *Männel* (1980); *Krug* (1989); *Hirsch* (1994).

[32] Der Verfasser benutzt im gesamten Text die Termini „regressive" und „fixierte" pädophile Männer und Frauen in Kenntnis der Tatsache, dass eine Unterscheidung zwischen „Gelegenheits"-Pädophilen und Pädophilen als solches zwingend notwendig ist. *Groth* u. a. (1982) differenzieren hier völlig zu Recht zwischen *regressiven* und *fixierten* Pädophilen (vgl. auch *Schorsch,* 1975, 1980, 1993; *Kutchinsky,* 1991; *Hoyndorf* u. a., 1995; *Lothstein,* 1996; *Bintig,* 1998; *Kockott,* 1999). *Regressive* Pädophile sind Menschen, deren sexuelle Orientierung eigentlich auf Erwachsene des *anderen Geschlechts* bezogen ist, also sogenannte „Gelegenheits-Pädophile" beziehungsweise Ersatztäter/Ersatztäterin, die in der Regel sogar mit einer (erwachsenen) Person zusammenleben; diese erleben eine psychologische Regression, bezogen auf eine frühere psychosexuelle Altersstufe, und benutzen in extremen Stress-Situationen Kinder zur sexuellen Befriedigung. Und *fixierte* Pädophile haben keinerlei Beziehung zu Erwachsenen des *eigenen* oder *anderen Geschlechts* – sie sind emotional *und* sexuell ausschließlich auf Kinder *beiderlei Geschlechts* fixiert, wobei die männlich fixierten Pädophilen vor allem Jungen, die sich eher als Identifikationsobjekte eignen, bevorzugen.

[33] Vgl. hierzu Kapitel 4.3.

1.2 „Verführen" Väter gewaltsam und Mütter gewaltlos ihre Kinder?

[1] Vgl. hierzu für viele andere beispielsweise *Forward* und *Buck* (1979); *Justice* und *Justice* (1979); *Groth* (1979); *Kempe* und *Kempe* (1984); *Keller-Husemann* (1983); *Chasnoff* u. a. (1986); *Faller* (1987); *Knopp* und *Lackey* (1987); *Mathews* u. a. (1989); *Krug* (1989); *Scaco* (1990); *Allen* (1991); *Hanks* und *Saradjian* (1991); *Heyne* (1993); *Knopf* (1993); *Amendt* (1993); *Hanks* und *Saradjian* (1994); *Hirsch* (1994); *Saradjian* (1999); *Eldridge* (1999).

[2] Vgl. hierzu beispielsweise für viele andere *Forward* und *Buck* (1979); *O´Connor* (1987); *Mathews* u. a. (1989); *Saradjian* (1990, 1996); *Hanks* und *Saradjian* (1991); *Hanks* und *Saradjian* (1994); *Denfeld* (1996); *May* (1997); *Rosencrans* (1997); *Mitchell* und *Morse* (1998); *Braun* (2001).

[3] *Harrison* und *Cobham* (1995) berichten von Kindern, die bei *ChildLine* – dem Notruf für Kinder in Not und Gefahr in England – anriefen und erzählten, dass Frauen und Mütter ihnen mit Strafe, Gewalt oder Essensentzug gedroht hätten, wenn sie ihren Wünschen nach Sex nicht nachkommen würden.

[4] Dieser Fall zeigt, dass missbrauchende Mütter (und Väter) nicht nur und ausschließlich aus einer armen, chaotischen und gewalttätigen Umgebung mit niedrigem Status stammen, wie es beispielsweise offenbar *Matthews* (1995, S. 114) glaubt.

[5] Eine derartige Zuordnung der Diagnose Psychose oder gar Schizophrenie ist willkürlich – und aus fachlicher Sicht geradezu unverantwortlich.

[6] Vgl. beispielsweise *Frances* und *Frances* (1976); *Faller* (1987); *Krug* (1989), der von einem Wunschdenken und Ausgrenzung des Mutter-Sohn-Inzests spricht.

[7] Wenn man einmal unterstellt, dass Mütter (Frauen) *kaum* Kinder sexuell missbrauchen und beim Kindesmissbrauch *weniger* Gewalt anwenden, so ist dies nach Auffassung von *Finkelhor* (1986) mit den unterschiedlichen Sozialisationsprozessen in der Gesellschaft erklärbar. Der Nestor der Kindesmissbrauchs-Forschung verweist auf die gesellschaftlichen Unterschiede der Sozialisation von Frauen und Männern und führt diese Faktoren dafür ins Feld, dass Frauen zwischen sexuellen und nicht-sexuellen Formen unterscheiden können. Sind Frauen tatsächlich in der Lage, diese Unterscheidung vornehmen? Verfügen sie tatsächlich über die Fähigkeit, zwischen sexuellen und nicht-sexuellen Formen zu unterscheiden, die den männlichen Tätern meistens abgesprochen wird? Immerhin berichtet Finkelhor, dass 5 % Mädchen und 20 % Jungen von Frauen *sexuell missbraucht* werden (vgl. *Finkelhor* und *Russell*, 1984).
Fakt ist: Viele Frauen können eine derartige Unterscheidung genauso wenig vornehmen wie Männer. Frauen und Mütter gehen allerdings viel geschickter und professioneller vor, wenn sie Kinder sexuell missbrauchen. Frauen haben den großen Vorteil, dass sie als Mütter die gesellschaftlich unangefochtene, anerkannte, legitime Erzie-

hung der Kinder für sich alleine in Anspruch nehmen (dürfen). Das wird den Männern als Väter, wenn überhaupt, nicht oder kaum zugestanden. Nehmen sie ihre Vaterrolle wahr, indem sie sich an der Erziehung und Pflege ihres Kindes beteiligen, können sie leicht in Verdacht geraten, sich an dem Kind sexuell zu befriedigen.

[8] Selbstverständlich gibt es auch Männer und Väter, die beim Kindesmissbrauch schlimmste Gewalthandlungen anwenden.

[9] Mütter scheinen ein eher distanzierteres – und konfliktbeladenes – emotionales Verhältnis zu ihren Töchtern zu haben. Sie halten ihre Töchter als Babys und Kleinkinder nicht so sehr in Abhängigkeit wie ihre Söhne. Der mütterliche Konflikt mit dem Weiblich-Sein wird auf die Tochter übertragen. Dass „Mütter tolerant gegenüber den Ritualen und Bedürfnissen männlicher Babys bei den Mahlzeiten sind, aber auf schnelles und widerstandsloses Essen bei Mädchen dringen", berichtet *Caplan* (1981, S. 28): „Mädchen werden im allgemeinen früher entwöhnt als Jungen; eine Praxis, die mit dem Wunsch verbunden zu sein scheint, Jungen abhängig von den Müttern zu halten. (...) Sie erwarten von ihren Töchtern mehr Selbstkontrolle, mehr Reife und weniger schwieriges Verhalten."

[10] Vgl. beispielsweise *Cabanis* und *Phillip* (1969); *Forward* und *Buck* (1979); *Silber* (1979); *Keller-Husemann* (1983); *Faller* (1987); *Knopp* und *Lackey* (1987); *Finkelhor* u. a. (1988); *Krug* (1989); *Mathews* u. a. (1989); *Wolfers* (1990); *Allen* (1991); *Hanks* und *Saradjian* (1991); *Ross* u. a. (1991); *Heyne* (1993); *Hanks* und *Saradjian* (1994); *Hirsch* (1994); *Kentler* (1994); *Elliott* (1995); *Hunter* (1995); *Koonin* (1995); *Longdon* (1995); *Rosencrans* (1997); *Mitchell* und *Morse* (1998); *Saradjian* (1999); *Homes* (2001).

[11] Vgl. hierzu Kapitel 4.3 und 4.4.

[12] Vgl. für viele andere beispielsweise *Maisch* (1968); *Forward* und *Buck* (1979); *Keller-Husemann* (1983); *Faber* u. a. (1984); *Chasnoff* u. a. (1986); *Faller* (1987); *Johnson* und *Shrier* (1987); *Knopp* und *Lackey* (1987); *Reinhard* (1987); *Goodwin* und *DiVasti* (1989); *Haugaard* und *Emery* (1989); *Krug* (1989); *Mathews* u. a. (1989); *Scaco* (1990); *Urquiza* und *Capra* (1990); *Wolfers* (1990); *Allen* (1991); *Hanks* und *Saradjian* (1991), (1994); *Gödtel* (1992); *Mayer* (1992); *Timm* (1992); *Watkins* und *Bentovim* (1992); *Lew* (1993); *Hirsch* (1994); *Koonin* (1995); *van den Broek* (1996); *Love* (1997); *Rosencrans* (1997); *Mitchell* und *Morse* (1998); *Saradjian* (1999); *Eldridge* (1999).

[13] Vgl. *Kölner Express* vom 21. 4.1999.

[14] Vgl. *Tagesspiegel* vom 7. 3. 2001.

[14a] Vgl. *Frankfurter Rundschau* vom 4. 8. 2001.

[15] Vgl. *Frankfurter Rundschau* vom 4. 10. 2001.

¹⁵ᵃ An dieser Stelle sei das folgende Beispiel angeführt: Im August 2002 muss sich ein 42-jähriger Maurer und seine 43-jährige Frau vor dem Landgericht in Limburg wegen „gemeinschaftlichen Mordes zur Befriedigung des Geschlechtstriebes" verantworten. Ihnen wird vorgeworfen, so die *Frankfurter Rundschau* (Ausgabe vom 26., 27. 9. 2001 und 18. 7. 2002), zwei 16-jährigen Mädchen nach einem Disco-Besuch eine Mitfahrangelegenheit angeboten zu haben, „um sie zu entführen, zu betäuben und sexuell sadistische Handlungen an ihnen vorzunehmen". Der Mann soll die Opfer mehrfach mit Chloroform betäubt haben. Das Ehepaar habe, so die Staatsanwaltschaft Limburg, den Tod der Opfer durch die Überdosis an Chloroform billigend in Kauf genommen. Dem Mann wird u. a. auch vorgeworfen, seine Stieftochter missbraucht haben.
Im März 2003 hat das Landgericht den vermindert schuldfähigen Haupttäter zu einer 15-jährigen Haftstrafe sowie Unterbringung in der Psychiatrie verurteilt. Seine Frau erhielt eine lebenslange Haftstrafe.

¹⁶ Vgl. beispielsweise für viele andere *Nasjleti* (1983); *Kempe* und *Kempe* (1984); *Kercher* und *MacShane* (1985); *McCarty* (1986); *Faller* (1987); *Fromuth* und *Burkhart* (1987, 1989); *Knopp* und *Lackey* (1987); *Mathews* u. a. (1989); *O´Conner* (1987); *Patton* (1987); *Risin* und *Koss* (1987); *Goodwin* und *DiVasto* (1989); *Krug* (1989); *Eberesche* und *Langelier* (1990); *Rowan* (1990); *Allen* (1991); *Saradjian* und *Hanks* (1991); *Elliott* (1992); *Hanks* und *Saradjian* (1992, 1994); *Elliott* (1995); *Kaufman* u. a. (1995); *Rosencrans* (1997); *Mitchell* und *Morse* (1998); *Eldridge* (1999); *Saradjian* (1999).

¹⁷ Mit dem sexuellen Missbrauch, insbesondere dann, wenn körperliche und sadistische Gewalt mit im Spiel ist, verbindet sich häufig die Gefahr, dass das so missbrauchte und vergewaltigte Kind masochistische Verhaltenszüge annimmt (vgl. hierzu auch Kapitel 4.4 und die Veröffentlichungen des Verfassers (1981, 1984, 1996, 1998, 2001), die sich insbesondere mit der klerikalen Heimerziehung und den Folgen für die Opfer beschäftigen).

¹⁸ Der gesamte Brief ist von Michele *Elliott* (1995, S. 215) veröffentlicht worden.

1.3 Warum schützen Mütter oder Väter ihre Kinder nicht? Schweigen um jeden Preis

¹ Mit den (radikal-)feministischen Argumenten – insbesondere mit dem „Mythos vom Missbraucher als Patriarchen" (*Bruder,* 1994, S. 171) – wurde und wird der Tatbestand, dass auch Frauen Kinder sexuell missbrauchen, in der Öffentlichkeit und den Medien erfolgreich tot geschwiegen (vgl. hierzu beispielsweise *Bannig,* 1989; *Allen,* 1991). Das kollektive Schweigen wird hin und wieder von der Lokalpresse durchbrochen, wenn ein entsprechender (Gerichts-)Fall am Ort des Geschehens bekannt wird.

² Vgl. beispielsweise *Dunand* (1993); *Gerwert* (1996).

[3] Vgl. *Herman* (1981); *Rijnaarts* (1988); *Breitenbach* (1991); *Hirsch* (1994); *Gerwert* (1996).

[4] Vgl. beispielsweise *Gerwert* (1993); *Newberger* u. a. (1993); *Hirsch* (1994).

[5] Vgl. beispielsweise *Hooper* (1989).

[6] Vgl. beispielsweise *Gerwert* (1996).

[7] Vgl. beispielsweise *Herman* (1981); *Gerwert* (1993); *Dunand* (1993); *Hirsch* (1994).

[8] *Kampe* (1978) berichtet, ihm sei kein Fall untergekommen, wo die Mutter nicht geschwiegen habe. Dass Mütter häufig Kenntnis haben und schweigen, zeigt auch die Befragung von *Teegen* u. a. (1992): Die Hälfte der TeilnehmerInnen gab an, dass Familienangehörige, vor allem die Mutter, Kenntnis über den Missbrauch hatten und schwiegen.

[9] Vgl. beispielsweise *Cavallin* (1966); *Tingling* und *Klein* (1966); *Eist* und *Mandel* (1968); *James* und *Nasjleti* (1983); *Parker* und *Parker* (1986); *Krug* (1989); *Mathews* u. a. (1989); *Allen* (1991); *Hirsch* (1994); *Rosencrans* (1997); *Mitchell* und *Morse* (1998); *Saradjian* (1999).

[10] Alkohol, Depressionen, Psychosen sind die häufigsten Ursachen für die Nichtbewältigung der familiären und häuslichen Aufgaben und die unzureichende Versorgung der Kinder durch (auch überforderte) Mütter. *Richter-Appelt* und *Tiefensee* (1996 a) befragten die Frauen und Männer, „ob und in welchem Ausmaß Vater bzw. Mutter beeinträchtigt (durch Alkohol, Tabletten etc.) und wodurch sie überfordert (Beruf, Haushalt, Kinder etc.) waren". Von der „Gruppe der unauffälligen Frauen" wurden zu „42 % Beeinträchtigungen für den Vater und 41 % für die Mutter angegeben. In allen anderen Gruppen waren die Mütter stärker beeinträchtigt als die Väter. Am häufigsten werden Beeinträchtigungen der Eltern von den Frauen angegeben, die sich selbst als sexuell missbraucht eingestuft hatten und körperlich misshandelt worden waren (74 % der Väter und 87 % der Mütter). In der Gruppe der körperlich und (nach Rating) sexuell misshandelten Frauen liegen die Werte bei 69 % für den Vater und 76 % für die Mütter. Die restlichen Gruppen liegen dazwischen". Die missbrauchten (nach Rating und nach Selbsteinschätzung) und misshandelten Frauen gaben am häufigsten an, dass eine Überforderung der Mutter wie auch des Vaters vorlag. Bei den Männern fanden *Richter-Appelt* und *Tiefensee* hingegen nur einen signifikanten Zusammenhang zwischen Beeinträchtigungen und Überforderungen von Vater und Mutter und körperlichen Misshandlungen. „Sexueller Missbrauch korrelierte allerdings nur mit der Beeinträchtigung des Vaters. Weder Beeinträchtigungen der Mutter noch Überforderungen von Vater und Mutter stehen bei den Männern in signifikantem Zusammenhang mit sexuellem Missbrauch", so *Richter-Appelt* und *Tiefensee* (1996 a, S. 376). In dieser Aussage findet sich offenbar ein Widerspruch, denn die Autorinnen (1996 a, S. 377) führen an anderer Stelle an: „Liefert bei den durch Selbsteinschätzung als sexuell missbraucht bezeichneten Frauen die Beeinträch-

tigung des Vaters einen wichtigen Beitrag, so sind es bei den sexuell missbrauchten Männern die Beeinträchtigungen der Mutter."

[11] Vgl. hierzu *Lustig* u. a. (1966); *Maisch* (1968); *Krimendahl* und *Alpert* (1991); *Gerwert* (1996); *Breitenbach* (1998).

[12] Vgl. *Kaufman* u. a. (1954); *Lustig* u. a. (1966); *Kempe* (1978); *Gardiner-Sirtl* (1983); *Hotte* und *Rafman* (1992).

[13] Von einigen AutorInnen wird, und zwar völlig zutreffend, den Inzest-(Stief-)Vätern das gleiche Verhalten unterstellt (vgl. beispielsweise *Hirsch*, 1994). Auch unter den missbrauchenden (Stief-)Vätern gibt es zahlreiche, die die Tochter sexuell benutzen und gleichzeitig als „Waffe" gegen die Ehefrau einsetzen.

[14] Nicht nur missbrauchende Frauen und Mütter, auch missbrauchende Männer und Väter haben in der Regel einen großen Mangel an Selbstwertgefühl, Selbstbestätigung, sexueller Zufriedenheit, und auch sie sind auf der Suche nach Zärtlichkeit, psychischer und physischer Nähe (vgl. hierzu beispielsweise *Justice* und *Justice*, 1979; *Groth*, 1982; *Marquit*, 1983; *Allen*, 1991; *Hanks* und *Saradjian*, 1994; *Hirsch*, 1994).

[15] Vgl. auch *Amendt* (1999, 2000).

[16] Vgl. beispielsweise *Justice* und *Justice* (1979); *Sgroi* (1992); *Larson* (1986); *Hirsch* (1994).

[17] Für *Holman* (1986, S. 70) ist sichtbar, „dass Täter aus gestörten Familiensystemen kommen und diese Störung oft in die von ihnen gegründeten Familien hineingetragen (wird), so dass sich dieser Prozess zyklisch und über mehrere Generationen fortsetzt. Bei Alkoholismus und Drogenmissbrauch gibt es denselben Teufelskreis. Die meisten drogenabhängigen Klienten kommen aus Familien, in denen Abhängigkeit bei den Eltern oder Großeltern bestand".

[18] Es gibt auch unter den weiblichen Opfern Frauen, die sich aus der Rolle des Opfers befreien und die Täter-Opfer-Rolle „tauschen". Sie haben im Vergleich zu nicht missbrauchten Frauen häufiger psychisch unreife, unselbständige, oft alkoholkranke Partner. Innerhalb solch einer Beziehung ist sie die dominierende Partnerin (vgl. hierzu *Gelinas*, 1983; *Jehu*, 1994).

[19] Vgl. hierzu *Rosenfeld* u. a. (1977); *Justice* und *Justice* (1979); *Goodwin* u. a. (1982); *Marquit* (1986); *Holman* (1986); *Hirsch* (1994).

1.4 Sexueller Kindesmissbrauch - Kindesmisshandlung - Vernachlässigung
Die Familie als - potenzielle - Brutstätte der Gewalt

[1] Vgl. hierzu beispielsweise *Straus* u. a. (1980, 1994); *Schneewind* u. a. (1983); *Straus* und *Gelles* (1986); *Widom* (1989, 1995); *Wahl* (1990); *Belsky* (1993); *Pfeiffer* (1995, 1996, 1997); *Engfer* (1997); *Wetzels* (1997); *Pfeiffer* u. a. (1998).

[2] Wenn Kinder oder Jugendliche von sorgeverantwortlichen Personen „unzureichend ernährt, gepflegt, gefördert, gesundheitlich betreut, beaufsichtigt und/oder vor Gefahren geschützt" werden, spricht man von Vernachlässigung, so *Engfer* (1986, S. 621). Vernachlässigung lässt sich nach *Claussen* und *Crittenden* (1991) weiter unterteilen in körperliche, sozial-emotionale, medizinische oder intellektuelle Vernachlässigung. Vernachlässigung ist letztlich eine passive Form körperlicher beziehungsweise seelischer Verletzung und Misshandlung. Die psychische Misshandlung beziehungsweise psychische Vernachlässigung ist für das betroffene Kind häufig schädlicher als die physische Misshandlung beziehungsweise physische Vernachlässigung (vgl. hierzu *Claussen* und *Crittenden*, 1991). *Esser* und *Weinel* (1990) berichten in ihrer Untersuchung von gut 5 % bis 10 % aller Kinder, die in der Bundesrepublik Deutschland vernachlässigt werden. Und *Schone* u. a. (1997) gehen in ihrer Schätzung, die sich nur auf die Betreuungszahlen von Kindern unter sieben Jahren in Maßnahmen der Jugendhilfe bezieht, von immerhin etwa 50 000 betroffenen Kindern aus.

[3] Vgl. hierzu die Kapitel 4.1 bis 4.4.

[4] Vgl. hierzu beispielsweise *Straus* u. a. (1980); *Widom* (1989, 1995); *Bange* (1992); *Knight* und *Prentky* (1993); *Bange* und *Deegener* (1996); *Ryan* u. a. (1996); *Bentovim* (1996); *Araiy* (1997); *Wetzels* (1997); *Mullen* (1997); *Pfeiffer* u. a. (1998).

[5] *Janus* u. a. (1995) berichten in ihrer Studie, dass körperliche Misshandlung und Züchtigung der häufigste Grund war, wenn Kinder und Jugendliche aus dem Elternhaus entflohen sind. Es waren vor allem die Mütter, die am häufigsten ihr Kind misshandelten. Auch *Powers* und *Eckenrode* (1987) berichten über – aus ihren Familien – ausgerissene Jugendliche, die Opfer elterlicher Gewalt waren. Männliche und weibliche Jugendliche waren zu 42,3 % beziehungsweise 57,7 % Opfer von physischen Misshandlungen, zu 39,9 % beziehungsweise 62,1 % Opfer von emotionalem Missbrauch und zu 47,7 % beziehungsweise 52,3 % Opfer von Vernachlässigung. Im Übrigen: Bei der Vorhersage von Missbrauch und Misshandlung ist die psychische Vernachlässigung ein hochsignifikanter Indikator (vgl. beispielsweise *Ney* u. a., 1993).

[6] Vgl. *Homes* (1981, 1984 a, 1984 b, 1996, 1998, 2001); *Ryan* u. a. (1996); *Wetzels* (1997).

[7] Die Bundesregierung weist in einer Pressemitteilung vom 08.11.2000 darauf hin, dass die jährliche häusliche Gewalt gegen Kinder bei 1 400 000 Fällen (das sind insgesamt 11 % der entsprechenden Altersgruppe) liege. Sehr fraglich ist, ob das Gesetz zur Ächtung der Gewalt in der Erziehung vom 02.11.2000 (siehe hierzu BGB l. I. 1479) ein wirksames Mittel darstellt, Kinder vor (elterlicher) Gewalt zu schützen.

[8] Vgl. beispielsweise *Straus* u. a. (1980); *Putman* u. a. (1986); *Faller* (1987); *Putman* (1989); *Ross* u. a. (1989); *Draijer* (1990); *Ross* (1990); Ross u. a. (1991); *Knight* und *Prentky* (1993); *Moeller* u. a. (1993); *Stanley* und *Goddard* (1993); *Bentovim* (1996); *Richter-Appelt* und *Tiefensee* (1996 a, 1996 b); *Ryan* u. a. (1996); *Mullen* u. a. (1996); *Flemming* u. a. (1997); *Wetzels* (1997); *Rind* u. a. (1998).

[9] Es hat lange gedauert, bis die Studie der Öffentlichkeit zugänglich gemacht worden ist. Das Nachrichtenmagazin *Focus* (47/1994, S. 248-257), das 1994 über den „Tatort Familie zum Thema Gewalt in der Familie" berichtete, zeigte sich völlig zu Recht verwundert über die Tatsache, „dass offenbar aus rein wahlpolitischen Gründen die damalige Bundesregierung kurz vor der Bundestagswahl eine von dem Bonner Familienministerium in Auftrag gegebene repräsentative Studie des Kriminologischen Forschungsinstituts Niedersachen der Öffentlichkeit vorenthielte. (...) Leider wurden die Ergebnisse, die schon seit mindestens einem halben Jahr vorliegen, vom Ministerium dem Vernehmen nach für so brisant erachtet, dass sie vor der Bundestagswahl nicht publiziert werden durften ..."
Auch *Bange* und *Deegener* (1996, S. 44) drückten damals ihr Bedauern darüber aus: „Leider gibt es bis heute keine weitergehenden Veröffentlichungen über diese Studie. Es ist daher auch vier Jahre nach der ersten kurzen Präsentation der Ergebnisse auf einer Tagung des Ministeriums für Frauen und Jugend durch Christian Pfeiffer und Peter Wetzels nicht möglich, genaueres zur Methodik der Studie und zur verwendeten Definition zu sagen."

[10] Vgl. beispielsweise *Maccoby* und *Jacklin* (1974); *Gilmartin* (1979); *Straus* u. a. (1980); *Bryan* und *Freed* (1982); *Schneewind* u. a. (1983); *Straus* und *Donnely* (1993); *Newson* und *Newson* (1990); *Wauchope* und *Straus* (1990, 1994); *Knutson* und *Selner* (1994); *Wetzels* (1997); *Pfeiffer* u. a. (1998).

[11] *Wetzels* (1997, S. 70) unterscheidet zwischen *körperlicher Misshandlung* und *körperlicher Züchtigung*; seine Definition lautet:
„Elterliche körperliche Züchtigung ist die nicht zufällige Zufügung kurzzeitiger körperlicher Schmerzen mit dem Zweck der erzieherischen Einflussnahme oder Kontrolle kindlichen Verhaltens. Die Intensität der einzelnen Handlungen impliziert nicht das Risiko ernsthafter physischer Verletzungen. Physische oder psychische Schädigungen des Kindes ist nicht Ziel der Handlung. Elterliche körperliche Misshandlung ist die nicht zufällige, sozial nicht legitimierte Zufügung körperlicher Schmerzen, die mit der Absicht oder unter Inkaufnahme der Verursachung ernsthafter physischer Verletzungen oder psychischer Schäden begangen wird. Die Intensität bzw. das Verletzungsrisiko der Handlungen überschreiten auch dann, wenn die Absicht der erzieherischen Einflussnahme auf ein Kind verfolgt wird, zweifelsfrei die gesetzlichen Grenzen des elterlichen Züchtigungsrechtes."
Die Kindesmisshandlung ist der Endpunkt eines Eskalationsprozesses elterlichen Strafens.
Folgende Unterscheidung zwischen *Kindesmisshandlung* und *körperlicher Misshandlung* nimmt *Martinius* (1989, S. 92, 93) vor:

„Kindesmisshandlung ist ungesteuertes Strafen und ein weder inhaltlich noch zeitlich isolierbares Ereignis, sondern ein Vorgang, innerhalb dessen die körperliche Misshandlung den zwar kennzeichnenden, aber eben doch nur einen Schritt darstellt. Dieser Schritt ist gewaltsam, herausragend und wegen der durch ihn erzeugten körperlichen Schäden mehr oder weniger oft Anlass für seine Entwicklung. Deshalb wird gewöhnlich auch der Begriff der Kindesmisshandlung mit dem Akt der Körperverletzung in Verbindung gebracht. Körperliche Misshandlung ereignet sich jedoch als Prozess aufgrund vorausgegangener persönlicher und innerfamiliärer Entwicklungen, Belastungen und Verletzungen in bestimmten Situationen mit langanhaltenden Reaktionen und erneuten Verletzungen."
Und *Heyne* (1993, S. 259, 260) formuliert das Abstrafen, Malträtieren, Quälen, Misshandeln und die psychische Misshandlung der Kinder durch Erwachsene bzw. Eltern unmissverständlich wie folgt:
„Die Kindesmisshandlung umfasst ein breites Spektrum von Verhaltensweisen, die im Extremfall von allergröbster Gewalttätigkeit sind: Die Kinder werden geschlagen, getreten, gekratzt, gebissen, verbrannt, verbrüht, gewürgt, in eiskaltes Wasser getaucht, gefesselt, an den Armen aufgehängt, oder man/frau drückt brennende Zigaretten auf ihrer Haut aus. Derart drastische Formen körperlicher Misshandlung kommen keineswegs selten, jedoch bei weitem nicht so häufig wie die verschiedenen Formen psychischer Misshandlung vor. Psychische Misshandlung drückt sich in Form emotionaler Feindseligkeiten jeder Art aus wie Einschüchterungen, Strafandrohungen, Bestrafung durch Liebesentzug, Nahrungsentzug, Einsperren im Dunkeln, Demütigungen aller Art oder willkürlichem Entzug von Rechten und Vergünstigungen. Sie kann durch einen verbal-aggressiven Erziehungsstil zum Ausdruck kommen, der das Kind permanent entwertet, bloßstellt oder lächerlich macht, aber auch durch sprachlos-feindselige Ablehnung."

[12] Ist die körperliche Gewalt gegen Kinder, insbesondere dann, wenn dabei Gegenstände zum Einsatz kommen, nicht auch eine Form der *Folter*?
Der *Europäische Gerichtshof für Menschenrechte* in Straßburg verhandelte im Sommer 1998 einen schweren Fall von Kindesmisshandlung. Zur Überprüfung stand das Urteil eines Gerichts in England, das einen Stiefvater, der seinen Stiefsohn vielfach schwer misshandelt hatte, freisprach. Im Sinne des Artikels 3 der *Europäischen Menschenrechtskonvention* sei es als Folter zu werten, so der Gerichtshof, dass der Stiefvater das damals neunjährige Kind, das schwere Blutergüsse und Schwellungen davontrug, ungestraft mit einem Rohrstock habe verprügeln dürfen. Der Gerichtshof stellte unmissverständlich klar, dass der Staat die Pflicht habe, insbesondere Kinder vor Misshandlungen zu schützen – und verurteilte Großbritannien zur Zahlung von 60 000 Mark Schadenersatz an das Opfer (vgl. *Süddeutsche Zeitung*, 24. 9. 1998). Die Urteile des Gerichtshofes sind für die europäischen Länder bindend.

[13] Die Altersspanne reichte von 13 bis 24 Jahren (Durchschnittsalter: 15,3 Jahre), 99,4 % waren zwischen 14 und 18 Jahren.

[14] Die Autoren (*Pfeiffer* u. a., 1998, S. 87) beschränken sich hier auf Erlebnisse elterlicher körperlicher Gewalt: „Elterliche Gewalt in der Kindheit bezeichnet dabei jene Gewalt

durch Eltern, welche die heutigen Jugendlichen bis zum Zeitpunkt vor der Vollendung ihres zwölften Lebensjahres erlebt haben. Elterliche Gewalt im Jugendalter ist dem gegenüber begrenzt auf die Viktimisierung durch Eltern im Jahr 1997."

[15] Die Autoren (*Pfeiffer* u. a., 1998, S. 87) unterscheiden die elterliche Gewalt nach Züchtigung und Misshandlung; die Hervorhebungen stammen von den Autoren: „In Abhängigkeit und Häufigkeit und Intensität elterlicher Gewalthandlungen werden solche Erlebnisse wie folgt kategorisiert: Die körperliche Züchtigung unterteilt in (1) leichte Züchtigung, welche einfache Schläge und Ohrfeigen, sofern sie selten geschahen, enthält sowie (2) die schwere/häufige Züchtigung, welche Schläge mit Gegenständen sowie die häufigen leichteren Schläge umfasst. Misshandlung bezeichnet elterliche Verhaltensweisen wie ‚zusammenschlagen' oder ‚Faustschläge ins Gesicht', die auch bei recht konservativer Betrachtung die Grenzen des elterlichen Züchtigungsrechtes eindeutig überschreiten. Die Misshandlung wird nach ihrer Häufigkeit differenziert, so dass elterliche Gewalt weiter die Kategorien (3) der seltenen Misshandlung und (4) die häufigere als seltene Misshandlung enthält."

[16] Dies trifft uneingeschränkt auch auf Nonnen und Erzieherinnen zu, die in konfessionellen Heimen beschäftigt sind. Der Verfasser verweist insofern auf seine eigenen Veröffentlichungen, die im Literaturverzeichnis aufgeführt sind.

[17] Vgl. beispielsweise *Straus* u. a. (1980); *Herrenkohl* u. a. (1983); *Straus* (1994); *Bender* und *Lösel* (1997); *Wetzels* (1997).

[18] Vgl. hierzu beispielsweise *Gelles* (1978) und Kapitel 3.1.

[19] Vgl. hierzu beispielsweise *Körner* (1975); *Baurmann* (1983); *Bernard* (1979); *Finkelhor* (1984); *Janus* u. a. (1984); *Sandfort* (1986); *Budin* und *Johnson* (1989); *Conte* u. a. (1989); *Finkelhor* u. a. (1990); *Draijer* (1990); *Alexander* (1992); *Brockhaus* und *Kolshorn* (1993); *Ernst* u. a. (1993); *Julius* und *Boehme* (1994); *Lautmann* (1994); *Miller* u. a. (1995); *Bange* (1992); *Bange* und *Deegener* (1996); *Richter-Appelt* und *Tiefensee* (1996 a); *Lohaus* und *Schorsch* (1997); *Schneider* (1998); *Stöckle* (1998).

[20] Folgerichtig raten *Lohaus* und *Schorsch* (1997) dazu, den Eltern nahezubringen, dass Kinder für sexuellen Missbrauch anfällig sind, wenn sie vernachlässigt und emotional isoliert werden.

[21] Vgl. beispielsweise *Fleming* u. a. (1997); *Mullen* (1997); *Wetzels* (1997).

[22] Vgl. beispielsweise Stark und McEvoy (1970); *Straus* u. a. (1980); *Bryan* und *Freed* (1982); *Trube-Becker* (1982); *Baker* und *Duncan* (1985); *Finkelhor* (1986); *Russell* (1986); *Faller* (1987); *Wahl* (1990); *Allen* (1991); *Bange* (1992); *Bussmann* (1995); *Engfer* (1986, 1997); *Bange* und *Deegener* (1996); *Richter-Appelt* und *Tiefensee* (1996 a, 1996 b); *Müller* (1997); *Wetzels* (1997); *Pfeiffer* (1998).

²³ Vgl. hierzu *Kempe* und *Kempe* (1984); *Finkelhor* und *Baron* (1986); *Russell* (1986); *Parker* und *Parker* (1986); *Goodwin* und *DiVasto* (1989); *Krug* (1989); *Bange* (1992); *Knight* und *Prentky* (1993); *Reiter* und *Burger* (1993); *Bange* und *Deegener* (1996); *Mullen* u. a. (1996); *Bentovim* (1996); *Ryan* u. a. (1996); *Müller* (1997); *Rosencrans* (1997); *Mitchell* und *Morse* (1998); *Wallace* (1998).

²⁴ Vgl. hierzu für viele andere AutorInnen *Bock* (2001).

²⁵ Vgl. beispielsweise *McCarty* (1986); *Krug* (1989); *Mathews* u. a. (1989); *Allen* (1991); *Saradjian* und *Hanks* (1991); *Elliott* (1992); *Hanks* und *Saradjian* (1992, 1994); *Heyne* (1993); *Hanks* und *Saradjian* (1994;) *Kentler* (1994); *Elliott* (1995); *Müller* (1997); *Rosencrans* (1997); *Mitchell* und *Morse* (1998); *Eldridge* (1999); *Saradjian* (1999). Laut der Statistik des *Statistischen Bundesamts* lebten im Jahr 2000 insgesamt 995 000 Jungen und 959 000 Mädchen (Gesamtsumme: 1. 954 000) unter 15 Jahren mit ihren allein erziehenden Müttern zusammen (bei den allein erziehenden Vätern lebten im gleichen Zeitraum 179 000 männliche und 170 000 weibliche Kinder).
Bei den hier referierten Zahlen muss allerdings berücksichtigt werden, so das *Statistische Bundesamt*, dass viele Alleinerziehende Partner in einer nichtehelichen Lebensgemeinschaft sind.

²⁶ Vgl. hierzu *Kempe* und *Kempe* (1984). Laut der Statistik des *Statistischen Bundesamts* lebten im Jahr 2000 alleine 392 000 Jungen unter 15 Jahren bei ihren *geschiedenen*, allein erziehenden Müttern. Auch hier muss berücksichtigt werden, dass viele allein Erziehende Partner in einer nichtehelichen Lebensgemeinschaft sind.

²⁷ Vgl. hierzu beispielsweise *Robinson* und *Platt* (1993); *Berdondini* und *Smith* (1996); *Kivela* u. a. (1996); *Winter* u. a. (1997); *Franz* u. a. (1999).

²⁸ Vgl. beispielsweise *Straus* u. a. (1980); *Schneewind* u. a. (1983); *Wahl* (1990); *Straus* (1994); *Janus* u. a. (1995); *Engfer* (1997); *Wetzels* (1997).

²⁹ Studien aus den Vereinigten Staaten zeigen, dass junge Erwachsene zu 93 % bis 95 % berichten, als Kinder oder Jugendlicher von ihren Eltern bestraft worden zu sein (vgl. beispielsweise *Bryan* und *Freed,* 1982; *Graziano* und *Namaste,* 1990).
Und in Elternumfragen, über die *Straus* (1983) und *Wauchopes* und *Straus* (1990) berichten, räumten etwa 90 % der Eltern ein, ihre Kinder körperlich misshandelt zu haben.

³⁰ Die Autoren weisen allerdings daraufhin, dass ihre Stichprobe eine Schichtverzerrung ausweist und wegen der Abweichung zwischen den Angaben der Eltern und Kindern mit einer hohen Fehlervarianz in der abhängigen Variable zu rechnen sei.

³⁰ᵃ *Statistisches Bundesamt*, Fachserie 10, Reihe 3, 2000, 2002. Die Zahlen beziehen sich auf das frühere Bundesgebiet einschließlich Gesamt-Berlin; für die neuen Länder liegen keine flächendeckenden Angaben vor.

Für das Jahr 2002 weist die Statistik folgende Zahlen aus:
- „Mord": 7 männliche Täter (darunter ein männlicher Jugendlicher) stehen 1 weiblichen Täter gegenüber;
- „Totschlag": 2 männliche Täter stehen 3 weiblichen Tätern gegenüber (darunter je eine Jugendliche und eine Heranwachsende);
- „Minder schwerer Fall des Totschlags": 3 weibliche Täter (darunter 1 weibliche Heranwachsende);
- „Fahrlässige Tötung (außer im Straßenverkehr)": 10 männliche Täter (darunter 1 männlicher Heranwachsender) stehen 7 weiblichen Tätern gegenüber;
- „Körperverletzung mit Todesfolge": 5 männliche Täter (darunter 2 männliche Heranwachsende) stehen 2 weiblichen Tätern gegenüber.

[31] *Richter-Appelt* und *Tiefensee* (1996 a, S. 377) kommen in ihrer Untersuchung zu dem Ergebnis, dass „Mütter, die in der Regel mehr mit dem Kind zusammen sind, bei Mädchen schwerwiegendere körperliche Misshandlungsformen anwenden als Väter". Bei den Jungen ist es „genau umgekehrt. Mütter sperren Jungen eher weg und reißen sie an den Haaren, teilen aber deutlich weniger Ohrfeigen, Prügel etc. aus als die Väter". Da stellt sich zwingend die Frage: Würde sich die Missbrauchs- und Misshandlungsrate hochsignifikant nach unten bewegen, wenn viel mehr Mütter als bisher arbeiten würden – und die Väter an der Erziehung viel mehr als bisher partizipieren dürften?

[32] So stellte beispielsweise *Summit* (1978) fest, dass in einem Heim, in dem misshandelte Mütter und Kinder Zuflucht fanden, 90 % aller misshandelten Mütter als Kinder sexuell missbraucht worden waren (vgl. hierzu beispielsweise auch *Rosenfeld* u. a., 1977; *Briere*, 1992; *Wiehe* und *Richards*, 1995; *Kolbo* u. a., 1996).

[33] Vgl. beispielsweise *Straus* u. a. (1980); *Straus* und *Gelles* (1986); *Bentovim* (1996); *Henning* u. a. (1996); *Kolbo* u. a. (1996); *Ryan* u. a. (1996); *Pfeiffer* u. a. (1998).

[34] Vgl. beispielsweise *Dix* und *Grusec* (1985); *Hotaling* und *Sugarman* (1986); *Walters* (1991); *Straus* (1994); *Hirsch* (1994); *Norris* u. a. (1997); *Wetzels* (1997).

[35] Vgl. hierzu beispielsweise *Straus* u. a. (1980); *Straus* und *Gelles* (1986); *Allen* (1991); *Wetzels* u. a. (1995); *Carrado* u. a. (1996); *Gemünden* (1996); *Stern* (1996); *Cook* (1997); *Ernst* (1997); *Pearson* (1997); *Farrell* (1999); *Phillips* (1999); *Straus* (1999); *Tendler* (1999); *Young* (1999); *Archer* (2000); *Bock* (2001).

[36] Die Umfrageergebnisse wurden in einem Beitrag mit dem Titel: *Tatort Familie* (Ausgabe 47/1994, S. 248-257) veröffentlicht. Der Verfasser dankt an dieser Stelle *Focus* für die freundliche Überlassung der Studie.

[37] Ausgabe vom 26. 3., 20. 4., 1. 6. und 2. 7. 2002.

[38] Vgl. beispielsweise *Groth* und *Birnbaum* (1979); *Sarrel* und *Masters* (1982); *Masters*

(1986); *Muehlenhard* und *Cook* (1988); *Struckman-Johnson* (1988); *Stets* und *Pirog-Good* (1989); *Okami* (1991); *Struckman-Johnson* (1991); *Anderson* (1993, 1996, 1998); *Anderson* und *Aymami* (1993); *O'Sullivan* und *Byers* (1993, 1996); *Hogben* u. a. (1996); *Anderson* und *Newton* (1997); *Muehlenhard* u. a. (1996); *Clements-Schreiber* u. a. (1998); *Craig-Shea* (1998); *Struckman-Johnson* und *Struckman-Johnson* (1998).

[39] Vgl. hierzu beispielsweise *Fehrenbach* u. a. (1986); *Faller* (1987); *Ross* u. a. (1989); *Draijer* (1990); *Putman* (1990); *Ross* (1990); *Vissing* u. a. (1991); *Knight* und *Prentky* (1993); *Lake* (1993); *Moeller* u. a. (1993); *Stanley* und *Goddard* (1993); *Teegen* (1993); *Bentovim* (1996); *Mullen* u. a. (1996); *Putman* u. a. (1996); *Richter-Appelt* und *Tiefensee* (1996 a, 1996 b); *Ryan* u. a. (1996); *Flemming* u. a. (1997); *Rosencrans* (1997); *Wetzels* (1997).

[40] Ähnliche Ergebnisse erzielten auch *Ross* u. a. (1989); *Putman* (1990); *Ross* (1990).

[41] Die Misshandlungsrate bei den Frauen ist ungewöhnlich hoch, zumal sie zahlreichen internationalen Studien widersprechen (vgl. beispielsweise *Maccoby* und *Jacklin*, 1974; *Gilmartin,* 1979; *Straus* u. a., 1980; *Bryan* und *Freed*, 1982; *Schneewind* u. a., 1983; *Straus* und *Donnely*, 1993; *Newson* und *Newson*, 1990; *Wauchope* und *Straus*, 1990, 1994; *Knutson* und *Selner*, 1994; *Wetzels*, 1997; *Pfeiffer* u. a., 1998; *Bock*, 2001).
Richter-Appelt und *Tiefensee* (1996a, S. 377) selbst merken hierzu selbstkritisch und selbstzweifelnd an:
„Es ist kaum anzunehmen, dass Mädchen mehr körperliche Strafe erfahren wie Jungen, wohl aber kann es sein, dass eine Ohrfeige für ein Mädchen etwas anderes bedeutet als für einen Jungen. Dieser erlebt sie vielleicht als völlig normal und käme nicht auf die Idee, sich nach häufigen Prügeln in der Kindheit als körperlich misshandelt einzustufen."

[42] Bei der Missbrauchsrate muss berücksichtigt werden, dass „nur" 11 % aufgrund ihrer Angaben von Ratern als sexuell missbraucht eingestuft wurden; ohne konkrete Angaben zu machen, bezeichneten sich weitere 12 % global als Opfer sexuellen Missbrauchs.

[43] *Wetzels* (1997, S. 70) unterscheidet zwischen *körperlicher Misshandlung* und *körperlicher Züchtigung*; vgl. hierzu seine unter *Fußnote 11* abgedruckte Definition.

[43a] Die gleichen Fragen muss man sich bezogen auf den „Fremdunterbringungsbereich" (beispielsweise Pflege- und Adoptionsfamilien und Kinder- und Jugendheime) stellen dürfen. Im Bereich der Heimerziehung gilt folgender Tatbestand: Verantwortliche wie Heimleitung und Heimträger sind nicht verpflichtet, die Strafverfolgungsbehörden einzuschalten. Mit anderen Worten: Sie unterliegen nicht der Pflicht, Straftaten, die sich gegen Heimkinder und Heimjugendliche richten, anzuzeigen. Mit dem Thema hat sich der Verfasser sehr ausführlich in seinem Buch „*GottesTal der Tränen*" beschäftigt.

⁴⁴ *Statisches Bundesamt*, Fachserie 10, Reihe 3, 2000. Für das Jahr 2002 weist die Statistik nur 735 männliche und 145 weibliche Täter aus, die wegen „Körperverletzung" zum Nachteil von Kindern rechtskräftig verurteilt worden sind (darunter 24 männliche und 4 weibliche Heranwachsende und 184 männliche und 41 weibliche Jugendliche). Wegen „gefährlicher Körperverletzung" wurden 347 männliche und 89 weibliche Täter (darunter 21 männliche und 2 weibliche Heranwachsende und 179 männliche und 53 weibliche Jugendliche) rechtskräftig verurteilt. Wegen „Misshandlung von Schutzbefohlenen" wurden 62 männliche und 31 weibliche Täter (darunter 2 männliche und 2 weibliche Heranwachsende) rechtskräftig verurteilt. Und wegen „schwerer Körperverletzung" wurden 1 männlicher und 2 weibliche Täter (darunter 1 weibliche Heranwachsende) rechtskräftig verurteilt. Und wegen „Körperverletzung mit Todesfolge" von Kindern wurden 5 männliche und 2 weibliche Täter (darunter 2 männliche Heranwachsende) rechtskräftig verurteilt.
Die Zahlen beziehen sich auf das frühere Bundesgebiet einschließlich Gesamt-Berlin; für die neuen Länder liegen keine flächendeckenden Angaben vor.

⁴⁵ Vgl. beispielsweise hierzu auch *Baurmann* (1983); *Bange* (1992); *Bange* und *Deegener* (1996); *Müller* (1997); *Wetzels* (1997).

2. Mütter und die sexuelle Lust am Kind

2.1 Grenzen zwischen Zärtlichkeit und Sexualität
Das Kind als Sexualobjekt von Frauen und Müttern

¹ Der Begriff *sexueller Kindesmissbrauch* wird vor allem von parteilich-feministischen Autorinnen und Missbrauchsforscherinnen nicht mehr benutzt, da er nach deren Auffassung impliziert, es gäbe einen angemessenen „Gebrauch" von Kindern.
Auch der Begriff *sexuelle Gewalt* – von der Frauenbewegung geprägt, um auf die strukturelle (sexuelle) Gewalt gegen Frauen aufmerksam zu machen –, der das ganze Ausmaß des gewalttätigen sexuellen Kindesmissbrauchs aus feministischer Sicht ausdrückt, ist nicht mehr so sehr gefragt. Sie sprechen nun verstärkt von *sexualisierter Gewalt*, da nur dieser Terminus ihrer Meinung nach den Gewaltaspekt hervorhebt und gleichzeitig die sexualisierte Gewaltform zum Ausdruck bringt. In der Fachliteratur existieren aber auch eine Anzahl weiterer Termini (vgl. hierzu die beachtliche Liste von *Wipplinger* und *Amann* [1997, S. 14, 15], die hierzu ausführen [S. 31]): „Darüber hinaus findet man eine große Vielfalt an Definitionen, sodass man beinahe den Eindruck gewinnt, dass fast so viele Termini und Definitionen existieren wie es AutorInnen in diesem Bereich gibt."
Der Verfasser benutzt im gesamten Buchtext den in der Fachliteratur, Fachpraxis und im alltäglichen Sprachgebrauch gängigen Begriff „sexueller Missbrauch", zumal im Vergleich zu „sexueller Gewalt" oder „sexueller Ausbeutung" durch den Terminus „sexueller Missbrauch" der strafrechtliche Aspekt im Sinne des Strafgesetzbuches (hier: § 176 StGB) hervorgehoben wird.

[2] Der Verfasser benutzt im gesamten Text fast ausschließlich den Begriff (missbrauchende) Mutter, spricht aber selbstverständlich auch von der (missbrauchenden) Frau.

[3] Der Verfasser benutzt im gesamten Text fast ausschließlich den Begriff (missbrauchender) Vater, spricht aber selbstverständlich auch von dem (missbrauchenden) Mann.

[4] *May* (1997, S. 241, 377) spricht von der „Neuen Frauenbewegung": „Eine erste Frauenbewegung entstand zu Beginn des Jahrhunderts und musste sich aufgrund des Naziregimes weitestgehend auflösen."
Der Verfasser vertritt die Auffassung, dass die „Neue Frauenbewegung" nicht mehr existiert. Im gesamten Text benutzt er den allgemein üblichen Begriff „Frauenbewegung".

[5] *Rutschky* (1992, S. 40) unterstellt den Feministinnen, eine Welt schaffen zu wollen, „(...) in der Sexualität der Feind Nummer eins im Leben der Kinder (und Frauen) ist".

[6] Die Wissenschaftlerinnen Svendy *Wittmann* und Kirsten *Bruhns* vom *Deutschen Jugendinstitut* kommen in ihrer qualitativen, nicht repräsentativen Studie über Mädchengewalt zu dem Ergebnis, dass weibliche Jugendliche, die sich in gewaltbereiten Cliquen aufhalten, keineswegs passiv am Rande stehen. Im Gegenteil: sie fördern ein gewaltbereites Gruppenklima – und Gewalt. Wie Jungen seien auch sie der Auffassung, dass der Verzicht auf Gewalt bei Angriffen nicht angebracht ist. Das aggressive Verhalten der Mädchen sei eine von ihnen selbst gewählte Handlungsstrategie und Teil des Weiblichkeitsbildes, das allerdings die traditionelle Rolle der Frau in Frage stelle, so die Wissenschaftlerinnen.

[7] Die (Radikal-)Feministin Susan *Brownmiller* (1978) beispielsweise behauptet, Frauen könnten Männer nicht vergewaltigen, dies sei physiologisch ausgeschlossen.

[8] Zitiert nach *Hoffmann* (2001, S. 360).

[9] Vgl. hierzu Kapitel 2.2.

[10] „Die Gleichsetzung eines Penis mit einer Waffe sage einiges über die Spuren aus, die der Feminismus in der Psyche von Frauen hinterlassen hat": Davon ist *Hoffmann* (2001) felsenfest überzeugt.

[11] Vgl. hierzu die Kapitel 6.2 und 6.3.

[12] Gunter *Schmidt* (1996, 1998, S. 118) kritisiert die Studie von Amendt, indem er von einer „ausufernden Definition des ‚Missbrauchs'" spricht: „Lustvolles Stillen, sinnliche Freude am schönen Körper des Dreijährigen, intensives Knuddeln und Herzen, das auch der Mutter gut tut und sie befriedigt, gemeinsames Baden und so weiter und so fort werden als Missbrauch denunziert; wohlgemerkt: nicht als zuviel Nähe, als Überfürsorge,

als Distanzlosigkeit, Grenzüberschreitung, die sie unter Umständen sein können, nein als sexueller Missbrauch, als sexuelle Tat."
An dieser Stelle sei ausdrücklich darauf hingewiesen, dass der Vater an gleicher Stelle durch die Kindesmutter (oder auch andere Personen) einer Strafanzeige (und Strafantrag) wegen sexuellem Kindesmissbrauch ausgesetzt wäre; überdies hätte dieser, gerichtlich sanktioniert, keine Chance mehr, sein Kind je wiederzusehen.
Schmidt führt weiter aus, und zwar völlig zu Recht: „Der Terminus ‚sexueller Missbrauch' ist längst ein ideologischer und Kampfbegriff geworden."

[13] *Amendt* (1982, S. 159) scheint offenbar Anfang der achtziger Jahre in einem Buchbeitrag die Auffassung vertreten zu haben, dass es den sexuellen Kindesmissbrauch durch Mütter kaum – wenn überhaupt – gibt: „Auch den Mutter-Sohn-Inzest halte ich für so marginal, dass ich hier nicht näher darauf eingehe." Für Gunter *Schmidt* (1996, 1998, S. 84) ist eine erotische Fixierung von Frauen auf Kinder offenbar schwer vorstellbar: „Eine erotische Fixierung auf Kinder, wie bei der männlichen Pädophilie, gibt es bei Frauen vermutlich ... nicht." *Schmidt* scheint sich gleichzeitig zu widersprechen, denn er führt weiter aus: „... auch wenn Frauen auf Kinder erotisch reagieren können und es gelegentlich auch zu sexuellen Handlungen zwischen Frauen und Kindern kommt".

[14] Die Hervorhebungen von *Amendt* wurden vom Verfasser übernommen. Durch die Mehrfachantwort kam es in den Endsummen jeweils zu mehr als 100 %.

[15] Die Hervorhebung wurde von *Amendt* übernommen.

[16] *Amendt* (1993, S. 146) verweist darauf, dass bei allen Antwortmöglichkeiten nicht auszuschließen ist, „dass ein sorgsamer Beobachter zu dem Ereignis kommen könnte, dass viel mehr Mütter in ihrem Verhalten verführerisch oder sinnlich auftreten, als sie selbst wahrnehmen. Ein bemerkenswertes Ergebnis unserer Studie ist es, dass wir anhand der Antworten zeigen können, dass nicht wenige Mütter ein unangemessenes Verhältnis zu ihren Söhnen haben, ohne sich dessen allerdings in aller Regel bewusst zu sein. (...) Weil das Verführende auch Angst macht, werden viele Frauen zu ihrem Schutz diese Antwort nicht gewählt haben. Es kann deshalb angenommen werden, dass Verführendes sich unerkannt viel häufiger in die Beziehung von Frauen zu ihren Söhnen eingeschlichen hat, als wir annehmen".

[17] *Stoller* (1998) berichtet über Fälle der Feminisierung durch imaginierte phallische ältere, mächtige Frauen und Mütter, die zur Entwicklung von Transvestitismus beitragen. Beispielsweise berichtet er über einen Patienten, der ab dem dritten Lebensjahr von seiner Tante und deren Tochter, die einen gewaltigen Hass auf Männer und Männlichkeit hatten, mittels physischer Gewalt gezwungen wurde, Mädchenkleidung anzuziehen. Der kleine Junge musste größte Qualen der Demütigung und Erniedrigung wehr- und hilflos über sich ergehen lassen. Den Frauen war sehr daran gelegen, die aufkommende Männlichkeit bei dem Jungen dauerhaft und unwiederbringlich zu beschädigen. Es ging ihnen nicht um die Zerstörung seiner Männlichkeit, denn dann wäre er ihnen als Opfer verlo-

rengegangen. An seinem vierten Geburtstag stellten die Frauen den mit Mädchenkleidung bekleideten Jungen seiner sterbenden Mutter als neues Mädchen aus der Nachbarschaft vor. Der kleine Junge verinnerlichte seinen Transvestitismus: Als Jugendlicher, Heranwachsender und Erwachsener konnte er sexuelle Lust, Erregung, Orgasmen beim Geschlechtsverkehr nur und ausschließlich erleben, wenn er dabei Frauenkleider trug. Er fand eine Frau, die er heiratete, mit der er Kinder zeugte und die ihn als Transvestiten akzeptierte.

Auch *Litin* u. a. (1956), die über sieben Fälle sexueller Perversion bei Kindern bzw. Frühadoleszenten berichten, die dem pathogenen Einfluss der Mutter ausgesetzt waren, schildern den Fall eines 5-jährigen Transvestiten. Die Mutter, die in ihrer Kindheit inzestuösen Belästigungen des Vaters ausgesetzt war, hasste diesen – und mit ihm alle Männer. Den Hass richtete sie auch auf ihren Sohn – und gegen sich selbst: sie hasste es, ein Mädchen zu sein. Sie gab sich dem Sohn gegenüber in provokanter Form sehr verführerisch und duldete und unterstützte unbewusst seinen Transvestitismus.

[18] Vgl. hierzu das Kapitel 2.2.

[19] Vgl. beispielsweise auch *Groth* (1979); *Plummer* (1981); *Amendt* (1993); *Hirsch* (1994) und Kapitel 5.2.

[20] Das Zitat stammt von einem männlichen Opfer namens Christof, der gegenüber *Vogel* (1992, S. 31-35) von seiner missbrauchenden Mutter berichtet.

[21] Vgl. hierzu beispielsweise *James* und *Nasjleti* (1983); *Krug* (1989); *Heyne* (1993); *Amendt* (1993); *Hirsch* (1994).

[22] Vgl. hierzu beispielsweise *Krug* (1989); *Sroufe* u. a. (1985); *Lawson* (1993); *Bentivim* (1996).

[22a] Die von *Amendt* (1993, S. 194) befragten Frauen beantworteten die Frage: „Wenn Ihr Partner abwesend ist, darf dann Ihr Sohn bei Ihnen im Bett schlafen?" zu 52,2 % mit „Ja, gelegentlich", zu 3,3 % mit „Ja, regelmäßig", zu 8,3 % mit „Ja, immer" und zu 36,2 % mit „Nein".

[23] *Hirsch* (1994, S. 55, 56) nimmt eine Unterscheidung vor, indem er von *realen* und *latenten* Inzest spricht: „Ist die Partnerersatzdynamik mit ausagiertem sexuellen Kontakt verbunden, handelt es sich um realen Inzest. Als latenten Inzest bezeichne ich die vom Erwachsenen ausgehenden sexuellen Wünsche und Phantasien, die an das Kind gerichtet sind, aber nicht ausagiert werden, gleichwohl aber große negative Bedeutung für die Entwicklung des Kindes bekommen können. Denn das atmosphärisch-verführerische Bündnis, dass das Kind vielleicht begierig, z. T. über den gleichgeschlechtlichen Elternteil triumphierend, annimmt, wird regelmäßig abrupt verraten, wenn der erwachsene (Sexual-)Partner doch wieder an die erste Stelle rückt, und Hass und oft blinde Eifersucht richten sich gegen das Kind, wenn es seinerseits altersentsprechend erotisch-

sexuelle Kontakte in der Adoleszenz sucht."
Auch *Pilgrim* (1986, S. 155) sieht gerade in latentem Inzest ein nicht zu unterschätzendes Problem in der Eltern-Kind-Beziehung:
„Die ungeheuren Spannungen zwischen Eltern und Kindern, die selten je gelöst werden können, entstehen durch den sich im seelischen Bereich abspielenden latenten Inzest, das heißt durch den unbewusst gewollten und erlebten oder in der Phantasie vollzogenen geschlechtlichen Umgang zwischen Eltern und Kindern."
Über die uneingestandene sexuelle Begierde der Eltern, die auch und gerade durch die sexuelle Stimulation der Kinder zum Ausdruck komme, binden sie diese an sich. Das Kind habe nicht die Möglichkeit, so *Pilgrim*, sich dem latenten Inzest, was er als das zentrale Problem begreift, zu entziehen. Die Struktur der Kleinfamilie binde es, führt Pilgrim (1986, S. 170) weiter aus, an ein „Hin und her von Begierde und Ablehnung, von Stimulierung und Unerfülltheit".

[24] *Kentler* (1994, S. 155) hat die Erfahrung gemacht, „dass der sekundäre Inzest verheerender wirken kann als der primäre. ... Regelrechte Pflanzböden für ‚sekundären Inzest' sind allein erziehende Mütter, die nie mit ihrer gescheiterten Ehe fertig geworden sind, die geradezu einen Abscheu gegen Männer haben und ihren Sohn mit allen ihnen zur Verfügung stehenden Mitteln an sich binden, einerseits weil sie ihn wirklich lieben, andererseits um ihn so lange wie möglich vor der ‚bösen Welt da draußen' zu schützen". In einigen Fällen konnte *Kentler* (1994, S. 155) mit den „Müttern über ihre Beziehung zum Sohn" sprechen:
„Dabei ist mir aufgefallen, wie fragwürdig der Begriff ‚sexueller Missbrauch' ist. Wenn sich meine Beobachtung bestätigen sollte, dass ‚sekundärer Inzest', bei dem eine direkte sexuelle Beziehung keine Rolle spielt, sich häufiger schädlich auswirkt als der ‚primäre Inzest', dann muss sehr viel differenzierter darüber nachgedacht werden, wann ein Missbrauch sexuell orientiert ist."

[25] Vgl. hierzu die Kapitel 6.2 und 6.3.

[26] Viele missbrauchte Mädchen und Frauen haben – als Folge des Inzests – die „Neigung" zu einem promiskuösen Verhalten, stellen *Tompkins* (1940) und *Sloane* und *Karpinski* (1942) fest; sie wenden sich auf der Suche nach einem Vaterersatz oft älteren Männern zu.

[27] Dies scheint offenbar auch *May* (1997, S. 264) so zu sehen, allerdings mit der Einschränkung, dass das Kind die emotionale beziehungsweise sexuelle Zuwendung sucht: „Außerdem verfügen Frauen sehr häufig über eine ‚Beziehungsmacht', aus der sie schöpfen können, weil andere ihre emotionale und/oder sexuelle Zuwendung und Fürsorge brauchen – was insbesondere für Kinder gilt. Hier haben Frauen eine generationale Macht und Hierarchie." Wie würden (radikal-)feministische Autorinnen reagieren, wenn man die Ausführungen von *May* auf das Beziehungsverhältnis Mann und Kind überträgt?

[28] Vgl. hierzu das Kapitel 4.3.

[29] Vgl. hierzu beispielsweise *Johnson* und *Shrier* (1987); *Allen* (1991); *Heyne* (1993); *Kaufman* u. a. (1995); *Koonin* (1995); *Longdon* (1995); *Eldridge* (1999); *Saradjian* (1999).

[30] *Kaufman* u. a. (1995) berichten, dass 8 % der weiblichen Täter Lehrer und 23 % Babysitter waren – im Vergleich zu männlichen Tätern, unter denen sich kein Lehrer und „nur" 8 % Babysitter befanden.

[31] Vgl. hierzu beispielsweise *Cabanis* und *Phillip* (1969); *Forward* und *Buck* (1979); *Silber* (1979); *Homes* (1981); *Keller-Husemann* (1983); *Homes* (1984 a, 1984 b); *Faller* (1987); *Knopp* und *Lackey* (1987); *Finkelhor* u. a. (1988); *Johnsons* (1989); *Krug* (1989); *Mathews* u. a. (1989); *Wolfers* (1990); *Allen* (1991); *Hanks* und *Saradjian* (1991); *Ross* u. a. (1991); *Heyne* (1993); *Hanks* und *Saradjian* (1994); *Hirsch* (1994); *Kentler* (1994); *Elliott* (1995); *Hunter* (1995); *Kaufman* u. a. (1995); *Koonin* (1995); *Longdon* (1995); *Sgroi* und *Sargent* (1995); *Homes* (1996); *Mathews* (1996); *Rosencrans* (1997); *Mitchell* und *Morse* (1998); *Saradjian* (1999); *Homes* (2001).

[32] Bei den von *Finkelhor* u. a. (1988) berichteten gesamten Fällen sind offenbar auch welche enthalten (dies bezieht sich auch auf männliche Mitarbeiter), in denen es später zu Verfahrenseinstellungen oder gar Freisprüchen kam. An dieser Stelle sei erwähnt, dass in München eine Kindergärtnerin, die eine Tagesgruppe von 3- bis 5-Jährigen leitete und einen 4-jährigen Jungen mehrfach missbrauchte, im Juli 2002 zu zweieinhalb Jahren Haft verurteilt wurde. Die 27-jährige Frau habe, wie die *Bild*-Zeitung (19. Juli 2002) berichtete, mehrfach das Kind, das mit anderen Kindern mittags in einem Raum schlief, geweckt und es immer wieder auf eine Matratze an sich gezogen, um das wehrlose Opfer am ganzen Körper zu streicheln und zu küssen. Die Mutter des Opfers erklärte vor Gericht: >Mein Kind leidet noch heute!<

[33] Exhibitionismus wird in der gesamten Fachliteratur in erster Linie, wenn nicht gar ausschließlich, mit männlichen Tätern in Verbindung gebracht. Demnach sind es männliche Exhibitionisten, die sich in der Öffentlichkeit zur „Schau" stellen. Dass auch Frauen sich exhibitionistisch betätigen, wird generell entweder nicht als Realität anerkannt oder (bewusst?) verschwiegen. Über exhibitionistische Frauen berichtet *Körner* (1975, S. 139): „Die meisten Frauen, auch die alternden Frauen, können oder wollen bei der Sexualbefriedigung nicht auf eine *emotionale Beziehung* zu einem Liebespartner verzichten. Ein mechanischer Reiz vermag ihnen regelmäßig eine fehlende seelische Bindung nicht zu ersetzen. Diese Wesensunterschiede werden u. a. auch bei den männlichen und weiblichen Entblößungsakten deutlich. Während der männliche Exhibitionist durch die Zurschaustellung seiner Genitalien Selbstbefriedigung zu erlangen sucht, strebt die Frau mit ihrer Entblößung keine Selbstbefriedigung, sondern eine Partnerbeziehung und die Weckung sexueller Gelüste bei ihrem Sexualpartner an. Hinzu kommt, dass ältere Frauen infolge des mütterlichen Pflegetriebes den nackten kindlichen und jugendlichen Körper anders als Männer erleben. Während leicht bekleidete oder unbekleidete Mädchen- und Jungenkörper auf Greise bisweilen sexuell stimulierend wirken, wecken derartige Blößen bei älteren Frauen regelmäßig die Besorgnis, das Kind könne sich erkälten."

[34] *Rosencrans* (1997), die ursprünglich plante, nur weibliche Opfer zu befragen, befragte auch neun männliche Opfer von mütterlichem Inzest auf deren ausdrückliche Bitte hin.

2.2 Der kindliche Penis als Lustobjekt und Projektionsfläche für mütterliche Wünsche und Gefühle

[1] Mit Blick auf missbrauchende Frauen und Mütter wird vereinzelt diskutiert, ob die sexuelle Gewalt an Kindern, insbesondere männlichen Kindern, auch als Ausdruck von Neid hinsichtlich der kindlichen Lebendigkeit gesehen werden muss. Den missbrauchenden Frauen geht es demnach auch darum, den kindlichen Körper ihrer Opfer zu entwerten oder gar zu zerstören (vgl. hierzu beispielsweise *Heyne*, 1993; *Homes*, 2001). Insofern gibt es keinen signifikanten Unterschied in der Gefährlichkeit zu männlichen Tätern. Der soziopathische Tätertyp (beiderlei Geschlechts) wertet, aggressiv und sadistisch orientiert, sein Opfer ab, anerkennt es nicht als Individuum. Das Opfer verkörpert für ihn alles, was er hasst (vgl. beispielsweise *Miller*, 1980; *Kockott*, 1999).

[2] *Amendt*, der in seiner Studie von *unangemessenem Verhalten* und *Grenzüberschreitung* spricht, vermeidet es offenbar, das „Kind beim Namen zu benennen". Die sexuellen Handlungen der Mütter an ihren Kindern verdienen konkret die Bezeichnung: sexueller Kindesmissbrauch.

[3] Den Prozess der Grenzüberschreitung beschreibt *Bruder* (1994, S. 175-176; *Amendt* [1993, S. 68] spricht von den „kleinen schwer merkbaren Schritten") sehr treffend: „Im Prozess der Grenzüberschreitung verschiebt sich zugleich die Grenze selbst. Es ist ein unmerklicher Prozess, dem der missbrauchende Erwachsene sich anvertraut. Die Wahrnehmung passt sich dem neuen Grenzverlauf an. War die ursprüngliche Grenze der Liebkosung durch das Tabu der Berührung der Genitalien gesetzt, so wird im Prozess des Missbrauchs diese Grenze immer wieder verschoben, die Genitalien werden zunächst in die Berührung einbezogen. Die Qualität der Berührung selbst markiert nun die neue Grenze. (...), wenn diese Grenzverschiebung assimiliert worden ist, liegt die neue Grenze beim massiven erregenden Streicheln, und so weiter. Es handelt sich um einen Prozess mehr oder weniger kleiner Schritte, durch welche die Grenze jeweils immer wieder und immer wieder verschoben wird. Die Grenzverschiebung ist nicht nur von einer Anpassung der Wahrnehmung an den jeweils neuen Grenzverlauf begleitet, durch die sie unsichtbar wird, sondern sie wird zugleich auch durch den Aufbau eines Systems von Rationalisierungen abgesichert. (...) Es ist ein ständiger, kontinuierlicher Prozess der Uminterpretationen des Missbrauchsverhaltens im Sinne des Bildes, das der missbrauchende Erwachsene von seinem Tun hat."

[4] *Harten* (1995, S. 87) kommentierte die Untersuchung von *Amendt* mit den Worten: „Wesentlich scheint mir an den Ergebnissen dieser Studie das ungleiche Interesse der Mutter an der Entwicklung der Genitalien von Jungen und Mädchen, denn es legt den Schluss nahe, dass Mütter durch ihr Verhalten zur früheren Sexualisierung des

männlichen Körpers beitragen, während Mädchen eher wie geschlechtslose Wesen behandelt werden."

[4a] Es ist bekannt, dass in der frühkindlichen Erziehung die weiblichen Genitalien kaum mit Aufmerksamkeit bedacht werden. Dies ist vor allem darauf zurückzuführen, dass die weiblichen Genitalien – im Vergleich zu den männlichen Genitalien – kulturell als „unbedeutend" und „minderwertig" betrachtet werden.

[5] Vgl. hierzu das Kapitel 1.2.

[6] *Olivier* (1987, S. 72) formuliert es sehr zutreffend: „In ihrem Sohn hat die Mutter nämlich die einzigartige Gelegenheit, sich in männlicher Gestalt zu sehen."

[7] Vgl. hierzu beispielsweise *Eldridge* (1999, S. 145, 146): „Ich bin einsam, warum nicht?" – „Er wird mich nicht verletzen – andere Männer tun mir weh."

2.3 Das Mutter-Maria-Bild im asexuellen Kontext der Gesellschaft
Welche Mütter und Frauen missbrauchen (ihre) Kinder?

[1] Vgl. hierzu beispielsweise *Forward* und *Buck* (1979); *Chasnoff* u. a. (1986); *Faller* (1987); *Krug* (1989); *Mathews* u. a. (1989); *Hanks* und *Saradjian* (1991); *Heyne* (1993); *Hirsch* (1994); *Allen* (1991); *Rosencrans* (1997); *Mitchell* und *Morse* (1998); *Eldridge* (1999); *Saradjian* (1999).

[2] Vgl. beispielsweise *McCarty* (1986); *Krug* (1989); *Mathews* u. a. (1989); *Allen* (1991); *Saradjian* und *Hanks* (1991); *Elliott* (1992); *Hanks* und *Saradjian* (1992, 1994); *Amendt* (1993); *Heyne* (1993); *Hanks* und *Saradjian* (1994); *Kentler* (1994); *Elliott* (1995); *Müller* (1997); *Rosencrans* (1997); *Mitchell* und *Morse* (1998); *Eldridge* (1999); *Saradjian* (1999).

[3] Vgl. hierzu beispielsweise *Forward* und *Buck* (1979); *Keller-Husemann* (1983); *Faller* (1987); *Krug* (1989); *Mathews* u. a. (1989); *Hanks* und *Saradjian* (1991, 1992, 1994); *Amendt* (1993); *Heyne* (1993); *Hirsch* (1994); *Elliott* (1995); *Rosencrans* (1997); *Mitchell* und *Morse* (1998); *Eldridge* (1999); *Saradjian* (1999).

[4] Vgl. hierzu beispielsweise *Mathews* u. a. (1989).

[5] Vgl. hierzu Kapitel 4.1 und 4.3.

[6] Vgl. hierzu beispielsweise *Keller-Husemann* (1983); *O´Connor* (1987); *Mathews* u. a. (1989); *Saradjian* (1990); *Hanks* und *Saradjian* (1991); *Hirsch* (1994); *Eldridge* (1999).

[7] Vgl. beispielsweise *Faller* (1987); *Knopp* und *Lackey* (1987); *Mathews* u. a. (1989); *Allen* (1991); *Burger* und *Reiter* (1993); *Elliott* (1995); *Harrison* und *Cobham* (1995);

Müller (1997); *Rosencrans* (1997); *Mitchell* und *Morse* (1998) – und die Kapitel 6.2 und 6.3.

[7a] Zu etwas höheren Ergebnissen kommen *Albers* (1991), *Honig* (1992) und *Minard* (1993), wonach zwischen 80 – 90 % der Täter dem Opfer bekannt und in etwa 25 % der Fälle Familienmitglieder sind.

[8] Die Hervorhebungen wurden von Körner übernommen *(Anm. d. Verf.)*.

3. Stummes Opfer Kind

3.1 Dem „Kind" die verlorene Stimme wiedergeben
Die mütterliche Verschwörung des Schweigens

[1] Vgl. hierzu beispielsweise *Broussard* und *Wagner* (1988); *Lew* (1993); *Whatley* und *Riggio* (1993); *van den Broek* (1996).

[2] Männliche Opfer haben nicht wie weibliche Opfer die Möglichkeit, bundesweit auf Beratungs- und Hilfsvereine zurückgreifen. Auch existieren keine Jungen- beziehungsweise Männerhäuser für männliche Opfer (vgl. hierzu beispielsweise *Hebenstreit-Müller*, 1995; *Lenz*, 1996 a, 1998; *Autorengruppe Tauwetter*, 1998).

[3] Zitiert nach *Thomas* (1993, S. 214, 215).

[4] Mit Blick auf das Spannungsverhältnis zwischen einem Sagen-Wollen und einem Nicht-Sagen-Können(-Dürfen) und Sprechblockaden führt beispielsweise *Falardeau* (1998, S. 42) aus:
„Mit dem Schweigen (...) wird dem Kind die Möglichkeit genommen, das Geschehen zu versprachlichen, durchzuarbeiten und zu integrieren. Stattdessen wird es verleugnen, uminterpretieren, verdrängen oder abspalten."

[5] Vgl. beispielsweise *Amendt* (1993); *Lew* (1993); *Hirsch* (1994); *Harrison* und *Cobham* (1995); *van den Broek* (1996); *Frei* (1997); *May* (1997); *Falardeau* (1998).

[6] Die Probanden setzten sich zusammen aus 303 StudentInnen (48 % Männer, 52 % Frauen) der (Fach-)Hochschule für öffentliche Verwaltung und Finanzen in Ludwigsburg, 234 Studierende (18 % Männer, 82 % Frauen) im Anfangsemester an der Pädagogischen Hochschule Ludwigsburg, 133 Oberstufenschülerinnen und -schüler (44 % Jungen, 56 % Mädchen) der Gesamtschule in Bochum.

[7] In allen fiktiven Szenen werden keine sexuellen Handlungen beschrieben.

[8] Vgl. hierzu beispielsweise *Brockhaus* und *Kolshorn* (1993); *Bange* und *Deegener* (1996); Elliott (1995); *Wetzels* (1997).

⁹ An dieser Stelle seien für viele andere Studien die von *Fritz* u. a. (1981); *Schultz* und *Jones* (1983); *Porter* (1986); *Condy* u. a. (1987); *Risin* und *Koss* (1987); *West* (1987); *Wheeler* und *Berliner* (1988); *Haugaard* und *Repucci* (1988), *Fromuth* und *Burkhart* (1989); *Li* u. a. (1990); Broussard u. a. (1991); *Lopez* u. a. (1995); *Richter-Appelt* (1997 a); *Müller* (1997); *Rind* und Tromovitch (1997); *Rind* u. a. (1998) genannt.

¹⁰ Beispielsweise berichteten die von *Condy* u. a. (1987) befragten Studenten, die vor ihrem 16. Lebensjahr mit einer älteren Frau einen sexuellen Kontakt hatten, diese hätten mit ihnen zu 68,4 % den Geschlechtsverkehr ausgeübt.

¹¹ Vgl. hierzu auch *Lempp* (1968); *Bernard* (1970, 1973); *Schorsch* (1973, 1975, 1982, 1993); *Potrykos* und *Wöbcke* (1974); *Corstjens* (1975); *Brongersma* (1980, 1984, 1991); *Chiswick* (1983); *Borneman* (1984, 1988, 1990, 1992 b, 1992 c); *Sandfort* (1986); *Hertoft* (1989); *Sandfort* u. a. (1990); *Lautmann* (1994); *Schetsche* (1994 a); *Wolff* (1994); *Stöckel* (1998). *Stöckel* (1998, S. 102) beispielsweise erklärt sich insbesondere die pädophile Beziehung zwischen Jungen und Männern wie folgt: „Ein weiterer Grund dafür, dass manche Kinder pädophile Beziehungen positiv erleben, kann sein, dass homosexuellen Jugendlichen ihr ‚coming out' leichter fällt, wenn sie darin von pädophilen Erwachsenen, die auf gleichgeschlechtliche Kinder fixiert sind, bestärkt werden. Für solche Jugendliche, die eine stark homosexuelle Neigung verspüren, stellen dann unter Umständen die Kontakte mit Pädophilen die einzigen möglichen und befriedigenden sexuellen Erlebnisse dar."

¹² Einige Untersuchungen kommen sogar auf höhere Raten. Beispielsweise berichten *Landis* (1981) gegenüber 80 %, *Condy* u. a. (1987) gegenüber 37 %, *Fromuth* und *Burkhard* (1989) gegenüber 60 % und *Fishman* (1991) gegenüber 24 % der männlichen „Opfer" über keinerlei Auswirkungen auf ihr Geschlechtsleben, ihre Sexualität und sexuelle Einstellung. *Fritz* u. a. (1981) berichten in ihrer Studie von „nur" 10 % männlichen „Opfern", die Probleme mit ihrer Sexualität haben. *Risin* und *Kross* (1987) berichten in ihrer nationalen Stichprobe von 2972 männlichen Studenten im Alter von 18-24 Jahren (von denen 7,3 % angaben, missbraucht worden zu sein), dass von den Jungen fast die Hälfte aktiv mitmachte – und sie fühlten sich überwiegend nicht sexuell missbraucht. Bei den Jungen hingegen, die sich passiv verhielten, fühlten sich wiederum die meisten sexuell missbraucht.
In seiner Untersuchung kommt *Körner* (1975, S. 116), heute Oberstaatsanwalt in Frankfurt am Main, zu dem Ergebnis, dass die „Mitwirkung und die aktive Tatinitiative" beziehungsweise „*aktive* Beteiligung der Opfer am Tatgeschehen (sich) als überraschend hoch (34,80 %)" erwies. *Körner* (1975, S. 120) weiter: Nach Alter liegt sie bei 17,7 % (1-6 J.), 21,40 % (7-9 J.), 41,64 % (10-11 J.), 41,66 % (12-13 J.), 35,11 % (14-17 J.), 45,68 % (18-21 J.).
„Berücksichtigt man", schlussfolgert *Körner* (1975, S. 120), „dass die dem Opfer willkommenen Sexualkontakte seltener angezeigt werden als die vom Opfer abgelehnten Sexualkontakte und dass die Opfer bei Vernehmungen ihre Aktivitäten zu verharmlosen pflegen, so kann man von einem noch höheren Anteil aktiver Opfer ausgehen."

[13] Vgl. hierzu beispielsweise *Körner* (1975); *Fritz* u. a. (1981); *Constantine* (1981); *Landis* (1981); *Baurmann* (1983); *Russell* (1983, 1986); *Baker* und *Duncan* (1985); *Browne* und *Finkelhor* (1986); *Mannarino* und *Cohen* (1986); *Condy* u. a. (1987); *Conte* und *Schuerman* (1987); *Risin* und *Kross* (1987); *Tong* u. a. (1987); *Stein* u. a. (1988); *Caffaro-Rouget* u. a. (1989); Fromuth und *Burkart* (1989); *Haugaard* und *Emery* (1989); *Draijer* (1990); *Finkelhor* (1990); *Gomes-Schwartz* u. a. (1990); *Fischer* (1991); *Fishman* (1991); *Mannarino* u. a. (1991); *Goodman* u. a. (1993); *Kendall-Tackett* u. a. (1993, 1997); *Gloor* und *Pfister* (1995); *Lopez* u. a. (1995); *Richter-Appelt* und *Tiefensee* (1996 a, 1996 b); *Müller* (1997); *Richter-Appelt* (1997 a); *Rind* und *Tromovitch* (1997); *Rind* u. a. (1998).

[14] Mit Jungen meint der Verfasser in dem Zusammenhang ausdrücklich nicht Jungen im vorpubertärem Alter.

[15] Vgl. hierzu beispielsweise *Broussard* u. a. (1991).

[16] Vgl. hierzu beispielsweise *Nasjleti* (1980); *Johnson* und *Shrier* (1985, 1987); *Myers* (1989); *Lew* (1993); *Maltz* (1993); *Watkins* und *Bentovim* (1992); *Bange* und *Enders* (1995); *van den Broek* (1996); *Berger* und *Ketterer* (1997).

[17] Die – nicht nur feministische – Fachliteratur scheint offenbar auf weibliche Opfer im Zusammenhang mit deren sicherlich auch vorhandener Angst vor weiblicher Homosexualität nicht einzugehen.

[18] *Hoyndorf* u. a. (1995, S. 11) bringen es auf den Punkt: „Zu den verbreitetsten Stereotypen gehören: Mann nimmt Liebe in Kauf, um Sex zu bekommen – Frau nimmt Sex in Kauf, um Liebe zu erhalten; Männer suchen die schnelle Lust, Frauen Wärme und Geborgenheit; Frauen haben Gefühle, Männer einen Penis; bei Frauen zählt ihr Aussehen, bei Männern ihr Geld; Frauen wollen von Männern erobert werden – Männer müssen Frauen erobern; Männer interessieren sich für Autos und Fußball, Frauen für Mode und Kinder; Männer sind für Geld und Sozialprestige zuständig, Frauen für Haushalt und Gefühle."

[19] Es stellt sich die Frage, ob hier nicht zwingend eine Neubewertung im Rahmen der Kindererziehung mit Blick auf die Jungensozialisation (und Mädchensozialisation) indiziert ist (vgl. hierzu beispielsweise *Heiliger* und *Engelfried*, 1995; *Witz*, 1996).

[19a] Eine Forsa-Umfrage ergab, dass jeder dritte Jugendliche und Heranwachsende zwischen 16 und 20 Jahren Angst hat, beim Sex nicht gut genug zu sein. Von den 21- bis 25-Jährigen sowie den 31- bis 35-Jährigen berichteten hingegen nur 30 % und von den 26- bis 30-Jährigen sowie den 36- bis 40-Jährigen nur noch 20 % von solchen Versagungsängsten. Befragt wurden 1000 Männer und Frauen (vgl. *ap* vom 15. 5. 2002).

[20] Vgl. hierzu beispielsweise *Fromuth* und *Burkhart* (1987); *Teegen* (1993); *Harrison* und *Cobham* (1995); *Lopez* u. a. (1995); *Bange* und *Deegener* (1996).

3.2 Psychische Folgen sexuellen Missbrauchs
Die missbrauchende Mutter begeht einen „Seelenmord"

[1] Der – inzestuöse – Kindesmissbrauch wird mit einem „Angriff" auf die Integrität des kindlichen Opfers gleichgesetzt. Dieser „Angriff" wird von *Shengold* (1989) und – nicht nur, aber vor allem – einigen parteilich-feministischen Autorinnen wie beispielsweise Ursula *Wirtz* (1996) als „Seelenmord" beschrieben.

[2] Dieses Kapitel setzt insbesondere den erzwungenen, gewaltsamen sexuellen Kindesmissbrauch und somit den brutalen Eingriff in das sexuelle Selbstbestimmungsrecht des Kindes voraus. Der mittels Gewaltanwendung erzwungene Missbrauch ist eher selten, so *Körner* (1975, S. 252, 253; vgl. hierzu beispielsweise auch *Baurmann,* 1983; *Rösner* und *Schade,* 1993), heute Oberstaatsanwalt in Frankfurt am Main, in seiner Untersuchung:
„Bei der Darstellung der brutalen Tatverhaltensweisen habe ich darauf hingewiesen, das nur in einer kleinen Anzahl von Fällen die Täter ihren Opfern körperlichen Schaden zufügten beziehungsweise Gewalt zur Erreichung ihrer Ziele anwandten. Beim Umgang mit männlichen Opfern konnte ich 1,45 % Körperverletzungen, beim Umgang mit weiblichen Opfern 4,46 % Körperverletzungen feststellen. Insgesamt erlitten 3,78 % der Opfer beim Tatgeschehen körperliche Schäden. (...) Das verhältnismäßig geringe Ausmaß von Körperschaden in meinem Material steht im Widerspruch zu dem weitverbreiteten Vorurteil, Sexualtäter pflegten in ungehemmter Aggressivität wie ein wildes Tier ihre Opfer zu überfallen und zu zerfleischen. (...) Insgesamt kann ich feststellen, dass nach meinem Material körperliche Verletzungen nicht zum typischen Erscheinungsbild der Sexualkriminalität im Alter im Umgang mit Minderjährigen gehören."

[3] Diese pauschale und unreflektierte Feststellung trifft so nicht zu. Dass weibliche wie männliche Kinder den sexuellen Missbrauch durch Frauen – in der Regel sind es Mütter – genauso traumatisch erleben können wie durch Männer und Väter, ist unstrittig. Vgl. hierzu für viele andere AutorInnen beispielsweise *Maisch* (1968); *Forward* und *Buck* (1979); *Keller-Husemann* (1983); *Faber* u. a. (1984); *Chasnoff* u. a. (1986); *Faller* (1987); *Johnson* und *Shrier* (1987); *Knopp* und *Lackey* (1987); *Reinhard* (1987); Goodwin und *DiVasti* (1989); *Haugaard* und *Emery* (1989); *Krug* (1989); *Mathews* u. a. (1989); *Scaco* (1990); *Urquiza* und *Capra* (1990); *Wolfers* (1990); *Allen* (1991); *Hanks* und *Saradjian* (1991, 1994); *Gödtel* (1992); *Mayer* (1992); *Timm* (1992); Watkins und *Bentovim* (1992); *Lew* (1993); *Hirsch* (1994); *Koonin* (1995); *van den Broek* (1996); *Love* (1997); *Rosencrans* (1997); *Mitchell* und *Morse* (1998); *Saradjian* (1999); *Eldridge* (1999).

[4] Es existieren selbstverständlich auch weibliche Täter, die sich bewusst und gezielt schüchterne und einsame Jungen aussuchen, um sie sexuell zu missbrauchen (vgl. hierzu beispielsweise *Eldridge,* 1999).

[5] Sind Kinder sexuell aufgeklärt, haben sie keine Angst vor Sexualität, und verfügen sie über ausreichende Kenntnisse vom sexuellen Kindesmissbrauch, „dann ist eher unwahr-

scheinlich, dass kurze und flüchtige Begegnungen mit Fremden ernstere oder anhaltende Auswirkungen haben", davon ist *Kutschinsky* (1991, S. 37) überzeugt: „Unter diesen Bedingungen wird das Kind wahrscheinlich angemessen auf die Situation reagieren können, z. B. dadurch, dass es sich vom Exhibitionisten abwendet und verbale Anträge oder körperliche Annäherungsversuche zurückweist. Wenn das Kind darüber hinaus einer erwachsenen Person davon erzählt, die in einer unterstützenden und nicht dramatisierenden Art und Weise darauf reagiert, wird jeder unmittelbare Schock aufgefangen, und selbst relativ schwerwiegende Erfahrungen werden keine anhaltenden Folgen für das normale Kind haben." Ist ein Kind nicht entsprechend aufgeklärt, führt *Kutchinsky* (1991, S. 37; vgl. auch *Baurmann,* 1983 und 1992) weiter aus, können „selbst relativ harmlose Begegnungen bei einem Kind Panik und mehr oder weniger lang anhaltende Angst- und Schuldgefühle auslösen, wenn Sexualität für dieses Kind etwas Beängstigendes, Tabuisiertes und Schuldbeladenes ist. Ähnliche Symptome können auftreten, wenn Eltern oder Erzieher mit Angst oder Panik reagieren, das Ereignis dramatisieren, dem Kind unterstellen zu lügen oder ihm das Gefühl geben, es sei jetzt ‚geschändet' oder sei selbst schuld daran, dass es überhaupt so weit kommen konnte. Auch die Reaktion der Polizei und des Umfeldes des Kindes nach dem Übergriff richten gelegentlich mehr Schaden an als das Erlebnis selbst". Hier ist ein einfühlsamer, unterstützender und beschützender Umgang mit dem kindlichen Opfer dringend notwendig, um Schlimmeres zu verhüten. Nur so können die Familienmitglieder bei der Genesung des kindlichen Opfers helfen (vgl. beispielsweise *Körner,* 1975; *Baurmann,* 1983; *Everson* u. a., 1991; *Goodman* u. a., 1993; *Seligman,* 1994; *Doerner* und *Lab,* 1995; *Ray* und *Jackson,* 1997).

[6] Vgl. hierzu beispielsweise *Körner* (1975); *Mrazek* und *Mrazek* (1981); *Baurmann* (1983); *Fürniss* und *Phil* (1986); *Rensen* (1992); *Rösner* und *Schade* (1993). Dies bedeutet nicht, dass in jedem Fall eine Traumatisierung vorliegen muss (vgl. hierzu beispielsweise *Finkelhor,* 1979; *Baker* und *Duncan,* 1985; *Gomes-Schwartz* u. a., 1990; *Rösner* und *Schade,* 1993; *Rind* u. a., 1998). Generell ist eine entsprechende Differenzierung indiziert: Es kommt auf die Intensität – insbesondere hinsichtlich von Gewalt, Drohung, Zwang – des Eingriffs in die Unversehrtheit und Integrität des kindlichen Opfers an. Eine massive Anwendung von Gewalt, schlimmster Gewalt und Brutalität ist sicherlich mit verheerenderen Folgen einschließlich der Traumatisierung verbunden als beispielsweise eine (ständige) Drohung. Auch eine Tatsache ist, dass langjährige elterliche Gewalt in all ihren Formen schlimmere (Langzeit-)Folgen nach sich ziehen kann als ein (langjähriger) sexueller Missbrauch, jedenfalls dann, wenn der sexuelle Missbrauch nicht mit Gewalt in all seinen Formen einhergeht (vgl. hierzu beispielsweise *Wisniewski,* 1990; *Pallotta,* 1992; *Higgins* und *McCabe,* 1994).

[7] Vgl. beispielsweise für viele andere *Körner* (1975); *Kempe* und *Kempe* (1978, 1984); *Finkelhor* (1979 b); *Forward* und *Buck* (1979); *Baurmann* (1983); *Keller-Husemann* (1983); *Russell* und *Finkelhor* (1984); *Baker* und *Duncan* (1985); *Browne* und *Finkelhor* (1986 b); *Russell* (1986); *Friedrich* u. a. (1986); *Faller* (1987); *Conte* und *Schuerman* (1987 a, 1987 b); *Knopp* und *Lackey* (1987); *Johnsons* (1989); *Krug* (1989); *Mathews* u. a. (1989); *Gomes-Schwartz* (1990); *Wolfers* (1990); *Hanks* und *Saradjian* (1991); *Krück* (1991); *Ross* u. a. (1991); *Heyne* (1993); *Rösner* und *Schade* (1993); *Hanks* und *Saradjian*

(1994); *Hirsch* (1994); *Kentler* (1994); *Elliott* (1995); *Koonin* (1995); *Longdon* (1995); *Sgroi* und *Sargent* (1995); *Mathews* (1996); *Rosencrans* (1997); *Mitchell* und *Morse* (1998); *Eldridge* (1999); *Saradjian* (1999).

[8] Vgl. hierzu beispielsweise *Faber* u. a. (1984); *Johnson* und *Shrier* (1987); *Reinhard* (1987); *Goodwin* und *DiVasti* (1989); *Haugaard* und *Emery* (1989); *Urquiza* und *Capra* (1990); *Timm* (1992).

[9] Vgl. für viele andere AutorInnen beispielsweise *Maisch* (1968); *Forward* und *Buck* (1979); *Keller-Husemann* (1983); *Faber* u. a. (1984); *Chasnoff* u. a. (1986); *Faller* (1987); *Johnson* und *Shrier* (1987); *Knopp* und *Lackey* (1987); *Reinhard* (1987); *Goodwin* und *DiVasti* (1989); *Haugaard* und *Emery* (1989); *Krug* (1989); *Mathews* u. a. (1989); *Scaco* (1990); *Urquiza* und *Capra* (1990); *Wolfers* (1990); *Allen* (1991); *Hanks* und *Saradjian* (1991, 1994); *Gödtel* (1992); *Mayer* (1992); *Timm* (1992); *Watkins* und *Bentovim* (1992); *Lew* (1993); *Hirsch* (1994); Koonin (1995); *van den Broek* (1996); *Love* (1997); *Rosencrans* (1997); *Mitchell* und *Morse* (1998); *Saradjian* (1999); *Eldridge* (1999).

[10] Vgl. beispielsweise *Landis* (1956); *Körner* (1975); *Peters* (1976); *Rosenfeld* u. a. (1977); *Rosenfeld* (1979 b); *Baurmann* (1983); *Heyne* (1993); *Hirsch* (1994); *Elliott* (1995); *Müller* (1997); *Wetzels* (1997).

[11] Vgl. hierzu beispielsweise *Fromuth* (1986); *Peters* u. a. (1986); *Gale* u. a. (1988); *Salter* (1988); *Martens* (1989); *Draijer* (1990); *Okami* (1990, 1991); *Schetky* (1990); *Wisniewski* (1990); *Beitchman* u. a. (1991); *Bifulco* u. a. (1991); *Elliger* und *Schötensack* (1991); *Kutchinsky* (1991); *Alexander* (1992); *Beitchman* u. a. (1992); *Pallotta* (1992); *Pope* und *Hudson* (1992); *Eckenrode* u. a. (1993); *Green* (1993); *Kendall-Tackett* u. a. (1993, 1997); *Livingston* u. a. (1993); *Mullen* u. a. (1993); *Rösner* und *Schade* (1993); *Wyatt* u. a. (1993); *Higgins* und *McCabe* (1994); *Julius* und *Boehme* (1994); *Moggi* (1994); *Ney* u. a. (1994); *Hirsch* (1994); *Seligman* (1994); *Kinzl* u. a. (1995); *Levitt* und *Pinnell* (1995); *Jumper* (1995); *Wolfe* und *Birt* (1995); *Halperin* u. a. (1996); *Mullen* u. a. (1996); *Naumann* u. a. (1996); *Egle* u. a. (1997); *Ernst* (1997); *Müller* (1997); *Richter-Appelt* und *Tiefensee* (1996 a, 1996 b); *Wetzels* (1997); *Rind* und *Tromovitch* (1997); *Rind* u. a. (1998).

[12] Vgl. hierzu beispielsweise *Körner* (1975); *Baurmann* (1983); *Fromuth* (1986); *Gale* u. a. (1988); *Salter* (1988); *Draijer* (1990); *Finkelhor* u. a. (1990); *Schetky* (1990); *Bifulco* u. a. (1991); *Okami* (1990, 1991); *Alexander* (1992); *Eckenrode* u. a. (1993); *Kendall-Tackett* u. a. (1993, 1997); *Livingston* u. a. (1993); *Ney* u. a. (1993); *Jumper* (1995); *Wolfe* und *Birt* (1995); *Naumann* u. a. (1996); *Richter-Appelt* und *Tiefensee* (1996 a, 1996 b); *Egle* u. a. (1997); *Müller* (1997); *Wetzels* (1997); *Rind* und *Tromovitch* (1997); *Rind* u. a. (1998).

[13] Vgl. hierzu beispielsweise *Beitchman* u. a. (1991), *Beitchman* u. a. (1992); *Green* (1993); *Kendall-Tackett* u. a. (1993, 1997); *Livingston* u. a. (1993); *Levitt* und *Pinnell* (1995);

Neumann u. a. (1996); Rind und Tromovitch (1997); Rind u. a. (1998).

[14] Vgl. hierzu beispielsweise Gordon (1955); Maisch (1968); Meiselmann (1979); Finkelhor (1979); Steele und Alexander (1981); Sarrel und Meister (1982); Finkelhor und Browne (1985); Johnson und Shrier (1985); Friedrich u. a. (1986); Lew (1986); Krug (1989); Johnson und Shrier (1987); Friedrich (1988); Gale u. a. (1988); Johnson (1988, 1989); Kolko u. a. (1988); Fromuth und Burkhart (1989); Weil (1989); Jackson u. a. (1990); Hewitt (1990); Bagley (1991); Beitchman u. a. (1991); Friedrich u. a. (1992); Brière und Runtz (1993); Urquiza (1993); Higgins und McCabe (1994); Mullen u. a. (1994); Trickett u. a. (1994); Widom und Ames (1994); Mayall und Gold (1995); Kendall-Tackett u. a. (1993, 1997); Richter-Appelt (1997 a).

[15] Vgl. zum Beispiel Gale u. a. (1988); Maltz (1988); Becker (1989); Glantz und Himber (1992); Friedrich (1993); Kendall-Tackett u. a. (1993, 1997); Higgins und McCabe (1994); Wolfe und Birt (1995); Wetzels (1997).

[16] Vgl. hierzu auch Homes (1984, 1998, 2001); Finkelhor (1986 a); Russell (1986); Brière (1988); Lew (1993); Mullen u. a. (1994); Deegener und Bange (19969; van der Brook (1996); Wirtz (1996). In einer landesweiten Telefonbefragung der Los Angeles Times gaben die Missbrauchsopfer signifikant seltener an, mit ihrer Sexualität zufrieden zu sein (vgl. Finkelhor u. a., 1990; Gordon, 1990).

[17] Vgl. hierzu auch Tompkins (1940); Sloane und Karpinski (1942); Kaufman u. a. (1954); Lukianowicz (1972); Rosenfeld u. a. (1979); Kendall-Tackett u. a. (1993, 1997). Promiskuität – aber auch Prostitution – ist nicht generell und zwingend eine Folge des erlittenen Missbrauchs. So kommen beispielsweise Teegen u. a. (1992, S. 21) in ihrer Untersuchung zum Ergebnis: „Insgesamt zeigen sich die Folgen sexuellen Missbrauchs nicht so sehr in promiskem Verhalten, ungewöhnlichen sexuellen Praktiken oder Prostitution: Sie äußern sich eher als Hemmung, Blockierung und Schwierigkeiten, Intimität zuzulassen und sich hinzugeben."

[18] Vgl. hierzu auch Moor (1972); Schorsch (1975, 1984, 1985); Stoller (1998); Miller (1980); Khan und Masud (1989); Hewitt (1990); Allers und Benjack (1991); Allers u. a. (1993); Marneros (1997) und Kapitel 4.4.

[20] Vgl. hierzu beispielsweise Forward und Buck (1979); Longo (1982); Keller-Husemann (1983); Johnson und Shrier (1985, 1987); Chasnoff u. a. (1986); Johnson (1988, 1989); Abel und Rouleau (1990); Bossi (1993); Lew (1993); Hirsch (1994); Elliott (1995).

[21] Hierzu zählt Moggi (1997, S. 188) insbesondere: „exzessive Neugier an Sexualität, frühe sexuelle Beziehungen, offenes Masturbieren oder Exhibitionismus und unangemessenes sexualisiertes Verhalten im Sozialkontakt". Kendall-Tackett u. a. (1993, 1997, S. 154) verstehen (unter Hinweis auf Beitchman u. a., 1991) unter sexualisiertem Verhalten solche Aspekte wie sexualisiertes Spiel mit Puppen, Einführen von Gegenständen in After oder Vagina, exzessives oder öffentliches Masturbieren, verführerisches Verhal-

ten, Ersuchen um sexuelle Stimulation von Erwachsenen oder anderen Kindern und dem Alter unangemessenes Wissen.

[22] Vgl. hierzu beispielsweise *Forward* und *Buck* (1979); *Keller-Husemann* (1983); *Krug* (1989).

[23] Vgl. hierzu auch *Bange* (1992); *Fegert* (1993); *Schuhrke* (1994); *Jones* und *The Royal College of Physicians* (1996).

[24] Und natürlich auch und insbesondere von Eltern, LehrerInnen, JugendamtsmitarbeiterInnen, GutachterInnen, RichterInnen, StaatsanwältInnen usw.

[25] Vgl. hierzu für viele andere *Körner* (1975); *Fritz* u. a. (1981); *Landis* (1981); *Baurmann* (1983); *Condy* u. a. (1987); *Conte* und *Schuerman* (1987); *Fromuth* und *Burkhart* (1987); *Risin* und *Koss* (1987); *Tong* u. a. (1987); *Stein* u. a. (1988); *Fromuth* und *Burkhard* (1989); *Fischer* (1991); *Fishman* (1991); *Schötensack* u. a. (1992); *Gloor* und *Pfister* (1995); *Richter-Appelt* und *Tiefensee* (1996 a, 1996 b); *Richter-Appelt* (1997 b); *Müller* (1997); *Raupp* und *Eggers* (1993), *Rind* und *Bauserman* (1997); *Rind* u. a. (1998).

[26] Vgl. beispielsweise *Oppenheimer* u. a. (1985); *Teegen* u. a. (1992); *Quint* (1993); *Brière* und *Runtz* (1993); *Thiel* und *Schüssler* (1995); *Bange* und *Deegener* (1996); *Mullen* u. a. (1996); *Richter-Appelt* und *Tiefensee* (1996 a, 1996 b).

[27] Vgl. beispielsweise *Peters* u. a. (1991); *Teegen* u. a. (1992); *Toomey* u. a. (1993).

[28] Vgl. beispielsweise *Jackson* u. a. (1990); *Teegen* u. a. (1992).

[29] Vgl. beispielsweise *Bagley* und *Ramsay* (1986); *Spencer* und *Dunklee* (1986); *Mullen* u. a. (1996); *Bange* und *Deegener* (1996).

[30] Vgl. beispielsweise *Brière* (1988); *Draijer* (1990); *Enders* (1990); *Teegen* u. a. (1992); *Matthew* (1996).

[31] Vgl. beispielsweise *Forward* und *Buck* (1979); *Homes* (1981, 1984, 1996, 1998, 2001); *Rogers* und *Terry* (1984); *Johnson* und *Shrier* (1985, 1987); *Blanchard* (1986); *Conte* und *Schuerman* (1987); *Sebold* (1987); *Brière* und *Runtz* (1988); *Brière* u. a. (1988); *Van der Mey* (1988); *Brière* (1989); *Krug* (1989); *Finkelhor* u. a. (1989); *Fromuth* und *Burkhart* (1989); *Teegen* u. a. (1992); *Brière* und *Runtz* (1993); *Mullen* u. a. (1994); *Bange* und *Deegener* (1996).

[32] Vgl. auch *Kendall-Tackett* u. a. (1993, 1997); *Herman* (1993); *Wenninger* (1994).

[33] Rensen belegt allerdings seine Aussage, wonach 60 % der Menschen mit „Borderline-Persönlichkeitsstörung" in ihrer Jugend sexuell missbraucht worden sind, nicht mit

entsprechenden Daten- und Quellenmaterialien.

[34] Vgl. beispielsweise *Ross* u. a. (1991); *Huber* (1996).

[35] Mit Blick darauf, dass mit der Entwicklung einer „Multiplen Persönlichkeitsstörung" nicht in jedem Fall zugleich die Entwicklung einer Persönlichkeitsstörung verbunden ist, wurde diese Bezeichnung im neuen Klassifikationssystem DSM-IV (der *American Psychiatric Association* von 1994) durch *Dissoziative Identitätsstörung* ersetzt.

[36] Die Dauer physischer Gewalt lag in den Familien sogar bei 14 Jahren.

[37] Vgl. beispielsweise hierzu *Loftus* und *Ketcham* (1994, 1995); *Ofshe* und *Watters* (1994, 1996); *Dittmann* (1996); *Spanos* (1996); *Yapko* (1996); *Loftus* (1997).

[38] Vgl. beispielsweise *Campbell* (1994); *Loftus* und *Ketcham* (1994); *Costin* u. a. (1996).

[39] Die Gedächtnisforscherin, die der *Recovered Memory Therapy* sehr kritisch gegenübersteht, wurde von (radikal)-feministischer Seite vorgeworfen:
„Ihre Arbeit steht auf demselben Niveau wie die Leute, die die Existenz der Vernichtungslager im Zweiten Weltkrieg leugnen."
Loftus (*Loftus* und *Ketcham*, 1994, S. 73) fühlte sich in eine Schlacht hineingeworfen, „in der es um männlich gegen weiblich und Patriarchat gegen Matriarchat ging".
Und ihr wurde unmissverständlich erklärt (*Loftus* und *Ketcham*, 1994, S. 68):
„Alle Erfolge, die die Frauenbewegung in den letzten zwanzig Jahren erzielt hat, werden zunichte gemacht, wenn Sie und andere diese Erinnerungen wieder in Frage stellen."

[40] Vgl. hierzu *Loftus* (1998); *Wilson* (2000).

[41] Vgl. hierzu beispielsweise *Paar* (1996); *Loftus* (1997); *Stocks* (1998).

[41a] Vgl. beispielsweise *Herman* (1981); *Russell* (1986); *Brière* und *Runtz* (1987, 1988); *Loulan* (1992).

[42] Vgl. beispielsweise *Rogers* und *Terry* (1984); *Kohan* u. a. (1987); *Friedrich* u. a. (1988); *Bolton* u. a. (1989); *Krug* (1989); *Finkelhor* u. a. (1990); *Marwitz* u. a. (1990); *Brown* und *Anderson* (1991); *Hussey* und *Singer* (1993); *Brière* und *Runtz* (1993); *Widom* u. a. (1994); *Richter-Appelt* (1997 a).

[43] Vgl. beispielsweise *Kaufman* u. a. (1954); *Forward* und *Buck* (1979); Goodwin und *DiVasto* (1979); *Goodwin* (1982); *Keller-Husemann* (1983); *Steinhage* (1985); *Brière* und *Runtz* (1986); *Browne* und *Finkelhor* (1986, 1989); *Runtz* und *Brière* (1987); *Brière* u. a. (1988); *Wozencraft* u. a. (1991); *Brière* (1992); *Hirsch* (1994); *Mullen* u. a. (1996); *Richter-Appelt* (1997 a).

4. Vom Opfer zum Täter

4.1 Vom weiblichen Opfer zum weiblichen Täter

[1] Vgl. hierzu auch die Kapitel 4.3 und 4.4.

[2] Vgl. hierzu beispielsweise *Straus* u. a. (1980); *Fehrenbach* u. a. (1986); *Faller* (1987); *Ross* u. a. (1989); Draijer (1990); *Putman* (1990); *Ross* (1990); *Vissing* u. a. (1991); *Knight* und *Prentky* (1993); *Lake* (1993); *Moeller* u. a. (1993); *Teegen* (1993); *Stanley* und *Goddard* (1993); *Bentovim* (1996); *Mullen* u. a. (1996); *Putman* u. a. (1996); *Richter-Appelt* und *Tiefensee* (1996 a, 1996 b); *Ryan* u. a. (1996); *Flemming* u. a. (1997); *Rosen-crans* (1997); *Wetzels* (1997).

[3] Vgl. beispielsweise für viele andere *Serill* (1974); *Groth* (1979, 1979 a, 1983); *Groth* u. a. (1981); *Longo* (1982); *MacFarlane* (1982); *Seghorn* u. a. (1983); *Fowler* u. a. (1983); *Petrovich* und *Templer* (1984); *Condy* und *Condy* u. a. (1985, 1987); *Wolfe* (1985); *Fehrenbach* u. a. (1986); *Marquit* (1986); *Burgess* u. a. (1987); *Knopp* und *Lackey* (1987); *Faller* (1987); *Mathews* (1987); *Becker* (1988); *Burgess* u. a. (1988); *Fehrenbach* (1988); *Johnson* (1988, 1989); *Van der Mey* (1988); *Brannon* u. a. (1989); *Mathews* u. a. (1989); *Awad* und *Saunders* (1989); *McCarty* (1989); *Johnson* (1989); *Abel* und *Rouleau* (1990); *Katz* (1990); *Allen* (1991); *Becker* und *Stein* (1991); *Becker* u. a. (1991); *Abel* u. a. (1993); *Brière* und *Smiljanich* (1993); *Lake* (1993); *Allen* und *Pothast* (1994); *Ford* und *Linney* (1995); *Worling* (1995 a, 1995 b, 1995 c); *Brayton* (1996); *Cooper* u. a. (1996); *Graham* (1996); *Ryan* u. a. (1996); *Burkett* und *Bruni* (1997); *Howitt* (1998).

[4] *Marquit* (1986, S. 123) führt hierzu weiter aus: „... 27 % berichteten, dass sie körperlichen, aber keinen sexuellen Übergriffen ausgesetzt waren. Nur 5 % sagten, sie wären weder physisch noch sexuell missbraucht worden. Von den 27 % berichteten die meisten, dass Geschwister und/oder nahestehende Verwandte durch andere Verwandte sexuell missbraucht worden waren. Es ist wahrscheinlich, dass ein Großteil der körperlichen Gewalt, die diese Gruppe erlitt, in einem inzestuösen Milieu ausgeübt wurde, das nicht nur Zuneigung, sondern auch Gewalt sexualisierte."

[5] Vgl. beispielsweise *Summit* (1983); *Freeman-Longo* (1986); *Marquit* (1986); *Friedrich* und *Luecke* (1988); *Knight* und *Prentky* (1993); *Hirsch* (1994); *Ryan* u. a. (1996); *Bentovim* (1996).

[6] Dies trifft nicht zwingend auf alle Opfer, die zu TäterInnen werden, zu. Unter diesen befinden sich zahlreiche, denen es *nicht* um *Macht*, *Dominanz* usw. geht, sondern vielmehr um die Beibehaltung der *Unterwerfung* und *Erniedrigung*, denen sie in der Opferrolle ausgesetzt waren. Diese Rolle und Funktion wollen bzw. können diese TäterInnen nicht aufgeben; ohne die Beibehaltung der *Unterwerfung* und *Erniedrigung* sind sie nicht oder kaum „überlebensfähig".

[7] Vgl. beispielsweise *Stoller* (1998); *Berner* (1985); *Schorsch* (1985); *Saradjian* (1990); *Hanks* und *Saradjian* (1991); *Herman* (1993); *Hirsch* (1994); *Becker* (1995); *Conen* (1997); *Egle* u. a. (1997); *Saradjian* (1999).

[8] Vgl. hierzu Kapitel 4.3.

[9] Vgl. hierzu beispielsweise *Heyne* (1993); *Eldridge* (1999); *Saradjian* (1999).

[10] Der Begriff *„Identifikation mit dem Aggressor"* – zutreffender: „Introjektion des Angreifers" – ist von *Ferenczi* (1933, 308) geprägt worden; *Ferenczi* versteht hierunter die Unterwerfung unter die einmal erlittene Gewalt.
Anna *Freud* (1936) spricht in dem Zusammenhang von einer *sekundären Identifikation* mit dem Täter, in der Form, als dass das Opfer dem Täter nacheifert und andere zu Opfern macht.

[11] Vgl. hierzu beispielsweise *Groth* u. a. (1982). Der Verfasser glaubt nicht an diese Theorie, dass durch diese Art des „Heilungsprozesses" – auf Kosten der kindlichen Opfer – der Täter, die Täterin irgendwann, vielleicht nach einem jahrelangen Missbrauch von Kindern, „geheilt" ist.

[12] Vgl. hierzu, allgemein auf Frauen bezogen, unabhängig davon, ob sie in ihrer Kindheit missbraucht oder nicht missbraucht wurden, beispielsweise *Thomas* (1993); *Wetzels* u. a. (1995); *Gemünden* (1996); *Stern* (1996); *Cook* (1997); *Ernst* (1997); *Pearson* (1997); *Straus* (1997); *Farrell* (1999); *Phillips* (1999); *Straus* (1999); *Tendler* (1999); *Young* (1999); *Archer* (2000); *Bock* (2001).

[13] Vgl. hierzu, allgemein auf Frauen bezogen, unabhängig davon, ob sie in ihrer Kindheit missbraucht oder nicht missbraucht wurden, beispielsweise *Groth* und *Birnbaum* (1979); *Sarrel* und *Masters* (1982); *Masters* (1986); *Muehlenhard* und *Cook* (1988); *Struckman-Johnson* (1988); *Stets* und *Pirog-Good* (1989); *Okami* (1991); *Struckman-Johnson* (1991); *Anderson* (1993, 1996, 1998); *Anderson* und *Aymami* (1993); *O'Sullivan* und *Byers* (1993, 1996); *Hogben* u. a. (1996); *Anderson* und *Newton* (1997); *Muehlenhard* u. a. (1996); *Clements-Schreiber* u. a. (1998); *Craig-Shea* (1998); *Struckman-Johnson* und *Struckman-Johnson* (1998).

4.2 Die TäterInnen werden immer jünger
Kids, die Kids sexuell missbrauchen

[1] Bereits im Kindesalter wird, insbesondere bei männlichen Kindern, die Bereitschaft geweckt, Gewalt anzuwenden, die sich dann in der Pubertät verstärkt und manifestiert. Mit anderen Worten: Die *Jungensozialisation*, das *kulturelle Männerbild* und der Umgang mit Sexualität *und* Gewalt innerhalb der Gesellschaft spielt eine gewichtige Rolle bei der *Entstehung von (sexueller) Gewalt*. Nicht nur die Familie, sondern auch das Umfeld wie Schule oder Peergroups sind bei dieser *Entwicklung und Gewaltspirale* maß-

geblich mitbeteiligt.

Auch die *Medien* tragen Schuld daran, wenn es darum geht, *die traditionellen Rollenbilder aufrechtzuerhalten*: Den Mädchen wird die Opferrolle und den Jungen die gewalttätige Heldenrolle zugewiesen.

[2] Diese Argumente werden immer wieder von Müttern benutzt, die ihre Kinder sexuell missbrauchen (vgl. hierzu beispielsweise *Mandau*, 2000).

[3] Von *Kendall-Tackett* u. a. (1997, S. 164) berichten, dass sich nur in „wenigen Studien konsistente Unterschiede im Verhalten von Jungen und Mädchen nach einem Missbrauch (zeigten):
Die Seltenheit solcher Ergebnisse steht im klaren Gegensatz zur gängigen Meinung, dass Jungen eher externalisierende Symptome und Mädchen eher internalisierende Symptome entwickeln". Die „gängige Meinung" vertritt die Auffassung, dass es einen konsistenten Unterschied gibt: Danach neigen männliche Opfer dazu, die *psychischen Konflikte* zu *externalisieren*. Insbesondere wird ihnen eine *kompensatorische aggressive Reaktionsbildung* nachgesagt, die sich in das *männliche Rollenmuster aggressiver Dominanz* integrieren lässt mit der Folge, dass sie zum Kindesmissbrauch neigen – oder sie ihr *seelisches Trauma durch Gewalthandlungen kanalisieren und ausüben* (beides trifft *auch* auf weibliche Opfer zu). Die gleiche „gängige Meinung" geht weiter davon aus, dass weibliche Opfer psychische Konflikte *internalisieren* und „bewältigen", indem sie das *Trauma* durch *autoaggressive Handlungen:* Verdrängen, Verleugnen, Depressionen, Ess-Störungen, Alkohol-, Drogen- und Medikamentenmissbrauch, Selbstverstümmelung wie beispielsweise Schnitt- und Brandwunden versuchen zu „bewältigen" (vgl. hierzu beispielsweise *Friedrich* u. a., 1986, 1988; *Finkelhor*, 1990; *Finkelhor* u. a., 1990; *Gomes-Schwartz* u. a., 1990; *Teegen*, 1993; *Richter-Appelt*, 1997 a; *Kreyssig*, 1997).

[4] In der „*Child-Behavior*-Checkliste" (vgl. *Achenbach* und *Edelbrock*, 1984; *Kendall-Tackett*, 1993, 1997, S. 154) sind *Internalisierung* und *Externalisierung* zusammengesetzte Symptome: Internalisierung umfasst Rückzugsverhalten, Depression, Ängstlichkeit, Hemmung und Überkontrolle – Externalisierung beinhaltet Aggressionen, antisoziales und unkontrolliertes Verhalten.

[5] Vgl. hierzu beispielsweise *Faller* (1987); *Knopp* und *Lackey* (1987); *Fehrenbach* und *Monastersky* (1988); *Johnson* (1989); *Mathews* u. a. (1989); *Heyne* (1993); *Burger* und *Reiter* (1993); *Bange* und *Deegener* (1996).

[6] Der sexuelle Missbrauch an Säuglingen und Kleinkindern ist leider kaum in Zahlen messbar. Sie verfügen nicht über Sprache, können entsprechend nicht in Worte und Begriffe fassen, was ihnen angetan wurde (vgl. *Lewis* und *Sarrel*, 1969; *Trube-Becker*, 1982, 1997; *Finkelhor* und *Baron*, 1986; *Fürniss* und *Phil*, 1986; *Chasnoff* u. a., 1986; *Johns*, 1990; *Lison* und *Poston*, 1991; *Wetzels*, 1997; *Eldridge*, 1999; *Kirchmann*, 1999). *Wetzels* (1997, S. 242) weist daraufhin, dass es sich insoweit „bei den Prävalenzschätzungen um Mindestschätzungen (handelt), die diesen Bereich nicht einbeziehen".

In der Fachliteratur und den einschlägigen Untersuchungen findet man im übrigen zum Thema sexueller Missbrauch von Babys fast nichts.

[6a] Vgl. beispielsweise *Chasnoff* u. a. (1986); *Finkelhor* und *Baron* (1986); *Trube-Becker* (1982, 1997); *Johnson* (1989); *Lison* und *Poston* (1991); *Burger* und *Reiter* (1993).

[7] Vgl. beispielsweise *Finkelhor* (1979); *Groth* u. a. (1982); *Baurmann* (1983); *Longo* und *Groth* (1983); *Becker* u. a. (1986); *Fehrenbach* u. a. (1986); *Ryan* u. a. (1987); *Koss* u. a. (1987); *Knopp* und *Lackey* (1987); *Risin* und *Kross* (1987); *Johnson* (1988); *Gass* und *Klosinski* (1988); *Awad* und *Saunders* (1989); *Johnson* (1989); *Abel* und *Rouleau* (1990); *Finkelhor* u. a. (1990); *Gordon* (1990); *Marshall* u. a. (1991); *Bange* (1992); *Murphy* u. a. (1992); *Burger* und *Reiter* (1993); *David* (1993); *Abel* u. a. (1993); *Knight* und *Prentky* (1993); *Elliott* u. a. (1995); *Vizard* u. a. (1995); *Bange* und *Deegener* (1996); *Brayton* (1996); *Briggs* und *Hawkins* (1996); *Dolan* u. a. (1996); *Ryan* u. a. (1996); *Araij* (1997); *Müller* (1997); *Statistik Canada* (1997); *Wetzels* (1997); *Johnson* (1998); *Statistisches Bundesamt* (2000).

[8] 23,5 % der weiblichen und 21,8 % der männlichen Opfer wurden von TäterInnen im Alter zwischen 20 und 29 Jahren, 17,7 % beziehungsweise 21,7 % von TäterInnen im Alter zwischen 30 und 39 und 16,8 % beziehungsweise 17,4 % von TäterInnen im Alter zwischen 40 und 49 Jahren missbraucht. Von 7,6 % der weiblichen Opfer wurden über 50-jährige MissbraucherInnen genannt. Das Durchschnittsalter der MissbraucherInnen von Mädchen liegt mit 31,7 Jahren höher als das durchschnittliche Alter der MissbraucherInnen von Jungen, das mit 26,9 Jahren angegeben wird. Mit zunehmenden Alter nimmt die Zahl der MissbraucherInnen ab.

[8a] *Statistisches Bundesamt*, Fachserie 10, Reihe 3, 2000, 2001, 2002. Die Zahlen beziehen sich auf das frühere Bundesgebiet einschließlich Gesamt-Berlin; für die neuen Länder liegen keine flächendeckenden Angaben vor.

[9] § 176 Abs. 1, 2: Sexueller Missbrauch von Kindern, Handlungen *mit* unmittelbarem Körperkontakt (2000: 107 männliche Jugendliche, 56 männliche Heranwachsende; 2001: 118 männliche und 2 weibliche Jugendliche, 36 männliche Heranwachsende; 2002: 137 männliche und 1 weibliche Jugendliche, 43 männliche und 1 weibliche Heranwachsende); § 176 Abs. 3 StGB: Sexueller Missbrauch von Kindern, Handlungen *ohne* unmittelbaren Körperkontakt (2000: 18 männliche Jugendliche, 25 männliche Heranwachsende und je 1 weibliche Jugendliche und Heranwachsende; 2001: 14 männliche Jugendliche, 31 männliche Heranwachsende; 2002: 25 männliche und 1 weibliche Jugendliche, 27 männliche Heranwachsende); § 176a: Schwerer sexueller Missbrauch von Kindern (2000: 13 männliche Jugendliche, 28 männliche und 1 weibliche Heranwachsende; 2001: 15 männliche Jugendliche, 46 männliche Heranwachsende; 2002: 13 männliche Jugendliche, 58 männliche Heranwachsende).
In der *PKS* für das Jahr 2002 werden – ausgehend von den insgesamt 10078 Tatverdächtigen – 6,6% Kinder, 13,9% Jugendliche und 6,2% Heranwachsende aufgeführt. Erschreckend sind die Zahlen bei der *Vergewaltigung von Kindern*: 2000 wurden 19

männliche Jugendliche und 8 männliche Heranwachsende rechtskräftig verurteilt. Es ergibt sich somit für 2000 eine (rechtskräftige) Verurteilungsrate unter den 14- bis 20-Jährigen von 11,12 %, bezogen auf sämtliche abgeurteilten Sexualstrafdelikte nach § 176 StGB (Gesamtrate: 2248). Und eine (rechtskräftige) Verurteilungsrate bei der Vergewaltigung von Kindern (Gesamtrate: 99) von 27,28 %.

2002 wurden 15 männliche und 2 weibliche Jugendliche und 14 männliche Heranwachsende wegen „Sexuelle Nötigung/Vergewaltigung von Kindern" rechtskräftig verurteilt (die Verurteilungsrate bei der Vergewaltigung von Kindern kann an dieser Stelle leider nicht genannt werden, da das *Statistische Bundesamt* – aus technischen Gründen – hierzu für 2002 keine Angaben machen kann). Bezogen auf sämtliche abgeurteilten Sexualstrafdelikte nach § 176 StGB (Gesamtrate: 2286) beträgt die Verurteilungsrate 13,39%.

[10] Vgl. beispielsweise *Berlin* und *Coyle* (1981); *Abel* u. a. (1987); *Abel* und *Rouleau* (1990); *Marshall* u. a. (1991); *Abel* u. a. (1993); *Ryan* u. a. (1996); *Araij* (1997).

[10a] In den bekanntesten Diagnosesystemen der Psychiatrie, der *Internationalen Klassifikation von Krankheiten (ICD)* und dem *Diagnostic and Statistical Manual (DSM)*, werden unter dem Begriff Störungen der Sexualpräferenz nach ICD-10 (*Dilling* u. a., 1999) und Paraphilien nach DSM-IV (APA = *American Psychiatric Association*, 1994) insbesondere folgende sexuelle Varianten aufgeführt: Fetischismus, Transvestitismus, Exhibitionismus, Pädophilie, Sadomasochismus, multiple Störungen der Sexualpräferenz. Nur am Rande sei darauf hingewiesen, dass in der früheren Fassung des Klassifikationssystems (ICD-9) auch Homosexualität und Sodomie als behandlungsbedürftige Normabweichungen aufgeführt wurden.

[11] Vgl. hierzu beispielsweise auch *Kahn* und *Chambers* (1991); *Becker* und *Kaplan* (1993); *Worling* und *Curwen* (1999).

[12] Im Durchschnitt kommen jugendliche Sexualstraftäter offenbar auf 4 bis 7 Opfer im jungen Alter (vgl. hierzu beispielsweise *Schram* u. a., 1991; *Ryan* u. a., 1996; *Ryan*, 1997; *Worling* und *Cuwen*, 1999). Im Vergleich zu empirisch unterstützten Risikofaktoren für die Rückfälligkeit bei erwachsenen Sexualstraftätern (vgl. beispielsweise für viele andere *Hanson*, 1997; *Egg*, 1998 a, 1998 b; *Hanson* und *Thornton*, 1999; *Elz*, 2001) existieren solche für Jugendliche kaum (vgl. *Bonner* u. a., 1998; *Ryan*, 1998; *Gal* und *Hoge*, 1999). Aufgrund unausgelesener Stichproben berichtet *Müller-Küppers* (1991) von einem hohen Anteil jugendlicher Wiederholungstäter, der zwischen 50-60 % liege.

[13] Die jeweilige Diagnose und Anzahl der weiblichen und/oder männlichen Opfer werden von *Abel* u. a. (1993) wie folgt angegeben: Pädophilie: (Jungen: 29 / Mädchen: 31), Inzest (Jungen: 15 / Mädchen: 27), Vergewaltigung (21), Exhibitionismus (18) und Voyeurismus (17), Frotteurismus (8), Sadismus (4), Masochismus (3), obszöne Telefonanrufe (1) und öffentliches Masturbieren (1).

[14] Für die Motivation von Sexualstraftätern benennen *Knight* und *Prentky* (1993) folgen-

de Faktoren:
Sexuelle Phantasien, verbunden mit umfassender Gewalttätigkeit (beispielsweise das Quälen des Opfers), und das Auftreten von anderen unsozialen Persönlichkeitseigenschaften wie Mangel an Einfühlungsvermögen, Gewalttätigkeiten.

[15] In Nordamerika wird hingegen zu dem Thema „unfreiwillige sexuelle Kontakte" zwischen Jugendlichen (unter dem Stichwort *„date rape"*) seit vier Jahrzehnten geforscht.

[16] Das Durchschnittsalter lag zwischen 18 und 19 Jahren, die große Mehrzahl der Befragten war zwischen 17 und 20 Jahre alt. 94 % hatten sexuelle Vorerfahrungen (wie Küssen oder Petting), 3 von 4 Jugendlichen mit Geschlechtsverkehr; das Durchschnittsalter für den ersten Geschlechtsverkehr lag bei 16 Jahren.

[17] *Krahé* und *Scheinberger-Olwig* (1997) schließen nicht aus, dass „die Akzeptanz des Stereotyps des triebgesteuerten Mannes (...) eine Erklärung dafür sein (kann), dass von den Frauen häufiger sexuelle Gewalterfahrungen berichtet wurden als von den Männern sexuelle Gewalthandlungen eingestanden wurden".

[18] „Es ist anzunehmen (wie auch andere Studien zeigen), dass der Prozentsatz männlicher Missbrauchsopfer höher liegt, als in unserer Stichprobe angegeben", berichten hierzu *Krahé* und *Scheinberger-Olwig* (1997): „Dieses Thema ist jedoch mit einem großen Tabu belegt, so dass es denkbar ist, dass einige Jugendliche aus Scham oder auch aus Unwissenheit hierzu keine Angaben machten." Vgl. hierzu auch das Kapitel 3.1.

[19] *Rensen* (1992, S. 137; vgl. auch *Bifulco* u. a., 1991) berichtet: „Eine chronische posttraumatische Problematik findet man regelmäßig bei Menschen, die einen Teil ihrer Jugend in einem Heim zugebracht haben. Kinder, die in einer Situation leben, in der sie chronisch misshandelt werden, leben unter vergleichbaren Bedingungen. Sie sind völlig abhängig, werden Aggressionen, Erniedrigung und Entpersonalisierung ausgesetzt. Außerdem gibt es kein Zeitlimit für die Situation: die Geschichte scheint kein Ende zu nehmen (...)." *Ammerman* u. a. (1994) heben in ihrer Studie über Gewalt gegen behinderte Kinder hervor, dass 61 % der Kinder und Teenager mit Entwicklungsbehinderungen und Entwicklungsstörungen strengste Formen der Disziplinierung und der psychischen beziehungsweise physischen Gewalt zu spüren bekommen. Dies gilt insbesondere für Behinderteneinrichtungen (vgl. beispielsweise *Homes*, 1981, 1984, 1996, 1998, 2001; *Sobsey* und *Varnhagen*, 1988; *Roeher Institut*, 1995). Behinderte Jungen *und* Mädchen sind einem großen Risiko ausgesetzt, Opfer sexuellen Missbrauchs zu werden, wie *Graham* (1993) zutreffend berichtet.
„Unter 160 Erwachsenen mit geistiger Behinderung und emotionalen Schwierigkeiten, die an die Tavistock-Klinik (in England - Anm. d. Verf.) überwiesen wurden, waren 110 sexuell misshandelt (69 %)", berichtet *Sinason* (1993, S. 74): „Von 40 überwiesenen Kindern mit geistiger Behinderung und emotionalen Schwierigkeiten waren 30 sexuell misshandelt. Unter den insgesamt 200 überwiesenen Erwachsenen und Kindern waren 70 %

sexuell misshandelt, von denen 67 % weiblichen und 33 % männlichen Geschlechts waren."

[20] Vgl. hierzu auch *Zemp, Pircher* und *Neubauer* (1997), die in ihrer Untersuchung auch von Erzieherinnen, die Behinderte sexuell missbrauchen, berichten.

[20a] *Schumacher* (2004, S. 23) weist völlig zutreffend darauf hin, dass körperliche Gewalt auch eine sexuelle Färbung hat – und sie macht dies an einem Beispiel deutlich:
„Warum muss ein Kind, das vor mehreren ZuschauerInnen ausgepeitscht werden soll, diese Misshandlung nackt über sich ergehen lassen? Neben den ungeheuren Schmerzen ist deutlich Scham, Demütigung und Verwirrung bei dem Mädchen zu spüren, was mit der sexuellen Stimmung zu tun hat."

[21] Vgl. hierzu beispielsweise *Lampel* (1929); *Roth* (1973); *Brosch* (1975); *Körner* (1975); *Roth* (1975); *Schorsch* (1975, 1984); *Kentler* (1979); *Miller* (1980); *Homes* (1981, 1984, 1996, 1998, 2001); *Khan* und *Masud* (1989); *Stoller* (1998).

[22] Vgl. hierzu beispielsweise *Peyrefitte* (1960); *Gabel* (1972); *Moor* (1972); *Driest* (1974); *Schult* (1978); *Homes* (1981, 1984, 2001); *Bartsch* (1991); *Doyle* (1991); *Love* (1996); *Carcaterra* (1996); *Sellin* und *Weber* (1999).

4.3 Begehrtes Sexualobjekt, der Körper der Kinder
Ein Psychogramm männlicher und weiblicher Pädophilie

[1] Der lateinische Terminus lautet *Infantiphilie*.

[2] Pädophile haben nicht immer zwangsläufig das Verlangen nach Sex mit Kindern – konkret: sie lieben in der Regel Kinder *emotional, nicht zwingend sexuell*. Pädosexuelle hingegen begehren Kinder auch sexuell. In dem Zusammenhang spricht man von Pädosexualität. Nach fester Überzeugung des Verfassers ist beim Thema sexueller Kindesmissbrauch dringend eine objektive und differenzierte Diskussion angezeigt. Er erlaubt sich, an dieser Stelle Fachleute zu zitieren, die für Differenzierung und Sachlichkeit eintreten:
„Die sachliche und emotionsfreie Diskussion bleibt leider vielfach auf der Strecke", so *Stöckel* (1998, S. 121): „Dies liegt meiner Meinung nach daran, dass die beiden Pole, zwischen denen sich eine pädophile Beziehung abspielen kann, so weit auseinander liegen: an dem einen Ende befinden sich der erzwungene, gewalttätige Sexualkontakt mit schweren Schäden für das Opfer, an dem anderen Ende die einvernehmliche Beziehung, in der beide Seiten sehr glücklich sein können." *Van den Broek* (1996, S. 24), der den Gewaltbegriff nicht generell und somit pauschal auf Pädophilie angewendet wissen will, fragt sich, „ob ein Kind durch einen derartigen Kontakt Schaden in seiner weiteren persönlichen Entwicklung nimmt oder nicht": „Nicht alle sexuellen Kontakte zwischen Erwachsenem und Kind sind von vornherein unerwünscht oder schäd-

lich." Im „Interesse des Kindes" plädiert *van den Broek* (1996, S. 35) dennoch dafür, dass man „einen kritischen Standpunkt gegenüber der Pädophilie beibehalten (muss)": „Es geht jedoch zu weit, pädophile Kontakte, wie das in den Vereinigten Staaten geschehen ist, unterschiedslos zu sexuellem Missbrauch zu rechnen." *Hoffmann* (1994, S. 2) setzt sich mit dem Begriff „sexuelle Gewalt" bzw. „sexueller Missbrauch" auseinander: „Der Begriff, so wie er im Missbrauchsparadigma Anwendung findet, enthält immer schon implizit vorweggenommene Interpretations- und Schlussfolgerungsannahmen. Der undifferenzierte Gebrauch des Gewaltbegriffs muss an einer Wirklichkeit des ‚sexuellen Missbrauchs' scheitern, der nicht unter Androhung und Anwendung von Gewalt und mit deutlichen Leidensfolgen für das Opfer verbunden ist. Die obendrein inflationäre Verwendung des Begriffs wird der Vielfalt des Phänomens nicht gerecht." Und er führt hierzu weiter aus: „In der Diskussion um den sexuellen Missbrauch geht es oftmals nicht um die Feststellung einer objektivierbaren Schädigung. Sie wird implizit durch eine normative Theorie der Kindheit vorausgesetzt. Nach ihrer Maßgabe wird (zum Teil höchst unterschiedlich) an den Vorstellungen einer Altersangemessenheit und Kindgemäßheit sexueller Handlungen festgehalten. Die Arbeiten an einer Theorie kindlicher Sexualität und an einer Ethik sexueller Selbstbestimmung von Kindern, die Grundlage für eine theoretisch und empirisch gebundene Einschätzung eines Missbrauchs abgeben könnten, wird damit umgangen und unterbunden. Stattdessen wiederholen und bekräftigen die Definitionen für den sexuellen Missbrauch Verurteilungen und Verbote intergenerationeller Sexualkontakte." Der vor Jahren verstorbene renommierte Sexualforscher Eberhard *Schorsch* (1989, S. 144) kritisierte die Tendenz, „die Sexualität zu einem Faktum zu reduzieren, die sexuelle Handlung, den sexuellen Akt überzubewerten, zu isolieren und zu einem Trauma an sich zu erheben, ohne auf den Beziehungshorizont, in dem eine sexuelle Handlung geschieht oder auch nicht, abzustellen und zu differenzieren". Für eine detaillierte, sozialwissenschaftlich begründete Abklärung im jeweiligen Einzelfall plädiert *Fatke* (1992) – und auch für eine Differenzierung der verschiedenen Typen pädophiler Beziehungen. Es existieren Beziehungen, so *Fatke* (1992, S. 165; vgl. auch *Körner*, 1975; *Baurmann*, 1983), die eine Unterscheidung von Opfern und Tätern in keiner Weise mehr rechtfertigen: „Der Pädophile ist kein Unhold, der ins Gefängnis gehört, sondern ein Mensch, dem ein Anspruch auf wirksame Hilfe zugebilligt werden sollte. Nur eine detaillierte Abklärung seiner Lebensgeschichte, wie auch der Lebenssituation des betroffenen Kindes und eine genaue Analyse der pädophilen Beziehung vermögen der Vielschichtigkeit des Pädophilie-Phänomens und letztlich auch den betroffenen Personen gerecht zu werden." Auch *Berner* (1997, S. 138) plädiert letztendlich für eine entsprechende Differenzierung: „Ich glaube, dass ... jeder Fall von sexuellem Missbrauch sehr individuell gesehen werden muss. Auch wenn wir typologisch situativen Missbrauch von nicht-ausschließlicher und ausschließlicher Pädophilie unterscheiden und bei der letzteren am ehesten mit Chronizität und unauflöslicher Wiederholungstendenz rechnen müssen, so sollte doch auch bei den Fällen von ausschließlicher Pädophilie nicht außer Acht gelassen werden, dass es immer wieder besonders bei differenzierteren Persönlichkeiten zu einer Entscheidung gegen das Ausleben der pädophilen Tendenz im Interesse der Kinder kommen kann. Menschen, die ihre pädophilen Tendenzen zumindest zeitweise sublimieren konnten, haben viel zur Differenzierung und Bereicherung unserer Kultur beigetragen." Eine pauschale Verurteilung des „Täters" scheint offenbar auch *Hirsch*

(1994, S. 3) zu hinterfragen: „Ist der Erwachsene selbst einmal Opfer gewesen, kann er nicht mehr frei entscheiden, ob er später Schwächeren Gewalt antut oder nicht; es fällt dann nicht mehr so leicht, von ‚Aggressor' oder ‚Täter' zu sprechen. Auch das Kind fügt sich irgendwann einmal und akzeptiert mit einem Teil seines Selbst Sexualität als Form von Zuwendung, ist also nicht mehr nur, wenn auch immer weit überwiegend, Opfer. (...) Die Bestrafung des ‚Täters' ist ein wenig hilfreicher Versuch der Gesellschaft, dem Phänomen zu begegnen, denn er wird der Komplexität des Geschehens nicht gerecht, schafft neue Traumen und hilft, es aus dem Bewusstsein der Gesellschaft durch Kriminalisierung zu eliminieren."

[3] Vgl. beispielsweise *King* (1989); *Scavo* (1989); *Hirsch* (1990); *Wolfers* (1990); *Allen* (1991); *Matthews* (1993); *Eldridge* (1999); *Saradjian* (1999).

[4] Über die im Vergleich zur allgemeinen Bevölkerung höhere Verwendung von *Alkohol* und *Medikamenten* bei *jugendlichen Sexualstraftätern* berichten beispielsweise *Kahn* und *Chambers* (1991); *Schram* u. a. (1991); *Hsu* und *Starzynski* (1995); *Gal* und *Hoge* (1999).

[5] In einer Studie über 92 jugendliche Straftäter an der Kinder- und Jugendpsychiatrische Poliklinik in Tübingen kommen *Glass* und *Klosinski* (1988, S. 83) zu dem Ergebnis: „Lediglich 9 % des Gesamtkollektivs zeigten ein normales Kontaktverhalten ... und 45 % bezeichneten sich selbst als Einzelgänger oder als Außenseiter; 51 % waren schlecht oder gar nicht in die Gleichaltrigengruppe integriert." Dass jugendliche Sexualstraftäter Defizite in sozialen Beziehungen haben und in der Regel von *Peergroups* isoliert sind, berichten beispielsweise auch *Deisher* u. a. (1982), *Fehrenbach* u. a. (1986), *Katz* (1990), *Chewning* (1991), *Schram* u. a. (1991), *Gal* und *Hoge* (1999), *Beckett* u. a. (2002), *Bullens* und *van Wijk* (2002).

[6] Der Verfasser verweist hinsichtlich der Differenzierung auf Fußnote 32 des Kapitels 1.1.

[7] *Hoyndorf* u. a. (1995, S. 107) bezeichnen diesen männlichen Pädophilen-Typ auch als *situativen* Pädophilen, bei dem beim Beginn des Missbrauchsverhaltens auch akute Belastung und Alkohol eine Rolle spielen kann.

[8] Vgl. hierzu beispielsweise *Heyne* (1993); *Saradjian* (1999); *Eldridge* (1999).

[9] Vgl. hierzu auch die Tätertypologien bei *Schorsch* (1971), *Beier* (1995) und *Hanson* und *Bussière* (1996).

[10] *Gal* und *Hoge* (1999) zeigen auf, dass jugendliche Kindesmissbraucher im Vergleich zu nicht missbrauchenden Jugendlichen massiv Pornographie konsumieren.

[11] Es gibt auch sehr vereinzelt Autorinnen wie *Thürmer-Rohr* (1987), *Schaffrin* (1993), *Albrecht-Heide* (1995), *Rommelspacher* (1995) und *Kavemann* (1999), die eine differenziertere Sicht der vielfältigen Macht- und Herrschaftsverhältnisse in der patriarchalen

Gesellschaft unter Einschluss der Beteiligung von Frauen am Patriarchat diskutieren. *Schaffrin* (1993) ist offenbar davon überzeugt, dass Missbraucherinnen im Rahmen der Mittäterschaft den Wunsch nach einer Partizipation an den patriarchalen Strukturen haben. Konkret: sie wünschen sich, ein Teil der patriarchalischen Strukturen zu sein – und mittels sexistischer Übergriffe wollen sie diese auch übernehmen. „Ähnlich wie im Geschlechterverhältnis", so *Kavemann* (1994, S. 33), „führt die strukturelle Gewalt im Generationsverhältnis zur Legitimierung von Gewalt gegenüber Kindern. Davon profitieren auch Frauen. Hier können sie Macht ausleben, Ohnmacht überwinden, andere kontrollieren und Gewalt ausüben ..."

[12] Vgl. beispielsweise *Lukianowicz* (1972); *Goodwin* und *DiVasto* (1979); *Groth* und *Birnbaum* (1979); *James* und *Nasjleti* (1983); *Johnson* und *Shrier* (1985, 1987); *Schorsch* u. a. (1985); *Finkelhor* und *Araji* (1986); *Chasnoff* u. a. (1986); *McCarty* (1986); *Faller* (1987); *O´Connor* (1987); *Patton* (1987); *Bernard* u. a. (1989); *Krug* (1989); *Mathews* u. a. (1989); *Goodwin* und *DiVasto* (1989); *Rowan* u. a. (1990); *Travins* u. a. (1990); *Allen* (1991); *Godenzi* (1993); *Hunter* u. a. (1993); *Marshall* und *Eccles* (1993); *Marshall* u. a. (1993); *White* und *Koss* (1993); *Hirsch* (1994); *Heiliger* und *Engelfried* (1995); *Berner* (1997); *Brockhaus* und *Kolshorn* (1997); *Harten* (1997); *Baldenius* (1998); *Balzer* (1998); *Bintig* (1998); *Eldridge* (1999); *Kockott* (1999); *Saradjian* (1999).

[13] Vgl. hierzu das Kapitel 4.4.

[14] Vgl. beispielsweise *Cavallin* (1966); *Tingling* und *Klein* (1966); *Eist* und *Mandel* (1968); *James* und *Nasjleti* (1983); *Parker* und *Parker* (1986); *Krug* (1989); *Hirsch* (1994).

[15] Vgl. hierzu auch das Kapitel 4.4.

[16] Die Sexualisierung von Aggressionen betrifft insbesondere *regressive* Pädophile, die im Vergleich zu den *fixierten* Pädophilen eindeutig die „Führerschaft" innerhalb derartiger Beziehungen übernehmen: Macht, Autorität, Gewalt, Zwang, Bedrohungen und die einseitige sexuelle Befriedigung des Erwachsenen am Kinde stehen hier in der Regel im Vordergrund.

[17] Der Verfasser will damit nicht die Behauptung aufstellen, dass (weibliche) *Zwangs-Homosexualität* zwangsläufig und in allen Fällen die Folge von inzestuösem beziehungsweise nicht-inzestuösem Kindesmissbrauch ist. Er vertritt aber die Auffassung, dass *Zwangshomosexualität*, die beispielsweise nach inzestuösem Missbrauch die Folge sein kann, insbesondere bei *weiblichen* Opfern hochsignifikant häufiger als bei männlichen Opfern auftritt.

[18] Vgl. beispielsweise *Kaufman* u. a. (1954); *Medlicott* (1967); *Meiselmann* (1979); *Herman* (1981); *Russell* (1986); *Maltz* und *Holmann* (1987); *Loulan* (1992); *Elliott* (1995); *Hirsch* (2000).

[19] In 34 % der Fälle war es der Vater, in 30 % ein älterer männlicher Verwandter, in 20 %

ein männlicher Fremdtäter, in 20 % Geschwister, in 7 % ein männlicher Geliebter/Partner der Mutter. Und in 8 % der Fälle war es die Mutter, in je 2 % eine Fremdtäterin beziehungsweise eine ältere weibliche Verwandte und in je 1 % eine gleichaltrige weibliche Verwandte beziehungsweise weibliche Geliebte/Partnerin der Mutter. Aufgrund von Mehrfachnennungen (einige Frauen wurden von Männern sowie von Frauen missbraucht) liegt der Prozentsatz über 100 %.

[20] Dies gilt auch für folgenden Tatbestand: Obwohl weibliche Missbrauchsopfer sich häufig für die *weibliche Homosexualität* entscheiden, um die vorhandenen starken sexuellen Bedürfnisse nicht mit einem Mann, sondern mit einer Frau *konfliktfrei auszuleben* (vgl. hierzu *Meiselman*, 1979), lauern auch in *lesbischen Beziehungen Gefahren*. Mit anderen Worten: In dieser Beziehungskonstellation sind sie nicht immer vor Gewalt geschützt. Auch dort wird offensichtlich *sexuelle Gewalt* angewandt – mehr als in schwulen Beziehungen. So fanden beispielsweise *Waterman* u. a. (1989) heraus, dass 30,6 % der von ihnen befragten Lesben – aber „nur" 12,1 % der Schwulen – entsprechende Gewalterfahrungen erlebten. Und *Renzetti* (1988) kommt in ihrer Studie zum Ergebnis, dass 19 % der Frauen *manchmal* und 16 % *oft* von ihren (Lebens-)Partnerinnen zum *Sex gezwungen* wurden. Noch schlimmer: Die in ihrer Kindheit oder Jugend missbrauchten beziehungsweise vergewaltigten (lesbischen) Frauen sind offenbar nicht einmal in dieser Beziehungskonstellation vor *Vergewaltigungen* sicher – über *Vergewaltigung unter Frauen* berichten beispielsweise *Cook* (1997) und *Farrell* (1999).

Auch *physischen Misshandlungen* sind viele Frauen in lesbischen Beziehungen ausgesetzt. So gaben in der Untersuchung von *Renzetti* (1988; vgl. auch *Ohms*, 1993) 32 % der befragten lesbischen Frauen an, manchmal, und 43 % sogar öfters, *physische Misshandlungen* durch ihre (Lebens-)Partnerin ausgesetzt gewesen zu sein. *Schlagen, Bisse* und *Tritte* sind noch die harmloseren Gewaltformen. Zum Teil werden Lesbierinnen von ihren Partnerinnen auch *schlimmster körperlicher Gewalt* ausgesetzt, indem sie mit *Pistolen, Messer, Peitschen, Wagenhebern* und *zerbrochenen Flaschen traktiert* werden (vgl. hierzu *Fillion*, 1996; *Cook*, 1997; *Pearson*, 1997 und *Young*, 1999).
Nach alledem steht fest, dass auch in dieser *Beziehungskonstellation* – den *heterosexuellen Beziehungen vergleichbar* – Macht- und Abhängigkeitsstrukturen exzessiv ausgenutzt und eingesetzt werden. Mit anderen Worten: Es ist nicht auszuschließen, dass Frauen im Vergleich zu *heterosexuellen Beziehungskonstellationen* in *lesbischen Beziehungen* möglicherweise mehr Gewalt erleben. So berichtet beispielsweise *Farrell* (1999), dass 32 % der Lesbierinnen, die früher eine Beziehung zu Männern hatten, von ihnen misshandelt wurden – innerhalb der lesbischen Beziehung waren es 45 %, die durch ihre neue Partnerin *malträtiert* wurden.

[21] Über ein Opfer, das nach dem Tod des Vaters von der Mutter missbraucht wurde, berichtet *Wirtz* (1996). Das Kind musste nach dem Tod des Vaters die Mutter trösten, und zwar durch intensives und langanhaltendes Küssen und Streicheln ihrer Scheide.

[22] Beide Autorinnen gehören innerhalb der Missbrauchsforschung zweifellos zu den her-

ausragenden Wissenschaftlerinnen, die sich mit missbrauchenden Frauen sehr intensiv beschäftigen.

[23] Vgl. hierzu *Schorsch* (1980); *Wirtz* (1996, die sich allerdings *nur* und *ausschließlich* auf männliche Vergewaltiger und weibliche Opfer bezieht); *Berner* (1997); *Bintig* (1998); *Eldridge* (1999); *Kockott* (1999).

[24] *Bernard* (1979, S. 68) kommt in seiner Studie, in der fast ausschließlich männliche Pädophile zu Wort kommen (weibliche Pädophile bekennen sich in der Regel nicht einmal anonym zur Pädophilie) zum Ergebnis:
„Überwiegend wird sich der Pädophile seiner Neigung in der Pubertät bewusst. Die ersten pädophilen Kontakte finden meistens in der gleichen Periode statt. ... Im allgemeinen richtet sich das größte Interesse auf Jungen im Alter von 12, 13 und 14 Jahren und auf 11- bis 13-jährige Mädchen. Es findet sich auch eine (kleinere) Präferenz für die Altersstufen der 5- und 6-Jährigen. Das bevorzugte Geschlecht stellen meistens die Jungen dar, das Interesse für Mädchen ist fast immer sekundär."

[25] *Saradjian* (1999, S. 137) geht davon aus, dass Frauen und Mütter, die sehr *junge* Kinder, *ihre* Kinder sexuell missbrauchen, nicht so sehr nach dem kindlichen Geschlecht gehen, also Mädchen genauso wie Jungen missbrauchen.

[26] Vgl. auch *Rapaport* und *Burkhart* (1984); *Malamuth* (1986).

[27] „Mit ‚Ja' ist gemeint", so die Autoren, „dass die Befragten auf einer Fünf-Punkte-Skala nicht die Antwortvorgabe ‚nicht', sondern eine der vier anderen Möglichkeiten angekreuzt haben. Überwiegend wurde dabei ‚wenig' oder ‚manchmal' angekreuzt."

[28] An der Tagung nahmen insgesamt 30 Sozialpädagoginnen, Diplompädagoginnen und Diplompsychologinnen teil, die in der Mädchenarbeit und in Beratungsstellen arbeiten und langjährige Erfahrungen in der Diskussion und Fortbildungsarbeit zu sexuellem Missbrauch haben.

4.4 Von der Mutter entmachtet, verschlungen und vernichtet
Sind Mütter mitschuldig an der Entstehung der Perversion?

[1] Der Schriftsteller Jean Jacques *Rousseau* beispielsweise liebte die *masochistische Unterwerfung* gegenüber Frauen.
Ein Erlebnis in der Kindheit prägte seine sexuellen Vorlieben, die er im Erwachsenenalter auslebte. Er wurde als Achtjähriger unabsichtlich sexuell erregt durch die Schläge einer dreißigjährigen Frau. Seit diesem Erlebnis, berichtet *Paglia* (1995, S. 288, 289), habe er masochistische Triebwünsche gehabt. Und sie zitiert *Rousseau*, der in der Liebe passiv war (die Frauen mussten den ersten Schritt tun), mit den Worten:

„Zu Füßen einer herrschsüchtigen Gebieterin zu liegen, ihren Befehlen zu gehor-

chen und ihre Verzeihung zu erbitten, das waren gar süße Freuden für mich." *Paglia* (1995, S. 289) führt weiter aus:
„Rousseau macht Schluss mit der Geschlechterkonstellation der ‚großen Seinskette', in der das Männliche Herrscher über das Weibliche war. In der Romantik erhalten, im Gegenzug zur Renaissance, die Amazonen ihre Macht zurück. Rousseau möchte beides haben: einerseits sei die Vergötterung der Frau natürlich und richtig, ein universelles Gesetz; andererseits sei weibliche Zwangsgewalt für die männliche Nachgiebigkeit verantwortlich. Beides – sadomasochistische Beherrschung und Unterwerfung – ist dem Rousseauismus von Beginn an inhärent."

[2] Für *Stoller* (1998) ist der Triumph zentrales Kennzeichen der Perversionen.

[3] *Schorsch* (1993, S. 40) sieht aber auch die Möglichkeit, dass nicht nur Traumen und Ängste immer wieder neu aufleben, sondern frühe Glücks- und Erfüllungszustände: „Sexuelle Lust ist nicht nur Umwandlung von Trauma in Triumph, sondern zugleich auch die momentane symbolische Erfüllung von Sehnsüchten nach infantiler Vollkommenheit, die in der Regression des Orgasmus flüchtig wieder auflebt." Der männliche Orgasmus ist nicht nur Ejakulation, er ist auch, so *Stoller* (1998, S. 107), „ein größenwahnsinniger Ausbruch von Freiheit". Er dient der nichtsexuellen Affektentspannung, der Überwindung von Angst, Hilflosigkeit, Entwertung, aber ist zugleich auch Zerstörung, Hass und Rache.

[4] *Schorsch* (1982, S 114) beschreibt die Perversion wie folgt:
„Perversion im neurosenpsychologischen Sinne (und nur von hier aus lässt sie sich überhaupt definieren) ist eine Deformation der Liebes- und Beziehungsmöglichkeit zum anderen Menschen mit spezifischen Ängsten und Konflikten, die in der Perversion abgewehrt, ausgedrückt und bewältigt werden. (…) Perversion und der perverse Impuls … ist definiert durch das Ausmaß an Angst und das Quentchen Hass (beide bedingen einander), die, biographisch-psychodynamisch herleitbar, sich im perversen Akt oder der perversen Phantasie verschleiert ausdrückt."

[5] Und über Sadismus führt *Schorsch* (1982, S 114) aus:
„Sadismus als sexuelle Perversion, als individuelles Triebschicksal, ist, psychodynamisch gesehen, eine besondere psychische Abwehrformation spezifischer intrapsychischer Ängste und Konflikte – analog einem neurotischen Symptom…"

[6] *Berliner* (1947, 1994, S. 120) definiert Masochismus als „Liebe zu einer Person, die nur Hass und Misshandlungen geben kann". *Hirsch* (1994, S. 120) führt unter Hinweis auf *Berliner* weiter aus: „So ist es kein Wunder, dass die Gewalt, die mit der inzestuösen Liebe verbunden war, im späteren Leben immer wiederholt wird. Sadistische Phantasien und ihr Ausagieren sind dann nur die Kehrseite des Masochismus, sie muten wie ein hilfsloser Rettungsversuch an, es dem Täter gleichzutun oder es ihm heimzuzahlen."

[7] Wird Herrschaft, Allmacht, Unterdrückung in unverstellbarer, direkter und offener

Form ausgeübt, so *Schorsch* (1982, S. 116), desto „unverhohlener und unverbrämter wird Sadismus in Erscheinung treten und zu etwas Alltäglichem werden. Wo Auslieferung, bedingungslose Abhängigkeit und Schutzlosigkeit von Menschen legitimiert sind, wird Sadismus ein gängiges Verhalten. (...) Es gibt darüber hinaus aktuell besonders anfällige und gefährdete Bereiche der Gesellschaft – und zwar überall dort, wo zwischen Menschen Macht und Ohnmacht sind. (...) Dort lässt sich verhältnismäßig leicht eine Quasi-Legitimation für ein beliebiges Verfügen über Menschen und damit auch für sadistisches Handeln herstellen. Ein solches Machtgefälle, das eine Sexualisierung von Herrschaft möglich macht, findet sich z. B. in Gefängnissen, in Krankenhäusern, in Kinderheimen, Internaten, Altersheimen und schließlich auch in der Ehe und Kleinfamilie".

[8] Dem Verfasser ist bis heute kein ähnlicher Fall bekannt geworden, in dem ein Vater seinem Kind eine derart brutale sexuelle Gewalt ausgesetzt hat.

[9] Vgl. hierzu beispielsweise *Socarides* (1976); *Khan* und *Masud* (1989); *Hanson* und *Bussière* (1996); *Berger* und *Ketterer* (1997); *Stoller* (1998).

[10] Sigmund *Freud* glaubte, dass die Perversion bei Männern in der Angst des kleinen Jungen, sein Vater könnte ihm aufgrund seines Verlangens nach der Mutter den Penis abschneiden, wodurch er zu einem Mädchen würde, wurzelt.

[11] Vgl. hierzu beispielsweise *Kröhn* (1984); *Groth* und *Hobson* (1986); *Hedlund* (1986); *Godenzi* (1989); *Khan* und *Masud* (1989); *Wille* und *Kröhn* (1990); *Hanson* und *Bussière* (1998); *Stoller* (1998).

[12] Vgl. hierzu beispielsweise *Godenzi* (1989); *Mayer* (1992); *Pearson* (1997).

[13] 120 Vergewaltigungsfälle, in denen 60 Männer aus der Umgebung von Freiburg verwickelt waren, wurden insbesondere auf die psychologische Täter-Opfer-Beziehung hin analysiert.

[14] Vgl. hierzu *Homes* (1985); *Fortschritte der Medizin*, 101. Jg., Nr. 39, 1983; *Sattler* (1984).

[15] Über die gestörte, verweigerte, fehlende Identitätsbildung im Kontext der pathogenen symbiotischen Beziehung zur Mutter berichten beispielsweise *Ferenczi* (1933, 1972); *Forward* und *Buck* (1979); *Khan* und *Masud* (1989); *Keller-Husemann* (1983); *Bossi* (1993); *Hirsch* (1994); *Stoller* (1998); *Frenken* (2000); *Braun* (2001).

[16] Auch *Scully* (1990) befragte im Rahmen seiner Studie verurteilte Vergewaltiger nach den Beweggründen ihrer Tat. Sexuelle Befriedigung suchten nur wenige von ihnen. Ein Großteil der Vergewaltiger berichtete, ihnen sei es bei der Vergewaltigung um Bestrafung und Rache gegangen – und um Macht- und Kontrollverlangen.

5. Sexualwissenschaft und Sexualstrafrecht im Spiegel des Feminismus

5.1 Schweigende Männer – Folge des Feminismus?
Verhindern ideologische Widerstände der Frauen die Erforschung des sexuellen Missbrauchs durch Frauen?

[1] Mittlerweile existiert immerhin die repräsentative Untersuchung von *Wetzels* (1997).

[2] Die „qualitative Studie" basiert auf der Auswertung von 10 Gerichtsakten jugendlicher und 17 erwachsener gefasster Sexualstraftäter und Interviews mit diesen.

[3] Bei dieser kleinen Studie, die von dem Ministerium für Familie, Frauen, Weiterbildung und Kunst in Baden-Württemberg gefördert wurde, ist zu berücksichtigen, dass die Autorinnen offenbar pauschal Jungen *und* Männer, also das männliche Geschlecht insgesamt, im Rahmen der *patriarchalen Strukturen der potentiellen Täterschaft bezichtigen*. Diese pauschale Verurteilung, versuchen die Autorinnen (1995, S. 15) zu relativieren, „bedeutet nicht, dass alle es tun, sondern alle Jungen/Männer es unter bestimmten Umständen tun könnten, weil sie das Reaktionsmuster und die Legitimation von sexuellen Übergriffen auf Mädchen und Frauen früh erlernen und in der sie umgebenden Wirklichkeit in vielfacher Weise bestätigt und verstärkt finden".

[4] Drei der Täter wurden von erwachsenen Männern missbraucht. Einer von ihnen wurde im Internat von einem Kleriker missbraucht, der ihn einmal nackt auf seine Oberschenkel legte, seinen Po eincremte und mit den Fingern in seine Afteröffnung eindrang.

[5] Damit soll nicht der Eindruck erweckt werden, dass Väter überhaupt keine Verantwortung tragen. Natürlich haben auch Väter eine Mitschuld daran, wenn ihre Söhne sexualisierte Gewalt ausüben. So berichten beispielsweise Romer und Berner (1998) und Günter (2001) vom abwesenden Vater und der mangelnden Identifikation mit einem guten väterlichen Objekt.
An dieser Stelle sei dennoch die Meta-Analyse von *Hanson* und *Bussière* (1996) angeführt (die auf 61 Studien mit insgesamt 28 972 Sexualstraftätern und einem Katamnesezeitraum, der zwischen sechs Monaten und 23 Jahren lag, basiert), die hinsichtlich der Prognosekriterien bei Sexualdelikten darauf hinweisen, dass eine negative Beziehung zum Vater sich prognostisch als unbedeutend erwiesen habe.
Die Meta-Analyse kommt im Übrigen – bezogen auf alle Sexualstraftäter – auf eine Rückfallquote von 13,4 %, die unter dem Durchschnitt aller rückfälligen Straftäter liegt. Bei den Vergewaltigern beträgt sie 18,9 % und bei den Pädophilen 12,7 %.

[5a] Die von *Heiliger* und *Engelfried* wiedergegebenen Aussagen der Täter zeigt eindeutig, dass die Mütter zu einem großen Teil *aggressiv, gefühlskalt* und *zurückweisend* waren. Auch die von *Bundschuh* (2001) interviewten pädophilen Täter berichten fast ausschließlich von *aggressiven, gefühlskalten* und *zurückweisenden* Müttern.

⁶ *Stoller* (1998) hat den Eindruck, dass Konsumenten von harter, brutaler – frauenfeindlicher – Pornographie in ihrer Kindheit von Frauen und Müttern grausam und brutal behandelt wurden – und im Vergleich hierzu Pornokonsumenten, die weniger Grausamkeiten durch das weibliche Geschlecht erdulden mussten, „schönere" Pornographie bevorzugen.

⁷ Sieht man einmal von den USA, wo hierzu die meisten Untersuchungen entstanden sind, einmal ab.

⁸ Diana *Russell* zählt zu den führenden feministischen Kindesmissbrauchsforscherinnen in den USA.

⁹ An einem Fallbeispiel verdeutlichten die Autoren (vgl. auch *Bauserman* und *Rind*, 1997) den ihrer Ansicht nach undifferenzierten Begriff des sexuellen Missbrauchs: Den Fall „eines fünfjährigen Mädchens, das von seinem Vater wiederholt vergewaltigt" wird, stellen sie dem eines 15-jährigen Jugendlichen gegenüber, der sich „mit einem nicht mit ihm verwandten Erwachsenen sexuell einlässt". Die US-Forscher hierzu: „Unstrittig sind die schweren physischen und psychischen Schäden, die dem Mädchen drohen" – „Doch ebenso klar ist, dass Fallbeispiel zwei nur den Bruch sozialer Normen repräsentieren kann, ohne dass dem Teenager daraus ein persönlicher Schaden erwachsen muss."

¹⁰ Die Wissenschaftler prüften im Kontext zum sexuellen Missbrauch psychologische Korrelate wie insbesondere Probleme mit Alkohol, Drogen, Depressionen, Schwierigkeiten in der Interaktion, Bulimie, Paranoia, psychotische Symptome, Schizophrenie, sexuelle Dysfunktion, Suizid.

¹¹ Kein ernstzunehmender Wissenschaftler – egal ob männlich oder weiblich – vertritt die Auffassung mehr, dass Homosexualität eine – unheilbare – Krankheit sei. Sigmund *Freud* (1919, S. 300, 301) selbst hat sich hierzu immer wieder geäußert: „Homosexualität ist gewiss kein Vorzug", so Freud, „aber es ist nicht etwas, dessen man sich schämen muss, keine Last, keine Erniedrigung und kann nicht als Krankheit bezeichnet werden. ... Es ist eine große Ungerechtigkeit, Homosexualität als ein Verbrechen zu verfolgen und auch eine Grausamkeit."
Freud ist sich sicher, dass alle Normalen neben ihrer „manifesten Heterosexualität ein sehr erhebliches Ausmaß an latenter oder unbewusster Homosexualität erkennen lassen".

5.2 Sexualstrafrecht und pädophile Frauen
Warum kommen pädophile Frauen kaum mit dem Sexualstrafrecht in Berührung?

¹ Die Feststellungen von Mathews und Speltz sind natürlich uneingeschränkt auch auf die Bundesrepublik Deutschland übertragbar. Auch hier wird der Diskurs zum Thema

Kindesmissbrauch vorwiegend, wenn nicht gar ausschließlich, von (radikal-)feministischen Frauen bestimmt.

[2] Hierzu zählt § 183 StGB („Exhibitionistische Handlungen") ganz offensichtlich nicht. Auch wenn dort unter Abs. 4 das weibliche Geschlecht Erwähnung findet. Nach Auskunft des *Statischen Bundesamts* wurde in den letzten 10 Jahren nur eine einzige Frau wegen exhibitionistischer Handlungen rechtskräftig verurteilt. In der *PKS* für die Jahre 2001 und 2002 sind 3523 bzw. 3537 Tatverdächtige aufgeführt, 39 bzw. 46 sind weiblich. Rechtskräftig verurteilt wurden 2001 733 und 2002 674 männliche Täter.

[3] Vgl. hierzu das Kapitel 3.1.

[4] Vgl. hierzu beispielsweise *Eldridge* (1999).

[4a] Zum *„Münchhausen by proxy"-Syndrom* führt Matthias *Bastigkeit* im Online-Magazin „Ärztliche Praxis" (2002, Ausgabe: 9, S. 20) aus: „Patienten, die am ‚*Münchhausen by proxy*'-Syndrom – kurz *MSBP* – leiden, wollen um jeden Preis Aufmerksamkeit erregen – und sei es ‚nur' die ihres Arztes. Nicht selten fügen sich Betroffene selbst Verletzungen zu, um ihr Ziel zu erreichen. Im Fall des *MSBP* misshandeln Erkrankte stellvertretend *(‚by proxy')* Mitmenschen. Meist sind die eigenen Kinder die Leidtragenden. In neun von zehn Fällen ist es die Mutter, die ihnen die Kehle zudrückt, Gift ins Essen mischt oder sie mit Megadosen von Laxanzien füttert.
Vom *MSBP* betroffene Frauen haben meist eine medizinische Grundausbildung und weichen ihrem ‚kranken' Kind nicht von der Seite. Die Mütter suchen den intensiven Kontakt zu Ärzten und Pflegepersonal, bauen teilweise freundschaftliche Beziehungen auf und fachsimpeln gern über die Anamnese des kleinen Patienten. Um das eigene Kind zum hilfsbedürftigen Patienten zu machen, greifen die Münchhausen-Mütter zu Rasierklingen, Glasscherben, verabreichen Säure oder Medikamente, pressen dem wehrlosen Kind ein Kissen aufs Gesicht, bis es schier erstickt, oder tauchen dessen Kopf ins Wasser. Auch das Verfälschen von Laborbefunden durch Beimengen elterlicher Ausscheidungen in Sputum, Urin und Stuhl des Kindes kommt vor." Vgl. zu dem Thema auch *Klebes* & *Fay* (1995), *Krupinski* u. a. (1995) und *Bryk* & *Siegel* (2001).

[5] Vgl. hierzu die *Frankfurter Rundschau* vom 21.2.2002 und *dpa* und *ap* vom 18.3.2002.

[6] Vgl. hierzu *Cose* (1995) und *Young* (1999).

6. Sexueller Missbrauch in Zahlen

6.1 Kann den Untersuchungen und Missbrauchsraten Allgemeingültigkeit zugesprochen werden? Die Manipulation von Missbrauchsraten

[1] Völlig zu Recht vertreten beispielsweise *Bagley* und *King* (1990), *Bagley* (1995) und *Rind* u. a. (1998) die Auffassung, sexuellen Missbrauch möglichst eng zu definieren und somit auf sexuelle Handlungen zu beschränken, die mit einer hohen Wahrscheinlichkeit (Folge-)Schäden verursachen können.

[2] *Bange* (1992, S. 57), der völlig legitim und folgerichtig vereinheitlichte Definitionskriterien fordert, widerspricht sich bei der Schutzaltersgrenze und bemüht entsprechende (ausländische) Untersuchungen, in denen die Altersgrenze der Kindheit (für die Bundesrepublik Deutschland gilt jeder unter 14 als Kind) bei 16 Jahren liegt: „D. h. es werden nur sexuelle Übergriffe, die ein Mensch erlebt, bevor er 16 Jahre alt wird, zum sexuellen Kindesmissbrauch gezählt. Dieser Auffassung schließe ich mich – nicht nur aus Gründen der Vergleichbarkeit – an. Obwohl laut § 176 StGB nur sexuelle Handlungen vor, an oder mit einer Person unter 14 Jahren ,sexueller Missbrauch von Kindern' sind, werden die sexuellen Gewalterfahrungen von 14- und 15-jährigen von mir als sexueller Kindesmissbrauch definiert. Denn wegen der noch bestehenden Abhängigkeit und aufgrund der emotionalen Unsicherheiten dieser Lebensphase sind sie noch besonders schutzbedürftig. ... Natürlich ist es immer problematisch, eine Altersgrenze zu bestimmen, da sie niemals jedem Einzelfall gerecht werden kann: Es gibt 15-Jährige, die schon weiter entwickelt sind als 17-Jährige, und einige 18-Jährige mögen noch sehr kindlich sein. Da dies aber aufgrund der Angaben des Fragebogens nicht zu entscheiden ist, ist eine feste Altersgrenze unvermeidlich."
Ähnlich scheinen auch *Wipplinger* und *Amann* (1997) zu argumentieren.
Wie andere AutorInnen auch läuft *Bange* (1992) mit seiner Auffassung Gefahr, die von ihm zu Recht geforderte Vereinheitlichung der Definitionskriterien zu „verwässern". Im Übrigen wurde in der gesamten Zeit, als die Schutzaltersgrenze bei 21 beziehungsweise 18 Jahren lag, genauso wie heute argumentiert. Auch damals wurde von sexuellem Missbrauch von Jugendlichen, die pauschal und völlig undifferenziert zu Opfern erklärt wurden, gesprochen. Damals bereits wurde die Behauptung aufgestellt, derartige sexuelle Kontakte zwischen Jugendlichen und Erwachsenen führen bei den Jüngeren – in Form des „Automatismus" – generell zu schwerwiegenden (Folge-)Schäden, die irreparabel seien. Auch damals wurden Erwachsene, die eine sexuelle Beziehung zu einem Jugendlichen unter 21 beziehungsweise 18 Jahren hatten (unbeachtlich war und ist es auch heute noch, von wem die Kontaktaufnahme ausging), oft jahrelang ins Zuchthaus beziehungsweise Gefängnis gesperrt (von den Tausenden von Homosexuellen, die aufgrund der bis 1969 gültigen Strafbarkeit der Homosexualität eingesperrt wurden, einmal abgesehen). Nun liegt die Schutzaltersgrenze bei 14 beziehungsweise 16 Jahren.

[3] Vgl. für viele andere beispielsweise *Elliger* und *Schötensack* (1991); *Julius* und *Boehme* (1994); *Kutchinsky* (1994); *Bange* und *Deegener* (1996). Eine Täter-Opfer-Altersdifferenz von 10 Jahren findet sich beispielsweise bei *Finkelhor* (1979) und *Fromuth* und *Burkart* (1987).

[4] Vgl. hierzu beispielsweise für viele andere auch *Russell* (1983, 1986); *Elliger* und *Schötensack* (1991); *Halperin* u. a. (1996); *Müller* (1997).

[5] § 176 StGB (Sexueller Missbrauch von Kindern - Altersgrenze: unter 14), § 182 StGB (Sexueller Missbrauch von Jugendlichen - Altersgrenze: unter 16) und § 174 StGB (Sexueller Missbrauch von Schutzbefohlenen - Altersgrenze: unter 16 beziehungsweise 18).

[6] Vgl. hierzu für viele andere beispielsweise *Bauermann* (1983); *Russell* (1983, 1986); *Finkelhor* (1986); *Peters* u. a. (1986); *Kutchinsky* (1984, 1990, 1991); *Elliger* und *Schötensack* (1991); *Halperin* u. a. (1996); *Ernst* (1997); *Müller* (1997); *Wetzels* (1997); *Rind* u. a. (1998).

[7] Bei Befragungen ist die Fragestellung (Frageform) wichtig. Geht diese mit einer subjektiven Bewertung einher wie beispielsweise: „Bist du je missbraucht worden?", war der Frauenanteil bei den Missbrauchern in verschiedenen Studien geringer. Ist die Fragestellung rein beschreibend wie beispielsweise: „Hat jemand mit dir eine der folgenden Handlungen durchgeführt, als du noch ein Kind warst...", so stieg der Täterinnenanteil signifikant an (vgl. hierzu *Julius* und *Boehme*, 1997). *Kloiber* (1994), der in seiner Umfrage einen Täterinnenanteil von 40,5 % ermittelte, führt diese hohe Angabe folgerichtig darauf zurück, dass er in dem Fragebogen keine wertende Frageform gewählt hatte – konkret: auf die Bezeichnung „sexueller Missbrauch" gänzlich verzichtete. Den Männern, „die sich subjektiv nicht als Opfer sexueller Gewalt sehen wollen beziehungsweise können", fiel es, so *Kloiber* (1994, S. 499), „möglicherweise leichter, sich zu ihren sexuellen Erfahrungen mit Frauen zu äußern. Eine andere Frageform (z.B. „Wurden Sie sexuell missbraucht?") hätte evtl. weniger positive Antworten zur Folge gehabt". Und mit Blick auf die „genaue Formulierung der verwendeten Fragen" führt *Wetzels* (1997, S. 50), bezüglich einer von *Bange* und *Deegener* (1996, S. 242) an StudentInnen/FachschülerInnen gestellte Frage, die da lautet: „Hat Sie jemand an Ihren Genitalien angefasst oder es versucht, bevor Sie 16 Jahre alt wurden?", treffend aus: „Nun kann es in vielerlei Konstellationen dazu kommen, dass z. B. ein Erwachsener ein Kind an den Genitalien anfasst, ohne dass dies einen instrumentalisierenden, missbräuchlichen Charakter haben muss. Diese Frage einer Instrumentalisierung wurde jedoch empirisch nicht zum Kriterium gemacht."

[8] Der ehemalige Präsident der *APA (American Psychological Association)*, der amerikanischen psychiatrischen Gesellschaft, die 159 000 Forscher und Dozenten repräsentiert, Martin *Seligman* (1994), verwies zu Recht darauf, dass die Annahme, sexueller Missbrauch zerstöre die seelische und geistige Gesundheit des Opfers im Erwachsenenalter, nicht pauschal behauptet werden kann; dies sei längst nicht bewiesen. Die Forschung verzichte auf methodische Feinheiten, die Studien seien gekennzeichnet von einer einseitigen Auswahl der untersuchten Personen, dem Fehlen einer Kontrollgruppe und dem Versäumnis, alternative Erklärungen für die Ergebnisse in Betracht zu ziehen.

[9] Vgl. beispielsweise *Bauermann* (1983); *Fromuth* (1986); *Peters* u. a. (1986); *Gale* u. a. (1988); *Salter* (1988); *Martens* (1989); *Draijer* (1990); *Okami* (1990, 1991); *Schetky* (1990); *Wisniewski* (1990); *Beitchman* u. a. (1991); *Bifulco* u. a. (1991); *Elliger* und *Schötensack* (1991); *Kutchinsky* (1991); *Alexander* (1992); *Beitchman* u. a. (1992); *Pallotta* (1992);

Pope und *Hudson* (1992); *Eckenrode* u. a. (1993); *Green* (1993); *Kendall-Tackett* u. a. (1993, 1997); *Livingston* u. a. (1993); *Mullen* u. a. (1993); *Rösner* und *Schade* (1993); *Wyatt* u. a. (1993); *Higgins* und *McCabe* (1994); *Julius* und *Boehme* (1994); *Moggi* (1994); *Ney* u. a. (1994); *Hirsch* (1994); *Seligman* (1994); *Kinzl* u. a. (1995); *Levitt* und *Pinnell* (1995); *Jumper* (1995); *Wolfe* und *Birt* (1995); *Halperin* u. a. (1996); *Mullen* u. a. (1996); *Naumann* u. a. (1996); *Egle* u. a. (1997); *Ernst* (1997); *Müller* (1997); *Richter-Appelt* und *Tiefensee* (1996 a, 1996 b); *Wetzels* (1997); *Rind* und *Tromovitch* (1997); *Rind* u. a. (1998).

[10] Vgl. für viele andere beispielsweise *Bagley* und *King* (1990); *Okami* (1990, 1991); *Genuis* (1991); *Violato* und *Genuis* (1993, 1994); *Bagley* (1995); *Jumpe* (1995); *Kassim* und *Kassim* (1995); *Violato* und *Travis* (1995); *Rind* und *Tromovitch* (1997); *Rind* u. a. (1998).

[11] Diese Art der Entstehung und Durchführung „präparierter" Studien wird *Self-selecting poll* genannt.

[12] Die Frage ist, ob man bei *Russell* von einer seriösen Wissenschaftlerin sprechen kann oder von einer radikalfeministisch ausgerichteten Ideologin, die Wissenschaft gekonnt zu nutzen weiß für den propagandistischen Feldzug gegen das Patriarchat. Dass *Russell* zumindest verbal weit „unter die Gürtellinie" schlägt, zeigt ihre Hetztirade gegen den amerikanischen Literaten Bret Easton *Ellis*, der das Buch „American Psycho" schrieb. Wie man auch immer zu Ellis' Werk stehen mag, zeigt das folgende Zitat doch eindrucksvoll, wessen Geistes Kind *Russell* (1993) ist (zitiert nach *Hoffmann* 2001, S. 477): „Es gibt bessere Wege, mit Bret Easton Ellis fertig zu werden, als ihn nur zu zensieren. Ich würde es überaus lieber haben, ihn gehäutet zu sehen, eine Ratte in seinen Hintern eingeführt, seine Genitalien abgeschnitten und in einer Pfanne gebraten, das alles nicht nur vor Publikum, sondern auch vor der Videokamera. Diese Videos können als ‚Kunst' und ‚Meinungsfreiheit' verkauft werden. ... Wir können einen Gewinn aus Ellis' Entsetzen und Schmerzen ziehen, so wie er und die Buchläden einen Profit aus der Vergewaltigung, Folter und Verstümmelung von Frauen ziehen."

[13] Vgl. auch *Kinsey* u. a. (1948); *Finkelhor* (1984); *Conte* (1985); *Kilpatrick* (1987); *Fishman* (1991); *Rind* und *Bauserman* (1993); *Crittenden* (1996).

[13a] Der Filmregisseur Ingmar *Bergman* (1989, S. 120 f.), der als Kind von einer Frau sexuell verführt wurde, hat sich offenbar nie als Opfer eines sexuellen Missbrauchs gesehen. Bergman schildert in seiner Autobiographie ein sexuelles Erlebnis mit einer verwitweten Bekannten seiner Eltern: „Eines Abends sollte ich gebadet werden. Das Hausmädchen füllte die Badewanne und goss etwas hinein, was gut roch. Alla Pitreus klopfte an die Tür und fragte, ob ich eingeschlafen sei. Als ich nicht antwortete, trat sie ein. Sie trug einen grünen Bademantel, den sie sofort auszog. Sie erklärte, sie wolle mir den Rücken schrubben. Ich drehte mich um, und sie stieg ebenfalls ins Bad, seifte mich ein, bürstete mich mit einer harten Bürste ab und spülte mit weichen Händen. Dann nahm sie meine Hand, zog sie an sich und führte sie zwischen ihre Schenkel. Mein Herz pochte

bis zum Hals. Sie spreizte die Finger und drückte sie tiefer gegen ihren Schoss. Mit ihrer anderen Hand umschloss sie mein Geschlecht, das verblüfft und hellwach reagierte. Sie zog vorsichtig die Vorhaut zurück und entfernte behutsam eine weiße Masse, die sich um die Eichel herum angesammelt hatte. Alles war angenehm, ohne mich auch nur im Geringsten zu erschrecken. Sie hielt mich zwischen ihren kräftigen, weichen Schenkeln fest, und ich ließ mich widerstandslos und ohne Furcht in ihrem schweren, fast schmerzhaften Genuss wiegen. Ich war acht oder vielleicht neun Jahre alt."

[13b] Als Missbrauchsdefinitionsgrundlage dient den meisten WissenschaftlerInnen (vgl. beispielsweise *Freud*, 1896; *Finkelhor*, 1979 a; *Bange*, 1992; *Hirsch*, 1994) das Konzept des *„informed consent"* (das wissentliche Verständnis dessen, in das eingewilligt werden soll und die Freiwilligkeit der Entscheidung). Das entwicklungsmäßig unreife Kind kann, so auch die juristische Definition, nicht bewusst, wissentlich, freiwillig und gewollt der sexuellen Beziehung zustimmen. Unreife bezieht sich hier auch auf die emotionale, psychische und kognitive Ebene. Einige Wissenschaftler bezweifelt die „These", nach der insbesondere ältere Kinder generell nicht zum *„informed consent"* fähig sind. *Schetsche* (1994 a) beispielsweise führt hierzu aus:
„... diese These in der generellen Form (ist) für die Älteren der unter 14-jährigen jedoch zu bezweifeln. Darüber hinaus haben gerade die zahllosen Fallstudien der letzten Jahre gezeigt, dass Kinder meistens ein sehr gutes ‚Gespür' dafür haben, wann ‚erlaubte' Zärtlichkeiten in „verbotene" übergehen – und dass ihnen die Problematik mancher Interaktionen nicht zuletzt durch das Verhalten des Erwachsenen deutlich gemacht wird."

[14] Vgl. hierzu beispielsweise *Körner* (1975); *Fritz* u. a. (1981); *Constantine* (1981*)*; *Landis* (1981); *Baurmann* (1983); *Schultz* und *Jones* (1983); *Fromuth* (1984); *Baker* und *Duncan* (1985); *Browne* und *Finkelhor* (1986); *Mannarino* und *Cohen* (1986); *Condy* u. a. (1987); *Conte* und *Schuerman* (1987); *Risin* und *Kross* (1987); *Tong* u. a. (1987); *Goldman* und *Goldman* (1988); *Stein* u. a. (1988); *Caffaro-Rouget* u. a. (1989); *Fromuth* und *Burkart* (1989); *Haugaard* und *Emery* (1989); *Urquiza* (1989); *Draijer* (1990); *Finkelhor* (1990); *Gomes-Schwartz* u. a. (1990); *Okami* (1990, 1991, 1994); *Brubaker* (1991, 1994); *Fischer* (1991); *Fishman* (1991); *Mannarino* u. a. (1991); *O'Neill* (1991); *Goodman* u. a. (1993); *Kendall-Tackett* u. a. (1993, 1997); *West* und *Woodhouse* (1993); *Kloiber* (1994); *Gloor* und *Pfister* (1995); *Lopez* u. a. (1995); *Richter-Appelt* und *Tiefensee* (1996 a, 1996 b); *Müller* (1997); *Richter-Appelt* (1997 a); *Rind* und *Tromovitch* (1997); *Rind* u. a. (1998).

[15] Bei der Clusteranalyse werden mit Hilfe eines Rechenprogramms unter Einbeziehung möglichst vieler Tatmerkmale Fallgruppen, sogenannte *„cluster"* gebildet. Dabei werden Fälle, die ähnlich sind, jeweils zu Gruppen zusammengefasst.

[16] Hervorhebungen von *Baurmann* übernommen.

[17] Vgl. beispielsweise *Körner* (1975); *Money* (1979); *Constantine* (1981); *Lammertz* (1982); *Baurmann* (1983); *Kilpatrick* (1987); *Nelson* (1989); *Feierman* (1990); *Okami* (1990, 1991,

1994); *Fishman* (1991); *Rind* und *Bauserman* (1993); *Crittenden* (1996); *Rind* u. a. (1998).

[18] Vgl. hierzu ausdrücklich die sehr bemerkenswerten Ausführungen von *Körner* (1975), der 483 Missbrauchsfälle mit 407 angeklagten Beschuldigten aus dem Landgerichtsbezirk Frankfurt (Main) aus den Jahren 1960-1969 auswertete.

[19] Vgl. hierzu beispielsweise *Money* (1979); *Baurmann* (1983); *Okami* (1990, 1991); *Fishman* (1991); *Rind* und *Bauserman* (1993); *Rind* u. a. (1998).

[20] Vgl. beispielsweise für viele andere *Körner* (1975); *Money* (1979); *Constantine* (1981); *Baurmann* (1983); Kilpatrick (1987); *Fishman* (1991); *Rind* und *Bauserman* (1993); *Okami* (1990, 1991, 1994); *Rind* u. a. (1998).

[21] *Kirchhoff* (vgl. auch *Focus* 21/1994, S. 34) wie auch *Fastie* (1994) kommen in ihren Studien zu dem Schluss, dass Gerichtsverfahren oft nicht opferfreundlich sind und von den Kindern entsprechend als Belastung erlebt werden (vgl. auch *Körner*, 1975; *Lammertz*, 1979; *Baurmann*, 1983; *Borneman*, 1984; *Kutchinsky*, 1991; *Fegert*, 1993; *Goodman* u. a., 1993; *Hirsch*, 1994). Sie berichten von negativen Auswirkungen, wenn das Kind beziehungsweise der Jugendliche mehrfach aussagen müsse. Hingegen kommen *Volbert* und *Busse* (1995), die allerdings nicht wie *Kirschhoff* und *Fastie* entsprechenden Gerichtsprozessen beiwohnten und nur die Analyse der Gerichtsakten betrieben, zu der Auffassung, dass derartige Gerichtsprozesse besser als ihr Ruf sind. Zu der Rolle der Eltern und den schweren Belastungen für die Opfer berichten beispielsweise *De Leeuw-Albers* (1958), *Zeegers* (1968, 1978), *Körner* (1975), *Van der Kwast* (1975), *Weeks* (1976), *Brongersma* (1980, 1984, 1991), *Schultz* (1980), *Baurmann* (1983), *Borneman* (1984), *Sandfort* (1986), *Sandfort* u. a. (1990), *Friedrich* (1988), *Seligman* (1994), *Kendall-Tackett* u. a. (1993, 1997).

[22] Die Hervorhebungen hat der Verfasser von *Körner* übernommen.

[23] Die bundesdeutschen Prävalenzraten werden weiter unten gesondert aufgeführt.

[24] Die von *Gloor* und *Pfister* mittels Fragebogen befragten Probanden hatten zunächst eine Reihe von kurzen Beschreibungen zu bewerten, in welchen sich Kinder mit Personen unterschiedlichen Alters- und Verwandtschaftsgrades in sexuellen Situationen befanden. Danach wurde ihnen die Frage gestellt, ob sie selbst in ihrer Kindheit und Jugend sexuell missbraucht wurden. Wurde diese Frage bejaht, folgte eine Reihe von Fragen nach unerwünschten sexuellen Erfahrungen, Kontakten, Angriffen bis zum 14. Lebensjahr. Die gesamte Vorgehensart wirkt bedenklich, die Gefahr einer Suggestion ist sicherlich nicht von der Hand zu weisen.

[24a] Vgl. hierzu *Faber* u. a. (1984); *Glöer* und *Schmiedeskamp-Böhler* (1990); *Bange* (1992). *Elsner* (1999, S. 16) zitiert aus einer Mitteilung der „Pressestelle der deutschen Ärzteschaft" aus dem Jahre 1992, dass neuere Untersuchungen belegen, „dass der Anteil der Jungen mit ca. 40 Prozent größer ist, als dies früher vermutet wurde". Die

Polizeiliche Kriminalstatistik führt für das Jahr 2000 insgesamt 19 719 Kinder als Opfer an. Von diesen waren „15 045,5597" (76,3 %) weiblich und „4 673,403" (23,7 %) männlich. Für das Jahr 2002 werden insgesamt 20 389 Kinder als Opfer genannt (darunter befinden sich 1 287 Kinder, die man *versucht* hat zu missbrauchen). Die Kinder waren zu 24,6% männlich und zu 75,4% weiblich.

[25] Vgl. hierzu beispielsweise *Bange* (1992); *Heyne* (1993); *Lew* (1993); *Hirsch* (1994); *Elliott* (1995); *Bange* und *Deegener* (1996); *van den Broek* (1996); *Wetzels* (1997).

[26] Vgl. hierzu das Kapitel 3.1.

[27] Vgl. hierzu beispielsweise *Fritz* u. a. (1981); *Schultz* und *Jones* (1983); *Porter* (1986); *Condy* u. a. (1987); *Risin* und *Koss* (1987); *West* (1987); *Wheeler* und *Berliner* (1988); *Haugaard* und *Repucci* (1988); *Fromuth* und *Burkhart* (1989); *Li* u. a. (1990); *Broussard* u. a. (1991); *Jennings* (1995); *Bange* und *Deegener* (1996); *Richter-Appelt* (1997 a); *Müller* (1997); *Rind* und *Tromovitch* (1997); *Rind* u. a. (1998).

[28] Eine auf diesem Forschungsgebiet renommierte Wissenschaftlerin, die nicht mit Namen genannt werden will, versicherte dem Verfasser, dass tatsächlich bei den Wissenschaftlern, insbesondere Wissenschaftlerinnen ein Schweigegebot beim Thema Frauen, die Kinder sexuell missbrauchen, herrscht, auch wenn mittlerweile in Ansätzen einige um eine Enttabuisierung bemüht seien (vgl. hierzu auch Kapitel 5.1).

6.2 Der Anteil der missbrauchenden Frauen in internationalen Studien
Missbrauchen Frauen vorwiegend Jungen?

[1] Vgl. beispielsweise *Russell* (1983); *Finkelhor* und *Hotaling* (1984); *Trocme* (1994).

[2] Vgl. hierzu *Groth* (1979, 1983); *Vennix* (1984); *Faller* (1987); *Brière* und *Runtz* (1988); *Das niederländische Vertrauensärztebüro* (1989); *Finkelhor* u. a. (1990); *Gordon* (1990); *Hunter* (1990); *Li* u. a. (1990); *Sattler* und *Flitner* (1994).

[3] Vgl. beispielsweise *Bell* u. a. (1981); *Fritz* u. a. (1981); *Longo* (1982); *MacFarlane* (1982); *Finkelhor* und *Russell* (1984); *Petrovich* und *Templer* (1984); *Condy* (1985); *Kercher* und *MacShane* (1985); *Marquit* (1986); *Burgess* u. a. (1987); *Condy* u. a. (1987); *Risin* und *Kross* (1987); *Fromuth* und *Burkhart* (1987); *Johnson* und *Shrier* (1987); *Knopp* und *Lackey* (1987); *Becker* (1988); *Finkelhor* u. a. (1988); *Brannon* u. a. (1989); *Drion* (1989); *Ramsay-Klawsnik* (1990 a); *Allen* (1991); *Harrison* und *Cobham* (1995); *Starling* u. a. (1995).

[4] Die Missbrauchsrate der Täterinnen beträgt 100 %, da die Vergewaltiger nicht angaben, von Männern missbraucht worden zu sein. Im Übrigen waren *Petrovich* und *Templer* von dem Ergebnis sehr überrascht, da Frauen und Mütter als Missbraucherinnen nicht Gegenstand ihrer Befragung waren.

[5] Von diesen wurden 57 % wegen Vergewaltigung und 37 % wegen Kindesmisshandlung überführt.

[6] Nach *Heyne* (1993, S. 280) sind mit dem Begriff „*hands-on*"-Übergriffe „zum einen sexuelle Praktiken ohne Penetration gemeint, etwa Manipulation der Genitalien, Oralsex etc., zum anderen sexuelle Praktiken mit analer oder vaginaler Penetration durch Penis, Finger oder andere Objekte. Mit ‚*hands off*'-Übergriffen werden obszöne Anrufe, Exhibitionismus, Voyeurismus und Fetischismus bezeichnet; hinzu kommen Kinderprostitution und Kinderpornographie".

[7] *Risin* und *Kross* modifizierten ihr Ergebnis allerdings nach einer Angleichung an den Definitionskriterien von Finkelhor auf 35 %.

[8] In dieser Missbrauchsrate sind offenbar auch Fälle enthalten, in denen es später zu Verfahrenseinstellungen oder gar Freisprüchen kam.

[9] *Kavemann* (1996 b, S. 253) stützt sich bei dieser Behauptung ausschließlich auf *Faller* (1993) und *Elliott* (1993), obwohl beispielsweise auch *Fehrenbach* (1988), *McCarty* (1986) und *Mathews* u. a. (1989) in ihren Studien zu höheren Missbrauchsraten für weibliche Missbrauchsopfer gelangten.

[10] Über den Tatbestand, dass viele Sexualstraftäter, die Kinder sexuell missbrauchen, einige gar vergewaltigen (oder die Frauen vergewaltigen), in ihrer Kindheit – auch hochsignifikant von Frauen und Müttern – missbraucht wurden, wird weder in der Öffentlichkeit noch in den Medien noch in der Strafjustiz und der Fachwelt diskutiert.

[11] Andere Missbrauchszahlen über SexualstraftäterInnen, die in ihrer Kindheit selbst Opfer sexuellen Missbrauchs wurden, wird man durch Befragungen männlicher wie weiblicher Täter kaum erhalten können. Denn nicht nur männliche, sondern vor allem auch weibliche Missbraucher schützen sich, auch wegen drohender Strafverfolgung, leben anonym, können ihre Veranlagung viel erfolgreicher verdecken als männliche Missbraucher, bekennen sich nicht zu ihrer Veranlagung und werden somit naturgemäß auch durch Umfragen nicht erreicht. Das ist der Grund, warum die Erforschung pädophiler Beziehungen mit Blick auf die öffentliche Reaktion sowie deren Strafbarkeit generell zum Scheitern verurteilt ist. *Crittenden* (1996, S. 166), der offenbar für eine alternative Betrachtungsweise im Gegensatz zur traditionellen viktimologischen Betrachtungsweise plädiert, glaubt, dass, wenn solche Beziehungen „eher als eine übliche Variante menschlichen Verhaltens" betrachtet würden „denn als abnormale Erscheinung", ein von Vorurteilen befreiter Zugang zur Erforschung sexueller Beziehungen zwischen Kindern und Erwachsenen möglich wäre. Solange die Wissenschaft jedoch pauschal vom Missbrauch überzeugt ist, sei die Erforschung solcher Beziehungen nicht möglich (vgl. hierzu auch *Feierman*, 1990; *Okami*, 1990; *Seligman*, 1994; *Rind* u. a., 1998).

[12] Mit der Frage, ob man hundertprozentig sicher sein kann, dass bei (retrospektiven) Befragungen mittels Interview oder Fragebogen nicht manch einer der Befragten einen Missbrauch erfindet beziehungsweise in dramatischer Form aus einem „harmlosen" Missbrauch einen schwerwiegenden Missbrauch „erdichtet" oder „erinnert", haben sie sich bis heute nicht beschäftigt. Die Überprüfung der Glaubwürdigkeit von berichteten Missbrauchserfahrungen – auch und insbesondere im Rahmen von (Prävalenz-)Studien – ist in der Regel nicht möglich. Weder Menge, Ausführungen, Klarheit, Lebendigkeit, emotionale Beteiligung, zeitliche Konsistenz, Vertrauen in die Genauigkeit von Details und die Verlässlichkeit des guten Gedächtnisses bieten *absolute Gewähr für die Glaubhaftigkeit entsprechender Aussagen* (vgl. hierzu *Spiegel* und *Shefflin*, 1994; aber auch *Frankel*, 1993).

[13] Vgl. beispielsweise *Groth* (1979, 1979 a, 1983); *Longo* (1982); *MacFarlane* (1982); *Seghorn* u. a. (1983); *Petrovich* und *Templer* (1984); *Condy* und *Condy* u. a. (1985, 1987); *Wolfe* (1985); *Fehrenbach* u. a. (1986); *Burgess* u. a. (1987); *Fehrenbach* (1988); *Brannon* (1989); *Mathews* u. a. (1989); *Widom* (1989); *Abel* und *Rouleau* (1990); *Allen* (1991); *Abel* u. a. (1993); *Brière* und *Smiljanich* (1993); *Lake* (1993); *Widom* und *Ames* (1994); *Graham* (1996); *Howitt* (1998).

6.3 Die bundesdeutsche Missbrauchsrate
Der Anteil der Täterinnen in der BRD

[1] Vgl. *Elliger* und *Schötensack* (1991); *Bange* (1992); *Raupp* und *Eggers* (1993); *Burger* und *Reiter* (1993); *Teegen* u. a. (1992); *Kloiber* (1994); *Bange* und *Deegener* (1996); *Richter-Appelt* und *Tiefensee* (1996 a, 1996 b); *Müller* (1997); *Wetzels* (1997).

[1a] An dieser Stelle sei erwähnt, dass der vor Jahren verstorbene Sexualwissenschaftler *Ernest Borneman* (1992 b, 1992 c) in einem Vortrag die Auffassung vertrat, dass sexuelle Kontakte zwischen Kindern und Erwachsenen erlaubt sein sollten, wenn das Kind älter als sieben Jahre ist und den pädosexuellen Kontakt selbst wünscht.

[2] Was unter „aufgedeckte Fälle" und „vermutete Fälle" zu verstehen ist, ergibt sich nicht aus der Studie. Es ist nicht seriös und legitim, insbesondere die (durch Dritte) „vermutete(n) Fälle" in einer Untersuchung unter dem Begriff „sexueller Missbrauch an Kindern" aufzuführen und diese in die „ermittelten" Missbrauchsraten großzügig „hineinzurechnen". Dies um so mehr, als dass andere AutorInnen die Missbrauchszahlen von *Reiter* und *Burger* als real ermittelte Missbrauchsfälle unkommentiert übernehmen.

[3] Über die Motivation der Betroffenen berichtet *Teegen* (1993, S. 332, 333), dass sie „den Wunsch (nannten), zur Aufklärung beizutragen und anderen Betroffenen zu helfen, sowie das Bedürfnis nach Selbstaufklärung, Information und Hilfe. Acht weitere Männer teilten telefonisch oder schriftlich mit, dass sie sexuelle Kontakte von Erwachsenen (speziell Frauen) zu Kindern positiv bewerten (u. a. für die psychosexuelle Erziehung) beziehungsweise dies selbst so erleben".

[4] Unter Berücksichtigung der „unbekannt verzogenen Männer umfasste die Gesamtstichprobe ein Kollektiv von N=1 401", so *Kloiber* (1994, S. 494).

[5] Die Stichprobe wurde Ende 1991 von dem Landeseinwohnermeldeamt Berlin ermittelt.

[6] Unter Hinweis auf die verschiedenen zahlreichen Definitionen von sexuellem Missbrauch sei an dieser Stelle eine durchaus interessante Anmerkung von *Richter-Appelt* und *Tiefensee* (1996 a, S. 373) wiedergegeben: „Uns scheint es daher wichtig hervorzuheben, dass es bei den dargestellten Ergebnissen zur Häufigkeit von sexuellem Missbrauch nicht um eine Prävalenzstudie von sexuellem Missbrauch gehen kann, da es *den* sexuellen Missbrauch gar nicht gibt. Es können daher nur Angaben zu Auftretenshäufigkeit bestimmter Missbrauchserfahrungen in der Kindheit gemacht werden."

[7] „Diese Altersgrenze wurde festgelegt, um nicht erste eventuell auch negative Erlebnisse in der Pubertät als sexuelle Missbrauchserfahrung in der Kindheit mitzuerfassen", so die Begründung von *Richter-Appelt* und *Tiefensee* (1996 a). An anderer Stelle führt *Richter-Appelt* (1997 b, S. 5) aus: „Die in der Literatur immer wieder angeführte Altersdifferenz von fünf Jahren zwischen Täter und Opfer erschien uns nicht sinnvoll, da auch unter Gleichaltrigen sexuell traumatisierende Handlungen vorkommen können."

[8] Diese Missbrauchsrate betrug ursprünglich 25 %; sie wurde von *Richter-Appelt* (1995, 65) um zwei Prozent nach unten revidiert. Diese Tatsache dürfte *Bange* (1997, S. 16) nicht entgangen sein, der die weibliche Missbrauchsrate von Richter-Appelt mit eben diesen 25 % angibt.

[9] Für den Verfasser überhaupt nicht nachvollziehbar ist, dass die 12 % Frauen, die sich „global als Opfer sexuellen Missbrauchs" bezeichneten, aufgrund dieser pauschalen und nicht verifizierbaren Aussage in die Missbrauchsrate mit einbezogen und somit hineingerechnet wurden. Konkret: Es ist überhaupt nicht nachvollziehbar, ob diese Frauen unter eine wie auch immer geartete Missbrauchsdefinition fallen beziehungsweise dort einzuordnen sind. *Richter-Appelt* (1997 a, S. 205) erklärt hierzu:
„In der vorgestellten Arbeit werden als sexuell missbraucht sowohl diejenigen bezeichnet, die eine konkrete Missbrauchshandlung geschildert hatten, aber auch diejenigen, die ohne Angabe von Gründen sich selbst als sexuell missbraucht bezeichnet hatten." Mit anderen Worten:
„Insgesamt waren also 23 % der Frauen und 4 % der Männer als sexuell missbraucht eingeschätzt worden", so *Richter-Appelt* und *Tiefensee* (1996 a, S. 370). Sehr bedenklich ist auch der von den Autorinnen benannte Tatbestand, dass von den Männern „wiederholt Situationen geschildert (wurden), die alle Projektmitarbeiterinnen und -mitarbeiter als sexuelle Missbrauchserfahrungen einschätzten, der Befragte bezeichnete sich jedoch nicht als sexuell missbraucht. Diese Personen wurden der Gruppe ‚sexuell missbraucht' zugeordnet."

[10] Von diesen wurden 138 missbraucht, 762 nicht missbraucht, und bei 76 handelte es sich um sogenannte „unklare" Fälle, die nicht berücksichtigt worden sind.

[11] Mitberücksichtigt hatte *Müller* (1997, S. 65) auch Betroffene, die berichteten, mit einem fünf oder mehr Jahre Älteren positive Erfahrungen gemacht zu haben, und zwar „wegen (der) Vergleichbarkeit der Studienergebnisse".

[12] Erstaunt ist *Müller* (1997, S. 58) über die Tatsache, dass im Vergleich zu ihrem Ergebnis der Anteil der weiblichen Täter bei den Würzburger/Leipziger (*Schötensack u. a.*, 1992) und Essener (*Raupp* und *Eggers*, 1993) Erhebungen nur bei je 6 % liegt: „Auffallend ist, dass der Anteil weiblicher Täter bei männlichen Opfern in unserer Erhebung verhältnismäßig hoch ist. Während er in den anderen Studien bei 6 % liegt, sind es hier 24 % oder sogar 33 %, wenn man auch die weibliche Mittäterschaft berücksichtigt."

[13] Die Studie wird im gesamten Buchtext unter der Quellenbezeichnung *„Wetzels* (1997)" geführt, der sie 1997 in Buchform veröffentlichte.

[14] Die Umfrageergebnisse wurden in einem Beitrag mit dem Titel: „Tatort Familie" (47/1994, S. 248-257) veröffentlicht.

[15] Leider enthält die *Focus*-Umfrage weder Angaben über die Anzahl der weiblichen *und* männlichen Täter, noch Angaben über das Alter und Täterumfeld (Familie, Verwandtschaft, Bekannte und Fremde). Dies betrifft u. a. auch eine differenzierte Befragung hinsichtlich des sexuellen Missbrauchs *mit* und *ohne* Körperkontakt und die Spezifizierung der sexuellen Handlungen.

[16] Vgl. hierzu das Kapitel 1.4.

[17] Im Vergleich zu allen anderen Beratungsstellen hatte „Wildwasser" die höchste Anzahl an Beratungsfällen (101 = 36,5 %).

[18] Sexueller Missbrauch – Beratungsfälle und Angebotsstruktur in der Universitätsstadt Gießen. Materialien zur Jugendhilfeplanung, Band 9. Herausgeber: Magistrat der Universitätsstadt Gießen – Sozial- und Jugenddezernat. Gießen 1998.

[19] Es handelt sich um 72,5 % „aufgeklärte" und 27,5 % „vermutete" Fälle. Berücksichtigt wurden Jugendliche bis zum 18. Lebensjahr; dies ist insofern erstaunlich, als dass im Rahmen der Strafvorschriften (§§ 176, 182 StGB) die Schutzaltersgrenze bei 14 und 16 Jahre liegt.

[20] Im Jahre 1984 gehörte *Kavemann* zu denen, die den sexuellen Missbrauch durch Frauen und Mütter offenbar nicht ganz wahrhaben wollten. Mit ihrer Ko-Autorin *Lohstöter* behauptete sie im Ernst, dass die Täter zu fast 100 % männlich sind (*Kavemann* und *Lohstöter*, 1984).

[21] Tilmann Fürniss, in: „*The Spectator*" 1991.

6.4 Horror-Zahlen?
Feministisches Zahlenspiel wider besseres Wissen

[1] *Baurmann* (1992, S. 100 [Anm. 18]) drückt es auf der gleichen Seite auch mit den Worten aus: *Kavemann* und *Lohstöter* „multiplizierten recht unbekümmert 15 000 (angebliche gewalttätige Viktimisierungen von Kindern) mit 20 (angebliches Dunkelfeld) und kamen so auf jährlich 300 000 Kinder, die sexuell missbraucht werden"'. Im Übrigen verweist *Baurmann* (1992, S. 100 [Anm. 15]) darauf, dass er in einer früheren Veröffentlichung die in der Literatur genannten Dunkelfeldschätzungen von „1:2 bis 1:18" erwähnt habe – diese Dunkelfeldschätzungen also nicht von ihm stamme.

[2] *Baurmann* meint hier das Buch von *Kavemann* und *Lohstöter* (1984).

[3] Die Kleinschreibung im Text hat der Verfasser von *Jacobi* übernommen.

[3a] Bei den Tatverdächtigen handelt es sich nach der *Polizeilichen Kriminalstatistik* (PKS) aus dem Jahre 2000 um 8748,784 (!) männliche und 289,216 (!) weibliche Personen. Die „Opfer" werden dort mit 19 719 („15045,5597" Mädchen und „4673,403") Jungen angegeben. Im Übrigen: Etwa 90 % der in der PKS aufgeführten Verdachtsfälle beruhen auf Anzeigen und Mitteilungen aus der Bevölkerung.

[4] Vgl. hierzu *Statistisches Bundesamt*, Fachserie 10, Reihe 3, Strafverfolgung 2000, S. 88-89. Es wird in dem Bereich keine bundesweit einheitliche Statistik geführt, so dass sich die Zahlen nur auf Westdeutschland einschließlich Berlin beziehen. Anders sieht es bei der *Polizeilichen Kriminalstatistik* (PKS) aus: Hier sind alle Bundesländer beteiligt (für das Jahr 2000 wird die Rate der den Polizeibehörden gemeldeten Fälle für die alten Länder einschließlich Berlin mit 12 961 und die der neuen Länder mit 2620 angegeben). 2002 betrug die Rate 13531 (West) bzw. 2467 (Ost). Darüber hinaus führt die *PKS* für das Jahr 2000 1870 Fälle nach den §§ 174, 174 a-c StGB („Sexueller Missbrauch von Schutzbefohlenen", „Sexueller Missbrauch von Gefangenen, behördlich Verwahrten oder Kranken und Hilfsbedürftigen in Einrichtungen", „Sexueller Missbrauch unter Ausnutzung einer Amtsstellung" und „Sexueller Missbrauch unter Ausnutzung eines Beratungs- oder Betreuungsverhältnisses") auf. 2002 betrug die Gesamtrate 1903.
Nach Angaben des *Statistischen Bundesamts* sind im Jahre 2000 nach § 174 StGB 90 Personen, nach § 174a StGB 3 Personen und nach § 174 c Abs. 1 1 Person rechtskräftig verurteilt worden. 2002 sind 94 bzw. 4 bzw. 6 Personen rechtskräftig verurteilt worden.

[4a] Auch *Hoffmann* (1994, S. 7), der im Zusammenhang mit der *Polizeilichen Kriminalstatistik* (PKS) völlig zutreffend von einer „Verdachtsstatistik" spricht, erliegt einem wie auch immer gearteten Irrtum: Er behauptet, dass die *PKS* für das Jahr 1992

insgesamt 16 442 bekannt gewordener Fälle vollendeten und versuchten sexuellen Missbrauchs von Kindern (§ 176 StGB) verzeichnete. Gleichzeitig verweist er auf die *Strafverfolgungsstatistik* und darauf, dass die dort aufgeführten Zahlen „jedoch viel geringer als die Zahlen der PKS" sind. Die Strafverfolgungsstatistik weist für das Jahr 1992 allerdings „nur" 14 440 bekannt gewordene Verdachtsfälle sowie insgesamt „nur" 1800 „Rechtskräftig Verurteilte" aus.

[5] *Baurmann* bezieht sich bei der Zahl 200 000 auf den *Verein Dunkelziffer e.V.*

7. Anhang

7.1 Der sexuelle Missbrauch von Heimkindern
Kinder und sexueller Missbrauch in der katholischen Kirche

[1] Den Anteil der männlichen Täter in pädagogischen Einrichtungen beziffern *Finkelhor* und *Hotaling* (1984) mit 81 %, die der weiblichen Täterinnen mit immerhin 11 % – und die der männlichen und weiblichen Täter, die gemeinsam Kinder sexuell missbrauchten, geben sie mit 9 % an. In einer Studie kommen *Finkelhor* u. a. (1988) zum Ergebnis, dass in insgesamt 270 Fällen von Kindesmissbrauch in amerikanischen Kindertagesstätten 222 Männer und 147 Frauen beteiligt waren (in dieser Missbrauchsrate sind offenbar auch Fälle enthalten, in denen es später zu Verfahrenseinstellungen oder gar Freisprüchen kam).

[2] Doch nicht nur Kinder und Jugendliche sind der Gefahr sexueller Übergriffe ausgesetzt, so *Conen* (1997, S. 715): „... auch innerhalb der Mitarbeiterschaft kommt es zu sexuellen Übergriffen, wobei diese jedoch eher zwischen Leitern und Mitarbeiterinnen zu beobachten sind. Darüber hinaus kommt es auch zu Übergriffen, die jedoch meist nicht sexuell betont sind, in dem Mitarbeiter zu einzelnen Kindern und Jugendlichen ein großes Maß an Nähe herstellen, diese zu ihren Vertrauten machen und daher diese für ihre eigenen psychischen Bedürfnisse funktionalisieren."

[3] Seit Jahrzehnten, und auch in den letzten Jahren, haben katholische Bischöfe weltweit die Verbrechen ihrer Priester gedeckt, Informationen zurückgehalten und missbrauchende Kleriker in andere Gemeinden versetzt. Alleine in den USA zahlte die katholische Kirche seit Mitte der achtziger Jahre mindestens rund eine Milliarde Dollar an Schadenersatz und Schweigegeld an Opfer sexueller Gewalt.
Während sich die rund 280 katholischen Bischöfe im Juni 2002 bei den sexuell missbrauchten Opfern öffentlich entschuldigten und – wie auch der Papst in Rom – versicherten, entschieden gegen pädophile Priester vorzugehen, verfolgen zumindest einige der Kleriker offenbar eine eiskalte Strategie gegen die Opfer. Vor den Gerichten werden die Opfer von Kirchenanwälten wieder verstärkt massiv angegriffen, indem sie mit Gegenangriffen und -vorwürfen konfrontiert werden. So wurde beispielsweise ein zehnjähriger Junge, der von einem Priester missbraucht wurde und der sich später selbst an seinem dreijährigen Bruder verging, von den Kirchenjuristen vor Gericht als eigentlicher

Verführer angeprangert. In einem anderen Fall wurde den Eltern eines männlichen Opfers, das mit sechs Jahren von einem Priester missbraucht worden war, von Kirchenjuristen mitgeteilt, es habe selbst fahrlässig zu seinem Missbrauch beigetragen.

Ein gravierender Skandal ging Anfang 2002 weltweit durch die Medien: Der Priester John *Geoghan* soll in drei Jahrzehnten als Seelsorger mindestens 130 Jungen missbraucht haben. Er wurde mittlerweile zu einer zehnjährigen Haftstrafe verurteilt. Die Diözese Boston zahlte an 40 betroffene Kläger, die ihren eigenen Angaben nach von dem Priester missbraucht worden waren, schätzungsweise 15 Millionen Dollar. Als „Gegenleistung" wurde jeweils eine außergerichtliche Vereinbarung getroffen, die die Opfer und ihre Angehörigen zum Schweigen verpflichtete. So konnte man offenbar verhindern, dass zahlreiche Missbrauchsfälle der weltlichen Gerichtsbarkeit überantwortet wurden.

Diese Entschädigungszahlungen stürzten alleine die Diözese Boston, gegen die rund 450 Missbrauchsklagen vorliegen (insgesamt sind in den USA mehr als 1000 Zivilklagen anhängig - Stand September 2002), in größte finanzielle Schwierigkeiten: Die Diözese dachte bereits darüber nach, mehrere Kirchen zu verkaufen. Um den totalen wirtschaftlichen Ruin zu verhindern, wird nun auf eine altbewährte Strategie zurückgegriffen: Die Kleriker halten sich an den Missbrauchsopfern „schadlos", um weitere Zahlungen zu vermeiden. Die im März 2002 weiteren Opfern in Aussicht gestellten Zahlungen von bis zu 350 000 Dollar pro Kopf wurden wieder zurückgezogen. Die Begründung: Es sei zu befürchten, dass mit Blick auf vergleichbare Prozesse ähnliche Summen hätten ausgezahlt werden müssen. Alleine in Bosten wird die Zahl der Missbrauchsfälle auf 500 geschätzt. Im September 2002 einigte sich die Diözese mit 86 Opfern auf eine Entschädigungszahlung von 9,6 Millionen Euro; weitere 20 Opfer erhalten etwa 500 000 Euro.

Dem Bostoner Bischof und Kardinal Bernard *Law*, der zu den einflussreichsten Klerikern in den USA gehört, und anderen hochgestellten Klerikern der Diözese wird vorgeworfen, von den Verbrechen gewusst und geschwiegen zu haben. Sie seien nicht entschlossen gegen John *Geoghan* vorgegangen. Statt dessen hätten sie den Priester immer wieder woanders hin versetzt, wo er weiterhin zu Kindern Zugang gehabt habe, obwohl gegen ihn bereits seit den 80er Jahren Vorwürfe erhoben wurden. Anzeichen dafür, dass das Oberhaupt der katholischen Kirche, der Papst, gegen *Law* vorgehen will, sind bis heute nicht erkennbar. Der Kardinal selbst will trotz zahlreicher Proteste und Aufforderungen zum Rücktritt im Amt bleiben. Immerhin war *Law* bereit, der Justiz – auf deren Druck hin – eine Liste mit den Namen von 80 Priestern zu übergeben, denen ebenfalls sexueller Missbrauch vorgeworfen wurde. Auch der New Yorker Kardinal Edward *Egan* übergab nach wochenlangem Zögern der Staatsanwaltschaft eine Liste mit Namen von beschuldigten Priestern.

Nachtrag I: *Law* ist im Dezember 2002 auf Druck der Kirchengemeinde zurückgetreten, sein Nachfolger, Bischof Sean *O'Malley,* bot im August 2003 den Opfern 85 Millionen Dollar Entschädigung an. Gleichzeitig erklärte er sich bereit, die Kosten für die psychotherapeutische Behandlung traumatisierter Opfer pädophiler Priester zu übernehmen. Durch sein Vergleichsangebot sollen die Prozesse gegen etwa 140 Priester eingestellt werden, gegen die mehr als 500 Klagen wegen sexueller Misshandlung von schutzbefohlenen Minderjährigen vorliegen. Nach einem Bericht des Generalstaatsanwalts wurden in den vergangenen sechs Jahrzehnten vermutlich mehr als 1.000 Minderjährige von Priestern und anderen Kirchenvertretern sexuell misshandelt. 542 Gemeindemitglieder, die nach eigenen Angaben von Priestern missbraucht wurden, hatten Klage eingereicht. Die Anschuldigungen reichten von Vergewaltigungen von Jungen im Beichtstuhl bis zu zwei geschwängerte Mädchen.

Nachtrag II: Der 67-jährige Priester John Geoghan, der mindestens 130 Jungen sexuell missbraucht haben soll, ist im August 2003 in der Strafanstalt Souza-Baranowski in der Nähe von Boston von einem Mithäftling angegriffen und schwer verletzt worden. Kurze Zeit später ist er im Krankenhaus gestorben.

Nicht in allen Missbrauchsfällen wird die Strafverfolgungsbehörde gegen die Priester ermitteln können, da die verübten Verbrechen häufig schon länger zurückliegen und von einer Verjährung ausgegangen werden muss. Dieser Tatbestand beweist eindeutig, dass die Kirche in vielen Fällen eine entsprechende Strafverfolgung verhindert hat. Auch von den rund 250 katholischen Priestern, die in den USA seit Januar 2002 von der Kirche suspendiert worden sind, werden sich die meisten vermutlich nicht vor der weltlichen Strafjustiz verantworten müssen – das Gleiche wird wohl auch für vier Bischöfe zutreffen, die im ersten Halbjahr 2002 ihren Rücktritt erklärt haben.

Auch in der Bundesrepublik Deutschland haben kirchliche Funktionäre die Verbrechen ihrer missbrauchenden Priester häufig gedeckt, Informationen zurückgehalten und diese in andere Pfarrgemeinden versetzt (es sind Fälle bekannt, in denen diese weiterhin Kinder missbrauchen konnten). Noch schlimmer: Die beiden Großkirchen (hin und wieder unterstützt durch Behörden und Parteien auf örtlicher Ebene) waren immer wieder bemüht, missbrauchende Gottesmänner vor Strafverfolgung zu schützen. Der Frankfurter Oberstaatsanwalt Dr. Harald Hans *Körner* (1975, S. 166) berichtet hierzu: „... ich (konnte) z. B. bei Ermittlungsverfahren gegen kirchliche Würdenträger häufig rege Bemühungen von Kirche, Behörden und Parteien feststellen, derartige Beschuldigungen vor dem öffentlichen Bekanntwerden durch verschwiegene Abmahnungen aus der Welt zu schaffen und bereits eingeleitete Ermittlungsverfahren im Keime zu ersticken. Nicht selten traten im Ermittlungsverfahren oder in der Hauptverhandlung eine endlose Reihe von Leumundszeugen auf, um den Beschuldigten moralische Integrität zu bescheinigen und um ihre Überzeugung von der Unschuld des Freundes, Genossen oder Kollegen zu beteuern." Über missbrauchende katholische und evangelische Pfarrer und schweigende, vertuschende Vorgesetzte sind alleine in den letzen 30 Jahren auch in der Bundesrepublik Deutschland zahlreiche Presseberichte erschienen. So beispielsweise im *Spiegel*-Magazin (11/1995, S. 143-146; 35/1996, S. 30-45; 44/2000, S. 134-138; 18/2002, S. 62-63; 29/2002, S. 58-63 und 39/2002, S. 58). Derartige Presseberichte scheint der Vorsitzende der Deutschen Bischofskonferenz, Kardinal Karl *Lehmann*, offenbar nicht zu kennen. In dem bereits erwähnten *Spiegel*-Interview (26/2002, S. 54-57) versicherte *Lehmann* auf den Hinweis des *Spiegels* „Aber auch in Deutschland hat die Kirche, wie in den USA, jahrelang nach dem Motte gehandelt: vertuschen, versetzen, bloß keine Justiz":
„Das mag früher in Einzelfällen so gewesen sein, ich kenne – nicht nur in meinem Bistum – solche Fälle nicht."
Sind dem Kardinal tatsächlich keine derartige Fälle bekannt?

1995 beispielsweise sorgte der folgende skandalöse Missbrauchsfall bundesweit für Aufsehen:
Die Jugendschutzkammer des Landgerichts Kassel verurteilte einen 48-jährigen katholischen Pfarrer wegen sexuellen Missbrauchs von drei elf- bis dreizehnjährigen Messdienern zu zwei Jahre auf Bewährung (vgl. hierzu beispielsweise *Spiegel* 42/1995, S. 72-74 und *Frankfurter Rundschau* vom 13.9.1994, 31.5.1995, 7.7.1995, 19.11.1996). Darüber hinaus wurde dem Geistlichen eine Alkohol- und Sexualtherapie auferlegt und ein Tätigkeitsverbot hinsichtlich jeglicher Jugendarbeit ausgesprochen. Weitere Missbrauchsfälle konnten nicht mehr angeklagt und abgeurteilt werden, da diese bereits verjährt waren. In der Urteilsbegründung wurde der katholischen Kirche eine Mitschuld zugewiesen: Sie habe den Pfarrer nach einem bereits vor Jahren erhobenen Vorwurf des sexuellen Missbrauchs lediglich versetzt. Die Kirche, die etwa vier Jahre lang schwieg, habe die Vorfälle „unter den Teppich gekehrt" und den Pfarrer mit seinen Problemen allein gelassen, erklärte Richter Joachim *Müller-Thieme*:
„Hätte der Dienstherr rechtzeitig und durchgreifend den Angeklagten an weiterer Gemeindearbeit gehindert, wäre es nicht zu weiteren Vorfällen gekommen", so der Vorsitzende Richter an die Adresse der erzkonservativen Fuldaer Bischöfe Johannes *Dyba* und Johannes *Kapp*. Das daraufhin gegen *Dyba* und *Kapp* eingeleitete Strafermittlungsverfahren wegen Verdacht der Verletzung der Fürsorgepflicht und Förderung sexueller Handlungen an Minderjährigen durch Unterlassen wurde wegen „geringer Schuld" eingestellt. Unglaublich, aber wahr: Insbesondere wegen des Eingeständnisses der Bischöfe, dass sie damals „nicht in ausreichender Weise den bekannt gewordenen Anschuldigungen nachgegangen" seien, wurde plötzlich das „besondere öffentliche Interesse beseitigt".
Auch das Politik-Magazin *Panorama* (NDR-Magazin Panorama, Nr. 539 vom 5.12.1996) berichtete über den Fall und ließ die Mutter eines betroffenen 11-jährigen Opfers zu Wort kommen:
„Ich finde es problematisch, dass das Verfahren eingestellt wurde. Von der Kirchenleitung hat sich nie jemand um uns gekümmert, kein Anruf, kein Schreiben, gar nichts. Ich finde, die Bischöfe sollten zurücktreten."
Während Bischof *Kapp* auch weiterhin als Bischof in Amt und Würde ist, ist sein Kollege *Dyba* im Sommer 2000 verstorben.

[4] Bei der „überwältigenden Mehrheit der Priester und Ordensleute, die Minderjährige missbrauchen, handelt es sich nicht um Pädophile", so *Müller* (1996, S. 8), „sondern um Ephebophile", deren Zahl er auf 80 % schätzt: „Das heißt, ihre Opfer sind nicht vorpubertäre Kinder, also Kinder, die nicht älter als 13 Jahre sind, sondern nachpubertäre Jugendliche im Alter zwischen 14 und 17 Jahren."

[5] *Burkett* und *Bruni* (1997, S. 122) verweisen auf Experten, die „glauben, dass es bei Kindesmissbrauch durch Nonnen eine hohe Dunkelziffer gibt – wie bei Kindesmissbrauch durch Frauen in der Gesellschaft überhaupt".

[6] Nach Auffassung des Verfassers geht *Sipe* von viel zu niedrigen Prozentsätzen aus. Auch die Formulierung: „vorübergehend an heranwachsenden Jungen und Mädchen

sexuell interessiert" entspringt eher einem „Wunschdenken": Es handelt sich bei diesen Klerikern *und* Nonnen um *fixierte* Ephebophile. An dieser Stelle sei ausdrücklich erwähnt, dass es auch Pastorinnen gibt, die Kinder sexuell missbrauchen. So ermittelt beispielsweise die Staatsanwaltschaft Wuppertal gegen eine Pastorin, die über mehrere Monate einen ihrer Konfirmanden sexuell missbraucht haben soll. Die 34-jährige Pastorin, die die Vorwürfe bestreitet, wurde von der Evangelischen Landeskirche Rheinland beurlaubt. Damit solle „die betroffene Person und die Kirchengemeinde von Spekulationen" entlastet werden, so ein Sprecher der Landeskirche gegenüber *FOCUS* (23/2003).

[6a] An dieser Stelle sei auf ein Interview hingewiesen, dass der *Spiegel* mit dem Vorsitzenden der Deutschen Bischofskonferenz, Kardinal Karl *Lehmann*, führte (*Spiegel* 26/2002, S. 54-57). Auf den Hinweis des Nachrichtenmagazins: „Der katholische Psychotherapeut Wunibald Müller, der auch psychisch angeschlagene Priester betreut, sagt: Zwei Prozent aller Priester sind pädophil veranlagt. Das wären in Deutschland 200 bis 300 bei insgesamt 13 000 Klerikern. Jeder einzelne kann viel Unheil anrichten", antwortete *Lehmann* lapidar: „Noch einmal: Jeder einzelne Fall ist schlimm genug. Ohne Beweise darf man verantwortlich aber nicht so tun, als ob es eine Masse von Leuten wäre."

[7] In dem Buch kommen auch Menschen zu Wort, die unter der katholischen, klerikalen „Schwarzen Pädagogik" gelitten haben. Zum Beispiel ein Mann, der nach seiner Heimentlassung größte Schwierigkeiten hatte, Beziehungen mit Frauen einzugehen. Er berichtete dem Verfasser (*Homes,* 1984, S. 170): „Im Heim kamen wir nie mit Mädchen zusammen. Ich hatte oft von einem Mädchen geträumt, nachts, wenn ich mich selbst befriedigte. Heute bin ich auf der Suche nach Frauen, die Ähnlichkeit haben mit einer der Nonnen oder Erzieherinnen, die mich früher als kleines Kind schon prügelten, wenn ich mich an sie schmiegen wollte. Wenn ich also eine entsprechende Frau kennen lerne, will ich immer, dass sie mich gewaltsam nackt auszieht und mich dann ganz brutal schlägt."

[8] Einen erheblichen Faktor, der Menschen zu Kindesmissbrauchern werden lässt und der gerade auch auf (sehr gläubige) Christen uneingeschränkt zutrifft, benennt der Nestor der Kindesmissbrauchsforschung, David *Finkelhor* (1984): *repressive Normen, ein repressives Familienklima, repressive, von der Kirche postulierte Sexualnormen.*

[9] Der Jesuitenpater und Philosophieprofessor, Rupert *Lay*, der wegen kritischer Äußerungen von seinen Lehrverpflichtungen an der katholischen Philosophisch-Theologischen Hochschule St. Georgen in Frankfurt am Main entfernt wurde, prangert die starren klerikalen Dogmen und Sündenkataloge an, die für die Erkrankung vieler Menschen verantwortlich seien (vgl. hierzu *Frankfurter Rundschau,* 2.11.1995). Durch ihre Erfahrungen, die sie in ihrer Kindheit und Jugend mit der Kirche gemacht haben, sei die Hälfte seiner Therapie-Patienten krank geworden. Innerhalb der katholischen Kirche sei der Begriff der *Sünde* – um die Gläubigen zu disziplinieren – so weit ausgedehnt worden, dass viele Menschen ein weitestgehend sündenfreies Leben nicht mehr führen könnten. Mehr und mehr Katholiken litten entsprechend unter *Neurosen* und *Alkoholismus.*

[10] Auch an dieser Stelle sei auf das Interview hingewiesen, dass der *Spiegel* mit dem Vorsitzenden der Deutschen Bischofskonferenz, Kardinal Karl *Lehmann*, führte (*Spiegel* 26/2002, S. 54-57). Auf die Frage des Magazins „Lockt der zölibatäre Priesterberuf möglicherweise in besonderer Weise junge Männer an, die homosexuelle oder pädophile Neigungen haben? Seriöse Schätzungen von katholischen Pastoraltheologen sprechen von 20 bis 25 % Priestern, die eine homosexuelle Veranlagung haben" (vgl. hierzu beispielsweise *Spiegel* 32/2003, S. 20-22), antwortete Lehmann: „Die Bischofskonferenz hat diese Schätzung zurückgewiesen. Ich kann nicht sagen, wie viele es sind."
Nachdem der Kardinal die Frage im Zusammenhang mit dem Zölibat nicht beantwortet hatte, hakte das Nachrichtenmagazin nach: „Sie sehen keinen Zusammenhang zwischen Zölibat und homosexuellen Priestern?" Erst auf diese Nachfrage hin antwortete *Lehmann*: „Ich sehe keine zwingende Verbindung. Da wird auch von den allermeisten, die sich auskennen – sowohl von Herrn Dr. Müller, aber auch von den Therapeuten außerhalb der Kirche –, kein Kausalzusammenhang gesehen. Im Übrigen gibt es Pädophile auch bei anderen Berufsgruppen. Dass sich Leute mit einer solchen Veranlagung durchaus kirchlichen Berufen nähern können, wird man nicht in Abrede stellen können. ..."
Dass man hier tatsächlich eine zwingende Kausalität herstellen *muss*, hat der Verfasser im Buchtext dargelegt (vgl. hierzu auch *Drewermann*,1989, und *Deschner*, 1996).

7.2 Sexueller Kindesmissbrauch – Plattform für die Wiedervereinigung der Frauenbewegung?
Um die „Missbrauchs-Industrie" am Leben zu erhalten, werden Horrorzahlen produziert

[1] *Amendt* meint hier ganz offensichtlich das Buch von Anita *Heiliger* und Constance *Engelfried* (1995, S. 15, 16) mit dem gleichlautenden Titel. Die Autorinnen rechtfertigen den Terminus „potentielle Täterschaft" u. a. mit den Worten: Die These der potentiellen Täterschaft von Jungen und Männern „bedeutet nicht, dass alle es tun, sondern alle Jungen/Männer es unter bestimmten Umständen tun könnten, weil sie das Reaktionsmuster und die Legitimation von sexuellen Übergriffen auf Mädchen und Frauen früh erlernen und in der sie umgebenden Wirklichkeit in vielfacher Weise bestätigt und verstärkt finden. Als Teil der These von der potentiellen Täterschaft muss auch diese Stützung und die mit ihr einhergehende Duldung sexueller Übergriffe auf Mädchen und Frauen begriffen werden, die sich u. a. in den Rechtfertigungsstrategien von Tätern und dabei primär in der Schuldzuweisung an die Opfer widerspiegeln".
Die Hervorhebungen im Zitat von *Amendt* wurden vom Verfasser übernommen.
[2] Der Protest breitete sich kurze Zeit später auch in Kanada, Australien, Skandinavien, Großbritannien und Europa aus. Er erreichte Anfang der achtziger Jahre mit gut 10-jähriger Verspätung auch die Bundesrepublik Deutschland, und zwar angeführt durch die Frauenbewegung, die bis dahin *nur* und *ausschließlich* die Gewalt, Ausbeutung usw. von Frauen durch Männer anprangerte. Mit anderen Worten: Es ist ein Irrtum, anzunehmen, dass die Enttabuisierung des sexuellen Kindesmissbrauchs erst in den achtziger Jahren durch die Frauenbewegung stattgefunden hat. Der Frauenbewegung gebührt nur teilweise Anerkennung dafür, dass das „Tabu" sexueller Missbrauch von Kindern (aber

auch die Männer-Gewalt gegen Frauen) endgültig gebrochen, die Öffentlichkeit entsprechend sensibilisiert wurde. Die Anprangerung des Kindesmissbrauchs und seine Tabuisierung fand bereits viel früher statt. Über die „Unzucht mit Kindern" wurde zu Beginn der Moderne und der Entstehung der bürgerlichen Öffentlichkeit diskutiert, im deutschen Sprachraum finden sich die ersten Signale seit etwa 1800 und verstärkt im Laufe des 19. Jahrhunderts. Im 20. Jahrhundert wurde das Thema in einer recht breiten Öffentlichkeit diskutiert (vgl. hierzu *Kiper*, 1994; *Schetsche*, 1994 b; *Kerchner*, 1998, 1999 a, 1999 b).

[3] „Der Feminismus hat sich zu einer Art weiblicher Mafia entwickelt", davon ist *Farrell* (1999, S. 155) fest überzeugt, „die prügelnde Frauen beschützt, weil sie Frauen sind, aber die Rechte der weiblichen Opfer ebenso wie die der Männer und Kinder vergisst."

[4] Der Frauenkalender wurde trotz Protesten von den Frauenbuchläden offenbar weiterhin verkauft.

[5] *Rutschky*, die vor einigen Jahren Bedrohungen und Angriffe von autonomen Frauengruppen über sich ergehen lassen musste und per Post Morddrohungen erhielte, und *Borneman* wurden beispielsweise von Constanze *Elsner* (1999, S. 186, 248) als „Pornomann" bzw. „Täterschützerin" beschimpft. „Rutschky und Konsorten" seien gefährlich, versichert *Elsner* (1999, S. 255) den Kindern, insbesondere den missbrauchten Kindern, an die sie sich mit ihrem Buch *„Lasst euch nicht benutzen!"* wendet: „Sie wollen Euch verunsichern. Sie möchten Euch ins Stottern bringen, damit sich Eure Glaubwürdigkeit besser anzweifeln lässt. Ihr sollt einen Rückzieher machen, damit die ganze Angelegenheit mehr oder minder unter den Tisch gekehrt werden kann. Ihr sollt nicht sprechen." Und in einem Rundumschlag gegen die Medien behauptet sie (1999, S. 258) – offenbar stellvertretend für alle –, der „Spiegel" stehe „eindeutig auf Seiten der Täter". Katharina *Rutschky*, von der Frauenbewegung exkommuniziert, wurde im Jahre 1994 zu einer Konferenz unter dem Titel *„Sexueller Missbrauch – Evaluation der Praxis und Forschung"* in Berlin eingeladen. Das Publikum empfing sie mit Buttersäure, Trillerpfeifen, Hupen sowie einer Blockade des Veranstaltungssaals. Zu derartigen Angriffen äußerte sich *Rutschky* in einem Interview mit dem *Marburger Express* (*Baumann-Lerch*, 1997): „Ich glaube, die Frauenbewegung als solches existiert überhaupt nicht. Es gibt nur den Staatsfeminismus auf der einen Seite, also Gleichstellungsbeauftragte, Frauenministerien und Frauenquoten nach dem Motto ‚Papa Staat kümmert sich um die Fragen'. Und auf der anderen Seite gibt es die autonome Frauenszene, die hier mit Drohungen gegen mich in Erscheinung getreten ist."

[6] Der Verfasser fragt sich, warum beispielsweise „Wildwasser – Verein gegen sexuellen Missbrauch an Mädchen und Frauen" keine männlichen Missbrauchsopfer betreut – und dafür auch noch Werbung betreibt. So schaltete die Niederlassung von „Wildwasser" in Würzburg in dem evangelischen Magazin *chrismon* Anfang 2002 Anzeigen mit Spendenaufrufen. In den Anzeigentexten ist von Mädchen und Frauen die Rede, die aus Angst, Scham und Schuldgefühlen nicht in der Lage sind, über die erlebte sexuelle Gewalt zu

sprechen. In diesen Anzeigen findet sich kein einziges Wort über Jungen *und* Männer, die Opfer sexueller Gewalt (auch durch Mädchen *und* Frauen) wurden und werden.

[7] Vgl. hierzu beispielsweise auch *Tavris* (1993); *Nathan* und *Snedeker* (1995); *Dineen* (1999).

[7a] Volbert und Steller (1997, S. 367) führen zu dem Terminus „Aufdeckung" aus: >Der Terminus „Aufdeckung" mit seinen ... potentiell suggestiven Elementen impliziert im Gegensatz zu einer sorgfältigen Diagnostik bereits eine Voreinstellung, da am Ende von Aufdeckung nur ein mögliches Ergebnis stehen kann.<

[8] Vgl. hierzu beispielsweise *Campbell* (1994); *Loftus* und *Ketcham* (1994); *Costin* u. a. (1996).

[9] Vgl. hierzu beispielsweise *Ketcham* (1994, 1995); *Ofshe* und *Watters* (1994, 1996); *Dittmann* (1996); *Parr* (1996); *Spanos* (1996); *Yapko* (1996); *Loftus* (1997).

[10] Nach der Statistik des *Statistischen Bundesamts* sind im Jahr 2000 nach § 182 Abs. 1 (Sexueller Missbrauch von Jugendlichen unter Ausnutzung einer Zwangslage oder gegen Entgelt) *45* und nach § 182 Abs. 2 (Sexueller Missbrauch von Jugendlichen unter Ausnutzung fehlender Fähigkeit zur sexuellen Selbstbestimmung) *23* Personen rechtskräftig verurteilt worden. In den Jahren 2001 und 2002 sind nach § 182 Abs. 1 *51* bzw. *46* und nach Abs. 2 *21* bzw. *25* Personen rechtskräftig verurteilt worden. Die Zahlen beziehen sich auf das frühere Bundesgebiet einschließlich Berlin; für die neuen Länder liegen keine flächendeckenden Angaben vor.

[11] Radikal feministische „Therapeutinnen" plädieren dafür, dass missbrauchte Mädchen nur von Frauen behandelt werden sollten. Sie ignorieren in dem Zusammenhang die Tatsache, dass es weibliche Missbrauchsopfer gibt, die berichten, dass ihnen der missbrauchende Vater – im Vergleich zur schwachen, häufig auch über den Missbrauch wissende und schweigende Mutter, die die Tochter nicht beschützte – auch Liebe, Zärtlichkeit und Aufmerksamkeit entgegenbrachte. Dieser Sachverhalt wirkt sich häufig auch auf das Geschlecht des Therapeuten aus: In diesen Fällen sind weibliche Opfer gegenüber weiblichen Therapeuten – im Vergleich zu männlichen Therapeuten – viel misstrauischer (vgl. hierzu *Richter-Appelt*, 2001).

[12] Der Verfasser erinnert an die *Wormser Prozesse* sowie den *„Montessori"- Prozess*. Die Gerichte stellten fest, dass die angeblich schwer missbrauchten Kinder niemals Opfer waren. Die Angeklagten wurden freigesprochen. In diesen Fällen waren es Mitarbeiterinnen von „Wildwasser" und „Zartbitter", die die Kinder erst der Viktimisierung aussetzten.

[12a] Nicht nur in Beratungsstellen und Selbsthilfegruppen arbeiten vorbelastete Betroffene, sie unterhalten auch eigene Praxen. Dem Verfasser sind Fälle bekannt, in denen (radikal-)feministische Psychologinnen ihre kindlichen Opfer schwer psychisch malträ-

tierten, indem sie in Gegenwart der Kinder regelrecht Tribunale – in Abwesendheit des männlichen Beschuldigten – veranstalteten.

[12b] Unter "Parteilichkeit" versteht Undeutsch(1994, S. 174) völlig zutreffend: „Parteilichkeit hat für sie alle oberste Priorität, ist der Titel der feministischen Bibel. Parteilichkeit ist eine Verabschiedung sowohl von der Objektivität wissenschaftlicher Forschung wie von der Neutralität des gerichtlich tätigen Sachverständigen. Solche Entscheidungen stehen jedem Mann und jeder Frau frei. Die betreffenden parteilichen Helferinnen verzichten aber gerade nicht auf die Mitwirkung bei Ermittlungs-, Straf- und familiengerichtlichen Verfahren, sondern drängen sich in solche hinein und versuchen, als "Lobbyistinnen" Einfluss auf die Entscheidungen des Gerichts zu nehmen."

[13] Lorena Bobbitt warf ihren Mann nach diesem Verbrechen im Rahmen ihrer Verteidigung vor, ihr gegenüber sexuelle Gewalt ausgeübt zu haben. Die Geschworenen glaubten ihr nicht: John Bobbitt wurde in dem gegen ihn angestrengten Prozess von allen Vorwürfen freigesprochen. Lorena Bobbitt erklärte noch vor ihrem Prozess, direkt nach ihrer Festnahme: „Er hat immer einen Orgasmus, und er wartet nie darauf, dass ich einen Orgasmus habe. Ich finde das nicht fair, also habe ich die Laken zurückgezogen, und dann habe ich es getan."

[14] Zitiert nach *Stern* (1996, S. 309).

[15] Möglicherweise wurde die TV-Ulknudel und bekennende Lesbierin Hella *von Sinnen* (*von Sinnen* und *Domian*, 1998, S. 41) durch die (radikal-)feministische Gewaltpropaganda der Alice *Schwarzer* inspiriert:
„Für mich ist das ein großes Problem mit dem Missbrauch von Kindern und wie man mit diesen Straftätern, die ja nun doch zu 99,8 Prozent Männer sind, umgeht. Ich habe neulich im Suff schon wieder von Todesstrafe gelallt. ... Das Minimalste, was ich mir vorstellen kann, ist Penisamputation und Kastration, aber soweit würde ich dann doch nicht gehen wollen."

[16] Vgl. hierzu auch das Kapitel 2.2.

[17] Richard *Tristman* (1995, S. 302) ist der Auffassung: „In allen Sexualbeziehungen steckt Herrschaft. Der Wunsch der Frau nach Gleichberechtigung ist vermutlich ein abgeschwächter Ausdruck für ihren Wunsch nach Herrschaft."

[18] Insbesondere zu Beginn der Missbrauchs-Aufklärungs-Kampagne waren es Zeitschriften der Frauenbewegung wie *Emma*, die in erster Linie den sexuellen Missbrauch von Mädchen und Frauen durch Männer anprangerten und darüber berichteten. Über Jungen *und* Männer als Opfer *und* Mädchen *und* Frauen als Täterinnen haben diese Frauenzeitschriften nicht berichtet. Diese Einseitigkeit von *Emma* wird von den Autorinnen *Bauerfeind* und *Schäfer* (1992, S. 36) offenbar kritisiert:
„Über den Missbrauch, den Frauen an ihren Söhnen, Neffen, Brüdern begehen, schwei-

gen wir Frauen gerne. Auch diejenigen, die beruflich damit zu tun haben, sagen wenig oder gar nichts – das absolute Tabu also. Wo fängt der Missbrauch an, den Frauen an männlichen Inzestopfern begehen? Und unter welchen Folgen leiden die männlichen Inzestopfer – oft ihr Leben lang?"

[19] Ein weiterer tabuisierter Tatbestand sexueller Gewalt ist die Tatsache, dass auch Männer Männer vergewaltigen – zum Beispiel im Knast (vgl. hierzu *Becker* und *Abel*, 1978; *Heuer*, 1978; *Albrecht-Désirat* und *Pacharzina*, 1979; *Groth* und *Birnbaum*, 1979; *Groth* und *Burgess*, 1980; *Kaufmann*, 1984; *Stöckle-Niklas*, 1989; *McMullen*, 1990; *Dunde*, 1992; *Sommers*, 1994; *Brandes* und *Bullinger*, 1996; *Strossen*, 1997; *Spiegel spezial*, 1999). *Dunde* (1992, 63) beispielsweise berichtet: „Gelegenheiten zum sexuellen Kontakt gibt es in den Gemeinschaftszellen, beim Umschluss (gegenseitiger Besuch, meist für einige Stunden) und in den Wohngruppen, wo die Zelle tagsüber offen stehen. Sexualobjekte sind meist jüngere, ‚unverbrauchte' Gefangene, die durch ihr Äußeres und ihr Auftreten vielleicht etwas feminin wirken. Um sich die jungen Männer gefügig zu machen, wird nicht selten Druck bis hin zur Gewalt ... eingesetzt."

[20] Zitiert nach *McElroy* (2000).

[21] Vgl. auch *Groth* und *Birnbaum* (1979); *Masters* (1986).

[22] *Hoffmann* (2001) berichtet über zahlreiche Fälle von Vergewaltigungen, denen Männer durch Frauen ausgesetzt waren.

[23] Vgl. beispielsweise *Groth* und *Birnbaum* (1979); *Groth* und *Burgess* (1980); *Cochran* (1984); *McMullen* (1990); *Friday* (1991); *Mayer* (1992); *Struckmann-Johnson* (1994); *Clements-Schreiber* (1998).

[24] >Suggestionseffekte entstehen insbesondere dann<, so Volbert und *Steller* (1997, S. 363), die sich hierbei auf *Gudjonsson* und *Clark* (1986), *Moston* (1990) und *Ceci* und *Bruck* (1993) beziehen, >wenn bei den Befragten aufgrund von Gedächtnisdefiziten oder wegen unklar formulierter Fragen Erinnerungsunsicherheiten bestehen, wenn der Befragte Vertrauen zu der befragenden Person hat und/oder es sich um eine Person mit Autorität oder Expertenstatus handelt, wenn der Befragte die Erwartungshaltung hat, auf Fragen antworten zu müssen, auch wenn er sich nicht oder nicht genau erinnern kann, und wenn bei den Befragern eine spezifische Erwartungshaltung bezüglich der zu erfragenden Ereignisse besteht. Wenn Fragen zu denselben Sachverhalten in kurzer Abfolge gestellt werden, kann die Wiederholung vom Kind als negatives Feedback erlebt werden und zu einer Antwortänderung führen.< Vgl. hierzu auch *Mönkemöller* (1930); *Jampole* und *Weber* (1987); *Boat* und *Everson* (1988); *Underwager* und *Wakefield* (1988, 1990); *August* und *Foreman* (1989); *Everson* und *Boat* (1989); *Foreman* (1989); *McIver* u. a. (1989); *Boat* u. a. (1990); *Cohn* (1991); *Realmuto* und *Wescoe* (1992); *Undeutsch* (1993); *Bruck* u. a. (1995); *Leichtman* und *Ceci* (1995); *Schade* (1995); *Schade* u. a. (1995); *Steller* (1999).

Literaturverzeichnis

Abel, G. G., Becker, J. V., Mittelman, M. S., Cunningham-Rathner, J., Rouleau, J. L., Murphy, W. D. (1987): Self-Reported sex crimes of nonincarcerated paraphiliacs. In: Journal of Interpersonal, Violence, 2, S. 3-25.
Abel, G. G., Osborn, C. A., Twigg, D. A. (1993): Sexual assault through the life span. In: Barbaree, H. E., Marshall, W. L., Hudson, S. M. (Hg.): The Juvenile Sex Offender. New York, S. 104-117.
Abel, G. G., Rouleau J. L. (1990): The nature and extent of sexual assault. In: Marshall, W. L., Laws, D. R., Barbaree, H. E. (Hg.): Handbook of sexual assault: Issues, theories, and treatment of the offender. New York, S. 9-21.
Achenbach, T. M., Edelbrock, C. S. (1984): Child behavior checklist. Burlington VT: University of Vermont.
Adams, J., McClellan J., Douglas D., McCurry, C., Storck, M. (1995): Sexually inappropriate behaviors in seriously mentally ill children and adolescent. In: Child Abuse & Neglect, 19, S. 555-568.
Albers, E. (1991): Child sexual abuse programs: recommendation for refinement and study. In: Child Adolescent Social Work, 8, S. 117-125.
Albrecht-Désirat, K., Pacharzina, K. (1979): Gewalt gegen Frauen – kriminalisierte Sexualität – Sexualität in totalen Institutionen. Bensheim.
Albrecht-Heide, A. (1995): Herrschaftssubjekt und Dominanzkultur. Über die Konstruktion der neuzeitlichen dichotomen Geschlechterhierarchie als ein Element der Dominanzkultur. In: Bertrams, A. (Hg.): Dichotomie, Dominanz, Differenz. Weinheim, S. 191-204.
Alexander, P. (1989): Prostitution: Ein schwieriges Kapitel für Feministinnen. In: Delacoste, F., Alexander, P.: SexArbeit. Frauen in der Sexindustrie. München, S. 154-181.
Alexander, P. C. (1992): Application of attachment theory to the study of sexual abuse. In: Journal of Consulting and Clinical Psychology, 60, S. 185-195.
Allen, C. M. (1990): Women as perpetrators of child sexual abuse: Recognition barriers. In: Horton, A., Johnson, B, Roundy, L., Williams, D. (Hg.): The incest perpetrator: A family member no one wants to treat. Newbury Park.
Allen, C. M. (1991): Women and men who sexually abuse children: A comparative study. Safer Society Program. Orwell/VT.
Allen, C. M., Pothast, H. L. (1994): Distinguishing characteristics of male and female child sex abusers. In: Young Victims, Young Offenders, S. 73-88.
Allers, C. T., Benjack, K. J. (1991): Connections between child abuse and HIV infection. In: Journal of Counseling and Development, 70, S. 309-313.
Allers, C. T., Benjack, K. J., White, J., Rousey, J. T. (1993): HIV vulnerability and the adult survivor of childhood sexual abuse. In: Child Abuse & Neglect, 17 (2), S. 291-298.
Amann, G., Wipplinger, R. (Hg.) (1997): Sexueller Missbrauch. Überblick zu Forschung, Beratung und Therapie. Ein Handbuch. Tübingen.
Amann, G., Wipplinger, R. (1997): Sexueller Kindesmissbrauch in den Medien. In: Amann, G., Wipplinger, R. (Hg.): Sexueller Missbrauch. Überblick zu Forschung, Beratung und Therapie. Ein Handbuch. Tübingen, S. 772-794.
Amendt, G. (1982): Nur die Sau rauslassen? Zur Pädophilie-Diskussion. In: Sigusch, V. (Hg.): Die sexuelle Frage. Hamburg, S. 141-167.
Amendt, G. (1993): Wie Mütter ihre Söhne sehen. Bremen.

Amendt, G. (1995): Die Frau als Mutter des Sohnes. In: Die Bedeutung von Mutter- und Vaterfiguren in der Sozialisation von Jungen, hrsg. vom Landesinstitut für Schule und Weiterbildung. Basel.
Amendt, G. (1998): Zum „Täterbild" und seiner Wirkung auf Klienten und professionelle Helfer. In: Sexuelle Kindesmisshandlung: „Die Täter" – Differenzieren statt verallgemeinern. Kongressbericht, hrsg. von der Bundesarbeitsgemeinschaft der Kinderschutz-Zentren, Köln, September 1998, S. 8-15.
Amendt, G. (1999): Vatersehnsucht. Annäherung in elf Essays. Universität Bremen: Institut für Geschlechter- und Generationenforschung. Bremen.
Amendt, G. (2000): Die Rache der Muttersöhne. In: Spiegelreporter, Mai 2000.
American Association for Protecting Children (1985): Highlights of official child neglect and abuse reporting 1983. American Humane Association. Denver.
American Humane Association Study (1981): National study on child neglect and abuse. American Humane Association. Denver.
American Psychiatric Association (1994): Diagnostic and Statistical Manual of Mental Disorders, Fourth Edition (DSM-IV). Washington D.C.
Ammerman, R. T., Hersen, M., Van Hasselt, V. B., Lubetsky, M. J., Sieck, W. R. (1994): Maltreatment in psychiatrically hospitalized children and adolescents with developmental disabilities: Prevalence and correlates. In: Journal of the American Academy of Child and Adolescent Psychiatry, 33 (4) May, S. 567-576.
Anderson, D. (1979): Touching: When it is caring and nurturing or when it is exploitative and damaging? In: Child Abuse & Neglect, 3, S. 793-794.
Anderson, J., Martin J. L., Mullen, P. E., Romans S. E., Herbison G. P. (1993): Prevalence of childhood sexual abuse experiences in a community sample of women. In: Journal of the American Academy of Child and Adolescent Psychiatry, 32, S. 911-919.
Anderson, P. B. (1993): Sexual victimization: It happens to boys too. Louisiana Assn. Health, Phys. Ed., Rec. and Dance, J. 57, (5), S. 12.
Anderson, P. B. (1996): Correlates of college women's self-reports of heterosexual aggression. In: Sexual Abuse: A Journal of Research and Treatment, 8, S. 121-132.
Anderson, P. B. (1998): Women's motives for sexual initiation and aggression. In: Anderson, P. B., Struckman-Johnson, C. J. (Hg.): Sexually aggressive women: Research perspectives and controversies. New York.
Anderson, P. B., Aymami, R. (1993): Reports of female initiation of sexual contact: male and female differences. In: Archives of Sexual Behavior, 22 (4), S. 335-343.
Anderson, P. B., Newton, M. (1997): The initiating heterosexual contact scale: A factor analysis. In: Sexual Abuse: A Journal of Research and Treatment, 93, S. 179-186.
Anthony, G., Watkeys, J. (1991): False allegations in child sexual abuse: The pattern of referral in an area where reporting is not mandatory. In: Children and Society, 5, S. 111-122.
Araji, S. K. (1997): Sexually Aggressive Children. Thousand Oaks.
Arbeitsgemeinschaft Humane Sexualität (1988): Sexualität zwischen Kindern und Erwachsenen. Dortmund.
Archer, J. (2000): Sex differences in aggression between heterosexual partners: A meta-analytic review. In: Psychological Bulletin, S. 651-680.
Arenz-Greiving, I. (1994): Suchtkranke Mütter und ihre Kinder. In: Arenz-Greiving, I., Dilger, H. (Hg.): Elternsüchte – Kindernöte. Berichte aus der Praxis. Freiburg. i. Brsg., S. 15-49.

Armstrong, L. (1985): Kiss Daddy Goodnight. Aussprache über Inzest. Frankfurt am Main.
August, R. L., Foreman, B. D. (1989): A comparison of sexually abused and nonsexually abused children´s behavioral responses to anatomically correct dolls. In: Child Psychiatry and Human Development, 20, S. 39-47.
Autorengruppe Tauwetter (Hg.) (1998): Ein Selbsthilfe-Handbuch für Männer, die als Junge sexuell missbraucht wurden. Ruhnmark.
Awad, G. A., Saunders, E. B. (1989): Adolescent child molestors: Clinical observations. In: Child Psychiatry and Human Development, 19 (3), S. 195-206.

Bagley, C. (1990): Development of a measure of unwanted sexual contact in childhood, for use in community mental health surveys. In: Psychological Reports, 66, S. 401-402.
Bagley, C. (1991): The prevalence and mental health sequels of child sexual abuse in a community sample of women aged 18 to 27. In: Canadian Journal of Community Mental Health, 10 (1), S. 103-116.
Bagley, C. (1995): Child sexual abuse and mental health in adolescents and adults. British and Canadian perspektives. Aldershot.
Bagley, C., Ramsay, R. (1986): Sexual abuse in childhood: Psychosocial outcomes and implications for social work practice. In: Journal of Social Work and Human Sexuality, 4, S. 33-48.
Bagley, C., King, K. (1990): Child sexual abuse: The search for healing. London.
Bagley, R. (1984): Sexual offenses against children and youth. Ottawa: Minister of Supply and Services Canada.
Baier, K. M. (1995): Dissexualität im Lebenslängsschnitt. Theoretische und empirische Untersuchungen zu Phänomenologie und Prognose begutachteter Sexualstraftäter. Berlin, Heidelberg.
Baker, A. W., Duncan, S. P. (1985): Child sexual abuse: A study of prevalence in Great Britain. In: Child Abuse & Neglect, 9, S. 457-467.
Baldenius, I. (1998): Biographie und Persönlichkeitsstruktur sexuell misshandelnder Erwachsener. In: Sexuelle Kindesmisshandlung: „Die Täter" - Differenzieren statt verallgemeinern. Kongressbericht, hrsg. von der Bundesarbeitsgemeinschaft der Kinderschutz-Zentren. Köln, September 1998, S. 48-58.
Balzer, B. (1998): Gratwanderung zwischen Skandal und Tabu. Sexueller Missbrauch von Kindern in der Bundesrepublik Deutschland. Pfaffenweiler.
Bange, D. (1990): Jungen werden nicht missbraucht – oder? In: Psychologie heute, 1/1990, S. 54-61.
Bange, D. (1992): Die dunkle Seite der Kindheit: Sexueller Missbrauch an Mädchen und Jungen – Ausmaß –Hintergründe - Folgen. Köln.
Bange, D. (1997): Sexueller Missbrauch an Mädchen und Jungen. In: Forum Sexualaufklärung – Informationsdienst der Bundeszentrale für gesundheitliche Aufklärung, 1/2 – 1997. Köln, S. 14-21.
Bange, D. (2000): Sexueller Missbrauch an Jungen: Wahrnehmungstabus bei Männern in der sozialen Arbeit und in der Sozialverwaltung. In: Lenz, H.-J. (Hg.): Männliche Opfererfahrungen. Problemlagen und Hilfsansätze in der Männerberatung. Weinheim, München, S. 285-300.
Bange, D., Boehme, U. (1997): Sexuelle Gewalt an Jungen. In: Amann, G., Wipplinger, R. (Hg.): Sexueller Missbrauch. Überblick zu Forschung, Beratung und Therapie. Ein Hand-

buch. Tübingen, S. 721-737.
Bange, D., Deegener, G. (1996): Sexueller Missbrauch an Kindern. Weinheim.
Bange, D., Enders, U. (1995): Auch Indianer kennen Schmerz. Sexuelle Gewalt gegen Jungen. Köln.
Banning, A. (1989): Mother-Son Incest: Confronting a prejudice. In: Child Abuse & Neglect, 13, S. 563-570.
Barbaree, H. E., Hudson, S. M., Seto, M. C. (1993): Sexual assault in society: The role of the junenile offenders. In: Barbaree, H. E., Marshall, W. L., Hudson, S. M. (Hg.): The Juvenile Sex Offenders. New York, S. 1-24.
Barbaree, H. E., Marshall, W. L. (1989): Erectile responses amongst heterosexual child molesters, father-daughter-incest-offenders and matched non-offenders: Five distinct age preference profiles. In: Canadian Journal of Behavioral, 21, S. 70-82.
Barbaree, H. E., Marshall, W. L., Hudson, S. M. (1993): The juvenile sex offenders. New York.
Barry, M. J., Johnson, A. M. (1958): The incest barrier. In: Psychoanal. Quart, 27, S. 485-500.
Bartsch, J., zitiert nach Miller, A. (1980): Am Anfang war Erziehung. Frankfurt am Main, S. 232.
Bartsch, J. (1991): Opfer und Täter. Das Selbstbildnis eines Kindermörders in Briefen. Reinbek bei Hamburg.
Bauerfeind, Y., Schäfer, M. (1992): Die gestohlene Kindheit. München.
Bauhofer, S. (1991): Registrierte Sexualdelinquenz. Ein kriminalstatistischer Überblick. In: Schuh, J., Killias, M. (Hg.): Sexualdelinquenz – Délinquance sexuelle. Chur/Zürich, S. 11-49.
Baumann-Lerch, E. (1997): Fundamentalistische Exempel. In: Marburger Express 1/97.
Baurmann, M. C. (1983): Sexualität, Gewalt und psychische Folgen für das Kind – Längsschnittuntersuchung bei Opfern von angezeigten Sexualkontakten. In: BKA-Forschungsreihe, Band 15. Wiesbaden.
Baurmann, M. C. (1986): Die Vergewaltigungssituation in der Bundesrepublik Deutschland. In: Heinrichs, J. (Hg.): Vergewaltigung – Die Opfer und die Täter. Braunschweig, S. 162-196.
Baurmann, M. C. (1987): Männergewalt – Erscheinungsformen und Dimensionen von Gewalt gegen Frauen und Mädchen. In: Vorgänge München 1987, Heft 6, S. 50-60.
Baurmann, M. C. (1991): Junge Menschen und Delinquenz. In: Rotthaus, W. (Hg.): Sexuell deviantes Verhalten Jugendlicher. Dortmund, S. 49-69.
Baurmann, M. C. (1992): Straftaten gegen die sexuelle Selbstbestimmung. Zur Phänomenologie sowie zu Problemen der Prävention und Intervention. In: Schuh, J., Killias, M. (Hg.): Sexualdelinquenz – Délinquance sexuelle. Chur/Zürich, S. 77-110.
Bauserman, R., Rind, B. (1997): Psychological correlates of male child and adolescent sexual experiences with adults: A review of the nonclinical literature. In: Archives of Sexual Behavior, 26, S. 105-141.
Becker, J. V. (1988): The effects of child sexual abuse on adolescent sexual offenders. In: Wyatt, G, Powell, G. (Hg.): Lasting effects of child sexual abuse. Newbury Park, S. 193-207.
Becker, J. V. (1989): Impact of sexual abuse on sexual functioning. In: Leiblum, S. R, Rosen, R. C. (Hg.): Principles and practice of sex therapy: update for the 1990s. New York, S. 211-233.

Becker, J. V., Abel, G. G. (1978): Men and the victimization of women. In: Chapman, J. R., Gates, M. (Hg.): The victimization of women. Beverly Hills.
Becker, J. V., Kaplan, M. S. (1993): Cognitive behavioural treatment of juvenile sex offender. In: Barbaree, H. E., Marshall, W. L., Hudson, S. M. (Hg.): The juvenile Sex Offender. New York, S. 264-277.
Becker, J. V., Kaplan, M. S., Cunningham-Rather, J., Kavoussi, R. (1986): Adolescent sexual offenders: Demographics, criminal and sexual histories, and recommendations for reducing future offenses. In: Journal of Interpersonal Violence, 1 (1), S. 431-445.
Becker, J. V., Kaplan, M. S., Tenke, C. E., Tartaglini, A. (1991): The incidence of depressive symptomatology in juvenile sex offenders with a history of abuse. In: Child Abuse & Neglect, 15 (4), S. 531-536.
Becker, J. V., Stein, R. M. (1991): Is sexual erotica associated with sexual deviance in adolescent males? In: International Journal of Law and Psychiatry, 14, S. 85-95.
Becker, N. (1996): Psychoanalytische Theorie sexueller Perversionen. In: Sigusch, V. (Hg.): Sexuelle Störungen und ihre Behandlung. Stuttgart, S. 222-240.
Beckett, R., Gerhold, C., Brown, S. (2002): Jugendliche Sexualstraftäter – Täterprofile und Behandlungsergebnisse. In: Schmelzle, M., Knölker, U. (Hg.) (2002): Therapie unter Zwang? Gruppenbehandlung jugendlicher sexueller Misshandler. Beziehungsarbeit in einem juristischen Rahmen. Lengerich, Berlin, Bremen, Riga, Rom, Viernheim, Wien, Zagreb.
Beitchman, J. H., Zucker, K. J., Hood, J. E., DaCosta, G. A., Akman, D. (1991): A review of the short-term effects of child sexual abuse. In: Child Abuse & Neglect, 15, S. 537-556.
Beitchman, J. H., Zucker, K. J., Hood, J. E., DaCosta, G. A., Akman, D., Cassavia, E. (1992): A review of the long-term effects of child sexual abuse. In: Child Abuse & Neglect, 16, S. 101-118.
Bell, A. P., Weinburg, M. S., Hammersmith, S. K. (1981): Sexual preference: Its development in men and women. Bloomington.
Belsky, J. (1993): Etiology of child maltreatment. A developmental-ecological analysis. In: Psychological Bulletin, 114, S. 413-434.
Bender, D., Lösel, F. (1997): Risiko- und Schutzfaktoren im Prozess der Misshandlung und Vernachlässigung von Kindern. In: Egle, U. T, Hoffmann, S. O., Joraschky, P. (Hg.): Missbrauch, Misshandlung, Vernachlässigung. Stuttgart, S. 35-53.
Benedek, E. P., Schetky, D. H. (1984): Allegations of sexual abuse in child custody cases. Paper presented at the annual meeting of the American Academy of Psychiatry and the Law, Nassau, Bahamas (Oct. 1984).
Benedek, E. P., Schetky, D. H. (1987): Problems in validating allegations of sexual abuse: Part 1 and 2. In: Journal of the American Academy of Child and Adolescent Psychiatry, 26 (6), S. 912-921.
Bendixen, M., Muus, K., Schei, B. (1994): The impact of child sexual abuse - A study of a random sample of Norwegian students. In: Child Abuse & Neglect, 18, S. 837-847.
Bentovim, A. (1996): Trauma – Organized systems in practice: Implications for work with abused and abusing children and young people. In: Clinical Child Psychology and Psychiatry, 1 (4), S. 513-524.
Berdondini, L., Smith, P. K. (1996): Cohesion and power in the families of children involved in bully/victim problems at school: An Italian replication. In: Journal of Family Therapie, 18 (1), S. 99-102.
Berendzen, R., Palmer, L. (1994): Sie rief mich immer zu sich. Die Geschichte eines miss-

brauchten Sohnes. München.

Berger, A., Ketterer, A. (1997): Warum nur davon träumen? Was Frauen über Sex wissen wollen. München.

Berger, A. M., Knutson, J. G., Mehm, J. G., Perkins, K. A. (1988): The self-report of punitive childhood experiences in young adults and adolescents. In: Child Abuse & Neglect, 12, S. 251-262.

Bergman, I. (1989): Mein Leben. Berlin.

Berlin, F., Coyle, G. (1981): Sexual deviation syndromes. In: John Hopkins Medical Journal, 149, S. 119-125.

Berliner (1947), zitiert nach Hirsch, M. (1994): Realer Inzest. Psychodynamik des sexuellen Missbrauchs in der Familie, 3. Auflage. Berlin, S. 120.

Bernard, F. (1972): Pädophilie - eine Krankheit? Folgen für die Entwicklung der kindlichen Psyche. In: Sexualmedizin (Sonderdruck), 1, S. 438-440.

Bernard, F. (1973): Pädophilie – eine Krankheit? Folgen für die Entwicklung der kindlichen Psyche. In: betrifft : erziehung, 4, S. 21-23.

Bernard, F. (1979): Pädophilie: von der Liebe mit Kindern. Achenbach.

Bernard, G. W., Fuller, A. K., Robbins, L., Shaw, T. (1989): The child molester. An integrated approach to evaluation and treatment. New York.

Berner, W. (1985): Das Selbstvertauschungsagieren Pädophiler. In: Psychotherapie und medizinische Psychologie, 35, S. 17-23.

Berner, W. (1996): Imre Hermanns „Anklammerung", die Pädophilie und eine neue Sicht der Triebe. In: Psyche, 50 (11), S. 1034-1054.

Berner, W. (1997): Sexualpsychopathologie des sexuellen Missbrauchs. In: Amann, G., Wipplinger, R. (Hg.): Sexueller Missbrauch – Überblick zu Forschung, Beratung und Therapie. Ein Handbuch. Tübingen, S. 130-139.

Besharov, D. J. (1993), zitiert nach Undeutsch, U. (1994): Verbrechen gegen die Sittlichkeit – Kinder als Opfer und Zeugen. In: Rutschky, K., Wolff, R. (Hg.): Handbuch sexueller Missbrauch. Hamburg, S. 173-195 (192).

Besten, B. (1991): Sexueller Missbrauch und wie man Kinder davor schützt. München.

Bieler, M. (1989): Still wie die Nacht. Memoiren eines Kindes. Hamburg.

Bifulco, A., Brown, G. W., Adler, Z. (1991): Early sexual abuse and clinical depression in adult life. In: British Journal of Psychiatry, 22, S. 115-127.

Bintig, A. (1998): Psychotherapeutische Hilfen für den Täter: Therapeutische Methodenvielfalt im Rahmen verschiedener rechtlicher und institutioneller Bedingungen. In: Sexuelle Kindesmisshandlung: „Die Täter" – Differenzieren statt verallgemeinern. Kongressbericht, hrsg. von der Bundesarbeitsgemeinschaft der Kinderschutz-Zentren. Köln, September 1998, S. 40-47.

Blanchard, G. (1986): Male victims of child sexual abuse: A portent of things to come. In: Journal of Independent Social Work, 1 (1), S. 19-27.

Boat, B. W., Everson, M. D. (1988): Use of anatomical dolls among professionals in sexual abuse evaluations. In: Child Abuse & Neglect, 12, S. 171-179.

Boat, B. W., Everson, M. D., Holland, J. (1990): Maternal perceptions of nonabused children's behaviors after the children's exposure to anatomical dolls. In: Child Welfare, 69, S. 389-400.

Bock, M. (2001): Gutachten – Zum Entwurf eines Gesetzes zur Verbesserung des zivilrechtlichen Schutzes bei Gewalttaten und Nachstellungen sowie zur Erleichterung der Überlassung der Ehewohnung bei Trennung. Angefertigt anlässlich der öffentlichen An-

hörung im Rechtsausschuss des Deutschen Bundestages am 20. Juni 2001.
Böhringer, H. (1973): Pädophilie und Gewalt. Kümmer- und Krüppelform des Liebeslebens? In: betrifft : erziehung, 4, S. 27-28.
Bolton, F. G., Morris, L. A., MacEachron, A. E. (1989): Males at risk: The other side of sexual abuse. Newbury Park.
Bonner, B. L., Marx, B. P., Thompson, J. M., Michaelson, P. (1998): Assessment of adolescent sexual offenders. In: Child Maltreatment, 3, S. 374-383.
Boos, R. (1997): Möglichkeiten therapeutischer Wirksamkeit im Rahmen von aussagepsychologischen Gutachten beim Vorwurf des sexuellen Missbrauchs von Kindern und Jugendlichen. In: Amann, G., Wipplinger, R. (Hg.): Sexueller Missbrauch – Überblick zu Forschung, Beratung und Therapie. Ein Handbuch. Tübingen, S. 399-414.
Borneman, E. (1984): Lexikon der Liebe. Wien.
Borneman, E. (1988): Das Geschlechtsleben des Kindes. Beiträge zur Kinderanalyse und Sexualpädologie. München (1. deutsche Auflage München, Wien, Baltimore 1985).
Borneman, E. (1990): Therapie für Pädophile. Psychologie heute, 1/1990, S. 59.
Borneman, E. (1992 a): Missbrauch. Ein strategisches Konzept der Radikal-Feministinnen. In: Zegg-Extra-Sonderheft, Herbst 1992, S. 20-22.
Borneman, E. (1992 b): Der Missbrauch des Missbrauchs. Die Kinder und ihre Helfer. In: Handreichung des Verbands für Unterhalt und Familienrecht (ISUV/-VDU), München, zum Vortrag vom 15. 5. 1992, S. 3-7.
Borneman, E. (1992 c): Der Missbrauch des Missbrauchs. Die Kinder und ihre Helfer. In: Dokumentation „Missbrauch mit dem Missbrauch bei Verfahren um das Sorgerecht". ISUV/VDU Schriftenreihe Band 2. Nürnberg, S. 17-25.
Bossi, J. (1996): Nachtrag zur deutschen Ausgabe. In: van den Broek, J. (1996): Verschwiegene Not: Sexueller Missbrauch an Jungen. Stuttgart, S. 153-178.
Botens, V., Stenzel, G. (1989): Das Schweigen brechen – Narben aus der Kindheit. Gegen sexuelle Gewalt an Mädchen: Handreichungen für eine parteiliche Hilfe. Wildwasser Wiesbaden.
Bradford, J. M. W., Motayne, G., Gratzer, T., Pawlak, A. (1995): Child and adolescent sex offenders. In: Rekers, G. A. (Hg.): Handbook of Child and Adolescent Sexual Problems. New York.
Braecker, S., Wirtz-Weinrich, W. (1992): Sexueller Missbrauch an Jungen und Mädchen. Handbuch für Interventions- und Präventionsmöglichkeiten. Weinheim.
Brandes, H., Bulinger, H. (Hg.) (1996): Handbuch Männerarbeit. Weinheim.
Braun, G. (1989): Ich sag nein. Mühlheim.
Braun, G. (1999): Der Alltag ist sexueller Gewalt zuträglich. Prävention als Antwort auf „alltägliche" Gefährdungen von Mädchen und Jungen. In: Höfling, S., Drewes, D., Epple-Waigel, I. (Hg.): Auftrag Prävention. Offensive gegen sexuellen Kindesmissbrauch. Hanns Seidel Stiftung. München, S. 135-139.
Braun, G. (2001): An eine Frau hätte ich nie gedacht! Frauen als Täterinnen bei sexueller Gewalt gegen Mädchen und Jungen. Köln.
Braune, S. (1990): Feministische Erotik? In: Beiträge zur feministischen Theorie und Praxis, 25/26, 2. Auflage 1990, S. 193-197.
Braun-Scharm, H., Frank, R. (1989): Die inzestoide Familie. In: Acta Paediopsychiat, 52, S. 134-142.
Brayton, G. (1996): Adolescent sexual offenders. In: Winterdyk, J. A. (Hg.): Issues and perspectives on young offenders in Canada. Canada, Harcourt Brace, S. 219-236.

Breitenbach, E. (1991): Mütter missbrauchter Mädchen. Forschungsberichte des BIS, Osnabrück, Universität, Dissertation.
Brière, J. (1989): Therapy for adults molested as children: Beyond survival. New York.
Brière, J. (1992): Child abuse trauma. Newbury Park.
Brière, J., Evans, D., Runtz, M., Wall, T. (1988): Symptomatology in men who were molested as children: A comparison study. In: American Journal of Orthopsychiatry, 58, S. 457-461.
Brière, J., Runtz, M. (1986): Suicidal thoughts and bahaviors in former sexual abuse. In: Canadian Journal of Behavior Sciences, 18, S. 413-423.
Brière, J., Runtz, M. (1987): Post sexual abuse trauma: Data and implications for clinical practice. In: Journal of Interpersonal Violence, 2, S. 367-379.
Brière, J., Runtz, M. (1988): Symptomatology in men who were molested as children: A comparison study. In: American Journal of Orthopsychiatry, 58, S. 457-461.
Brière, J., Runtz, M. (1989): University males' sexual interest in children: Predicting potential indices of „pedophilia" in an nonforensic sample. In: Child Abuse & Neglect, 13, S. 65-75.
Brière, J., Runtz, M. (1993): Childhood sexual abuse: Long-term sequelae and implications for psychological assessment. Special Issue: Research on treatment of adults sexually abused in childhood. In: Journal of Interpersonal Violence 8, S. 312-330.
Brière, J., Smiljanich, K. (1993): Childhood sexual abuse and subsequent sexual aggression against adult women. Paper presented at the 101st. annual convention of the American Psychological Association. Toronto, Ontario.
Briggs, F., Hawkins, M. F. (1996): A comparison of the childhood experiences of convicted male child molesters and men who were sexually abused in childhood and claimed to be nonoffenders. In: Child Abuse & Neglect, 20, S. 221-233.
Brockhaus, U., Kolshorn, M. (1993): Sexuelle Gewalt gegen Mädchen und Jungen. Frankfurt am Main.
Brockhaus, U., Kolshorn, M. (1997): Die Ursachen sexueller Gewalt. In: Amann, G., Wipplinger, R. (Hg.): Sexueller Missbrauch – Überblick zu Forschung, Beratung und Therapie. Ein Handbuch. Tübingen, S. 89-105.
Brongersma, E. (1980): Die Rechtsposition des Pädophilen. In: Monatszeitschrift für Kriminologie und Strafrechtsreform, 63, S. 97-108.
Brongersma, E. (1984): Aggression against pedophiles. In: International Journal of Law and Psychiatry, 7, S. 79-87.
Brongersma, E. (1990): Boy-lovers and their influence on boys: Distorted research and anecdotal observations. In: Journal of Homosexuality, 20, S. 145-173.
Brosch, P. (1975): Fürsorgeerziehung – Heimterror, Gegenwehr, Alternativen. Frankfurt am Main.
Broussard, S. D., Wagner, N. G. (1988): Child sexual abuse: Who is to blame? In: Child Abuse & Neglect, 12 (4), S. 563-569.
Broussard, S. D., Wagner, N. G., Kazelskis, R. (1991): Undergraduate students perceptions of child sexual abuse: the impact of victim sex, perpetrator sex, respondent sex, and victim response. In: The Journal of Family Violence, 6, S. 267-278.
Brown, G. R., Anderson, B. (1991): Psychiatric morbidity in adult inpatients with childhood histories of sexual and physical abuse. In: American Journal of Psychiatry, 148, S. 55-61.
Browne, A., Finkelhor, D. (1986 a): Initial and long-term effects. A conceptual framework.

In: Finkelhor, D. (Hg.): A sourcebook on child sexual abuse. Beverly Hills, S. 143-179.

Browne, A., Finkelhor, D. (1986 b): Impact of child sexual abuse: A review of the research. In: Psychological Bulletin, 99, S. 66-77.

Brownmiller, S. (1978): Gegen unseren Willen. Vergewaltigung und Männerherrschaft. Frankfurt am Main.

Brubaker, D. (1991): Relationship of dissociation and stress response among survivors of childhood sexual abuse. Unpublished master's thesis. Texas A & M University.

Brubaker, D. (1994): Stress response and dissociation among survivors of childhood sexual abuse (Doctoral dissertation, Texas A & M University, 1993). Dissertation Abstracts International, 54, 4382.

Bruck, M., Ceci, S. J., Francouer, E., Renick, A. (1995): Anatomically detailed dolls do not facilitate preschooler' reports of a pediatric examination involving genital touching. In: Journal of Experimental Psychology: Applied, 1, S. 95-109.

Bruder, K.-J. (1994): Überlegungen zur Therapie von Männern, die ihre Kinder sexuell missbraucht haben. In: Schubbe, O. (Hg.): Therapeutische Hilfen gegen sexuellen Missbrauch an Kindern. Göttingen, S. 170-197.

Bryan, J. W., Freed, F. W. (1982): Corporal punishment: Normative data and sociological and psychological correlates in a community population. In: Journal of Youth and Adolescence, 11, S. 77-87.

Bryk, M., Siegel, P. T. (2001): „Meine Mutter verursachte meine Krankheit": Die Geschichte eines Opfers des Münchhausen-by-Proxy-Syndroms. In: Kindesmisshandlung und – vernachlässigung, Jahrgang 4, S. 17-32.

Budin, L. E., Johnson, C. F. (1989): Sex abuse prevention programs: Offender's attitudes about their efficacy. In: Child Abuse & Neglect, 13, S. 77-87.

Bullens, R. (1993): Zur Behandlung von Sexualstraftätern. In: Ministerium für die Gleichstellung von Frau und Mann des Landes Nordrhein-Westfalen: Gewalt gegen Frauen – was tun mit den Tätern? Dokumentation einer Fachtagung – Dokumente und Berichte, 24. Düsseldorf, S. 61-76.

Bullens, R. (1995): Der Grooming Prozess – oder das Planen des Missbrauchs. In: Marquardt-Mau, B. (Hg.): Schulische Prävention gegen sexuelle Kindesmisshandlung. Weinheim, S. 55-67.

Bullens, R, van Wijk, A. (2002): Hintergrund und Charakteristiken von jugendlichen Sexualstraftätern. In: Schmelzle, M., Knölker, U. (Hg.) (2002): Therapie unter Zwang? Gruppenbehandlung jugendlicher sexueller Misshandler. Beziehungsarbeit in einem juristischen Rahmen. Lengerich, Berlin, Bremen, Riga, Rom, Viernheim, Wien, Zagreb.

Bundesministerium des Inneren (2001): Erster Periodischer Sicherheitsbericht, Berlin.

Bundesministerium für Frauen und Jugend (1993) (Hg.): Modellberatungsstelle und Zufluchtswohnung für sexuell missbrauchte Mädchen von „Wildwasser – Arbeitsgemeinschaft gegen sexuellen Missbrauch an Mädchen e.V. Berlin", Schriftenreihe Band 10. Bonn.

Bundschuh, C. (2001): Pädosexualität. Entstehungsbedingungen und Erscheinungsformen. Opladen.

Burger, E., Reiter, K. (1993): Sexueller Missbrauch von Kindern und Jugendlichen – Intervention und Prävention; Schriftenreihe des Bundesministeriums für Familie, Senioren, Frauen und Jugend (Hg.), Bd. 140. Berlin, Köln.

Burgess, A. W., Groth, A. N., Holmstrom, L. L., Sgroi, S. (1987): Sexual assault of children and adolescents. Toronto.

Burgess, A. W., Hartman, C. R., McCormack, A., Grant, C. A. (1988): Child victim to juvenile victimizer: Treatment implications. In: International Journal of Family Psychiatry, 9 (4), S. 403-416.

Burkett, E., Bruni F. (1997): Das Buch der Schande – Kinder und sexueller Missbrauch in der katholischen Kirche. München.

Bushman, B. J., Baumeister, R. F., Stack, A. D. (1999): Catharsis, aggression, and persuasive influence: Self-fulfilling or self-defeating prophecies? In: Journal of Personality and Social Psychology, 76, S. 367-376.

Bussmann, K.-D. (1995): Familiale Gewalt gegen Kinder und das Recht. Erste Ergebnisse aus einer Studie zur Beeinflussung von Gewalt in der Erziehung durch Rechtsnormen. In: Gerhardt, U., Hradil, S., Lucke, D., Nauck, B. (Hg.): Familie der Zukunft. Opladen, S. 261-279.

Cabanis, D., Phillip, E. (1969): Der pädophile homosexuelle Inzest vor Gericht. In: Deutsche Zeitschrift Gesamte Gerichtliche Medizin, 66, S. 46- 51.

Caffaro-Rouget, A., Lang, R. A., van Santen, V. (1989): The impact of child sexual abuse. In: Annals of Sex Research, 2, S. 29-47.

Califia, P. (1989): Sapphistrie. Das Buch der lesbischen Sexualität. Berlin.

Campbell, T. W. (1994): Beware the talking cure: Psychotherapy may be hazardous to your mental health. Boca Raton.

Caplan, P. (1981): Barriers between women. New York.

Carcaterra, L. (1996): Sleepers. Die Unzertrennlichen. Roman. München.

Carl, E. (1995): Die Aufklärung des Verdachts eines sexuellen Missbrauchs in familien- und vormundschaftsgerichtlichen Verfahren. In: Zeitschrift für das gesamte Familienrecht (FamRZ), 19, S. 1183-1192.

Carlson, V. (1994): Child abuse. In: Ramachandran, V. S. (Hg.): Encyclopedia of human behavior. San Diego, S. 561-578.

Carrado, M., George, M. J., Loxam, E., Jones, L., Templar, D. (1996): Aggression in British heterosexual relationships: A descriptive analysis. In: Aggressive Behavior, 22, S. 401-415.

Cavallin, H. (1966): Incestuous fathers: A clinical report. In: American Journal of Psychiatry, 122, S. 1132-1138.

Ceci, S. J. (1994): Cognitive and social factors in children's testimony. In: Sales, B., Vandenbos, G. (Hg.): APA Master Lectures: Psychology and the Law. Washington, D. C.: American Psychological Association, S. 15-54; zitiert nach Undeutsch (1994): Verbrechen gegen die Sittlichkeit – Kinder als Opfer und Zeugen. In: Rutschky, K., Wolff, R. (Hg.): Handbuch sexueller Missbrauch. Hamburg, S. 173-195 (188/189).

Ceci, S. J., Bruck, M. (1993): The suggestibility of the child witness: A historical and synthesis. In: Psychological Bulletin, 113, S. 403-439; zitiert nach Undeutsch (1994): Verbrechen gegen die Sittlichkeit – Kinder als Opfer und Zeugen. In: Rutschky, K., Wolff, R. (Hg.): Handbuch sexueller Missbrauch. Hamburg, S. 173 –195 (178-179).

Ceci, S. J., Bruck, M. (1995): Jeopardy in the courtroom. A scientific analysis of children's testimony. Washington, D. C.: American Psychological Association, S. 161-186.

Chasnoff, I. J., Burns, W. J., Schnoll, S. H., Burns, K., Chisum G., Kyle-Sproe, L. (1986): Maternal-Neonatal Incest. In: American Journal of Orthopsychiatry, 56 (4), S. 577-580.

Chewning, M. F. (1991): A comparison of adolescent male sex offenders with juvenile delinquents and non-referred adolescents. In: Dissertation Abstracts International, 51, S. 33-57.

Chiswick, D. (1983): Sex crimes. In: British Journal of Psychiatry, 143, S. 236-242.

Claussen, A. H., Crittenden, P. M. (1991): Physical and psychological maltreatment. Relations among types of maltreatment. In: Child Abuse & Neglect, 5, S. 5-18.

Clements-Schreiber, M., Rempel, J. K., Desmarais, S. (1998): Women's sexual pressure tactics and adherence to related attitudes: A step toward prediction. In: The Journal of Sex Research, 35, S. 197-205.

Cochran, F., Brown, M. (1984): Women who rape. Boston.

Cohn, D. S. (1991): Anatomical doll play of preschoolers referred for sexual abuse and those not referred. In: Child Abuse & Neglect, 15, S. 445-466.

Collings, S. (1995): The long-term effects of contact and noncontact forms of child sexual abuse in a sample of university men. In: Child Abuse & Neglect, 19, S. 1-6.

Condy, S. R. (1985): Parameters of heterosexual molestation of boys. Diss. Fresno: California School of Professional Psychology.

Condy, S. R., Templer, D. I., Brown, R., Veaco, L. (1987): Parameters of sexual contact of boys with women. In: Archives of Sexual Behaviour, 16 (5), S. 379-395.

Conen, M.-L. (1997): Institutionelle Strukturen und sexueller Missbrauch durch Mitarbeiter in stationären Einrichtungen für Kinder und Jugendliche. In: Amann, G., Wipplinger, R. (Hg.): Sexueller Missbrauch –Überblick zu Forschung, Beratung und Therapie. Ein Handbuch. Tübingen, S. 713-725.

Constantine, L. L. (1981): The effects of early sexual experience: A review and synthesis of research. In: Constantine, L. L., Martinson, F. M. (Hg.): Children and sex. Boston, S. 217-244.

Conte, J. R. (1985): The effects of sexual abuse on children: A critique and suggestions for future research. In: Victimology: An International Journal, 10, S. 110-130.

Conte, J. R., Schuerman, J. (1987 a): The effect of sexual abuse on children: A multidimensional view. In: Journal of Interpersonal Violence, 2, S. 380-390.

Conte, J. R., Schuerman, J. (1987 b): Factors associated with an increased impact of child sexual abuse. In: Child Abuse & Neglect, 11, S. 201-211.

Conte, J. R., Wolf, S., Smith, T. (1989): What sexual offenders tell us about preventions strategies. In: Child Abuse & Neglect, 13, S. 293-301.

Cook, P. (1997): Abused men: The hidden side of domestic violence. Westport.

Cooper, C. L., Murphy, W. D., Haynes, M. A. (1996): Characteristics of abused and nonabused adolescent sexual offenders. In: Sexual Abuse: A Journal of Research and Treatment, 8 (2), S. 105-119.

Coopersmith, S. (1967). The antecedents of self-esteem. San Francisco.

Corstjens, J. M. (1975): Opvoeding en pedofilie. Doctoraalsciptie Nijmegen.

Cose, E. (1995): A man's world. How real is male privilege – and how high is the price? New York.

Costin, L., Karger, H. J., Stoesz, D. (1996): The politics of child abuse in America. New York.

Craig-Shea, M. E. (1998): When the tables are turned: Verbal sexual coercion among college women. In: Anderson, P. B., Struckman-Johnson, C. J. (Hg.): Sexually aggressive women: Research perspectives and controversies. New York.

Crittenden, P. M. (1996): Research on maltreating families. In: Brière, J., Berliner, L., Bulkley, J. A., Jenny, C., Reid, T. (Hg.): The APSAC handbook on child maltreatment.

Thousand Oaks, S. 158-174.

Daro, D. (1988): Confronting child abuse: Research for effective program design. New York.
David, K. P. (1993): „Das darf kein Papst, kein Lehrer, kein Nachbar, niemand darf es!" Eine Therapie mit einem jugendlichen Misshandler. In: Johns, I. (Hg.): Zeit alleine heilt nicht. Freiburg, S. 87-96.
Dawes, R. M. (1989): Experience and validity of clinical judgment: The illusory correlation. In: Behavioral Sciences and the Law, 7, S. 457-467.
Dawes, R. M., Faust, D., Meehl, P. E. (1989): Clinical versus actuarial judgment. In: Science, 243, S. 1668-1674.
Deblinger, E., McLeer, S. V., Atkins, M. S., Ralphe, D., Foa, E. (1989): Post-Traumatic stress in sexually abused, physically abused, and nonabused children. In: Child Abuse & Neglect, 13, S. 403-408.
Deckers, R. (1997): Kindesmissbrauch als straf- und familienrechtliches Problem – Die Verteidigung in Missbrauchsfällen als juristisches, sozialethisches und familienrechtliches Problem. In: Anwaltsblatt 8/9/97, S. 453-462.
Deegener, G. (1999): Sexuell aggressive Kinder und Jugendliche sowie eigene Opfererfahrungen. In: Egg, R. (Hg.): Sexueller Missbrauch. Kriminologische Zentralstelle e.V. (Kriminologie und Praxis; Bd.27). Wiesbaden., S. 187-207.
Deisher, R. W., Wenet, G. A., Paperny, D. M., Clark, T. F. (1982): Adolescent sexual offense behaviour: The role of the physician. In: Journal of Adolescent Health Care, 2, S. 279-286.
De Jong, A. R., Emmett, G. A., Hervada, A. A. (1982): Epiderniologic factors in sexual abuse of boys. In: American Journal of Diseases of Children, 136 (11), S. 990-993.
De Jong, A. R., Hervarda, A. R., Emmet, G. A. (1983): Epidemiologic variations in childhood sexual abuse. In: Child Abuse & Neglect, 7 (2), S. 155-162.
Denfeld, R. (1996): Frech, emanzipiert und unwiderstehlich. Die Töchter des Feminismus. München.
Denfeld, R. (1997): Kill the body, the head will fall. New York.
Deschner, K.-H. (1996): Kriminalgeschichte des Christentums. Die Alte Kirche. Fälschung, Verdummung, Ausbeutung, Vernichtung. Reinbek bei Hamburg.
Deutsches Jugend Institut (DJI) (1997): Diskurs 1/97, Studien zu Kindheit, Jugend, Familie und Gesellschaft. München, S. 40-51.
Dierkes, U. M. (1997): Meine Schwester ist meine Mutter. Düsseldorf.
Dilling, H., Mombour, W., Schmidt, M. H. (1999): Internationale Klassifikation psychischer Störungen (ICD-10). Bern.
Dineen, T. (1998): Manufacturing victims: What the psychology industry is doing to people (2nded.). Montreal.
Dismer, D. (2000): Zwischen Wut und Klischee – Sexuell missbrauchte Jungen finden in Berlin keine Anlaufstelle. In: Zitty, 13/2000.
Dittmann, V. (1996): Die 100 Gesichter der Hysterie. Volker Dittmann im Gespräch mit Thomas Saum-Aldehoff. In: Psychologie heute, 4/1996, S. 34-40.
Dix, T. H., Grusec, J. E. (1985): Parent attribution processes in the socialization of children. In: Siegel, I. E. (Hg.): Parental belief systems: The psychological consequences for children. Hillsdale, S. 201-233.

Doerner, W. G., Lab, S. P. (1995): Victimology. Cincinnati/Ohio.
Dolan, M., Holloway, J., Bailey, B., Kroll, L. (1996): The psychosocial characteristics of juvenile sexual offenders referred to an adolescent forensic service in the UK. In: Medicine, Science and the Law, 36, S. 343-352.
Döring, D. (1980): Soviel Liebe und Zärtlichkeit. Eine Frau liebt Kinder. In: Hohmann, J. (Hg.): Pädophilie Heute. Berichte, Meinungen und Interviews zur sexuellen Befreiung des Kindes. Frankfurt am Main, Berlin, S. 152-154.
Dörr, S. A., Schulze-Berndt, A. (1992): Zum Umgang mit dem Verdacht des sexuellen Kindesmissbrauchs. Eine Gegenrede aus der fachfraulichen Praxis zu Offe, H., Offe, S., Wetzels, P. (1992): Zum Umgang mit dem Verdacht des sexuellen Kindesmissbrauchs (Neue Praxis, 3, S. 240-256). In: Neue Praxis, 5, S. 434-435.
Doyle, P. (1991): Dein Wille geschehe? Frankfurt am Main.
Draijer, N. (1985): De omgekeerde wereld. Seksueel misbruik van kinderen in het gezin. Den Haag: Ministerie van Sociale Zaken en Werkgelegenheid.
Draijer, N. (1990): Die Rolle sexuellen Missbrauchs und körperlicher Misshandlung in der Ätiologie psychischer Störungen bei Frauen. In: Martinius, J., Frank, R. (Hg.): Vernachlässigung und Misshandlung von Kindern. Bern, Stuttgart, Toronto, S. 128-142.
Drewermann, E. (1989): Kleriker – Psychogramm eines Ideals. Olten und Freiburg im Breisgau.
Driest, B. (1974): Die Verrohung des Franz Blum. Bericht. Reinbek bei Hamburg.
Drion, N. (1989): Jongens als slachtoffer van seksueel misbruik. In: Maandblad Geestelijke Volksgezondheid, 44 (2).
Dunand, A. (1993): Der sexuelle Missbrauch von Kindern im Kontext von Familie und Gesellschaft. In: Kontext, 23, (1), S. 6-19.
Dunde, S. R. (1992): Handbuch Sexualität. Weinheim.

Eckenrode, J., Laird, M., Doris, J. (1993): School performance and disciplinary problems among abused and neglected children. In: Developmental Psychology, 29, S. 53-62.
Edwards, J., Alexander, P. (1992): The contribution of family background to the long-term adjustment of women sexually abused as children. In: Journal of Interpersonal Violence, 7, S. 306-320.
Egg, R. (1998 a): Zur Rückfälligkeit von Sexualstraftätern. In: Kröber, H.-L., Dahle, K.-P. (Hg.): Sexualstraftaten und Gewaltdelinquenz. Heidelberg, S. 57-69.
Egg, R. (1998 b): Rückfall nach sexuellem Missbrauch von Kindern. Beitrag zum 41. Kongress der Deutschen Gesellschaft für Psychologie in Dresden.
Egle, U. T., Hoffmann, S. O., Joraschky, P. (1997): Sexueller Missbrauch, Misshandlung, Vernachlässigung: Erkennung und Behandlung psychischer und psychosomatischer Folgen früher Traumatisierung. Stuttgart.
Eist, H. I., Mandel, A. V. (1968): Family treatment of ongoing incest behavior. In: Fam Process, 7, S. 216-232.
Eldridge, H. (1999): Therapeutische Arbeit mit Frauen, die Kinder sexuell missbrauchen. In: Kind im Zentrum (Hg.): Wege aus dem Labyrinth. Erfahrungen mit familienorientierter Arbeit zu sexuellem Missbrauch. Berlin, S. 138-151.
Ellerstein, N. S., Canavan, J. W. (1980): Sexual abuse of boys. In: American Journal of Diseases of Children, 134 (3), S. 255-257.
Elliger, T. J., Schötensack, K. (1991): Sexueller Missbrauch von Kindern - eine kritische

Bestandsaufnahme. In: Nissen, G. (Hg.): Psychogene Psychosyndrome und ihre Therapie im Kindes- und Jugendalter. Bern, S. 143-154.
Elliott, M. (1992): Tip of the Iceberg? Social Work Today. Ausgabe vom 12.3.1992.
Elliott, M. (Hg.) (1993): Female sexual abuse of children, ultimate taboo. Harlow.
Elliott, M. (1995): Überlebende erzählen. In: Elliott, M. (Hg.): Frauen als Täterinnen. Sexueller Missbrauch an Mädchen und Jungen. Ruhnmark, S. 172-276.
Elliott, M., Browne, K., Kilcoyne, J. (1995): Child abuse prevention: What offenders tell us. In: Child Abuse & Neglect, 19, S. 579-594.
Elsner, C. (1999): Lasst euch nicht benutzen! Frankfurt am Main.
Elz, J. (2001): Legalbewährung und kriminelle Karrieren von Sexualstraftätern. Kriminologische Zentralstelle e.V. (Kriminologie und Praxis; Bd.33). Wiesbaden.
Elz, J. (2003): Sexuell deviante Jugendliche und Heranwachsende. Kriminologische Zentralstelle e.V. Wiesbaden.
Enders, U. (1990): Zart war ich, bitter war's: Sexueller Missbrauch an Mädchen und Jungen. Erkennen –schützen – beraten. Köln.
Enders, U. (1999): Die Strategien der Täter und die Verantwortung von uns Erwachsenen für den Schutz von Mädchen und Jungen. In: Höfling, S., Drewes, D., Epple-Waigel, I. (Hg.): Auftrag Prävention. Offensive gegen sexuellen Kindesmissbrauch. Hanns Seidel Stiftung. München, S. 178-196.
Endres, J., Scholz, O. B. (1994): Sexueller Kindesmissbrauch aus psychologischer Sicht. In: Neue Zeitschrift für Strafrecht, Bd. 10, S. 466 – 473.
Engfer, A. (1986): Kindesmisshandlung. Ursachen – Auswirkungen – Hilfen. Stuttgart.
Engfer, A. (1997): Gewalt gegen Kinder in der Familie. In: Egle, U. T., Hoffmann, S. O., Joraschky, P. (Hg.): Sexueller Missbrauch, Misshandlung, Vernachlässigung. Stuttgart, S. 21-34.
Ernst, A. A., Nick, T. G., Weiss, S. J., Houry, D., Mills, T. (1997): Domestic violence in an inner-city ED. In: Annals of Emergency Medicine, 30, S. 190-197.
Ernst, C. (1997): Zu den Problemen der epidemiologischen Erforschung des sexuellen Missbrauchs. In: Amann, G., Wipplinger, R. (Hg.): Sexueller Missbrauch. Überblick zu Forschung, Beratung und Therapie. Ein Handbuch. Tübingen, S. 55-71.
Ernst, C., Angst J., Földenyi, M. (1993): The Zurich study: Sexual abuse in childhood. Frequency and relevance for adult morbidity. In: European Archives of Psychiatry and Clinical Neuroscience, 242, S. 293-300.
Esser, G., Weinel, H. (1990): Vernachlässigende und ablehnende Mütter in Interaktion mit ihren Kindern. In: Martinius, J., Frank, R. (Hg.): Vernachlässigung, Missbrauch und Misshandlung von Kindern. Bern.
Everill, J., Waller, G. (1995). Disclosure of sexual abuse and psychological adjustment in female undergraduates. In: Child Abuse & Neglect, 19, S. 93-100.
Everson, M., Boat, B. (1989): Research and issues in using anatomical dolls. In: Annals of Sex Research, 1, S. 191-204.

Falardeau, W. (1998): Das Schweigen der Kinder. Sexueller Missbrauch an Kindern. Die Opfer, die Täter, und was wir tun können. Stuttgart.
Faller, K. C. (1987): Women who sexually abuse children. In: Violence and Victims, 2 (4), S. 263-276.
Faller, K. C. (1989): Characteristics of a clinical sample of sexually abused children: How

do boy and girl victims differ. In: Child Abuse & Neglect, 13, S. 281-291.
Farber, E. D., Showers, J., Johnson, D. F., Joseph, J. A., Oshins, E. (1984): The sexual abuse of children: A comparison of male and female victims. In: Journal of Clinical Child Psychology, 13 (3), S. 294-297.
Farrell, W. (1999): Women can't hear, what men don't say. New York.
Fastie, F. (1994): Zeuginnen der Anklage. Die Situation sexuell missbrauchter Mädchen und Frauen vor Gericht. Berlin.
Fatke, R. (1992): Pädophilie – Beleuchtung eines Dunkelfeldes. In: Schuh, J., Killias, M. (Hg.): Sexualdelinquenz – Délinquance sexuelle. Chur/Zürich, S. 149-168.
Fegert, J. M. (1992): Diagnostik und klinisches Vorgehen bei Verdacht auf sexuellen Missbrauch. In: Walter, J. (Hg.): Sexueller Missbrauch im Kindesalter (2. Aufl.), Heidelberg, S. 68-101.
Fegert, J. M. (1993): Sexuell missbrauchte Kinder und das Recht. Ein Handbuch zu Fragen der kinder- und jugendpsychiatrischen und psychologischen Untersuchung und Begutachtung. Band 2. Köln.
Fehrenbach, P. A., Monastersky, C. (1988): Characteristics of female adolescent sexual offenders. In: American Journal of Orthopsychiatry, 58, S. 148-151.
Fehrenbach, P. A., Smith, W., Monastersky, C., Deisher, R. W. (1986): Adolescent sexual offenders: Offenders and offense characteristics. In: American Journal of Orthopsychiatry, 56, S. 225-233.
Feierman, J. B. (1990): A biosocial overview of adult human sexual behavior with children and adolescents. In: Feierman, J. R. (Hg.): Pedophilia: Biosocial dimensions. New York, S. 8-68.
Ferenczi, S. (1933): Sprachverwirrung zwischen den Erwachsenen und dem Kind – Die Sprache der Zärtlichkeit und der Leidenschaft. In: Ferenczi, S. (1972): Schriften zur Psychoanalyse, Bd. II. Herausgegeben von M. Balint. Frankfurt am Main, S. 303-314.
Fillion, K. (1996): Lip service: The truth about women's darker side in love, sex and friendship. New York.
Finkelhor, D. (1979 a): What's wrong with sex between adults and children? Ethics and the problem of sexual abuse. In: American Journal of Orthopsychiatry, 49, S. 692-697.
Finkelhor, D. (1979 b): Sexually victimized children. New York.
Finkelhor, D. (1980): Risk factors in the sexual victimization of children. In: Child Abuse & Neglect, 4, S. 265-273.
Finkelhor, D. (1980 a): Sex among siblings: A survey of the prevalence, variety, and effects. In: Archives of Sexual Behaviour, 9, S. 171-194.
Finkelhor, D. (Hg.) (1984): Child sexual abuse: New theory and research. New York.
Finkelhor, D. (1986): Designing new studies. In: Finkelhor, D. (Hg.): A sourcebook on child sexual abuse. Beverly Hills, S. 199-223.
Finkelhor, D. (1990): Early and long-term effects of child sexual abuse: An update. In: Professional Psychology: Research and Practice, 21 (5), S. 325-330.
Finkelhor, D. (1993): Epidemiological factors in the clinical identification of child sexual abuse. In: Child Abuse & Neglect, 17, S. 67-70.
Finkelhor, D. (1994): The international epidemiology of child sexual abuse. In: Child Abuse & Neglect, 18, S. 409-417.
Finkelhor, D., Araji, S. (1986): Explanations of pedophilia: A four factor model. In: The Journal of Sex Research, 22, S. 145-161.
Finkelhor, D., Baron, L. (1986): High risk children. In: Finkelhor, D. (Hg.): A sourcebook

on child sexual abuse. Beverly Hills, S. 60-88.

Finkelhor, D., Berliner, L. (1995): Research on the treatment of sexually abused children: A review and recommendations. In: Journal of the American Academy of Child and Adolescent Psychiatry, 34, S. 1408-1423.

Finkelhor, D., Hotaling, G. (1984): Sexual abuse in the national incidence study of child abuse neglect. In: Child Abuse & Neglect, 8 (1), S. 23-33.

Finkelhor, D., Hotaling, G., Lewis, I. A, Smith, C. (1989): Sexual abuse and its relationship to later sexual satisfaction, marital status, religion and attitudes. In: Journal of Interpersonal Violence, 5, S. 379-399.

Finkelhor, D., Hotaling, G., Lewis, I. A, Smith, C. (1990): Sexual abuse in a national survey of adult men and women: Prevalence, characteristics and risk factors. In: Child Abuse & Neglect, 14 (1), S. 19-28.

Finkelhor, D., Moore, D., Hamby, S. L., Straus, M. A. (1997): Sexually abused children in a national survey of parents: Methodological issues. In: Child Abuse & Neglect, 21, S. 1-9.

Finkelhor, D., Russell, D. E. H. (1984): Women as perpetrators: Review of the evidence. In: Finkelhor, D. (Hg.): Child sexual abuse: New theory and research. New York.

Finkelhor, D., Williams, L. M., Burns, N. (1988): Nursery crimes. Sexual abuse in day care. Newbury Park.

Fischer, G. (1991): Is lesser severity of child sexual abuse a reason more males report having liked it? In: Annals of Sex Research, 4, S. 131-139.

Fishman, J. (1991): Prevalence, impact and meaning attribution of childhood sexual experiences of undergraduate males (Doctoral dissertation, University of Massachusetts, 1990). Dissertation Abstracts International, 52, 114.

Fleming, J., Mullen, P., Bammer, G. (1997): A study of potential risk factors for sexual abuse in childhood. In: Child Abuse & Neglect, 21, S. 49-58.

Flügel, J. C. (1921): The psychoanalytic study of the family. London, 1972.

Forbes, J. (1992-1993): Female sexual abusers: The contemporary search for equivalence. In: Practice 6 (2), S. 102-111.

Ford, M. E., Linney, J. A. (1995): Comparative analysis of juvenile sexual offenders, violent nonsexual offenders, and status offenders. In: Journal of Interpersonal Violence, 10 (1), S. 56-70.

Forward, S., Buck, C. (1979): Betrayal of innocence: incest and its devastation. New York.

Foucault, M. (1983): Sexualität und Wahrheit. Bd. 1. Der Wille zum Wissen. Frankfurt am Main.

Fowler, S. (1983): Against sexual assault, Phoenix AZ counselling the incest offender. In: International Journal of Female Therapy, 5, S. 92-97.

Frances, V., Frances, A. (1976): The incest taboo and family structure. In: Fam Process, 15, S. 235-244.

Frankel, F. H. (1993): Adult reconstruction of childhood events in the multiple personality disorder. In: American Journal of Psychiatry, 150, S. 954-958.

Franz, M., Lieberz, K., Schmitz, N., Schepank, H. (1999): Wenn der Vater fehlt. Epidemiologische Befunde zur Bedeutung früher Abwesenheit des Vaters für die psychische Gesundheit im späteren Leben. In: Zsch. psychosom. Med., 45, S. 260-278.

Freeman-Longo, R. E. (1986): The impact of sexual victimization on males. In: Child Abuse & Neglect, 10, S. 411-414.

Frenken, J., van Stolk, B. (1988): Frauen als Opfer eines Inzests – Ergebnisse retrospektiver Studien. In: Zeitschrift für Sexualforschung. Stuttgart, S. 327-336.

Frenken, R. (2000): Kindheitstrauma in Selbstdarstellungen: Psychogenetische Aspekte der Evolution deutscher Kindheit vom 13. bis 17. Jahrhundert. In: Finger-Trescher, U., Krebs, H. (Hg.): Misshandlung, Vernachlässigung und sexuelle Gewalt in Erziehungsverhältnissen. Gießen, S. 43-76.

Freud, A. (1936): Das Ich und die Abwehrmechanismen. In: Schriften der Anna Freud. Bd. I. München 1980.

Freud, S. (1896): Zur Ätiologie der Hysterie. Gesammelte Werke Band I, S. 423-459.

Freud, S. (1910): Über Psychoanalyse. Gesammelte Werke Band VIII, S. 1-60.

Freud, S. (1919): Einleitung. In: Zur Psychoanalyse der Kriegsneurosen. Gesammelte Werke Band XII, S. 321-324.

Freud, S. (1920): Jenseits des Lustprinzips. Gesammelte Werke Band XIII, S. 1-69.

Freund, K., Heasma, G., Racansky, I., Glancy, G. (1984): Pedophilia and heterosexuality vs. homosexuality. In: Journal of Sex and Marital Therapy, 10, S. 193-200.

Friday, N. (1991): Women on top: how real life has changed women's sexual fantasies. New York.

Friedrich, W. N. (1988): Behavior problems in sexually abused children. In: Wyatt, G., Powell, G. (Hg.): Lasting effects of child sexual abuse. Newbury Park, S. 171-191.

Friedrich, W. N. (1993): Sexual victimization and sexual behavior in children: A review of recent literature. In: Child Abuse & Neglect, 17, S. 59-66.

Friedrich, W. N., Beilke, R. L., Urquiza, A. J. (1988): Behavior problems in young sexually abused boys: A comparison study. In: Journal of Interpersonal Violence, 3 (1), S. 21-28.

Friedrich, W. N., Grambsch, P., Broughton, D., Kuiper, J., Beilke, R. L. (1991): Normative sexual behavior in children. In: Pediatrics, 88, S. 456-464.

Friedrich, W. N., Grambsch, P., Damon, L., Hewitt, S. K., Koverola, C., Wolfe, V., Broughton, D. (1992): Child sexual behavior inventory: Normative and clinical comparisons. In: Psychological Assessment, 4, S. 303-311.

Friedrich, W. N., Luecke, W. J. (1988): Young school-age sexually aggressive children: Assessment and comparison. In: Professional Psychology, 19 (2), S. 153-164.

Friedrich, W. N., Urquiza, A. J., Beilke, R. L. (1986): Behavior problems in sexually abused young children. In: Journal of Pediatric Psychology, 11 (1), S. 47-57.

Fritz, G. S., Stoll, K., Wagner, N. N. (1981): A comparison of males and females who were sexually molested as children. In: Journal of Sex and Marital Therapy, 7, S. 54-59.

FritzRoy, L. (1996): Mother/Rapist. Women's experience of child sexual assault perpetrated by their biological and adoptive mothers. The International Conference on Violence, Abuse and Women's Citizenship. Brighton. Unveröffentlichtes Vortragsmanuskript.

Fromuth, M. E. (1984): The long term psychological impact of childhood sexual abuse (Doctoral dissertation, Auburn University, 1983). Dissertation Abstracts International, 44, 2242.

Fromuth, M. E. (1986): The relationship of childhood sexual abuse with later psychological and sexual adjustment in a sample of college women. In: Child Abuse & Neglect, 10, S. 5-15.

Fromuth, M. E., Burkhart, B. R (1987): Childhood sexual victimization among college men: Definitional and methodological issues. In: Violence and Victims, 2, S. 241-253.

Fromuth, M. E., Burkhart, B. R (1989): Long-term psychological correlates of childhood sexual abuse in two samples of college men. In: Child Abuse & Neglect, 13 (4), S. 533-

542.
Fromuth, M. E., Burkhart, B. R., Jones, W. (1991): Hidden child molestation. An investigation of adolescent perpetrators in a nonclinical sample. In: Journal of Interpersonal Violence, 6, S. 367-384.
Fürniss, T. (1994): Multiprofessionelles Handbuch der sexuellen Kindesmisshandlung. Göttingen.
Fürniss, T., Phil, M. (1986): Diagnostik und Folgen von sexueller Kindesmisshandlung. In: Monatsschrift Kinderheilkunde, 134, S. 335-340.

Gabel, W. (1972): Orte Außerhalb. Erzählungen. Mülheim a. d. Ruhr.
Gal, M., Hoge, R. D. (1999): A profile of the adolescent sex offender. In: Forum on Corrections Research, 11, S. 7-11.
Gale, J., Thompson, R. J., Moran, T., Sack W. H. (1988): Sexual abuse in young children: Its clinical presentation and characteristic pattern. In: Child Abuse & Neglect, 12, S. 163-170.
Gardiner-Sirtl, A. (1983): Als Kind missbraucht. Frauen brechen ihr Schweigen. München.
Gass, U., Klosinski, G. (1988): Jugendliche Fetischisten, Exhibitionisten, sexuelle Nötiger und Vergewaltiger. In: Forensia, 9, S. 79-88.
Gebhard, P. H., zitiert nach Brongersma, E. (1980): Die pädophile Beziehung. In: Hohmann, J. (Hg.): Pädophilie Heute. Berichte, Meinungen und Interviews zur sexuellen Befreiung des Kindes. Berlin, Frankfurt am Main, S. 137-147 (139).
Gebhard, P. H., Gagnon, J. H., Pomeroy, W. B., Christenson, C. V. (1965): Sex offenders: An analysis of types. New York.
Gelinas, D. J. (1983): The persisting negative effects of incest. In: American Journal of Psychiatry, 46, S. 312-331.
Gelles, R. J. (1978): Violence toward children in the United States. In: American Journal of Orthopsychiatry, 43, S. 611-621.
Gemünden, J. (1996): Gewalt gegen Männer in heterosexuellen Intimpartnerschaften. Ein Vergleich mit dem Thema Gewalt gegen Frauen auf der Basis einer kritischen Auswertung empirischer Untersuchungen. Marburg.
Genuis, M. (1991): Short-term effects of child sexual abuse on self-esteem in a survey of young adult males. Unpublished Master's Thesis (University of Calgary). Canada.
Gerbener, H. (1966): Die Kriminalität der Kinderschändung im Landgerichtsbezirk Duisburg in den Jahren 1950-1954, Dissertation. Bonn.
Gerber, H. (2002): Frau oder Täter? Auswirkungen sexuellen Missbrauchs von Kindern durch Frauen, Ergebnisse einer Studie. In: Dokumentation einer Fachtagung der Heinrich-Böll-Stiftung und des „Forum Männer in Theorie und Praxis der Geschlechterverhältnisse" am 12./13. Oktober 2001 in Berlin. Herausgegeben von der Heinrich-Böll-Stiftung, 2002, S. 75-99
Gerwert, U. (1996): Sexueller Missbrauch an Mädchen aus der Sicht der Mütter. Frankfurt am Main.
Gerwert, U., Thurn, C., Fegert, J. (1993): Wie erleben und bewältigen Mütter den sexuellen Missbrauch an ihren Töchtern? In: Praxis der Kinderpsychologie und Kinderpsychiatrie, 42, S. 273-278.
Gidycz, C., Hanson, K., Layman, M. (1995): A prospective analysis of the relationships

among sexual assault experiences. In: Psychology of Women Quarterly, 19, S. 5-29.
Gilmartin, B. G. (1979): The case against spanking. In: Human Behaviour, 2, 18-23.
Glantz, K., Himber, J. (1992): Sex therapy with dissociative disorders: a protocol. In: Journal of Sex and Marital Therapy, 18, S. 147-153.
Glöer, N. (1991), zitiert nach Hoffmann, F. (1991): Wenn Frauen ihre Kinder missbrauchen. In: Cosmopolitan, 9, S. 56-62.
Glöer, N., Schmiedeskamp-Böhler, I. (1990): Verlorene Kindheit. Jungen als Opfer sexueller Gewalt. München.
Gloor, R., Pfister, T. (1995): Kindheit im Schatten. Ausmaß, Hintergründe und Abgrenzung sexueller Ausbeutung. Bern.
Godenzi, A. (1989): Bieder, brutal. Frauen und Männer sprechen über sexuelle Gewalt. Zürich.
Godenzi, A. (1993): Gewalt im sozialen Nahraum. Zürich.
Gödtel, R. (1992): Sexualität und Gewalt. Hamburg.
Goldman, R., Goldman, J. (1988): The prevalence and nature of child sexual abuse in Australia. In: Australian Journal of Sex, Marriage & Family, 9 (2), S. 94-106.
Gomes-Schwartz, B., Horowitz, J. M., Cardarelli, A. P., Sauzier, M. (1990): The aftermath of child sexual abuse: 18 months later. In: Gomes-Schwartz, B., Horowitz, J. M., Cardarelli, A. P. (Hg.): Child sexual abuse: The initial effects. Newbury Park, S. 132-152.
Goodman, G. S., Taub, E. P., Jones, D. P., England, P., Port, L. K., Rudy, L., Prado, L. (1993): Emotional effects of criminal court testimony on child abuse sexual assault sictims. Monographs of the Society for Research in Child Development. University of Chicago.
Goodwin, J. (1982): Sexual abuse. Incest victims and their families. Boston.
Goodwin, J., Cormier, L., Owen, J. (1983): Grandfather-granddaughter incest: A trigenerational view. In: Child Abuse & Neglect, 7, S. 163-170.
Goodwin, J., DiVasto, P. (1979): Mother-daughter incest. In: Child Abuse & Neglect, 3, S. 953-957.
Goodwin, J., DiVasto P. (1989): Female homosexuality: a sequel to mother-daughter incest. In: Goodwin, J. (Hg.): Sexual Abuse: Incest victims and their families (2nd ed.). Chicago.
Goodwin, J., McCarty, T., DiVasto, P. (1982): Physical and sexual abuse of the children of adult victims. In: Goodwin, J. (Hg.): Sexual abuse. Incest victims and their families. Boston, S. 139-152.
Gordon, B. N., Schroeder, C. S. (1995): Sexuality. A developmental approach to problems. New York: Plenum Press.
Gordon, B. N., Schroeder, C. S., Abrams, J. M. (1990): Age and social-class differences in children´s knowledge of sexuality. In: Journal of Clinical Child Psychology, 19, S. 33-43.
Gordon, M. (1955): Incest as revenge against the pre-oedipal mother. In: Psychoanal Rev, 42, S. 284-292.
Gordon, M. (1989): The family environment of sexual abuse: a comparison of natal and stepfather abuse. In: Child Abuse & Neglect, 13, S. 121-130.
Gordon, M., zitiert nach Randow, G. von (1996) (Hg.): Der Fremdling im Glas und weitere Anlässe zur Skepsis entdeckt im „Skeptical Inquirer". Reinbek bei Hamburg, S. 154.
Graham, L. (1996): Sexual abuse and young people with disabilities project: Results and reccommendations. Vancouver.
Grammer, K. (1995): Signale der Liebe. Die biologischen Gesetze der Partnerschaft. München.
Graziano, A. M., Namaste, K. A. (1990): Parental use of physical force in child discipline:

A survey of 679 college students. In: Journal of Interpersonal Violence, 5 (4), S. 449-463.
Green, A. H. (1986): True and false allegations of sexual abuse in child custody dispute. In: Journal of the American Academy of Child and Adolescent Psychiatry, 25 (4), S. 449-456.
Green, A. H. (1991): Factors contributing to false allegations of child sexual abuse in custody disputes. In: Child and Youth Service, 15 (2), S. 177-189.
Green, A. H. (1993): Child sexual abuse: Immediate and long-term effects and intervention. In: Journal of the American Academy of Child and Adolescent Psychiatry, 32, S. 890-902.
Greenwald, E., Leitenberg, H., Cado, S., Tarran, M. J. (1990): Childhood sexual abuse: Longterm effects on psychological and sexual functioning in a nonclinical and nonstudent sample of adult women. In: Child Abuse & Neglect, 14, S. 503-513.
Greer, G. (2003): Der Knabe. Hildesheim
Groth, A. N. (1979): Men who rape: The psychology of the offender. New York.
Groth, A. N. (1979 a): Sexual trauma in the life histories of rapists and child molesters. In: Victimology: An International Journal, 4 (1), S. 10-16.
Groth, A. N. (1982): The incest offender. In: Sgroi, S. (Hg.): Handbook of clinical intervention in child sexual abuse. Toronto, S. 215-240.
Groth, A. N. (1983): Juvenile and adult sex offenders treating; a community response. New York.
Groth, A. N., Birnbaum, H. J. (1978): Adult sexual orientation and attraction to underage persons. In: Archives of Sexual Behavior, 7, S. 175-181.
Groth, A. N., Birnbaum, H. J. (1979): Men who rape. The psychology of the offender. New York.
Groth, A. N., Burgess, A. W. (1980): Male rape: Offenders and victims. In: American Journal of Psychiatry, 137 (7), S. 806-810.
Groth, A. N., Hobson, W. F. (1986): Die Dynamik sexueller Gewalt. In: Heinrichs, J. (Hg.): Vergewaltigung - Die Opfer und die Täter. Braunschweig, S. 87-98.
Groth, A. N., Hobson, W. F., Gory, T. (1982): The child molester: clinical abservations. In: Conte, J., Shore, D. (Hg.): Social Work and Child Sexual Abuse. New York, S. 129-144.
Groth, A. N., Hobson, W. F., Lucey, K. P., St. Pierre, J. (1981): Juvenile sexual offenders: Guidelines for treatment. In: International Journal of Offender Therapy and Comparative Criminology, 25 (1), S. 265-272.
Groth, A. N., Longo, R. E., McFadin, J. B. (1982 a): Undetected recidivism among rapists and child molesters. In: Crime and Delinquency, 28, S. 450-458.
Groth, A. N., Loredo, C. (1981): Juvenile sex offenders: Guidelines for assessment. In: International Journal of Offender Therapy and Comparative Criminology, 25 (3), S. 31-38.
Gudjonsson, G. H., Clark, N. (1986): Suggestibility in police interrogation: A social psychological model. In: Social Behavior, 1, S. 83-104.
Gundersen, B. H., Melas, P. S., Skar, J. E. (1981): Sexual behavior of preschool children. In: Constantine, L. L., Martinson, F. M: (Hg.): Children and sex. New findings. New perspectives. Boston, S. 45-61.
Günter, M. (2001): Die Behandlung jugendlicher Sexualstraftäter aus psychoanalytischer Sicht. Kinderanalyse, 9 Jg., Heft 1, März 2001. Stuttgart.
Gutheil, T. G., Avery, N. C. (1977): Multiple overt incest as family defense against loss. In: Fam Process, 16, S. 105-116.

Gutjahr, K., Schrader, A. (1990): Sexueller Kindesmissbrauch, Ursache, Erscheinungen, Folgewirkungen und Interventionsmöglichkeiten. Köln.
Guzder, J., Paris, J., Zelkowitz, P., Marchessault, K. (1996): Risk factors for borderline pathology in children. In: Journal of the American Academy of Child and Adolescent Psychiatry, 35, S. 26-33.

Hagemann-White, C. (1983): Gewalt. In: Beyer, J, Lamott, F., Meyer, B. (Hg.): Frauenhandlexikon - Stichworte zur Selbstbestimmung. München, S. 114-118.
Haliday-Summer (1998): Female sex-offenders. Zu finden im Internet unter: www.vaoline.org/vls6.html.
Halperin, D. S., Bouvier, P., Jaffe, P. D., Mounoud, R. L., Pawlak, C. H., Laederach, J., Wicky, H. R., Astie, F. (1996): Prevalence of child sexual abuse among adolescents in Geneva: results of a cross-sectional survey. In: British Medical Journal, 312, S. 1326-1329.
Hanks, H., Saradjian, J. (1991): Women who abuse children sexually: Characteristics of sexual abuse of children by women. In: Human Systems: The Journal of Systematic Consultation & Management, 2, S. 247-262.
Hanks, H., Saradjian, J. (1992): The Female Abuse. Community Care 22 (June), viiviii.
Hanks, H., Saradjian, J. (1994): Frauen, die Kinder sexuell missbrauchen. In: Schubbe, O. (Hg.): Therapeutische Hilfen gegen sexuellen Missbrauch an Kindern. Göttingen, S. 198-216.
Hanson, R. K. (1997): The development of a brief actuarial risk scale for sexual offense recidivism. User Report 97-04. Solicitor General of Canada. Ottawa.
Hanson, R. K., Bussière, M. T. (1996): Predictors of sexual offender recidivism: A meta-analysis. Ministry of the Solicitor General of Canada. Ottawa.
Hanson, R. K., Bussière, M. T. (1998): Predicting relapse: A meta-analysis of sexual offender recidivism studies. In: Journal of Consulting and Clinical Psychology, 66, S. 348-362.
Hanson, R. K., Thorton, D. (1999): Static 99: improving actuarial risk assessments for sex offenders. User Report 99-02. Solicitor General of Canada. Ottawa.
Hanstein, W. (1998): Sexueller Missbrauch als Perversion. In: Sexuelle Kindesmisshandlung: „Die Täter" - differenzieren statt verallgemeinern. Kongressbericht. Bundesarbeitsgemeinschaft der Kinderschutz - Zentren (Hg.), Köln, September 1998, S. 24-35.
Harrison, H., Cobham, C. (1995): Täterinnen - Was Kinder und Jugendliche ChildLine erzählt haben. In: Elliott, M. (Hg.): Frauen als Täterinnen. Sexueller Missbrauch an Mädchen und Jungen. Runmark, S. 154-158.
Harten, H.-C. (1995): Sexualität, Missbrauch, Gewalt. Das Geschlechterverhältnis und die Sexualisierung von Aggressionen. Opladen.
Harten, H.-C. (1997): Zur Zementierung der Geschlechterrollen als mögliche Ursache für sexuellen Missbrauch - Sozialisationstheoretische Überlegungen zur Missbrauchsforschung. In: Amann, G., Wipplinger, R. (Hg.): Sexueller Missbrauch - Überblick zu Forschung, Beratung und Therapie. Ein Handbuch. Deutsche Gesellschaft für Verhaltenstherapie, Tübingen, S. 106-120.
Hartwig, L. (1992): Sexuelle Gewalterfahrungen von Mädchen. Konfliktlagen und Konzepte mädchenorientierter Heimerziehung. Weinheim.
Hatfield, S. (1988): Symptomatology associated with male adult survivors of childhood sexual abuse (Doctoral dissertation, Indiana State University, 1987). Dissertation Abstracts

International, 48, S. 2771-2772.

Haugaard, J., Emery, R. (1989): Methodological issues in child sexual abuse research. In: Child Abuse & Neglect, 13, S. 89-100.

Haugaard, J., Reppucci, N. D. (1988): The sexual abuse of children. A comprehensive guide to current knowledge and intervention strategies. San Francisco.

Hebenstreit-Müller, S. (1995): Multiprofessionelle Arbeit mit sexuell missbrauchten Kindern und Jugendlichen. In: Jugendhilfe, 33 (1), S. 30-34.

Hedlund, E. (1986): Ergebnisse einer Umfrage unter verurteilten Vergewaltigern. In: Heinrichs, J. (Hg.): Vergewaltigung - Die Opfer und die Täter. Braunschweig, S. 78-86.

Heiliger, A. (1985): Alleinerziehende Mütter – Ohne Partner glücklich. In: Psychologie heute, 12/1985, S 10-11.

Heiliger, A. (1993): Alleinerziehen als Befreiung. Mutter-Kind-Familien als positive Sozialisationsform und als gesellschaftliche Chance. Herbolzheim.

Heiliger, A., Engelfried, C. (1995): Sexuelle Gewalt. Männliche Sozialisation und potentielle Täterschaft. Frankfurt am Main, New York.

Henning, K., Leitenberg, H., Coffey, P., Turner, T., Bennet, R. T. (1996): Long-term psychological and social impact of witnessing physical violence between parents. In: Journal of Interpersonal Violence, 11, S. 35-51.

Hentig von, H. (1965): Die Kriminalität der lesbischen Frau. In: Beiträge zur Sexualforschung, Heft 25, 2. Auflage. Stuttgart.

Herman, J. L. (1981): Father-Daughter-Incest. Cambridge.

Herman, J. L. (1993): Die Narben der Gewalt: Traumatische Erfahrungen verstehen und überwinden. München.

Herrenkohl, E. C., Herrenkohl, R. C., Toedter, L. J. (1983): Perspectives on the intergenerational transmission of abuse. In: Finkelhor, D., Gelles, R. J., Hotaling, G. T., Straus, M. A. (Hg.): The dark side of families: current family violence research. Beverly Hills, S. 305-316.

Hertoft, P. (1989): Klinische Sexologie. Köln.

Hess, G. (1934): Die Kinderschändung unter besonderer Berücksichtigung der Tatsituation. In: Exners Krim. Abh., Heft 20. Leipzig.

Heuer, G. (1978): Problem Sexualität im Strafvollzug. Stuttgart.

Hewitt, S. (1990): The treatment of sexually abused preschool boys. In: Hunter, M. (Hg.): The sexually abused male, Volume 2: Application of treatment strategies. Lexington.

Heyne, C. (1993): Täterinnen - Offene und versteckte Aggression von Frauen. Zürich.

Higgins, D., McCabe, M. (1994): The relationship of child sexual abuse and family violence to adult adjustment: Toward an integrated risk-sequelae model. In: Journal of Sex Research, 31 (4), S. 255-266.

Hinz, Arnold (2001): Geschlechtsstereotype bei der Wahrnehmung von Situationen als "sexueller Missbrauch" – Eine experimentelle Studie. In: Zeitschrift für Sexualforschung, 14, S. 214-225.

Hirsch, M. (1990): Realer Inzest. Psychodynamik des sexuellen Missbrauchs in der Familie. 2. Auflage (3. Auflage 1994). Berlin, Heidelberg, New York.

Hirsch, M. (2000): Sexueller Missbrauch in seiner Bedeutung für die Entwicklung von Kindern und Jugendlichen. In: Finger-Trescher, U., Krebs, H. (Hg.): Misshandlung, Vernachlässigung und sexuelle Gewalt in Erziehungsverhältnissen. Gießen, S. 77-90.

Hoffmann, A. (2001): Sind Frauen bessere Menschen? Plädoyer für einen selbstbewussten Mann. Berlin.

Hoffmann, F. (1991): Frauen, die Kinder sexuell missbrauchen. In: Cosmopolitan, 9, S. 56-62.
Hoffmann, R. (1994): Die Ordnung der pädophilen Interaktion. Rahmen, Rituale, Dramaturgie. Eine Anwendung der Rahmenanalyse von Erving Goffman. Inaugural-Dissertation zur Erlangung des Grades eines Doktors der Philosophie. Universität Bremen.
Hogben, M., Byrne, D., Hamburger, M. E. (1996): Coercive heterosexual sexuality in dating relationships of college students: Implications of differential male-female experiences. In: Journal of Psychology and Human Sexuality, 8, S. 69-78.
Hoghughi, M. S. (1997): Working with sexually abusive adolescents. Thousand Oaks.
Holman, P. L. (1986): Inzest, Alkoholismus, Drogenabhängigkeit. In: Backe L., Leick, N., Merrick, J., Michelsen, N. (Hg.): Sexueller Missbrauch von Kindern in Familien. Köln, S. 69-82.
Holzkamp, K. (1994): Zur Debatte über sexuellen Missbrauch: Diskurse und Fakten. In: Forum Kritische Psychologie: „Sexueller Missbrauch": Widersprüche eines öffentlichen Skandals". Hamburg, 33, S. 136-157.
Homes, A. M. (1981): Prügel vom lieben Gott. Bensheim.
Homes, A. M. (1983): Verfolgung Homosexueller – Gefangener in Lebensgefahr. In: Psychologie heute, 1/1983, S. 18.
Homes, A. M. (1984 a): Gott hat die Kinder geliebt - und seine Diener hassen uns. In: Scherf, D. (1984) (Hg.): Der liebe Gott sieht alles. Erfahrungen mit religiöser Erziehung. Frankfurt am Main, S. 125-135.
Homes, A. M (1984 b) (Hg.): Heimerziehung - Lebenshilfe oder Beugehaft. Mit einem Vorwort von Günter Wallraff. Frankfurt am Main.
Homes, A. M. (1984 c): Jugendliche Selbstmörder – Anklagende Zahlen. In: Psychologie heute, 12/1984, S 14-15.
Homes, A. M. (1985): Vergewaltigung - Ursache: Mutterhass. In: Psychologie heute, 1/1985, S. 12-13.
Homes, A. M. (1996): Gestohlene Kindheit. Ein Heimkind packt aus. Düsseldorf.
Homes, A. M. (1998): Gestohlene Kindheit. Berlin.
Homes, A. M. (2001): GottesTal der Tränen. Herdecke.
Homes, A. M. (2003): Von der Mutter missbraucht. Herdecke.
Honig, M.-S. (1992): Verhäuslichte Gewalt. Frankfurt am Main.
Honig, M.-S. (1993): Über die Sexualität von Kindern. In: Deutsches Jugendinstitut (Hg.): Was für Kinder. Aufwachsen in Deutschland. Ein Handbuch. München, S. 182-194.
Hooper, C. A. (1989): Alternatives to collusion: The response of mothers to child sexual abuse in the family. In: Educational and Child Psychology, 6, (1), S. 22-30.
Horn, C. (1996): Kindesmissbrauch: neue Sensibilität oder Panik? Gefolgt von einem Gespräch mit Katharina Rutschky. In: Nove, Nr. 25, November 1996, S. 8-12 (16-17).
Hotaling, G. T., Sugarman, D. B. (1986): An analysis of risk markers in husband to wife violence: the current of knowledge. In: Violence and Victims, 1, S. 101-126.
Hotte, J. P., Rafman, S. (1992): The specific effects of incest on prepubertal girls from dysfunctional families. In: Child Abuse & Neglect, 16, S. 273-283.
Howitt, D. (1998): Are causal theories of paedophilia possible? A reconsideration of sexual abuse cycles. In: Boros J., Münnich, I., Szegedi, M. (Hg.): Psychology and criminal justice. Berlin, New York, S. 248-253.
Hoyndorf, S., Reinhold, M, Christmann, F. (1995): Behandlung sexueller Störungen - Ätiologie, Diagnostik, Therapie: Sexuelle Dysfunktionen, Missbrauch, Delinquenz. Wein-

heim.

Hrabowy, I. (1987): Self-reported correlates of adult-child sexual relations. Unpublished master's thesis. Bowling Green State University. Ohio.

Hsu, I. K. G., Starzynski, J. (1995): Adolescent rapists and adolescent sexual assaulters. In: International Journal of Offender therapy and comparative Criminology, 34, S. 23-30.

Huber, M. (1996): Multiple Persönlichkeiten. Überlebende extremer Gewalt. Ein Handbuch. Frankfurt am Main.

Hunter, J. A., Lexier, L. J., Goodwin, D. W., Browne, P. A., Dennis, C. (1993): Psychosexual, attitudinal, and developmental characteristics of juvenile female sexual perpetrators in a residential treatment setting. In: Journal of Child and Family Studies, 2 (4), 317-326.

Hunter, K. (1995): Hilfe für Überlebende durch Therapie. In: Elliott, M. (Hg.): Frauen als Täterinnen. Sexueller Missbrauch an Mädchen und Jungen. Ruhnmark, S. 86-112.

Hunter, N. (1990): The Neglected Victim of Sexual Abuse, and editor of The Sexually Abused Male, Volumes I and II. Lexington.

Hussey, D. L., Singer, M. (1993): Psychological distress, problem behaviors, and family functioning of sexually abused adolescent inpatients. In: Journal of the American Academy of Child and Adolescent Psychiatry, 32, S. 954-961.

Jackson, J. L., Calhoun, K. S., Amick, A. E., Maddever, H. M., Habif, V. L. (1990): Young adult women who report childhood intrafamilial sexual abuse: Subsequent adjustment. In: Archives of Sexual Behavior, 19, S. 211-221.

Jacobi, P. (1973): Sexualpädagogische Bürgerhetze. Liebe mit Kindern. In: betrifft : erziehung, 4/1973, S. 26-27.

Jacobson, A., Herald, C. (1990): The relevance of childhood sexual abuse to adult psychiatric inpatient care. In: Hosp Community Psychiatry, 41, S. 154-158.

Jäckel, K. (1988): Inzest. Tatort Familie. Rastatt.

Jäckel, K. (1994): Komm, mein liebes Rotkäppchen... Kindesmissbrauch - Wer sind die Täter? Berlin.

Jäckel, K. (1996): Wer sind die Täter? Die andere Seite des Kindesmissbrauchs. München.

James, B., Nasjleti, M. (1983): Treating sexually sbused children and their families. Palo Alto.

James, J., Meyerding, J. (1977): Early sexual experience and prostitution. In: American Journal of Psychiatry, 134, S. 1381-1385.

Jampole, L., Weber, M. K. (1987): An assessment of the behavior of sexually abused and nonsexually abused children with anatomically correct dolls. In: Child Abuse & Neglect, 11, S. 187-192.

Janus, M. D., Archambault, F. X., Brown, S. W. (1995): Physical abuse in Canadian runaway adolescents. In: Child Abuse and Neglect, 19 (4), S. 433-447.

Janus, M. D., Scanlon, B., Price, V. (1984): Youth prostitution. In: Burgess, A. W. (Hg.): Child prostitution and sex rings. Lexington, S. 127-146.

Jehu, D. (1994): Beyond sexual abuse: therapy with women who were childhood victims. New York.

Jennings, K. T. (1995): Kindesmissbrauch durch Frauen in Forschung und Literatur. In: Elliott, M. (Hg.): Frauen als Täterinnen. Sexueller Missbrauch an Mädchen und Jungen. Ruhnmark, S. 304-319.

Johns, I. (1990): 3 Jahre Modellprojekt Sexuelle Misshandlung von Kindern und Jugendlichen. In: Die Frauenministerin des Landes Schleswig-Holstein & Kinderschutzzentrum Kiel (Hg.): Sexuelle Misshandlung von Kindern. Dokumentation der Fachtagung 1989. Kiel, S. 9-13.
Johnson, R. L., Shrier, D. K. (1985): Sexual victimization of boys. In: Journal of Adolescent Health Care, 6 (5), S. 372-376.
Johnson, R. L., Shrier, D. K. (1987): Past sexual victimization by females of male patients in an adolescent medicine clinic population. In: American Journal of Psychiatry, 144 (5), S. 650-652.
Johnson, T. C. (1988): Child perpetrators - children who molest other children: preliminary findings. In: Child Abuse & Neglect, 12, S. 219-229.
Johnson, T. C. (1989): Female child perpetrators: Children who molest other children. In: Child Abuse & Neglect, 13, S. 571-585.
Johnson, T. C. (1998): Children who molest. In: Marshall, W. L., Fernandez, Y. M. (Hg.): Sourcebook of treatment programs for sexuel offenders. New York.
Johnson, T. C., Showers, J. (1985): Injury variables in child abuse. In: Child Abuse & Neglect, 9 (2), S. 207-216.
Jones, D., McGraw, J. M. (1987): Reliable and fictitious accounts of sexual abuse in children. Journal of Interpersonal Violence, 2, S. 27-45.
Jones, D. P. H., Royal College of Physicians (1996): Sexueller Missbrauch von Kindern. Gesprächsführung und körperliche Untersuchung. Stuttgart.
Julius, H., Boehme, U. (1994): Sexueller Missbrauch an Jungen: Bibliothek und Informationssystem der Universität Oldenburg. Oldenburg.
Julius, H., Boehme, U. (1997): Sexuelle Gewalt gegen Jungen. Eine kritische Analyse des Forschungsstandes. Stuttgart.
Jumper, S. A. (1995): A meta-analysis of the relationship of child sexual abuse to adult psychological adjustment. In: Child Abuse & Neglect, 19 (6), S. 715-728.
Justice, B., Justice, R. (1979): The broken taboo. Sex in the family. New York.

Kahn, T. J., Chambers, H. J. (1991): Assessing reoffense risk with juvenile sexual offenders. In: Child Welfare, 70, S. 333-345.
Kassim, K., Kassim, M. S. (1995): Child sexual abuse: Psychosocial aspects of 101 cases seen in an urban malaysian setting. In: Child Abuse & Neglect, 19 (7), S. 793-799.
Katz, R. C. (1990): Psychosocial adjustment in adolescent child molesters. In: Child Abuse & Neglect, 14, S. 567-575.
Kaufman, A. (1984): Rape of men in the community. In: Stuart, I. R., Greer, J. G. (Hg.): Victims of sex agression: Treatment of children, women, and man. New York.
Kaufman, K. L., Wallace, A. M., Felzen Johnson, C., Reeder, M. L. (1995): Comparing female and male perpetrators' modus operandi: Victims' reports of sexual abuse. In: Journal of Interpersonal Violence, 10 (3), S. 322-333.
Kaufman, P., Peck A. L., Tagiuri C. K (1954): The family constellation and overt incestuous relations between father and daughter. In: American Journal of Orthopsychiatry, 24 (2), S. 266-279.
Kavemann, B. (1993): Täterinnen – Frauen, die Mädchen und Jungen sexuell missbrauchen: Dokumentation der Tagung vom 22.11.93 bis 24.11.93 in Bielefeld; veranstaltet von der Landesarbeitsgemeinschaft autonomer Mädchenhäuser NRW e.V.; erstellt

von Barbara Kavemann, Februar 1994 – Band 1.
Kavemann, B. (1994): Täterinnen. Frauen, die Mädchen und Jungen sexuell missbrauchen. Köln.
Kavemann, B. (1995): Das bringt mein Weltbild durcheinander. Frauen als Täterinnen in der feministischen Diskussion sexueller Gewalt. In: Elliott, M. (Hg.): Frauen als Täterinnen. Sexueller Missbrauch an Mädchen und Jungen. Ruhnmark, S. 13-40.
Kavemann, B. (1996 a): Wird es eine feministische Täterinnenarbeit geben? – Überlegungen zur Prävention von sexuellem Missbrauch, der von Frauen und Mädchen ausgeht. In: Thema Jugend, 1/2, S. 2-4.
Kavemann, B. (1996 b): Frauen, die Mädchen und Jungen sexuell missbrauchen. In: Hentschel, G. (Hg.): Skandal und Alltag. Sexueller Missbrauch und Gegenstrategien. Berlin.
Kavemann, B. (1999): Viel schlimmer oder halb so schlimm? Wenn Frauen Mädchen oder Jungen sexuell missbrauchen. In: Wodtke-Werner, V., Mähne, U. (Hg.): Nicht wegschauen! Vom Umgang mit Sexual(straf)tätern. Baden-Baden, S. 31-44.
Kavemann, B., Lohstöter, I. (1984, 1986): Väter als Täter. Sexuelle Gewalt gegen Mädchen. Erinnerungen sind wie eine Zeitbombe. Reinbek bei Hamburg.
Kazis, C. (1988) (Hg.): Dem Schweigen ein Ende. Sexuelle Ausbeutung von Kindern in der Familie. Basel.
Keller-Husemann, U. (1983): Destruktive Sexualität. Krankheitsverständnis und Behandlung der sexuellen Perversion. München.
Kelly, L. (1991): Unspeakable acts. Trouble and Strife 2I (Summer), I3.
Kempe, C. H (1978): Sexual abuse, another hidden pediatric problem: The 1977. C. Anderson Aldrich lecture. In: Pediatrics, 62, S. 382-389.
Kempe, C. H., Kempe, R. S. (1980): Kindesmisshandlung. Stuttgart.
Kempe, R. S., Kempe C. H. (1984): The common secret: Sexual abuse of children and adolescents. New York.
Kendall-Tackett, K. A., Meyer Williams, L., Finkelhor, D. (1993): Impact of sexual abuse on children: A review and synthesis of recent empirical studies. In: Psychological Bulletin, 113 (1), S. 164-180.
Kendall-Tackett, K. A., Meyer Williams, L., Finkelhor, D. (1997): Die Folgen von sexuellem Missbrauch bei Kindern: Review und Synthese neuerer empirischer Studien. In: Amann, G., Wipplinger, R. (Hg.): Sexueller Missbrauch - Überblick zu Forschung, Beratung und Therapie. Ein Handbuch. Tübingen, S. 151-186.
Kendall-Tackett, K. A., Simon, A. F. (1987): Perpetrators and their acts: Data from 365 adults molested as children. In: Child Abuse and Neglect, 11 (2), S. 237-245.
Kennedy, Heckler (1972), zitiert nach Rossetti, S. J. (1996): Einleitung. In: Rossetti, S. J., Müller, W. (1996): Sexueller Missbrauch Minderjähriger in der Kirche. Psychologische, seelsorgerische und institutionelle Aspekte. Mainz, S. 9-30 (14).
Kentler, H. (1979): Sexualität ist ein Sozial-Produkt. Psychologie heute, 1/1979, S. 73-77.
Kentler, H. (1980): Pädophilie: Tabu und Vortabu. In: Sigusch, V., Klein, I., Gremliza, H. L. (Hg.): Sexualität Konkret. Sammelband 2. Hamburg 1984, S. 74-79.
Kentler, H., zitiert nach Wolter (1985): Pädophilie. Die verbotene Liebe. Flensburg, S. 86.
Kentler, H. (1994): Täterinnen und Täter beim sexuellen Missbrauch von Jungen. In: Rutschky, K., Wolff, R. (Hg.): Handbuch sexueller Missbrauch. Hamburg, S. 143-156.
Kercher, G. A., McShane , M. (1984): The prevalence of child sexual abuse victimization in an adult sample of Texas Residents. In: Child Abuse & Neglect, 8, S. 495-501.

Kerchner, B: (1998): „Unbescholtene Bürger" und „gefährliche Mädchen" um 1900. Was der Fall Sternberg für die aktuelle Debatte über den sexuellen Missbrauch an Kindern bedeutet. In: Historische Anthropologie, S. 1-32.

Kerchner, B. (1999 a): Der Missbrauch der Autorität. Machteffekte in den historischen Diskursen über das Sexualstrafrecht. In: Hof, H., Lübbe-Wolf, G. (Hg.): Wirkungsforschung zum Recht. Bd. I. Baden-Baden, S. 255-278.

Kerchner, B. (1999 b): Körperdiskurse und Moralpolitik. In: Bauhardt, Ch., von Wahl, A. (Hg.): Geschlecht als Kategorie in der Politikwissenschaft: Chancen und Widersprüche. Opladen, S. 121-147.

Kerscher, K.-H. (1984): Sexualität und Tabu. In: Kluge, N. (Hg.): Handbuch der Sexualpädagogik Band 1. Düsseldorf, S. 151-170.

Khan, M., Masud R. (1989): Entfremdung bei Perversionen. Frankfurt.

Kilpatrick, A. C. (1987): Childhood sexual experiences: Problems and issues in studying long-range effects. In: The Journal of Sex Research, 23 (2), 173-196.

Kilpatrick, A. C. (1992): Long-range effects of child and adolescent sexual experiences. Hillsdale.

King, J. (1989): "Female Abusers: A Recipe for Change". In: Community Care 27 April, S. 24-26.

Kinsey, A. C. (1973): "Orgasmus beim männlichen Kleinkind" und "Orgasmus beim weiblichen Kleinkind". Zitiert nach Kentler, H. (1973): "Texte zur Sozio-Sexualität". Opladen, S. 63.

Kinsey, A. C., Pomeroy, W. B., Martin, C. E. (1948): Sexual behavior in the human male. Philadelphia.

Kinsey, A. C., Pomeroy, W. B., Martin, C. E., Gebhard, P. H. (1953): Sexual behavior in the human female. Philadelphia.

Kinsey, A. C., Pomeroy, W. B., Martin, C. E., Gebhard, P. H. (1954): Das sexuelle Verhalten der Frau. Berlin.

Kinsey, A. C., Pomeroy, W. B., Martin, C. E. (1955): Das sexuelle Verlangen des Mannes. Berlin.

Kinzl, J., Biebl, W (1993): Sexueller Missbrauch in Kindheit und Jugend. In: Sexualmedizin April, S. 136-142.

Kinzl, J., Traweger, C., Biebl, W. (1995): Sexual dysfunctions: Relationship to childhood sexual abuse and early family experiences in a nonclinical sample. In: Child Abuse & Neglect, 19, S. 785-792.

Kinzl, J., Traweger, C., Guenther, V., Biebl, W. (1994): Family background and sexual abuse associated with eating disorders. In: American Journal of Psychiatry, 151, S. 1127-1131.

Kiper, H. (1994): Sexueller Missbrauch im Diskurs. Eine Reflektion literarischer und pädagogischer Traditionen. Weinheim.

Kirchhoff, S. (1994): Sexueller Missbrauch vor Gericht. Band 1: Beobachtung und Analyse. Opladen.

Kirchmann, R. (1999): Hilfen im Kinderschutzzentrum München für Kind und Familie bei sexuellem Missbrauch. In: Höfling, S., Drewes, D., Epple-Waigel, I. (Hg.): Auftrag Prävention. Offensive gegen sexuellen Kindesmissbrauch. Hanns Seidel Stiftung. München, S.69-74.

Kirsta, A. (1994): Deadlier than the male. Violence and aggression in women. London.

Kivela, S. L., Kongas-Saviaro, P., Laippala, P., Pahkala, K., Kesti, E. (1996): Social and psychosocial factors predicting depression in old age: A longitudinal study. In: Internationale Psychogeriatry, 8 (4), S. 635-644.

Klebes, C., Fay, S. (1995): Munchausen syndrome by proxy: A review, case study, and nursing implications. In: Journal of Pediatric Nursing, 10 (2), S. 93-98.

Klein, J. (1991): Inzest: Kulturelles Verbot und natürliche Scheu. Opladen.

Kloiber, A. (1994): Sexuelle Gewalt an Jungen. Eine retrospektive Befragung erwachsener Männer. In: Verhaltenstherapie und psychosoziale Praxis, 4, S. 489-502.

Kluck, M.-L. (1995): Verdacht auf sexuellen Missbrauch und familiengerichtliches Verfahren – Probleme der Entstehung und Prüfung. In: Zeitschrift für Familie, Partnerschaft, Recht (FPR), 3, S. 56-59.

Knight, R. A., Prentky, R. A. (1993): Exploring characteristics for classifying juvenile sex offenders. In: Barbaree, H. E., Marshall, W. L., Hudson, S. M. (Hg.): The juvenile sex offender. New York, S. 45-79.

Knopf, M. (1993): Sexuelle Kontakte zwischen Frauen und Kindern - Überlegungen zu einem nicht realisierbaren Forschungsprojekt. In: Zeitschrift für Sexualforschung, Jg. 6, Heft 1, S. 23-35.

Knopp, F. H. (1986): Introduction. In: Porter, E.: Treating the young male victim of sexual assault: Issues and intervention strategies. New York, S. 1-23.

Knopp, F. H., Lackey, L. B. (1987): Female sexual abuser: A summary of data from 44 treatment providers. Safer Society Program. Orwell/VT.

Knutson, J. F., Selner, M. B. (1994): Punitive childhood experiences reported by young adults over a 10 year period. In: Child Abuse & Neglect, 18, S. 155-166.

Kockott, G. (1999): Status quo der Täterbehandlung in Deutschland. In: Höfling, S., Drewes, D., Epple-Waigel, I. (Hg.): Auftrag Prävention. Offensive gegen sexuellen Kindesmissbrauch. Hanns Seidel Stiftung. München, S. 316-322.

Körner, H. H. (1975): Sexualentgleisungen alternder Menschen im Umgang mit Minderjährigen. Eine kriminalätiologische und kriminaltherapeutische Untersuchung, dargestellt anhand von 483 Fällen aus dem Landgerichtsbezirk Frankfurt (Main) aus den Jahren 1960-1969 unter besonderer Berücksichtigung des Verhaltens aller am Tat- und Prozessgeschehen beteiligter Personen und der verschiedenen Schattierungen des Dunkelfeldes, verbunden mit Vorschlägen zur Einführung eines Altersstrafrechts. Dissertation zu Erlangung des Grades eines Doktors der Rechte des Fachbereichs Rechts- und Wirtschaftswissenschaften der Johannes Gutenberg-Universität Mainz.

Kohan, M. J., Pothier, P., Norbeck, J. S. (1987): Hospitalized children with history of sexual abuse: Incidence and care issues. In: American Journal of Orthopsychiatry, 57, S. 258-264.

Kolbo, J. R, Blakely, E. H., Engleman, D. (1996): Children who witness domestic violence: A review of empirical literature. In: Journal of Interpersonal Violence, 11, S. 281-293.

Kolko, D. J, Moser, J. T., Weldy, S. R (1988): Behavioral/emotional indicators of sexual abuse in child psychiatric inpatients: A controlled comparison with physical abuse. In: Child Abuse & Neglect, 12, S. 529-541.

Koonin, R. (1995): Überwindung des letzten Tabus: Sexueller Kindesmissbrauch durch Frauen. In: Australian Journal of Social Issues, Band 30, 2. Mai 1995, S. 195-210.

Koss, M. P. , Gidycz, C. A., Wisniewski, N. (1987): The scope of rape: Incidence and prevalence of sexual aggression and victimization in a national sample of higher education students. In: Journal of Consulting and Clinical Psychology, 55, S. 162-170.

Krahé, B., Scheinberger-Olwig, R. (1997): Sexuelle Aggressivität zwischen Jugendlichen.

Forschungsprojekt des Instituts für Psychologie der Universität Potsdam. Gefördert durch die Deutsche Forschungsgemeinschaft (Kr 972/4-1). Potsdam.

Krahé, B., Scheinberger-Olwig, R. (2002): Sexuelle Aggression: Verbreitungsgrad und Risikofaktoren unter Jugendlichen und jungen Erwachsenen. Göttingen.

Kreyssig, U. (1997): Zum Zusammenhang von sexuellem Missbrauch und Sucht. In: Amann, G., Wipplinger, R. (Hg.): Sexueller Missbrauch - Überblick zu Forschung, Beratung und Therapie. Ein Handbuch. Tübingen, S. 260-273.

Krimendahl Wolf, E., Alpert, L. (1991): Psychoanalysis and child sexual abuse: a review of the post-Freudian literature. In: Psychoanalytic Psychology, 8, S. 305-327.

Kröber, H.-L. (1998): Differenzierte Wahrnehmung der Täter - über Unterschiede, die Unterschiede machen. In: Sexuelle Kindesmisshandlung: „Die Täter" - differenzieren statt verallgemeinern. Kongressbericht. Bundesarbeitsgemeinschaft der Kinderschutz - Zentren (Hg.), September 1998. Köln, S. 16-23.

Kröber, H.-L. (1999): Sexualstraftäter: Notwendige Differenzierungen als Voraussetzung gezielter Intervention. In: Höfling, S., Drewes, D., Epple-Waigel, I. (Hg.): Auftrag Prävention. Offensive gegen sexuellen Kindesmissbrauch. Hanns Seidel Stiftung. München, S. 305-315.

Kröhn, W. (1984): Mythos und Realität sexueller Unterdrückung - Vergewaltigung im Spiegel der öffentlichen Meinung. In: Sexualmedizin, 3, S. 129-136.

Kroll, U. (1980): Objekt meiner Sehnsucht. In: Hohmann, J. (Hg.): Pädophilie Heute. Berichte, Meinungen und Interviews zur sexuellen Befreiung des Kindes. Frankfurt am Main, S. 155-154.

Krück, U. (1989): Psychische Schädigung minderjähriger Opfer von gewaltlosen Sexualdelikten auf verschiedenen Altersstufen. In: Monatszeitschrift für Kriminologie und Strafrechtsreform, 72, S. 316-325.

Krück, U. (1991): Die Viktimisierung sexuell missbrauchter Jungen. In: Beier, K. M. (Hg.): Sexualität zwischen Medizin und Recht. Stuttgart, Jena, S. 39-52.

Krug, R. (1989): Adult male report of childhood sexual abuse by mothers: Case descriptions, motivations and long-term consequences. In: Child Abuse & Neglect, 13 (1), S. 111-120.

Krupinski, M., Tutsch-Bauer, E., Frank, R., Brodherr-Heberlein, S., Soyka, M. (1995): Münchhausen-by-proxy-syndrome. In: Der Nervenarzt, 66 (1), S. 36-40.

Kühn, E. (1980): Kindesmissbrauch. Gerichtsverfahren schädigen mehr als die Tat. In: Kinderschutz aktuell - Verbandszeitschrift des Deutschen Kinderschutzbundes, 3/1980, S. 23-24.

Kuhne, T. (1999): Prävention von sexueller Gewalt an Mädchen und jungen Frauen mit unterschiedlichen Behinderungen. In: Höfling, S., Drewes, D., Epple-Waigel, I. (Hg.): Auftrag Prävention. Offensive gegen sexuellen Kindesmissbrauch. Hanns Seidel Stiftung. München, S. 235-252.

Küpper, B., Sporer, S. (1995): Beurteilung bei Glaubwürdigkeitsmerkmalen: Eine empirische Studie. In: Bierbrauer, G., Gottwald, W., Birnbreier-Stahlberger, G. (Hg.): Verfahrensgerechtigkeit - Rechtspsychologie. Forschungsbeiträge für die Justizpraxis. Köln, S. 187-213.

Kutcher, S. P., Korenblum, M. (1992): Borderline personality disorder in adolescent: A critical overview, novel speculations, and suggested future directions. In: Silver, D., Rosenbluth, M. (Hg.): Handbook of borderline disorders. Madison, International Universities Press, S. 535-552.

Kutchinsky, B. (1991): Sexueller Missbrauch von Kindern: Verbreitung, Phänomenologie

und Prävention. In: Zeitschrift für Sexualforschung, Jg. 4, Heft 1, S. 33-44.
Kutchinsky, B. (1994): Missbrauchspanik. In: Rutschky, K., Wolff, R. (Hg.): Handbuch sexueller Missbrauch. Hamburg, S. 49-62.
Kwast, S. van der (1975): Bijdrage tot de discussie over decriminalisering van de pedofilie. Nederlands tijdschrift voor Criminologie.

Lacey, J. H (1990): Incest, incestuous fantasy & indecency. A clinical catchment area study of normal-weight bulimic women. In: British Journal of Psychiatry, 157, S. 399-403.
Lachmann, J. (1988): Zur Verbreitung von Sexualdelikten an Kindern und Abhängigen. In: Monatszeitschrift für Kriminologie und Strafrechtsreform, Heft 1, S. 42-46.
Lake, E. S. (1993): An exploration of the violent victim experiences of female offenders. In: Violence and Victims, 8 (1), S. 41—51.
Lam, J. (1994): Resiliency and adult adaptation in females with and without histories of childhood sexual abuse (Doctoral dissertation, Boston University, 1994). Dissertation Abstracts International, 55, 1187.
Lamb, S., Coakley, M. (1993): "Normal" childhood sexual play and games: Differentiating play from abuse. In: Child Abuse & Neglect, 17, S. 515-526.
Lammertz, N. (1979): Was ist Pädophilie? In: Psychologie heute, 7/1979, S. 11.
Lammertz, N. (1982): Sexualstrafrecht und Beratung. Zur strafrechtlichen Stellung des Sexualberaters bei strafbarem Sexualverhalten des Ratsuchenden. Sexualpädagogik und Familienplanung. In: Sexualpädagogik und Familienplanung. Zeitschrift der Pro Familia, Heft 5, S. 4-7.
Lampel, P.-M. (1929): Jungen in Not. Berichte von Fürsorgezöglingen. Berlin.
Landis, J. (1956): Experiences of 500 children with adult sexual deviation. In: Psychiatric Quarterly Supplement, 30, S. 91-109.
Lanktree, C., Briere, J., Zaidi, L. (1991): Incidence and impact of sexual abuse in a child outpatient sample: The role of direct inquiry. In: Child Abuse & Neglect, 15, S. 447-453.
Larson, N. R. (1986): Familientherapie mit Inzestfamilien. In: Backe L., Leick, N., Merrick, J., Michelsen, N. (Hg.): Sexueller Missbrauch von Kindern in Familien. Köln, S. 104-117.
Lautmann, R. (1980): „Sexualdelikte, Straftaten ohne Opfer?" In: Zeitschrift für Rechtspolitik, 2, S. 44-49.
Lautmann, R. (1994): Die Lust am Kind. Portrait des Pädophilen. Hamburg.
Lautmann, R. (1995): Täter und Liebhaber: Unterscheiden zwischen Pädophilie und sexuelle Kindesmisshandlung? In: Pro Familia Magazin, Heft 3, S. 9-11.
Lawson, C. (1993): Mother-son sexual abuse: Rare or underreported? A critique of the research. In: Child Abuse & Neglect, 17, S. 261-269.
Leeuw-Albers, A. J. de (1958): Onderzoek zedendelicten waarbij kinderen betrokken zijn. In: Maandblad voor Berechting en Reclassering, 37, S. 125-141.
Leichtman, M. D., Ceci, S. J. (1995): The effect of stereotypes and suggestions on preschoolers' reports. In: Developmental Psychology, 31 (4), S. 568-578.
Lempp, R. (1968): Seelische Schädigung von Kindern als Opfer von gewaltlosen Sittlichkeitsdelikten. In: Neue Juristische Wochenzeitschrift, 21, S. 49.
Lempp, R. (1990): Bemerkungen zu Aggressivität und Sexualität am Beispiel des sexuellen Missbrauchs von Kindern. In: Zeitschrift für Sexualforschung, 3. Jg., S. 242-245.
Lenz, H.-J. (1996 a): Spirale der Gewalt. Jungen und Männer als Opfer von Gewalt.

Berlin.

Lenz, H.-J. (1996 b): Männer als Opfer von Gewalt und Misshandlung. In: Brandes, H., Bullinger, H. (Hg.): Handbuch Männerarbeit. Weinheim.

Lenz, H.-J. (1998): Wozu geschlechtsspezifische Ansätze in der Gesundheitsbildung? In: GesundheitsAkademie, Landesinstitut für Schule und Weiterbildung, NRW (Hg.): Die Gesundheit der Männer ist das Glück der Frauen? Chancen und Grenzen geschlechtsspezifischer Gesundheitsarbeit. Frankfurt.

Lenz, H.-J. (1999): Männer als Opfer - ein Paradox? Männliche Gewalterfahrungen und ihre Tabuisierung bei Helfern. In: Organisationsberatung - Supervision - Clinical Management, 6. Jg., 2, S. 117-129.

Levitt, E. E., Pinnell, C. M. (1995): Some additional light on the childhood sexual abuse-psychopathology axis. In: International Journal of Clinical and Experimental Hypnosis, 43 , S. 145-162.

Lew, M. (1986): Victims no longer: Men recovering from incest and other sexual child abuse. New York.

Lew, M. (1993): Als Junge missbraucht. München.

Lewis, M., Sarrel, P. M (1969): Some psychological aspects of seduction, incest and rape in childhood. In: Journal of the American Academy of Child Psychiatry, 8, S. 606-619.

Li, C. K., West, D. J., Woodhouse, T. P. (1990): Children's sexual encounters with adults. London.

Lison, K., Poston, C. (1991): Weiterleben nach dem Inzest. Frankfurt am Main.

Litin, E. M., Griffin, M., Johnson, A. (1956): Parental influence in unusual sexual behavior in children. In: Psychoanal. Quart, 25, S. 37-55.

Livingston, R., Lawson, L., Jones, J. G. (1993): Predictors of self-reported psychopathology in children abesed repeatedly by a parent. In: Journal of the American Academy of Child and Adolescent Psychiatry, 32, S. 948-953.

Llosa, V. (1993): Lob der Stiefmutter. Frankfurt am Main.

Loftus, E. F. (1997): Repressed memory accusations: Devastated families and devastated patients. In: Applied Cognitive Psychology, 11, S. 25-30.

Loftus, E. F., Ketcham, K. (1994): The myth of repressed memmory. False memories and allegations of sexual abuse. St. Martins Press.

Loftus, E. F., Ketcham, K. (1994): Die therapierte Erinnerung. Über den zweifelhaften Versuch, sexuellen Missbrauch erst Jahre später nachzuweisen. Bergisch Gladbach.

Loftus, E. F., Ketcham, K. (1995): Die therapierte Erinnerung. Vom Mythos der Verdrängung bei Anklagen wegen sexuellen Missbrauchs. Hamburg.

Lohaus, A., Schorsch, S. (1997): Kritische Reflexionen zu Präventionsansätzen zum sexuellen Missbrauch. In: Amann, G., Wipplinger, R. (Hg.): Sexueller Missbrauch - Überblick zu Forschung, Beratung und Therapie. Ein Handbuch. Tübingen, S. 679-694.

Lombroso, C. (1894): Das Weib als Verbrecherin und Prostituierte. Hamburg.

Long, P., Jackson, J. (1993): Initial emotional response to childhood sexual abuse: Emotion profiles of victims and relationship to later adjustment. In: Journal of Family Violence, 8, 167-181.

Longdon, C. (1995): Aus dem Blickwinkel einer Überlebenden und Therapeutin. In: Elliott, M. (Hg.): Frauen als Täterinnen. Sexueller Missbrauch an Mädchen und Jungen. Ruhnmark, S. 99-112.

Longo, R. F. (1982): Sexual learning and experience among adolescent sexual offender. In: International Journal of Offender Therapy and Comparative Criminology, 26 (3), S.

235-241.
Longo, R. F., Groth, A. N. (1983): Juvenile sexual offenses in the histories of adult rapists and child molesters. In: International Journal of Offender, Therapy and Comparative Criminology, 27, S. 150 -155.
López, F., Carpintero, E., Amparo, H., Hernández, M., Fuertes, A. (1995). Prevalencia y consecuencias del abuso sexual al menor en Éspaña. (Prevalence and consequences of child sexual abuse in Spain.) In: Child Abuse & Neglect, 19 (9), 1039-1050.
Lothstein, L. M. (1996): Psychologische Theorien über Pädophilie und Ephebophilie. In: Rossetti, S. J., Müller, W. (Hg.): Sexueller Missbrauch Minderjähriger in der Kirche. Psychologische, seelsorgerische und institutionelle Aspekte. Mainz, S. 31-60.
Loulan, J. A. (1992): Sexueller Missbrauch und die Folgen. In: Loulan, J. A., Nichols, M., Streit, M. (Hg.): Lesben, Liebe, Leidenschaft. Texte zur feministischen Psychologie und zu Liebesbeziehungen unter Frauen. Berlin, S. 212-228.
Love, B. (1997): Enzyklopädie der ungewöhnlichsten Sexualpraktiken. Band 1. und 2. Flensburg.
Love, S. (1996): Du kannst mich nicht ganz haben. Memoiren eines Callboys. München.
Lukianowicz, N. (1972): Incest. I: paternal incest; II: other types of incest. In: British Journal of Psychiatry, 120, S. 301-313.
Lustig, N., Dressler, J. W., Spellman, S. W., Murray, T. B. (1966): Incest. A family group survival pattern. In: Archives of General Psychiatry 14, S. 31-40.

Maccoby, E. E., Jacklin, C. N. (1974): The psychology of sex différences. Stanford.
MacFarlane, K. (1982): Persönliche Mitteilung, angeführt in Russell, D. E. H., Finkelhor, D. (1984): Women as perpetrators: Review of the evidence. In: Finkelhor, D. (1984): Child sexual abuse: New theory and research. New York.
Männel, H. (1980): Untersuchungen zum Inzest. In: Psychiatr Neurol Med Psychol (Leipzig) 32, S. 92-98.
Magistrat der Universitätsstadt Giessen (1998)(Hg.): Sexueller Missbrauch - Beratungsfälle und Angebot in der Universitätsstadt Giessen. Materialien zur Jugendhilfeplanung. Band 9.
Maisch, H. (1968): Inzest. Reinbek bei Hamburg.
Maisch, H. (1987): Familiäre Sexualdelinquenz - die neue Emotionalisierung eines alten Dramas. In: Jäger, H., Schorsch, E. (Hg.): Sexualwissenschaft und Strafrecht. Band 62 der Reihe Beiträge zur Sexualforschung. Stuttgart, S. 84-104.
Malamuth, N. M. (1986): Predictors of naturalistic sexual aggression. In: Journal of Personality and Social Psychology, 50, S. 953-962.
Maltz, W. (1988): Identifying and treating the sexual repercussions of incest: a couples therapy approach. In: Journal of Sex and Marital Therapy, 14, S. 142-170.
Maltz, W. (1993): Healing. Ein sexuelles Trauma überwinden. Reinbek bei Hamburg.
Maltz, W., Holman, B. (1987): Incest and sexuality: A guide to understanding and healing. Lexington.
Mandau, L. (2000): Die Frauenfalle. Wenn gute Mädchen böse werden: Physische, psychische und verbale Gewalt von Frauen. Bergisch Gladbach.
Mannarino, A. P., Cohen J. A. (1986): A clinical-demographic study of sexually abused children. In: Child Abuse & Neglect 10, S. 17-23.
Marcuse, H. (1975): Marxismus und Feminismus. In: Marcuse, H. (Hg.): Zeit-Messun-

gen. Frankfurt am Main.
Marneros, A. (1997): Sexualmörder. Eine erklärende Erzählung. Bonn.
Marquit C. (1986): Der Täter, Persönlichkeitsstruktur und Behandlung. In: Backe L., Leick, N., Merrick, J., Michelsen, N. (Hg.): Sexueller Missbrauch von Kindern in Familien. Köln, S. 118-136.
Marsh, N. (1993): Das Gefängnis. Die Dynamik der Beziehung zwischen Opfer und Täter. In: Bruder, K.-J., Richter-Unger, S. (Hg.): Monster oder Liebe Eltern? Sexueller Missbrauch in der Familie. Weimar, S. 74-110.
Marshall, W. L., Barbaree, H. E., Eccles, A. (1991): Early onset and devaint sexuality in child molesters. In: Journal of Interpersonal Violence, 6 (3), S. 323-336.
Marshall, W. L., Eccles, A. (1993): Pavlovian conditioning process in adolescent sex offenders. In: Barbaree, H. E., Marshall, W. L., Hudson, S. M. (Hg.): The Juvenile Sex Offender. New York, S. 118-142.
Marshall, W. L. Hudson, S. M., Hodkinson, S. (1993): The importance of attachment bonds in the development of juveline sex offending. In: Barbaree, H. E., Marshall, W. L., Hudson, S. M. (Hg.): The Juvenile Sex Offender. New York, S. 164-181.
Martinius, J. (1989): Persönlichkeitsentwicklung missbrauchter Kinder. In: Retzlaff, I. (Hg.): Gewalt gegen Kinder-Misshandlung und sexueller Missbrauch Minderjähriger. Neckarsulm, S. 92-99.
Marwitz, G., Hörnle, R., Luber, E. M. (1990): Prostitution als Bewältigungsform in der Kindheit erlittenen sexuellen Missbrauchs mit seinen Folgen. In: Öffentliches Gesundheitswesen, 52, S. 658-660.
Masters, W. H. (1986): Sexual dysfunction as an aftermath of sexual assault of men by women. In: Journal of Sex and Marital Therapy, 12 (1), S. 35-45.
Masters, W. H., Johnson, V. E. (1990): Liebe und Sexualität. Frankfurt.
Mathews, F. (1989 a): Familiar strangers: A study of adolescent prostitution. Central Toronto Youth Services. Toronto.
Mathews, F. (1991), zitiert nach Jennings, K. T. (1995): Kindesmissbrauch durch Frauen in Forschung und Literatur. In: Elliott, M. (Hg.): Frauen als Täterinnen. Sexueller Missbrauch an Mädchen und Jungen. Ruhnmark, S. 304-323 (S. 305).
Mathews, F. (1996): The invisible boy. Revisioning the victimization of male children and teens. Community psychologist central Toronto youth services. For: The National Clearinghouse on Family Violence Health Canada.
Mathews, R. (1987): Preliminary typology of female sex offenders. Safer Society Program. Orwell VT.
Mathews, R., Matthews, J. K., Speltz, K. (1989): Female sexual offenders. An exploratory study. Orwell VT.
Mathews, R., Speltz, K. (1987), zitiert nach Jennings, K. T. (1995): Kindesmissbrauch durch Frauen in Forschung und Literatur. In: Elliott, M. (Hg.): Frauen als Täterinnen. Sexueller Missbrauch an Mädchen und Jungen. Ruhnmark, S. 304-323 (307).
Matthews, J. K. (1993): Working with female sexual abuser. In: Elliott, M. (Hg.): Female sexual abuse of children, ultimate taboo. Harlow, S. 50-60.
Matthews, J. K. (1995): Die Arbeit mit Sexualstraftäterinnen. In: Elliott, M. (Hg.): Frauen als Täterinnen. Sexueller Missbrauch an Mädchen und Jungen. Ruhnmark, S. 113-134.
May, A. (1997): Nein ist nicht genug. Prävention und Prophylaxe. Ruhnmark.
Mayall, A., Gold, S. R. (1995): Definitional issues and mediating variables in the sexual revictimization of women sexually abused as children. In: Journal of Interpersonal Violence,

10, S. 26-42.
Mayer, A. (1992): Women sex offenders: Treatment and dynamics. Holmes Beach.
McCarty, L. M. (1986): Mother child incest: Characteristics of the offender. In: Child Welfare League of America, 65 (5), S. 447-458.
McElroy, W. (2000): Feminists who celebrate rape. Zu finden im Internet unter www.lewrockwell.com/orig/mcelroy2.htm.
McLeer, S. V., Deblinger, E., Atkins, M. S., Foa, E., Ralphe, D. (1988): Post-traumatic stress disorder in sexually abused children. In: Journal of American Academy of Child and Adolescent Psychiatry, 27, S. 650-654.
McIver, I., Wakefield, H., Underwager, R. (1989): Behavior of abused and non-abused children in interviews with anatomically –correct dolls. In: Issues in Child Abuse Accusations, 1 (1), S. 39-48.
McMullen, R. J. (1990): Male rape. Breaking the silence on the last taboo. London.
Medel, M. P. (1996): The Male Survivor: The Impact of Sexual Abuse. Newbury Park.
Medlicott, R. W. (1967): Parent-child-incest. In: Aust N Z J Psychiatry, 1, S. 180-187.
Meiselman, K. C. (1979): Incest: A psychological study of causes and effects. San Francisco.
Merry, S. N., Franzcp, C. B., Andrews, M. B. (1994): Psychiatric status of sexually abused children 12 months after disclosure of abuse. In: Journal of the American Academy of Child and Adolescent Psychiatry, 33, S. 939-944.
Metcalfe, M., Oppenheimer, R., Dignon, A., Palmer, R. L. (1990): Childhood sexual experiences reported by male psychiatric patients. In: Psychological Medicine, 20, S. 925-929.
Metzger, D. (1991): Besprechung des Buches von Ursula Wirtz: Seelenmord. Zürich, 9. Auflage, 1996. In: Psychologie heute, 1991, S. 73.
Mikkelsen, E. J., Gutheil, T. G., Emens, M. (1992): False sexual-abuse allegations by children and adolescents: Contextual factors and clinical subtypes. In: American Journal of Psychotherapy, 46 (4), S. 556-570.
Miller, A. (1980): Am Anfang war Erziehung. Frankfurt am Main.
Miller, A. (1992): Kinder brauchen wissende Zeugen. Nachwort zu: Schweighoffer, N.: Ich war zwölf... Bergisch Gladbach, S. 287-298 (S. 297).
Miller, B. A., Monson, B. H., Norton, M. C. (1995): The effects of forced sexual intercourse on white female adolescents. In: Child Abuse & Neglect, 19, S. 1289-1301.
Minard, S. M.: (1993): The school counselor's role in confronting child sexual abuse. In: The School Counselor, 41, S. 9-15.
Mitchell, J., Morse, J. (1998): From victims to survivors: Reclaimed voices of women sexually abused in childhood by females. London.
Mitnick, M. (1986): Inzestuös missbrauchte Kinder - Symptome und Behandlungsmethoden. In: Backe L., Leick, N., Merrick, J., Michelsen, N. (Hg.): Sexueller Missbrauch in der Familie. Köln, S. 83-101.
Moeller, T. P., Bachmann, G. A., Moeller, J. R. (1993): The combined effects of physical, sexual, and emotional abuse during childhood: Long-term health consequences for women. In: Child Abuse & Neglect, 17, S. 623-640.
Mönkemöller, O. (1930): Psychologie und Psychopathologie der Aussage. Heidelberg; zitiert nach Undeutsch, U. (1994): Verbrechen gegen die Sittlichkeit - Kinder als Opfer und Zeugen. In: Rutschky, K., Wolff, R. (Hg.): Handbuch sexueller Missbrauch. Hamburg, S. 173-195 (186, 187).
Moggi, F. (1994): Emotion, kognitive Bewertung und Inzest. Bern.

Moggi, F. (1997): Sexuelle Kindesmisshandlung: Traumatisierungsmerkmale, typische Folgen und ihre Ätiologie. In: Amann, G., Wipplinger, R. (Hg.): Sexueller Missbrauch - Überblick zu Forschung, Beratung und Therapie. Ein Handbuch. Tübingen, S. 187-200.

Moll, A. (1927): Eine notwendige Kritik der forensischen Aussagepsychologie Sterns. In: Kriminalistische Monatshefe. Zeitschrift für die gesamte kriminalistische Wissenschaft und Praxis, 4, S. 76-79.

Money, J. (1979): Sexual dictatorship, dissidence, and democracy. In: International Journal of Medicine and Law, 1, S. 11-20.

Money, J. (1992): Antisexualismus. Ein lukrativer Industriezweig. In: Zegg-Extra-Sonderheft, Herbst 1992, S. 25.

Moor, A. (1992): The pathogenic impact of child sexual abuse as compared to that of other types of childhood trauma: The role of disclosure, response to disclosure, and narcissistic parenting (Doctoral dissertation, University of Colorado, 1991). Dissertation Abstracts International, 53, 2550.

Moor, P. (1972): Das Selbstporträt des Jürgen Bartsch. Frankfurt am Main.

Moston, S. (1990): How children interpret and respond to questions: situational sources of suggestibility in eyewitness interviews. In: Social Behavior, 5, S. 155-167.

Mrazek, P. B., Mrazek, D. A. (1981): The effects of child sexual abuse: Methodological considerations. In: Mrazek, P. B., Kempe, C. H. (Hg.): Sexually abused children and their families. Oxford, S. 235-245.

Muehlenhard, C. L., Cook, S. (1988): Men's self-reports of unwanted sexual activity. In: The Journal of Sex Research, 24, S. 58-72.

Muehlenhard, C. L., Andrews, S. L., Beal, G. K. (1996): Beyond Just saying no: Dealing with men's unwanted sexual advances in heterosexual dating contexts. In: Journal of Psychology and Human Sexuality, 8, S. 141-168.

Mullen, P. E. (1997): Der Einfluss von sexuellem Kindesmissbrauch auf die soziale, interpersonelle und sexuelle Funktion im Leben des Erwachsenen und seine Bedeutung in der Entstehung psychischer Probleme. In: Amann, G., Wipplinger, R. (Hg.): Sexueller Missbrauch. Überblick zu Forschung, Beratung und Therapie. Ein Handbuch. Tübingen, S. 246-259.

Müller, K. (1997): Sexueller Missbrauch im Kindes- und Jugendalter. Eine Prävalenzstudie in Köln. Inaugural-Dissertation zur Erlangung der Doktorwürde der Hohen Medizinischen Fakultät der Universität zu Köln.

Müller, W. (1996 a): Vorwort. In: Rossetti, S. J., Müller, W. (Hg.): Sexueller Missbrauch Minderjähriger in der Kirche. Psychologische, seelsorgerische und institutionelle Aspekte. Mainz, S. 7-8.

Müller-Küppers, M. (1991): Jugendliche Sexualstraftäter. In: Rotthaus, W. (Hg.): Sexuell devianter Verhalten Jugendlicher. Dortmund, S. 70-78.

Mullen, P. E., Martin, J. L., Anderson, J. C., Romans, S. E., Herbison, G. P. (1993): Childhood sexual abuse and mental health in adult life. In: British Journal of Psychiatry, 163, S. 721-732.

Mullen, P. E., Martin, J. L., Anderson, J. C., Romans, S. E., Herbison, G. P. (1994): The effects of child sexual abuse on social: Interpersonal and sexual function in adult life. In: British Journal of Psychiatry, 165, S. 35-47.

Mullen, P. E., Martin, J. L., Anderson, J. C., Romans, S. E., Herbison, G. P. (1996): The long-term impact of the physical, emotional, and sexual abuse of children: A community study. In: Child Abuse & Neglect, 20, S. 7-21.

Murphy, W. D., Haynes, M. R., Page, I. J. (1992): Adolescent sex offenders. In: O'Donohue, W., Geer J. H. (Hg.): The sexual abuse of children: clinical issues (Vol. 2). Hillsdale, S. 394-429.

Myers, M. F. (1989): Men sexually assaulted as adults and sexually abused as boys. In: Archives of Sexual Behavior, 18, S. 203-215.

Nabokov, V. (1989): Lolita. Reinbek bei Hamburg.

Nash, M. R., Hulsey, T. L., Sexton, M. C., Harralson, T. L., Lambert, W. (1993): Long-term sequelae of childhood sexual abuse: Perceived family environment, psychopathology, and dissociation. In: Journal of Consulting and Clinical Psychology, 61, S. 276-283.

Nasjleti, M. (1980): Suffering in silence: The male incest victim. In: Child Welfare, 5, S. 269-275.

Nathan, D., Snedeker, M. (1995): Satan's silence: Ritual abuse and the making of a modern American witch hunt. New York.

National Center for Child Abuse and Neglect (NCCAN) (1981): Study findings: National study of incidence and severety of child abuse and neglect (National Incidence Study). Washington DC.

Nau, E. (1965): Die Persönlichkeit des jugendlichen Zeugen. In: Stockert von, F. G. (Hg.): Das sexuell gefährdete Kind. Stuttgart, S. 27-37.

Nelson, J. A. (1989): Intergenerational sexual contact: A continuum model of participants and experiences. In: Journal of Sex Education & Therapy, 15, S. 3-12.

Neumann, D. A., Houskamp, B. M., Pollock, V. E., Brière, J. (1996): The long-term sequelae of childhood sexual abuse in women: A meta-analytic review. In: Child Maltreatment, 1, S. 6-16.

Newberger, C. M., Gremy, I. M., Waternaux, C. M., Newberger, E. H. (1993): Mothers of sexually abused children: Trauma and repair in longitudinal perspective. In: American Journal of Orthopsychiatry, 63, S. 92-102.

Newson, J., Newson, E. (1990): The extent of physical punishment in the U.K. London.

Newton, D. (1978): Homosexual behavior and child molestation. In: Adolescence, 13, S. 29-43.

Ney, P. G., Fung, T., Wickett, A. R. (1993): Child neglect: the precursor to child abuse. In: Pre- and Perinatal Psychology Journal, 8, S. 95-112.

Ney, P. G., Fung, T., Wickett, A. R. (1994): The worst combinations of child abuse and neglect. In: Child Abuse & Neglect, 18, S. 705-714.

Nichols, M. (1992): Lesbische Sexualität. Themen und Theoriebildung. In: Loulan, J. A., Nichols, M., Streit, M. (Hg.): Lesben, Liebe, Leidenschaft. Texte zur feministischen Psychologie und zu Liebesbeziehungen unter Frauen. Berlin, S. 72-110.

Nielson, T. (1983): Sexual abuse of boys: Current perspectives. In: The Personal and Guidance Journal, 11, S. 139-142.

Norris, F. H., Kaniasty, K., Thompson, M. P. (1997): The psychological consequences of crime. In: Davis, R. C., Lurigio, A. J., Skogan, W. G. (Hg.): Victims of crime. Thousand Oaks, S. 146-166.

Oates, R. K., Jones, D. P. H., Denson, D., Sirotnak, A., Gary, N., Krugman, R. D. (2000): Erroneous concerns about child sexual abuse. In: Child Abuse & Neglect, 24 (1), S. 149-

O'Brien, M. J. (1989): Characteristics of male adolescent sibling incest offenders. Orwell, VT.

O'Connor, A. A. (1987): Female sex offenders. In: The British Journal of Psychiatry, 150, S. 615-620.

Offe, S., Offe, H. (1994 a): Sexueller Missbrauch. Aufdeckung oder Aufklärung? Zum Umgang mit dem Verdacht des sexuellen Missbrauchs. In: Kinderschutz Aktuell - Verbandszeitschrift des Deutschen Kinderschutzbundes, S. 19-21.

Offe, S., Offe, H. (1994 b): Die Praxis der Glaubwürdigkeitsbegutachtung beim Verdacht des sexuellen Missbrauchs. In: Rutschky, K., Wolff, R. (Hg.): Handbuch sexueller Missbrauch. Hamburg, S. 196-214.

Offe, H., Offe, S., Wetzels, P. (1992): Zum Umgang mit dem Verdacht des sexuellen Kindesmissbrauchs. In: Neue Praxis, 3, S. 240-256.

Office of Juvenile Justice and Delinquency Prevention, OJJDP (1995): Juvenile offenders and victims: A national report. U. S. Department of Justice. Washington, DC.

Ofshe, R., Watters, E. (1994): Making monsters, false memories, psychotherapy, and sexual hysteria. New York.

Ofshe, R., Watters, E. (1996): Die missbrauchte Erinnerung. Von einer Therapie, die Väter zu Tätern macht. München.

Ohms, C. (1993) (Hg.): Mehr als das Herz gebrochen. Gewalt in lesbischen Beziehungen. Berlin.

Okami, P. (1990): Sociopolitical biases in the contemporary scientific literature on adult human sexual behavior with children and adolescents. In: Feierman, J. R. (Hg.): Pedophilia: Biosocial dimensions. New York, S. 91-121.

Okami, P. (1991): Self-Reports of "positive" childhood and adolescent sexual contacts with older persons: An exploratory study. In: Archives of Sexual Behavior, 20 (5), S. 437-458.

Okami, P. (1994): "Slippage" in research of child sexual abuse: Science as social advocacy. In: Krivacska, J. J., Money, J. (Hg.): The handbook of forensic sexology: Biomedical and criminological perspectives. New York, S. 559-575.

Oliver, E. (2001): Women as abusive as men, beacon hill will be shown. In: The Massachusetts News vom 17. Mai 2001.

Olivier, Ch. (1987): Jokastes Kinder. Die Psyche der Frau im Schatten der Mutter. Düsseldorf.

O'Neill, M. (1991): Puerto Rican and New England college students' reports of childhood sexual abuse and sexual experiences: A comparison study (Doctoral dissertation, University of Massachusetts, 1990). Dissertation Abstracts International, 51, 3677-3678.

Oppenheimer, R., Howells, K., Palmer, R. L., Chaloner, D. A. (1985): Adverse sexual experience in childhood and clinical eating disorders: A preliminary description. In: Journal of Psychiatry Research, 19, S. 357-361.

O'Sullivan, L., Byers, E. S. (1996): Gender differences in responses to discrepancies in desired level of sexual intimacy. In: Journal of Psychology and Human Sexuality, 8, 49-67.

Paglia, C. (1995): Die Masken der Sexualität. München.

Pallotta, G. (1992): Intrafamilial and extrafamilial sexual abuse vulnerability factors and long-term psychological adjustment in a college population (Doctoral dissertation, West Virginia University, 1991). Dissertation Abstracts International, 53, S. 570.

Palmer, R. L., Chaloner, D. A., Oppenheimer, R. (1992): Childhood sexual experiences with adults reported by female psychiatric patients. In: British Journal of Psychiatry, 160, S. 261-265.

"Panorama" (1997): The sexual abuse by women of children and teenagers. TV-Magazin der britischen BBC vom Montag, dem 6. Oktober 1997 um 22.00 Uhr. Zu finden im Internet unter www.vix.com/menmag/panosumm.htm.

Parker, H., Parker S. (1986): Father-daughter sexual abuse: An emerging perspective. In: American Journal of Orthopsychiatry, 56 (4), 531-549.

Parr, L. E. (1996, March): Repressed memory claims in the crime victims compensation program. Olympia: Washington State Department of Labor and Industries. Unpublished manuscript (with contributions from B. Huseby and R. Brown).

Patton, M. Q. (1987): Family sexual abuse project: overview and synthesis of two years of research findings. Unpublished manuscript.

Paul, J., Milner, J. S., Mugica, P. (1995): Childhood maltreatment, childhood social support, and child abuse potential in a basque sample. In: Child Abuse & Neglect, 19 (8), S. 907-920.

Pearson, P. (1997): When she was bad: violent women and the myth of innocence. New York.

Pedersen, W., Aas, H. (1995): Sexual victimisation in Norwegian children and adolescents: Victims, offenders, assaults. In: Scand J Soc Med, 22 (3), S. 173-178.

Peichl, J. (2000): Männliche Opfererfahrungen: Rollenklischees und Wahrnehmungsblockaden aus der Sicht eines Psychoanalytikers. In: Lenz, H-J. (Hg.): Männliche Opfererfahrungen. Problemlagen und Hilfeansätze in der Männerberatung. Weinheim, München, S. 307-314.

Penfold, P.S. (1995): Mendacious moms or devious dads? Some perplexing issues in child custody / sexual abuse allegation disputes. In: Canadian Journal of Psychiatry, 40, S. 337-341.

Peters, A. A. W., van Dorst, E., Jellis, E., Zuuren, E., Hermans, J., Trimbos, J. B. (1991): A randomized clinical trial to compare two different approaches in women with chronic pelvic pain. In: Am J Obstet Gynecol, 77, S. 740-744.

Peters, J. J. (1976): Children who are victims of sexual assault and the psychology of offenders. In: American Journal of Psychotherapy, 30, S. 398-421.

Peters, K. (1970): Fehlerquellen im Strafprozess (Bd. I und Bd. II, 1972). Karlsruhe.

Peters, K. (1985): Strafprozess. 4. Auflage. Heidelberg.

Peters, S. D., Wyatt, G. E., Finkelhor, D.: (1986): Prevalence. In: Finkelhor, D. (Hg.): A sourcebook on child sexual abuse. Beverly Hills, S. 15-59.

Petrovich, M., Templer, D. (1984): Heterosexual molestation of children who later became rapist. In: Psychological Reports, 54 (3), S. 810.

Peyrefitte, R. (1960): Heimliche Freundschaften. Karlsruhe.

Pfeiffer, C. (1995): Kriminalität junger Menschen im vereinigten Deutschland. In: KFN-Forschungsberichte, Nr. 47. Hannover.

Pfeiffer, C. (1996): Steigt die Jugendkriminalität? Zugleich eine Erwiderung auf Michael Walters Beitrag in diesem Heft. In: DVJJ-Journal, 7, S. 215-229.

Pfeiffer, C. (1997): Jugendkriminalität und Jugendgewalt in europäischen Ländern. Hannover.

Pfeiffer, C., Delzer, I., Enzmann, D., Wetzels, P. (1998): Ausgrenzung, Gewalt und Kriminalität im Leben junger Menschen – Kinder und Jugendliche als Opfer und Täter. Sonderdruck zum 24. Deutschen Jugendgerichtstag vom 28.-22. September 1998 in Hamburg. Herausgegeben von der Deutschen Vereinigung für Jugendgerichtstage und Jugendhilfe e.V. Hannover.
Phillips, M. (1999): Women are at least as violent as men, but the evidence is every-where being dismissed or ignored. In: The Times vom 25. Oktober 1999.
Pierce, R., Pierce, L. H. (1985): The sexual abused child: A comparison of male and female victims. In: Child Abuse & Neglect, 9 (2), S. 191-199.
Pierce, R., Pierce, L. H. (1985 a): Analysis of sexual abuse hotline reports. In: Child Abuse & Neglect, 9 (2), S. 37-45.
Pilgrim, V. E. (1986): Dressur zum Bösen. Warum wir uns selber und andere kaputtmachen. Reinbek bei Hamburg.
Pizzey, E. (2000): From the personal to the political – What is the women's movement for? Dezember 2000. Zu finden im Internet unter www.home.t-online.de/home/Joachim.Mueller-1/extdoc/Pizzey.htm
Plummer, M. (1981): Pedophilia: Constructing a psychological baseline. In: Cook, M., Howells, K. (Hg.): Adult sexual interact in children. London.
Pope, H. G. jr., Hudson, J. (1992): Is childhood sexual abuse a risk factor for bulimia nervosa? In: American Journal of Psychiatry, 149, S. 455-463.
Porter, E. (1986): Treating the young male victim of sexual assaults: Issues and intervention strategies. New York.
Potrykos, D., Wöbcke, M. (1974): Sexualität zwischen Kindern und Erwachsenen. München.
Powers, J., Eckenrode, J. (1987): The maltreatment of runaway and homeless youth. Paper presented at the third national family violence research conference. Durham.
Predieri, K. (1992): Long-term effects of male child sexual abuse (Doctoral dissertation, Ohio University, 1991). Dissertation Abstracts International, 53, 571.
Priest, R. (1992): Child sexual abuse histories among African-American college students: A preliminary study. In: American Journal of Orthopsychiatric, 62, S. 475-476.
Putman, F. W. (1989): Diagnosis & treatment of multiple personality disorder. New York.
Putman, F. W., Guroff, J. J., Silberman, E. K., Barban, L., Post, R. M. (1986): The clinical phenomenology of multiple personality disorder: Review of 100 recent cases. In: Journal of Clinical Psychiatry, 47, S. 285-293.

Quint, H. (1993): Psychoanalytische Therapie von zwangsneurotischen Patienten. In: Möller, H.-J. (Hg.): Therapie psychiatrischer Erkrankungen. Stuttgart.

Ramsay-Klawsnik, H. (1990): Sexually abused boys: Indicators, abusers, and impact of trauma. Paper presented at the Third National Conference on the Male Survivor, Tuscon, Arizona.
Rapaport, K., Burkhart, B. R. (1984): Personality and attitudinal characteristics of sexually coercive college males. In: Journal of Abnormal Psychology, 93, S. 216-221.
Raskin, D., Esplin, P. (1991): Statement validity assessment: Interview procedures and context analysis of children's statements of sexual abuse. In: Behavioural Assessment,

13, S. 265-291.

Raupp, U., Eggers, C. (1993): Sexueller Missbrauch von Kindern. Eine regionale Studie über Prävalenz und Charakteristik. In: Monatsschrift Kinderheilkunde, 141, S. 316-322.

Ray, K. C., Jackson, J. L. (1997): Family environment and childhood sexual victimization. In: Journal of Interpersonal Violence, 12, S. 3-17.

Raybin, J. B. (1969). Homosexual incest. In: The Journal of Nervous and Mental Disease, 148 (2), S. 105 -110.

Realmuto, G. M., Wescoe, S. (1992): Agreement among professionals about a child´s sexual abuse status: Interviews with sexually anatomically correct dolls as indicators of abuse. In: Child Abuse & Neglect, 16, S. 719-725.

Reinhard, M. (1987): Sexually abused boys. In: Child Abuse & Neglect, 11, S. 229-235.

Remschmidt, H. (1987): Etwa 300 000 Kinder jährlich werden sexuell missbraucht. In: Deutsches Ärzteblatt, 21, S. 1028-1032.

Rensen, B. (1992): Fürs Leben geschädigt. Sexueller Missbrauch und seelische Verwahrlosung von Kindern. Stuttgart.

Renvoize, J. (1982): Incest. A family pattern. London.

Renzetti, C. M. (1988): Violence in lesbian relationships. A preliminary analysis of causal factors. In: Journal of Interpersonal Violence, 3 (4), S. 381-399.

Richter-Appelt, H. (1994): Sexuelle Traumatisierungen und Körperliche Misshandlungen. In: Rutschky, K., Wolff, R. (Hg.): Handbuch sexueller Missbrauch. Hamburg, S. 116-142.

Richter-Appelt, H. (1995): Sexuelle Traumatisierungen und körperliche Misshandlung in der Kindheit. Geschlechtsspezifische Aspekte. In: Düring, S., Hauch, M. (Hg.): Heterosexuelle Verhältnisse. Stuttgart, S. 57-76.

Richter-Appelt, H. (1997 a): Differentielle Folgen von sexuellem Missbrauch und Körperlicher Misshandlung. In: Amann, G., Wipplinger, R. (Hg.): Sexueller Missbrauch - Überblick zu Forschung, Beratung und Therapie. Ein Handbuch. Tübingen, S. 201-216.

Richter-Appelt, H. (1997 b): Kritische Anmerkungen zu epidemiologischen Untersuchung zu Missbrauch und Misshandlung. In: Forum Sexualaufklärung - Informationsdienst der Bundeszentrale für gesundheitliche Aufklärung, 1/2, S. 4-6.

Richter-Appelt, H. (2001): Psychotherapie nach sexueller Traumatisierung. In: Sigusch, V. (Hg.): Sexuelle Störungen und ihre Behandlung. Stuttgart, S. 475-488.

Richter-Appelt, H., Tiefensee, J. (1996 a): Soziale und familiäre Gegebenheiten bei körperlichen Misshandlungen und sexuellen Missbrauchserfahrungen in der Kindheit aus Sicht junger Erwachsener. In: Psychotherapie, Psychosomatik, medizinische Psychologie, 46, S. 367-378.

Richter-Appelt, H., Tiefensee, J. (1996 b): Die Partnerbeziehung der Eltern und die Eltern-Kind-Beziehung bei körperlichen Misshandlungen und sexuellen Missbrauchserfahrungen in der Kindheit aus der Sicht junger Erwachsener. In: Psychotherapie, Psychosomatik, medizinische Psychologie, 46, S. 405-418.

Rind, B. (1995): An analysis of human sexuality textbook coverage of the psychological correlates of adult-nonadult sex. In: Journal of Sex Research, 32, S. 219-233.

Rind, B., Bauserman, R. (1993): Biased terminology effects and biased information processing in research on adult-nonadult sexual interactions: An empirical investigation. In: Journal of Sex Research, 30, S. 260-269.

Rind, B., Tromovitch, P. (1997): A meta-analytic review of findings from national samples on psychological correlates of child sexual abuse. In: Journal of Sex Research, 34 (3), S. 237-255.

Rind, B., Tromovitch, P., Bauserman, R. (1998): A meta-analytic examination of assumed properties of child sexual abuse using college samples. In: Psychological Bulletin, 124 (1), S. 22-53.
Risin, L. I., Kross, M. P. (1987): The sexual abuse of boys. Prevalence and descriptive characteristics of childhood victimizations. In: Journal of Interpersonal Violence, 2, S. 309-323.
Rijnaarts, J. (1988): Über den Vater-Tochter-Inzest. Düsseldorf.
Robinson, A., Platt, S. (1993): Age, parasuicide and problem drinking. In: Internationales Journal Social Psychiatry, 39 (2), S. 81-86.
Roeher Institute (1995): Harm's way: The many faces of violence and abuse against persons with disabilities. North York, ON.
Roemer, A., Wetzels, P. (1991): Zur Diagnostik sexuellen Missbrauchs bei Kindern in der forensischen Praxis. In: Praxis der Forensischen Psychologie, 1, S. 22-32.
Rösner, S., Schade, B. (1993): Der Verdacht auf sexuellen Missbrauch von Kindern in familiengerichtlichen Verfahren. In: Zeitschrift für das gesamte Familienrecht (FamRZ), S. 1133-1139.
Rogers, C. M., Terry, T. (1984): Clinical interventions with boy victims of sexual abuse. In: Stewart, I., Greer, J. (Hg.): Victims of sexual aggression. New York, S. 91-104.
Romer, G., Berner, W. (1998): Sexuell aggressive Impulsivität von Kindern. In: Zeitschrift für Sexualforschung, 11, S. 308-326.
Rommelspacher, B. (1995): Dominanzverhältnisse. Texte zu Fremdheit und Macht. Berlin.
Rosencrans, B. (1997): The last secret: Daughters sexually abused by mothers. Vermont.
Rosenfeld, A. (1979 a): Endogamic incest and the victim-perpetrator model. In: American Journal of the Diseases of Children, 133 (4), S. 406-410.
Rosenfeld, A. (1979 b): The clinical management of incest and sexual abuse of children. In: JAMA, 242, S. 1761-1764.
Rosenfeld, A., Nadelson, C., Krieger, M., Backmann, J. H. (1977): Incest and sexual abuse of children. In: Journal of the American Academy of Child Psychiatry, 16, S. 327-339.
Rosenfeld, A., Nadelson, C., Krieger, M. (1979): Fantasy and reality in patients reports of incest. In: Journal of Clinical Psychiatry, 40, S. 159-164.
Rosenthal, J. A. (1988): Patterns of reported child abuse and neglect. In: Child Abuse & Neglect, 12 (2), S. 263-271.
Ross, C. A. (1990): Twelve cognitive erros about multiple personality disorder. In: American Journal of Psychotherapy, 44, S. 348-356.
Ross, C. A., Norton, G. R., Wozney, K. (1989): Multiple personality disorder: an analysis of 236 cases. In: Canadian Journal of Psychiatry, 34, S. 413-418.
Ross, C. A., Miller, S. D., Bjornson, L., Reagor, P., Fraser, G. A., Anderson, G. (1991): Abuse histories in 102 cases of multiple personality disorder. In: Canadian Journal of Psychiatry, 36, S. 97-101.
Rossetti, S. J. (1996 a): Einleitung zum Buch: Rossetti, S. J., Müller, W. (Hg.): Sexueller Missbrauch Minderjähriger in der Kirche. Psychologische, seelsorgerische und institutionelle Aspekte. Mainz, S. 9-19.
Rossetti, S. J. (1996 b): Sexueller Missbrauch von Kindern: Sechs Warnsignale - Hinweise für Prävention und Diagnose. In: Rossetti, S. J., Müller, W. (Hg.): Sexueller Missbrauch Minderjähriger in der Kirche. Psychologische, seelsorgerische und institutionelle Aspekte. Mainz, S. 61-79.

Roth, J. (1973): Zum Beispiel Kinderheime. Kindersexualität: Jagdszenen aus Westdeutschland. In: betrifft : erziehung, 4/1973, S. 31-36.
Roth, J. (1975): Heimkinder - Ein Untersuchungsbericht über Säuglings- und Kinderheime in der Bundesrepublik. Köln.
Rothschild, B. (1973): Pädophilieforschung und politisches Handeln. Auch Wissenschaftlichkeit reicht noch nicht. In: betrifft : erziehung, 4/1973, S. 28-29.
Rowan, E. L., Rowan, J. B., Langelier, P. (1990): Women who molest children. In: Bulletin of the American Academy of Psychiatry and the Law, 18 (1), S. 79-83.
Rush, F. (1982): Das bestgehütete Geheimnis - Sexueller Kindesmissbrauch. Berlin.
Russell, D. E. H. (1983): Invidence and prevalence of intrafamilial and extrafamilial sexual abuse of female children. In: Child Abuse & Neglect, 7, S. 133-146.
Russell, D. E. H. (1984): Sexual exploitation: Rape, child sexual abuse, and workplace harassment. Beverly Hills.
Russell, D. E. H. (1986): The secret trauma - Incest in the lives of girls and women. New York.
Russell, D. E. H. (1993) (Hg.): Making violence sexy. Feminist views on pornography. Buckingham.
Russell, D. E. H., Finkelhor, D. (1984): The gender gap among perpetrators of sexual abuse. In: Russell, D. E. H. (Hg.): Sexual exploitation: Rape, child sexual abuse, and workplace Harassment. Beverly Hills, 215-231.
Rust, G. (1986): Einführung zur deutschen Ausgabe: Sexueller Missbrauch - ein Dunkelfeld in der Bundesrepublik Deutschland. Aufklärung, Beratung und Forschung tut not. In: Backe, I., Leick, N., Merrick, J. und Michelsen, N. (Hg): Sexueller Missbrauch von Kindern in Familien. Köln, S. 7 – 20.
Rutschky, K. (1992): Erregte Aufklärung Kindesmissbrauch: Fakten & Fiktionen. Hamburg.
Rutschky, K. (1993): Schwarze Pädagogik. Quellen zur Naturgeschichte der bürgerlichen Erziehung. Frankfurt am Main, Berlin.
Rutschky, K. (1994): Sexueller Missbrauch als Metapher. Über Krisen der Intimität in modernen Gesellschaften oder vom Umschlag der Aufklärung der Mythologie. In: Rutschky, K., Wolff, R. (Hg.): Handbuch sexueller Missbrauch. Hamburg, S. 13-31.
Rutschky, K. (1997): Der Missbrauch von Kindern - Aufklärung oder was? In: Deutsche Lehrerzeitung, Ausgabe 7-8 vom 20.2. 1997, S. 23.
Rutschky, K. (1999): Emma und ihre Schwestern. Ausflüge in den real existierenden Feminismus. München.
Ryan, G. (1989): Victim to victimizer. In: Journal of Interpersonal Violence, 4, S. 325-341.
Ryan, G. (1997): Incidence and prevalence of sexual offenses committed by juveniles. In: Ryan, G., Lane, S. (Hg.): Juvenile sexual offending: Causes, consequences, and correction. San Francisco.
Ryan, G., Lane, S., Davis, J., Isaac, B. S. (1987): Juvenile sex offenders: Development and corrections. In: Child Abuse & Neglect, 11, S. 385-395.
Ryan, G., Miyoshi, T. J., Metzner, J. L., Jeffreym, L., Krugman, R. D., Fryer, G. E. (1996): Trends in a national sample of sexually abusive youths. In: Journal of the American Academy of Child and Adolescent Psychiatry, 35, S. 15-25.

Salter, A. C. (1988): Treating child sex offenders: A practical guide. London.
Sandfort, T. (1984): Sex in pedophiliac relationships: An empirical investigation among a nonrepresentative group of boys. In: The Journal of Sex Research, 20 (2), S. 123-142.
Sandfort, T. (1986): Pädophile Erlebnisse. Braunschweig.
Sandfort, T., Brongersma, E., van Naerssen, A. (1990): Man-boy relationships: Different concepts for a diversity of phenomena. In: Journal of Homosexuality, 20 (1-2), S. 5-12.
Saradjian, J. (1990): Probing the antecedents of mother-child-sexual abuse – A controlled study, undergraduate project. Dept. of Psychology, Leeds University.
Saradjian, J. (1999): Frauen als Missbraucherinnen. Ergebnisse einer Forschungsstudie. In: Kind im Zentrum (Hg.): Wege aus dem Labyrinth. Erfahrungen mit familienorientierter Arbeit zu sexuellem Missbrauch. Berlin, S. 126-137.
Sariola, H., Uutela, A. (1994): The prevalence of child sexual abuse in Finland. In: Child Abuse & Neglect, 18 (19), S. 827-835.
Sarrel, P. M., Masters, W. H. (1982): Sexual molestation of men by women. In: Archives of Sexual Behavior, 11 (2), S. 117-131.
Sartorius, W. (1997): Die „Wormser Prozesse" – Plädoyer für eine kritische Aufarbeitung. In: Kinderschutz aktuell – Verbandszeitschrift des Deutschen Kinderschutzbundes, 4/1997, S. 4-6.
Sattler, C., Flitner, E. (1988): Wieso die Männer? Feministische Überlegungen zum Inzest. In: Kazis, C. (Hg.): Dem Schweigen ein Ende. Sexuelle Ausbeutung von Kindern in der Familie. Basel, S. 31-44.
Sattler, K.-O. (1984): Demütigung des Opfers als eigentliche Befriedigung. In: Frankfurter Rundschau vom 7.7.1984.
Scavo, R. R. (1989): Female adolescent sex offenders: A neglected treatment group. In: Social Casework, 70 (2), S. 114-117.
Schaaf, K. K., McCanne, T. R. (1994): Childhood abuse, body image disturbance, and eating disorders. In: Child Abuse & Neglect, 18, S. 607-615.
Schade, B. (1995): Das Kind und der/die Beschuldigte zwischen Beweislast und Unschuldsvermutung – Ein Leidensweg durch die Institutionen: Jugendämter, Polizei, Justiz, Gutachter. In: Sexueller Kindesmissbrauch in der Familie – ein Vorwurf und seine Folgen. Texte einer vom Vorfeld heftig attackierten Tagung der Evangelischen Akademie Bad Boll, epd-Dokumentation 40/95, S. 27-38.
Schade, B., Erben, R., Schade, A. (1995): Möglichkeiten und Grenzen diagnostischen Vorgehens bei Verdacht auf sexuellen Missbrauch eines Kindes. In: Kindheit und Entwicklung, 4, S. 1-10.
Schade, B., Rösner, S. (1993): Der Verdacht auf sexuellen Missbrauch in familiengerichtlichen Verfahren. In: Zeitschrift für das gesamte Familienrecht (FamRZ), 40, S. 1133-1139.
Schaffrin, I. (1993): Ein Mädchen sagt nein ... und dann? Selbstbestimmung, Sexualität und sexuelle Gewalt. In: Lappe, K. (Hg.): Prävention von sexuellem Missbrauch. Handbuch für die pädagogische Praxis. Ruhnmark, S. 122-148.
Scheller, H. S., zitiert nach Wolter, J. (1985): Pädophilie. Die verbotene Liebe. Flensburg, S. 90.
Schetky, D. H. (1990): A review of the literature of the long-term effects of childhood sexual abuse. In: Kluft, R. P. (Hg.): Incestrelated syndromes of adult psychopathology. Washington, S. 35-54.
Schetsche, M. (1994 a): Einvernehmlicher Missbrauch. Zur Problematik der Begründung

des Schutzes von Kindern und Jugendlichen vor sexueller Adressierung. In: Monatszeitschrift für Kriminologie und Strafrechtsreform (Jg.77), Heft 4, S. 201-214.

Schetsche, M. (1994 b): Vom Triebverbrechen zum Missbrauch - Wandelnde Deutungen sexueller Kontakte zwischen Erwachsenen und Kindern. In: Rutschky, K., Wolff, R. (Hg.): Handbuch sexueller Missbrauch. Hamburg, S. 32-46.

Schmidt, G. (1988): Das große Der Die Das. Über das Sexuelle. Überarb. u. erweit. Neuausg. Hamburg.

Schmidt, G. (1996): Das Verschwinden der Sexualmoral. Über sexuelle Verhältnisse. Hamburg.

Schmidt, G. (1998): Sexuelle Verhältnisse. Über das Verschwinden der Sexualmoral. Reinbek bei Hamburg.

Schneewind, K. A., Beckmann, M., Engfer, A. (1983): Eltern und Kinder. Stuttgart.

Schneider, H. J. (1998): Sexueller Missbrauch an Kindern. In: Sieverts, R., Schneider, H. J. (Hg.): Handwörterbuch der Kriminologie. 2. Aufl. 5. Band. Berlin, S. 502-523.

Schneider, H. J. (1999): Viktimologische Aspekte des sexuellen Missbrauchs an Kindern. In: Egg, R. (Hg.): Sexueller Missbrauch. Kriminologische Zentralstelle e.V. (Kriminologie und Praxis; Bd.27). Wiesbaden, S. 209-241.

Schneider, S. (1998): Mann, du fehlst uns gar nicht! In: Cosmopolitan 10/1998, S. 56-68.

Schönfelder, T. (1965): Die Initiative des Opfers. In: Das sexuell gefährdete Kind. Beiträge zur Sexualforschung, Heft 33. Stuttgart.

Schönfelder, T. (1968): Die Rolle des Mädchens bei Sexualdelikten. Beiträge zur Sexualforschung, Heft 42. Stuttgart.

Schötensack, K., Elliger, T. J., Gross, A., Nissen, G. (1992): Prevalence of sexual abuse of children in Germany. In: Acta Paedopsychiatr, 55, S. 211-216.

Scholz, O. B., Endres, J. (1995): Aufgaben der psychologischen Sachverständigen beim Verdacht des Kindesmissbrauchs. In: NStZ 1995, 15 (1), S. 6-12.

Schone, R., Gintzel, U., Jordan, E., Kalscheuer, M., Münder, J. (1997): Kinder in Not. Vernachlässigung im frühen Kindesalter und Perspektiven sozialer Arbeit. Münster.

Schorsch, E. (1971): Sexualstraftäter. Stuttgart.

Schorsch, E. (1973): Liberalität reicht nicht. In: betrifft : erziehung, 4/1973, S. 23-26.

Schorsch, E. (1975): Sexuelle Deviationen: Ideologie, Klinik, Kritik. In: Schorsch, E., Schmidt, G. (Hg.): Ergebnisse zur Sexualforschung. Frankfurt am Main, S. 49-92.

Schorsch, E. (1982): Sadomasochismus. In: Sigusch, V. (Hg.): Die sexuelle Frage. Hamburg, S. 113-120.

Schorsch, E. (1984): Sexualität und Devianz. In: Kluge, N. (Hg.): Handbuch der Sexualpädagogik, Band 1. Düsseldorf, S. 253-262.

Schorsch, E. (1987): Wenn Männer Angst vor Frauen haben. In: *Stern* 31/1987; nachgedruckt in Leopardi, A. (Hg.) (1988): Der pädosexuelle Komplex. Handbuch für Betroffene und Gegner. Frankfurt am Main, S. 195-197.

Schorsch, E. (1989): Kinderliebe - Veränderungen der gesellschaftlichen Bewertung pädosexueller Kontakte. In: Monatszeitschrift für Kriminologie und Strafrechtsreform, 72, S. 141-146.

Schorsch, E. (1993): Kinderliebe. Veränderungen der gesellschaftlichen Bewertung pädosexueller Kontakte. In: Schmidt, G., Sigusch, V. (Hg.): Perversion, Liebe, Gewalt. Stuttgart, S. 168-169.

Schorsch, E., Galedary, G., Haag, A., Hauch, M., Lohse, H. (1985): Perversion als Straf-

tat: Dynamik und Psychotherapie. Berlin.
Schorsch, E., Maisch, H. (1980): Trieb und Täter. Sexualwissenschaft im Strafprozess. In: Sigusch, V., Klein, I., Gremliza, H. L. (1984) (Hg.): Sexualität Konkret. Sammelband 2. Hamburg, S. 109-120.
Schram, D. D., Milloy, C. D., Rowe, W. E. (1991): Juvenile sex offenders: a follow up study of reoffense behaviour. State Institute for Public Policy. Washington.
Schreiber, F. R. (1973): Sybil. London.
Schreiber, F. R. (1984): „Sybil". Persönlichkeitsspaltung einer Frau. Frankfurt am Main.
Schuhrke, B. (1991): Körperentdecken und psychosexuelle Entwicklung. Regensburg.
Schuhrke, B. (1994): Die Entwicklung der kindlichen Sexualität - beobachtet. In: Rutschky, K., Wolff, R. (Hg.): Handbuch sexueller Missbrauch. Hamburg, S. 97-115.
Schultz, L. G. (1980): Diagnosis and treatment - introduction. In: Schultz, L.G. (Hg.): The sexual victimology of youth. Springfield, S. 39-42.
Schultz, L. G., Jones, P. (1983): Sexual abuse of children: Issues for social service and health professionals. In: Child Welfare, 62 (2), S. 99-108.
Schumacher, M. (2004): (Sexuelle) Gewalt wird auch von Frauen und Mädchen ausgeübt – Ein Erfahrungsbericht. In: IKK-Nachrichten 1-2/2004, Herausgeber: Deutsches Jugendinstitut e. V. München, S. 23-26.
Schwarzer, A. (1980): Emanzipierte Pädophilie? In: EMMA 4/1980, S. 5.
Schwarzer, A., Amendt, G. (1980): Wie frei macht Pädophilie? In: EMMA 4/1980, S. 26-31.
Schwind, H. D., Baumann, J., Lösel, F., Remschmidt, H., Eckert, R., Kerner, H.-J., Stümper, A., Wassermann, R., Otto, H., Rudolf, W., Berckhauer, F., Kube, E., Steinhilper, M., Steffen, W. (Hg.) (1990): Ursachen, Prävention und Kontrolle von Gewalt. Analysen und Vorschläge der unabhängigen Regierungskommission zur Verhinderung und Bekämpfung von Gewalt (Gewaltkommission). Bände I-VI. Berlin.
Scully, D. (1990): Understanding sexual violence. A study of convicted rapists. London.
Sears, D. O. (1986): College sophomores in the laboratory: influence of a narrow data base on social psychology's view of human nature. In: Journal of Personality and Social Psychology, 51, S. 515-530.
Sebald, H. (1996): Hexenkinder. Das Märchen von der kindlichen Aufrichtigkeit. Frankfurt am Main.
Sebold, J. (1987): Indicators of child sexual abuse in males. In: Social Casework, 68 (2), S. 75-80.
Sedney, M. A., Brooks, B. (1984): Factors associated with a history of childhood sexual experiences in a nonclinical female population. In: Journal of the American Academy of Child Psychiatry, 23, S. 215-218.
Seghorn, T., Boucher R., Cohen, M. (1983): Sexual abuse in the life histories of sexual offenders. Paper presented at the 6th World Congress for Sexology. Washington.
Seligman, M. E. P. (1994): What you can change and what you can't. New York.
Seligman, M. E. P. (1995): Erlernte Hilflosigkeit. 5. Auflage. Weinheim.
Sellin, F., Weber, K. (1999): Das Milchgesicht. Wenn Kinder töten. Reinbek bei Hamburg.
Sgroi, S. M. (1982): Handbook of clinical intervention in child sexual abuse. Lexington.
Sgroi, S. M., Sargent, N. M. (1995): Psychische Folgen und Behandlungsaspekte bei Opfern sexuellen Missbrauchs durch Täterinnen. In: Elliott, M. (Hg.): Frauen als Täterinnen. Sexueller Missbrauch an Mädchen und Jungen. Ruhnmark, S. 57-85.
Shaw, K. (1998): Das Lexikon der Geschmacklosigkeiten. München.

Shengold, L. (1963): The parent as sphinx. In: Journal of the American Psychoanalitic Association, 11, S. 725-751.
Shengold, L. (1989): Soul murder. The effects of childhood abuse and deprivation. New York.
Shoor, M., Speed, M., Bartlet, C. (1966): Syndrome of the adolescent child molester. In: American Journal of Psychiatry, 122, S. 783-789.
Silber, A. (1979): Childhood seduction, parental pathology and hysterical symptomatology: The genesis of an altered state of consciousness. In: International Journal of Psychoanalysis, 60, S. 109-116.
Silbert, M., Pines, A. M. (1981): Sexual child abuse as an antecedent to prostitutuon. In: Child Abuse & Neglect, 5, S. 407-411.
Simson, A. (1956): Die Sittlichkeitsdelikte an Minderjährigen im Landgerichtsbezirk Krefeld während der Nachkriegszeit von 1945-1952, Dissertation. Bonn.
Sinason, V. (1993): Psychotherapie mit misshandelten geistig behinderten Kindern. In: Hennikke, K., Rotthaus, W. (Hg.): Psychotherapie und geistige Behinderung. Dortmund.
Sipe, R. (1992): Sexualität und Zölibat. Paderborn.
Sloane, P., Karpinski, E. (1942): Effect of incest on the participants. In: American Journal of Orthopsychiatry, 12, S. 666-673.
Sobsey, D., Varnhagen, C. (1988): Sexual abuse and exploitation of people with disabilities: A study of victims. Health and Welfare Canada. Ottawa.
Socarides, Ch. (1976): Bedeutung und Inhalt von Abweichungen im Sexualverhalten – Der Beitrag der Psychoanalyse. In: Eicke, D. (Hg.): Kindlers „Psychologie des 20. Jahrhunderts", Tiefenpsychologie Bd. 1. Weinheim, Basel (1982), S. 717-738.
Sommers, C. (1994): Who stole feminism? How women have betrayed women. New York.
Spanos, N. P. (1996): Multiple identities and false memories: A sociocognitive perspective. Washington D.C: American Psychological Association.
Spencer, M. J., Dunklee, P. (1986): Sexual abuse of boys. In: Pediatrics, 78, S. 133-137.
Spiegel, D., Shefflin, A. W. (1994): Dissociated or fabricated? Psychiatric aspects of repressed memory in criminal and civil cases. In: International Journal of Clinical and Experimental Hypnosis, 42, S. 411-432.
Spiegel special 1/1999: "Volk ohne Moral": Todesangst hinter Gittern, S. 74.
Sroufe, L. A., Jacobvitz, D., Mangelsdorf, S., De Angelo, E., Ward, M. J. (1985): Generational boundary disolution between mothers and their pre-school children: A relationship system approach. In: Child Development, 56, S. 317-325.
Stadt Düsseldorf (1989): Endberichts des Kooperationsmodells Derendorf 1986-1989.
Stanley, J., Goddard, C. (1993): The association between child abuse and other family violence. In: Australian Social Work, 46, S. 3-8.
Stark, R., McEvoy, J. (1970): Middle class violence. In: Psychology Today, 4. November, 52-54, S. 110-112.
Starling, S. P., James R. H., Carole J. (1995): Abusive head trauma: The relationship of perpetrators to their victims: In: Pediatrics, 95, (2), 259-262.
Statistics Canada (1991): Children as victims of violent crime. Supply and Services Canada. Ottawa.
Statistics Canada (1997): Canadian Crime Statistics, 1996. Statistics Canada, Canadian Centre for Justice Statistics. Ottawa.
Steele, B. F., Alexander, H. (1981): Long-term effects of sexual abuse in childhood. In: Mrazek, P. B., Kempe, C. H.: Sexually abused children and their families. Oxford, S. 223-

Stein, J. A., Golding, J. M., Siegel, J. M., Burnam, M.A., Sorenson, S. B. (1988): Long-term psychological sequelae of child sexuel abuse: The Los Angeles epidemiologic catchment area study. In: Wyatt, G. E., Powell, G. J. (Hg.). Lasting effects of child sexual abuse. Newbury Park, S. 135-154.

Steinhage, R. (1985): Auswirkungen von sexuellem Missbrauch im Leben der Mädchen und Frauen. In: Wannseeheim für Jugendarbeit e. V. (Hg.): Sexueller Missbrauch von Mädchen. Strategien zur Befreiung. Neue Materialien – vorgestellt auf der Fachtagung im Wannseeheim für Jugendarbeit Berlin 12. - 16. Oktober 1985. Berlin, S. 40-62.

Steinhage, R. (1987): Sexueller Missbrauch an Mädchen in der Familie – Die Situation der Mütter betroffener Mädchen. In: Verein zur Weiterbildung für Frauen e.V. Köln (Hg.): Dokumentation zur Fachtagung Sexueller Missbrauch von Mädchen und Frauen. Köln, S. 10-27.

Steinhage, R. (1990): Sexueller Missbrauch an Mädchen. Ein Handbuch für Beratung und Therapie. Reinbek bei Hamburg.

Steinhage, R. (1991): Niemand macht sich die Mühe zu fragen. Die Folgen des sexuellen Missbrauchs im Leben von Frauen. In: Janshen, D. (Hg.): Sexuelle Gewalt. Die allgegenwärtige Menschenrechtsverletzung. Frankfurt am Main, S. 101-112.

Steinhage, R. (1994): Das Trauma des sexuellen Missbrauchs. In: Imagination, 2, S. 32-48.

Steinhage, R. (1997): Die Klientenzentrierte Gesprächstherapie als Beziehungsangebot in der therapeutischen Arbeit mit Frauen, die in der Kindheit sexuell missbraucht wurden. In: Amann, G., Wipplinger, R. (Hg.): Sexueller Missbrauch - Überblick zu Forschung, Beratung und Therapie. Ein Handbuch. Tübingen, S. 467-485.

Steinmetz, S. K. (1977-78): The battered husband syndrome. In: Victimology: An International Journal, 2 (3/4), S. 499-509.

Steller, M. (1995): Verdacht des sexuellen Missbrauchs - Begutachtung in familien- und vormundschaftsrechtlichen Verfahren. In: Familie Partnerschaft Recht, 3, S. 151-170.

Steller, M. (1999): Forensische Aussagepsychologie – Beurteilung des Realitätsgehalts von Kinderaussagen über sexuellen Missbrauch. In: Egg, R. (Hg.): Sexueller Missbrauch. Kriminologische Zentralstelle e.V. (Kriminologie und Praxis; Bd.27). Wiesbaden, S. 243-258.

Stern, F. (1996): Penthesileas Töchter. Was will der Feminismus? München.

Stern, W. (1926): Jugendliche Zeugen in Sittlichkeitsprozessen. Ihre Behandlung und psychologische Begutachtung. Leipzig.

Stets, J. F., Pirog-Good, M. A. (1989): Patterns of physical and sexual abuse for men and women in dating relationships: A descriptive analysis. In: Journal of Family Violence, 4 (1), S. 63-76.

Stockert, F.-G. von (1956): Die Sexualität des Kindes. Stuttgart.

Stocks, J. T. (1998): Recovered memory therapy: A dubious practice technique. In: Social Work, 43, S. 423-436.

Stöckel, M. (1998): Pädophilie: Befreiung oder sexuelle Ausbeutung von Kindern: Fakten, Mythen, Theorien. Frankfurt am Main.

Stöckle-Niklas, C. (1989): Das Gefängnis – eine eingeschlechtliche Institution. Bonn.

Stoller, R. J. (1998): Perversion. Die erotische Form von Hass. Gießen.

Straus, M. A. (1983): Ordinary violence, child abuse, and wife-beating: What do they have in common? In Finkelhor, D., Gelles, R. J., Hotaling, G. T., Straus, M. A. (Hg.): The

dark side of families. Beverly Hills.
Straus, M. A. (1994): Beating the devil out of them: corporal punishment in American families. Boston.
Straus, M. A. (1999): The controversy over domestic violence. A methodological, theoretical, and sociology of science analysis. In: Arriaga, X. B., Oskamp, S. (Hg.): Violence in intimate relationsships. Thousand Oaks, S. 17-44.
Straus, M. A., Donnely, D. A. (1993): Corporal punishment of adolescence by American parents. In: Youth & Society, 24, S. 419-442.
Straus, M. A., Gelles, R. J. (1986): Societal change and change in family violence from 1975 to 1985 as revealed by two national surveys. In: Journal of Marriage and the Family, 48, S. 465-479.
Straus, M. A., Gelles, R. J., Steinmetz, S. K. (1980): Behind cloced doors: Violence in the American families. New York.
Strossen, N. (1997): Zur Verteidigung der Pornographie. Für die Freiheit des Wortes, Sex und die Rechte der Frauen. Zürich.
Struckman-Johnson, C. J. (1988): Forced sex on dates: It happens to men too. In: The Journal of Sex Research, 24, 234-241.
Struckman-Johnson, C. J. (1991): Male victims of accomodation rape. In: Parrot, A., Bechhofer, L. (Hg.): Acquaintance rape. The Hidden Crime. New York.
Struckman-Johnson, C. J., Struckman-Johnson, D. L. (1994): Men pressured and forced into sexual experience. In: Archives of Sexual Behavior, 23 (1), S. 93-111.
Struckman-Johnson, C. J., Struckman-Johnson, D. L. (1997): Men's reactions to hypothetical forceful sexual advances from women: the role of sexual standards, relationships, availability, and the beauty bias. In: Sex Roles, 37 (5/6), S. 319-333.
Struckman-Johnson, C. J., Struckman-Johnson, D. L. (1998): The dynamics and impact of sexual coercion of men by women. In: Anderson, P. B., Struckman-Johnson, C. J. (Hg.): Sexually aggressive women: Research perspectives and controversies. New York.
Summit, R. (1983): The child abuse accommodation syndrome. In: Child Abuse & Neglect, 7, S. 177-193.
Summit, R., Kryso, I. (1978): Sexual abuse of children: A clinical spectrum. In: American Journal of Orthopsychiatry, 48, S. 237-251.

Tavris, C. (1993): Beware the incest-survivor machine. In: The New York Times Book Review, 1 (January 3), S. 16-17.
Teegen, F. (1993): Sexuelle Kindesmisshandlung durch Frauen. Missbrauchserfahrungen, Folgeschäden und Bewältigungsversuche aus der Sicht erwachsener Opfer. In: Verhaltenstherapie psychosoziale Praxis, 3, S. 329-348.
Teegen, F., Beer, M, Parbst, B., Timm, S. (1992): Sexueller Missbrauch von Jungen und Mädchen: Psychodynamik und Bewältigungsstrategien. In: Gegenfurtner, M., Keukens, W. (Hg.): Sexueller Missbrauch von Kindern und Jugendlichen. Diagnostik, Krisenintervention, Therapie. Essen, S. 11-25.
Tendler, S. (1999): Men suffer equally on violence in the home. In: The Times vom 22. Januar 1999.
Thiel, A., Schüssler, G. (1995): Zwangssymptome bei strukturellen Selbst-Defekten – eine Untersuchung am Beispiel der Anorexia und Bulimia nervosa. In: Zeitschrift für Psychosomatische Medizin und Psychoanalyse, 41.

Thoennes, N., Tjaden, P. G. (1990): The extent, nature, and validity of sexual abuse allegations in custody/divorce disputes. In: Child Abuse & Neglect, 14, S. 153-154.

Thomas, D. (1993): Auch Männer wollen aufrecht gehen. Oder: Warum es heute so schwierig ist, ein Mann zu sein. Bergisch Gladbach.

Thomas, J., Rogers, C. (1983): A treatment program for intrafamily juvenile sexual offenders. In: Greer, J., Stuart, I. (Hg.): The sexual aggressor: Current perspectives on treatment. New York, S. 127-143.

Thürmer-Rohr, C. (1987): Vagabundinnen. Berlin.

Timm, S. (1992): Sexueller Missbrauch. Vergleich der Aussagen von Frauen und Männern zum Erleben des Missbrauchs. Folgeschäden und Bewältigungsversuchen. Unveröffentlichte Diplomarbeit. Universität Hamburg.

Tingling, D. C., Klein, R. F. (1966): Psychogenic pain and aggression. The syndrome of the solitary hunter. In: Psychosom Med, 28, S. 738-748.

Tompkins, J. M. (1940): Penis envy and incest. In: Psychoanal Rev., 27, S. 319-325.

Tong, L., Oates, K., McDowell M. (1987): Personality development following sexual abuse. In: Child Abuse & Neglect, 11, S. 371-383.

Toomey, T., Hernandez, J., Gittelman, D., Hulka, J. (1993): Relationship of sexual and physical abuse to pain and psychological assessment variables in chronic pelvic pain patients. In: Pain, 53, S. 105-109.

Travins, S., Cullen, K., Protter, B. (1990): Female sex offenders: Severe victims and victimizers. In: Journal of Forensic Sciences, 35, S. 140-150.

Trickett, P. K., McBride-Chang, C., Putnam, F. W. (1994): The classroom performance and behaviour of sexually abused females. In: Development and Psychopathology, 6, S. 183-194.

Tristman, R., zitiert nach Paglia, C. (1995): Die Masken der Sexualität. München, S. 302.

Trocme, N. (1994): Ontario incidence study of reported child abuse and neglect. Institute for the Prevention of Child Abuse. Toronto.

Trube-Becker, E. (1982): Gewalt gegen das Kind. Vernachlässigung, Misshandlung, sexueller Missbrauch und Tötung von Kindern. Heidelberg.

Trube-Becker, E. (1992): Missbrauchte Kinder. Sexuelle Gewalt und wirtschaftliche Ausbeutung. Heidelberg.

Trube-Becker, E. (1997): Historische Perspektive sexueller Kontakte zwischen Erwachsenen und Kindern bzw. Jugendlichen und die soziale Akzeptanz dieses Phänomens vor der Zeit der Römer und Griechen bis heute. In: Amann, G., Wipplinger, R. (Hg.): Sexueller Missbrauch – Überblick zu Forschung, Beratung und Therapie. Ein Handbuch. Tübingen, S. 39-54.

Underwager, R., Wakefield, H. (1988): Accusations of child sexual abuse. Springfield.

Underwager, R., Wakefield, H. (1990): The real world of child interrogations. Springfield.

Undeutsch, U. (1993): Die aussagepsychologische Realitätsprüfung bei Behauptung sexuellen Missbrauchs. In: Kraheck-Brägelmann, S. (Hg.): Die Anhörung von Kindern als Opfer sexuellen Missbrauchs. Rostock, S. 69-162.

Undeutsch, U. (1994): Verbrechen gegen die Sittlichkeit - Kinder als Opfer und Zeugen. In: Rutschky, K., Wolff, R. (Hg.): Handbuch sexueller Missbrauch. Hamburg, S. 173-195.

Undeutsch, U., Klein, G. (1997): Neue Wege der wissenschaftlichen Verdachtsanalyse in Missbrauchsfällen – Suggestionsforschung und Polygraphentests. In: Anwaltsblatt 8/9/

97, S. 462-466.

Urquiza, A. J. (1989): The effects of childhood sexual abuse in an adult male population (Doctoral dissertation, University of Washington, 1988). Dissertation Abstracts International, 50, 356.

Urquiza, A. J. (1993): Adult male survivors of child sexual abuse: Issues in intimacy. Paper presented at the 101st annual convention of the American Psychological Association, Toronto.

Urquiza, A. J., Capra, M. (1990): The impact of sexual abuse: initial and longterm effects. In. Hunter, M. (Hg.): The sexually abused male. Lexington.

Van den Broek, J. (1996): Verschwiegene Not: Sexueller Missbrauch von Jungen. Stuttgart.

Van der Mey, B. J. (1988): The sexual victimization of male children: a review of previous research. In: Child Abuse & Neglect, 12 (1), S. 61-72.

Van Outsem, R. (1993): Sexueller Missbrauch an Jungen. Forschung, Praxis, Perspektiven. Ruhnmark.

Vennix, P. (1984): Incestueus of niet, wat maakt het uit. In: Frenken, J., van Lichtenburcht, C. (Hg.): Incest. Feiten, achtergronden en hulpverlening. Zeist.

Violato, C., Genuis, M. (1993): Problems of research in male child sexual abuse: A review. In: Journal of Child Sexual Abuse, 2 (3), S. 33-54.

Violato, C., Genuis, M. (1994): Prevalence of child sexual abuse: Implications for developmental psychopathology. In: Canadian Children, 20, S. 34-40.

Violato, C., Travis, L. (1995): Childhood sexual abuse and adolescence. Advances in Adolescent Psychology. Calgary.

Vissing, Y. M., Straus, M. A., Gelles, R. J., Harrop, J. W. (1991): Verbal aggression by parents and psychosocial problems of children. In: Child Abuse & Neglect, 15, S. 223-238.

Vizard, E., Monck, E., Misch, P. (1995): Child and adolescent sex abuse perpetrators: A review of the research literature. In: Journal of Child Psychology and Psychiatry, 36, S. 731-756.

Vogel, W. (1992): „Mein Sohn soll seinen Vater ersetzen" – Sexueller Missbrauch an Jungen durch ihre Mütter. In: Vogel, W. (Hg.) (1992): Stachel im Fleisch. Unbequeme Einsichten in die Sexualität. Schriftenreihe der Arbeitsgemeinschaft Humane Sexualität e.V. (ASH). Berlin, S. 28-38.

Volbert, R. (1997): Sexuelles Verhalten von Kindern: Normale Entwicklung oder Indikator für sexuellen Missbrauch? In: Amann, G., Wipplinger, R. (Hg.): Sexueller Missbrauch. Überblick zu Forschung, Beratung und Therapie. Ein Handbuch. Tübingen, S. 385-398.

Volbert, R., Busse, D. (1995): Wie fair sind Verfahren für kindliche Zeugen? Zur Strafverfolgung bei sexuellem Missbrauch von Kindern. In: Bierbrauer, W., Gottwald, W., Birnbreier-Stahlberger, G. (Hg.): Verfahrensgerechtigkeit - Rechtspsychologie. Forschungsbeiträge für die Justizpraxis. Köln, S. 139-162.

Volbert, R., Steller, M. (1997): Methoden und Probleme der Glaubwürdigkeitsbegutachtung bei Verdacht auf sexuellen Missbrauch? In: Amann, G., Wipplinger, R. (Hg.): Sexueller Missbrauch. Überblick zu Forschung, Beratung und Therapie. Ein Handbuch. Tübingen, S. 355-369.

Von Sinnen, H., Domian, J. (1998): Jenseits der Scham. Köln.

Wahl, K. (1990): Studien über Gewalt in Familien. München.
Wallace, H. (1998): Victimology. Boston.
Waller, G. (1991): Sexual abuse as a factor in eating disorders. In: British Journal of Psychiatry, 159, S. 664-671.
Walser, K. (1994): Sexueller Missbrauch und weibliches Bewusst-Sein – Eine Kritik am Modellprojekt „Wildwasser". In: Rutschky, K., Wolff, R. (Hg.): Handbuch sexueller Missbrauch. Hamburg, S. 259-278.
Walter, P. (1988): Für eine neue Gesellschaft. Möglichkeiten und Ziele pädophilen Lebens. In: Leopardi, A. (Hg.): Der pädosexuelle Komplex. Handbuch für Betroffene und Gegner. Frankfurt am Main. Berlin, S. 270-277.
Walters, G. (1991): Psychological determinants of corporal punishment. Paper presented at the annual conference of the institute for the prevention of child abuse, Toronto.
Wasserman, J., Kappel, S. (1985): Adolescent sex offenders in Vermont. Vermont Department of Health. Burlington.
Waterman, C. K., Dawson, L. J., Bologna, M. J. (1989): Sexual coercion in gay male and lesbian relationships: Predictors and implications for support service. In: The Journal of Sex Research, 26 (11), S. 118-124.
Watkins, B., Bentovim, A. (1992): The sexual abuse of male children and adolescents: An review of current research. In: Journal of Child Psychology and Psychiatry, 33, S. 197-248.
Wauchope, B., Straus, M. A. (1990): Physical punishment and physical abuse of American children: Incidence rates by age, gender, and occupational class. In: Straus, M. A., Gelles, R. J. (Hg.): Physical violence in American families: Risk factors and adaptations to violence in 8,145 Families. New Brunswick, S. 133-148.
Weber, M. (1995): Sexueller Missbrauch: Jugendhilfe zwischen Aufbruch und Rückschritt. München.
Weeks, R. B. (1976): The sexually exploited child. In: Southern Medical Journal, 59 (7), S. 648-652.
Weil, J. L. (1989): Instinctual stimulation of children: From common practice to child abuse, vol 1: Clinical findings. Madison.
Weis, K. (1982): Die Vergewaltigung und ihre Opfer – Eine viktimologische Untersuchung zur gesellschaftlichen Bewertung und individuellen Betroffenheit. Stuttgart.
Weisberg, K. (1985): Children of the night. Lexington.
Welldon, E. V. (1988): Mother, madonna, whore: The idealisation and denigration of mother-hood. London.
Wenninger, K. (1994): Langzeitfolgen sexuellen Kindesmissbrauchs: Dysfunktionale Kognitionen, psycho-physiologische Reagibilität und ihr Zusammenhang mit der Symptomatik. Göttingen.
West, D. J. (1987): Sexual crimes and confrontations. A study of victims and offenders. Cambridge.
West, D. J., Woodhouse, T. (1993): Sexual encounters between boys and adults. In: Li, C., West, D. J., Woodhouse, T. (Hg.): Children's sexual encounters with adults. New York, S. 3-137.
Wetzels, P. (1997): Gewalterfahrungen in der Kindheit. Sexueller Missbrauch, körperliche Misshandlung und deren langfristigen Konsequenzen. Baden-Baden.
Wetzels, P., Greve, W., Mecklenburg, E., Bilsky, W., Pfeiffer, C. (1995): Kriminalität im Leben alter Menschen. Eine altersvergleichende Untersuchung von Opfererfahrungen,

persönlichem Sicherheitsgefühl und Kriminalitätsfurcht (Schriftenreihe des Bundesministeriums für Familie, Senioren, Frauen und Jugend; Bd. 105). Stuttgart.

Whatley, M. A., Riggio, R. E. (1993): Gender differences in attributions of blame for male tape victims. In: Journal of Interpersonal Violence, 8 (4), S. 502-511.

Wheeler, J. R., Berliner, L. (1988): Treating the effects of sexual abuse. Newbury Park.

White, J. W., Koos, M. P. (1993): Adolescent sexual aggression within heterosexual relationships: Prevalence, characteristics, and causes. In: Barbaree, H. E., Marshall, W. L., Hudson, S. M. (Hg.): The juvenile sex offender. New York, S. 182-202.

Widom, C. S. (1989): Child abuse, neglect, and adult behavior: Research design and findings on criminality, violence, and child abuse. In: American Journal of Orthopsychiatry, 59 (3), S. 355-367.

Widom, C. S. (1995): Victims of childhood sexual abuse - later criminal consequences. National Institute of Justice, U.S. Department of Justice. Washington, D.C.

Widom, C. S., Ames, M. A. (1994): Criminal consequences of childhood sexual victimization. In: Child Abuse & Neglect, 18 (4), S. 303-318.

Widom, C. S., Ireland, T., Glynn, P. J. (1994): Alcohol abuse in abused and neglected children. Follow-up: Are they at increased risk? In: Journal of Studies Alcohol, 56, S. 207-217.

Wiehe, V. R. (1997): Sibling abuse (2. Aufl.). Thousand Oaks.

Wiehe, V. R., Richards, A. L. (1995): Intimate betrayal. Understanding and responding to the trauma of acquaintance rape. Thousand Oaks.

Wilkins, R. (1990): Women who sexually abuse children. In: British Medical Journal, 5 May 300, S. 1153-1154.

Wille, R., Kröhn, W. (1990): Der sexuelle Gewalttäter: Persönlichkeitsstruktur und Therapiemöglichkeiten. In: Deutsche Richterakademie (Hg.): Gewalt an Frauen – Gewalt in der Familie. Heidelberg.

Winter, N., Holland, A. J., Collins, S. (1997): Factors predisposing to suspected offending by adults with self-reported learning disabilities. In: Psychological Medicine, 27 (3), S 595-607.

Wipplinger, R., Amann, G. (1997): Zur Bedeutung der Bezeichnung und Definitionen von sexuellen Missbrauch. In: Amann, G., Wipplinger, R. (Hg.): Sexueller Missbrauch - Überblick zu Forschung, Beratung und Therapie. Ein Handbuch. Tübingen, S. 13-38.

Wirtz, U. (1996): Seelenmord. Zürich.

Wisniewski, N. (1990). A path analytic model of the aftereffects of childhood sexual victimization (Doctoral dissertation, Kent State University, 1989). Dissertation Abstracts International, 51, S. 2079-2080.

Wolf, N. (1996): Die Stärke der Frauen. Gegen den falsch verstandenen Feminismus. München.

Wolfe, F. (1985), zitiert nach Jennings, K. T. (1995): Kindesmissbrauch durch Frauen in Forschung und Literatur. In: Elliott, M. (Hg.): Frauen als Täterinnen. Sexueller Missbrauch an Mädchen und Jungen. Ruhnmark, S. 304-319 (S. 313).

Wolfe, V. V., Birt, J. A. (1995): The psychological sequelae of child sexual abuse. In: Advances in Clinical Child Psychology, 17, S 233-263.

Wolfers, O. (1990): Women child sexual abusers: An exploratory study (unveröffentlichte Dissertation). Bradford University.

Wolfers, O. (1992): Same abuse, different parent. In: Social Work Today, Ausgabe vom 12.3.1992.

Wolfers, O. (1995): Das Paradoxon von Frauen, die Kinder sexuell missbrauchen. In: Elliott, M. (Hg.): Frauen als Täterinnen. Sexueller Missbrauch an Mädchen und Jungen. Ruhnmark, S. 159-168.
Wolter, J. (1985): Pädophilie. Die verbotene Liebe. Flensburg.
Woltereck, B. (1994): Ungelebtes lebbar machen. Ruhnmark.
Worling, J. R. (1995 a): Adolescent sibling-incest offenders: Differences in family and individual functioning when compared to adolescent nonsibling sex offenders. In: Child Abuse & Neglect, 19 (5), S. 633-643.
Worling, J. R. (1995 b): Adolescent sex offenders against females: Differences based on the age of their victims. In: International Journal of Offender Therapy and Comparative Criminology, 39 (3), S. 276-292.
Worling, J. R. (1995 c): Sexual abuse histories of adolescent male sex offenders: Differences on the basis of the age and gender of their victims. In: Journal of Abnormal Psychology, 104 (4), S. 610-613.
Worling, J. R., Curwen, T. (2000): Adolescent sexual offender recidivism: success of specialized treatment and implications for risk prediction. In: Child Abuse & Neglect, 24 (7), S. 965-982.
Wozencraft, T., Wagner, W., Pellegrin, A. (1991): Depression and suicidal ideation in sexually abused children. In: Child Abuse & Neglect, 15, S. 505-511.
Wulffen, E. (1923): Das Weib als Sexualverbrecherin. Berlin.
Wyatt, G. E. (1985): The sexual abuse of Afro-American and white-American women in childhood. In: Child Abuse & Neglect, 9, S. 507-519.
Wyatt, G. E., Newcomb, M. D., Riederle, M. H. (1993): Sexual abuse and consensual sex. Women's developmental patterns and outcomes. Newbury Park.
Wyre, R. (1997): Missbrauch in Institutionen. In: Sozialpädagogische Fortbildungsstätte Haus am Rupenhorn (Hg.): „Pädophilie – Verrat am Kind" – Eine Dokumentation der Fachtagung am 7. + 8. März 1996 in Berlin.
Wyre, R., Swift, A. (1991): Und du bist nicht willig ... Die Täter. Köln.

Yapko, M. (1996): Fehldiagnose Sexueller Missbrauch. München.
Young, C. (1999): Ceasefire! Why women and men must join forces to achieve true equality. New York.

Zeegers, M. (1968): Ontucht in Nederland. Den Haag, NVSH.
Zeegers, M. (1978): Strafbare liefde en gevaarlijke bescherming. In: Proces, 56, 7/8, S. 167-171.
Zeitlin, H. (1988): Untersuchung des sexuell missbrauchten Kindes. In The Lancet, 2. Jg. 1, S. 57-61.
Zemp, A., Pircher, E. (1996) (Hg.): Bundesministerium für Frauenangelegenheiten. „Weil alles weh tut mit Gewalt – Zur sexuellen Ausbeutung von Mädchen und Frauen mit Behinderung". Wien.
Zemp, A., Pircher, E., Neubauer, Ch. (1997): Sexuelle Ausbeutung von Mädchen und Frauen mit Behinderung. In: Amann, G., Wipplinger, R. (Hg.): Sexueller Missbrauch – Überblick zu Forschung, Beratung und Therapie. Ein Handbuch. Tübingen, S. 738-755.
Zenz, G. (1978): Einleitung zur deutschen Ausgabe. In: Helfer, R. E., Kempe, C. H. (Hg.):

Das geschlagene Kind. Frankfurt am Main, S. 17-34.
Zenz, G. (1981): Kindesmisshandlung und Kinderrechte. Erfahrungswissen, Normstruktur, Entscheidungsrationalität. Frankfurt am Main.

M. Clauß, M. Karle, M. Günter,
G. Barth (Hrsg.)

Sexuelle Entwicklung – sexuelle Gewalt

Grundlagen forensischer Begutachtung von Kindern und Jugendlichen

J. Rohmann: Belastungen von Kindern und Jugendlichen als Zeugen in Strafverfahren

R. Trost: Sexualität und sexueller Mißbrauch bei Menschen mit geistiger Behinderung

R. Volbert: Sexualisiertes Verhalten von Kindern, Stellenwert für die Diagnostik eines sexuellen Missbrauches

M. Günter: Jugendliche und erwachsene Sexualstraftäter im Vergleich: Psychiatrische Charakteristika und späteres Rückfallrisiko

W. Vögele: Glaubhaftigkeitsgutachten im Strafverfahren, Möglichkeiten und Grenzen aus juristischer Sicht

M. Clauß: Probleme von Glaubhaftigkeitsbegutachtungen bei psychisch kranken Zeugen

R. Häußermann: Juristische Perspektive des Umgangsrechts bei einem sexuellen Missbrauchsvorwurf in familienrechtlichen Verfahren

W. Felder: Kinder- und jugendpsychiatrische Perspektive des Umgangsrechts bei einem sexuellen Missbrauchsvorwurf

R. Frank: Die Behandlung von kindlichen und jugendlichen Missbrauchsopfern

F. Hässler: Jugendliche Sexualstraftäter im Maßregelvollzug

M. Karle: Opferschädigung durch Opferentschädigung?

G. Barth: Ethische und religiöse Fragen bei der Begutachtung

168 Seiten, ISBN 3-89967-207-0
Preis: 20,- Euro

PABST SCIENCE PUBLISHERS
Eichengrund 28, D-49525 Lengerich, Tel. ++ 49 (0) 5484-308,
Fax ++ 49 (0) 5484-550, E-mail: pabst.publishers@t-online.de
Internet: www.pabst-publishers.de